人文與理性的中國

余英時
文集
——
11

余英時 ——— 著

程嫩生、羅群 等 ——— 譯 何俊 ——— 編

余英時文集編輯序言

聯經出版公司編輯部

　　余英時先生是當代最重要的中國史學者,也是對於華人世界思想與文化影響深遠的知識人。

　　余先生一生著作無數,研究範圍縱橫三千年中國思想與文化史,對中國史學研究有極為開創性的貢獻,作品每每別開生面,引發廣泛的迴響與討論。除了學術論著外,

他更撰寫大量文章，針對當代政治、社會與文化議題發表意見。

一九七六年九月，聯經出版了余先生的《歷史與思想》，這是余先生在台灣出版的第一本著作，也開啟了余先生與聯經此後深厚的關係。往後四十多年間，從《歷史與思想》到他的最後一本學術專書《論天人之際》，余先生在聯經一共出版了十二部作品。

余先生過世之後，聯經開始著手規劃「余英時文集」出版事宜，將余先生過去在台灣尚未集結出版的文章，編成十六種書目，再加上原本的十二部作品，總計共二十八種，總字數超過四百五十萬字。這個數字展現了余先生旺盛的創作力，從中也可看見余先生一生思想發展的軌跡，以及他開闊的視野、精深的學問，與多面向的關懷。

文集中的書目分為四大類。第一類是余先生的**學術論著**，除了過去在聯經出版的十二部作品外，此次新增兩冊《中國歷史研究的反思》古代史篇與現代史篇，收錄了余先生尚未集結出版之單篇論文，包括不同時期發表之中英文文章，以及應邀為辛亥革命、戊戌變法、五四運動等重要歷史議題撰寫的反思或訪談。《我的治學經驗》則是余先生畢生讀書、治學的經驗談。

其次，則是余先生的**社會關懷**，包括他多年來撰寫的時事評論（《時論集》），以及他擔任自由亞洲電台評論員期間，對於華人世界政治局勢所做的評析（《政論集》）。

其中，他針對當代中國的政治及其領導人多有鍼砭，對於香港與台灣的情勢以及民主政治的未來，也提出其觀察與見解。

余先生除了是位知識淵博的學者，同時也是位溫暖而慷慨的友人和長者。文集中也反映余先生**生活交遊**的一面。如《書信選》與《詩存》呈現余先生與師長、友朋的魚雁往返、詩文唱和，從中既展現了他的人格本色，也可看出其思想脈絡。《序文集》是他應各方請託而完成的作品，《雜文集》則蒐羅不少余先生為同輩學人撰寫的追憶文章，也記錄他與文化和出版界的交往。

文集的另一重點，是收錄了余先生二十多歲，居住於**香港期間**的著作，包括六冊專書，以及發表於報章雜誌上的各類文章（《香港時代文集》）。這七冊文集的寫作年代集中於一九五〇年代前半，見證了一位自由主義者的青年時代，也是余先生一生澎湃思想的起點。

本次文集的編輯過程，獲得許多專家學者的協助，其中，中央研究院王汎森院士與中央警察大學李顯裕教授，分別提供手中蒐集的大量相關資料，為文集的成形奠定重要基礎。

最後，本次文集的出版，要特別感謝余夫人陳淑平女士的支持，她並慨然捐出余先生所有在聯經出版著作的版稅，委由聯經成立「余英時人文著作出版獎助基金」，用於獎助出版人文領域之學術論著，代表了余英時、陳淑平

夫婦期勉下一代學人的美意，也期待能夠延續余先生對於
人文學術研究的偉大貢獻。

編者序言

　　我收集余英時先生的英文論著，初衷本是爲了自己更全面地學習他的治學方法和理解他的論學旨趣。但在閱讀的過程中慢慢覺得，如果能將這些論著譯成中文，也許不失爲一件有意義的事情。這意義在我看來至少有兩點：一是有興趣的讀者可以更全面地讀到余先生的論著；二是有助於對海外漢學以及中美學術交流的認識與研究。

　　《東漢生死觀》取名於余先生1962年在哈佛大學的同名博士論文。由於這篇學位論文中的第一章後經修改以同名發表於1964-1965年的《哈佛亞洲研究學刊》，因此在本冊中用後者取代了前者。此外，另收了同一主題的一篇書評（1981年）和一篇論文（1987年）。時隔二十年作者續論這一主題，主要是因爲考古的新發現。1978年末余先生率美國漢代研究代表團訪問中國月餘，漢代文獻與遺跡親切感受大概也起了激活作用。

　　《漢代貿易與擴張》取名於余先生1967年出版的同名專著。此外，另收了兩篇論文和一篇書評。論文與漢代有關，發表的時間雖然分別是1977年和1990年，但後者是因所收入的文集出版延後所致，實際上它們同時完成於1973-1975年間。與這一主題相關，作者後來爲《劍橋中國史》（秦漢卷）（1988年）撰有專章「漢代對外關

係」，此書早有中譯本，故這裡不再收錄。1964年刊行的書評是關於唐代財政體制的，雖與漢代無直接關係，但考慮到主題同屬於社會經濟史，所以一併編入此冊。

《人文與理性的中國》由多篇論文組成，討論主題集中在中國思想史，涉及3世紀到當代，體裁有專論、書評、條目和序跋，先後發表於1980-2000年。之所以取名為《人文與理性的中國》，是我以爲這個提法能反映余先生的思想，他的所有思想史論著從根本的意義上說，也正是要釋證中國文化中的人文情懷和理性精神。（編按：繁體中文版出版時，依余先生的意思，增收〈文藝復興乎？啓蒙運動乎？——一個史學家對五四運動的反思〉、〈朱熹哲學體系中的道德與知識〉、〈歷史視野的儒家與中西相遇〉、〈20世紀中國現代化與革命崇拜之爭〉、〈歷史學的新文化轉向與亞洲傳統的再發現〉五文。）

《十字路口的中國史學》，取名於余先生作爲美國漢代研究訪華團團長寫成的同名總結報告。此外，收入了由余先生匯總的訪問活動與討論日記，以及差不多同時完成並與主題相關的一篇專論。這篇專論最初以中文寫成發表，後被譯成英文並經作者適當改寫後發表，收入本冊時相同部分照錄中文，不同部分則據英文而譯。

余英時先生的英文論著在1970年代有一個明顯的變化，此後他的學術論著主要是以中文發表，大部分英文論著則概述他中文論著的主要思想，以及他對中國思想文化傳統的分析性通論。前者顯然是因爲他希望更直接地貢獻於中國學術，後者則表明他希望將中國的學術引入美國。促成這個變化的契機大概是他1973-975年在新亞書院及香港中文大學的任職。雖然服務兩年後仍回哈佛任教本是事先的約定，且這兩年的服務也令他身心疲憊，但深藏於他心中的中

國感情似乎更被觸動，更需要得到合理的安頓。1976年1月余英時先生四十六歲時，同在哈佛任教的楊聯陞將自己與胡適的長年往來書信複印本送給他作為生日禮物，在封面上題寫：「何必家園柳？灼然獅子兒!」大概正是體會到弟子的心情而示以老師的寬慰、提示與勉勵吧。

此後，余先生與兩岸三地的中國學界一直保持著密切的學術交流。我在余先生小書齋的書架上翻覽時曾見到錢鍾書在所贈《管錐編》扉頁上的題詞，當時覺得有趣，便請余先生用他的小複印機複印了一份給我，現不妨抄錄在這裡，也算是一個佐證。題云：

> 誤字頗多，未能盡校改，印就後自讀一過，已覺須補訂者二三十處。學無止而知無涯，炳燭見跋，求全自苦，真癡頑老子也。每得君書，感其詞翰之妙，來客有解事者，輒出而共賞焉。今晨客過，睹而歎曰：「海外當推獨步矣。」應之曰：「即在中原亦豈作第二人想乎！」並告以入語林。

總之，讀余英時先生的英文論著應當注意其中的中國學術背景，正如讀他的中文論著應該留心其中的西方學術背景一樣。

何　俊

目　次

1
天人之際

　　「天人合一」觀念被普遍認爲是中國宗教和哲學的獨有特點。天人判然兩分的思辨方式，早在遠古時期已是中國哲學分析中不可或缺的要素。所以，《莊子》中一再問到的一個問題就是：「天」和「人」之間的界限應如何劃分。莊子強調天的觀念，後來被荀子（西元前3世紀）批評爲「蔽於天而不知人」。但是，荀子自己也確信，要對世界有眞正的認識，必須先明於天人之分。

　　最遲到了西元前2世紀，天人相對的概念已牢牢確立，成爲基本思考方式。這在很大程度上是由於陰陽宇宙論廣爲傳播所致，尤以董仲舒（西元前2世紀）的影響爲最。綜觀整個漢代（前206-220），天道與人事互爲影響的看法，無論在上層文化還是庶民文化中都幾近風靡一時。在這種看法蔚然成風的情況下，太史公司馬遷（前145-前90？）窮畢生精力撰著《史記》，並自言目的是爲了「究天人之際」。自此他成爲後世史家仿效的楷模。唐代史家劉知幾（661-721）被同時代人譽爲「學際天人」，就不是單純的巧合。到了18世紀，堪稱中國歷代史家中最具哲學思維的章學誠（1738-1801）也自豪地說，他的撰述旨在「綱紀天人，推明大道」。在這兩個例子中，都可清晰看到司馬遷的影響。

　　天人相對的觀念也淋漓盡致地體現在魏晉玄學和宋明理學之

中。何晏(卒於西元249年)和王弼時相過從並樂在其中,因為他們彼此「可與言天人之際」。不用說,「天理」和「人欲」之間該如何分野,衍生了錯綜複雜的哲學問題,構成了宋明理學的核心。這點已是眾所周知,無須在此贅言。

「天人合一」這個概念歷久彌新,直到20世紀仍然縈繞在中國人的心頭。在20世紀40年代初,鑽研西方哲學的中國哲學家金岳霖(1895-1984)和馮友蘭不約而同地以各自的方法在哲學範疇上發展天人合一概念,此舉的目的明顯是要探討天人合一概念對於現代世界是否有其意義。金岳霖在比較中西哲學時指出,天人合一是中國哲學「最突出的特點」。他充分意識到這一概念之包羅廣泛和複雜,但他傾向於將之解釋為「人與自然的同一」,而且把它與西方盛行的「征服自然」思想相對照[1]。另一方面,馮友蘭將此概念用於他所稱的「天地境界」(即他所認為的最理想的生活境界)之上。用他的話說:「在這種最高的生活境界中的人的最高成就,是與宇宙合一,而人自身與宇宙合一時,人也就否定理智。」[2]

20世紀90年代初以來,中國學術界就天人合一概念聚訟紛紜。在這個至今未輟的論辯中,人們圍繞這一古典概念的確切意思提出了諸多問題。有些人承襲金岳霖的解釋,但把重點放在以下難題上:人如何在與自然達致和諧合一的同時,又把科學和技術納入中國文化之中。另一派人則重複馮友蘭形而上學的、道德的或宗教的關注,但比他更進一步,從這個概念中擷取出對於中國精神的現代

1　金岳霖著、錢耕森譯,〈中國哲學〉,載《金岳霖集》(北京:中國社會科學出版社,2000),頁41-42。

2　Fung Yu-lan, *A Short History of Chinese Philosophy* (New York: Macmillan, 1948), pp. 339-340.

甚至後現代意義。對於這一辯論的細節在此無須深究，我提及它僅僅是要顯示，天人合一並非一個僅能引起人們歷史興趣的陳舊僵化概念而已。反之，它仍然是中國人思維的核心部分。事實上，它或許是打開通往中國精神世界的其中一扇門的鑰匙。然而，身為歷史學家不會只滿足於猜測臆想。以下我將論述天人合一觀念的源起和發展，並嘗試解釋它如何演變為中國思維最重要的特徵之一。我所用的方法以歷史追溯為主。

讓我從介紹上古的「絕地天通」神話開始。簡單說來，這個傳說講，古代人與神不相混雜。人敬神而又安守其在宇宙中的位置。另一方面，神不時透過巫覡降臨人間。結果，神和人的世界相隔分開。神賜福世人，又接受人的供奉，人間禍災不至。其後衰落的時代來臨，民神雜糅，以往祭祀是由巫覡進行的，現在則家家為「巫史」。結果，民瀆於祀，神狎民則，禍災逤至。聖王顓頊(傳說生活於西元前25世紀)受命於上天而加以干預，最後為重新整頓宇宙秩序而絕地天通 [3]。

這個神話有多重意義，可以用不同方法來詮釋。在這裡我只想提出一個簡單的歷史觀察，它或可證明，在遠古中國，只有帝王可以與上天直接交通。根據傳統，在夏、商、周三代，祭天是帝王獨有的特權。封建諸侯有權在他們的領地祭地，但不可祭天。換句話說，「天人合一」只限於天子，而現代的一種看法認為，天子也就

---

3 Derk Bodde(卜德), "Myths of Ancient China," in *Essays on Chinese Civilization* (Princeton: Princeton University Press, 1981), pp. 65-70. On wu-shamans, see K.C. Chang, "Shang Shamans," in *The Power of Culture: Studies in Chinese Cultural History*, ed. Willard J. Peterson, Andrew H. Plaks, and Ying-shih Yu (Hong Kong: Chinese University Press, 1994), pp. 10-36.

是首巫。

　　但是，這樣不免出現一個令人困惑的問題：本文一開始提出的「天人合一」概念，是建立在與「絕地天通」神話完全相反的假設上的。它假定世界上所有的人原則上都可以和天溝通。誠然，在這兩個觀念中，「天」的涵義稍有不同。儘管如此，應這樣說，就這兩者的結構而言，我們應該視它們為互相扞格的。人人可以獨自與天溝通而無須巫覡幫助，這一觀念明顯指出，天人交通不再是帝王的專利。個人式的天人合一最早只可追溯至西元前6世紀（下文會說到），因此我們可以假定，它的發展至少部分是對多個世紀以來一直支配中國人思想的古代「絕地天通」傳說的有意識的響應。現在我就要論述中國思想的這一重要發展。

　　《莊子‧天下篇》的作者（也許是莊子的後世門徒），扼腕痛惜地描述原本完整一體的「道」的「裂」。他把道術之「裂」與中國「百家之學」的興起聯繫起來，認為各家學說「多得一察焉以自好。譬如耳目鼻口，皆有所明，不能相通」。因此，「後世之學者，不幸不見天地之純，古人之大體」[4]。這一對古代中國首次哲學運動的描述中，作者把原來莊子所說的一則寓言化為歷史，這則寓言是這樣的：

> 南海之帝為儵，北海之帝為忽，中央之帝為渾沌。儵與忽時相與遇於渾沌之地，渾沌待之甚善。儵與忽謀報渾沌之

4　Burton Watson 譯，*The Complete Works of Chuang Tzu*（New York: Columbia University Press, 1968），p. 364. 譯按，我將「裂」字譯作 breakup，替代Watson譯的to be rent and torn apart。下引此書只注頁碼，若無專門說明，則選用Watson所譯。

德，曰：「人皆有七竅以視聽食息，此獨無有，嘗試鑿
之。」日鑿一竅，七日而渾沌死。（《莊子・應帝王》，
Watson, p. 97）

我相信，上引〈天下篇〉所記述的歷史，是脫胎於莊子的這一寓
言。因為兩者皆以人的五官作喻，清楚顯示莊子筆下的渾沌，是代
表原來合一的道體。莊子寫下渾沌之死這則著名寓言時，心中必定
想著這場今天史家視為「迅速」（儵）和「突然」（忽）發生的中國古
代精神啟蒙運動。老子、孔子和墨子（他們僅是中國哲學史上眾多
聖哲中的三位佼佼者）均在西元前6世紀和前5世紀出現。

　　現在的問題是，我們該如何理解這場突如其來的精神啟蒙運
動，以及怎樣把它和天人之分聯繫起來。關於這個問題，我想先以
一種比較的視野來加以考察，因為中國並非古代世界唯一經歷這種
啟蒙的文明。四十年多前，雅斯貝爾斯(Karl Jaspers)指出了一個耐
人尋味的歷史事實，在西元前一千年內，即他所稱的軸心時期，包
括中國、印度、波斯、以色列和希臘的幾個高級文明都相繼經歷了
精神上的「突破」，這種突破的形式或見諸哲學思辨，或體現在後
神話時代的宗教想像，或反映在一種集道德、哲學、宗教於一身的
混合觀念，中國屬於最後一種情況。軸心時期各文明的突破，顯然
是各自獨立發生而沒有互相影響的。我們從中可以推論的是，當文
明或文化發展到一定階段，就會經歷一個共同的精神覺醒過程。雅
斯貝爾斯進而指出，這種軸心突破的終極意義在於，一個文明的形
態和性質，就是在這個階段定型和確立的 5。在過去幾十年間，對

5　Karl Jaspers, *The Origin and Goal of History*, trans. Michael Bullock（New

於雅斯貝爾斯的「突破說」聚訟紛紜，而大家都普遍認為，孔子時期中國的思想巨變可理解為軸心時期的大突破之一。這樣，更值得注意的是，莊子和及其門徒早已領悟了他們參與掀起的這場精神運動的歷史意義。「渾沌之死」或「道術將為天下裂」確實切中了「軸心突破」概念的宏旨。

對於軸心突破的特徵，可以用許多不同方法來描述。考慮到本文討論的目的，我選擇將它視為中國的首次精神覺醒，而其核心包括一個原初的超越。如史華慈(Benjamin I. Schwartz)所指出的，這一「超越」是「對現實世界的一種批判性、自省性的詰問，也是觀照超越世界的一種新方式」[6]。之所以說這種超越是「原初的」，因為它大體上自此即成為貫穿整個傳統時期中國思維的核心特徵。

學者大都同意，軸心突破是現實世界和超越世界二元分立出現的直接導因。超越的精義就在於，現實世界被超越了，但沒有被揚棄。然而，另一方面，超越的確切形態、經驗內容和歷史過程，則因不同文明而迴然相異，因為它們所依憑的是突破發生前各自獨有的文化基礎。接下來我要談一下中國超越的獨特性。有些西方學者已察覺到，相比於其他文明，中國的突破是「最不激烈」[7]或「最為保守」的[8]。我認為這一判斷是有道理的。對於這種情況可以有

(續)——————

　　　　Haven: Yale University Press, 1953), chapter 1, "The Axial Period," pp. 1-21.

6　　Benjamin I. Schwartz, "The Age of Transcendence," *Daedalus* (Spring 1975): 3.

7　　Talcott Parsons, " 'The Intellectual': A Social Role Category," in *On Intellectuals*, ed. Philip Rieff (Garden City, N. Y.: Doubleday Anchor, 1970), p. 7.

8　　Benjamin I. Schwartz, "Transcendence in Ancient China," *Daedalus* (Spring 1975): 60.

許多解釋。其中之一是中國人注重歷史延續性，這在軸心時期及以後都是如此。儘管發生了「突破」，但它並非跟突破前的傳統完全決裂。另一種解釋是探究現實世界和彼岸世界間的關係。在中國的突破中，現實和超越這兩個世界並沒有明確的分野。早期的中國哲學思想不曾提出過柏拉圖的想法，即現實世界是一個不可見的永恒世界的不完整的摹本。像基督教那種把上帝的國度和人間截然二分的看法，在中國宗教傳統裡也付諸闕如。在芸芸中國古典思想中，我們也找不到與近似於早期佛教那種認為此世是虛幻和無價值的極度消極思想。軸心時期中國出現了「道」的概念，它是超越世界的象徵，與日常生活的現實世界成一對照。無論儒家或道家都是如此。對這兩家來說，道都是不遠離於日常生活的。孔子說：「道不遠人。人之為道而遠人，不可以為道。」《中庸》也說：「君子之道，費而隱。夫婦之愚，可以與之焉，及其至也，雖聖人亦有所不知焉。夫婦之不肖，可以能行焉，及其至也，雖聖人亦有所不能焉。」這裡強調道是尋常人都可以接觸的。但老子和莊子都認為，道是與現實世界相對的生活的「更高境界」。雖然一般來說，道家對此世和彼世的分野較儒家明確，但道家也沒有把這兩個世界作截然二分。因此，當有人向莊子問道：「所謂道，惡乎在？」他就回答：「無所不在。」他向提問者進一步解釋：「汝唯莫必，無乎逃物。至道若是，大言亦然。」（《莊子·知北遊》）莊子的弟子們曾這樣描述他：

> 獨與天地精神往來，而不敖倪於萬物，不譴是非，以與世俗處。……上與造物者遊，而下與外死生無終始者為友。（《莊子·天下》，Watson, p. 373）

換句話說，莊子活在「此世」，但靈魂卻同時徜徉於「彼世」。

至此我想證明的是，軸心時期的中國也發展出超越世界與現實世界的二元分立。但中國的這種二元分立跟其他文明不大一樣，因為它沒有截然區分這兩個世界。套用中國的典型說法，這兩個世界的關係是「不即不離」的。那些慣於把事物截然二分的人，也許會覺得這種說法難於索解，但它確實是中國超越的最重要特色。本文之所以題為「天人之際」，也是要點出這種獨特的中國式思維。現在我將更進一步，以「內向超越」來解釋中國的事例。

要理解中國超越的內向性，不能不略述古代中國發生的軸心突破的歷史過程。有人指出，希臘的突破是以荷馬史詩中的神話世界為背景，以色列的突破繼起於舊約聖經和摩西故事的宗教淵源，而印度的突破則建基在悠久的吠陀經典傳統。那麼，中國突破的發生背景是什麼呢？我可以不假思索地回答：綿延夏、商、周三代的禮樂傳統。這種禮樂傳統自夏以來即體現在統治階層的生活方式之中。據孔子講，禮樂傳統是歷經夏、商、周三代損益而一脈相承的（《論語‧為政》）。孔子這一論斷基本上已得到新近考古發現的證實，除了夏代尚待考古發掘的進一步證明外，周代傳統繼承於殷商已無異議。然而，逮至孔子時代，這種禮樂秩序已幾近全面崩壞，這主要是由於當時的王侯貴族僭越禮制所致。這是一個典型的例證，證明了歷史上重大的突破，往往有一個崩壞的階段為之先導。

接著，我們必須從超越的角度著眼，將軸心突破與禮崩樂壞兩相參合，建立兩者的歷史聯繫。為免本文過於拖遝，這裡只指出禮樂傳統是軸心突破時期中國超越的出發點。孔子超越現存禮樂儀式的中心思想之一，是尋找「禮之本」。眾所周知，他將「仁」解釋為禮的精神內核，至此他的尋找之旅告一段落。因此，他的「禮

樂」觀念煥然一新，與以往認為禮是源於人類模仿「天之經」、「地之義」這種神聖模型(《左傳‧昭公二十五年》)的傳統看法大相逕庭。他不是向天地這些外在事物去尋找「禮之本」，而是求諸人的內心。同樣地，繼孔子之後，墨家和道家的突破也把改革禮樂傳統視為要務。墨子認為傳自遠古的禮樂已日益繁縟，正在不可逆轉地趨向淪落。他更猛烈地批評孔子的改革未能徹底根除在周代發展起來的所有現存禮樂制度，因此他主張返回簡樸的夏禮。至於道家，他們可能是先秦諸子中突破最激進的。因為較諸其他學派，道家對現實世界和彼岸世界所作的分野更為確切清晰。尤其是莊子，他是中國傳統思想中彼岸世界觀念的主要源泉。但必須強調的是，道家也是針對傳統禮樂而提出其理論的。《道德經》第三十八章也明言：「禮」是「亂之首」，意謂原始的道體正在逐漸衰落倒退。另一方面，莊子也教我們如何從忘掉禮樂開始，從而達到「坐忘」來超越現實世界，回歸大道(Watson, p. 90)[9]。所以，《道德經》所論的「失道」過程，與《莊子》所說的「得道」歷程，恰成一往一復。莊子雖然把所有現有的禮樂制度斥為無意義的人為事物，但他並沒有提出要揚棄禮樂，甚至還提及「禮意」。不過，顯然在他看來，對著已過世的妻子鼓盆而歌，是比哭哭啼啼更有意義的喪禮(《莊子‧至樂》)。以上三個例子說明儒、墨和道三家都傾向賦予現有的禮樂以新解，而不是將之棄絕。韋伯認為這點「極其重要」[10]。我可以大膽指出，這種賦予新解而非棄絕，在很

9　我這裡用了《淮南子》，在該文獻中，超越的過程是從「禮樂」開始的(《四部叢刊》縮編本，卷12，頁88)。文獻的問題太技術化，這裡不作討論。

10　Max Weber, *Economy and Society* (Berkeley: University of California Press,

大程度上可以有助於解釋中國何以在所有軸心突破中是「最保守」
和「最不激烈」的。

最後，讓我們從「天人合一」概念的變化來觀照內向超越。在
人們普遍相信「絕地天通」神話的時代，只有帝王在巫覡幫助下能
直接與天溝通。因此，「天人合一」也成了帝王的禁臠。帝王受命
於天，是地上所有人的唯一代表。中國軸心突破是作爲一種精神革
命而展開的，它反對王室壟斷與天的聯繫。

雅斯貝爾斯在進一步概括軸心突破的特徵時，特別指出兩個重
要特點：首先，這場突破是人類作爲個人的精神覺醒和解放，他們
首次「敢於依靠個人自身」踏上一場精神上的旅程，透過這一旅程
他們不但要超越自己，還要超越現實世界；第二，在這種突破中，
精神上業已覺醒和解放的個人，似乎有必要把他在現世的存在，有
意義地聯繫到「存在的整體」（the whole of Being）。

在我看來，這種概括提出了一個比較視野來觀照軸心突破時期
中國「天人合一」概念的個人化轉向。以「天命」觀念爲例。孔子
說「五十知天命」（《論語·爲政篇》），又說君子「畏天命」
（《論語·季氏篇》）。劉殿爵在他的〈英譯《論語》導論〉中講得
很對：「到孔子之時，關於天命的惟一拓展就是不再局限於君主。
每個人都受命於天以修其德，踐天命就是他的職責。」*小野澤精
一在1978年有相似的發現。他把天命概念與金文中的「心」和

（續）
    1978).

   * 譯按，原作注了頁28，此處中譯引自安樂哲譯〈英譯《論語》導論〉，
    載《采擷英華——劉殿爵教授論著中譯集》（香港：中文大學出版社，
    2004），頁13。D. C. Lau（劉殿爵）譯，*The Analects*（Hong Kong: The
    Chinese University Press, 1992), p. xxviii.

「德」(「心」是「德」字的組成部分之一)聯繫起來,指出天命概念在孔子時代經歷了微妙的變化,即「從支撐王朝政治,天降之物向個人方面作爲宿於心中物的轉換」[11]。由此,由於每個人都受命於天,經過長期的「絕地天通」後,人和天的直接聯繫再次建立起來。因此,從孔子的說話中我們常常可以看到,他彷彿經常與天有著個人的接觸,例如他說過:「天生德於予。」(《論語‧述而篇》)又說:「知我者其天乎。」(《論語‧憲問篇》)這些說話清楚顯示,身爲個人的孔子能夠直接和天溝通。值得注意的是,莊子借孔子得意弟子顏回之口,說出以下一段話:

> 然則我內直而外曲,成而上比;內直者,與天爲徒,與天爲徒者,知天子之與己皆天之所子。(《莊子‧人間世》,Watson, p. 56)[12]

莊子在此以他獨有的方式來表達道家的激進觀念:借著「內直」(即人心中的「德」),人人皆可爲天子。莊子憑著這種獨樹一幟的看法,推翻了帝王自認爲只有他才是天子的想法。只要保持內心誠直,則人人都能成爲天子,從而也就能與天直接溝通。

到目前爲止,我們可以看到天人合一的個人化轉向,怎樣一方面使得天人之間的直接交通得以重開;另一方面又使個人得到精神

---

11 小野澤精一等,《氣の思想》(東京:東京大學出版會,1978)。中譯引自李慶譯,《氣的思想》(上海:上海人民出版社,1990),頁60。

12 莊子在這裡玩了一個文字遊戲。在他的時代,「德」字的寫法是作上「直」下「心」。「德」字的古字寫法,可參閱最近出土的文獻,見《郭店楚墓竹簡》(北京:文物出版社,1998)。

上的覺醒和解放。而且，無論是小野澤精一的研究，抑或上引《莊子》的那段話，似乎都指出溝通的重點在於人的內心。現在讓我們探討內向超越的問題。

整個天人合一觀念的核心就是天人之間的交通。所以首先我們必須問：在前軸心時期，帝王是如何和天溝通的？這個問題把我們的目光引領到禮樂的溝通作用。上文提到，帝王一直依靠巫覡的協助來與天溝通。巫覡是深得帝王信任的宗教官員，他們自稱唯有他們才能與天接觸，其方式有二：或是代表帝王向天上神、帝王的先祖尋求指引，或是請神靈降臨人間。但是，要做到這點，他們需要借著各種祭器進行一些儀式。很大程度上，軸心突破是反對禮樂儀式中的巫術成分的。我們也由此來理解孔子對禮樂的重新詮釋。孔子身為業已精神覺醒和解放了的思想家，不需要巫為中介就可以直接與天聯繫。因此，從前被認為是由巫壟斷的強大溝通力量，現在已賦予了「仁」，即「禮」的精神內核，而「仁」只能求諸人的內心。到了西元前4世紀，隨著新的氣化宇宙論出現，這個內在轉向又向前邁進了一大步。這種新的宇宙論認為，天地之間充塞著氣。氣是不住流動的，一旦二氣相分，陰陽初判，世界也就形成。大體來說，氣分兩種，清氣輕揚而成天，濁氣凝滯而為地。人受二氣之調和，其體為濁氣所形成，其心則為精氣之所居。

有了這種氣化宇宙論，天人合一觀念就進入了新紀元。其結果是，諸學派的思想家也開始建構各自的天人合一看法，以取代從前的巫術詮釋。孟子談到「浩然之氣」時，其實就是提出他對個人如何達到「天人合一」的看法。只有反求諸己，養心中最精純之氣，才能達到與天地合一（《孟子·公孫丑上》）。他在另一章也說：「夫君子所過者化，所存者神，上下與天地同流。」（《孟子·盡

心上》)據他所說，在這種新的天人合一觀念中，溝通能力是取決於存在於人心深處的最精純之氣。

我們在《莊子》中也可找到類似的觀念。莊子在討論個人如何借著超越的「道」而達致合一時，提出了著名的「心齋」說。根據此說，一方面心必須虛，另一方面必須充滿氣，這樣道才會集於此。莊子和孟子一樣，也強調養氣極其重要，因為只有靠氣才能做到耳目感觀通達，感受宇宙萬物的不斷變化（《莊子·人間世》）。所以，孔子、孟子和莊子為我所稱的「內向超越」提供了三個具體而生動的例子，而「內向超越」是中國軸心突破不同於其他文明的突破的根本所在。

以上呈現的歷史過程，旨在解釋中國軸心突破是如何和為什麼導致內向超越的出現。正如我在論述天命觀念時指出，軸心時期的思想家是精神上業已覺醒和解放了的個人，他們以一個微妙的策略打破了王室對天人交通的壟斷，就是把溝通的核心從由巫所支配的儀式，轉移到每個人的內心。這裡我們有一個具體的例子，顯示突破正發生於夏、商、周禮樂傳統的中心。這也顯示，隨著中國由前軸心時期邁入軸心時期，天人關係發生了決定性的新轉向，這種轉向既是個人化的，又是內向性的。在前軸心禮樂傳統與哲學突破之間，中國的精神思想出現了質的飛躍。因為超越了禮制傳統，中國的思想無論在概念還是表達上都提升到了一個新的層次。

但是，至此我們亟需注意另一個問題。上文曾指出，儒、墨、道三家各自賦予禮樂以新解，但沒有一家與傳統禮樂作一刀兩斷的決裂。這種不完全與前軸心傳統決裂的態度，似乎對以下事實有重要意義：如前所述，中國軸心突破所導致的超越世界，並沒有明顯地與現實世界對立起來。但在這種情況下，傳統與突破之間的持續

性已經隱然可見。現在，讓我們特別以「天命」概念為線索，再來探討天人合一觀念。

首先，整個天人合一概念是從古代綿延至軸心突破時期的，只是人們對它的解釋不同而已。在商周時期，帝王和統治階層視天為最高智能和權力的終極來源，而與天聯繫的唯一方法，就是由巫所宰制的禮樂儀式。到了軸心時期，精神上業已覺醒的個人也需要每天與精神力量的來源保持接觸。正如孟子和莊子所指出的，他們靠著養心中最清純細微之氣來完成這項美妙的工作。因此，心成為個人和天(或道)保持交流的唯一媒介。撇開思想內容上的巨大差異不論，這種天人合一的新觀念與前軸心時期的原始禮樂儀式，兩者之間的延續性是顯而易見的。

天命概念在前軸心時期的天人合一構想中占中心位置。一般相信，天命一詞起源於西周，但人們也指出，與天命有著相同功能的概念，可能早在商代就已經出現，並且商王可能已以之來證明自己政治權力的合法性，只不過當時尚無「天命」一詞而已。無論如何，我們可以說，帝王利用各種祭器進行各種的禮樂儀式來與天接觸，其最重要原因之一就是要時常獲得新的天命。根據周的理論，一個王朝能得到天命資格，則帝王和他的朝臣就必須「明德」，例如「畏天」、「恤民」、「勤政」、「節儉」，等等[13]。後來孟子在總結這個概念時，援引《尚書·泰誓》：「天視自我民視，天聽自我民聽。」(《孟子·萬章上》)

這不啻是中國版的「神的聲音即人民的聲音」(Vox populi, vox

---

13 傅斯年，〈性命古訓辨正〉，載《傅斯年全集》第2冊(台北：聯經出版公司，1980)，頁279-292。

Dei)。現代經學家指出，天命概念是西周時代的天人合一觀念的要素，他們這種看法是很有道理的[14]。

關於天命，我想提出古代傳統與突破之間延續性的幾點線索。首先，我們已看過孔子怎樣用天命一詞來形容他與天之間的關係。《左傳·昭公七年》記載，魯國大夫臧孫紇對於孔子有以下評語：「聖人有明德者，若不當世，其後必有達人。」要注意的是，明德原本是帝王及其朝代獲得天命的前提條件，但現在這個詞也開始應用到個人身上，在上例中是指孔子的祖先。因此，整個天命概念一脈相承，一直延續到了軸心時期，儘管它的重點已從集體意義轉變爲個人意義。其次，我們應該把孔子著名的「爲政以德」（《論語·爲政篇》）思想，視爲西周根據「明德」施政的概念之延續，雖然在西周的「明德」概念中，德的力量可能是與受巫風影響的禮樂溝通有關連，但對孔子來說，「德」的力量是從內心「修」來的（《論語·述而篇》）。這個政治思想後來在孟子的「仁政」思想中臻至頂點，而孟子的「仁政」強調王者要有「不忍人之心」（《孟子·公孫丑上》）。的確，「爲政以德」的思想濫觴於周初，由孔子加以傳承，至孟子仍然持續未衰，而且越來越趨向內在。最後，天命觀念的內在轉向的發生要早於孔子時代。《左傳》記載了西元前605年發生的一件盡人皆知的故事，簡單說是這樣的：楚莊王向東周使臣王孫滿問九鼎之大小輕重。九鼎是象徵周朝天命的神器，楚莊王認爲得到它們，楚就可以取周而代之，獲得天命。但王孫滿答道：「在德不在鼎⋯⋯周德雖衰，天命未改。」（《左傳·宣公三年》）這是我所知的顯示天命轉向內在的最早證據，它把「德」

14　曾運乾，《尚書正讀》（北京：中華書局，1963），頁35-36。

這種內在的「品行」或「力量」與九鼎這種神聖祭器相提並論，兩者分庭抗禮。這則軼事說明了楚莊王可能仍然相信傳統的看法，認為擁有九鼎就等於獲得天命。但王孫滿的回答清楚顯示，一個新的觀念出現了。根據這個觀念，天命主要是關乎「德」這一內在的精神品行，而非九鼎那樣的外在祭器。在此想簡單提一下，「德」字本身也經歷了類似的內在轉向。它的古字寫法為「惪」，即左「彳」右「直」兩個組成部分。在周代後期的一些金文中，加入了第三個組成部分「心」。後來有人指出，「德」的意義可能經歷了轉變：從描述人類的外在行為，變為描述人的內在品格。最近郭店出土了西元前三百年的竹簡，上面刻有道家和儒家的文章，其「德」字一律寫作上「直」下「心」的「悳」。這或許是個很重要的發現。天人合一觀念的內在轉向可能早在軸心突破全面展開之前已經開始了。

　　我循著「天人合一」這條中心線索，描述了從前軸心禮樂傳統到軸心突破時期內向超越發生和發展的歷史。尤其是天人合一觀念的延續，深刻顯示了它的最原始形態，可能是源於帶有巫風的天人交通儀式。如在「絕地天通」神話中所見，巫是這種天人交通不可或缺的中介。自孔子以降的軸心時期思想家，的確最終超越了禮樂傳統，導致了劃時代的哲學突破。但他們的方法是賦予原本的禮樂以新解，而不是將之完全揚棄。結果，「天」被人以各種不同意義來解釋，包括提出「道」的概念，將天人交通的媒介由「巫」改為「心」，以及用精神修養來取代禮樂儀式。雖然如此，最初的結構仍然保持完整，業已精神覺醒的個人仍然渴望與方外世界「合一」或「大通」，因為他們認為最深邃的智能和力量是要往方外世界中尋求。但是，因為現在天人交通的關鍵在於人的內心，所以尋找方

外世界必須反求諸己。劉殿爵在〈英譯《孟子》導論〉中有以下的
精彩論述：

> 順天命而行可以是樂事，只要我們反求諸己，在內心找到
> 道德根源。如此一來，孟子已打破了天人之隔以及天命與
> 人性之間的樊籬。由人心深處有一秘道可以上通於天，而
> 所屬於天者已非外在於人，反而變成是屬於人的最真實的
> 本性了。[15]

這是最能闡明我所謂的內向超越的例子。

以此義來理解，我們不要誤以為天人合一是某種有特定思想內
容的「理論」。反之，它僅是一種思維方式，這種思維方式幾乎體
現在中國文化的各個方面，例如藝術、文學、哲學、宗教、政治思
想、社會關係等等，本文無法對此一一深究。這說明了何以自孔子
以降，內向超越成為中國思維的最重要特徵。以下讓我簡略介紹它
在後軸心時期中國思維的一些表現方式。

我想先論述其負面方面，與西方外向超越作一比較。中國的超
越世界沒有被系統地外在化、形式化或客觀化，這點在與西方超越
世界相比較時尤其明顯。自軸心突破後，中國的思想家就算明顯地
對彼岸世界有深刻的感受，也不大會把他們的想像力應用於建構彼
岸世界(無論它是天，還是道)的性質、形態和特徵等等。莊子有一
句話正能闡明這點：「六合之外，聖人存而不論。」(《莊子·齊

---

15 *Mencius*, trans. D. C. Lau (London: Penguin Books, 1970), p. 15.中譯引自
胡應章譯〈英譯《孟子》導論〉，載《采擷英華》，頁109。

物論》)中國人的這種態度與西方大異其趣，因爲西方傾向把彼岸
世界建構出來，並且通常都是詳盡和清晰的。

事實上，神學在中國傳統裡付諸闕如，這是沒有史家會察覺不
到的事實。自西元前3世紀以後，中國對天和宇宙的想像僅孕生了
陰陽宇宙論，而非神學。佛教帶入中國的，除了眾多慈悲爲懷的菩
薩外，還有等級分明的天堂與地獄。後來道教也加以模仿創造出
「天尊」這個至高等級。這些外來信仰雖然對一般大眾很有吸引
力，但思想界精英從來沒有加以認眞看待。如朱熹就曾斥道家之徒
模仿佛教所爲而作天尊是「悖戾僭逆」。他與柏拉圖、康德不同，
無論是恒常的天體活動，還是人心中的道德原則，都無法說服他相
信有神存在。

相反，在西方，神學是一套關於上帝的系統知識，是隨柏拉圖
的形而上學出現的，亞理士多德加以繼承，成爲三大「理論科學」
之一。到了中世紀的歐洲，基督教神學壓倒希臘思想。但正如帕利
坎（Jaroslav Pelikan）所指出：「正統基督教教義某種程度上對古典
思想的勝利是一種付出極高代價而獲得的勝利，因爲戰勝希臘哲學
的神學仍繼續不斷受到古典形而上學的語言和思想的影響。」[16]因
此，神學在中國傳統中所付闕如，在西方卻得到大肆發展，這充分
印證了內向超越和外向超越之間的對比。對於中世紀基督教神職人
員和世俗人之間分野之森嚴，黑格爾曾有以下批評：

16　Jaroslav Pelikan, *The Emergence of the Catholic Tradition* (100-600), vol. 1
of *The Christian Tradition: A History of the Development of Doctrine*
(Chicago: University of Chicago Press, 1971), p. 44. 中譯引自翁紹軍譯
《基督教傳統──大公傳統的形成》（香港：道風書社，2002），頁90。

> 事實上便引起了一種分別，就是一方面是操有這種福利的
> 人，另一方面是必須從他人手中取得這種賜福的人——就
> 是教會之人和世俗之人的分別。世俗之人同神聖是不相干
> 的。這就是中古時代教會所陷入的絕對的分裂：這種分裂
> 便是由於「神聖的東西」是外在的東西而引起的。[17]

黑格爾這段話具體證實了我提出的關於西方超越外在化的看法。

我們再來看看，對於相同問題禪宗大師惠能在《六祖壇經》
(第三十六節)中有何見解：

> 善知識！若欲修行，在家亦得，不由在寺。

接著又說：

> 法原在世間，於世出世間。勿離世間上，外求出世間。
> （英譯據Philip B.Yampolsky）

我們在這種中國佛教思想中，看到對於內向超越切中肯綮的說明。
很明顯，現實和超越這兩個世界是「不即不離」的，兩者的聯繫全
賴於純淨之心。

接下來看看中國思維的積極一面，我想強調指出，儒、釋、道
三家都極爲著重「心」的本質和作用，從而導致了不同於西方心理

17　Georg Wilhelm Friedrich Hegel, *The Philosophy of History*, trans. J. Sibree
　　(New York: Dover, 1956), p. 378. 中譯引自王造時譯，《歷史哲學》(北
　　京：三聯書店，1956)，頁424。

學或哲學的中國獨有的「心學」出現。因此，我們看到孟子的「盡
其心者，知其性也，則知天矣」；莊子藉「心齋」達至大通；禪宗
的「直指人心，見性成佛」。不用說，對「心學」貢獻最大的是宋
明理學。儘管朱熹哲學體系的最核心思想是「理」，但他認為
「理」雖來自於天，但最終體現於心。故他說：「理無心，則無著
處。」不過，要說把心學發揮到淋漓盡致的，當數王陽明。王陽明
與友人的以下對話正是明證。他的友人指著岩中花樹問：

> 天下無心外之物。如此花樹，在深山中自開自落，於我心
> 亦何相關？

王陽明答曰：

> 你未看此花時，此花與汝心同歸於寂；你來看此花時，則
> 此花顏色一時明白起來，便知此花不在你的心外。[18]

　　王陽明的意思並不是說外在世界中沒有「花」這種東西存在，
而是說，對於旁觀的人類來說，花之所以為「花」，全仗心的作
用。這包括了它所具有的一切特質，它與其他事物的關係，以及它
名叫「花」這一事實。他把這種心理狀態稱為「良知」，即發乎內
心、不假外求的知識。明顯地，王在這裡所說的是價值和意義的來
源和結構，而不是外在世界和我們對之的客觀認知。根據他這個思
想方法，我們或許這樣說，價值和意義是源自心或良知，而心或良

18　王陽明，《傳習錄下》（台北：臺灣商務印書館，1967），頁234。

知就是天人合一的狀態，它具有一種比康德的「實踐理性」
（practical reason）更廣大的立法力量。如果說，王陽明關於內向超越
精神的哲學，在此得到最完滿和最佳的表達，是一點也不誇張的。

　　總括來說，我在本文裡借助三個解釋步驟，試圖用比較的觀點
來說明中國宗教和哲學想像的獨特性。首先，我提出「內向超越」
的概念來概括中國思維的特點。從歷史來看，它首先形成於軸心突
破時期，歷經好幾個世紀，逐漸根深蒂固地存在於中國人的精神世
界，這在儒、釋、道幾個思想流派中都顯而易見。第二，我從超越
世界和真實世界之間的關係，來進一步討論內向超越，並指出用
「不即不離」來形容這種關係最貼切不過。第三，把神聖認為是內
在的事物，必然會產生大量關於心的奇妙作用的想像，只有靠著心
的中介作用，才有希望達到天人合一。作為結論，讓我提出一個特
定的論點，那就是，內向超越對於我們的現代世界可能有其重要意
義。阿倫特（Hannah Arendt）對現代人的境況作了鞭辟入裡的分
析，她提出了一個重要事實，即「冥思的生活」（vita contempl-
ative）和「行動的生活」（vita active）兩者次序的逆轉。結果，支配
我們現代生活的主要是行動，而冥思則淪落到幾乎已不復存在。但
根據阿倫特所說，現代人如果喪失了彼世，就無法獲得此世[19]。之
後，泰勒（Charles Taylor）也為相同問題而苦苦思索，只不過他採取
的觀點不同、用語也有別。他是這樣看的，西方的現代認同在很大
程度上包含他所稱的「對日常生活的肯定」。但是，泰勒與阿倫特
並非不同，阿倫特關注現代人的「無思考」（thoughtlessness），泰

19　Hannah Arendt, *The Human Condition*（Chicago: University of Chicago
　　Press, 1958）.

勒也對西方文化有「令精神窒息」的趨向感到焦慮。最後，他只看
到「在猶太─基督教有神論中的，以及隱含在對人類的神聖肯定的
核心承諾中的希望」[20]。在我看來，這個精神危機根源於西方文化
的外向超越。有趣的是，我們發現中國思想中有一核心元素正是談
及這一危機。禪宗有個家喻戶曉的說法：「挑水砍柴，無非妙
道。」王陽明也曾將道形容為：「不離日用常行內，直造先天未畫
前。」這兩句話似乎指出，冥思和行動，或者日常生活和精神修
養，是有可能統一的，並非定要捨此取彼。上文我故意用「談及」
一詞，因為我也不肯定這種中國思想是否真正能為現代危機「提供
解決方法」。雖然如此，因為中國精神傳統最關心的問題是如何去
過一種將此世與彼世糅合起來的生活，我們有理由相信，這其中包
含著一些值得重新審視的理念。畢竟，這種思想方式對西方來說並
非完全陌生。眾所周知，加爾文在很久以前已經把講究實際的精神
和冷酷的功利主義，跟彼世的目標結合起來了。

據 "Between the Heavenly and the Human," in Tu Weiming and
Mary Evelyn Tucker, ed., *Confucian Spirituality, Volume One, Volume 11A
of World Spirituality*: *An Encyclopedic History of the Religious Quest*（A
Herder and Herder Book, The Crossroad Publishing Company, New York,
2003），pp. 62-80譯出。

（林立偉　譯）

20　Charles Taylor, *Sources of the Self: The Making of the Modern Identity*
(Cambridge, Mass.: Harvard University Press, 1989).中譯引自韓震等譯，
《自我的根源：現代認同的形成》（南京：譯林出版社，2001），頁
818。

2
魏晉時期的個人主義和新道家運動

　　「個人主義」和「集體主義」是兩個西方的思想概念，將它們引入中國思想的論說中只是近來歷史發展的事情[1]。但這並不意味著作爲分析範疇，這兩個概念完全不適用於中國早期思想的研究。事實上，我們發現在中國政治和社會思想史上，很大範圍內的觀點都可被合理地描述爲具有集體主義或個人主義的特徵。在這篇論文中，將把從漢末開始的新道家運動作爲中國個人主義的一個典型事例來探討。

一、漢末社會關係的危機

　　貫穿整個漢代，中國政治和社會思想的主要爭端是在不同水平上的集體生活。個人主義的問題在先秦時代的古典思想裡已凸現出輪廓，不再是漢代理論家主要關注的內容。結果，中國最著名的社會關係理論「三綱」和「六紀」在此時期最後定型。「三綱」指君臣、父子、夫婦之間的關係，而「六紀」指與叔伯、兄弟、宗親、

1　見魯迅，〈文化偏至論〉，《魯迅全集》第1冊(人民文學出版社)，1973，頁45-46。

諸舅、老師、朋友之間的關係。這些「綱」與「紀」究竟意味著什麼《白虎通‧德論》提供了以下的答案：「綱者，張也。紀者，理也。大者爲綱，小者爲紀。所以張理上下，整齊人道也。」[2] 正如引文所明確顯示的，該理論廣泛地涉及從家庭到國家所有社群秩序的建立。雖然「三綱」毫無疑問源於法家，但最終仍被整合入漢代儒家的意識型態[3]。在法家的影響下，漢代儒家學者也以相似於法家建構「法」的方法，系統地發展了「禮」。無論禮與法之間的區別是什麼，但作爲個體的外部約束，在漢代毫無疑問地都以各自的方式發揮著作用。禮和法的聯繫後來變得很緊密，以至於西元94年漢代的廷尉甚至認爲兩者「相爲表裡也」[4]。

如果我們認爲漢代本質上是集體主義的時代，那麼漢王朝的末期則見證了個人主義的興起。事實上，從2世紀末到4世紀最初的幾十年，是中國歷史上個人主義唯一的繁榮時期。在這段時期裡，個人主義在思想領域和實踐範圍內都很盛行。爲了了解這一重大的歷史發展，我們必須以漢末深刻的社會和思想危機作爲論述的開始。

起初社會關係領域的危機發生在名士階層的一些激進的圈子裡，最好被描述爲「三綱」的瓦解。讓我們首先考察君臣關係。在2世紀下半葉，有　象表明君權至上的觀念遭到攻擊。164年，桓帝巡遊雲夢，吸引了一大群人圍觀。而一個來自漢陰的老父卻繼續在田裡勞作，彷彿什麼事都沒發生一樣。皇帝的一個隨從驚奇地問他

2　《白虎通‧德論》，《四部叢刊》初編縮版，卷7，頁58；Fung Yu-lan（馮友蘭）, *A History of Chinese Philosophy*, Derk Bodde 譯（Princeton University Press, 1953）, 2:44.

3　余英時，《歷史與思想》（台北：聯經出版公司，1976），頁39-41。

4　《後漢書》，中華書局，第5冊，頁1554；T'ung-tsu Ch'u（瞿同祖）, *Law and Society in Traditional China*（Paris: Mouton, 1961）, p. 279.

為何獨無興趣看皇帝,老父回答說:

> 請問天下亂而立天子邪?理而立天子邪?立天子以父天下
> 邪?役天下以奉天子邪?昔聖王宰世,茅茨采椽,而萬人
> 以寧。今子之君,勞人自縱,逸遊無忌。吾為子羞之,子
> 何忍欲人觀之乎?[5]

　　這段話立即引起對君權至上合理性的懷疑。這裡的君權不是基
於「天授」的觀念,而是基於道家的自然之國的理論。因此,當統
治者未能完成他的職責時,就已違反了契約而使自己成為不合格的
君主。這個老人的看法不僅標誌著政治制度的瓦解,而且也預示著
無政府主義的產生。在此後的兩個世紀裡,無政府主義在中國的政
治思想中占統治地位,尤其以嵇康(223-262)、阮籍(210-263)和鮑
敬言(西元4世紀)的思想為代表。
　　阮籍在著名的〈大人先生傳〉裡說道:

> 蓋無君而庶物定,無臣而萬事理……君立而虐興,臣設而
> 賊生。坐制禮法,束縛下民……竭天地萬物之至,以奉聲
> 色無窮之欲。[6]

5　《後漢書》,第10冊,頁2775。
6　《阮籍集》(上海古籍出版社,1978),頁66。英譯見Kung-chuan Hsiao
　　(蕭公權),*A History of Chinese Political Thought*, Frederic W. Mote譯,
　　(Princeton University Press, 1979), 1:622-623; 和Donald Holzman, *Poetry
　　and Politics, The life and Works of Juan Chi, A.D. 210-263* (Cambridge
　　University Press, 1976), pp. 195-196.

這個無政府主義的宣言無疑將暗含在漢陰老父話語中的思想發展到頂點[7]。後來,鮑敬言通過破壞傳統政治制度的理論基礎進一步展開了無政府主義的話題。他是第一個挑戰君權神授神話的思想家,認為政治制度不是上天強加於人的,它產生於一個簡單的事實:「夫強者凌弱,則弱者服之矣;智者詐愚,則愚者事之矣。」遵循早期道家的思想,特別是莊子的思想,他描繪了自然之國的快樂,他寫道:

> 曩古之世,無君無臣,穿井而飲,耕田而食,日出而作,
> 日入而息,泛然不繫,恢而自得,不競不營,無榮無辱。[8]

在此,鮑敬言明顯地把個人的自由置於社會制度之上。

從2世紀到4世紀,這種無政府主義思想在中國得到廣泛傳播。在《列子》裡,也有一個叫終北的理想國,那裡「長幼儕居,不君不臣」[9]。在中國文學裡,最值得稱頌的理想國是陶淵明(372-427)的桃花源,正如王安石(1021-1086)所評論的,那也是一個沒有君

7　更多細節請看拙作〈名教思想與魏晉士風的演變〉,此文最早發表於《食貨》復刊第9卷第7-8期(1979年11月),頁2-4。現收入《中國知識階層史論》(台北:聯經出版公司,1980),頁333-337。

8　葛洪,《抱朴子》,(萬有文庫本),第4冊,頁773-774。英譯見 Wolfgang Bauer(鮑吾剛), *China and the Search for Happiness*, Michael Shaw譯 (New York:Seabury Press, 1976), pp. 138-139.

9　楊伯峻,《列子集釋》(上海龍門聯合書局,1958),頁102;A. G. Graham, *The Book of Lieh Tzu*(London: John Murray, 1960), p.102. Graham 在導言中講得很對,中國大多數學者認為《列子》是3世紀的作品。現在這些學術意見大多收在楊伯峻的《列子集釋》中,頁185-245。

臣關系的社會[10]。正是由此思想危機,諸如郭象(死於312年)、葛
洪(253?-333?)和袁宏(328-376)那樣的保守者才發現有必要著手
保衛政治制度,他們認為沒有統治者的社會將不可避免地走向混亂
和瓦解[11]。這本身就證明了在此期間無政府主義思想的廣泛流傳[12]。

　　另一方面,君主專權也經歷著思想和制度的危機。漢陰老父稱
皇帝為「子君」,暗示著在他看來皇帝和他自己之間從未存在君臣
關係。這樣一種觀點盛行於漢末不足為奇,因為在2世紀君臣關係
的實際操作中已有一個特殊的、私人的特點。為了說明這一點,讓
我舉一個有趣的例子。199年,荊州牧劉表決定派遣一位地方官吏
韓嵩作為他的私人特使到皇宮去,但韓嵩對劉表說:

> 夫事君為君,君臣名定,以死守之;今策命委質,唯將軍
> 所命,雖赴湯蹈火無辭也……嵩使京師,天子假嵩一官,
> 則天子之臣,而將軍之故吏耳。在君為君,則嵩守天子之
> 命,義不得復為將軍死也。[13]

韓嵩的話表明漢末的人只有在接受皇帝的任命之後,才把他當成自
己的統治者。於是2世紀的君民關係就如同中世紀德國文化中領主

10　《王文公文集》(上海人民出版社,1974),第2冊,頁439。參看陳寅
　　恪,《陶淵明之思想與清談之關係》(成都:哈佛燕京學社,1945),頁
　　52-53。
11　參看〈名教思想與魏晉士風的演變〉引用的段落,頁336與注6。
12　關於魏晉無政府主義的概述,參看譚家健,〈略論魏晉時期的無君論思
　　潮〉,《中國哲學》,第2輯(1980),頁120-136。
13　《傅子》,《三國志》,(中華書局),第1冊,頁213引;《資治通鑑》
　　(中華書局),第5冊,頁2018-2019。

與農奴的關係，實際上變成了私人的關係[14]。在任何一個特定的時間裡，人只效力於一個特定的統治者，無論統治者是皇帝還是諸侯王，都沒有什麼兩樣。這個新的發展可用下面一句廣為流傳的話來進一步說明：「仕於家者，二世則主之，三世則君之。」[15]從所有的這些事實中可以得出一個必然的結論：皇帝不再擁有至高無上的權力。

家庭關係上也爆發著同樣深刻的危機。首先，東漢學者對從生物學角度解釋的「孝」的觀念產生了重大的懷疑。孔子的後裔孔融（153-208）承續批判思想家王充(27-100)率先闡發的論點，對父母與孩子的關係做出了如下驚世駭俗的評論：

> 父之於子，當何有親？論其本意，是爲情欲發爾。子之於母，亦復奚爲？譬如寄物瓶中，出則離矣。[16]

後來當阮籍得知一個人殺了母親時，他馬上評論道：「殺父乃可，至殺母乎！」[17]在很大程度上，如此激進的觀點正反映出父子關係上的真實危機。無論如何，在漢末「察孝行，父別居」[18]已成爲有目共睹的社會現實。

有跡象表明在魏晉時期夫妻關係也發生了根本的改變。首先，需要指出的是，和「孝」的觀念一樣，傳統觀念裡婦女最基本的品

---

14 Colin Morris, *The Discovery of the Individual, 1050-1200* (London: S.P.C.K. for the Church History Society), p. 160.

15 《魏書》，《三國志》引，第1冊，頁260。

16 《後漢書》，第8冊，頁2278。

17 《晉書》（中華書局），第5冊，頁1360。

18 《抱朴子》，第3冊，頁509。

質「德」也受到懷疑。生活在3世紀早期的荀粲，其非正統觀點使他同時代的人大吃一驚，他認爲：「婦人德不足稱，當以色爲主。」[19]事實上，這時期的上層社會婦女一般都漠視儒家禮教，她們並不完全致力於家務，而是積極地投身社會。例如，大約在194年，當陳留的太守夏侯惇爲他新近提拔的下屬舉辦官宴時，衛臻和夫人一同受到邀請。然而衛臻是一個保守的人，他批評這個舉動是「末世之俗，非禮之正」[20]。但此「俗」在其後的兩個世紀裡得以保留和延續，葛洪曾在4世紀最初幾年中寫文章抱怨婦女不再履行家庭職責，而是忙於參加各種社會集會，特別是非正式的聚會，她們熱衷於在男子陪伴下聊天、喝酒和欣賞音樂。而且，朋友之間入室視妻也變得很流行[21]。在晉朝官方的歷史記載中，這時期上層社會婦女的新生活方式得到了最好的描述：

> 莊櫛織絍皆取成於婢僕，未嘗知女工絲枲之業，中饋酒食之事也。先時而婚，任情而動，故皆不恥淫泆之過，不拘妒忌之惡，父兄不之罪，天下莫之非也。[22]

19　劉義慶，《世說新語·惑溺》。英譯本Richard B. Mather譯, *Shih-shuo hsin-yu, A New Account of Tales of the World* (University of Minnesota Press, 1976), p. 485.

20　《三國志》，第3冊，頁647。見森三樹三郎，〈魏晉時代における人間の見〉，《東洋文化の問題》，1949年6月，(1):146-147。

21　《抱朴子》，第3冊，頁598-603。

22　《晉書》，第3冊，頁136。英譯見Kung-chuan Hsiao, pp. 635-636.

二、個人的發現

前面對政治和社會危機的討論，為我們提供了魏晉時期個人主義興起的歷史背景。在對文藝復興時期義大利個體發展的著名研究中，伯克哈特指出中世紀「人意識到他自己僅是一個種族、一個民族、一個政黨、一個家庭或社團中的一員」。在文藝復興時期的義大利首次「人成為精神上的『個體』，並承認自己即是如此」[23]。

幾乎同樣的論述可以用來說明漢代的集體主義向魏晉的個人主義的思想轉變，因為自從漢末儒家禮教遭到廢弛起，個人的自我發現就占據了中心位置。

首先，值得注意的是，傳統道家重視個體生命的觀點在2世紀重見天日。經學大師馬融（79-166）在饑困之際曾對朋友歎息說：「生貴於天下也。今以曲俗咫尺之羞，滅無貲之軀，殆非老、莊所謂也。」[24]所以，他成為《老子》和《淮南子》最早的一個注釋者絕非偶然，比王弼（226-249）早了一個世紀。

尋找真正的自我最終導致一類個性的出現，借用伯克哈特的話

---

23 Jacob Burckhardt, *The Civilization of the Renaissance in Italy*, S. G. C. Middlemore譯（London: Phaidon Press, 1951）, p. 81. 雖然伯克哈特的論點已被許多人修改，但他關於文藝復興時期個人主義的基本觀點仍被認可。見 Ernst Cassirer, *The Individual and the Cosmos in Renaissance Philosophy*, Mario Domandi譯（University of Pennsylvania Press, 1972）, pp. 35-36; Paul Oskar Kristeller, "Changing Views of the Intellectual History of the Renaissance since Jacob Burchkhardt," 收入 *The Renaissance, a Reconsideration of the Theories and Interpretation of the Age*, Tinsley Helton 編（University of Wisconsin Press, 1961）, p. 30.

24 《後漢書》，第7冊，頁1953。

說，既不是「假謙虛的或僞善的」，也不是害怕獨特、害怕與眾不同的。比如，一個朋友曾問戴良(2世紀後期)：「子自視天下孰可爲比？」戴良說：「我若仲尼長東魯，大禹出於西羌，獨步天下，誰與爲偶？」[25]禰衡稱讚孔融爲「孔子未死」，孔融回敬禰衡，稱他是「顏回復生」。沒有誰覺得應該假裝謙虛一下[26]。在漢末，「異」成爲一種積極的價值觀念。一個人的性格因其獨特、不同或非凡而能得到嘉許和準確的評價[27]。另一方面，「同」的觀念則遭到蔑視。在〈辯和同論〉的著名文章裡，劉梁(大約死於180年)甚至闡發了一個極端的論題，他認爲「失由同起」[28]。在這一時期裡，性格分析學技藝的發展也證明了個人主義的成長。「性格分析學」是指對個人的性格和能力進行分析、評價和判斷的技術，它源於漢代的地方薦舉制度。判斷一個人能否被薦舉爲公職，是由他自己所在的鄉里決定。這種性格分析學有一個基本的前提條件，即人的個性和能力是因人而異的。在2世紀末，性格分析的技藝已獲得了獨立的生命，雖然它繼續爲魏晉時代的察舉制服務。在漢末出現了許多性格分析學家，他們深刻的洞察力和正確的判斷力使他們成爲自己時代的傳奇性人物。在他們中間，郭太(字林宗，128-169)、許劭(153-198)以品評人物一語中的而出名。他們不僅評論人物的相貌，也分析人物的心理，以期捕捉到人物的精神。這點在劉劭(3世紀早期)的《人物記》中得到充分地證實，此書是這一時期流傳下來的唯一一部性格分析學著作。劉劭以分析人物的情和形

25　《後漢書》，第10冊，頁2773。
26　同上，第8冊，頁2278。
27　見湯用彤，《魏晉玄學論稿》(人民出版社，1957)，頁8。
28　《後漢書》，第9冊，頁2635-2639。

作爲評論的開始,在他看來這是個性的基礎。關於看相,重點放在根據人的外貌去接近他的靈魂。爲了做到這點,整個觀察過程必須結束於對眼睛的研究上,因爲眼睛能獨自傳神。照劉劭的話來說,「物生有形,形有神精。能知精神,則窮理盡性」[29]。毋庸贅言,從漢代最後幾十年起,性格分析學對個體的自我意識的發展做出了巨大的貢獻。 與性格分析學技藝密切相關的是肖像畫法的發展,這是個人主義興起的另一個清楚的標誌。在西方,個體的發現始於中世紀後期,新式肖像畫法的出現是其證明,這種畫法描繪了「一個具體的肖像和包含在它所有個性中的人性」[30]。在中國的魏晉時代,也產生著相似的變化。人物畫確實不是這一時期的發明,它在漢代之前就早已存在了。從現代考古發現的漢代作品來看,它們基本上都是傑出人物的肖像畫,其目的在於激發人們的道德感。正如詩人曹植所言:「觀畫者,見三皇五帝,莫不仰戴……是知乎鑑者何如也。」[31]肖像畫法中的說教傳統在漢末並未完全消失。但一個嶄新的個人主義人物畫形式,在魏晉轉折時期登臺亮相了。在性格分析學的影響下,畫家也以表現人的個性化精神風貌爲目標。怎樣「傳神」成爲肖像畫法中的主要問題,並且藝術地描繪眼睛再一次成爲藝術家所要努力達到的基本目標。4世紀有關大畫家顧愷之的

29 《人物記》,《四部叢刊》初編縮版,上,頁4-6。參見J. K. Shryock, *The Study of Human Abilities, The Jen Wu Chih of Liu Shao* (New Haven: American Oriental Society, 1937),特別是pp. 99-100.

30 見Walter Ullman, *The Individual and Society in the Middle Ages*(Baltimore: The Johns Hopkins Press, 1966), p. 105; Morris, *Discovery of the Individual*, pp. 86-95.

31 引自 William Willets, *Chinese Art* (Harmondsworth, Middlesex: Pengiun Books, Ltd., 1958), 2:582. 曹植的原文見俞劍華編,《中國畫論類編》(香港:中華書局,1973),第1冊,頁12。

一個著名的故事將說明這一點：

> 顧長康畫人物，或數年不點目睛。人問其故，顧曰：「四
> 體妍蚩，本無關於妙處。傳神寫照，正在阿堵中。」[32]

於是，在表現一個人的所有個性中的人性時，重點最終放在了精神
的獨特性上，而不是形體的相似性上[33]。在西方，個體的自我發現
經常伴隨著個人詩歌，特別是抒情詩的增生現象。個人的感情通過
詩歌得以抒發，這種相關性的歷史實例能夠在早期希臘、中世紀晚
期及文藝復興時期的義大利那裡找到[34]。中國的漢魏轉折時期也見
證著詩歌的個性化出現。這個時期的詩人主要著力於表達生活中個
人的悲喜感情。例如，一般認為是東漢時期作品的《古詩十九首》
以高度個性化的手法，展示了作者的內心體驗：生命的轉瞬即逝、
離別的悲傷、聲名不彰顯等等[35]。從建安時期(196-219)開始，隨
著曹操和他的兩個兒子(曹丕和曹植)登上歷史舞臺，中國文學史上
的新篇章被揭開了。占主導地位的漢賦喪失了最初的活力和重要
性。很大程度上由於三曹新詩的影響，以《古詩十九首》為傳統的
抒情五言詩，此時成為文學藝術的主流[36]。即使曹操也沒有完全從

---

32 《世說新語‧巧藝》。Mather, *A New Account of Tales of the World*, p. 368.

33 看顧愷之的一個有趣故事，他在畫中人物的臉頰上增加了三根汗毛，為
的是捕捉他的「神」。Mather, p. 367.

34 見Bruno Snell, *The Discovery of the Mind, The Greek Origins of European
Thought*, T. B. Rosenmeyer譯(New York: Harper and Brothers, 1960)，第3
章；Morris, *The Discovery of the Individual*, pp. 68-70; Burckhardt,
Civilization of the Renaissance，特別是 pp. 184-188.

35 隋森樹，《古詩十九首集釋》(香港：中華書局，1958)。

36 余冠英，〈論建安曹氏父子的詩〉，《文學遺產》1955年第1期，頁

悲觀主義和個人主義的風格中超脫出來[37]。或許在阮籍的八十二首
〈詠懷詩〉中，我們見到了完全成熟的抒情詩。詩人努力表達內心
深處的思想情感，他的寫作不僅是私人的，有時還帶有自傳的性
質[38]。在他的時代裡，另外許多詩人也是如此。嵇康的〈幽憤
詩〉、〈述志〉以及贈送朋友的幾首詩都堪稱典範。自我發現和自
我表露集中表現了魏晉的個人主義。

在轉入思想領域之前，我想簡單地考察一下個人主義在人際關
係中的凸出表現。在此方向上的離題是值得的，因為正如現代研究
所充分顯示的那樣，魏晉時期的一個顯著特徵就是思想與社會現實
密切相連[39]。

在漢代最後幾年裡，隨著儒家社會秩序的瓦解，一種新型的人
際關係開始形成。根據葛洪的觀察，漢末以來的私人關係表現出
「親密」或「親至」的特點。葛洪告訴我們，在朋友聚會中「其相
見也，不得敘離闊，問安否。賓則入門而呼奴，主則望客而喚狗。
其或不爾，不成親至，而棄之不與為黨」[40]。親密的私人關係在文
學圈子裡得到發展。朋友之間通過詩歌和書信表達彼此誠摯的感
情。在此之前還不知道書信是否已成為朋友之間交流思想情感的手
段，從可確定的事實來看，純粹的私人信件首先出現在建安時期。

(續)—————————————————

　　137-158。

37　Etienne Balazs, *Chinese Civilization and Bureaucracy*, Arthur F. Wright編
　　(Yale University Press, 1964), p. 177.

38　按照張志岳的分類，八十二首中的十三首是自傳體詩歌。參見他的〈略
　　論阮籍之〈詠懷詩〉〉，收入《魏晉六朝詩研究論文集》(香港：中國
　　語文學社，1969)，頁66。

39　我主要參考了陳寅恪、湯用彤和唐長孺的著作。

40　《抱朴子》，第3冊，頁604。

據錢穆教授說，曹丕和曹植的一些信件尤為典型[41]。此後，書信為個人提供了一個重要的情感通道，收信和寫信成為一大快樂。於是，曹丕在〈答繁欽書〉中說道：「披書歡笑，不能自勝。」[42]曹植在給他最好的朋友丁儀(字敬禮)的信中也發表了類似的評論：「故乘興為書，含欣而秉筆，大笑而吐辭，亦歡之極也。」[43]開誠布公的私人通信將兩個朋友緊密地聯繫起來，這和我們發現的較早時期裡的通信類型是截然不同的，後者幾乎不可避免地都是正式的、非個人的和事務性的。朋友之間互贈詩歌同樣也是如此，從《文選》(卷24-26)來看，「贈答」是一種全新的手法，我們現在僅能追溯到建安時期。因此，它是表達自我意識的另一種方式。

家庭關係上也表現出親密的特點。下面《世說新語》中的故事生動地揭示了一種新型的個人主義的夫妻關係：

> 王安豐婦，常卿安豐。安豐曰：「婦人卿婿，於禮為不敬，後勿復爾！」婦曰：「親卿愛卿，是以卿卿。我不卿卿，誰當卿卿？」遂恆聽之。[44]

對於英語讀者有必要指出的是，此處被譯成「你」這個字，在漢語中原是「卿」。而需要進一步指出的是，作為一個親暱的稱呼，

---

41 錢穆，〈讀文選〉，收入《中國學術思想史論叢》(台北：東大圖書公司，1977)，第3冊，頁107。
42 嚴可均，《全上古三代秦漢三國六朝文》(北京：中華書局，1958)，第2冊，頁1088。
43 同上，頁1141。
44 《世說新語·惑溺》。Mather, *A New Account of Tales of the World*, p. 488.

「卿」只在魏晉時期被普遍使用[45]。

　　家庭的另一綱父子關係也發生了決定性的變化。胡毋輔之(264-312)以對「道」癡迷而著稱，他是新道家清談者的第二代領袖。但在這一方面他被兒子謙之超越，兒子甚至直呼其名。這一行為震驚了許多同時代的人，而父親本人卻習以為常[46]。上面列舉的兩個例子不應作為孤立的、特殊的事例來看，相反，它們表明在這一時期的名士階層裡，有一些地方人際關係已發生了深刻變化。到了3世紀末，束晳以奇異的文學想像，生動地表露了他對人間樂園的獨特看法。令人吃驚的是，在他的理想國中「婦皆卿夫，子呼父字」[47]。這證明親密的關係作為家庭生活的指導原則正變得很普遍。雖然在西方的個人主義的發展過程中，它可能不是一個條件。但就中國魏晉時期而言，它顯然有助於將個人從由集體主義的綱紀中解放出來，而此綱紀的演化貫穿於漢代幾個世紀。

三、儒家向新道家的轉變

　　回顧了這期間個人主義的表達的出現情況之後，我們現在必須開始考察思想領域裡的個人主義問題。在這部分，我將擺脫人們普遍接受的政治化解釋，試圖說明魏晉時期儒家向新道家的轉化可以更敏銳地看成是個人發現的衍生物。而且，有證據顯示，從3世紀

45　見張昊，《雲谷雜記》（上海：中華書局，1958），頁97； 周法高，《中國古代語法》（台北：中央研究院，1959），頁83-84。另見Mather, *A New Account of Tales of the World*, p. 161，「卿」也被用於朋友。
46　《晉書》，第5冊，頁1379-1380。
47　嚴可均，《全上古三代秦漢三國六朝文》，第2冊，頁1962。

中期起才開始領導新道家運動的哲學話語形式早在漢代結束之前就已出現。

　　眾所周知，3世紀的中國哲學思想經歷了一次巨變。傳統上認為這是儒家經學向新道家玄學的轉變。然而我們必須問，這個哲學的轉變是否與個人主義的出現聯繫在一起？如果是的話，則在何種意義和何種程度上存在聯繫？人們普遍認為轉變主要集中反映在政治事件上。根據這種觀點，皇宮裡的宦官不斷地迫害愛發議論、持有異議的知識分子，在166年和169年的兩次黨錮之禍後，知識分子由政治的積極參與者轉變為思想上的逃避者。漢代結束後，曹魏實行法家的專制統治，加強了對知識分子的迫害。對於許多名士而言，若要生存，就必須由承擔儒家義務向順從社會政治秩序轉變。他們在老、莊形而上學的思辨中找到了避難所，因為老、莊和他們時代的世俗事件沒有直接的聯繫。其結果是，2世紀政治的清議讓位於哲學的清談，儒家經學向新道家玄學的轉變由此實現[48]。在很大程度上，已有的觀點是準確的，然而它未能充分考慮到漢魏知識分子對運動的產生和發展所做的積極貢獻。這一時期的知識分子為政治環境所迫而成為新道家，這種看法不完全正確。因為實際上，許多人選擇將這種談論的新形式發展成為他們近來自我發現的衍生物，「談論」逐漸成為漢魏知識分子的一種生活方式，並且其後在新道家那裡被具體化為主要哲學論題(見下)。

48　有關這個問題的權威看法，見陳寅恪的〈〈逍遙遊〉郭象義及支遁義探源〉，《清華學報》1937年4月，總12期第2期，頁309，以及《陶淵明之思想》，頁3；湯用彤，〈讀人物志〉，收入《魏晉玄學論稿》，頁16；青木正兒，《青木正兒全集》(東京春秋社，1969)，第1冊，頁208-240。

　　首先，應當指出的是，在傳統觀念裡，對清議和清談之間的歷
史關係存在著一些誤解。就像詩歌和書信一樣，作爲知識分子進行
思想交流的媒介，談論在2世紀中期占據了新的重要地位。通過談
論，知識分子進行著思想的交流，並非像人們常認爲的那樣，這時
期的談論僅聚焦於對政治和人物性格的品評。由於談論者受到迫
害，3世紀時才轉爲哲學討論。與此相反，有證據清楚地顯示兩種
因素已經出現在後漢的清議中。王符(90？-165？)曾抱怨說：「今
學問之士好語虛無之事。」[49]因此，遲至2世紀中期，知識分子在
日常交談中討論道家哲學話題已成爲一種習慣。159年，年輕時就
愛好老、莊「玄虛」之學的周勰，因爲殷勤好客而獲得了巨大的聲
譽，他經常邀請朋友到他家去享受談論和其他娛樂活動帶來的樂
趣[50]。這個較早出現的例子清楚地說明了思想上的重新定位(也就
是儒家學說向道家哲學的轉變)，和談論技巧如何融合成名士們的
新生活方式的一個重要部分。

　　在2世紀中期，太學裡學生團體的顯著發展也促使著這種思想
討論的新形式的出現。在146年之後，正如《後漢書》裡簡要概括
的：「自是遊學增盛，至三萬餘生。然章句漸疏，而多以浮華相
尙，儒者之風蓋衰矣。」[51]將「浮華」的知識追求與在3世紀裡被
貶損爲「浮虛」的「清談」看成是一回事，可能是不合適的。然
而，確有跡象顯示它可能是後者的原型。例如，當168年符融進入
太學時，他卓越的思想立即引起士人領袖李膺的注意。每次符融前

49　王符，《潛夫論》，汪繼培注，《國學基本叢書》版，頁11和汪繼培的
　　注釋。
50　《後漢書》，第7冊，頁2031。
51　同上，第9冊，頁2547。

去拜訪時，李膺對他的談論都懷著濃厚的興趣，以至於爲了避免分心而將其他客人攆走。每當李、符二人的談論結束時，前者總是拉著後者的手，讚歎不已。特別有意思的是，符融的談論風格被生動地描述如下：「融幅巾奮袖，談辭如雲。」[52]顯而易見，這是對清談的一個典型的描述，正如我們在後來的文學作品中所見到的，只是從3世紀開始塵尾作爲談論者須臾不離的裝束代替了「袖」[53]。符融的談論在太學裡非常具有影響力，他的宿舍裡經常擠滿了拜訪者，一次鄰居很生氣地責備他：「天子修設太學，豈但使人遊談其中。」[54]很難想像所有這些熱烈的談論毫無例外地都是政治和人物性格方面的討論(清議)，而與當時剛剛開始醞釀的新思想(清談)沒有任何聯繫。

實際上，哲學推理是後漢談論的主要部分。一位名叫酈炎(150-177)的年輕詩人的例子可作說明。在其他事件中，他被描寫爲一個語言犀利並擅長闡發事理的人[55]。此處講話與闡發事理的聯繫是值得注意的。在我們看來，這條證據雖小，但很堅實，它提供了談論技巧和後漢時期新思維形式出現之間的最早的歷史聯繫，這比魏晉清談的主要話題「名理」的分析提前了一個世紀[56]。從歷史上看，講話技巧和哲學推理之間的關係是一種共生的關係，兩者的發展歸功於後漢性格學原理的運用。劉劭認爲評價個人天賦的兩個重要途徑是「觀辭」和「察應」。「辭」顯露出一個人語言上的素

52 《後漢書》，第8冊，頁2232。
53 Mather, *A New Account of Tales of the World*, p. 56.
54 《後漢書》，第9冊，頁2481。
55 同上，第9冊，頁2647。這種類型的更多例子見謝甄和邊讓的事例，同上，第8冊，頁2230，以及孔公緒的事例，同上，第8冊，頁2258。
56 Fung Yu-lan, 2: 175-179.

養，「應」顯露出他在推理能力上的素養[57]。而且，劉劭又將講話和推理與「理」的分析結合起來。他把「理」分爲四類：道理、事理、義理和情理。在他看來，就討論者而言，在思想的論辯中，說理的主要障礙常常產生於對「理」的類別產生混淆。一旦將這個障礙移走，就可以判定究竟在哪一方面眞能使人信服，是辭勝，還是理勝[58]。由於劉劭的著作通常被看作是對2世紀中期以來性格學原理的綜合，《人物記》中劉劭有關清談起源的討論所產生的影響應予以嚴肅對待，討論清楚地展示了在後漢談論是怎樣在實踐中被自身的內在邏輯一步步推進思想領域的。而且，「辭勝」和「理勝」兩詞也非常富有啓發性。它們無疑表明其後清談的主要技術特徵已經在後漢的思想論辯中有了發展，也就是「定理」只能在交談中達到，這樣才能判定參與者在語言和推理上哪一方面更「勝」一籌。實際上，從4世紀起，清談成了一種標準的智力遊戲(像中國的圍棋一樣)，有兩個或更多的人參與，常常是某個人在最後顯露勝跡——或在語言上，或在邏輯上，或者兩者兼備。從儒家經學向道家玄學的轉變可能是由政治事件促發，但對於這個思想運動的純粹政治化的解釋很難經得起近距離的仔細考察。

在2世紀的最後二十年裡，漢代的談論者已熱衷於討論哲學，這一點變得很明瞭。對於王充《論衡》的突如其來的興趣浪潮證明思想界的氛圍產生了意義深遠的變化。《論衡》在此時很流行，這主要得力於兩位學者。第一位是蔡邕(132-192)，他在179年到189年之間發現了這部著作。當時他住在王充的老家會稽(位於浙江中

57　劉劭，《人物志》，上，頁22-23。
58　同上，頁11-12。

部）。蔡邕很珍愛這部著作，他常常帶在身邊作爲「談助」。第二位是王郎（死於228年），他在193年至196年期間擔任會稽太守，得到了《論衡》的手抄本。據說，當他回到北方時，思維能力已得到顯著的提高，這使得他的許多舊朋友大吃一驚。他們逼著他做出解釋，他承認從《論衡》中受益匪淺[59]。這些描述可能有些戲劇化，但其眞實性被其他的證據所證實。在這篇論文的前面，我們引用了孔融的一個驚世駭俗的論點。他對儒家思想裡的孝提出了質疑，這個論點完全是以王充的論點爲基礎。鑑於孔融與蔡邕之間的親密朋友關係，幾乎可以肯定前者發現《論衡》是由於後者的原因[60]。而王郎發現同一部著作的間接原因是由王弼和何晏興起的清談之風。王郎的兒子王肅（卒於256年）是這時期一流的經學家，在《易經》研究轉入新方向的過程中扮演著極其重要的角色，他以一個新的宇宙論框架來解釋那部獨特的儒家經典（《易經》注定要和《老子》、《莊子》一起構成魏晉時代的「三玄」）。其後，王弼的《易經》注在很大程度上沿襲了王肅的注[61]。

由此，王充對儒家價值的無情剖析，對宇宙目的論的明顯排斥，以及尤爲重要的是對道家「自然」觀的強調，這些顯然成爲後漢思想討論中的主導性論題。通過諸如蔡邕、孔融和王郎這樣的談

59　《後漢書》，第6冊，頁1629。

60　同上，第8冊，頁2277。

61　至於王肅對王弼的影響，見蒙文通，《經學抉原》（重印本，臺灣商務印書館，1966），頁38。在蔡邕死後，他的整個藏書被王弼的父親王業所擁有，因此很可能王弼已直接看到《論衡》的蔡邕抄本。見《博物志》，引見《三國志》，第3冊，頁796。另一方面，阮籍的父親阮瑀已是蔡邕的弟子，《三國志》，第3冊，頁600。這個重要的事實解釋了爲什麼阮籍和他的侄兒阮修俱熟悉王充的觀點。更多的細節見我的《中國知識階層史論》，頁339註7。

論者，《論衡》對清談的哲學化發展施加著影響，促使它發展成型。蔡邕將《論衡》當作「談助」的簡單事實，證明了甚至在2世紀結束之前知識分子中間的談論已具有哲學的意味[62]。

　　在思想領域探索中的這種旺盛而持久的興趣，表明談論者的意識中確實有一些深奧的東西在支撐著它。從研究上看，我傾向於用這一時期個人主義的出現來解釋這一引人注目的歷史現象，並認為是再明智不過的了。經歷了自我發現的過程，精神上得到解放了的個人著手探求一個他可能感到完全安適的新世界的秩序。正如上面劉劭所列的「理」的四類中所清楚地顯示的，個人正試圖重新限定自我與宇宙、自我與國家、自我與道德秩序以及自我與他人的關係。正如我們將要看到的，各類「理」的闡發貫穿於這一時期的哲學討論中，並在其中扮演著主要的角色。這是事實，因為解放了的個人不滿足於任何對於這些關係的不完全的解釋。顯然，這些「理」不會在二三世紀的儒家經學裡找得到，因為此時儒家經學已蛻化為毫無意義的章句片段。另一方面，道家本體論的思想、「無為」和「自然」的宇宙觀、「無治」的政治和社會理想以及最為重

62　宮崎市定認為由清議而來的轉變發生於3世紀早期，見他的〈清談〉，《史林》，第31卷，第1期（1946年1月），頁5。斯波六郎將後漢的「談論」分為兩種不同類型，即他所謂的「評論的談論」和「好盤根問底的談論」，前者針對於個人，後者針對思想。他進一步指出前者盛行於桓帝（147-167），靈帝（168-188）統治時期，而後者盛行於靈帝和獻帝（189-220）統治時期，見他的〈後漢末期の評論の風氣について〉，《廣島大學文學部紀要》，第8期（1955年10月），頁213-242。我已非常細緻地考察了這個問題，見〈漢晉之際士之新自覺與新思潮〉，最初發表在《新亞學報》1959年8月，4(1)，頁50-60，現已收入《中國知識階層史論》，頁236-249。至於更多的徹底研究，見岡村繁〈後漢末期の談論について〉，見《名古屋大學文學部研究論集》（名古屋大學出版社，1960），頁67-112。

要的對個人自由的全面強調，恰好為魏晉的個人主義者提供了合適
的精神消遣的類型。當我們對新道家哲學裡的中心論題進行鑑別
時，這一點將變得更加清晰。

四、清談中的個人主義

不用說，這裡不是總體討論新道家差異性和複雜性的地方。下
面將試圖通過對清談中三對主要概念的簡要分析，簡單說明個人的
發現和新道家思維形式之間存在著密切的聯繫。這三對概念分別是
「無」和「有」、「自然」和「名教」以及「情」和「禮」。我認
為三對概念首先與個人和秩序的問題有關係，只是在水平上有所不
同。結構上，三對概念都有相似的內在聯繫，正如「有」的產生是
以「無」為基礎的一樣，「名教」是以「自然」為基礎，「禮」是
以「情」為基礎。換句話說，在新道家看來，「無」和「自然」、
「情」是根本的和主要的，而「有」、「名教」和「禮」是引申的
和次要的。就思想學派而言，傳統上認為第一個組合是與新道家一
致的，而第二個與儒家一致。然而，在本文的語境中，將「無」、
「自然」和「情」與個人的問題聯繫起來，將「有」、「名教」和
「禮」與秩序的問題聯繫起來，可能更有收穫。我充分意識到在歷
史研究中單純採用二分法要冒過於簡單的危險，然而在此情況下，
冒險是適當的。

讓我們首先看一看新道家的宇宙觀，據《晉書》記載：

魏正始(240-248)中，何晏、王弼等祖述老莊，立論以為
天地萬物皆以無為本。無也者，開物成務無往不存者也，

陰陽恃以化生，萬物恃以成形，賢者恃以成德，不肖恃以
免身。[63]

這個中心論點在蕭公權那裡得到很好的解釋：

何晏「天地萬物以無爲本」之一語，足以概括魏晉老、莊
道家之宇宙觀。然「無」者宇宙之本體。開物成務，則
「有」以之生。無生爲有，未必即與道相違……「夏侯玄
(209-245)曰，天地以自然運，聖人以自然用。自然者道
也」。就天地萬物自然運生之事言，則天地不故意生萬
物，萬物亦不知其所由生。天地(按王弼講)「無爲於萬
物，而萬物各適其所用」。[64]

從上述何晏、王弼和夏侯玄的觀點中，我們很容易發現魏晉道家對
個人和宇宙秩序的關係做了一種全新的解釋。我們知道漢代的宇宙
觀建立在目的論和等級制度基礎之上。在漢代的宇宙觀體系中，天
按照預定目的創造著包括人在內的所有東西，同時也將等級制度強
加於人的身上。因此，一方面董仲舒宣布：「天地之生萬物也，以

63　《晉書》，第4冊，頁1236。有關無的觀念和它與這時期個人的自我意
　　識的關係的基本討論，見松木雅明，〈魏晉における無の思想的性
　　格〉，《史學雜誌》，第51卷，第2期(1940年2月)，頁13-42：，第51
　　卷，第3期(1940年3月)，頁74-105：，第51卷，第4期(1940年4月)，頁
　　63-90。然而，錢穆教授是最早指出魏晉新道家個人自我意識特徵的現
　　代學者之一，見《國學概論》(商務印書館，1931)，第1冊，頁150。

64　Kung-chuan Hisao, 1: 610-611. 有關何晏和王弼的基本研究情況，見板野
　　長八，〈何晏王弼の思想〉，《東方學報》，第14卷，第1期(1943年3
　　月)，頁43-111。

養人。」[65]另一方面，他說天是普通人的「曾祖父」，普通人到達天堂只有通過皇帝，也就是天子這個媒介[66]。如今，在新道家的宇宙觀裡，至少由於受到王充的部分影響，目的論遭到全盤的否定[67]，天與地不再產生萬物。相反，如同其他種種的事物，它們也是宇宙本體論中的本體「無」的產物。所以，道的概念也經歷了一個根本的變化，它不同於董仲舒所謂的「天道」，而是和本體論中自然運行並具有創造力的「無」一致。換言之，無、自然和道都成了同義詞。從個人的角度來看，這個宇宙的新概念確保了自我的內在自由。因為在有的領域裡，每一個體事物都是自在之物，處在自己的自然進程中，並且「自足其性」。萬物並不是由更高的創造者根據既定目標創造出來的，正如郭象所說：「是以步有物之域，雖復罔兩，未有不獨化……故造物者無主，而物各自造，物各自造而無所待焉，此天地之正也。」[68]這的確是一則在宇宙範圍內對個體自我發展和自我意義所作的不同凡響的聲明。

　　新道家宇宙觀也對秩序的問題有所闡述。漢代等級制度下的「道」遭到較大程度的修改。因為，正如我們所看見的，在新道家

65　《春秋繁露》，《萬有文庫》版，第1冊，頁85。也見《漢書》（中華書局，1962），第6冊，頁2516。董仲舒從未明確指出因為何種目的天有必要造人，然而他相信天賦予人履行仁和義的天性。《春秋繁露》，第1冊，頁28。他進一步認為「仁」是天意的具體化，「義」是天道的具體化，同上，第2冊，頁175。因此，如果被逼得很緊的話，他可能會說天創造人是為了達到道德完善的目的。

66　《春秋繁露》，第2冊，頁175。

67　見王充有關「自然」的評論，收入Wing-tsit Chan(陳榮捷)譯, *A Source Book in Chinese Philosophy* (Princeton University Press, 1963), pp. 296-299.

68　郭慶藩，《莊子集釋》（中華書局，1961），第1冊，頁111-112；英譯見Fung Yu-lan, 2: 210.

的思想裡，道被重新解釋爲無和自發性，天子和賢人也不能宣布對
它的占有。世上每一個體事物，高或矮，大或小，有價值的和沒價
值的，都緊挨著道，因爲無是所有事物存在的基礎。然而，這並不
意味著新道家在他們的宇宙觀中完全廢除了秩序的觀念。秩序確實
存在，但它只存在於自己的領域，因此它是次要的。而且，它在某
種程度上表現出與自然規律完全一致。在這一點上，郭象再次成爲
我們可以信賴的嚮導，他說：「夫時之所賢者爲君，才不應世者爲
臣。若天之自高，地之自卑，首自在上，足自居下。」[69]應該注意
到郭象在此強調的是秩序的自然性，這一點是毫不含糊的。然而作
爲一個新道家的思想家，他最終關注的不是秩序而是個體。因此，
在他的《莊子注》的開篇處，他就寫道：

> 夫小大雖殊，而放於自得之場，則物任其性，事稱其能，
> 各當其分，逍遙一也，豈容勝負於其間哉！[70]

顯然，新道家需要一個和他個體自由觀相適應的新宇宙觀體系。在
這個體系中，所有的存在物都必須是自我決定和自我實現的。

在三對相對的概念中，現代歷史學界對自然和名教的討論最激
烈。因此，在這篇論文中，沒有必要對其所有的細枝末節進行考
察，考察應限制在能清楚地說明個體和秩序的問題的範圍之內。一

---

69 郭慶藩，《莊子集釋》，第1冊，頁58；英譯見Kung-chuan Hsiao, 1: 612.

70 郭慶藩，《莊子集釋》，第1冊，頁1；馮友蘭的英譯有細微修改，見 Fung Yu-lan, *Chuang Tzu, A New Selected Translation with an Exposition of the Philosophy of Kuo Hsiang* (New York: Paragon Book Reprint Corp., 1964), p. 27.

方面，在廣義上，這對範疇與無和有範疇相交疊；另一方面，又與情和禮相交叉。在狹義上，它首先涉及個體與政治秩序（也就是國家）的關係。現代的歷史學家已大體傾向於強調有關自然和名教論爭的政治涵義。爲了清楚起見，我將使用這對概念的狹義。

在對《老子》「始制有名」一句的注釋中，王弼說：「始制，謂樸散始爲官長之時也。始制官長，不可不立名分以定尊卑，故始制有名也。」[71]這是王弼對政治秩序的起源的理解。此處的「樸」字，《老子》中所用的術語，是原始自然的象徵，如同無產生有一樣，自然爲政治秩序提供了存在的基礎。正如陳寅恪所恰當指出的，句中的「名」與「名教」的「名」是同一個意思[72]。如果名教，即政治秩序產生於自然，那麼在觀念上它相應地必須模仿自然的運行方式，即「無爲」。然而，無爲並不意味著政治秩序的完全缺失[73]，事實上，總的來說，可能除阮籍外，這時期一流的新道家思想家都對政治秩序必要性的看法進行了認眞的討論。甚至連激進的嵇康，對於理想的政治秩序將是怎樣的也有一個清楚的認識，正如他所描繪的：

> 聖人不得已而臨天下，以萬物爲心。在宥群生，由身以道，與天下同於自得。穆然以無事爲業，坦爾以天下爲

71　Kung-chuan Hsiao, 1: 612.

72　陳寅恪，〈陶淵明之思想〉，頁5-6。

73　郭象說，「無爲者，非拱默之謂也，直各任其自爲，則性命安矣。」見郭慶藩，《莊子集釋》，第2冊，頁369。有關郭象思想的基本研究，見村上嘉實的〈郭象の思想について〉，《東洋史研究》，第6卷，第3期（1941年5月），頁1-28。

公。[74]

像這樣，政治秩序產生於原始的自然並以無爲的方式運作，這是一種最小限度的秩序。就總體特徵而非具體情況而言，它很容易使人聯想起在洛克派哲學傳統裡從自然王國中出現的蕞爾小國。嵇康的觀點可以和郭象在同一論題上的論述相比：

> 天下若無明王，則莫能自得。今之自得，實明王之功也。然功在無爲而還任天下，天下皆得自任，故似非明王之功。[75]

嵇康和郭象談論的無爲都是最小限度的政治秩序，然而，兩者之間有一個微妙的區別：前者顯然更關心個體的自我實現，注意到在無爲的秩序中有一隻無形的手；後者強調「明王」的作用，認爲秩序是藏著的手之所爲[76]。但是，無論是用無形的手還是藏著的手，在新道家政治哲學中，維護秩序幾乎從來不是中心話題。因爲像王弼、何晏、嵇康和郭象那樣的新道家，政治秩序最多不過是一種「必要的罪惡」[77]。毫無疑問，就個人和秩序的問題而論，他們所

74　戴明揚，《嵇康集校注》（人民文學出版社，1962），頁171。英譯見 Kung-chuan Hsiao, 1: 618.

75　郭慶藩，《莊子集釋》，第1冊，頁296；英譯見Kung-chuan Hsiao, 1: 616-617.

76　至於「無形的手」和「藏著的手」的區別，我沿用Robert Nozick的說法，見*Anarchy, State, and Utopia* (New York: Basic Books, Inc., 1974), pp. 18-20.

77　郭慶藩，《莊子集釋》，第2冊，頁348。對於「聖人之利天下也少，而害天下也多」，郭象注釋說：「信哉斯言！斯言雖信，而猶不可亡聖

強調的總是前者而不是後者，正如郭象所評價的：「故所貴聖王者，非貴其能治也，貴其無爲而任物之自爲也。」[78]根據這個觀點，政治秩序只要能使每一個體的自我實現成爲可能就可以被證明是正當的。換言之，國家的存在是爲了個人著想，而不是相反。新道家哲學的語言也壓倒一切地證明它的思維形式具有個人主義的特徵。諸如「自得」、「自足」、「自化」、「自制」、「自成」、「自適」、「自在」等的詞，充斥於新道家的文本中。如果語言是思想可靠的指標，那麼這些新的語言表達方式的出現清楚地預示著在2世紀結束後中國思想的發展方向。

最後，我們討論剩下的一對概念：情與禮。在個人與秩序問題上，這對概念的意義是不言自明的，情與禮的討論是和這時期社會現實聯繫得最密切的。前面我們討論了人際關係的變化，正如討論所清楚地揭示的，夫妻或父子之間自由、自然地流露個人情感勢必違反禮。這是這段時期裡爭論得最久的話題，從2世紀開始一直延續到4世紀。事實上，對此問題的爭論在4世紀甚至比在3世紀更激烈。例如，東晉時期(317-419)有關喪禮的討論在思想爭鳴中居主導地位[79]。隨著西晉王朝的建立，個人自由與秩序的問題已基本上捲入政治領域，「無爲」的統治方式非常投合名士們的興趣。直到一個多世紀之後，無爲才出現在政治領域。陳寅恪認爲在4世紀早期清談已被名士們發展成爲一種不涉及現實生活的智力遊戲，這個

（續）

　　者，猶天下之知未能都亡，故須聖道以鎮之也。群知不亡而獨亡聖知，則天下之害又多於有聖矣。然則有聖之害雖多，猶愈於亡聖之無治也。」

78　同上，第2冊，頁364。

79　見牟潤孫，《論魏晉以來之崇尚談辯及其影響》（香港：中文大學出版社，1966）。

著名的論斷只在政治的層面上有效[80]。在社會的層面上，特別是在家庭和宗族關係上，情與禮的問題仍非常真實地存在著。

情與禮的關係可能在2世紀晚期首次招來疑問，這與戴良哀悼他母親有關。像一個世紀以後的阮籍一樣，在守靈期間，戴良勉強自己吃肉喝酒，只在悲傷時哭泣。有人問他是否在履行正確的禮儀，他回答道：「然。禮所以制情佚也，情苟不佚，何禮之論！」[81]這個事例清楚地說明了在論爭的開始階段，情與禮高度緊張的狀態已經存在。但兩者並未直接對抗，不像阮籍那樣激烈地反禮教，戴良對禮的抵制是部分的、有條件的。

從心理學的角度而言，人的情感和禮的緊張的狀態是由突然釋放情感而引起的。我們有理由相信，2世紀末開始的自我發現就產生了這樣的結果。而傳統的禮儀制度缺乏足夠的彈性以對付泛濫的新情感。

在思想領域裡，緊張狀態基本上以兩種方式證明自己的存在：對「情」的作用產生新的興趣和對禮的精神(與其字面意思相對)的重要性的新強調。據我們所知，漢代思想中有關「情」的觀點裡，董仲舒認為人的本性是好的，但情感是壞的，這種觀點或多或少被當作正統而接受。因此在漢末它變得極為重要[82]。而漢末荀悅(148-209)在他的《申鑑》中則非常贊同劉向(前77-前6)的反傳統觀點，他引用道：「性情相應，性不獨善，情不獨惡。」而且他評

80 見陳寅恪，〈陶淵明之思想〉，頁2；唐長孺，《魏晉南北朝史論叢》（北京：三聯書店，1955），頁336-339，此看法為Richard Mather所沿用，見 "The Controversy over Conformity and Naturalness during the Six Dynasties," *History of Religions*, Nov. 1969/ Feb. 1970, 9(2, 3): 161.

81 《後漢書》，第10冊，頁2773。

82 Fung Yu-lan, 2: 32-33.

論說，如果有人宣稱人類的感情都是壞的，那麼他只能說像堯、舜那樣的聖人都沒有感情[83]。這直接將我們引入王弼(226-249)有關聖人的感情的理論，王弼說道：

> 聖人茂于人者神明也，同於人者五情也。神明茂，故能替沖和以通無；五情同，故不能無哀樂以應物。然則聖人之情，應物而無累於物也。今以其無累，便謂不復應物，失之多矣。[84]

對於王弼的理論可發表兩點意見：第一，它與荀悅的觀點一起，清楚地顯示了3世紀上半葉「情」的問題已成爲哲學上新的關注目標，雖然我們不能確知王弼是否已經接觸過荀悅的著作。第二，這個理論極好地說明了當時社會生活中個人感情的重要性。事實證明，在4世紀中期「情」已成爲清談中的一個中心話題，由此完全證實了有關「情」的討論很流行[85]。

另一方面，哲學家對「禮」的觀念也進行了重新審視。郭象(死於312年)在爲《莊子》作注時，對「禮之意」解釋說：

---

83 《申鑑》，《四部叢刊》初編縮版，第5冊，頁32-33；英譯見Chi-yun Chen(陳啓雲), *Hsun Yueh and the Mind of Late Han China* (Princeton University Press, 1980), pp. 187-188.

84 何劭的王弼傳，《三國志》注引，第3冊，頁795；英譯見Fung Yu-lan, 2: 188. 對於此論題哲學意義的一個很好的討論，見湯用彤，《魏晉玄學論稿》，頁72-83。

85 例見《世說新語‧文學》；英譯見Mather, *A New Account of Tales of the World*, p. 122.

> 夫知禮意者，必遊外以經內，守母以存子，稱情而直往
> 也。若乃矜乎名聲，牽乎形制，則孝不任誠，慈不任實，
> 父子兄弟懷情相欺，豈禮之大意哉？[86]

在此，郭象攻擊儒家禮儀制度缺乏意義，因爲它不再能夠自由地表達人類的眞實情感。相反地，它被形式化到純粹人爲的程度[87]。把「禮」和「情」看成是彼此對立的，郭象的注釋無疑證明：在4世紀早期，面對根深蒂固的儒家禮制，新道家仍抓住個人自由的問題不放。

新道家對禮制的反抗較之對政治秩序的攻擊更爲激烈、廣泛和深刻，其中的理由不難說清。畢竟，情和禮的衝突是精神解放的個人每天所經歷到的。一方面，個人自由、公開地表達他的私人感情的需要在不斷增長；另一方面，現有的禮儀形式不完備，這使得個人陷於進退兩難的境地。一旦「禮」有礙於情感的自由表達，新道家個人主義者自然會毫不猶豫地廢除它。因此，當有人指責阮籍向其嫂道別是違反禮儀時，他說道：「禮豈爲我輩設也？」[88]有人對王戎因失去兒子而過分悲傷提出批評，王戎回擊道：「聖人忘情，最下不及情。情之所鍾，正在我輩。」[89]不必說，像阮籍、王戎那

86　郭慶藩，《莊子集釋》，第2冊，頁260；英譯Kung-chuan Hsiao, 1: 636-637略有修改。值得注意的是，在王弼的《論語》注中，他也強調「意義」相對於「禮」的純粹形式要重要。他特別指出「五服合情」，見黃侃的《論語集解義疏》，台北廣文書局重印本(1968)，卷2，4a-b。這與同一時期的喪禮改革運動有重要關係，這一點在下文變得很清晰。

87　見Graham, *Lieh-tsu*, p. 145.

88　《世說新語·任誕》。Mather, *A New Account of Tales of the World*, p. 374.

89　《世說新語·傷逝》。Mather, *A New Account of Tales of the World*, p. 324.

樣的個人主義者，忠實於真實的個人感情遠比順從陳腐的社會規範
更有意義。這種對於內心真實性的探求使得這一時期的個人主義者
對儒家禮教產生厭惡情緒。

連接新道家與個人自我發現和自我意識的內在線索，則由嵇康
提供。在有關儒學本質的討論中，他解釋為什麼對他而言六經是不
可接受的：

> 六經以抑引為主，人性以從欲為歡。抑引則違其願，從欲
> 則得自然。然則自然之得，不由抑引之六經。全性之本，
> 不須犯情之禮律。[90]

從最後的分析中可以看出，是對禮教壓迫的深仇大恨使得嵇康拒絕
儒教，在一封寫給朋友的信中，他更進一步地說明了他是怎樣轉入
道家的立場的：

> 又縱逸來久，情意傲散，簡與禮相背，懶與慢相成而為儕
> 類……又讀莊、老，重增其放，故使榮進之心日頹，任實
> 之情轉篤。[91]

他在此告訴我們，是對於獨立和自由的熱愛使他走向道家。這兩處
自我表白是可以互相印證的，同時它們一起最生動地揭示了新道家

90　戴明揚，《嵇康集校注》，頁261。
91　同上，頁117-118。英譯見J. R. Hightower的文章，收入Cyril Birch編，
　　Anthology of Chinese Literature from Early Times to the Fourteenth Century
　　（New York: Grove Press, 1965), p. 163.

運動產生的內在因素。

從我們已考察過的證據來看，用福柯(Michel Foucault)所謂的
「斷裂」來解釋中國意識中的儒家經學向道家玄學的轉變會更巧
妙。很顯然，新道家玄學不是建立在儒家經學嚴密把守的地方，而
是建立在一片後者簡直從未涉足的領域[92]。漢儒最終關心的是帝國
秩序中的集體生活，而魏晉新道家關心個人自由的問題。由此及彼
的轉變決不是順利的，從這一點來看，清談的主要歷史意義在於它
標誌著一種全新的討論形式的出現，這種個人主義的討論形式取代
了漢代舊的、集體主義的那一種，這種看法應該是公允的。

五、道家個人主義與儒家禮教之間的調解

為了避免誇大魏晉時期個人主義的事實，最後我們應該談談禮
儀方面。在這段時期裡，極端強調道德秩序和服從的儒家禮教，仍
然是一股具有活力的社會和文化力量。它與上述個人主義類型的家
庭關係形成強烈的對比。何曾(199-278)是個有說服力的例子。他
的家庭生活是最講究禮儀的那種，他不僅是當時有名的孝子，而且
一直和妻子保持著一種高度形式化的關係。在他晚年的時候，據說
他一年只看望妻子兩三次，每次他都穿戴得很正式，並且嚴格地按
照儒家待客的禮節接待妻子[93]。顯然，他是遵循著漢代的禮儀傳

---

92 Michel Foucault, *The Order of Things, An Archaeology of the Human
Sciences* (New York: Vintage Books, 1937), p. 207.也見Hayden V. White,
"Foucault Decoded: Notes from Underground," *History and Theory*, 1973,
12(1): 23-54.

93 《晉書》，第4冊，頁997。

統，照「宮廷」的式樣來管理家庭[94]。毫無疑問，他認爲阮籍違反
喪禮，絕對不可饒恕，因此建議將其流放「海外」[95]。有意思的
是，也有跡象表明在儒家禮教和新道家自然主義之間存在著爭奪統
治地位的鬥爭。下面的故事足以說明此情況：

> 王戎、和嶠同時遭大喪，俱以孝稱。王雞骨支床，和哭泣
> 備禮。武帝謂劉仲雄曰：「卿數省王、和不？聞和哀苦過
> 禮，使人憂之。」仲雄曰：「和嶠雖備禮，神氣不損。王
> 戎雖不備禮，而哀毀骨立。臣以爲和嶠生孝，王戎死孝。
> 陛下不應憂嶠，而應憂戎。」[96]

在最後的分析中，禮與情之間的鬥爭明顯地減少了，但故事顯然是
支持道家的。評判王戎比和嶠更孝順，這暗示著新道家自然主義能
在對方的領域攻擊對方。另一方面，故事也揭示了雖然經受了歷時
一個世紀的社會和精神的危機，儒家禮教的勢力有所削弱，但在西
晉末年仍具有很強的生命力。

4世紀早期出現的「情」「禮」之爭從西晉帶到南方。至少又
花了一個世紀才有了個結論。爭論的結尾不像它開始那樣明顯而豐
富多彩，但從歷史的觀點看它還是很重要的。

在4世紀中期，新道家自然主義和儒家禮教開始出現了和解。

---

94 《後漢書》，第3冊，頁573，第4冊，頁1119。參見顧炎武在《日知錄》
　　中的討論，《萬有文庫》本，第5冊，頁40。
95 《世說新語‧任誕》。Mather, *A New Account of Tales of the World*, p. 372.
96 《世說新語‧德行》。Mather, *A New Account of Tales of the World*, pp. 10-
　　11.

例如，我們發現，「禮」的觀念不再遭到名士們的輕視和厭棄。相反，他們開始認識到如果沒有一個精密的禮儀系統，人與人之間的情感是不能有意義地和充分地表達出來的。因此，在談到君臣關係和父子關係時，袁宏(328-376)已會說它們需要兩者同時出現[97]。怎樣解釋這種態度上的急劇改變？為了回答這個問題，必須先追溯到3世紀中期開始的那場平靜而歷時長久的禮儀改革運動。特別有意義的是，改革運動的重點集中在喪禮上，正是在這個戰場上，儒家禮學家和新道家自然主義者展開了論爭。這個運動絕不是儒家的專利，事實上，新道家的參與者在運動中很活躍，尤其是隨著南方流亡政權的建立，喪禮的研究空前盛行。這一領域裡的主要專家不僅包括儒家學者和新道家學者，還包括佛教徒。

全部範圍內的禮儀研究過於複雜，不可能在此一一討論。只要點出喪禮改革運動的核心精神就在於細分禮儀以盡可能滿足服喪大家庭裡的每個成員個人感情的需要，那麼我們的目的就達到了[98]。在這一點上，改革者宣稱他們已經完全革新了禮儀制度，並讓它再一次成為自由表達個人感情的有效手段。於是，我們發現伴隨著個人的自我發現和自我意識，對禮儀的真誠追求也貫穿於魏晉時代。極具諷刺性的是，甚至作為魏晉個人主義的絕對象徵的清談在它的發展過程中也變得富於形式化。例如，為了具備清談者的資格，不得不進行包括聲音和邏輯在內的演說技巧的訓練[99]，還必須知道如

---

97 《晉書》，第8冊，頁2396；參看唐長孺，〈魏晉玄學之形成及其發展〉，收入《魏晉南北朝史論叢》，特別是頁336-337。

98 有關這一時期喪禮的綜合研究，參看藤川正數的《魏晉時代における喪服禮の研究》（東京敬文社，1960）。有關禮儀改革運動的更多細節，見我的《中國知識階層史論》，頁358-372。

99 至於演說和聲音，見《中國知識階層史論》所列舉和討論的例子，頁

何恰當地用塵尾表達意思[100]，需要對三部玄學著作(《易經》、《老子》和《莊子》)非常精通。尤爲重要的是，必須屬於名士的圈子[101]。王僧虔(426-485)在寫給兒子的信中，提出如下有趣的勸告：

> 汝開老子卷頭五尺許，未知輔嗣何所道，平叔何所説，馬鄭何所異，指例何所明，而便盛於塵尾，自呼談士，此最險事。設令袁令(420-477)命汝言易，謝中書(421-466)挑汝言莊，張吳興(433)？-490？)叩汝言老，端可復言未嘗看邪？談故如射：前人得破，後人應解，不解即輸賭矣。[102]

(續)

243-249。關於談論中邏輯的重要性，見賀昌群，《魏晉清談思想初論》(商務出版社，1947)，頁7-8。

100 見趙翼，〈清談用塵尾〉，《廿二史箚記》校對本(台北：華實出版社，1977)，頁167-168。

101 例如，一個名叫陳顯達的出身卑微的軍人告訴兒子説：「塵尾扇是王、謝家物，汝不須捉此自隨。」見《南齊書》(中華書局，1972)，第2冊，頁490。

102 同上，第2冊，頁598。文獻中沒有給出三個談論者的名字。不同朝代的歷史學家對此作了廣泛的研究，從而確認是袁粲、謝莊和張緒。我將確認的理由簡述如下：
在王僧虔的傳記裡，袁淑(408-453)和謝莊是作爲王的親密朋友而被提及的(第2冊，頁591)。然而，袁淑死得太早而不符合相關的敘述；另一方面，謝莊的身分是不會弄錯的，因爲在一封信中提到了他的官職中書令。他確實在這個職位上幹過(《宋書》，中華書局，1974，第8冊，頁2167-2177)。因此，在466年謝莊去世之前的某個時候，信已寫了，那時王僧虔約四十歲，這個年齡完全會有一個十幾歲或二十幾歲的兒子。袁粲是袁淑的侄兒，他效仿3世紀的著名清談家荀粲，故改名爲粲。而且他前後任過幾處郡守，並且因研究《易經》而出名(《宋書》，第8冊，頁2229-2234)。這與信中所提到的內容相吻合。至於張緒，他來自

這裡生動地介紹了清談者的基本智力條件。顯然，在5世紀中期，清談已有了自己的一套禮儀體制。這非常符合福柯有關話語社會的描述，即「其作用是通過將談論限定在一群人中而使談論得以延續」[103]。隨著名教在自然、禮在情的基礎上穩固地建立起來，秩序和個人間的平衡最終得以恢復。

據 "Individualism and the Neo-Taoism Movement in Wei-Chin China," in *Individualism and Holism: Studies in Confucian and Taoist Values*, ed. Donald J. Munro（Ann Arbor: Center for Chinese Studies, The University of Michigan, 1985），pp. 121-155譯出。

（李彤　譯）

（續）────────────

吳興，是一個聞名遐邇的清談家。雖然他尤以《易經》方面的學問而知名，但毫無疑問可能也精通老莊(《南齊書》，第2冊，頁600-602)。例如他的堂兄弟張融(444-497)是一個有名的新道家清談者，對《老子》有著特殊的興趣(同上，第3冊，頁721-730)。王僧虔和張緒的傳記被安排在同一章裡，這個簡單的事實也說明兩人之間的密切關係。

錢穆教授將三個清談者認定為袁粲、謝朏和張緒(《國學概論》，第1冊，頁163)，但沒有給出理由。我同意第一和第三個，第二個可能有誤，他把謝中書當作謝莊的兒子謝朏(441-506)。可以舉一個明顯的理由，謝483年開始仕宦生涯，到489年或490年任中書令，而那時王僧虔已死四五年，不可能還提到謝所任的官職（《梁書》，中華書局，1974，第1冊，頁261-264)。

103 Alan Sheridan, Michel Foucault, *The Will to Truth*（London and New York: Tavistock Publications, 1980), p. 127.

3
唐宋轉型中的思想突破

一

　　如果以其內在理路來審視，並用其自有的術語來理解，則漫長的中國思想傳統可以劃分出三個主要的突破。最早的突破大約發生在孔子時代，當時各種哲學派別如儒家、墨家和道家開始創造出最基本的文化傳統，這種文化傳統被《莊子》最後一章的作者稱作「天地之純」，或簡稱爲原初之道。這個作者也是第一個中國思想史家，他導入了「思想突破」的觀點。隨著各種哲學學派的出現，他說，「道術將爲天下裂」。

　　第二次大的突破發生在三四世紀的魏晉時期，那時作爲整個漢代統治思想模式的儒學讓位於玄學清談，不久玄、佛合流而成爲此後幾個世紀中國思想的主流。從儒學到玄學、佛學的轉型是中國思想史上一次最嚴重的斷裂，因爲玄學的本體論思想模式和佛學徹底的來世學說不是建立在先前的漢儒經學和宇宙論之上，而是建立在此前並不存在的看世界的方式之上。結果，漢代儒學傳統不僅被修改，而且被超越，一個新的傳統開始形成。

　　傳統中國第三次，也是最後一次重要的思想突破是大家普遍同意的新儒家崛起與發展。本文將對這最後一次突破所涉及的一些核

心問題提出一些個人的看法。

在開始討論前，我想說明，本文的議題更偏重在思想突破與社會文化變化的相互影響，而不在突破本身的內在邏輯。將新儒家視作這次突破的結果而作一個概述並不是我想做的。從一個史學家的視角來看，導致新儒家突破的那個歷史過程更值得特別仔細考察。

眾所周知，新儒家的產生牽涉到佛教，兩者具有辯證的、雙重的關係：一方面，新儒家對佛教徹底的來世說及其反社會的價值觀持徹底的拒絕態度；另一方面，在它的哲學再造中，新儒家從佛教那裡借用了許多概念、範疇。一般來講，這一看法是正確的，而且確有許多證據支持這一看法。然而，這種看法似乎可能是一個狹隘史學觀的產物。在我看來，以這種觀點來看新儒家的產生，就要假定佛教最初進入中國後，幾個世紀中一直保持它原來的超脫世俗的特點而沒有任何變化。但從所有已知的史實來看，完全相反。再一個假定是，儒學在唐末宋初的復興是作為對社會變化自發產生的自覺反應。然而試想在這一時期，佛教和範圍相對較小的道教俘獲了中國人的頭腦和靈魂，人們不禁要問：在韓愈和李翱時代，面對僵化的和無生命的儒家經學，這兩人可能從儒家傳統中汲取什麼精神資源來開始這一重要的思想突破呢？

事實的真相是，如果我們拓廣我們的視野，並嘗試去辨明從唐末到宋初中國人精神發展的普遍趨勢，我們就會發現，這最後重要的突破遠超出通常被當作新儒家興起的思想運動的範圍，縱然對於新儒家從11世紀以來處在重要的中心位置是毫無爭議的。總的來看，這次突破可以廣義地定義為一次採取明確的「入世轉向」的精神運動。這次轉型的「發起人」不是儒家，而是惠能(638-713)創建的新禪宗。新禪宗開始了「入世轉向」的整個過程，然後先是將

儒家，其後是將道教捲入了這一運動。

新禪宗的社會起源超出了本文討論的範圍。只須說新禪宗不同於傳統的佛教，傳統佛教以神秀(600-706)為代表，喜歡貴族支持，而新禪宗通常更能吸引下層社會的民眾。根據傳說，新禪宗的創始人惠能充其量是半文盲，而且，在他大概從五祖那得到法衣後，他至少在包括農民和商人在內的普通人群中間生活了16年。正如大家熟知的，他的布道方法主要由頓悟構成，這種頓悟可以通過直指人心和看一個人的真實本性而不通過書寫文本來獲得。它也表現出很強的反對將諸多事物視作佛、菩薩和祭祀的禮儀偶像崇拜傾向，不必說，這種「簡易」的傳教，更適合於大眾而非上層社會的精神需要。著名作家梁肅(753-793)有一次如此評論新禪宗的傳教說：

> 啓禪關者或以無佛無法，何罪何善之化(疑當作「教」)，化之中人以下。馳騁愛欲之徒、出入衣冠之類以為斯言至矣，且不逆耳，私欲不廢。故從其門者，若飛蛾之赴明燭，破塊之落空谷。[1]

毫無疑問，新禪宗以其「無佛無法、何罪何善」之教吸引了世俗中人而大行其道，邁出了「入世轉向」的第一步。

新禪宗的「入世轉向」沒有比在《六祖壇經》中揭示的更清楚了。該經敦煌本第36節云：

---

[1] 〈天臺法門議〉，《全唐文》卷517，第22冊，台北彙文書局影印本(1961)。

> 大師言：「善知識！若欲修行，在家亦得，不由在寺。在
> 寺不修，如西方心惡之人；在家若修，如東方人修善。但
> 願自家修清淨，即是西方。」[2]

在同一部分的《無相頌》中也有如下幾句

> 法原在世間，於世出世間，勿離世間上，外求出世間。[3]

對我們今天來說，這些話是很普通的，但對於惠能時代的聽眾來
說，就猶如「獅吼」或「海嘯」。惠能的教導十分清楚，凡俗信徒
不必放棄此世在寺院裡尋求救助，因為法總是在此世。而且，只有
一個人在此世的日常生活中實踐了他的信仰之後，此世才能被超
越。正如普通禪話所表達的，「挑水砍柴，皆是妙道」。

　　安祿山反叛之後，皇帝和貴族對佛教的資助顯著減少。為了節
儉，寺院中的佛教徒不得不越來越依靠他們自己的艱苦勞動來維持
生活。結果，一個新的世俗勞作倫理開始出現在佛教團體中。佛教
再一次領導了「入世轉向」的進一步發展。正如我們所知，根據原
始佛教戒律，僧徒是不允許參加農業勞動的，因為這會殺生(如昆
蟲、植物和樹等)。乞討和接受施捨是他們經濟生活的通常方法。
然而，在8世紀晚期和9世紀早期，現在屬於江西的百丈叢林的禪宗
大師懷海(720-814)制訂了一個新的戒律，在他修訂的僧侶準則

2　　郭朋，《壇經校釋》（中華書局，1983），頁71。英譯見Philip B.
　　　Yampolsky, *The Platform Sutra of the Sixth Patriarch* (New York: Columbia
　　　University Press, 1967).
3　　同上，頁72。

〈百丈清規〉中要求寺院中的所有和尚，無論年紀與位列，都要平等地勞作以養活自己。他的著名箴言：「一日不作，一日不食。」[4]這句話不僅被佛僧們普遍遵從，甚至變成了世俗社會的格言。這句箴言確實讓我們聯想起加爾文特別讚賞的、引之聖保羅的「不作不食」。

　　了解這種新的僧侶規則所造成的精神緊張是很重要的。懷海的一個弟子問：「斬草伐木，掘地墾土，爲有罪報相否？」懷海云：「不得定言有罪，亦不得定言無罪。有罪無罪，事在當人。若食染一切有無等法，有取捨心在，透三句不過，此人定言有罪。若透三句外，心如虛空，亦莫作虛空想，此人定言無罪。」[5]以上對話所顯示的這種緊張充分證明懷海定下的新規則是對傳統的一個明顯破壞，是一個「突破」。因爲突破的過程必定孕育著緊張，直至達到突破的點。爲了說明在突破前佛教徒在這一領域的實踐，讓我引用下面的例子：山西的僧襲（578-641）做「僧直歲」，監管所在寺院的糧食種植工作。然而，當他看到無數田裡的昆蟲在勞作過程中被殺，他覺得這太殘酷而難以忍受。最後，他放棄了他的「僧直歲」職位[6]。這個例子讓我們清楚地感覺到，在佛教徒看來農業勞動中殺死昆蟲是罪孽深重的。

　　即使僧襲不是個人參與農業勞動，而僅僅是監督，就已產生超過他良心承受能力的罪孽感。上引懷海與他弟子之間談話的深刻涵義必須從佛教中的這種長期確立的實踐來理解。

4　普濟，《五燈會元》卷3（中華書局，1984）。
5　賾藏主，《古尊宿語錄》卷1（中華書局，1994）。
6　道宣，《續高僧傳》，收入《高僧傳》二集，卷21〈僧善傳附僧襲傳〉，第3冊，（臺灣印經處，1961年刊本）。

但在突破之後，這種情況就被改變。每天，諸如農業勞動之類
的世俗活動不再被以消極的方式來看待。相反，它們被賦予了宗教
意義。請看下面溈山靈祐(771-853)和他的弟子仰山慧寂(807-883)
之間的對話，當時後者在一個夏末來問候其師：

> 溈曰：子一夏不見上來，在下面作何所務？師曰：某甲在
> 下面得一片　，下得一籮種。溈曰：子今夏不虛過。[7]

因為靈祐是懷海的法嗣，我們可以推測，他不僅接受了後者的新教
育，而且將其傳給了下一代。這個對話僅發生在上引懷海的對話幾
十年之後，但在這個對話裡，農業勞動中殺死生物是罪孽的想法被
完全忽略了。相反，我們發現生產性勞動被作為優點來稱讚，那種
未能做每人每天份內之事的浪費時間成為最壞的罪孽之一。韋伯認
為，視勞動為可行的苦行，總是出現在西方的宗教中。它不僅與東
方宗教，而且與世界其他宗教規則都形成尖銳的對比。這顯然誇大
其辭。作為一個事實，強調佛法總存在於現世，每個人以頓悟超越
現實世界(無需佛教僧伽甚至佛經做中介)，最重要的是，要以出世
的目的在現世從事生產活動，新禪宗在每個意義上都可定義為韋伯
式的「入世苦行生活」的宗教。因此，它的出現明顯地標誌著出世
苦行的結束，同時是「入世轉向」的開始。

　　從9世紀開始，禪宗大師們總是強調，離開普通日常生活就找
不到「道」或「真理」。某人初入佛門，請趙州從諗(778-897)指
示，從諗問：「吃粥了也未？」僧答：「吃粥了也。」從諗云：

7　普濟，《五燈會元》卷9。

「洗缽盂去。」[8]臨濟義玄(死於867)講佛法時常說:

> 道流,佛法無用功處,只是平常無事,屙屎送尿,著衣吃
> 飯,困來即臥。愚人笑我,智乃知焉。[9]

義玄的真正意思是,僧侶生活不應有別於凡俗生活。有人問雲門文偃(864-949),當佛僧的行爲有如普通人時他應該做什麼。文偃說:「早朝牽犁,晚間拽耙。」[10]這兒我們看到新禪宗怎樣漸漸地將來世苦行生活轉變成入世的苦行生活。法朗克有一次說:「你以爲你已逃出了修道院,但現在世上每一個人都是終身苦修的僧侶了。」[11]依韋伯來看,這句話概括了「宗教改革的精神」。在中國,我想像一個禪宗大師可能會對僧人們說:「你們以爲你們在逃避這個世界,但現在寺院裡的每個僧人已徹底地成爲一個世俗的人了。」強調重點可能不同,但結果一樣。然而,與新教的苦行禁欲主義不同,禪宗沒有產生一個足夠的倫理來完全發展中國的入世苦行生活。直到新儒學的突破,這樣一個倫理基礎才最終被建立。

二

　　韓愈(768-824)一直以來被認爲是新儒學的先驅。這種歷史觀

8　賾藏主,《古尊宿語錄》卷16。
9　賾藏主,《古尊宿語錄》卷4。
10　普濟,《五燈會元》,下冊,卷15(中華書局,1984)。
11　Sebastian Franck 語見 Max Weber, *General Economic History* (Frank H. Knight, The Free Press, 1927), p. 366.

建立得很牢固,以致去證明它的合理性是多餘的,對它提出懷疑則是不明智的。但我們必須對這一可靠的觀點提些問題:爲什麼是韓愈而不是別人開始新儒學的突破呢?爲什麼韓愈發現必須用《孟子》和《大學》來恢復儒家傳統?這兩本書,特別是後者,在唐代是相對忽視的。爲什麼儒家之道被韓愈認爲是以這樣的方式傳承的?無疑,在這裡要完全回答這些問題是不可能的。以下所能做的僅是概觀而已。

對於韓愈的突破有兩個密不可分並內在關聯的方面,站在反對一面對佛教(和道教)進行批評,站在肯定一面復興儒家之道。在他那個時代,韓愈主要以反對一面出名,特別是他819年的反佛諫文。然而宋以後,他卻因爲其肯定的方面而被欣賞,特別是他寫於約805年前的關於「道」的文章。吊詭的是,現在的學者一般認爲,他對佛教的批評十分缺乏原創性,他所有的反佛言論都可在早期的反佛作品中找到,這些作品始於621年的傅奕上疏。另一方面,從一個嚴格的哲學觀點來看,也經常有人指出,韓愈對儒家之道的探索是不精細和不令人感興趣的。因此,我們怎麼去證明他作爲新儒學突破的第一先驅者呢?

我以爲,韓愈的重要性既不在於批評的原創性也不在於其哲學上的深刻性,他的創造在於他對反對與肯定兩方面的綜合。這兩方面爲新儒學將「入世轉向」推入新的歷史階段創造了基礎。與以前一概否定的反佛批評家不同,韓愈清楚顯示了一條回向此世而不拋棄來世的道路,這是佛教對中國的主要誘惑。引用儒家經典作爲權威,特別是《大學》和《孟子》,在他的〈原道〉和其他文章中試圖顯示,此世的政治和社會秩序最終是由超現實的天理(或天常)決定的。古代聖人們很早就發現這個偉大眞理,並稱之爲「道」。他

強調指出，這個眞正的儒家之道，有別於佛教的超脫世俗之道，佛教之道是否定一切現實存在的。

在〈原道〉中，韓愈說：

> 何道也？曰：斯吾所謂道也，非向所謂老與佛之道也。堯以是傳之舜，舜以是傳之禹，禹以是傳之湯，湯以是傳之文、武、周公，文、武、周公傳之孔子，孔子傳之孟軻，軻之死不得其再傳焉。[12]

這是他最有名的道統論。但他從何處得到這一思想的呢？是否眞如通常所言來自於《孟子》最後一章的解讀呢？如我們相信伽達默爾所說，理解總是過去和現在的「視界融合」（the fusion of horizons），「與發生在歷史意識中的傳統的每一次相遇，都包含著文本與現實之間的緊張經驗」，則我們也必須說明韓愈在他那個時代所具有的視野。可以注意到，韓愈在他早期（從777年始）曾有二三年在新禪宗的發祥地韶州生活過，而且那時正是新禪宗運動的高潮。陳寅恪認爲韓愈的道統論實際上仿自六祖慧能時代即十分流行的禪宗燈錄[13]。

確實，有很多韓愈作品可以支持陳寅恪的論點。在〈原道〉中，韓愈批評佛教的「治心」是爲了「外天下國家」，並以儒家「正心」作爲最終「平天下」的精神基礎來進行抗辯。表面上，似乎他想在「心」的培植上直接對抗新禪宗。但事實上，那只不過是

---

12 《昌黎先生集》卷11，《四部叢刊》本。

13 陳寅恪，〈論韓愈〉，《金明館叢館初編》（上海：上海古籍出版社，1980），頁286。

變形的模仿，因爲完全相反的對抗也是一種模仿。

在韓愈的〈師說〉中，禪宗影響的痕跡最明顯不過。在他那個時代，普通的儒學教師一般被輕視，這在柳宗元(773-819)和呂溫(771-811)的作品裡可充分證明。因此，韓愈很清楚，除非重建儒家師道的尊嚴，否則復興儒學將注定失敗。通過對比，禪師作爲師在唐代後期得到無比的尊敬。十分清楚，韓愈儒家之師定義中的術語「傳道」、「解惑」仿自禪師。「惑」甚至可能取自禪宗語言。當時流行的一句普通禪語：「菩提達摩東來，只要尋一個不受人惑的人。」〈師說〉中兩個更重要的觀點也值得評論：第一，文章強調「無貴無賤，無長無少，道之所存，師之所存也」[14]。這特別適用於像慧能這樣的禪師，他不僅地位低賤，而且有些弟子年長於他。第二，文章中含有弟子不必不如師的觀點。這個觀點也有禪宗師徒關係概念的味道，正如禪師靈祐的格言：「見過於師，方堪傳授。」[15]

韓愈思想的起源至今主要在儒家語境中探討；它與佛教的聯繫只在普通和不嚴密的方式下提到。一旦顯示出他的儒家之道的再闡述是源於新禪宗思想的流行，許多疑問也就消失了。以韓愈思想的敏悟，如果他會不理當時最強大的宗教運動，那是不可理解的。事實是，他的詩和書信顯示，終其一生，他與禪僧們都保持著密切的聯繫。他對他們的精神實踐表達尊敬，但並不同情他們對現世的拒絕。無論如何，有證據表明韓愈非常熟悉新禪宗，他欣賞禪宗的教育方法並用到儒家方面來是可能的。然而，他欣賞新禪宗的不是個

14　《昌黎先生集》卷12。
15　賾藏主，《古尊宿語錄》，上冊，卷5〈臨濟禪師語錄之餘〉。又《景德傳燈錄》卷16〈全豁傳〉也有「智慧過師」語(《四部叢刊》本)。

別思想或概念,而是禪宗突破過程的整個發展範式。爲了擴展重建儒家社會的計畫,韓愈將始於新禪宗運動的「入世轉向」推向極致。在某種程度,他爲了重建儒家的道統仿照了新禪宗的模式,他尋求完全不同於佛教的超越現實作爲現世的基礎。確實,他在這兩個領域內實際的成就是很有限的。但新儒學的突破,則是由他確立了方向,並爲宋代的發展確立了基本準則。

三

眾所周知,「新儒學」又稱「理學」,源於其核心概念「理」,或者更好地說是「天理」。因此,天理觀念的出現可以作爲新儒學有別於古典儒學的最主要特徵。譬如,《論語》中的關鍵概念「仁」在朱熹的注釋中被重新界定爲「愛之理」。天理是新儒學基本的和絕對的概念,程朱學派與陸王學派都如此。因此,王陽明清楚地將其「良知」界定爲天理。

除去解釋上的細微差別,我們必須問,爲什麼天理的觀念會成爲新儒學突破的核心。在我們能回答這個問題之前,有必要講一下佛教對在程顥(1032-1085)和程頤(1033-1107)之前的韓愈的最初突破的反應。這裡須提及兩個與韓愈相熟的佛僧。第一個是韓愈的仰慕者天台宗的智圓(976-1022)。受韓愈的影響,他晚年轉而研究儒家經典,特別是《論語》和《中庸》。與唐末宋初其他僧人發現《中庸》與佛教教義大體相近有所不同,他具體地比較了中庸之道與龍樹的中道義。他對《中庸》這本儒家經典非常喜歡,以致自稱「中庸子」。有意思的是,他不僅接受韓愈的儒家道統作爲歷史事實,而且完全信服韓愈關於現世的政治社會秩序必要性的觀點。他

相信，儒家與佛教須相互補充。關於兩者的功能，他論述道：

> 儒者飾身之教，故謂之外典。釋者修心之教，故謂之內典
> 也。蚩蚩生民，豈越於身心哉！非吾二教，何以化之乎？
> 嘻！儒乎，釋乎，其共為表裡乎？世有限於域內者，故厚
> 誣於吾教，謂棄之可也。世有滯於釋氏者，往往以儒為
> 戲。豈知夫非仲尼之教，則國無以治，家無以寧，身無以
> 安。釋氏之道何由而行哉！[16]

智圓的例子清楚顯示，到宋初，「入世轉向」已從禪宗向別的佛教
宗派擴展。在韓愈的突破被後來的新儒學發現之前，它已深深地觸
動一些佛教徒的敏感神經了，明白這一點也很重要。

第二個例子是主導整個宋代禪宗的雲門宗的契嵩(1007-
1072)。他是學習韓愈文風的佛教散文領導者，並且是歐陽修
(1007-1072)的好友。像智圓一樣，他也廣泛研究儒家經典，並對
儒家基本的社會價值觀，特別是孝道，持肯定的態度。然而與智圓
不同的是，他對韓愈排佛進行了強有力的反擊，這是最有名的。他
說：

> 嗟夫！韓子徒守人倫之近事，而不見乎人生之遠理，豈暗
> 內而循外歟？[17]

16　《閒居編》卷19〈中庸子傳〉，續藏經本。
17　《鐔津文集》卷14〈非韓上第一〉，《四部叢刊》本。

他也將佛教與儒學作了以下的區分：

> 心也者，聖人道義之本。[18]
> 非道則其教無本。[19]

顯而易見，雖然契嵩的重點與智圓有所不同，但他們共同認為，佛教與儒學必須通過關注各自的世界來相互補充。然而，從佛教的觀點來看，儒家的世界僅僅是精神所造的幻覺。由此，那個真正的、超越的精神世界是由佛教獨占的。顯然，他們僅同意韓愈關於此世重要性的觀點，但仍完全不相信儒家之道的超越性，因為這一點僅是韓愈的假設而沒討論。一定要把佛教對韓愈的突破的反應當作背景，才能理解新儒學的天理思想。

即使遲至11世紀，中國的知識分子世界仍有很多人處於禪風之中。確實，自宋代伊始，儒家開始逐漸而穩定地獲得了煥發活力的基礎。然而一般來講，在佛教徒看來，沒有佛教就好似一個世俗教育只關照政治和社會秩序而沒有任何超越的精神上的支持。下面這段程顥(也可能是程頤)的語錄證明談禪在當時的流行：

> 昨日之會，談空寂者紛紛，吾有所不能。噫！此風既成，其何能救也！古者釋氏盛時，尚只崇像設教，其害小爾。今之言者，乃及乎性命道德，謂佛為不可不學，使明智之士先受其惑。[20]

---

18 《鐔津文集》卷1〈勸書第一〉。
19 《鐔津文集》卷9〈萬言書上仁宗皇帝〉。
20 《二程集·程氏粹言》卷1《論學篇》(中華書局，1981)。

很顯然，新儒學只有成功地發展出一套自己的超越現實的精神學說來取代禪宗，新儒學的突破才是完滿的。換言之，在人生領域裡，新儒學同禪宗競爭的不是此世而是來世。正如我們上文所見，禪師們是願意將此世割讓給儒家的。由於這個原因，我相信，從周敦頤(1017-1073)開始，宋代新儒家將構建儒家超越的精神學說作爲中心任務，並以天理思想的出現爲高潮。

天理的觀念及其枝節，這裡不必細述。然而，對新儒學與佛教相對的來世性質可以作兩點觀察。首先，與佛教以「心」爲空、寂滅或虛無不同，新儒學的天理是眞實的。正如程頤所說：

> 天有是理，聖人循而行之，所謂道也。聖人本天，釋氏本心。21

天理必須是超越的，同時又是眞實的，從而爲此世的存在提供一個牢固的基礎。相反，佛教相信現象世界並不是永久的存在，而是一個生於「無明」的「幻網」。其次，在佛教那裡，包括禪宗，現世和來世可想像成向相反方向運動的。即使在進行「入世轉向」之後，佛教徒最終仍不得不爲了能達到「彼岸」而抛棄「此岸」。這是所有信仰佛教者必須持守的信條。因此，與佛教的彼世背對此世相反，新儒學的彼世是面對此世的。新儒家欲以彼世來改善此世，從而取代佛教對此世的抛棄。這是可能的，因爲儒家的彼世被理解爲一種力量源泉，它能夠通過人這一中介來改變此世。

前面我已講過，當時的佛教宣稱儒家的功能僅限於此世，而佛

21　《二程集‧程氏遺書》卷21下。

教完全負責彼世，新儒家以此相對，從而發展起了天理彼世。佛教的說法等於說，佛教是「體」，儒學是「用」。用西方的術語講，接近於價值世界與事實世界的劃分。無須說，這樣的模式新儒家是完全不能接受的。

在本章開頭，我也提議對從新禪宗到新儒家這樣「入世轉向」的精神運動進行全方位的觀察。以此來看，新儒家的天理彼世結構須作為整個運動十分重要的事件加以認識。在儒家傳統內，我們甚至可以說它構成了新儒家突破的精髓部分。因為新儒家強調生活與創造的彼世，為唐宋轉型中的入世運動提供了支持的阿基米德點，而這是非常需要的。相反，佛教的極樂彼世由於太消極而不能為此目的服務。新禪宗確實通過極樂世界的界定，賦予每個人都具有原初的佛性，從而使彼世更接近於此世。然而，通過覺悟佛教所最終達到的是空無，禪宗的彼世仍不足以為此世提供一個超越的力量，而這是轉變此世所必需的。

表面上，儒家彼世的出現標誌著中國思想史上儒與佛關係明顯破裂。在明確的意識層面上，這也是無可懷疑的，新儒家做了所有努力以使自己與佛教相區別。然而，在更深一層上，新儒學的突破可以理解為新禪宗最早始於8世紀的入世轉向的繼續。事實上，在宋代的大部分時期，禪宗的突破範式在許多方面繼續激勵著新儒家。一些例子可以說明這一點。程顥曾講，禪師們只是講「識心見性」，但這與儒家講的道德培養方式之一的「存心養性」是不可比的。但二程的高足謝良佐（1050-1103）據說講過一個故事，說程頤曾向某禪僧學養心工夫，並習得了全部方法。然後他「偷」了禪僧的方法以為己用。對此，朱熹評論道：

> 當初佛學只是説，無存養底工夫。至唐六祖始教人存養工
> 夫。當初學者亦只是説，不曾就身上做工夫，至伊川方教
> 人就身上做工夫。所以謂伊川偷佛説爲己使。[22]

謝良佐居然公開說其師「偷」禪僧工夫，這確實令人吃驚。正如我
們所見，謝良佐所說與程顥的陳述是完全矛盾的。而更令人驚訝的
是，朱熹會毫不猶豫地坦承「存養工夫」確是由慧能首先發展起來
的。朱熹話中惟一可能不真實的地方是他認爲慧能的後繼者只是談
論「存養工夫」而「不曾就身上做工夫」。眾所周知，道德培養在
新儒家那裡居非常核心的位置，然而他們自己承認，這來自於對禪
宗範式的修改。

　　第二個例子是新儒家的童蒙學規。陸九齡(陸象山之兄)曾與朱
熹討論制訂學規的方法。後者回答：「只做《禪苑清規》樣做亦
好。」[23]要說明的是，《禪苑清規》是著名的《百丈清規》的修訂
本，是由宗賾在1103年完成的。這表明朱熹認爲禪林制度值得新儒
家作爲童蒙教育的模本。這件事情也說明了宋代新儒家是多麼密切
地緊跟著禪宗的發展。

　　禪宗對於新儒家突破的影響，最後一個例子是精神上的，而不
是技術上的。新儒家突破最顯著的社會結果之一是在士階層中出現
了對現世的高度使命感與責任感。當然，士階層的這一新的自我意
識與唐宋轉型中的社會變化有眾多關係。宋代世襲門第的整體消亡
促進了士階層在社會中居於領導地位。結果，雖然起初不明顯，但

22　《朱子語類》卷126(中華書局，1986)。
23　《朱子語類》卷7。

湧現了一批新儒學改革者，他們將重建社會當作自己的責任。范仲
淹(989-1052)和王安石(1021-1086)是其中最著名的兩位人物。甚
至早在中進士之前，范仲淹就已經表達過一個儒士須以天下爲己任
的觀念。後來，他提出了「士當先天下之憂而憂，後天下之樂而
樂」的新思想。毋庸置疑，像范仲淹與王安石這樣的新儒家，肯定
曾或多或少地受到儒家傳統中早期典型人物的激發，特別是孟子。
譬如，范仲淹的格言就是《孟子》中的一句話的改述，而王安石在
他的一首詩裡也公開表達了對孟子道德理想主義的極大推崇。然
而，假設像范仲淹、王安石這樣的新儒家理想主義在很大程度上也
受到了禪宗入世轉向的影響也是有根據的。芮沃壽曾提出一個有趣
的見解，認爲范仲淹的格言可能是菩薩理想的中國世俗表達[24]。我
想指出，如果范仲淹的格言眞的證明部分源自佛教，那麼它可能不
是一般意義上的菩薩理想，而是禪宗，特別是雲門宗。雲門宗在宋
代佛教中不僅占據了中心和決定性的位置，而且尤需點出的是它的
「愛眾生」和「入世苦行」。王安石的例子可以支持我的觀點。據
著名的禪宗詩僧惠洪(1071-1128)講，王安石晚年退隱閒居金陵(南
京)時，曾對一友人憶起他的仕宦生涯。王安石說：「吾止以雪峰
一句作宰相(822-908)。」友人問是什麼話，王安石憶道：

這老子嘗爲眾生作什麼？[25]

---

24 Arthur F. Wright, *Buddhism in Chinese History* (Stanford University Press, 1959), p. 93.

25 惠洪，《冷齋夜話》卷10「聖人多生儒佛中」條，四庫全書本。末句中
的誤字據丁傳靖，《宋人軼事彙編》卷10所引校改。

必須說明，雪峰（義存）不是別人，正是雲門宗的創始人文偃（864-949）的宗師。這則軼事完全不是不可信的道聽途說。相反，它的歷史真實性完全可以建立在王安石詩歌的基礎上，在這些詩歌裡，佛教救世的思想得到了動人的表達。

　　在本文結束時，我必須說明，我並不是在重複已過時了的傳統批評，以爲新儒家只是僞裝了的禪宗。對新儒家是儒家傳統在主要框架上的更新，我沒有絲毫懷疑。我所說的是，如果不把禪宗的突破考慮在內，作爲一個歷史現象的新儒家的突破是不可能完全理解的。事實上，如果以一個寬闊的歷史視野，將新儒學的崛起視爲由新禪宗最初始於8世紀的長久而持續的精神運動的頂峰，那麼對它就能有更好地理解。

　　據 "Intellectual Breakthroughs in the T'ang-Sung Transition," in Willard J. Peterson, Andrew H. Plaks and Ying-shih Yu, ed., *The Power of Culture* (Hong Kong: The Chinese University of Hong Kong Press, 1994), pp. 158-171譯出。

（曾建林　譯）

4
朱熹哲學體系中的道德與知識

一、德性與問學

在致項安世(字平父，1153-1028)的一封書信中，朱熹曾說：

> 大抵子思以來教人之法，惟以「尊德性」、「道問學」兩
> 事為用力之要[1]。今子靜所說，專是「尊德性」事，而熹
> 平日所論卻是「問學」上多了。……今當反身用力，去短
> 集長，庶幾不墮一邊耳。[2]

這封信寫於1183年，是對陸象山之批評的回應。然而，當陸象
山聞知這封信後，他尖銳地指出：

> 朱元晦欲去兩短，合兩長，然吾以為不可，既不知「尊德

1　這是對《中庸》的闡釋，《中庸》提供了關於「道問學」和「尊德性」
　的經典論述。《中庸》，按傳統說法，為孔子之孫子思(483-402B.C.？)
　所作。
2　《朱文公文集》(《四部叢刊》卷54，頁962，〈答項平父〉)。

性」，焉有所謂「道問學」。[3]

這一交鋒使得以後的學者堅信，朱陸二人的根本分歧即在於前者強
調「道問學」，而後者強調「尊德性」。吳澄對於這一觀點的流布
恐怕要負主要的責任[4]。至明代(1368-1644)，這一觀點已牢固確
立，以致連王陽明都發現，要糾正它是十分困難的[5]。儘管王陽明
的有力駁正已基本上被其後學毫無疑問地所接受[6]；但仍然難以完
全消除這一十分流行的觀點。就這樣，我們發現，關於朱陸差別的
相同觀點得以保留於《宋元學案》之中，在這部書中，黃宗羲
(1610-1695年)明確地論道，陸象山的學說以「尊德性」焉核心，
而朱熹的學說則以「道問學」焉核心。儘管雙方並非完全無視另一
方所強調的重點，但二者在以何焉先這一問題上的不同仍然是確實
存在著的[7]。

　　然而，在這裡，我的目的並不是探討朱陸二人哲學思想的差

3　見《陸象山年譜》，載於《陸象山全集》(《四部叢刊》)卷36，頁
　　321；《語錄》卷34，頁261。關於陸象山致信項安世的時間，我依據的
　　是《年譜》的說法，王懋竑(1668-1741)以這封信焉1181年所作是明顯
　　錯誤的，因焉在這一年，項安世才剛剛認識陸象山，參看王懋竑的《朱
　　子年譜》(《國學基本叢書》)，頁100。

4　見虞集(1272-1348)，〈吳澄行狀〉，《道園學古錄》(《四部叢刊》)
　　卷44，頁386-387。

5　見王陽明致徐成之的兩封信，寫於1522年，載於《陽明全書》(《四部
　　備要》)，21: 5a-8b。

6　例如，見徐階(1503-1583)，〈學則辨〉，載於《象山先生全集》附
　　錄，頁14-15。

7　見《宋元學案》(《萬有文庫》)卷58，頁6-8。黃宗羲的觀點也焉其子
　　黃百家，以及全祖望(1705-1755)所繼承。見同上，頁8；又見《結埼
　　亭集外編》(《四部叢刊》)卷44，頁656-657。

異，我的中心任務在於清理朱熹哲學體系中道德與知識的關係。就像「理」與「氣」，「天理」與「人欲」，或「陰」與「陽」一樣，道德與知識在朱熹的思想中是對應的兩極[8]。由於它們在朱熹哲學體系中占有中心地位，朱熹用了許多不同的儒家傳統的對應概念來表示這一對應關係。除了「尊德性」和「道學問」這一對首要的觀念而外，還有「敬」與「學」、「涵養」與「致知」、「居敬」與「窮理」、「約」與「博」、「一貫」與「多識」等其他的對應概念。每一種對應的概念都從不同的方面表述著道德與知識的關係。因此，在以下的論述中，有必要將它們視爲Arthur O. Lovejoy所說的「思想單位」。

首先，我們必須理解上述引文中朱熹對於「問學」的強調，這意味著他賦予知識以相對於道德而言的更大的重要性嗎？無庸置論，這是不可能的。「尊德性」是「新儒學」中基本的中心的設定，爲每一個道學家所共有，而不論他們在其他問題上有什麼不同，朱熹自然也不例外。像陸象山一樣，他也將「尊德性」作爲首要的根本目標，所有的「問學」都必須指向於此。道德不僅僅是居先的，而且賦予知識以意義[9]。

那麼，問題就不可避免地出現了：既然如此，爲什麼朱熹要更多地強調「問學」，正如他自己所承認的那樣。首先，需要著重指出的是，在所引〈答項平父〉文中，朱熹並不是一般地討論儒學中

8　關於「對應性」（polarity）這個詞見B. I. Schwartz "Some Polarity in Con-fucian Thought," *Confucianism in Action*, ed. By David S. Nivison & Nrthur F. Wright（Stanford Calif: Stanford University Press, 1959），pp. 51-52.

9　見《朱子語類》（以下稱《語類》）（台北正中書局，1973），卷64，頁2524。

知識相對於道德的重要性。這裡，他只是把「尊德性」和「道問學」作爲兩個「教人之法」來論及的。換而言之，他對於「問學」的強調，不是在一般的理論的層面上，而是就實踐的、教學法的層面上而言的[10]。)然而，我並不是說，它們的所有差異都可簡單化爲教學法上的不同。正如我們在以下論述中將要看到的，朱熹對「問學」的強調是他關於「理」和「心」的哲學觀點的一種反映。我所要說的只是，以「尊德性」和「道問學」區分朱陸之不同的傳統看法是表面化的，其正確性僅限於一定範圍。

澄清了這一點後，上述問題就轉化爲：爲什麼朱熹要在他的教學中更多地論述「問學」而較少地論及「尊德性」？朱熹曾自己回答了這個問題，他說：

> 問學工夫，節目卻多；尊德性工夫甚簡約。且如伊川只說一個「主一之謂敬，無適之謂一」。只是如此，別更無事。其向來自說得「尊德性」一邊輕了，今覺見未是。上面一截便是一個坏子，有這坏子，學問之功方有措處。[11]

如他所說，儘管「尊德性」是第一位的，但是，對此卻難以直接言說。因爲，在他看來，「尊德性」主要指的是建立並保持一種道德的心境，它可以用程頤所說的「敬」來表示。這就把我們自然地引

10　見朱亨道的書信，被引用於《象山先生全集》卷36，頁319。

11　《語類》卷64，頁2521-2522。關於「尊德性」與「道問學」之關係的討論另見於卷117，頁4504-4505和卷118，頁4568-4569。關於所引用的程頤之說，見《遺書》，載於《二程全集》(《四部備要》)，15: 20a。

到了程頤最著名的公式上：「涵養須用敬，進學則在致知。」[12]

二、涵養與致知——對程頤公式的論辯

　　正如我們所知，朱熹終其一生都將這句話作爲其學說的核心。事實上，他認爲這是對於「尊德性」與「道問學」之對應性的最好表述[13]。雖然他更多地論及「敬」而不是「尊德性」，然而，「敬」與「致知」之間的關係卻明顯地類同於「尊德性」與「道問學」：「敬」並非一項需要先於其他而單獨完成的任務，更確切地說，它是一種心境，使知識有效地被獲致[14]。換句話說，「居敬」與「致知」必須同時進行[15]。正是在這一表述中，他關於道德與知識之關係的觀點充分地展現出來。

　　毫無疑問，程頤之公式的前一部分「涵養須用敬」完全屬於道德範疇，從而成爲儒家學說的綱領[16]。但是對於後一部分「進學則在致知」，則需加以解釋。朱熹曾說：

> 　　「格物」只是就一物上窮盡一物之理，「致知」便只是窮
> 得物理盡後，我之知識亦無不盡處。若推此知識而致之

12　見《遺書》，18: 5b；英譯見陳榮捷, *A Source Book in Chinese Philosophy* (Princeton, N. J.: Princeton University Press, 1963)，p. 562.

13　例如，見《語類》卷64，頁2522-2523。

14　同上，卷115，頁4425。

15　同上，頁4415。

16　例如，他說：「『敬』之一字，眞聖門之綱領，存養之要法。」同上，卷12，頁335。

也。[17]

那麼，「格物」和「致知」乃是對同一求「理」過程的兩種不同表述：從認知對象的方面來說，我們稱之爲「格物」；從認知主體的方面來說，則稱之爲「致知」。根據以上論述，朱熹對於程頤這句話的理解和闡釋包括三個方面：首先，始終要保持「敬」的態度；其二，必須在「敬」的精神狀態中進行「格物」或「致知」的智力活動；第三，作爲結果，事物之「理」成爲可知。在朱熹看來，這是每一個眞正的儒者終其一生都要進行的沒有完結的過程，其德性通過這一精神歷程而獲致完滿。於是，這三個方面構成了道德實踐的完整體系。然而，即使在這樣一個從根本上是道德性的體系中，我們仍能看到，知識擔當著主要的角色，當然，它同時又是第二位的。

表面上，「敬」是道德性的詞語，「理」也主要指的是道德之理。然而，更深入地來看，整個體系中發生作用的核心構成「格物」或「致知」明顯地是指一個用智過程，在這一過程中，關於「理」的知識被獲得。在朱熹的觀念中，「心」和「氣」是同一的，「氣」是最智能和敏感的物質力量，這說明了，這一過程必然是智力性強的[18]。

無論在心靈世界還是外部世界，「格物」都只是以客觀的方式求「理」，在這一層面，沒有道德活動的介入。即使「格物」的動機和目的都是道德性的，但是仍無證據可以表明，在朱熹的思想

---

17 《文集》卷51，頁897，〈答黃子耕〉。
18 例如，朱熹說：「心者，氣之精爽。」見《語類》卷5，頁138。

中，道德能夠直接干預「格物致知」。道德考慮經常存在於另一層面(以儒家的觀點來說，是一個更高的層面)。

朱熹一生從未改變其「知」先於「行」的觀念。儘管這並不意味著他對知識的重視超過任何其他事物，但仍然說明了他重點地關注於道德的智識基礎。他說道：

> 知、行常相須，如目無足不行，足無目不見。論先後，知爲先；論輕重，行爲重。[19]

在這裡，朱熹明確地論述了知識與道德的關係。「知」——他指的是「致知」——主要是一個用智的活動；「行」——他指的是道德實踐——則以「致知」所得之「理」爲基礎。就他而言，求知只能因其與道德生命的相關才具有合理性，因此他很自然地在知識與道德之間將重點最終放在後者。儘管如此，他的「知先於行」的立場明白無誤地表明了知識在其思想體系中所擔當的至關重要的角色。

朱熹在一次答疑中說：

> 如公昨來所問涵養、致知、力行三者，便是以涵養做頭，致知次之，力行次之。不涵養則無主宰。……既涵養，又須致知；既致知，又須力行。若知而不力行，與不知同。亦須一時並了，非謂今日涵養，明日致知，後日力行也。[20]

---

19 《語類》卷9，頁235。相近的觀點還可見於他的著述之中，見《文集》卷50，頁875的〈答程正思〉；卷54，頁972的〈答郭希呂〉。

20 同上，卷115，頁4425。

我們能夠感覺到，他在試圖建立三者之間的秩序。很明顯，這一秩序是邏輯上的而非時間上的。在實行的時間次序上，他經常將「致知」置於起點。於是，當確需強調之時，他甚至毫不猶豫地顛倒了程頤原話的次序，把「致知」置於「涵養」之前[21]。從他的觀點來看，這是十分必要的，因為「涵養」和「行」一樣，必須基於「理」才能是正確的。沒有對於「理」的正確認識，「涵養」或「行」都將是盲目的[22]。

三、讀書的角色

上面的分析表明，雖然朱熹在教學中把程頤的公式作為啟發式的原則，並且經常崇敬地談到它；但是，他在運用中對此做出了重新解釋，賦予知識以更積極和更核心的角色。為了闡明朱熹關於知識的觀念，現在，我們轉而來看他在讀書及其與道德關係上的觀點。在宋代(960-1279年)道學家中，惟有朱熹十分強調讀書對於明道的重要性，並且建立起一整套成體系的方法。他思想的這一方面導致了17世紀一位學者的批評；朱子的學說完全由讀書構成而無其他[23]。雖然這一說法無疑是誇大其辭了，但它仍然很典型地說明了朱熹之重視讀書，對於以後新儒學發展產生的影響。甚至，他的後學將其學說的中心大義概括為「讀書窮理，以致其知」[24]。

---

21 《語類》卷9，頁241。
22 同上，卷9，頁241-242。
23 見顏元(1635-1704)，《四存編》(上海古籍出版社，1957)，頁104。
24 陳建，《學蔀通辨》(《叢書集成》)，〈提綱〉，頁102；他的觀點被顧炎武引用，見《日知錄》(《萬有文庫》)卷18，頁118。

我們必須首先指出，朱熹從未提倡學問至上，恰恰相反，他明確地教導說：「讀書乃學者第二事。」[25]但是，他確信，要成為一名儒者，就要致力於學習、理解儒家經典及傳統。在1194年的一份奏札中，他說道：

> 蓋為學之道，莫先於窮理；窮理之要，必在於讀書；……至論天下之理，則要妙精微，各有攸當，互古互今不可移易，惟古之聖人為能盡之，而其所行所言，無不可為天下後世不易之大法，其餘則順之者為君子而吉，背之者為小人而凶。吉之大者則能保四海而可以為法，凶之甚者則不能保其身而可以為戒。是其粲然之跡，必然之效，蓋莫不具於經訓史策之中。欲窮天下之理，而不即是而求之，則是正牆面而立爾。此窮理必在乎讀書也。[26]

在這一節中，對於朱熹之論讀書，我們要進行兩方面相關的考察。首先，古代聖人不僅發現了大多數「理」（如果不是全部），而且用言行加以表達。因為聖人的言論事跡記載於書冊，所以讀書就成為「窮理」的邏輯起點，因而，他把讀書作為「格物」的一項內容[27]，事實上，讀書構成了他的「格物」學說的最實質部分。在他著名的《大學章句》中，他說道：「是以大學始教，必使學者即凡天下之

25　《語類》卷10，頁255。
26　《文集》卷14，頁204。關於所上這一奏札的時間，見王懋竑，《朱子年譜》卷2，頁197-200。
27　《語類》，卷10，頁264。

物，莫不因其已知之理而益窮之，以求致乎其極。」[28]無疑，他在這裡主要論述了得自於讀書的知識是進一步學習的基礎。

其次，在朱熹的思想體系中，讀書是以道德爲導向的。朱熹從未提倡不以道德爲核心的爲讀書而讀書。在上述奏札中，他特別指出，經書和史書要作爲兩類書來學習，他認爲聖人所發現的道德之理清楚地載於經書，而它們在歷史中的實現則由史書加以具體闡明。據揚楫所說，朱熹的教學一般採用這樣的步驟：四書、六經、史書。對於秦漢(221B.C.-A.D.220)之後的文學藝術，他只在空閒時間才與學生談及[29]。這一讀書次序與上述奏札所論相一致，並被朱熹的談話所確證。例如，他曾經這樣指導一名學生：「先看《語》、《孟》、《中庸》，更看一經，卻看史，方易看。」[30]朱熹據以建立其讀書次序的標準是道德之理的知識。《論語》與《孟子》之先於六經，是因爲它們能使學者事半功倍，而後者則相反[31]。另一方面，史書記錄了道德之理的實際運用[32]。雖然史書揭示著古今變化並提供道德鑑誡和經驗教訓，但是如果它不關係到自我道德修養，那麼它仍然無足輕重[33]。所以，儘管朱熹充分意識到了在儒學中歷史作爲一項問學科目的重要性，但他仍然予之以稍次的優先地位。

在一封致友人呂祖謙(1137-1181年)的信中，他將這一讀書次

28　陳榮捷譯，《中國哲學原著資料》，頁89。

29　王懋竑，《朱子年譜》卷4，頁340-341。

30　《語類》卷11，頁309，也見頁298，頁200-201。

31　同上，卷19，頁689。整章的討論都表明，他把學習經典的重點放在道德之理的知識上。

32　同上，卷11，頁301。

33　《文集》卷46，頁800，〈答潘叔昌〉。

序——四書、五經、史書——歸功於程頤[34]。這可能是一個有力的
證據，但是，仔細查閱二程見於記載的言論，卻不能證實朱熹的這
一說法[35]。正是到了朱熹這裡，讀書的範圍被大大擴展了。而且，
他建立起一套全面地理解儒家文本(text)的方法體系。在新儒學傳
統中，道德的智識基礎由此而牢固建立。

朱熹論述了德性需要有不斷的支援，這一支援來自學習儒家文
本所獲得的知識，以此，他賦予讀書以進一步的合理性。在這方
面，他確實繼承了始自張載(1020-1077年)的一條思想線索。張載
曾說：

> 讀書少，則無由考校得義精，蓋書以維持此心，一時放
> 下，則一時德性有懈。讀書則此心常在，不讀書則終看義
> 理不見[36]。

朱熹經常深表贊同地引述這段話，用以宣揚他關於讀書重要性的信
念。他曾評論說：

> 張子曰…也是說得「維持」字好。蓋不讀書，則此心便無

34　《文集》，卷35，頁558，〈答呂伯恭〉。

35　有關程顥(1032-1085)對於讀書的相當消極的態度，見《遺書》3:1b和
　　2a；謝良佐(1050-1120)，《上蔡語錄》(《正誼堂全書》)2:11b。有關
　　程頤對學習經典的有限的贊同，見《遺書》15:12a:16a《粹言》，載於
　　《二程全書》，1:25a。關於這一問題，見市川安司《程伊川哲學的研
　　究》(東京大學出版社，1964)，頁137-140。錢穆教授的說法是正確
　　的，他認為，正是朱熹將歷史引入程朱新儒學的教學科目中。見其《朱
　　子新學案》(台北：三民書局，1971)，第5冊，頁113。

36　《張子全書》(《國學基本叢書》)卷6，頁108。

> 用處。今但見得些子，便更不肯去窮究那許多道理，陷溺
> 其心於清虛曠蕩之地，卻都不知，豈可如此！[37]」

但是，當朱熹引用張載之語「蓋書以維持此心」時，他的真實意思是什麼呢？從以下的論述中我們能夠得到回答：

> 故為學不可以不讀書。而讀書之法，又當熟讀沈思，反覆
> 涵泳，銖積寸累，久自見功。不惟理明，心亦自定[38]。

很明顯，在他看來，對於「理」的深刻認識能夠使「心」保持在道德狀態中，這樣，就防止了「人欲」對它的干擾。然而，在這個問題上，朱熹並非簡單地沿襲張載，事實上，他賦予知識以德性修養中的一個更為積極的角色，由此而邁進了一大步。張載所說的「維持」暗示了知識的作用是消極的：它僅只是「維持」德性，使之不致塌落，但並不為之增加什麼。然而，朱熹卻將知識和德性的成長聯繫起來。有一次，他曾談到，讀書能夠培育德性的根基[39]。在另一處，他甚至更加清楚地說道：「窮究聖賢所說底道理，乃可以培植本原，庶幾枝葉自然張旺耳。」[40]在這裡，他的有機論的論述恰與張載的機械論的論述形成鮮明的對比。在朱熹的思想深處，知識絕不僅止於「支持」德性，而是能夠不斷地給

37　《語類》卷119，頁4584。又見卷114，頁4399-4400，他說：「若能時時讀書，則此心庶可無間斷矣。」

38　《文集》卷64，頁1188，〈答江端伯〉。

39　同上，卷44，頁764，〈答江德功〉。

40　同上，卷49，頁855，〈答陳明仲〉。

德性的成長提供滋養[41]。

在關於「約」與「博」的討論中，朱熹說道：

> 爲學須是先立大本。其初甚約，中間一切甚廣大，到末梢
> 又約。……近日學者多喜從約，而不於博求之。不知不求
> 於博，何以考驗其約！……又有專於博上求之，而不反其
> 約，今日考一制度，明日又考一制度，空於用處作工夫，
> 其病又甚於約而不博者。[42]

顯然，朱熹同時與兩種不同的傾向作鬥爭。沒有智識基礎的簡約之
論和沒有道德核心的博學，在他看來都是可憎的。他自己的位置可
以說是介於二者中間，總是在以一種最具創造性的方法力求使
「約」和「博」結合起來。在知識領域，正如他所說，「約」完全
來自於「博」[43]。他關於「約」與「博」之關係的觀念——必須強
調地指出——昭示著讀書的自主性。

在上述引文中，朱熹談到了學習的道德起點和終點，但是，
他的重點顯然地落在寬廣的「中間一節」，它是一個自主的智識
領域。這明顯地表現於，儘管他對程頤十分崇敬，但他仍然因
《程氏易傳》對原著自主性的漠視而對之深致不滿。他尖銳地批
評道：「若伊川要立議論教人，可向別處說，不可硬配在《易》

---

41 這一思想來自《易經》中的一節，見James Legge譯《易經》，p. 300. 朱
熹在另一次談話中加以引用，見《語類》卷120，頁4639。

42 《語類》卷11，頁298-299。這裡他分別指的是陸象山學派的「簡約之
論」和呂祖謙學派的「博雜之學」。見錢穆《朱子新學案》第3冊，頁
676。

43 《語類》卷33，頁1336。

上說。」[44]這是一個明確的證據，說明他對知識世界的自主性有充分的意識，而道德不能直接干預於其中。

朱熹還由此擴展到對藝術領域的自主性的尊重。《論語》中記載了孔子（551-479B.C.）這樣一段話：「志於道，據於德，依於仁，遊於藝。」[45]張栻（1133-1180年）解釋最後一句話的意思時說，「遊於藝」指的是「藝者所以養吾德性而已」。對這一解釋，朱熹提出異議，他指出：

> 上四句解釋不甚親切，而此句尤有病。蓋藝雖末節，然亦事理之當然，莫不各有自然之則焉。曰遊於藝者，特欲其隨事應物，各不悖於理而已。不悖於理則吾之德性固得其養，然初非期於為是以養之也。此解之云亦原於不屑卑近之意，故恥於遊藝而為此說以自廣耳。……便見得藝是合有之物，非必為其可以養德性而後遊之也。[46]

這段話的重要性並不能被誇大。在這裡，朱熹非常接近於「為藝而藝」的觀點了，「六藝」中的每一項（禮、樂、射、御、書、數），在他看來都有自身的「自然之則」或「理」，並且進行每一項都得按其自身的規則。它們共同構成了一個自主的領域，不容外來的干預，哪怕是道德的干預。它們能夠產生道德的作用也能服務於道德的目的，但是，它們的存在並不需要以道德為理由。顯而易見，朱熹關於人類文化的觀念既是多元的又是分等的。說它是多元的，是

44　同上，卷69，頁2767。

45　《論語》，劉殿爵英譯（Penguin Classics ed., 1979）7:6.

46　《文集》卷31，頁494，〈與張敬夫論癸巳論語說〉。

因爲道德、知識、藝術有著各自相對獨立的領域；說它是分等的，是因爲「道」將它們結合起來，共同服務於道德。

四、解釋與客觀性——朱熹新儒學的解釋學

在朱熹的文化等級中，知識僅次於道德。如上所述，他所說的知識主要是指通過讀書，尤其是讀儒家經典所獲得的知識。那麼，就需要有一套理解和解釋文本(text)的全面而系統的方法。正是在這方面，朱熹爲新儒學做出了一項十分重要的貢獻。在他那裡，知識的自主性幾乎完全依賴於他的讀書方法。這一套方法得到了十分充分的發展，我們可以稱之爲新儒學的解釋學。

朱熹的解釋學實際上包括了闡釋的所有層面，從文獻的、歷史的、字面的、重建的、直到存在意義上的闡釋。在他看來，解釋一個經典文本，以早期注釋家的文獻與歷史的說明爲開端是十分必要的。除了文本本身，他認爲，一個學者必須熟讀注解，對直接關係到文本內涵的注解的所有細節都能夠掌握[47]。在這一層面，更爲重要的是仔細比較不同時代的注釋家所做的不同解釋。通過相互比較和驗證，可以弄清眞實情況[48]。但是，文獻的闡釋在他的解釋學中只是第一步，它不能被忽略，但必須被超越。在這一階段的最後，學者不再看到任何注釋，而只有文本自身[49]。

據朱熹所說，閱讀文本需要經歷三個階段：在初始階段，學者

---

47 《語類》卷11，頁304。然而，他也指出名物制度如果與我們對其意義的理解關係不大，我們也可滿足於對它們的一般了解。見同上，頁301。

48 同上，頁305。

49 同上。

要學會如何將心思專注於文本。在第二階段,他要依遵分析原文的正確規則深入文本。在這些規則的制約和指導下,他能描述文本自身的大綱要領,但是這一描述是無生命的。只有當他到達了最後階段,他才能重新予文本以生命[50]。我們姑且不論其初始階段,直接來看第二和最後階段。

第二階段至少包含兩個層面的理解,即文本字面含義和作者的思想本意。字面層次理解相對簡單,它主要包括對文本語言的把握[51]。然而,對文本字面的理解與對作者意圖的理解卻無法清楚地加以區分。情況經常是這樣的:我們對文本字面含義的確定常常依賴於我們對作者思想意圖的理解,反之亦然。綜觀朱熹有關文本解釋問題的探討,他重點地關注於如何理解經典文本的作者的「本意」,而經典的作者既是聖人又是賢者。在一封致友人的信中,他說:「然讀書且要虛心平氣。隨他文義體當,不可先立己意,作勢硬說,只成杜撰,不見聖賢本意也。」[52]在這裡,他所要說的是,學者只有首先通過了字面理解的層次才能達到對作者本意的理解。另一方面,他也充分意識到,前者並不能絕對地保證後者。否則,他就不會批評他的弟子只致力於對字面意思的理解而忽略了聖人的原意[53]。

我們必須同時注意到他對「虛心平氣」的要求和他對「先立己意」的警覺。他的解釋理論的一項基本原則可以表示如下:「看書,不可將自己所見硬參入去。須是除了自己所見,看他冊子上古

50　《語類》,頁282。
51　同上,頁292-306。
52　《文集》卷53,頁943,〈答高季章〉。
53　《語類》卷36,頁1581。

人意思如何。」[54]就這一對文本的尊重來說,朱熹的確非常接近於
某些現代的解釋學家,特別是Emilio Betti,因為朱熹像Betti一樣,
主要地關注於解釋對象(文本)的自主性,以及得自於文本解釋的客
觀知識的可能性[55]。因為其解釋對象的獨特性質——儒家文本——
朱熹往往非常嚴肅地對待有關作者本意的問題。然而,這並不是
說,他完全沒有意識到Paul Ricouer稱之為「距離」(distanciation)
的問題。相反,他對於比較對勘經典文本所有不同解釋的必要性的
強調,以及他終生在注釋方面所做的工作,都充分證實了他始終都
在對付文本自主性與作者本意之間的距離所造成的困難[56]。

朱熹對本文解釋的客觀性的重視,也使得他強調讀書過程中
的疑問的重要性。這就相當於Betti所說的解釋過程中的「批評的
時刻」(criticalmoment)——這一「時刻」應發生於需要疑問態度
的情形下,例如不一致的出現,不合邏輯的陳述以及論辯線索的
中斷[57]。朱熹曾說:

> 某向時與朋友說讀書,也教他去思索,求所疑。近方見
> 得,讀書只是且憑地虛心就上面熟讀,久之自有所得,亦

54 同上,頁293。這一觀點正好可與當代西方解釋學的一個原則相比:
「意義只能從文本中引申出來,而不能強加於之。」見Josef Bleicher,
Contemporary Hermeneutics(London: Routledge and Kegan Paul, and
Boston: Henley, 1980), p. 36.

55 見Emilio Betti有關解釋中「理性開放心態」的必要性的探討,載於他的
Hermeneutics as the General Methodology of the Geistewissenschaften, 英譯
見Bleicher, p. 85.

56 Paul Ricoeur, "The Hermeneutical Function of Distanciation," *Hermeneutics
and the Hnman Sciences*, 英譯者J. hnB Thomspson (Cambridge: Cambridge
University Press, 1981), p. 131-144.

57 Bleicher, p. 40.

自有疑處。蓋熟讀後，自有窒礙不通處，是自然有疑，方
好較量。今若先去尋個疑，便不得。……舊日看《論
語》，合下便有疑。蓋自有一樣事，被諸先生說成數樣，
所以便著疑。[58]

胡適博士（1891-1962年）對此的評論也許稍有些誇大其辭，他認
為，朱熹的「虛心求疑」已經形成了中國學術中的「科學的傳
統」。[59]然而，可以毫不牽強地說，朱熹所強調的「虛心平氣」、
摒除「先立己意」以及在文本解釋中的懷疑批判精神，都使他得以
建立中國的精神科學的方法體系。依靠這一方法體系，人們就能富
有成效地探究有關儒學方面的客觀知識。

現在，讓我們來看朱熹所說的解釋的最後階段。在這一階段，
文本將獲得重生。他說：「理得，則無俟乎經。」[60]這顯然意味著
經典本身最終也要被超越。在此，所被闡釋的轉化成為闡釋者精神
生命的有機組成，在這個意義上，經典重獲生命。他指出：「而今
讀書，只是要見得許多道理。及理會得了，又皆是自家合下元有
底，不是外面旋添得來。」[61]他進一步闡明這一論述說：「讀書，
不可只專就紙上求理義，須反來就自家身上推究。……自家見未
到，聖人先說到那裡。自家只借他言語來就身上推究，始得。」[62]
在這裡，他所要說的是，不僅僅我們解釋了經典，更重要的在於，

58　《語類》卷11，頁295。
59　胡適，〈中國哲學中的科學精神與方法〉，載於Charles A Moore編著，
　　The Chinese Mind(Honolulu: East West Center Press, 1967)，p. 104-131.
60　《語類》卷11，頁305。
61　同上，卷10，頁255。
62　同上，頁287。

經典也解釋了我們。在這一點上，他和他的哲學論敵陸象山並無什麼不同，陸象山因宣稱「六經皆我注腳」而爲人們所熟知[63]。於是，朱熹就達到了存在意義的解釋層次，這意味著某種「前理解」（Preunderstanding），用他的說法，就是「切己體驗」。最終，如他反覆所強調，所有的經典文本必須超越逐章逐句的解釋而被理解，並成爲闡釋者的「切己體驗」[64]。他證實這正是他研習儒家經典的一貫方法[65]。這裡所實際包含的意思，借用Bultmann的話來說，是「一種在先的、活生生的與主題之間的關聯，這一主題在文本中有其直接或間接的表達」。它還是一種探尋，「往往被對於人的存在的預設理解所指引，一種明確的存在意義上的理解」。[66]然而，我必須馬上說明，對於朱熹來說，「人的存在」只能在一種儒家式的道德意義上加以理解。儘管他的「切己體驗」包含了一種道德性的「前理解」，但是仍無理由認爲這一道德因素能直接干預對文本的客觀解釋。更適當地說，它所發生的實際影響是在選擇和序次所要解釋的文本方面。例如，他所說的讀書次序——四書、五經、史書，就恰恰是以「道德的切己」爲基礎而建立。但是，一旦解釋者開始進入他的文本，他必須嚴格遵循文本解釋的方法原則，並且將所有的道德考慮轉至幕後。只是在文本研究的終點上，「道德的切己」才得以充分發揮作用。他必須能超越文本，以求對存在的理解，這一理解將予其道德存在以意義。在此，「道問學」轉向「尊德性」，「博」轉向了「約」，「致知」轉向了「敬」，也就是

63　《象山先生全集》卷34，頁256-261。
64　《語類》卷11，頁286-288。
65　同上，卷10，頁1235-1236。
66　引自Bleicher, pp. 105-106.

說，知識轉化成了道德實踐。這一轉化無疑包含著一個在理解上的「跳躍」——從智識層面到道德層面上的「跳躍」。只有當闡釋者的實際道德需要產生理解的願望，這一「跳躍」才能成為可能。於是，朱熹有關生命中知識作用的觀點，有必要同時被看成是以精神修養為前提條件的。如果沒有「涵養」，一個人如何可能將真正的道德需求和偽裝的自私欲望區分開來呢？智識的進程與精神的進程必須並行而達致交會之地，在這裡，「跳躍」最終完成。朱熹付出終生努力，以重新解釋程頤所說的「涵養須用敬，進學則在致知」，我認為，其中大義即在於此。

五、作為道德基礎的知識——一個哲學角度的總體　考察

　　前面已指出，朱熹在與陸象山的論辯中對「問學」的強調，深深地植根於他的哲學體系。在結論部分，我將要大略地探討與中心論題直接相關的朱熹的哲學觀念。

　　這一探討的邏輯起點應當是朱熹關於人性中「智」的功能的觀點。在孟子(372-289B.C.)所說的「四端」——仁、義、禮、智——當中，朱熹認為「仁」與「智」是更積極的一對，這是一個值得注意的觀點。「仁」無疑是一種包容廣泛的德行，「智」，由於其「能成始而成終」的能力，也同樣重要[67]。當一個學生問他，為什麼孟子將「智」置於最後，他這樣回答：「孟子只循環說。智本來

67　《語類》卷6，頁175，關於「四端」的經典論述，見《孟子》6A:6和　　7A:21。

是藏仁、義、禮，惟是知憑地了，方憑地，是仁、禮、義都藏在智裡面。」[68]「智亦可以包四者，知之在先故也。」[69]「仁與智包得，義與禮包不得。」[70]說孟子有關「四端」的次序是一個「循環」，其實是含蓄地反駁了以「智」爲「四端」之末的傳統解釋。他所說「智」的「能成始而成終」和「包得」，主要指的是它活躍的和動力的特性，這種特性能使其他三種德行發揮作用。比如，他明確地說道：「知覺自是智之事，……而智所以近乎仁者，便是四端循環處。若無這智，便起這仁不得。」[71]這也解釋了他何以將「智」定義爲具有活躍、有力、主動、能產之性質的「乾道」[72]。因此，他堅持「聖」需要「智」來完成的觀點[73]。「非智則無以聖」[74]。由於他對「智」的重視，自然地，他的哲學體系不承認「德性之知」與「聞見之知」之間的重大差別。在新儒學的歷史上，這一差別首先由張載提出[75]；其觀點又是從程頤的這段話中引申出來的：「聞見之知非德性之知，物交物則知之，非內也。今之所謂博物多能者是也。德性之知不假見聞。」[76]這段話使人聯想到

68　《語類》，卷53，頁2048。
69　同上，卷20，頁766。
70　同上，卷6，頁172。
71　同上，卷20，頁771。「四端」是：惻隱之心是仁之端，羞惡之心是義之端，辭讓之心是禮之端，是非之心是智之端。見《孟子》2A：6。
72　同上，卷42，頁1719；卷104，頁4162。
73　同上，卷58，頁2173。
74　《文集》卷58，頁1062，〈答張敬夫〉。
75　《張子全書》卷2，頁45，英譯見陳榮捷，《中國哲學原著資料》，p. 515.
76　《遺書》25：2a；英譯見陳榮捷，《中國哲學原著資料》，p. 570. 關於張載和程頤之間的聯繫，見A.C. Graham, *Two Chinese Philosophers, Ch'eng Ming-tao and Ch'eng Yi-ch'uan* (London: Lund Humphries, 1958), p. 176-

孟子關於感覺功能與心之功能的差別的觀點[77]。但是，孟子並沒有
區分出兩種知識類型。在另一處，張載以稍有不同的方式談到了兩
種知識類型：「誠明所知，乃天德良知，非聞見小知而已。」[78]
「小知」這個名詞是從莊子(369?-286? B.C.)那兒借的。Rup3

管莊子將「小知」和「大知」加以對比，但二者之間的差別更
像是程度上的而非類型上的[79]。顯然，這一差別應歸功於張載和程
頤。

按照這一差別，那麼，道德知識就處於一個更高的境界，而人
的智力無法企及。程頤比張載走得更遠，後者只是說道德知識不是
源自知覺，而前者則堅持道德知識不依賴於知覺。如果是這樣的
話，那麼，朱熹所說的「格物」、「致知」、「讀書」都成了純粹
的廢話。因而，以朱熹的哲學觀點來看，這一差別是錯誤的，必須
予以否定。當一個學生問他是否有所謂的「聞見之知」，他以一種
輕蔑的語氣答道：

> 知，只是一樣知，但有眞不眞。爭這些子，不是後來又別
> 有一項知。[80]

在討論張載有關「聞見之知」的觀念時，他進一步評論道：

(續)————————————
　　　178.
77 《孟子》6A:15。
78 《張子全書》卷2，頁40；英譯見陳榮捷，《中國哲學原著資料》, p. 507.
79 郭慶藩(1844-1897)，《莊子集釋》(北京：中華書局)卷1，頁11，51。
80 《語類》卷34，頁1440。

> 如今人理會學，須是有見聞，豈能捨此？先是於見聞上做
> 工夫到，然後脫然貫通。蓋尋常見聞，一事只知得一個道
> 理，若到貫通，便都是一理。[81]

以他的觀點，即使我們把在最後階段獲得的知識稱為「德性之
知」，它與「聞見之知」的差別也僅是程度上的。用他的話來說，
這大致相當於「深」與「淺」以及「質」與「文」之間的差別[82]。
而且，「德性之知」——這是一個他從不正式採用的名詞——只能
從「聞見之知」中產生出來。這在他對張載的尖銳批評中表達得更
為明確。

> 問橫渠「耳目知，德性知。」
> 答：便是差了。雖在聞見，亦同此理。不知他資質如此，
> 何故如此差！[83]

他很清楚地知道，程頤不僅僅贊成同樣的觀點，甚至將之發展成一
種更僵硬的形式。所以，他對張載的批評同樣適於程頤。然而，出
於崇敬，他有意地在討論中略去後者。這清楚地表明了，雖然他基
本上繼承了程頤學說，但仍然有意識地超越他，力圖使儒家之
「道」智識化[84]。在很大程度上是由於他的巨大影響，「聞見之

81　《語類》卷98，頁4002。
82　關於這一點，又見錢穆，《朱子新學案》第2冊，頁388-389，和張立文，
　　《朱熹思想研究》(北京：中國社會科學出版社，1981)，頁411-416。
83　《語類》卷99，頁4013。
84　朱熹的智識主義(intellectualism)也使他區分了求道的兩種途徑。他說，
　　在孔子的弟子中，子貢走的是「知識」一路，而曾參走的是「踐履」一

知」與「德性之知」之間的差別幾乎完全被人遺忘，直到王陽明出現。

朱熹對於作爲道德基礎的知識的強調，必須根據其有關「理」和「心」的觀點來理解。首先，有必要澄清一個普遍的誤解，這涉及他思想體系中「理」與「心」之關係的一個方面。朱熹經常做出這樣的論述：「心者，人之神明，所以具萬理而應萬事。」「心包萬理，萬理具於一心。」「道理都具在心裡。」以及「大凡道理皆是我自有之物，非從外得。」[85]這些論述被解釋爲，他沒有對外部世界的客觀知識發生真正興趣。按照這種解釋，他所說的「格物」僅僅只是尋求對於已包含於「心」中之「理」的確證。例如，戴震對其「理爲得於天而具於心」[86]的尖銳批評，就以這樣一種解釋爲

(續)—————————————————————

路。關於前者，他指的是「問學」，關於後者，他指的是「孝道」及其他日常生活中的美德(《語類》卷27，頁1088-1089)。這一區別在兩個方面是很有意思的：一方面，「知識」之道說明了，從總體上對於知識在儒家教義中的地位的重視；另一方面，「踐履之道」表現出他對於如何使儒學與普遍人的生活(也包括不識字的人)相聯繫的關注。這是一個需要進一步研究的課題。他的觀點恰與陸象山、王陽明所持相反。這兩位哲學家都尊崇曾參而因子貢的「智」和「博學」而輕視之。見《象山先生全集》卷1，頁20，〈致胡季隨書〉；《陽明全書》1:24b；《王陽明》，英譯見陳榮捷，《對實踐生活的教導及其他新儒學作品》(*Instruction for Practical Living and Other Neo-Confucian Writings*)(New York: Columbia University Press, 1963), p. 71-72. 值得進一步注意的是，朱熹的這一區分繼續在清代(1644-1911)的學者中引起強烈反響。如程廷祚(1691-1767)，作爲顏元的崇拜者，他對這一區分的完全否認是可以理解的。見戴望(1837-1873)，《顏氏學記》(《萬有文庫》)卷9，頁115。但是，全祖望在《經史問答》中，戴震在《孟子字義疏證》中，卻理當所然地接受了這一觀點。見《鮚埼亭集》卷6，頁451；《孟子字義疏證》(北京：中華書局，1961)，頁56。

85　參見錢穆，《朱子新學案》第2冊，頁1-24所輯錄的論述。

86　戴震所作批評的英譯，見陳榮捷，《中國哲學原著資料》，頁715-

立論基礎。這裡不能詳盡討論這一重要問題，我只是希望指出，儘管他有一些不嚴密以致引起誤解的說法，但是，朱熹從未持有「心」在「格物」之先即具備對「理」的認識的觀點。正如他在著名的《大學章句》中所闡明，「人心之靈莫不有知」。他還毫不含糊地說：「萬理雖具於吾心，還使教他知，始得。」[87]如果我們把他的「具於吾心」的「理」看做是理解的先天形式——類同於，但不等於康德思想中的「範疇」，我認為，這樣的解釋將更加恰當。他似乎認為，對於每一個「理」，心中有著對應的先天形式。顯然，他也相信，所有的「理」終將顯示出是從一元之理中分別出來的。他從程頤那兒繼承來的著名命題「理一分殊」[88]，清楚地表達了這一點。然而，這樣一些心中的先天形式在經驗上是空白的。假定先天形式對應於外部世界的事物之理，是十分必要的，因為以他的觀點來看，這能夠解釋我們的「心」如何能「知」事物之理。但是，另一方面，正如他在談話和著作中充分表達的那樣，如果不通過「格物」，對於「理」的確定的認識將是不可能的。由此看來，他不但確實地對外部世界的客觀知識感興趣，而且，這也為其完整的哲學體系所需要。正如我們已指出，他關注於人類社會領域的知識，遠甚於自然世界；儘管如此，他對於自然現象的客觀的好奇心和敏銳觀察，在道學家中是無人相比的[89]。這一對於自然世界的持

（續）

717。關於進一步的分析，見余英時， "Tai Chen and the Chu Hsi Tradition," 載於陳炳良編, *Essays in Commemoration of the Golden Jubiles of the Fung Ping Shan Library* (Hong Kong: Fung Ping Shan Library, Hong Kong University, 1982), p. 390-391.

87　《語類》卷60，頁2263。

88　同上，卷1，頁2，英譯見陳榮捷，《中國哲學原著資料》, p. 639.

89　山田慶兒廣泛地研究了朱熹這一方面的思想，見他的《朱子の自然學》

久興趣，部分地歸因於他的求知愛好，在五六歲時(按照中國的算法)，他最先提出的問題就是有關天體的[90]。同時，這與他堅信「理」內在於包括「一草一木」的事物之中，也有密切的關係。他曾經告訴他的學生：

> 理遍在天地萬物之間，而心則主管之；心既管之，則其用實不外乎此心矣。然則理之體在物，而其用在心也。

但是，第二天早上他補充說道：

> 此是以身為主，以物為客，故如此說。要之，理在物與在吾身，只一般。[91]

開始的論述和其後的思考都是十分清楚明確的。開始的論述顯示了他充分認識到「理」的客觀性，在本質的意義上，它們內在於事物而獨立於「心」。而說到「心則主管之」，他明顯是指「心」能發現、次序和運用「理」。其後的思考表現出，他惟恐開始的論述可能誤導學生們對有關「心」中先天形式的假定發生疑問。「理在物與在吾身，只一般」。這句話強調指出，在「格物致知」的實踐中，先天形式的主觀和「理」的客觀最終合而為一[92]。

(續)————————————————————
  (東京：岩波書局，1978)。
90 王懋竑，《朱子年譜》卷1，頁1-2。
91 《語類》卷18，頁669。
92 關於這一點，高橋進在《朱熹と王陽明》(東京：國書刊行會，1977)一書中也作了大致相近的闡釋。見其書頁108-117和頁225-236。

在致張栻的信中，朱熹說：

> 儒者之學，大要以窮理為先。蓋凡一物有一理，須先明
> 此，然後心之所發輕重長短各有準則。……若不於此先致
> 其知，但見其所以為心者如此，識其所以為心者如此，泛
> 然而無所準則，則其所存所發，亦何自而中於理乎。[93]

這封信最為明確地解答了「格物」與「致知」在朱熹哲學體系中的
必要性。因為他相信肉體的、易錯的人心往往有所欠缺，所以他想
找到一個為「心」所依據的客觀準則，使其不致於將自私欲望誤認
為道德之理。這一「準則」，以他的觀點，只能建立於對「理」的
透徹完全的認識之上，而「理」客觀地存在於外部世界的事物當
中。我們看到，至少在理論上，有關人文世界的知識和有關自然世
界的知識，在「理」的客觀性上是同等重要的。他強調指出：

> 物理皆道理，天下初無二理。[94]

這是一個從他的基本預設中推衍出來的邏輯結論。他相信，世界上
所有單個的「理」，都是一元之理的分殊，他稱其為「太極」。所
以，在最後的分析中，宇宙秩序和道德秩序遵循同一模式，事物的
法則和道德的法則是同一類的[95]。通過「問學」而在兩個世界中發

---

93 《文集》卷30，頁473，〈答張敬夫〉。
94 《語類》卷15，頁471。
95 關於這一問題，又見友枝龍太郎在《朱子の思想形成》（東京：春秋
    社，1969）中的分析，頁354-366。

現的客觀的標準，以他的觀點，能夠保證道德眞理的客觀性和恆久性。

也正是他對普通人心的不信任和他對一種確定準則的探求，使得他看到了讀書的必要性。他說：

> 熹竊謂，人之所以爲學者，以吾之心未若聖人之心故也。心未能若聖人之心，是以獨理未明，無所準則，隨其所好，高者過，卑者不及，而不自知其爲過且不及也。若吾之心即與天地聖人之心無異矣，則尚何學之爲哉？故學者必因先達之言以求聖人之意，因聖人之意以達天地之理，求之自淺以及深，至之自近以及遠，循循有序，而不可以欲速迫切之心求也。……馴致其極，然後吾心得正，天地聖人之心不外是焉。非固欲盡於淺近而忘深遠，捨吾心以求聖人之心，棄吾說以徇先儒之說也。[96]

這封信已足夠精當明確了。我只是想提出幾個重點以引起重視。首先，他所要探求的「準則」，最終將在外部事物的客觀性，而非聖人之心的主觀性中被發現，因爲探索必然要超越「聖人之意」。這完全與其解釋學的原則相一致，即我們的理解終將能夠超越經典本身。第二，他從未有過我們必須盲目地遵循聖人的思想，事實上，他「求疑」的批判精神使他恰恰與此相反。他曾說道：

> 大率觀書，但當虛心平氣以徐觀義理之所在，如其可取，

---

96 《文集》卷42，頁712-713，〈答石子重〉。

> 雖世俗庸人之言有所不廢，如有可疑，雖或傳以爲聖賢之
> 言，亦須更加審擇。[97]

第三，讀書在方法的層面上是其教學的核心。然而，他堅持要向古
聖賢學習，並非出於他沒有批判精神或盲目崇拜，也不是純粹好古
的結果，而是因爲他相信，古代聖人給我們遺留下來許多他們通過
「格物」而發現的客觀之「理」。他們成爲我們的榜樣，因爲他們
的「心」已經通過「問學」得到極好的修養。作爲後學，我們必須
也以同樣的方法修養我們的「心」。我們不僅僅靠遵循聖人來進行
修養，更重要的是，我們也要站在他們的肩上。這正是他爲什麼在
《大學章句》中說，學者對於世界上的所有事物，必須「因其已知
之理而益窮之，以求致乎其極」。已在我們掌握之中的事物之理，
是我們從古聖賢那兒繼承而來的最豐富和最有價值的遺產。它作爲
我們新的探索的起點是十分必要的。他說：

> 上古未有文字之時，學者固無書可讀，而中人以上，固有
> 不待讀書而自得者，但自聖賢有作，則道之載於經者詳
> 矣，雖孔子之聖，不能離是。[98]

毫無疑問，確如錢穆教授所指出，他所寫的這一段話，一定是針對
在鵝湖之會上陸象山提出的問題：「堯、舜之前，何者可讀？」[99]
從他的觀點來看，這是一個近乎於詭辯的錯誤問題。當今的歷史境

97　《文集》卷31，頁484，〈答張敬夫〉。
98　同上，卷43，頁742，〈答陳明仲〉。
99　錢穆，《朱子新學案》第3冊，頁616。堯、舜是傳說中的聖王。

況已與「堯舜之前」有了根本的不同。這個簡單的事實在於，我們現在已有了儒家經典，它不僅僅是概要地，而且是詳盡地規定了「道」。如果我們尋求著同樣的道——陸象山顯然如此——那麼，我們又有什麼理由拒絕從儒家經典開始呢？朱熹強烈的歷史意識自然使他強調儒家學術傳統的重要性。對他來說，對於事物之理的認識是一個不斷積累的漸進過程。

最後，朱熹在上述引文中所說的，「非固……捨吾心以求聖人之心，棄吾說以徇先儒之說也」。是對當時流行的「傳心」之說的完全否定。在他看來，能夠被傳遞的不是「心」而是「道」，它由聖人在事物之中客觀地發現的「理」所構成[100]。因為「心」本質上是一個認知的心，所以，一個人的最高期望就是使他的心上升到聖人之心的修養水平；但是，無法把聖人的心當成自己的。他僅能確信的是，聖人的言辭表達了聖人的心，而聖人的心只是「理」的體現。只有靠著嚴謹地、循序漸進地鑽研聖人之說，一個人才能掌握這些「理」。照朱熹看來，陸象山卻認為，一個人無需借助於聖人之說而僅靠自己的本心就能獲得「理」。朱熹說，如果一個人完全靠自己就能把握正確的「理」，那當然很好，但是如果他所得到的「理」原本是錯誤的怎麼辦呢[101]？這裡，朱熹再次表現了他對主觀人心的不信任，以及他對道德之理客觀有效性的基本關注。由此看來，他與陸象山在教學法上的不同，的確深深地根於他們對新儒學關鍵概念「理」與「心」的不同認識。

和朱熹大不一樣，陸象山所關心的不是客觀之「理」，而是主

---

100 《文集》卷70，頁1291，〈記疑〉。
101 《語類》卷120，頁4657。

觀之「心」。我當然不可能於此探討他關於「心」的理論[102]。我
所要說的是，他對主觀之「心」的信任是無限制的[103]。他有名的
命題「心即理」，他關於心與宇宙的同一，他對「發明本心」的強
調，以及許多相近的論點都指向同一個方向。如此構建的「心」不
可能與朱熹所理解的「心」相同，朱熹所說的「心」，正如我們已
經看到，本質上是「有知」的，而陸象山所說的「心」，只有被解
釋爲絕對的道德心，才有意義[104]，就此「心」來說，不可能有外
在於它的「理」，所有的客觀都被吸收進了主觀。因而，朱熹的客
觀「準則」問題，不可能出現於他的哲學體系當中。而且，按照陸
象山的觀點，這個爲每個人所分享的絕對的道德心是不隨時間而改
變的，因此，歷史造成不了什麼差別，傳統也無根本的重要性。
「發明本心」完全依靠每個人的努力，而不可能以指靠聖人之說或
聖人之心作爲根本方法。陸象山曾經回憶道，他對儒家學說的領
悟，是在讀《孟子》時偶然自得的[105]。顯然，他將重點放在自得
而非讀書上，讀書僅提供了一個獲得啓示的機會。非常有趣的是，
他同樣得到了朱熹在有關「傳心」問題上的結論，然而，卻是出於

---

102 對於陸象山的「心」的理論的一般探討，請讀者參考唐君毅，《中國哲
學原論原性篇》(香港：新亞書局，1968)，頁538-552；和楠本正繼，
《宋明時代儒學思想の研究》(東京：廣池學園出版社，1972)，頁341-
367。
103 見陸象山的一個觀點(「九淵只是信此心」)，載於《宋元學案》卷77，
頁27。
104 馮友蘭教授在他的《中國哲學史》中認爲，朱熹和陸象山關於「心」的
觀點是相同的(此書由Derk Bodde英譯, Princeton N. J.: Princeton Univer-
sity Press, 1953, 2:587-588). 近來的研究表明，其間的對立是確實存在
的，見牟宗三，《從陸象山到劉蕺山》(台北：學生書局，1979)卷2；
勞思光，《中國哲學史》(台北：三民書局，1982)第3冊，頁409-414。
105 《象山先生全集》卷35，頁307。

完全不同的理由。在鵝湖之會上，他不滿意其兄陸九齡所作之詩的第二行：「古聖相傳只此心。」在答詩中，他說：「斯人千古不磨心。」[106]很清楚，以他的觀點，「發明本心」主要地依賴於每個人的「自得」，然而，「傳心」卻暗示著對聖人之心，必然也是對聖人之說的依賴[107]。就是以這樣一種方式，陸象山有關「心」的觀點，按照它內在的邏輯，導致出他在讀書上與朱熹直接對立的態度。

據 "Morality and Knowledge in Chu His's Philosophical System," in Wing-tsit Chan, ed., *Chu Hsi and Neo-Confucianism* (Honolulu: University of Hawaii Press, 1986), pp. 228-254譯出。

（江湄　譯）

---

106 《象山先生全集》卷34，頁279。這兩首詩的英譯見秦家懿, "The Goose Lake Monastery Debate," *Journal of Chinese Philosophy* I (1974), p. 165.
107 錢穆，《朱子新學案》第3冊，頁229-301。

5
田浩《儒家論説和朱熹的優勢》序*

　　在過去三十年中，西方的儒家研究取得了長足的進步。時至今日，很少有人贊同這樣粗糙然而卻一度占主流地位的觀點：儒家只不過是一種使帝國專制統治合法化的政治意識型態。以這種眼光看待儒家，其荒謬程度無異於認爲中世紀天主教的中心任務就在於持續地證明世俗君權的神聖性一樣。我們不應過於自信地僅僅根據晚期中華帝國的科舉制度(1315年以來)將朱熹的《四書集註》當作考試標準這一點來定義儒家。相反，在今日西方，我們更應看到儒家作爲一種與信仰、價值觀結合在一起的生活方式。毋庸贅言，如果沒有在中國思想史這一領域突飛猛進的研究成果，對儒家的這一全新理解是不可能出現的。

　　然而，總體說來，很多研究唐以後儒學的專題論文，都聚焦於單個思想者或者思想的某一側面。這種研究風氣的弊病是見樹不見

---

* 　譯者按：這是余英時先生爲 Hoyt Cleveland Tillman 所著 *Confucian Discourse and Chu His's Ascendancy* (University of Hawaii Press, 1992)所作的序(Foreword)。後來此書譯爲中文本，並經作者適當改寫，題爲《朱熹的思維世界》(陝西師範大學出版社，2002)，余先生又爲中文版另寫一序，兩序不同，可參看。另，由於中文版經作者改寫過，譬如 Confucian discourse 中文本稱「儒家理論」，但此處翻譯只根據英文直譯爲「儒家論説」，諸如此類，不另注出。

林。田浩教授最近的這部著作，作爲對當前這一片面研究路徑的補充與糾正，無疑是一個頗爲適時和值得歡迎的學術貢獻。

在田浩的詮釋中，南宋儒學的發展路線是由多元化走向道統化。這一解釋自然得到了大量史料的充分支持。爲了說明整個12世紀儒學多元化的狀況，田浩選擇把朱熹作爲線索，在我看來這是十分明智的。在書中朱熹不是一個孤立的思想家，而是處於由各種社會關係，以及與其他學術對手的交流構成的背景之中。讀者在書中只能找到一章是專門討論朱熹的思想和學術的，雖然本書以朱熹爲名，但朱熹卻不是無所不在。在一種宏大的歷史倫理的貫穿下，本書不但更加客觀地反映了12世紀中國知識界的情況，而且描述了朱熹在學術上的論敵和對手。事實上，根據田浩所說的「儒學論說的三個關鍵層次」，12世紀已經被廣泛認知的「道」，決不只是一個純理論的哲學術語，它同時也是「文化價值」和「現實政論」。只要我們打破狹隘的官修《宋史》所確立的「道統」，我們就能看到呂祖謙、陳亮、葉適與朱熹一樣，以各自不同的方式推進了作爲一種生活方式的儒學。

談到儒家的道統，就有必要釐清國家正統與知識正統之間的至關重要的區別。1241年，朱熹一系的道學被官方認定爲正統，但在整個南宋晚期其正統性卻尚未被儒家的各個派別所普遍承認。事實上，朱熹的道學一被確立，其政治地位就受到知識界的質疑，朱熹被立爲正統不久的淳祐年間(1241-1252)，士人湯中就發起了「合會朱、陸」的運動，這場運動一直持續到了14世紀，以1322年龔霆松《四書朱陸會同注釋》的問世爲標誌達到了頂峰。朱學在元代最著名的傳承者吳澄(1249-1333)，也認爲有必要將陸九淵標舉的「尊德性」補充到朱學體系之中，成爲進學之一途。我以爲，從南

宋晚期學術史的情況看，我們可以比較有把握地說程朱學派只是主
流，嚴格地說，它還稱不上是那種界定清晰的「正統」。理由不難
找到，儒家不是一種有核心權威的有組織宗教，並不存在一個信仰
的裁判者能對全體儒者發號施令。

　　田浩教授的「儒家群體」[1] 概念很好地實現了本書的意圖。他
把這種群體定義爲「社會關係的網絡、一種互相分享、清晰地來自
這一領域別的儒者的傳統的團體感」。在我看來，「儒家群體」的
概念還可以用來描述12世紀其他幾個在大儒周圍形成的群體，如朱
熹在福建時、陸九淵在江西時、張栻在湖南時都各自形成了類似群
體。然而，姑且不論名氣與學說的差異，這些群體的形成顯然基於
共同的理由：作爲道學團體，他們有責任推動和研究儒家的
「道」。最後，朱熹就是這樣理解「道學」這個概念，而他也未能
預料到在他身後四十年，自己對儒家學說的理解被官方認定爲惟一
的「道學」。如果我們繼續遵從官修正史《宋史‧道學傳》將程朱
學派等同於「道學」的歪曲描述，那麼我們對南宋儒學的理解必然
存在著時代錯誤。

　　作爲探究道學團體性質的一種嘗試，「儒家群體」無疑是一個
全新的概念，它揭示了道學團體作爲宋代社會和文化現象的一面。
早在11世紀就出現了最早的道學團體，著名的如以張載爲核心的關
中集團、以二程爲核心的洛陽集團。而在唐代卻找不到類似的團
體。舉例來說，韓愈雖然被宋代新儒學看作是道學運動最重要的先
驅，但他周圍聚集的只是一批詩文之友，與儒學信仰無關。根據歷

1　譯者按：原文爲Confucian Fellowship。田浩指出，很難在中文找到一個
　　與Fellowship對應的詞，大致近於社群、群體、團契、團體、同道，但
　　這些詞在意義上都不精確（中文版頁4）。這裡姑且譯爲「群體」。

史的考察，道學團體在宋代的出現從不同角度看是世俗化的結果。
很多證據顯示，道學團體在重要的方面可以說是禪僧團體的翻版。
新儒家的學術團體，從結構到精神，都與禪宗有顯著的相似性。但
二者的差異則是實質性的和重要的。日復一日、無聲無息，同時也
是不可避免的，隨著禪師的精神領袖的位置爲儒家學者所取代，中
國社會發生了向「此岸」世界的轉向。

在這本新書中，田浩教授提供了對南宋儒學廣泛而翔實可靠的
評述，他對這一課題所作的富於說服力的概念化的努力具有重要的
意義。本書的出版將及時地激發和觸動學術界關於多角度研究儒家
的新思考。

1991年12月

新澤西普林斯頓

據"Foreword," in Hoyt Cleveland Tillman, *Confucian Discourse and
Chu Hsi's Ascendancy* (Honolulu: University of Hawaii Press, 1992), pp.
ix-xi譯出。

（王宇譯）

6
重訪焦竑的思想世界(書評)*

　　焦竑(1540-1620)是晚明思想史上的一個重要人物。由於他在散文寫作上的成就,以及對新儒家與佛老玄學的濃厚興趣,使他名噪一時。但從18世紀起,他被視為一個藏書家以及考證學的先驅。他生活在一個轉型期,目睹了中國社會、宗教及其精英與大眾文化的新發展,但他決不僅僅是這一轉型期的被動接受者,相反,通過他的多方面的思想活動,他對這一轉型作出了富有意義的貢獻。一方面,他積極參與「三教合一」的運動,這一運動即使未使得明代新儒學崩潰,也加速了其衰落。另一方面,他倡導的古代文獻考證研究,為主導清代思想史的經史研究的興起鋪平了道路。毫無疑問,在明清思想轉型中擁有如此重要位置的人當然應值得徹底研究。因此,在增長著的西方有關明代思想研究的著述中,錢新祖

---

*　　原文所發刊物編者注:考慮到公正與平衡,我已告知錢教授可以回應這篇書評。錢教授表示他打算回應並樂意將回應文章與余教授的書評刊於同一期。然而,由於我無法控制的技術原因,在這期截稿前我無法給錢教授足夠的時間來完成他的回應文章,同時我也不可能將余教授的書評延至本刊(*Ming Studies*)下一期(Number 26, Fall 1988)發表。我希望並期待錢教授的回應文章將發表在那一期上。
　　本文初稿在寫作中得到了牟復禮(F. W. Mote)和裴德生(Willard J. Peterson)教授的評論與建議,特致感謝。

(Edward T. Ch'ien)的《焦竑與晚明新儒學的重建》(*Chiao Hung and The Restructuring of Neo-Confucianism in the Late Ming*)是一受歡迎的新作。

與一般意義上的思想傳記相比，錢氏(下稱「作者」)在此書中為自己設置了一個更有抱負的目標。事實上，焦竑這一個案只是給作者提供了一個集中玩自己「遊戲」的便利。用作者最喜歡的話講，不僅是提供了明代的新儒學，而且提供了整個的中國哲學傳統。只是，我的評論僅限於明清思想史，並且主要集中在焦竑的生活與創作時期。

讀完此書需要有高度的耐心與專注，這主要是因為書中大多數討論常常拐彎抹角，在形而上學的領域天馬行空，以至於往往弄不清楚如何把它們同晚明中國思想世界的實際聯繫起來。為了確定它們的精確涵義，我被迫逐條考察這些好高騖遠的議論的文獻依據。在枝枝蔓蔓的尋尋覓覓中，我不知不覺地深陷於一個研究項目之中。結果，我幾乎重新研讀了焦竑所有的基本作品，以及與他相關的晚明時期文獻。現在所寫出來的，差不多已是焦竑思想世界的重訪，而不只是針對該書的一篇評論。我再三考慮，覺得僅僅題目本身就值得全面再審查，此外，如果不為別的，即便只是為了作者重新梳理中國思想史的某些核心問題這一壯舉時那份嚴謹的態度，該書亦值得格外重視。

一、與過去對話的思想史

為了公正起見，我們首先必須對作者這一新遊戲的性質與目的有一個清楚的認識。這一遊戲的名稱融入了德國的現象學與法國的

結構主義（當然，也包括了後結構主義）。「主觀性」
（subjectivity）、「客觀性」（objectivity）、「話語架構」（discursive
formation）、「文本性」（textuality）、「重建」（restructuring）等
等，是其中幾個主要的概念柱石，支撐著此書的城堡結構。當然，
作者的基本建材是中國儒、道、佛的各種觀念，只是這些中國材料
貼上了特別的標籤。他對中國傳統中的許多關鍵觀念的理解，正如
一些當代中國哲學家，如著名的東方康德主義者牟宗三、東方黑格
爾主義者唐君毅所做的解釋一樣。因此就一般意義而言，其建築材
料與其結構嚴絲合縫。眾所周知，儘管當代西方的現象學運動及其
所有支脈力圖超越康德－黑格爾的傳統，但仍不免成為這一傳統的
延續。

　　用中國哲學的文獻來玩現象學－結構主義的遊戲，作者所用的
思想史方法主要是「對話」。今天在現象學的某些方面，重建過去
的思想史與同過去對話的思想史之間，已有一般性的劃分，而後者
得到了更多的強調[1]。當然，這並非意味著，作者採用一種對話方
法後便全盤排斥重建方法。實際上，任何一位思想史家都不可能那
樣做。看起來，兩種方法是互相滲透的[2]。即便是力主對話方法
者，也只能說「詮釋固然總比重建走得更遠」，但離開重建則無法
詮釋[3]。然而由下文清楚地顯示，作者與過去對話的高度熱情居然

1　Dominick Lacapra, "Rethinking Intellectual History and Reading Texts,"
　　收入Dominick Lacapra 和Steven L. Kaplan編, *Modern European History,
　　Reappraisals and New Perspectives* (Ithaca: Cornell University Press, 1982),
　　特別是pp. 78-85.

2　Hayden White, "Method and Ideology in Intellectual History: The Case of
　　Henry Adams," 收入同上, p. 283.

3　Hans-Geory Gadamer, *Truth and Method* (London: Sheed & Ward, 1975), p.

嚴重損害了他的重建工作。

　　作者的對話方法只需幾句話便可說明：他首先將某些現象學—結構主義的問題強加於對焦竑作品的分析中，從而使這些作品表達出他感興趣的東西。然後，為了呈現焦竑與晚明新儒學中那些「新的」與「原創的」內容，他又將其對話推廣到明代以前，把相同的問題放進更早(包括古代)的哲學文獻中。實際上，作者的現象學—結構主義偏見統領了全書，有關語言、論述方式以及結構方面的問題俯拾皆是。例如，他對於語言與真實之道關係的反覆討論，尤能顯示出他對諸如伽達默爾(Gadamer)、德理達(Derrida)與福柯(Foucault)等當代歐陸哲學家，以及西方以語言為中心的(logocentric)傳統的深切關注。

　　正是在這一點上，一些方法論的問題出現了。首先，「與過去對話的思想史」的觀念只能以隱喻的方式來理解。問題與答案確實不能互換，這正如保羅‧利科爾(Paul Ricoeur)所說：「在作者與讀者之間，作者無法回應讀者。」[4] 其次，即使我們認為文獻類似於對話中的「夥伴」，但它僅僅是一個安靜的「夥伴」。當「對話」出錯時，他並不能給語境增加什麼[5]。對焦竑的哲學言論來說，這個問題尤為嚴重，因為他的言論一般不具有連續性，且本身已在語境之外。第三，當適應現象學的歷史學家們說「在現在與過去間對話」時，他們自然認為這個對話發生在相同的傳統中，即西

（續）─────────────────

　　　337.

4　Paul Ricoeur, *Hermeneutics and The Human Sciences*, John B. Thompson編並譯(Cambridge: Cambridge University Press, 1981), p. 146.

5　David Couzens Hoy, *The Critical Circle, Literature, History, and Philosophical Hermeneutics* (University of California Press, 1978), p. 77.

方的哲學傳統。用伽達默爾的話講,「對話」在「視界融合(fusion of horizons)」中達致完美之所以可能,主要是因為現在的視界與一直改變著的和一直連續著的傳統視界得以相遇[6]。現在,本書安排的這場「對話」顯然發生於兩種截然不同的,並且在歷史上又互不相干的傳統之中。作者向其安靜的「夥伴」所提的問題,很大程度上是以當代西方現象學與結構主義的術語構成的,它們基本上是一種形式的和語言學的問題。以此問題來迫使一位來自不同傳統的安靜的「夥伴」作出回答,當然不是完全不可能,畢竟所有傳統中的文獻都以語言與結構作為基本成分。但真正的問題是,在一個歷史時期中對一種傳統起關鍵作用的問題,在另一個時期中的另一種傳統那裡可能只是邊緣性的。在我看來,此書在過去的中國與現在的西方之間所進行的「對話」,很大程度上是由後者統領著的,而其結果便是使得新儒學轉而成為一種「語言遊戲」。

此書大量使用了對話方法。由於此書是思想史中的一項研究,因此它最終須在歷史學的基礎上作出判斷。下文我想把它主要作為對過去的一種重建來加以檢討。

首先,讀者需要知道的是,作者想要該書成為何種思想史。他告訴我們,焦竑生活於中國社會與思想史上的重要階段,此時,中國社會目睹了「幾個層面上的新勢力」的激活,中國思想正「臨近革命」(頁32)。然而除了簡單述及外,他並沒有要把焦竑的思想放在晚明社會與思想史中。作者認為自己在作「觀念史」(頁26)研究,彷彿是要步趨於列夫喬伊(Arthur O. Lovejoy)的模式。無論如何,這一研究很可能被視為一種「對永恒觀念的變動結構的探尋,

---

6　Gadamer, p. 273.

和對最精美的哲學思考的表達」[7]，或者更可能是他追隨米切爾・福柯的「考古學」方法，尤其是後者那種把論說從其社會背景中分離出來，以及發現單獨決定論說的結構規則的企圖[8]。無論情況怎樣，下列評價並無不公：對作者而言，思想史是一個自我封閉的世界，在其中只有抽象的觀念在彼此作用。

二、焦竑生平的若干事實

從最不重要的一章可以看出，作者沒有認真地把思想史作爲對過去的一種重建。在第二章「這個人」中，他把焦竑的學術生活主要分成三個方面，並與「涉及政治」的描述結合起來加以考察。他認爲焦竑是泰州學派中的一員、一位狂禪者、一位朝廷官員，以及一位批判性學者，這些都對，但還談不上完整地評判「這個人」。焦竑終其一生同樣也作爲一個散文家而極負盛名。例如，在他的《澹園集》與《澹園續集》中，由其朋友與門徒所寫的「序」極力強調他在文章上所取得的巨大成就。他的摯友李贄(1527-1602)甚至推崇他爲「今之長公(蘇軾，1036-1101)也」，並特別提到他作爲一個文學家的「不朽」[9]。在對焦竑生平進行重建時，作者基本上依據《明史》和黃宗羲《明儒學案》兩書提供的傳記資料，而這兩本書已經被證明通常是不全面或不精確的。作者好像並未去尋找

7　Mark Poster, "The Future According to Foucault: The Archaeology of Knowledge and Intellectual History," 收入LaCapra and Kaplan, p. 137.

8　Herbert L. Dreyfus and Paul Rabinow, *Michel Foucault, Beyond Structuralism and Hermeneutics* (Chicago: University of Chicago Press, second ed.,1983), pp. 16-17.

9　李贄，《續焚書》(北京：中華書局，1959)，頁68。

當時的一些原始材料，例如朱國楨(1557-1632)的《湧幢小品》便有焦竑活動的記載，包括他們之間對話的許多訊息。朱與焦竑爲同年進士，彼此熟知，然而作者好像沒有意識到這個重要材料的存在。在談及焦竑《養生圖解》時，作者遵照《明史》，認爲該書引起了焦竑同一輩講學者的猜忌與反對，他們認爲焦竑編此書是「沽名釣譽」的鬼把戲(頁52)。事實上，情況比《明史》所述遠爲複雜。據朱國楨講，在焦竑難以控制的情況下，此書經由權閹陳矩(1539-1608)呈給了皇帝。這一難以預料的轉折，引起了朝廷中一些高層官員的猜疑與怨憤，他們認爲焦竑想通過非正規方式謀求在內閣中的職位。禍不單行，焦竑早期爲呂坤(1536-1618)的《閨範》寫的序加深了這種猜忌，因爲正巧呂坤也由於用自己編的書竭力奉承鄭妃而遭譴責。結果，焦竑在1597年因這一僞造的、捕風捉影的理由而立即遭貶並被流放到了福建[10]。這次挫折實際上結束了他的政治生涯。相對於焦竑公共生活中其他無甚緊要的細節，這一相當重要的事情在作者有關焦竑「涉及政治」的章節中被完全忽視了，這多少有些奇怪。實際上，作者對焦竑貶謫與隱退的描述也是不盡如人意的(頁59)。

作者在論及焦竑難以相處的個性(頁34)，以及李贄的狂生特徵(第41頁)時，曾兩次援引黃宗羲這個權威。實際上，黃宗羲這兩個材料都來自《湧幢小品》。就李贄而言，作者認爲沈德符(1578-1642)說，焦竑「稱李贄爲聖賢」而遭持異議的黃宗羲的直接駁斥

10　朱國楨，《湧幢小品》(上海：中華書局，1959)，卷10，頁216-217。另見Joanna F. Handlin, *Action in Late Ming Thought, The Reorientation of Lu Kun and Othe Scholar-Officials* (Berkeley and Los Angeles: University of California Press,1983), p. 110.

（頁40-41），但原始材料是：

> 焦弱侯(竑)推尊卓吾，無所不至。談及，余每不應。弱侯
> 一日問曰：「兄有所不足耶，即未必是聖人，可肩一狂
> 字，坐聖門第二席。」[11]

焦竑可能稱頌過李贄爲聖賢，這點似乎是清楚的，但這只是因爲朱
國楨對他極不情願地從「聖」移到「狂」而深感不滿。作者顯然受
黃宗羲《明儒學案》轉述的誤導。作爲同時代的晚輩，沈德符的記
載更加可信。對於歷史學家來說，在方法論上重視二手材料而忽視
當時人的記述，是說過不去的。另外，考慮到焦竑的個性，黃宗羲
已經特地說明了朱國楨這一原始出處。

作者對「重建」的興趣僅在於服務他的「對話」。他集中在焦
竑思想活動的三個方面：泰州學派的一位哲學家、一個狂禪者，以
及一位批判性學者。值得注意的是，這三個方面與此書所涉及的晚
明中的三個主要問題相對應：新儒家的調合、程朱與陸王學派的論
爭，以及「考證學」的出現(頁1)。然而，當「重建」與「對話」
脫軌時，作者很樂意重塑前者以使它與後者相一致。下述有趣的事
例值得檢討。在論及焦竑與佛教的聯繫時，作者寫道：

> 在獲得狀元以後，焦竑寫了一封信給釋魯庵。在信中他講
> 自己「修業」已二十年，而一半多時間自己呆在魯庵做主
> 持的寺院裡。這封信中所用的術語「修業」，或可釋爲

11　朱國楨，《湧幢小品》卷16，頁369。

「修因果業」，或可釋為「修科舉業」。我取前者，因為
信中所提到的二十年與焦竑備考科舉的時間不符合。他開
始舉業學習最晚是在1555年，而到他1589年寫這封信時則
至少已學習了三十六年。（頁42）

上文的「修業」只能解釋為「修科舉業」而不是「修因果
業」，後者的釋義是不可能的。任何熟知「業」概念的人都能明
白，那不屬於可以「修」的對象，它也不可能被解釋成「佛經的研
究」。當「對話」進入誤區時，安靜的「夥伴」難以為繼，這便是
一個典型例子。作者完全是從原始的信文中抽離出一句話。焦竑寫
這封信給魯庵，用意簡單明瞭，是對二十年這一漫長歲月中給予他
幫助的僧人表達深深的謝意，用他自己的話說，中間調護備至，
「有骨肉所不能及者」[12]。二十年這段時間並不是個問題，它指的
是焦竑1564年中舉到1589年最終成狀元這段時間。在非正式的文字
中使用整數，這在中國傳統中是個慣例。焦竑在別處也提到他在
1564-1589間進士考試屢次失敗的這段時間為「二十年」[13]。另
外，焦竑的一篇文章清楚地講，在二十幾歲時，他曾呆在南京的天
界寺與報恩寺備修「公車業」[14]。毫無疑問，「修業」正是「修公
車業」的簡稱。看來作者對「重建」實在無興趣，以致當他要確定
焦竑使用的一個關鍵術語的精確涵義時，甚至沒有審查基本的材
料。

然而，這並不是一個簡單誤讀的事。相反，為了服務於他和焦

12　焦竑，《澹園集》，金陵書局編，13:18b。
13　同上，28：12a-b。
14　同上，16:6b。

竑「對話」的重要目的，作者選擇了這一不可能的解釋。他認爲在
焦竑轉向佛教以前，定然已是一個多年的、堅定的新儒家，他的轉
向「不是兩者選一，而是更進一步苦心探求的結果」。儘管沒有任
何事實作基礎，作者仍然進一步推測道，焦竑此舉是由於「在儒學
研讀中產生的問題迫使他去研究佛學，並且他認爲，在佛學中能夠
澄清聖賢學說中的最重要的意義」（頁42）。我們將看到，這條爭論
線索對於此書的中心論題，即焦竑基於新儒家成功地取得了一個創
造性的綜合，是至關重要的。作者以爲，一方面，焦竑的綜合並
「不是不加選擇的堆砌」（頁189），另一方面，焦竑一直是「一個
好的儒者，儘管他深研佛教與道教」（頁235）。爲了支持這種闡
釋，作者顯然要在焦竑的思想活動中找出一些佐證以示此非虛言。
下面這段話，可以非常清楚地看到作者的用意：

> 焦竑對佛教有興趣進行嚴肅的思考似乎是相當晚才開始
> 的。在他的作品中，有一些涉及到他成年後在南京各寺院
> 中學習的零散文字，但是我們不知道他在那裡的學習是出
> 於對佛教的興趣，還是爲了備考科舉。而且在他「定心學
> 習」以前，這段時間有好幾年。因此，不管他在這時期怎
> 樣閱讀佛教，在他思想中似乎沒有留下深刻的痕跡；可能
> 在他晚年的二三十年間他才開始嚴肅地研究佛教。（頁41-
> 42）

換言之，焦竑早年與佛教的關係只能讓位於「經過儒學轉爲佛教」
才能說得通。因此，將「修業」解釋爲「修因果業」才能很好地服
務於作者的論題。

　　關於焦竑「在南京寺院中學習」，也極值得關注。作者說：
「我們不知道他在那裡的學習是出於對佛教的興趣，還是為了備考
科舉。」這裡我們有理由相信，作者可能沒有披露真相的全部，因
為在腳註中(頁295，註72)所引用的第一種文獻中，恰好提及焦竑
追求前文提及的「公車業」。也許作者進退兩難：一方面，把焦竑
在各佛寺中的學習與佛教聯繫起來對於他「經過儒學」的理論可能
言之過早；但另一方面，若把這種學習與科考相聯繫，又會直接與
他將「修業」解釋為「修因果業」相抵牾。無論怎樣，有一點確鑿
無疑，作者無力確定焦竑早年同佛寺的聯繫，顯示出他對歷史的
「重建」缺乏興趣。作者其實可以通過考察晚明佛寺的世俗功能來
幫助解決這個問題，只是他好像根本沒有想到過這樣做。

　　士子在寺院裡學習，這是從唐朝便開始確立的一個舊習俗，在
晚明尤為普遍。旅行家(如著名的徐霞客，1586-1641)遊訪佛寺，
幾乎發現每個寺院都有備考的士子[15]。焦竑的朋友高僧德清(1546-
1623)最初被佛教吸引，是由於他在佛寺裡接受了早年的儒學教
育，直到1562年，他仍然在南京的報恩寺學習儒學以備科考[16]。重
要而需記住的是，明朝時期北京與南京一些重要的佛寺都直接受禮
部掌控。佛寺主持在經過佛學考試的基礎上由禮部任命，而考試形
式也就是八股文[17]。結果，這些佛寺(如上述的南京報恩寺)的僧人
與備考科舉的士子在學習八股文技巧方面一樣勤奮[18]。由此，焦竑

15　陳垣，《明季滇黔佛教考》(北京：中華書局，1962)，頁118-126。

16　《憨山大師年譜疏注》(台北，1967)，頁10-15。

17　沈德符，《萬曆野獲編》(北京：中華書局，1959)，卷27，頁687-
　　688。

18　沈曾植，《海日樓箚叢》(上海：中華書局，1962)，頁214。

晚年二十年中花大量時間呆在他當地的兩個主要佛寺——報恩寺與
天界寺——便易於理解。

三、焦竑在歷史透視中的融合

「三教合一」的問題凸出呈現在作者對焦竑「融合」、「綜
合」或「多元論」的討論上。伯林認為林兆恩(1517-1598)不同意
按照道的「劃分」(compartmentalization)來看待三教[19]，這個觀點
雖被吸收，但作者仍大量使用「不分」(noncompartmentalization)
的觀念來論辯「在晚明融合的情況中所發生的一個值得注意的變
化」(頁14)。在林兆恩與焦竑這兩個不相干事例的基礎上，他聲稱
已發現「一種在變化了的綜合邏輯結構中表達」的出現(頁14)。作
者以為，林與焦竑不再視儒、釋、道為三種獨立不同的各囿於道之
一偏的學說，相反，在「他們擁有一種獨立存在的可靠完整性，以
及相互識別與無法識別」的意義上，三教已被當作「一」(頁
119)。當然，作者並非完全沒意識到其理論的困難。林兆恩的寺廟
被分成不同的三間，焦竑也不時地「回到其綜合的前輩劃分的話
上」(頁120)。但是，作者顯然認為這些困難不像他論證焦竑的
「新儒家綜合」的「原創性」與「系統性」那樣難以克服。

的確，在中國哲學與宗教可想像的各個層面上，「三教合一」
的調和運動在16世紀與17世紀初達到了頂峰[20]。但是，並沒有任何
根據證明從「劃分」到「不分」的明顯趨向。在民間宗教的水準

19　Judith A. Berling, *The Syncretic Religion of Lin Chao-En* (New York:
　　Columbia University Press, 1980), p. 216.

20　Judith A. Berling, p. 3.

上，千年宗派依舊遵循劃分的古老邏輯。例如，弘陽教認為孔子、佛陀、老子是無極老祖與無極老母的三個兒子，每個人在各自領域中樹立了聲望。這顯然是「三教一源」傳統觀念的庸俗說法[21]。羅教的早期作品《無為正宗了義寶卷》，用兩種不同方法將三教區分開來。第一種方法是在各自獨有的教義上來看待名教，儒教之教義為「正」，道教為「尊」以及佛教為「大」。顯而易見，此處是依照原調和論者劉謐首次提出的劃分[22]。至於第二種方法，該作言：「佛如日也，儒似月也，道如星也。如三光之在天，不可缺一也。」[23]熟悉中國調和論歷史的任何人都知道，這是李士謙(523-588)著名劃分之隱喻。在最初的公式中，儒、道二家位置顛倒。故我們看到，在普遍的水準上，這一劃分原則在晚明宗教調和論上繼續處於霸權地位。

　　由於作者主要在哲學層面上討論「三教合一」的問題，現在讓我們把注意力轉到晚明新儒家，看看焦竑的三教調和論是否新穎。首先值得注意的是，作者討論該問題時鮮明地表現出對歷史重建缺乏興趣。他引用了明代以前的幾種宗教調和論調，包括上述的李士謙與劉謐(頁5-14)，但看來他的唯一目的是希望將「劃分」同他所認為焦竑新的融合邏輯「不分」作一鮮明對照。他不想把焦竑的調和論追溯到明代新儒學上，故輕率地認為王陽明一直站在「倡三教合一的晚明新儒家左翼」(頁17)的對立面，甚至隻字不提王畿

21　喻松青，《明清白蓮教研究》(成都：四川人民出版社，1987)，頁49。
22　同上，頁242。劉謐的觀點可參其〈三教平心論〉，《大正新大藏經》，第52冊(No.2117)，頁781。林兆恩也論述過此區別。參Berling, p. 201.
23　引用於喻松青，《明清白蓮教研究》，頁242。

(1498-1583)這樣所謂的「晚明新儒家左翼」所倡導的影響巨大的
「三教合一」論。眾所周知，明代新儒學中「三教合一」的問題發
軔於王陽明，而由王畿將其推拓極致。當泰州學派中的新儒家左翼
(如李贄與焦竑)在哲學層面上為三教中的一教作辯解時，均趨步於
王陽明之說，而在一些方法上則嗣軌於王畿。

　　1524年當有人問王陽明，既然道、佛二教也能在「性」、
「命」的方面闡明「道」，則此二教是否有一些東西值得學習。他
回答：二教最初是儒學的組成部分。這個說法非常重要。由於後來
儒者不能歷史地認識聖人之學，遂誤判道、佛二教有別於儒。然而
王陽明同時也承認，自從道的原始的全體大用喪失後，便被分裂為
三個部分，這與一廳被分成三室尤為相似。他認為後來的儒者友善
地騰出左右二室來接納佛、道二學，而這些儒者對為自己所留之中
心室的位置感到滿意[24]。王陽明根據道的終極實體而認為三教在源
頭上是一體的，新儒家鼓起勇氣接受「三教合一」也無疑正是受了
這一點的激勵。但另一方面，三室新譬喻對一個半世紀後新儒家調
和論的思想產生了深遠影響。在林兆恩的寺廟裡，我們甚至能看到
三室譬喻轉為現實[25]。因此，如果我們使用「劃分」與「不分」這
對術語，那麼它們只能被理解為從一開始便是從明代新儒家調和論

24　《王文成公全書》(《四部叢刊》初編縮本)，卷34，《年譜》，頁959-
　　960。稍微不同的版本，參柳存仁，*Taoist Self-Cultivation in Ming
　　Thought*, 收入 *Self and Society in Ming Thought*, Wm.Theodore de Bary and
　　the Conference on Ming Thought編(New York: Columbia University Press,
　　1970), pp. 316-317.
25　例如，晚到17世紀中葉，方以智(1610-1670)在其「三教合一」的描述
　　中，仍或多或少地吸取三室譬喻之說。參拙著《方以智晚節考》，增訂
　　本(台北，1986)，頁66。

中的同一個源頭成長出來的暹羅雙胞胎。

　　毫無疑問，16世紀中的「三教合一」在哲學上的巨大影響是王畿將乃師思想發展到了邏輯上的極致。爲紀念三教之廳的成立，他寫了篇傑作。該文從一開始便說，儒學既不能與道教截然異趣，也不能同佛教大相徑庭，因爲它亦能在「虛」、「寂」方面闡明道。該文進一步質疑了把道教與佛教看成「異端」這種傳統觀點的合理性，指出，只要道、佛二教弟子把「復性」看作其中心，他們就應被視爲「道釋之儒」。據王畿言，以「良知」爲「軸」，那麼在哲學層面上「三教合一」只不過是時間的問題[26]。在直截了當地以「良知」說爲調和論的基礎後，王畿實際上是把眾所熟知的「三教歸儒」這一新策略引入到了晚明「三教合一」運動之中。例如，林兆恩與李贄二人各自利用「三教歸儒」來推進各自的調和論[27]。

　　王畿在晚明新儒家圈子中，以無人匹敵的使命感宣揚王陽明的三室譬喻思想。他在著述以及公開演講中經常提到它，更重要的是，他將乃師的譬喻語言改變成一種僞歷史性陳述。如云，從一開始，「虛」、「寂」、「空」是儒學真理之「本」的一部分。不幸的是，後來儒學把此「本」割讓給了佛學。在三教還未分裂的堯、舜時代，像巢父和許由這樣的聖人便擁有一種類似於佛教的教義。因此在上古時代，巢父和許由就像是爲聖賢之學守衛著左右二室。他感到痛惜的是，聖賢之學在數世紀後衰退，儒學不僅失去了

<hr>

26　《龍溪王先生全集》(後簡稱《龍溪集》)，《近世漢籍叢刊》，岡田武彥、荒木見悟主編(台北再版)，卷17，頁1316-1318。

27　關於李贄，參其《三教歸儒說》，見《續焚書》，頁77-78；關於林兆恩，參酒井忠夫，《中國善書の研究》(東京：弘文堂，1960)，特別是頁266-276。

佛、道二室，而且甚至不能穩坐中心室[28]。王畿還爲三教合一構建
了「生命三段論」的觀念。此三教都集中關注於「心」，但每一教
都從心的不同階段來認識它：佛教從受孕的階段來闡釋「心」，因
而說「明心見性」；道教釋「心」爲嬰兒之「心」，因而說「存心
養性」；而作爲王陽明信徒，他認爲「心」即「良知」，這便爲整
合這三個階段提供了一個基點[29]。「三教合一」的「生命三段論」
理論，影響頗巨。例如，李贄的三教合一觀點完全建立在生命的三
段論基礎之上[30]。現在學者一般在哲學水準上將晚明「三教合一」
與泰州學派聯繫起來。但本書作者正確地指出，此學派的創建者王
艮並非調和論的倡導者(頁79)[31]。就這一聯繫，我們需要簡要考察
一下王畿同泰州學派領袖們之間的關係。王襞(1511-1587)是王艮
的第二個兒子、李贄之師，從少年起就同王畿一起學習，時間長達
二十年之久[32]。據李贄言，王襞思想的塑造更多得力於王畿而不是
其父親[33]。焦竑之師耿定向(1524-1596)在學識上受惠於王畿[34]，如
其基本觀點「良知」通常是「現在」與「現成」，便顯然得益于王
畿[35]。因此，當王畿與江右王門就如何認識「滿街都是聖人」的論

---

28 《龍溪集》卷1，頁133-135。
29 同上，卷7，頁508-510。
30 《續焚書》，頁1-2。
31 王艮實際上爲一激進的反佛教者，參《王心齋全集》中的《年譜》
   (《近世漢籍叢刊》本)，頁18。
32 黃宗羲，《明儒學案》，秦家懿(Julia Ching)選本 (Honolulu: University
   of Hawaii Press, 1987), p. 179.
33 《續焚書》，頁92。
34 《龍溪集》卷10，頁923-929；也可參卷四，頁360-369。
35 秦家懿, *Keng Ting-hsiang*, 見L. .Carrington Goodrich和Chaoying Fang編,
   Dictionary of Ming Biography, 1368-1644 (New York: Columbia University
   Press, 1976), p. 719, 上引秦家懿, *Wang Chi*, p. 1353.

斷，以及致良知是否需要特定的修養工夫展開辯論時，耿定向顯然
站在前者的立場上[36]。

現在可以肯定，作爲泰州學派的一種調和論，「三教合一」的
興起在很大程度上歸功於王畿的影響。李贄在其幾篇論文與書信
中，均極度推崇王畿，而批評了王艮與羅汝芳[37]。他心折於王畿在
儒、佛、道三家哲學上的綜合，尊稱後者爲「三教宗師」[38]。還有
證據顯示焦竑分享了李贄對王畿的熱情，焦竑向李贄提供了新刊的
王畿著作[39]。因而，顧炎武(1613-1682)認爲李贄爲王畿而不是王
艮的「再傳弟子」，不爲無據[40]。

一旦在哲學層面上肯定王畿爲晚明時期「三教合一」的重要策
源地，我們便不難發現，焦竑調和論毫無原創性。作者所相信的焦
竑「不分」的「調和邏輯的變動結構」理論，在任何地方都不能找
到佐證。當王陽明與王畿述說三教中的一教時，他們僅提及到每一
教中的部分內容，即最終可以界定爲性、心、命的部分。不過他們
一直認爲三教在整體上有別，故建議每一教應容納於一獨立之
「室」。

36　參王畿在《龍溪集》中致羅洪先的信，卷10，頁715。以及黃宗羲，
　　《明儒學案》中耿定向的觀點(《四部備要》本)，35:36b。
37　《焚書》(北京：中華書局，1961)，頁45，121，122；《續焚書》，頁
　　28-29。
38　《續焚書》，頁26。
39　《焚書》，頁45，118；《續焚書》，頁26。
40　《原抄本日知錄》，徐文珊標點(台北：明倫出版社，1970)，頁538。現
　　代觀點參容肇祖，《明代思想史》(台北：臺灣開明書店，1962)，頁
　　235-237；錢穆，〈略論王學流變〉，見其《中國學術思想史論叢》，
　　第7冊(台北：通達圖書公司，1979)，頁161-162；島田虔次，《中國に
　　於ける近代思惟の挫折》(東京筑摩書房，1949)，頁297-299。

確切地講，焦竑繼承了這一立場。因而當被問及佛、儒相較時，焦竑答道：「內典所言心性之理，孔孟豈復有加然？其教自是異方之俗，決不可施於中國。」[41]在別處，他亦引用一當時人的言論「[儒佛]教異而理同」[42]。他再一次將「理」釋爲「性理」。作者認爲「道通常爲一，三教亦須合一」(頁121)是焦竑的觀點。這不僅極易引起誤解，而且也與前兩頁所引焦竑之語「聖賢之教雖異，但修性之道相同。古聖賢道同法異」(頁119)相悖。顯而易見，在接受「殊途同歸」的「劃分邏輯」時，焦竑心中定有「三室」譬喻。

爲了解釋焦竑很難繼續使用「劃分邏輯」，作者認爲焦竑已形成了三教「互補」這一新觀念，這有別於明代以前的「劃分」。用原書的話說：「依焦竑之見，三教互補不是由於各教對道之解釋互不相干，而是由於它們互爲闡釋。」(頁120)不幸的是，「互補」的思想不起源於焦竑。當北宋居士張商英(1043-1121)說「唯吾學佛，然後能知儒」時[43]，其言下之意恰是此二教「互爲闡釋」。事實上，焦竑曾兩次引用過張商英之說來支持調和論[44]。在晚明，王畿曾大力倡導此觀念的互補性，他強調指出「先須理會吾儒本宗明白，二氏毫厘，始可得而辨耳」[45]。這顯然是同一個硬幣的另一面。

儘管在表述上微有出入，但至晚在12世紀，三教在總體上分享

41　《澹園集》48:13a。

42　《澹園續集》10:25a-b。

43　志磐，《佛祖通紀》，大正藏，第49冊，頁429。

44　《澹園集》12:8a；焦竑，《焦氏筆乘續集》(下簡稱《筆乘續》)(《國學基本叢書》本)，2:169。

45　《龍溪集》，卷7，頁499；卷17，頁1318。

著相同之道的思想已經在調和論者中相當流行。據佛教史料記載，南宋孝宗皇帝在1180年就三教的問題同禪師寶印進行了交談。禪師強調《論語》必須要讀，並且必須要借助禪宗思想。據說孝宗皇帝答道：「朕意常作此見。」[46]且不論這次交談是否在歷史上發生過，但有一點可以確信，一些宋朝學者已開始用禪宗術語來理解《論語》。據另一材料記載，詩人黃庭堅(1045-1105)一直不能理解「吾無隱乎爾」(《論語‧述而》)的涵義，直到某天受到著名僧人晦堂典型的禪宗方法的啓發才領會[47]。張商英在《護法論》中亦解釋「朝聞道」(《論語‧裡仁》))的「道」爲「菩提之道」[48]不足爲奇；朱熹就曾特地對「天下無二道，聖人無兩心。儒釋雖不同，畢竟只是一理」[49]的觀點作嚴厲批評。這些，似乎都是作者認爲在晚明以前「不可想像」的「不分」思想(頁15)。

為了論證焦竑調和論的原創性，作者耗費幾頁(110-113)的篇幅來專門討論焦竑用佛家術語解釋《論語》中的兩個概念。第一個概念是孔子言論中的生與死問題。這在張商英的《護法論》中已經提到：「朝聞道，夕死可也。」據作者言，焦竑把此言論當作「佛教生死學說的儒家副本」。第二個概念是「空」，這在《論語》(〈子罕〉、〈先進〉)中出現過兩次，焦竑亦對其作了佛教上的闡釋，認爲「空」是「天命的原始本體」的一個稱號。在此兩例基礎之上，作者匆匆作出了結論：「焦竑匹配概念之實踐，源於一種排

---

46 《佛祖通紀》，頁429。
47 羅大經，《鶴林玉露》(北京：中華書局，1983)，頁280。
48 張商英，《護法論》，大正藏，第52冊，頁638。
49 《朱子語類》，標點本(北京：中華書局，1986)，卷8，頁3015。引文出自張商英，《護法論》中鄭興在1171年所作之序，頁637。

除了其劃分邏輯的調和意識。」但如前所述，北宋的張商英已用佛家「菩提」（導致「知心見性」）來匹配《論語》中「朝聞道」。此處張商英顯然是用《論語》這一章來論證「生死」問題為「佛教與傳統儒學所共同關心的」，而這正是作者所說的焦竑之語(頁112)但從思想史的觀點來看，有必要指出，在進行這種概念匹配時，作者認為焦竑確實沒有違背任何傳統(頁113)雖然這種觀點不夠令人信服，人們也許可以辯稱張商英畢竟離焦竑的時代太遠，因而張氏的概念匹配實踐未引起後者注意。但同為晚明人物的王畿的影響卻絕不能忽視，當他在哲學層面上為儒、釋一家進行辯解時，亦恰巧青睞《論語》中的兩個概念，他曾這樣評論《論語・里仁》的「朝聞夕死」：

> 道無生死，聞道則能通晝夜、一生死，虛靜光明，超然而逝，無生死可說，故曰：「夕死可矣。」猶云未嘗生、未嘗死也。50

這的確是在最大程度上以佛教教義闡釋《論語》。關於《論語》中「空」之概念，王畿的佛教闡釋同樣是明顯的。他認為當孔子說他自己「空空如也」或說顏回「屢空」時，他總是用「空」來界定「道體」51。通過這兩個例子我們可以發現，焦竑步趨王畿之說，其「天命的原始本體」實即王畿的「道之本體」。通過論證「寂」、「虛」等同於儒學中的「妙理」，焦竑進一步證實了道的

---

50 《龍溪集》卷3，頁288-289。
51 同上，頁293；卷6，頁467-468。

一體性[52]。在此情況中,他再一次追隨王畿。王在同聶豹(1487—1563)進行的一場著名爭論中,進一步倡導孔子所說之「空」即為「虛」、「寂」,他認為,「空即是虛、寂,此學脈也」[53]。焦竑確實是晚明「三教合一」運動的積極參與者,但其絕大多數調和論思想是衍生的,尤其是受王畿的影響。但這樣說並不是低估其重要性,像其他任何歷史中的思想家(偉大的或普通的)一樣,只有當歷史學家找到他在思想世界中所處的恰當位置時,他才能被真正理解。

四、「考證」無佐證

在這部焦竑研究的著作中,推測性的「考證」占了相當的篇幅。作者顯然對「考證」實踐並不精通,儘管他作了大量的哲學探討。他在這一部分表現出來的對思想史對話的興趣,甚至比書中任何一處都明顯,特別值得一提的是,在論及清代考證學與漢代經學之聯繫時,作者完全迷信唐君毅這位權威,而對19世紀以來的學者們對此問題所作的重要思考置若罔聞。儘管我極度推崇先師的淵博和獨創性,但我必須強調指出,這位已故的哲學家實在不是「考證」方面的最佳嚮導。作者所歸納的唐氏的一般性結論(第184—185頁)又牽連出了一些他們難以回答的問題。關於清代「考證學」的哲學意蘊在本文文末將有所探討,此不贅言。這裡我所關注的是理論構建問題,而這些問題又與中國思想史的文獻基礎有關。我發

---

52 《澹園集》23:15a-b。
53 《龍溪集》卷6,頁467-468。

現令人困擾的是，爲使證據與其理論相一致，作者常作牽強附會之
說。

　　本書的一個重要主題是，焦竑與清代「考證」學者實屬同一
「話語」傳統("discursive" tradition)，下文將討論這個觀點。爲了
顯示後者也主張焦竑的「語言懷疑論」，即「信奉通過現實體驗而
超越語言來理解道是必要的」，作者引用戴震作爲例證，他講：

> 甚至戴震這位清代「考證學」重鎮，亦聲稱「故訓明則古
> 經明」，他不認爲「聞道」就僅爲通故訓，主張在語言上
> 「必空所依傍」以及要「體會」經文。(第192頁)

上述戴震所言可參戴〈與某書〉[54]。但作者完全歪曲了〈與某書〉
原意，這種扭曲是通過如下三步完成的：其一，從上下文中抽取出
「必空所依傍」。因爲緊隨的下文清楚地表明，戴震向學者盟友們
所呼籲的「空」其「依傍」，是指包括漢、晉特別是宋儒在內的後
世解經權威們。而在此處譯文中，作者偷偷地用一般性術語「語
言」來代替「後世註疏」。結果使得戴震之意被扭曲爲：好像他認
爲研究經文可以根本不依賴語言。而戴的本義明明是：理解經文須
通過語言本身，而不是通過後世經師的注解。故此句只有在「聞
道」前直接加上「治經先考字義，次通文理」，作者所引戴震之語
才完整，而作者在引用時對引文的前後兩句置之不理。

　　其二，對複合動詞「體會」(在字面上被譯爲「經驗地理解」
to experientially comprehend)的過分強調。在這封信中，戴震只是

　54　戴震，《孟子字義疏證》(北京：中華書局，1961)，頁173-174。

呼籲朋友們應「平心體會經文」。作者通過鼓吹「體會」一詞以及在英譯中加以處理，給人造成的印象是：戴震是個宗教神祕主義者，認為須通過一些純經驗直覺來超越語言理解道。

其三、戴震之言遭扭曲原因有二：代言與省略。上述所引包括「體會」一詞在原文中為一不全之語，後半句為：「有一字非其的解，則於所言之意必差，而道從此失。」若補上此語，戴震之言便清晰可見，其意是「理解經文應透徹且不存偏見」。這與「語言懷疑論」之間差距甚遠。

在作者討論焦竑的學說時，此種扭曲觸目皆是。在本節剩餘部分，我將集中辨正一條史料，作者曾以此條引文為基礎構建了焦竑思想理論，如同對朱熹的批判、語言理論，尤其是焦氏對「考證學」的興趣的哲學背景等等的構建一樣。這條史料是《筆乘》中一則名為〈朱子〉的長筆記[55]，在論及焦竑在語言與道聯繫上的觀念時，作者首先從此筆記中提出一段，解釋如下：

> [焦竑]說，作為宗之道，為言論之源。建立無道學說之人，如瞽在途，觸處成窒。（頁125）

根據這段引文，作者慷慨地將下列關於語言的宏大理論歸美於焦竑：

> 作為人類指稱道之宗的一種行動，語言的概念意味著，在作為人類的創造的語言構建行為中不但分享了模仿，而且

---

55 《焦氏筆乘》(後簡稱《筆乘》)(《國學基本叢書》本)，4:102-105。

作爲人類創造的語言構建行爲只是對道之宗的虛有其表的
指稱。

然而不幸的是，當我們對照原文檢視這一精彩的理論時發現，原文
對這一理論沒有提供哪怕一點暗示。爲了坐實對作者的這一極嚴肅
的指控，我不得不對此段文字重加細述。

該條引文的背景是荀子對孟子的批評，依荀子之見，孟子「略
法先王，而不知其統」，爲了維護孟子，〈朱子〉原文云[56]：

> 至謂不知其統，則決不敢以荀言爲然矣。何者？統者，道
> 之宗，言之所由出也。立言而無宗，如瞽在途，觸處成
> 窒。豈宜以論孟氏也？孟子之宗，持志養氣是也。[57]

現在，我們能確切地知道此段文字是如何被作者扭曲的。首先，整
段引文對「道之宗」與「作爲人類創造的語言」的關係根本沒有提
及。一般而言，它討論了孔子以前由聖賢帝王們所確立的「統」，
與後來思想家所形成的各種言說（「言」)形成的對立關係，特別是
討論了與「先王」之「統」有關的孟子學說。此段顯然是集中於
「統」而不是「道」上，此處「統」是首要的概念，道之「宗」源
於「統」，所有後來之「言」(如果值得這樣稱呼的話)也植根於
此。作者的一句總結語「道之宗，爲言論之源」，在翻譯處理時實

56　梁啓雄，《荀子淺釋》(香港：中華書局，1974)，頁62。我也參考了馮
　　友蘭，《中國哲學史》的 Derk Bodde 英譯本(Priceton: Priceton University
　　Press, 1952), Vol. 1, p. 281.
57　《筆乘》4:103。「持志養氣」一語出自《孟子‧公孫丑上》。

為一斷章取義的引用，下文我把這裡的來龍去脈作一分析。

我們知道，上述引文的原文應是：「統者，道之宗，言之所由出也。」當作者使用「作為宗之道」這一短語時，他省略了「統」這個詞，而代之以「道」。即使我們採信其譯文，我們只能說「作為道宗之統」而不是「作為宗之道」。其次，在譯文時，他把「宗」譯成「ancestor」，把「言」譯成評判「現實之道」與「人類創造的語言」的「speech」。不幸他的譯文亦有互相抵牾之處，在別處的同一語境中，他又把「宗」與「言」分別譯成「purpose」與「doctrine」。例如，在69頁他從〈朱子〉的同一筆記中引用了「治學各有所宗」這個句子，並且把譯詞「purpose」同漢字的「宗」顯然等同起來。至於漢字的「言」，它在作者的引文中出現過兩次，他未作解釋，而暗中將第一個譯為「speech」，將第二個譯為「doctrine」。如果在討論中「宗」、「言」兩個漢字始終是同義的，那麼面對「言」的英譯忽而「speech」、忽而「doctrine」的混亂，又讓人如何為作者辯護呢？

現在的問題是，作者在翻譯時為何要竭盡全力地竄改原文？我認為這是為了使這條材料與其理論(關於焦竑的語言與道相關概念的理論)相吻合。首先，作者未能遵照原文，在其譯文中說「統為道之宗」。在原文中，「統」被認為是由「先王」所創，若「統」為道之祖，那麼這當然會使得「道」亦為「人的創造」，甚至等而下之，是其一衍生物。故「統」須離去，道才能取代之而作為「宗」。其二，「統」須被作為「宗」，這不僅是因為說「作為宗之道，是語言之源」已沒有意義，尤為要者，被認為道作為宗是一個自根而自生的實體。最後，如果「語言理論」歸功於焦竑，那麼「言」也須被譯為「speech」。另一方面，儘管「doctrine」一詞在

現代英文中幾乎等同於「言」，但作者仍嫌它礙手礙腳，不能滿足
自己的對話目的。

然而上述對〈朱子〉筆記所做的所有竄改與操縱性翻譯，與我
在下文將要揭發的錯誤相比，猶當瞠乎其後。通過調查，令我尤爲
驚奇的是，這段特別的話根本不是出自焦竑之口。除了兩三個導言
的句子，這條冗長筆記原爲趙貞吉(1508-1576)所作。焦竑在簡潔
的導言中，也明確點出了此點。我在普林斯頓大學葛斯德東方圖書
館(Gest Oriental library)查找到明版的趙貞吉作品，證實焦竑此言
不虛。整個筆記實際上逐字引用了趙貞吉的〈與王督學第三書〉
(見李贄編《趙文肅公文集》)[58]，這個本子使我們幾乎可以確信，
焦竑一定摘抄了趙氏的這封信。

眾所周知，焦竑的《筆乘》像其他所有筆記體一樣，大多數是
節錄以前或當時學者的作品。在方法論上，歷史學家不應把這些引
文簡單地視爲焦竑自己之作，但作者對此材料不作區別，他感到根
本沒必要把焦竑的作品同焦竑引用的作品稍加區別。他反而想當然
地認爲，引文亦爲焦竑之作。故通過此研究，我們可發現楊簡
(1140-1226)、李衡(1100-1178)、蘇軾(1037-1101)、耿定向以及許
多其他學者的思想經常被當成焦竑自己的思想[59]。由此，我們難以
判別此書是焦竑思想的研究，還是對中國思想史中不同時期思想家
的研究。〈朱子〉筆記便爲一典型事例，由於本書的幾個重要結論

---

58 此兩卷爲明代版本，但未注日期；在卷1:51a-56b中可以找到這封信。譯
按檢浙江大學圖書館藏萬曆十三年趙德仲刻本《趙文肅公集》，此書作
〈復廣西督學王敬所書其三〉。

59 例如，參頁124，註25；頁234，註280，282；頁235，註288；以及頁
236，註291。

是建立在這條筆記基礎之上的，所以這裡對它不能不多費點筆墨。

讓我再另舉二例，第一例極爲有趣：

> 焦竑說他極渴望以著書來平反被朱熹所攻擊過的一批哲學
> 家，並由此聲稱他們「治學各有所宗」。但細思後又放棄
> 了此念頭，由於他知道這樣做工程浩大，且不可能短期內
> 完成。無論如何，我們可以認爲，在他的《國史經籍志》
> 「子類」序中，這個願望得到了部分的實現。在此序中，
> 他論述了其所劃分的十七個學派的理由，並因此聲稱他們
> 「各有所宗」。（頁69）

有趣的是，這段話的文獻基礎又是〈朱子〉，不用說，所謂「著
書」又只是趙貞吉的想法而非焦竑的[60]。眞正令人驚訝的是，焦竑
不僅占有了趙氏的作品，而且甚至實現了他自己從未有過的願望。

然而，另外一個更嚴重的例子是關於焦竑與「考證學」的起源
的，作者講：

> 焦竑想使被朱熹攻擊過的眾哲學家的意圖主題化，故聲稱
> 他們「治學各有所宗」。這種對文本性的關注，解釋了他
> 爲什麼對哲學與音韻學懷有興趣，這些學問能幫助他克服
> 語言學上的複雜問題，因此能作爲語言呈現在原始的物質
> 性上恢復與再現一個文本。（頁181）

---

[60] 《趙文肅公文集》卷1:56a。

我不想對文中諸如「意性」（intentionality）、「文本性」（textulity）、「物質性」（materiality）、「語言呈現」（linguistic presence）等所有這些模糊的抽象詞語強裝解人，它們看起來在同哲學與思想史有關的某些漢學研究中通用，好像它們是哲學能力與學術深度的標誌。但若讓我不憚冒昧猜一下的話，這段話以平易的英語來說是：焦竑的「考證學」興趣源於其哲學定位。作爲一多元論者以及調和論者，他想用最初所用的語言來理解每一篇作品，這種解釋是否合理，且待下文討論，眼下我們姑且同意這就是焦竑的哲學定位。但到現在讀者一定會清楚地知道，整個言論再一次建立在趙貞吉〈與王督學第三書〉的基礎之上。因此，若作者正確，那麼爲了恢復趙貞吉作爲「考證」學派的眞正領袖地位，中國明清學術史不得不推倒重來了。如果這種「對原文的關注」確實能說明作者在本書中反覆強調的「考證學」的興起，那麼它顯然歸功於趙貞吉而非焦竑。

五、「連續性狂熱」

在本書中，焦竑還被描述爲一位晚明新儒家調和論者，他能「整合三教，並使佛、道、儒這三個離散的體系在他的哲學中保持平衡，使三教作爲一種綜合的部分得到協調發展」（頁46）。「綜合」概念的確是作者解讀焦竑的鑰匙，儘管焦竑的思想與著作有時出現不一致，但其所有的思想與著作在更深的結構層面上被認爲具有系統性與一致性，被說成是「綜合」。例如，焦竑使用佛、道二教的思想據說是「被一種體系所支配，此體系與其整體一元論構成思想中的話語規律性相一致」（頁242）。甚至連焦竑的「考證

學」，亦被視爲其哲學「綜合」的一個派生物。有時當一個歷史學家能透過表面的不一致，看到隱蔽的和諧、結構或者其他等等，那麼他的工作的確極具啓發意義。然而，當作者的「連續性狂熱」(rage of coherence)在方法論的混亂狀態中狂奔時，他實在是駛向災難，其結果是難以區分歷史重建與僞造[61]。作者反覆聲稱焦竑的「綜合並非混沌的跳躍式思維」(頁181、189)如果成立的話，那麼我要說，焦竑是不可能形成一套連他自己都沒有意識到的哲學上的綜合。我們必須首先弄清楚他對「綜合」的態度，據作者說：

> 在爲管(志道，1536-1608)所作的墓誌銘中，焦竑對管的評價亦同樣適合其自己。焦竑稱管「彙綜三教九流以成己說」。(頁38-39)

在此，作者實際上沿用了容肇祖所提出的觀點，儘管他並不承認這一點[62]。但以這種方式來描述焦竑，則顯得相當寬泛。這與焦竑的自我描述(特別是作爲管的一個對照)相牾，在致管志道的信中，焦竑云：

> 蓋丈欲集儒禪之大成，所括者廣，而弟苦心性之未徹，所求者約分量異耳。[63]

---

61 我使用「連續性狂熱」這個術語受惠於Peter Gay, "The Social History of Ideas: Ernst Cassirer and After," 收入Kurt H. Wolff和Barrington Moore, Jr. 編, *The Critical Spirit Essays in Honor of Herbert Marcuse* (Boston: Beacon Press, 1967), 特別是pp. 114-117.
62 《明代思想史》，頁264。
63 《澹園續集》5:11a-b。

這種自我分析，實際上沒給將焦竑有志於「綜合」的說法留下任何
解釋的空間，儘管他在智識追求與博學多識上有很大的差異性。

這封信的下文就不那麼有趣了。他強調他眞正需要的是一些簡
單而眞實的信仰，從而幫助他戰勝那種對死亡的極度恐懼心理。他
詢問管在此事上是否能用最簡單的方法來啓發他，尤其值得注意的
是信中的懺悔語句：「故於平生之虛見戲論，深切悔恨。」這封信
有力地說明了焦竑爲何老是覺得自己有罪於佛教。他在別處說過，
「因怖死乃學佛，佛慧既成，即知我本無死，此生人之極情，入道
之徑路也」。爲了使一個人根本不關心死亡，像一些儒家學者所做
的那樣，簡單的辦法就是自我欺騙[64]。因此我們可能認爲這便是他
所搜尋用來處理個人對生與死的深層關注的一些簡單而眞實的信
仰。這便把焦竑日益引到佛教，他清楚地陳述道，佛教比儒教或道
教更充分地解釋了「性命之理」[65]。

可能在1586年，他同羅汝芳(1515-1588)在南京的短暫會晤亦
證實了此種心理，此點在上述給管的信中便已顯示。在羅汝芳的住
所聽了他關於儒家倫理教育的演講之後，焦竑頗有微詞，問羅爲何
要向聽眾隱瞞儒、佛二教中的眞諦。由此，焦竑特地提到了關於
「見性成佛」的佛家學說(正如本書告訴我們的)，他那時已深切關
注這種學說[66]。後來，羅汝芳回家之後給焦竑寫了封信，在信中他
有力地說明了「仁」只能在對他人苦難遭遇的關心中實現，而不是
滿足個人的精神需要[67]。顯而易見，此信含蓄地批評了焦竑傾心於

64　《筆乘續》2:187。
65　同上，1:169。
66　《盱壇直詮》(羅近溪語錄)(台北：廣文書局，1967)，卷下：10b-11a.
67　同上，11a-b。

對道的個體化的追求。故當焦竑說他最終悟得心、性爲生活中必不可少的簡單信仰時,他的確向管透露出了其內心深處的思想。「綜合」看來好像不是這場遊戲的名稱。

眾所周知,焦竑的哲學觀點一般是由零散的語錄來表達的,而這些語錄評論的對象範圍又十分寬泛,以致對它們作清楚的闡述已非易事,確定它們的獨創性常缺乏根據,而把它們看作「綜合」的組成部分亦更是荒謬。然而,作者在本書中對焦竑「綜合」的陳述如此斬釘截鐵以致我們很難完全忽略。因爲不可能逐條同作者進行辯駁,故我只從第五章「一位重建新儒學的綜合新儒學者」中挑選幾個典型事例來闡明作者對焦竑的「綜合」思想所作的附會之說。在所有這些例子裡,我將展示作者是如何重塑原始材料的。

據作者說,焦竑把「公」與「仁」等同了起來,然後在各種方面加以界定:(a)「覺」,(b)「貫通本末」,(c)「人類思想……能夠己立與己達」,(d)「生與新生」(第207頁)。但事實上,焦竑既未把「公」與「仁」等同起來,亦未在「覺」方面來界定「仁」。就(a)而言,一詢問者曾問焦竑,他是否同意宋代新儒學所提出的「仁」爲「公」或「覺」。在回答中,焦竑反而認爲對它們「測度無益」而不予考慮[68]。至於(c)與(d),「己立與己達」引自《論語》。「生與新生」則引自羅汝芳的一段話。總之,這一重建不僅曲解了焦竑的原文,而且實際上也是對一些無聯繫的材料牽強附會。所取之義與材料之間既無邏輯上的聯繫,又無歷史上的聯繫,這才眞像作者所稱的「混沌的跳躍式思維」。

在「學與聖」一章中,我們得知:

68　《澹園集》47:1b。

（a）焦竑同時認為「學」既「容易」又「困難」（第231頁，註第253-255頁）。而原文所討論的道不是「學」本身，而是說學道難，得道易[69]。

（b）作者以為焦竑主張漸進的修身需要恆久「工夫」，這要在每天活動中加以保持，甚至「造次必於是，顛沛必於是」（註第257頁）。可原文再一次顯示，這裡的論題不是「修」而是「仁」。另外，焦竑強調指出，「仁」內在於人性之中，故不必誤以它是通過「工夫」才能獲得的。此段原文從未論及「治學」，連修身需要恆久「工夫」的暗示也無跡可求[70]。

（c）據說，焦竑認為「自信」對於一個人「求放心」是必需的（第231頁，註第258），這段話出自焦竑對《中庸》（第十一、十二章）中的兩段的評論，認為一個人具有理解與踐履中庸美德這種固有能力。焦竑的言論只是說一個人如果沒有「自信」，就會失去此能力，並沒提到「求放心」[71]。

（d）為強調自信對焦竑「知」的思想的重要性，作者引用了另外兩篇文章來證實其觀點（第231頁，註第259，以及第232頁，註第260、261頁）。不幸的是，沒有一篇文章與「自信」有關。它們都是在討論儒學的概念「信」、「仁」或道[72]。上述四例曲解很可能源於作者沒有讀懂原文。

此處再附一有趣之例，作者在引用焦竑對學生提問的回答時云：「戒愼恐懼是性命活力之表現。」（頁240，註320）因為原文只

69　《筆乘續》2:185。
70　《澹園集》49:2a-b。
71　《澹園集》47:9a。
72　《澹園集》49:2b，《筆乘續》1:151-152。

云「戒愼恐懼是求生命功夫」，故我對這一短語尤感困惑。進而
恍然大悟，「活力之表現」乃最後一段的最後三字「生躍然」。
這不屬於焦竑的回答內容，而是另一獨立的語句，意似「生有
省」[73]。作者顯然誤以「生」爲「活力」。如此水準的錯誤與本書
宏麗的文風實不相稱。

　　我提供的最後一例是關於作者的論辯邏輯，作者指出焦竑學術
觀點是強調學術與文化價值的(頁238)。當然，這種觀點一般可以
爲人接受。然而，由於這一強調「看來是使焦竑成爲宋學傳統意義
上的『博學』的佼佼者」(頁239)。這樣一來，便與作者對焦竑思
想的解釋——偏激的「程朱正統叛逆者」——相牾，他發現有必要
進行辯解，於是寫道：

　　　　另一方面，焦竑的「強調學術與文化」，意味著在與朱熹
　　　迥乎不同的學或修的概念結構中展開的。(頁239)

我須立即提醒讀者注意的是，作者在該句末幾乎暗中滑向了「修」
這個詞，於是也便突然將其論題從「智識」方面轉到「德性」方
面，然後他開始大談焦竑「修」的思想爲「解脫」與「心靈本體的
自我功能」。焦竑的「對修養是心靈本體的自我功能的確認」(頁
240)，作者寫道，「可從他的修養不需努力的一貫主張來理解」。
可是僅僅在幾頁前(頁231)，作者清楚地告訴讀者，焦竑的「修」
「需要恒久工夫」。不知我們要依照何種版本？不過此處有一個極
其嚴重的問題是：「博學」與「智識探究」怎麼可能在「修的概念

73　《澹園集》48:5b。

結構」中進行？這是否意味著焦竑的「考證學」源於「心靈本體的自我功能」，而且他在考證學、語言學、歷史學等方面「博學」根本就「不需努力」？我必須承認，作者的推理思路完全難倒了我。

　　事實就是，我完全不相信作者能拿得出關於焦竑「綜合」的證據。在焦竑作品中，我所能確定的是，他既不想也沒完成所謂的「綜合」。我最想說的是，中國思想在明代處於十字路口，此時的智識傾向在焦竑的作品中更能清楚地顯示，此點帕爾默(George Herbert Palmer)在很久以前就很好地表述過：「一個時代的趨向在低等作家群中要比在支配性的天才中得到更明顯的展現。後者講述了過去與未來，以及其生活之時代。他們屬於所有的時代。但那些敏感的靈魂，雖然缺乏創造力，卻能清楚記錄其當時的思想。」[74] 焦竑看起來確實是這樣一個「敏感的靈魂」。

　　看來，作者對焦竑生活與工作於其中的思想世界缺乏清晰的認識。新儒家學說在晚明僅為幾種智識趨向之一種，特別是16世紀出現了以楊慎(1488-1559)、陳耀文、梅鷟、鄭曉(1499-1566)、陳第(1541-1617)為代表的「考證學」。在考證學、詞源學、音韻學的研究上，焦竑得益於楊慎頗多，《筆乘》有關楊慎的著作目錄的條目已經清楚地體現了這一點[75]。焦竑還是楊慎《升菴外集》(100卷)的一位編纂者，據作者說，這次編纂「囊括了三十八個方面的作品，包括經學、史學、哲學、音韻學、地理學、書法、繪畫、食物與用具等」(頁286)。焦竑顯然通過楊慎，把考證學與音韻學研究整個追溯到宋代一些學者。「考證學」作為晚明的一項智識事

74　引自 Authur O. Lovejoy, *The Great Chain of Being, A Study of The History of An Idea* (Cambridge, Mass.: Harvard University Press, 1957), p. 20.

75　《筆乘》6:124-126，127-128。

業，不僅有自己的生命，而且亦與宋元傳統相一致。例如，所謂的
《古文尚書》，從宋到明便有一些學者，從吳棫(約1154)、朱熹、
吳澄(1247-1331)到梅鷟，懷疑該書的眞實性。焦竑在「考證學」
這一著名事業方面的興趣顯然是在閱讀梅鷟作品時產生的，他顯然
擁有手抄本[76]。由於有這種深刻印象，故當他遇到當時或早期學者
作品中有關此問題的任何討論，他都做了筆記。故在《筆乘》中，
我們不僅可以發現歸有光的一篇論文[77]，而且亦能找到趙孟頫
(1254-1322)的一篇跋文[78]，這篇跋文是從趙的書法作品中摘錄過
來的。這一例子清楚地顯示，作爲學者的焦竑已經捲進了「考證
學」上的一個無休止的爭論之中，這種捲入絕非出於哲學上的目
的。因此，只有通過明代哲學、考證學、文學這三種平行的智識趨
向，才能充分理解作爲新儒學思想家、「考證」學者以及筆記作者
的焦竑。儘管這三個領域有關聯，但其中每一個領域都清楚地顯示
出其獨立性。而與明清的時代精神相關聯的這三種智識趨向是一個
過於宏大的綜合，實非焦竑一人之力所能確立，但正如帕爾默所
言，焦竑的「敏感靈魂」清楚地記錄了那個時代。

六、結構主義者還原

關於焦竑的這一研究以結構主義者還原結束。像現代一些學者

---

76 《筆乘》1:4。Arthur W. Hummel與Chaoyang Fang認爲焦竑「自己不能查
    書」，此說好像不夠準確，參*Dictionary of Ming Biography*, II:1059.

77 《筆乘續》3:200。也可參歸有光，《震川先生集》(《四部叢刊》初編
    縮本)，卷1，頁31。焦竑引文與原文之間僅有一點細微差異。

78 《筆乘續》3:210-211。

一樣，作者亦相信在明末清初發生了一根本性的重建，結果，陸王
學派的「氣一元論」戰勝了程朱學派的「理氣二元論」。用作者的
話說，「就明代中期以來的境況而言，重建新儒家氣一元論的重要
性，不僅在於重新界定理爲氣之理，尤爲要者，是在於認爲心與性
或理相一致，由此否定了理爲獨立於心之外的一種存在」（頁
270）。但作者醉翁之意不在酒，他認爲這一重建直接發展出了「考
證學」或清代的漢學。他在本書開始部分聲稱：「重建新儒學這一
舉措，對於清初很多領域的進展有著重要的意義，最重要的是，它
爲清代『考證學』的運行提供了重要條件。」（頁30）因爲氣一元論
的重建，據他講這是陸王學派的獨創，於是清代「考證」學者成了
晚明陸王新儒家智識上的繼嗣者，焦竑便是其中的一員。故在結論
時，他便篩選了三個實例——焦竑、戴震與章學誠，在此基礎上爲
其結構主義者還原辯護：

> 儘管作爲個人他們是有區別的，但他們均參加了一元論的
> 話語實踐，作爲陸王學派繼承者的一致性，表現在他們都
> 具有一元論的觀點，也決定了他們的差別只是習慣上的差
> 別。鑑於此，我在該作中認爲，顯然應把焦竑置於陸王傳
> 統之中，而戴震與章學誠則不如焦竑明顯。若以棋賽作一
> 隱喻，作爲「狂禪」的焦竑與作爲「考證學」代言人的戴
> 震之間，以及作爲哲學上的「狐狸」的戴震與作爲哲學上
> 的「刺蝟」的章學誠之間的緊張性，猶如棋賽中的對手一
> 樣，彼此都想取勝，但仍然在一個比賽中。（頁277-278）

這段引文的開頭可謂不同凡響：戴震屬於陸王傳統並與焦竑玩

同一個哲學遊戲。惜乎這樣的解釋與戴震的自我分析實在是背道而馳。在戴震的〈答彭進士允初(1740-1796)書〉(彭是有強烈陸王傾向的一佛教居士)中,他認爲從彭倡導陸王學派始,他們之間的哲學已經南轅北轍,甚至「無毫髮之同」[79]。我疑心這樣的證據尙不足以動搖作者對其理論的堅守,因爲他會竭力辯稱他在焦竑、戴震與章學誠的「話語架構」中發現了結構上的一些「規律性」,不管它意味著什麼。在此基礎之上,他可能聲稱他比「考證學」的代言人更能了解戴震。他會說當戴震堅持認爲陸王學派與自己大異其趣時,戴震指的僅爲思想主旨的區別。就作者而言,「對話」方法給他提供了對「結構規律性」的一種新關注,而這恐怕連戴震自己都懵然無知。書中所表現的這種方法清楚地顯示,在思想史研究中,只有方法論規則才主導一切。只要在兩個或更多的思想家中發現有一共同的成分、結構或其他眞實的或虛構的東西,那麼往往會認爲他們在「玩同一遊戲」或屬於同一「話語」傳統,即使他們在其他任何方面迥乎不同。故根據同一邏輯,我們可力辯道,因爲他們共同關注「知行」、「考證」等問題,所以王陽明也是屬於朱熹傳統。我們也可聲稱,由於他們共同關注「戰勝形而上學」,故海德格爾與卡爾納普玩著同一遊戲。

現在讓我們重新回到作者的論題,即清代「考證學」在陸王學派重建新儒學的脈絡中的展開。令讀者失望的是,作者從未清楚地界定明代新儒家的陸王學派與清代「考證學」之間的聯繫(頁242-243)。他亦沒有向我們確切地顯示出,後者是如何在前者的「脈絡中展開」的。只是在一點上他強調,焦竑對「文本」的哲學關注是

79　《孟子字義疏證》,頁161。

其「考證」的原因。不幸的是，如上所示，這種「關注」並非屬於焦竑而是趙貞吉。作者在最後一章中進一步提出，陸王學派一元論重建之中存在一些內在邏輯，這些邏輯也存在於「考證學」的興起之中。由此，我們方能窺見作者的良苦用心。

嚴格地講，說明代程朱學派的「一元論重建」比說陸王學派更爲恰當。眾所周知，後者本是一元論者，根本不需要「重建」。而前者在結構上是二元論的，直到羅欽順(1465-1547)出現之後，他才將「理」、「氣」二元論重建成「氣」一元論。這正好解釋了爲何章炳麟(1868-1936)堅持認爲，戴震的「理」、「氣」理論歸功於羅欽順[80]。無論如何，作爲明清時期的一種哲學進路，「氣」一元論打破了所有哲學派系的藩籬，這是一個不可否認的事實。如果一定要認爲「考證學」在某種方式上與完全沒有根據的「一元論重建」相關聯，那麼將其置於程朱學派的傳統之中，比置於陸王學派不是更合乎邏輯嗎？朱熹在新儒家「考證學」傳統中，畢竟是一位名副其實的創建者，這本是無可置疑的[81]。另外，我在很久以前就已指出，恰恰是羅欽順堅持，義理之爭須求助於儒家經典文獻的證據才能得到最終解決[82]。

然而，作者不惜任何代價要把「考證學」置於陸王傳統之中。

80　章炳麟，《國學略說》，孫世揚(香港，1972)，頁157。

81　胡適(Hu Shih), "The Scientisfic Spirit and Method in Chinese Philosohy," 收入 Charles A. Moore編, *The Chinese Mind: Essentials of Chinese Philosophy and Culture* (Honolulu: University of Haqaii Press, 1967), pp. 118-127; 錢穆，《朱子新學案》(台北：三民書局，1971)，卷5，頁296-341。

82　余英時，《歷史與思想》(台北：聯經出版公司，第12版，1987)，頁101-102。英譯參卜艾琳(Irene Bloom), *Knowledge Painfully Acquired, The K'un-chih Chi, by Lo Ch'in-shun*(New York: Columbia University Press, 1987), pp. 143-145.

爲了達到此目的，他發現首先有必要斷定羅欽順的「一元論重建」不合邏輯，因爲羅一直保持著「心」、「性」二元論之分(頁270-273)。其次，他引用戴震的例子作爲主要論據，是由於戴爲「考證學」代言人。最後，他不可能在戴震與一般意義上的陸王學派(特別是焦竑)之間建立任何歷史上的聯繫，只能在哲學論述中才能使這個個案成立。據他說，正是陸王學派中典型的「氣」一元論「不僅勝過晚明焦竑，而且勝過清代戴震與章學誠」(頁273)。借此他想說：「氣一元論的形成，使得理爲氣之理，並且性爲心之性。」(頁272)

最後，在這一點上，作者的「與過去對話」轉向了歷史重建，由是向我們提出了所要做的一些具體事情。現在，爲驗證作者的描述，我須確定焦竑、戴震與章學誠這三位思想家是否都爲「氣」一元論者。在這三者之中，戴震可能確實如此，即使他在界定「理」、「氣」、「心」、「性」時與陸王新儒家哲學迥乎不同。那麼，焦竑與章學誠呢？作者自己承認章學誠「就理與氣的形而上學上的以及在心與性的本體論的問題，未能多做申說」(頁273)，事實上，章學誠從未討論過「理」與「氣」或「心」與「性」之聯繫，不管作者作怎樣間接的論辯或作類似的說明，所謂章學誠的「氣一元論者」的身分是不能成立的。

焦竑在「理」與「氣」上並未作過多的論述，作者所引用「氣」之重要性的唯一出處是焦竑對《孟子》中「養氣」的評論(頁223)，這便是著名的「浩然之氣」，朱熹亦認爲「不是平常之氣」[83]。但作者說焦竑並未將其與「心」或「性」聯繫起來，相

83　《朱子語類》卷4，頁1259。

反，他卻以此方式特地將「心」與「氣」區分出來：「蓋心有是
非，氣無分別。」[84]由於這是對《孟子》一個技術性的術語的孤立
的評論，《孟子》一書甚至都未提到「理」之概念，因此不可能由
此確定焦竑的這句話是否是一元論。我們亦不確信焦竑有「心即是
性」的觀點。他在另一討論中曾認爲，心與性的關係猶如水與波。
但在承認「心」即是「性」時，他亦流露了一絲疑慮，因而他認爲
二者最初不可分割。由於它們具有兩種不同的名稱，所以二者有別
亦合情合理。最後，他得出了此公式：「心生性滅，心滅性現。」
[85]然而，爲了立論確鑿起見，還是要分別對焦竑的「心」、「性」
觀點加以仔細考察。由於其哲學言論零散，這一工作自然相當棘
手。不幸，儘管作者濃墨重彩地重建焦氏的哲學言論，但像前面的
事例一樣，由於其對所運用的材料未加鑑定，常常歸於失敗。例
如，他把焦竑「心」的特徵歸納爲：心「無體無方」，「實非有可
指可執之物」；它「無古無今」；「心即道……世人稱之爲心，以
其無不覺也」（頁214）。但所有這些引語均來自陸象山的一位得意
弟子楊簡[86]。作者還認爲「心爲『無外』」之語出於焦竑之口（第
214頁），這原來是宋代另一位學者范浚在其《性論》中所寫的一個
句子，他有關「心」之論文曾被朱熹引用過[87]。

　　面對如此漏洞百出的重建，我實在不能同意作者所謂經過嚴格
界定的焦竑「氣一元論者」身分。作者所選三例中的二例，即章
學誠與焦竑都認爲「理」爲「氣」之「理」以及「心」即「性」，

84　《澹園集》48:8b。
85　同上，49:3a或6:4b；也可參《筆乘》1:15。
86　《筆乘續》1:156。
87　同上，4:213。

更是可疑。即使如此,那麼我們擁有什麼證據可以聲稱他們三位都
「參加了一元論的話語實踐」呢?另外,即使我們能確定晚明時期
絕大多數「氣」一元論者爲陸王學派的追隨者,那麼認爲焦竑是其
一員或把清代中期的戴震置於陸王傳統之中,也是缺乏依據的,畢
竟並非所有閃光的東西都是金子。

假如我們接受作者的觀點,即認爲焦竑、戴震以及章學誠三位
都是陸王學派的一元論者,那麼我們仍會碰到一棘手問題——是什
麼銜接「氣」一元論與「考證學」二者成爲一學術運動?是邏輯上
的銜接,還是歷史上的銜接?或者二者兼有?我們會情不自禁地提
出下列問題:爲何新儒學與本體論的「重建」會導致考證學的興
起?作者所堅持的這種特殊的「一元論重建」恰好在何種方式上構
成了清代「考證學」運行之「語境」?這是否意味著爲了能引導
「考證學」,學者不僅必須成爲 「氣」一元論者,而且要 「認爲
心即性或心即理」,從而進行結構上的重新定位?如果是這樣,那
麼爲何除了戴震這個例外,清代中期再無一位「考證」學者對新儒
學與本體論顯示哪怕一點兒興趣?對上述任何一個都顯然應該是本
書中心論題的問題,作者隻字未提。就在最近,卜艾琳寫道:

> 清代一些重要的思想家,包括十七世紀的王夫之(1619-
> 1692)以及十八世紀的戴震,均信奉「氣」之哲學,故可
> 以這樣認爲:如果「氣」之哲學不是清代考證學這種新方
> 式的先決條件,也是其必要伴隨物。儘管「氣」哲學是清
> 代思想的根本主題,也受到了清代幾位大思想家密切關
> 注,但好像在大多數時期,這個問題並非學術界的興趣所

在和辯論的焦點。[88]

卜艾琳驚異於爲何清代思想「好像對氣的問題毫無興趣與缺乏辯論」，此誠探本之論。她還舉例說明了思想家在懸崖勒馬時所應具有的謹慎與靈敏。無論將「氣」之哲學與「考證學」之間連接起來的這種誘惑大到如何難以抵抗的地步，一旦從懸崖上摔落下來，那將是致命的。

　　據"The Intellectual World of Chiao Hung Revisited," *Ming Studies* 25[Spring 1988]:24-66譯出。

（程嫩生　譯）

88　Bloom, pp. 31-32.

7
清代儒家智識主義的興起初論*

一、問題的提出

在西方，信仰與理性的鬥爭根深蒂固。在基督教傳統中，這一鬥爭主要表現爲圍繞信仰與學識的爭論。《新約》中實際呈現了耶穌兩個迥然不同的形象：一方面耶穌認爲學識是對基督虔誠的障礙，這後來成爲教堂內反智識主義潮流的源頭；另一方面，學術被那些努力尋求信仰與理性結合的人證明爲基督的呼籲，在這個基礎上，耶穌在《新約》中又作爲學識淵博者出現，也就是說，是位聖經學者[1]。但一般而論，直到十五六世紀的所謂學術復興以前，西

*　本文是對1971年草擬的一篇論文的完全修改，並作了極大的擴充。本打算以此文作爲我暫定名爲「清代儒家智識主義的興起」一書的序言，因而文中概括多於細梳。重寫此文時我仍舊按我原來計畫盡可能避開實際細節。我給自己定的中心任務是，依據宋代到清代新儒學的內部發展可能被重新看待並有望獲得成效這一點來設定某些概念體系。這裡提到的一些觀點在我的許多個別研究中已有充分論述，那些研究涉及了這段時間的思想史的多個不同方面。現在我把對這一龐大而複雜課題的基本調查資料呈出，以待各位批評者幫我把整個課題的研究儘快臻于完善。
　　真誠感謝楊聯陞教授和費正清教授，感謝他們認眞閱讀此文初稿並提出了寶貴的改進意見。同時感謝哈佛大學東亞研究中心在1971年春學期允許我放下教課任務從事研究和寫作。
1　E. Harbison, *The Christian Scholar in the Age of the Reformation*(Charles

方思想基本上是偏向於信仰一邊的。在這種信仰的氛圍之下，在德
爾圖良(Tertullian, 190-240)對古典的異教徒文化的著名聲討中可以
發現基督教中的反智識主義的極端形式，他說：

> 雅典與耶路撒冷有什麼關係，學院與教堂有什麼關係？自
> 有福音以來，我們已毋需好奇。[2]

　　從歷史上考察，中世紀時信仰與理性的鬥爭在很大程度上是希
伯來基督宗教傳統與希臘羅馬文化傳統爭奪統治權的結果。眞理與
現世學識達成妥協這一過程經歷了好幾個世紀。從聖傑羅姆(St.
Jerome，347？-420)和聖奧古斯丁(354-430)身上我們首先看到了基
督學者的兩類原型：前者是位大學者同時又是基督徒，後者是位偉
大的基督徒而在學術界卻留下了不能抹去的印痕[3]。因此，借用
讓・勒克萊爾(Jean Leclerq)專論那有名的題目——對學識的鍾愛
與對上帝的渴念，構成了中世紀僧侶文化中的兩個基本元素。如何
協調這兩種明顯衝突的價值觀因而成了每個僧侶困惑的問題。正如
勒克萊爾巧妙指出的：

（續）

　　　　Scribner's Sons, New York, 1956), pp. 2-3.

2　引自Charles Norris Cochrane, *Christianity and Classical Culture* (A Galaxy
　　Book, New York, 1957), pp. 222-223. 亦見Henry O.Taylor, *The Emergence
　　of Christian Culture in the West* (A Harper Torchbook, New York, 1956),
　　pp.108-123; Etienne Gilson, *Reason and Revelation in the Middle Ages* (New
　　York, 1938), pp.8-10，和 *History of Christian Philosophy in the Middle
　　Ages*(New York, 1955), pp. 44-45.

3　Harbison, pp. 6-7; 19.

如果說還存在著問題，這是因為這個困難呈現出兩種元素
之間的緊張狀態的形式，這兩種元素的和諧狀態總是可危
的，同時又必須在這兩者之間持續不斷地保持一種平衡。
總有偏向這邊或那邊的危險。這兩元素是西方僧侶文化中
的兩個常數：一方面是對學問的研習，另一方面是對上帝
執著的追求，對內在生命和所有其他東西的熱愛……沒有
可以用思辨模式表達的理想形式，如果可能有智識的順
序，則只有把它上升到精神層面衝突才會超越。[4]

中國思想史上也有類似問題嗎？回答是肯定的，但有重要的限
制。與西方相比，中國的個案中信仰與理性的鬥爭沒那麼尖銳。狄
百瑞恰當地指出：「儒家理性主義不是一種與信仰或直覺相對的清
晰的理性（早期學者好像誰也不知道這個明確的劃分）。」[5]然而，
在早期的儒學中早就存在這樣一個爭持——學與思的矛盾[6]。孔子
曾經這樣討論「學」與「思」的關係：

學而不思則惘，思而不學則殆。[7]

4　Jean Leclerq, O. S. B., *The Love of Learning and the Desire for God*, Catherine Misrahi譯（Fordham University Press, New York, 1961）, pp. 29-30.

5　Wm. Theodore de Bary, "Some Common Tendencies in Neo-Confucianism," 收入David S. Nivison和Arthur F.Wright編, *Confucianism in Action* (Stanford University Press, 1959), p. 39.

6　「矛盾」這個概念，可見Benjamin I. Schwartz, "Some Polarities in Confucian Thought," *Confucianism in Action*, pp. 51-52.

7　《論語·為政》，英譯見James Legge, *The Chinese Classics*, Vol.1, p. 150.

這裡「學」與「思」很明顯是互相補充的，沒有一方，另一方就不能正確運轉。然而有時，孔子更強調「學」：

> 吾嘗終日不食，終夜不寢，以思，無益，不如學也。[8]

這兩段話可以看出，孔子認爲通過「學」可以獲得有關萬物的知識，通過「思」可以推測萬物[9]。雖然「學」與「思」都需要心智，然而心智在兩種不同水平上運作。「學」時心智在實體或實際層面運作，結果是與萬物一致的知識。思時心智在抽象或理論的層面運作，理論使人們領悟萬物的意義。「學」與「思」是孔子思想體系中兩個必需的不同規則。前者先於後者。《中庸》中「博學」在「愼思」前絕非偶然[10]。僅是思考會怠惰的，因爲沒有實際知識作基礎；僅是敏於接受的學也不會有什麼成果，因爲不知原因的「惘」使得博學無用武之地。

孔子好多次講話好像他就是柏林(Isaiah Berlin)所說的「刺蝟」，「把所有的東西都貫穿在一個單一的中心見解之內，他們的所思、所想、所感最後都歸結到一個一貫而明確的系統。總之，他

---

8 《論語·衛靈公》，英譯見James Legge, *The Chinese Classics*, Vol. 1, pp. 302-303.

9 在孔子所論與知識有關的四類人中，第二類「學而知之者」。《論語·季氏》，英譯同上, p. 313.

10 《中庸》，英譯同上, p. 413.賴爾(Gilbert Ryle)在他理論化的討論中說：「不航行到彼岸，哥倫布就不能對大西洋西岸做任何解說；開普勒如果不和第谷花漫長的令人疲憊不堪的時間眞實地觀察、研究天空，也不能解釋太陽系。」*The Concept of Mind*(Barnes & Noble Everyday Handbook, New York, reprinted, 1970), p. 288. 這兩個例子對我們理解孔子的「學」與「思」很有幫助。

們的一切都惟有通過這樣一個單一的、普通的組織原則才發生意
義」[11]。孔子與弟子子貢的談話證實了這一點：

> 子曰：「賜也，女以予爲多學而識之者與？」對曰：
> 「然，非與？」曰：「非也，予一以貫之。」[12]

這裡重點轉向了「思」。因爲「一貫」只來自玄思或理論化。在另
一語境中，孔子用「博」與「約」也給這一矛盾下了定義：

> 君子博學於文，約之以禮，亦可以弗畔矣夫！[13]

在「禮」的上下文中「約」帶有濃厚的道德色彩。他的「一貫」也
應當按照道德的觀點來理解，不是一般意義上的系統的「思」或理
論化，實際上就是道德化。因而，最後分析可知，儒家的矛盾是知
識與道德的矛盾。這沒什麼奇怪，因爲在儒家參照的知識體系中知
識總是爲更高的道德目的服務。

從思想史的角度看，這一矛盾對儒家傳統的形成產生了深遠影
響。由於孔子強調「學」或「博」，因而他創造出學者的形象；又
由於他強調「一貫」或「約」，因而他又創造出思想家或哲學家的

11　Isaiah Berlin, *The Hedgehog and the Fox* (An Essandess Paperback, Simon & Schuster, New York, 1966), p. 1.
12　《論語・衛靈公》，英譯見James Legge, *The Chinese Classics*, Vol. 1, p. 295.
13　《論語・雍也》，英譯見James Legge, *The Chinese Classics*, Vol. 1, p. 193. 譯文根據毛奇齡，《論語稽求篇》(卷3，10a-b，《西河合集》卷38)的解釋作了調整。

形象。孔子以後，雖然「學」與「思」被作爲儒家教學中兩個不可或缺的互相補充的方面，但每個儒家學者強調的重點是有所變化的。因而，更符合儒家思想模式的孟子強調「約」而不是「博」[14]，而更多是學者的荀子卻強調「學」勝過「思」[15]。

隨著宋代新儒學的興起，知識與道德間的矛盾比以前更明顯了。這一矛盾以新舊兩種不同的方式展示出來。在朱熹和陸象山兩大派系間就曾有過「道問學」與「尊德性」的爭論。朱熹曾說他過分強調了問學的作用，如同陸象山過分強調了德性的作用[16]。另一方面，陸象山堅持認爲，不把德性放在第一位而去尋求問學是沒用的[17]。「尊德性」與「道問學」這兩個關鍵術語在新儒學中占據中心位置，我們又用兩個涵義深廣的概念「道德」與「知識」來認識這對矛盾，因而解釋性的詞語非常必要，這樣可以使西方的非專家讀者更好地理解honoring the moral nature（尊德性）和following the path of inquiry and study（道問學）這些英文表述。

在新儒學看來，「尊德性」首先意味著解悟自己本性來獲得德性的覺醒，而這正是「道」的德性所在。最後，我們就獲得了一種道德知識，多少類似於基督教中的「眞理」。「道問學」，涉及到我們稱之爲客觀知識的整個領域，從儒家經典到一葉綠草。但重要

14　例如，他說：「博學而詳說之，將以反說約也。」《孟子‧離婁下》，英譯見James Legge, *The Chinese Classics*, Vol. 2, p. 323.

15　《荀子》首篇〈勸學〉，其中引用了孔子的話「吾嘗終日而思也不如須臾之所學也」，這很重要。見H. H. Dubs, *The Works of Hsuntzu*（Arthur Probsthain, London, 1928）, p. 32.

16　朱熹，〈答項平父〉，《朱文公文集》，《四部叢刊》縮本，卷54，第5冊，頁962。

17　《象山先生全集》，《四部叢刊》縮本，卷34，第2冊，頁261。

的問題是怎樣理解二者的關係。在智識論者如朱熹和反智論者如陸
象山那裡答案很是不同。在某種意義上讓人想起阿奎那(Thomas
Aqinas)，朱熹認為什麼都懂的人肯定了解「道」。按照這個觀
點，那麼，通過「道問學」獲得的知識就具有內在的德性了，雖然
這些知識的德性在此事(比如儒家經典)到彼事(比如一葉綠草)程度
上會有很大變化。但是德性的完全覺醒只有經過長期痛苦的「問
學」才能獲得。相比而言，陸象山似乎沒有肯定「問學」在追求
「道」中的重要作用。德性的覺醒不會因通過「道問學」獲得的知
識的積累而產生，因為即使作最樂觀的估計，「道問學」也與道德
不相干。德性的覺醒是非理性的「跳躍」。公平而言，陸象山沒有
不承認「問學」。然而，他堅持認為只有經歷了德性的「跳躍」才
有理由談論「問學」。沒有「尊德性」，「道問學」就像船沒有
舵。陸象山的觀點與朱熹是完全相反的。朱熹認為道德必須建立在
牢固的知識基礎之上。新儒學中道德與知識的矛盾可理解為是源自
這兩個對立觀點的持久鬥爭。

　　程朱學派內道德與知識的矛盾也有自己的特色。涵養和進學採
取了積極的形式，即「涵養須用敬，進學在致知」[18]。這使我們覺
得與西方基督傳統中學識與虔誠相類似。甚至朱熹本人的學術生涯
也顯示了與這一矛盾鬥爭其一生的痕跡。他對儒家各種矛盾深入探
討，像「居敬」與「窮理」、涵養與進學、知與行，以及「一貫」
與「博學」等，都集中在一個基本問題上，即如何在儒學體系中建
立起「德」與「知」的平衡[19]。尤其值得注意的是他對「博」與

18　《河南程氏遺書》，《國學基本叢書》本，卷18，頁209。
19　《朱子語類》(台北：正中書局重印本，1962)，卷9，第1冊，特別是頁
　　295-300；卷27，第2冊，特別是頁1148-1157。

「約」這對矛盾的重新評價。他認爲,「約」必須在「博」的基礎
上才能運行,他強調的重點不會引起人們絲毫的疑問[20]。這可以理
解爲他「問學」這一基本重點的邏輯延伸。

在宋代新儒學中,不但「學」與「思」的原始儒學矛盾變成了
知識與道德的矛盾,而且,從此逐漸出現了被稱爲智識主義和反智
識主義的形式,後面這兩個不易理解的術語在中國思想史中的較合
理的涵義在本文後面的附錄中有詳細論述。現在只須說說新儒學的
兩個主要類型就夠了。一種是突凸「問學」,並在儒家思想體系中
強調知識的作用;另一種是突凸「德性」,強調獲得知識、甚至包
括經典知識是儒家教育基本部分中最次要的。方便起見,把第一種
稱爲智識論者,第二種稱爲反智論者。因而,就廣義上看,朱熹屬
於智識論者而陸象山屬於反智論者。

與智識主義和反智識主義的區分相應,爲方便,把新儒學的智
識理論劃分爲「聞見之知」和「德性之知」。這一理論首先由張載
(1020-1077)提出[21],後來在程頤(1033-1107)的著作中有更巧妙的
陳述。程頤說:

> 見聞之知,非德性之知。物交物則知之,非內也,今之所
> 謂博物多能者是也。德性之知,不假聞見。[22]

---

20 《朱子語類》,卷33,第3冊,特別是頁1396-1401。
21 《正蒙》,見《張子全書》,《國學基本叢書》本,頁45。
22 《河南程氏遺書》,卷25,頁348;英譯見Wing-tsit Chan(陳榮捷),*A
   Source Book in Chinese Philosophy* (Princeton University Press, 1963), p.
   570.

按照這個理論，「德性之知」很明顯不同於源於感覺層面的
「聞見之知」。它涉及到人德性的內部世界。「德性之知」與「聞
見之知」的劃分在西方基督傳統中也有相應劃分。所謂的「信仰提
供的眞理」形成所知的「宗教」知識，宗教知識不同於涉及「更高
領域」的別的知識，因爲這一領域一般的推理和方法根本無法企
及[23]。正如德爾圖良關於古典僧侶文化的專文導向西方的反智論，
新儒學把「德性之知」提升到超出感知範圍，同樣也不可避免地導
向了反智傾向。從張載到王陽明(1472-1529)，許多新儒家在某些
程度上都不承認「聞見之知」，因爲它對德性的知識作不出絲毫的
解釋。例如，程朱學派在宋代時，就理論定位來說總體上是較知識
性的，但在明代早期，這一學派在反智方向上來了個轉變，導致了
學派系統內知識僅僅爲附屬品的結果[24]。直到明末清初，這一傾向
才逐漸慢慢轉向另一面。按照這些傾向，我認爲把清代思想史看作
是儒家智識主義的興起或許更有意義。

二、清代思想史上的漢宋之爭

依照儒家智識主義來重新評價清代思想史，必須從對在學術界
占統治地位的課題的批判性的回顧開始。這些課題是由現代學者爲
解決清學本質及其在儒學傳統中的意義問題而提出的。18世紀中

---

23 John Herman Randall Jr., *The Role of Knowledge in Western Religion*
(Beacon Press, Boston, 1958), p. 8.
24 Wing-tsit Chan, *The Ch'eng-Chu School of Early Ming,*收入Wm. Theodore
de Bary編, *Self and Society in Ming Thought* (Columbia University Press,
1970), pp. 29-51.

期，所謂漢學倡導者與宋學支持者展開了爭論，這是一場下面將要涉及的直到19世紀才結束的帶有中國思想史特色的爭論。開始，漢學是一批用自己方法研究儒家經典的清代學者的稱呼，也是漢代注釋的一種方法，也稱爲「考證」或「考據」，字面意思就是「證據調查」。另一方面，宋學不只是對宋代新儒家們發起的玄思的附注。在清代，宋學又稱爲「義理」，可理解爲「道德規範」。因而，大致說來，漢學(考證)和宋學(義理)是西方「語言學」和「哲學」[25]在中國的代名詞。

這場漢宋之爭後來變成了對清代思想史進行各種現代闡釋必用的一個概念。因而，我們發現了一個雖然不能代表全部但至少能代表大部分的現代闡釋，即宋學大體等同於宋明理學傳統(或簡稱爲當前西方的說法「新儒學」)，而漢學等同於清代考證學。就宋明新儒學與清學的關係而言，兩個基本的傳統觀點可能需要區分開來。第一個觀點強調思想史的中斷性，主張清學始於新儒學終結之時，梁啓超和胡適是這一觀點的主要提議者。梁啓超的話中暗示了這個中斷性，「清學之出發點，在對於宋明理學一大反動」[26]。胡適說的甚至更精確，在他看來，始於北宋的新儒學哲學傳統到清代突然結束了，隨著清王朝的開始，中國思想史進入了一個全新的時代[27]。

---

25 「語言學」和「哲學」 這兩個西方術語也必須在廣義上理解。這裡我沿用David S. Nivison在 *The Life and Thought of Chang Hsueh-cheng, 1738-1801* (Stanford University Press, 1966)的用法。

26 Immanuel C. Y. Hsu譯, *Intellectual Trends in the Ch'ing Period*(梁啓超：《清代學術概論》) (Harvard University Press, 1959), p. 27. 也見梁啓超，《中國近三百年學術史》，台北重印本(1962)，頁1-10。

27 胡適，《戴東原的哲學》(上海，1927)，頁1；也見他的〈幾個反理學

對宋明新儒學與清學關係的第二個觀點強調思想史的連貫性而不是中斷性，認為新儒學的哲學傳統已很好地進入到了清代。馮友蘭和錢穆可稱為第二種觀點的兩個突出代表。在馮友蘭看來，清代漢學涉及義理時，「所討論之問題……所依據之經典……仍保持了宋明新儒學的一些內容。由此言之，清代漢學是宋明新儒學的繼續」[28]。錢穆的觀點比哲學討論和文本分析的範圍還要廣。他把新儒學徹底作為當代思想和道德傳統來考慮。在這個意義上，他指出，在清代，前明遺老中宋學是非常活躍的。漢學作為名稱和事實，直到乾隆(1736-1796)統治時才形成。那時，據他估計，許多經學家們仍然深陷在新儒學的傳統之中。他還進一步指出，學者在漢學上的成就往往視其宋學上的成就來判斷[29]。

中斷性和連貫性這兩個主要觀點，如字面所示互相排斥，然而卻有一個共同的基礎。在梁啓超和胡適文章中，漢學和宋學好像從一開始就是完全相反的。與這一明顯的誇大相區別，馮友蘭和錢穆的文章可以作為對此的矯正。然而，即使在馮友蘭和錢穆的文章中也沒否認漢學和宋學是兩種截然不同的學術範式，每一範式都有自己遵循的規則。如清代學者所熟知的那樣，宋學主要想通過形而上思考來建立儒家的「道德規範」，而漢學的中心任務是在文本證據的基礎上考訂這些「規範」的基礎。因而，最後分析得出，這兩種闡釋的真正不同，簡言之就是新儒學的哲學傳統在清初突然消亡，

(續)———————————————————

　　　的思想家〉，《胡適文存》第3卷，台北重印本，1953，頁53-107。

28　Derk Bodde譯, *A History of Chinese Philosophy*（馮友蘭，《中國哲學史》），Vol. 2（Princeton University Press, 1953），pp. 630-631.

29　錢穆，《中國近三百年學術史》（上海，1937），卷1，頁1。

或是在中期慢慢地自然消失[30]。

　　從思想史的角度看，馮友蘭和錢穆的連貫性論題比梁啓超和胡適的中斷性論題更有吸引力，更令人滿意。然而，仍有很多問題有待解決。僅僅記錄一個特定的爭議，不足以充分說明從宋明理學到清代考據學這一基本轉變的內在理路(inner logic)問題。對這一內在理路下面將作討論。現在，先對漢宋之爭本身作一二說明。

　　這一爭論由清代中期的考據學家們提出。他們通過對儒家經典的徹底考證，第一次闡明了自漢代以來聖賢所謂「道」的眞正涵義。比較而言，他們說，宋代新儒學至少有兩個致命弱點：一是被非正統的佛道思想所摻雜；二是新儒學含糊的哲思往往是建立在對儒家經典的不正確的閱讀基礎上的，這個結果源於宋代思想家在考據功底上的不足和匱乏。18世紀，惠棟(1697-1758)和戴震(1723-1777)兩大訓詁學家都以獨特的方式促進了漢學和宋學的區分。惠棟指出，宋代新儒學不外是禪佛和道教的混合體[31]，甚至指斥宋儒不識字[32]。戴震對此的看法在以下文字中再清楚不過了：

> 有漢儒經學，有宋儒經學，一主於故訓，一主於理義。此誠震之大不解也者。夫所謂理義，苟可以舍經而空憑胸臆，將人人鑿空得之，奚有於經學之云乎哉！惟空憑胸臆之卒無當於賢人聖人之理義，然後求之古經。求之古經而

30　馬克思主義史學家侯外廬雖然在很多地方尖銳批評了以上兩個學派，但也同樣接受漢學是對宋學玄思的反動這樣的假設，見《中國思想通史》，第5卷(北京，1963)，特別是頁415。

31　惠棟，《九曜齋筆記》，《雜著秘笈叢刊》本(台北，1971)，卷2，頁192。

32　惠棟，《松崖筆記》，《雜著秘笈叢刊》本，卷1，頁37。

古文垂絕，今古懸隔也，然後求之故訓。故訓明則古經明，古經明則賢人聖人之理義明。[33]

到19世紀，漢宋之爭隨著江藩(1761-1831)《漢學師承記》的出版進一步加劇並公開化。江藩據載是惠棟的再傳弟子[34]。江藩對清代漢學的讚揚立即招致了龔自珍(1792-1841)的強烈反對，龔自珍第一個讀到了此書的手稿本。在給江藩大約寫於1817年的信中，龔自珍共列舉了十條理由來反對「漢學」這一術語在清代個案中的應用。在他看來，經學是個再合乎不過的稱呼了。他特別不滿對「宋學」和「漢學」作武斷地區分。他指出，漢儒既沒逃卻形而上的思考，宋儒也沒徹底忽略對經典作訓詁分析[35]。龔自珍的觀點為19世紀中國的各類學者所廣泛接受。下面的三個代表性例子足以證明。桐城方東樹(1772-1851)用他極具影響力和爭論性的《漢學商兌》一書對此作出了有力而直接的回應。書中方東樹對所謂「漢學」發起了系統而全力的攻擊。他重點指出宋儒尤其是朱熹非常精通訓詁考據[36]。精通經典的訓詁考據家陳澧(1810-1882)與他同時代的訓詁家觀點相反，他在其著作《漢儒通義》中指出，漢儒對哲

---

33 戴震，〈與是仲明論學書〉，見《戴東原集》，《四部叢刊》縮本，卷11，頁115。

34 關於《漢學師承記》和他的作者江藩，見周予同，《漢學師承記》注釋本的介紹(香港重印本，1964)，特別是頁30-54。

35 龔自珍，〈與江子屏箋〉，見《龔自珍全集》，王佩璋點校(上海：中華書局，1961)，第2冊，頁346-347。龔自珍信的時間見吳昌綬，《定庵先生年譜》，收在《龔自珍全集》，第2冊，頁600。

36 方東樹，《漢學商兌》，《萬有文庫》本，特別是頁154-155。方東樹可能也受姚鼐(1732-1815)這位桐城派重要領袖的影響。姚鼐給蔣松如的信見《惜抱軒全集》(四部備要本)《文集》卷6，9b-11a。

學的興趣不亞於宋儒們[37]。黃以周(1828-1899)，浙東學派的最後一位大師，也認為所謂漢宋區別過於誇張了。用他的話說：「鄭注之義理時有長於朱子，朱子之訓詁亦有勝於鄭君。必謂訓詁宗漢，理義宗宋，分為兩戒，亦俗儒一孔之見也。」[38]

這種批評立即引起了對傳統上定義的宋學本質的質疑。更重要的，它迫使人們又重新討論清代考據學與宋明新儒學的關係，特別是程朱傳統(又被稱為理學)。前面我們提到，惠棟和戴震都宣稱，清代考據學不但獨立於新儒學，而且還應當代替後者成為儒學的正統。依章學誠(1738-1801)的第一手解釋，正是這個強調獨立和正統的考據學宣言導致戴震的追隨者(如果不是戴震本人的話)相信戴震的新經學已徹底推翻了新儒家理性主義，而且他們的大師戴震不久將取代朱熹在儒家聖賢祠中的位置[39]。

在這點上出現了許多令人感興趣的問題。例如，除了對宋明新儒學的否定，清代考據學真的與它毫無關係？清代考據學者真的繼承了漢代經學家中斷了的儒家經典學習？如果漢宋學的區別最後變為經學和形而上玄思的區別，如同大多數清代爭論者贊成的那樣，那麼，漢宋之爭與各種儒學矛盾會有歷史和結構的關係嗎？這些矛盾如前面已討論過的「學」與「思」、「博」與「約」、「道問學」與「尊德性」等等。毋庸諱言，這些問題沒有現成的答案。幸

37 陳澧，《漢儒通義》，《東塾叢書》，前言，1a-b。也見Arthur W. Hummel, *Eminent Chinese of the Ch'ing Period* (Washington, 1943), vol.1, pp. 91-92; 清水信良，《近世中國思想史》(東京，1950)，頁415-419。
38 《儆季雜著》，文鈔六《南菁書院立主義》。關於黃以周在清代浙東學派中的地位，見陳訓慈，〈清代浙東之史學〉，《史學雜誌》第2卷第6期(1931年4月)，特別是頁29-30。
39 見章學誠，《文史通義》(古籍出版社，1956)，頁58-59和368-370。

運的是，章學誠的一些著作爲找到這些問題的答案提供了有趣的線索。作爲一名思想史家，他不接受那時漢宋學區別的流行看法。他充分認識到考據學對儒家學習的重要，但對超出方法論以外的清代考據學宣言的有效性提出了疑問[40]。在兩篇深富建設性的文章中，他對「朱陸」和「浙東學術」給出了自己對南宋到他所在年代新儒學發展情況的獨特解釋。有趣的是，在章學誠的解說中，朱熹學術的真正繼承人在清代是從顧炎武(1613-1682)到戴震這些傳統的訓詁考據家，而陸象山和王陽明的學術後繼者是浙東史學家們，從黃宗羲(1610-1695)到大約章學誠自己。在這兩篇文章及其他地方，他主要按照「博」與「約」的區分進一步強化了清代的這兩個學術傳統。正是在這個意義上，他稱傳統訓詁考據者「博雅」，稱浙東學者爲「專家」。在章學誠的術語中，「專業化」換成了「約」。另外，章學誠經常在知識而不是道德語境中用「約」這個詞。它不再意味著「道德說教」或「掌握道德基本的東西」，而是越來越接近於我們稱呼的「綜合」或「系統」[41]。章學誠對「約」的重新定義是他的時代觀點的高度顯露。儒家重要道德概念的知識化可作爲儒家智識主義興起的真實標誌[42]。

總之，章學誠的文章對清代思想史上漢宋之爭作出了完全不同的解釋。首先，把漢宋之別看得更明顯而不是更現實。因爲如果像大多數晚清爭論者所認爲的那樣，漢學基本上由經典考據組成，那

40　見章學誠給吳胥石的信，《文史通義》，頁286。也見Nivison, p. 157n.

41　見〈與林秀才〉，《文史通義》，頁324和〈邵與桐別傳〉，《章氏遺書》，嘉業堂本，1922, 18:9a。

42　關於這個智識化的詳細分析見拙作〈章學誠對抗戴震：18世紀中國智識挑戰和回應的研究〉，見本書第10章。

麼，它不可能與宋代新儒學相矛盾，更不必說與朱熹傳統相矛盾，因為後者有「問學」的內在重點，可以在方法論層面預示考據學。第二，章學誠從明顯的個人觀點出發，強調宋明新儒學與清學的連貫性。朱熹和陸象山的新儒學派別都延伸到了清代。但一個轉變卻改變了這一延伸：以前導致這兩派在哲學思考領域相分別的原因現在同樣使他們在經典和歷史領域內相區別。因此我們發現，以前對這兩類思想的劃分已變成實證研究的兩種方法的區別了。因此，如馮友蘭所定義的，連貫性不能僅限於一般的哲學主題和文本中。第三，清代思想史的中心問題出自漢學和宋學之分的不多，而是來自「博」與「約」的新矛盾狀態。然而這一矛盾狀態已經從道德層面轉向知識層面了。特別值得注意的是，章學誠把漢學公正地放在了朱熹的傳統裡面。這相當於說漢學不僅僅是考證。事實上，章學誠承認在清代考據運動中從顧炎武到戴震有個哲學中心點，這個點源於朱熹對「問學」的重視，並把它作為尋求儒「道」的起點。根據章學誠的觀點，漢學只有當它超出考證時才可以達「道」。

在本文的下面章節，我將先試著釐清「宋學」這個術語。只有如此我們才能對新儒學有更客觀全面的看法。然後，在重新界定宋學的基礎上，我將提出一個新的分期設想，據此，宋初到清中期新儒學的發展可從內在理路上得到理解。當我們最後回到清代的個案上時，希望章學誠論著中一些深遠的涵義將會變得更容易理解。

三、宋學的兩個概念

一般說來，在中國思想史上宋學有不同的兩種概念。第一個是狹義的，用儒「道」的形而上哲思來定義宋學。這一概念正式建立

於元代。此時，爲表彰程朱學派的思想家，《宋史》中已採用「道學」的新分類[43]。明代被強化，因爲此時哲思正是儒學占主導地位的形式。明代接受宋學的狹義解釋是有事實依據的。《宋史》中的〈道學傳〉作爲單行本刊刻，1485年陳獻章(1428-1500)爲之寫了一篇重要的序[44]。另外，還必須注意到明代對儒家形上思考獨特但卻無突破性的貢獻。黃宗羲評價說：「嘗謂有明文章事功皆不及前代；獨於理學，前代所不及也。牛毛繭絲，無不辨析，眞能發先儒之所未發。」[45]正是通過明代這種抽象的有色望遠鏡，宋學形而上的重要性才在清代得以放大。當清代考據學者們毫不分析地談論宋學時，可以不假思索地知道他們所指的是道學或理學[46]。現在，宋學的這一狹義定義仍有大批接受者。形而上玄思被看作是宋代儒學復興時的新事物[47]。這一概念已進入西方的智識世界。例如，在西方術語中，新儒學主要是「道學」或「理學」的代名詞，雖然這種譯介經常出現難題[48]。

然而史學家們對這偏頗且局限的看法早就有所批判。例如，黃

43　按照楊聯陞教授的看法，這種新分類法可能在宋代國史中南宋末期部分已採用，見The Organization of Chinese Official Historiography, *Excursions in Sinology*(Harvard University Press, 1969), p. 109.

44　見《白沙子全集》，碧玉樓本，1771，1：17b-18b。

45　《明儒學案》，《萬有文庫》本，第1冊，凡例，頁1；英譯見Wm. Theodore de Bary, *Self and Society in Ming Thought*(Columbia University Press, 1970), p. 4(稍有改動).

46　如黃宗羲所用的，「理學」也包括所謂的「心學」。

47　舉一個最近的例子，見牟宗三，《心體與性體》（台北，1968），第1冊，頁11-19。

48　關於西方對「新儒學」的用法及其困難見Wm. Theodore de Bary, "A Reappraisal of Neo-Confucianism,"收入Arthur Wright編, *Studies in Chinese Thought*(Chicago, 1953), p. 88和p. 108n.

宗羲發現《宋史》中「道學」的新分類的創造意義不大。他認爲，
「儒林」這一傳統分類法足以照顧到像周敦頤、程氏兄弟、張載和
朱熹等這些所謂的道學大師。「道學」的分類容易誤導，因爲它傾
向於表明儒「道」與儒家經典的傳播是分開的，而後者恰是儒林分
類的中心[49]。這恰是宋學的第二個即廣義的定義，這在黃宗羲未完
成的《宋元學案》中有所發展[50]。《宋元學案》中，胡瑗(993-
1059)、孫復(992-1057)、范仲淹(989-1052)和歐陽修(1007-1072)
依次被看作宋學的奠基者，他們在玄思上誰也沒有取得成就。在解
釋宋初儒學的復興時，黃宗羲和全祖望(1705-1755)的歷史判斷都
是很有根據的。方法上，他們對宋儒的前形而上學概念(pre-
metaphysical conception)和後期的形而上學偏見作了區分。因而，
上面的四個新儒家的學案，都是在對宋學評估基礎上的選擇。全祖
望「序錄」[51]清楚地解釋了這一點，「胡瑗、孫復開宋學之先河，
程、朱二先生皆以爲然。胡、孫之外，便是范仲淹，這也是朱熹的
觀點。至於歐陽修，雖然他討厭形而上的玄思，但也被包括在
內」[52]。儘管有楊時(1053-1135)的權威說法，但全祖望堅持認爲
歐陽修作爲新儒家學者和思想家的身分必須得到重建。歐陽修應該
遠非只是一位宋代文學大師。

49　見黃宗羲就「理學」傳的問題寫給明史館的信，陳乃乾，《黃梨洲文
　　集》(北京，1959)，頁449-452。

50　這項不朽的工作主要是由全祖望完成的，但他是嚴格按照黃宗羲原先設
　　定的目標做的。

51　見〈序錄〉，《宋元學案》，第1冊，頁1-2。

52　對於諸如人性這樣的基本哲學問題，歐陽修缺乏興趣，James T. C. Liu
　　(劉子健)在 *Ou-yang Hsiu, An Eleventh-Century Neo-Confucianist* (Stanford
　　University Press, 1967, pp. 96-97)中有所討論。

　　某種意義上，黃宗羲和全祖望所努力的實際上是宋代新儒學自我形象的重建。在這一點上，他們可說是相當成功的，因爲令人感興趣的是，他們對宋初新儒學發展的重建，南宋學者陳傅良(1137-1203)的以下觀察足以證實：

> 蓋宋興，士大夫之學無慮三變。起建隆(960-962)至天聖(1023-1031)明道(1032-1033)間，一洗五季之陋，知方向矣！而守故蹈常之習未化。范子(范仲淹)始與其徒抗之以名節，天下靡然從之，人人恥無以自見也。歐陽子(歐陽修)出而議論文章粹然爾雅軼乎魏晉之上。久而周子(周敦頤1027-1073)出又落其華，一本於六藝。[53]

這與黃宗羲、全祖望在《宋元學案》中提到的甚至細節上都非常一致。雖然沒提到胡瑗和孫復，但陳傅良在述及明道年間學術新取向的開端時，腦中一定已經記住了他們。因爲恰恰就是那時，先在蘇州出現最後到了太學的胡瑗新儒學教育方法的持久影響開始產生[54]。因而，與狹義的概念相比，宋代早期新儒學的廣義概念也就明確了。我們要理解漢學與宋學間的關係，前提就是要自覺地區分宋學這兩個不同的概念。至少可以說，漢宋之爭中不同層次爭論的不必要的困惑可以避免。有了這種認識，便很容易認識到，當清代學者如惠棟和戴震攻擊狹義的宋學時，龔自珍和方東樹等其他學者則維

53　〈溫州淹補學田記〉，《止齋先生文集》，《四部叢刊》本，39:9b。
54　見陳傅良，〈漳州重修嶽麓書院記〉，同上，39：6b-8a，其中胡瑗、孫復的名字和明道時期儒學的復興聯繫在一起。也見《宋元學案》，第1冊，頁26；de Bary, "A Reappraisal," pp. 89-90。

護著廣義的宋學。

持久的漢宋之爭中一些糾纏不清的東西都是源於所爭論的不是一個宋學。清楚地認識到宋學有兩個概念層面,對於解釋清代思想性質,特別是清代思想發展與宋代的關係同樣是重要的。在狹義的形而上學意義上比較清代考據學和宋代新儒學是一回事,但在廣義的新儒學傳統背景下解釋清代考據學的興起則是完全不同的事。因為前者的方法意味著中斷,後者暗示了連續。作為一名思想史學者,我重視後者,雖然我也希望闡明新儒學的形而上玄思最後是如何無助地捲入到考證爭論中的[55]。

狹義的宋學已澄清,然而廣義的宋學卻很難有簡單明晰的定義。它主要取決於宋初新儒家如何構想儒「道」。這裡,引用劉彝(1017-1086)的論說來作為我們討論的基礎。劉彝是胡瑗的一個重要弟子,1069年他向神宗皇帝這樣解釋儒「道」:

> 臣聞聖人之道,有體、有用、有文。君臣父子仁義禮樂歷世不可變者,其體也;詩書史傳子集垂法後世者,其文

---

55 我必須從頭來澄清宋代新儒學與我重視的廣義宋學兩個概念的區別,我所堅持的只是一個必要的歷史區分,而不是站在哲學立場上的,不需要判斷那個區分更好。我傾向於狹義的宋學概念對哲學史的研究更有效,而廣義的概念更適合思想史。事實上,廣義的概念已被現代許多思想史學者採用,見錢穆,《中國近三百年學術史》,第1冊,頁3-4;武內義雄,〈宋學之由來及び其特殊性〉,收入《岩波講座東洋思潮》(東京,1934)和《支那思想史》(東京,1936),頁248-252;Wm. Theodore de Bary, "A Reappraisal of Neo-Confucianism," 收入 Arthur Wright, ed., *Studies in Chinese Thought* (Chicago, 1953), pp. 81-111和"Some Common Tendencies in Neo-Confucianism," 收入 David S.Nivison 和 Arthur F.Wright 編, *Confucianism in Action*, pp. 25-49.

也；舉而措之天下，能潤澤斯民，歸於皇極者，其用也。[56]

如狄百瑞所說，「在『道』的三層概念裡，我們對最廣義的宋學的目的有了明確的認識……提示著顯著的路徑，循著這些路徑，它們將在宋代學者多方面的活動中得到發展。[57]」

劉彝聖人之道的三個方面可以概述為，在三個層面中，「體」對新儒學而言是最基本的。因為劉彝不是哲學家，他只是用平實的語言把它僅僅描述為一套統領各種人際關係的儒家道德規範而已。但是，像他那年代的大多數新儒家一樣，他也堅信「道」體是不易變的。恰恰正是這個信念引導那些思想上具有形而上學轉向的新儒家去廣泛尋求儒「道」的哲學基礎。對此，如戴震後來所示，「道」體(或「理」)就完全是個自足的抽象實體，它「得於天而具於心」[58]。

劉彝在很廣泛的意義上用「文」的，它實際包括傳統書目分類中的所有四大類書。不清楚名詞「子」，劉彝是指所有哲學類著作還是指儒家著作。即使是指後者，「文」的整個範圍也已經足夠寬泛到使幾代人耗盡精力和時間了。

儒「道」之「用」的問題非常複雜，因而需要進一步討論。首先，在新儒學語境中必須強調「體」與「用」僅是硬幣的兩面而

---

56 《宋元學案》卷1，第1冊，頁26；英譯見Wm.Theodore de Bary(略有改動)，收入 *Source of Chinese Tradition* (Columbia University Press, 1950), p. 439.

57 "Reappraisal," p. 90. 這三個方面是劉彝自己的，不是狄百端教授所認為的是胡瑗的。當然，假如胡瑗知道，他無疑會支持的。

58 戴震，《孟子字義疏證》，何文光編輯(北京：中華書局，1961)，特別是頁13-15。

已。邏輯上二者互相包容。這個意義上，那麼，就必須把儒「道」之「用」看得比它的「文」（包括經典，或更準確地指經）更重要和實用。但「道」之「用」是非常多的。因而，劉彝提到的僅可作為例證的一個不完全列舉來看。一般來說，儒「道」之「用」可分為兩大類，分別等同於一般所指的「內聖外王」[59]。借用17世紀邵廷采(1648-1711)更為準確的說法，「道」之「用」是「外期經世，內養性情」[60]。

在一般的儒學史及特殊的新儒學史中，「道」的內在功用主要以道德的自我修養形式出現。道德修養相對來說困難較少，因為至少理論上「內聖」的獲取不需要外界的任何東西。而另一方面，「道」使外界有序的外在功用則給儒學家提出了經年的難題。因為「道」的這一面超出了思想領域而要靠外部因素來解決，這在界定上超出了儒家學者個人的控制範圍。正如歷史反覆表明的，每次外界條件不利於儒家理想的實現時，儒家學者們就帶著幻想退卻到他們自己的內心觀念世界中去了，在經過足夠的等待後，他們會尋找復出的好機會。在這意義上，他們的命運象徵了後來的中國歷史中儒學的命運。按傳統的說法，孔子是在接受了他提出的「外王」之「道」不可能實現的事實之後才轉向了文獻研究。這表明，借用湯因比(Arnold J. Toynbee)的恰當表述，退卻和復出的模式是永遠重複的，這也是儒「道」對政治和社會現實的要求長期受挫的大部分

59　雖然這種說法第一次出現在《莊子・天下》（英譯見James Legge, tr., *The Texts of Taoism*, Dover edition, New York, 1962, Part II, p. 217），但後來被北宋以來的新儒家繼續使用。

60　邵廷采，〈答蠡縣李恕谷書〉，《思復堂文集》7:10b.

歷史經驗的特徵所在，從孔子本人到顧炎武和黃宗羲都可以爲證[61]。

四、新儒學：新的分期設想

憑著對宋代新儒學如此廣闊的界定，宋代到清代整個新儒學的思想發展可以嘗試作一個新的分期。發展的三個不同階段清晰可見。宋代是新儒學的開端，即第一階段，此時「道」的三個方面，即體、用和包括經典傳統的文各自成形。中間第二階段始於南宋晚

61　必須說明的是，我只是按照基本的政治、社會和經濟理想來討論儒家的理想傳統，正是這些理想引導了歷代儒家不僅堅信而且努力在中國社會裡實踐，雖然明顯沒有任何成效(儒家的這些理想許多能在《中國大同思想資料》中找到[北京：中華書局，1959])。然而同時我也很明白，五四運動以來的現代主流觀點以各種方式強調儒學(包括新儒學)的中心地位，認爲從漢代起儒學就被確立爲正統思想並一直成爲官方的統治工具。這個觀點基於牢固的史實而幾乎不可推翻。但我想說的是，儒家理想傳統在前近代得以延續也是建立在牢固的史實上的，這點也必須承認(請見 Wm. Theodore de Bary 在 "Some Common Tendencies in Neo-Confucianism" 中論述。)

例如黃宗羲的《明夷待訪錄》很清楚就是復出前退隱的一個信號。字面上看，題目是指「黎明前爲期待明君來訪而寫的備忘錄」。「明夷」原是《易經》中的一個卦名，在「題辭」中黃宗羲用了「明而未融」的說法，這是援自《左傳》而非《易經》。昭公五年(西元前536年)，有人卜《易》得「明夷」卦，後來變成了「謙」(也是一卦)，解釋爲「明夷之謙，明而未融，其當旦乎」(英譯見 James Legge, *The Ch'un Ts'ew, With the Tso Chuen, The Chinese Classics*, vol. 5, p. 604.)。有趣的是，在顧炎武給一位忠於明朝的朋友的詩中也用了同樣的典故，詩云「明夷猶未融」(《顧亭林詩文集》[上海：中華書局，1959]，頁304)。還有，在另一首詩〈春雨〉中，他寫了「窮經待後王」，意思是「努力研究經典以待後王發現其價值」(同上，頁415)。類似的看法在他給楊(字雪臣，頁146)的信中也有。由此可知，在一個歷史的情形中，兩位學者都具有同樣的「退而復出」的儒家感受，正是在這個歷史情形中，外在條件使得他們的經史知識實際上不可能服務於社會。

期並臻於明代。這一階段，對「道體」的形而上思考最終超過了其他兩個方面。因此，「用」被限制在「內聖」和道德修養領域，儒家文獻傳統的研究整體上沒有取得任何重要的進步。正是在這個階段，狹義的宋學逐漸清晰。最後第三階段明確始於明末清初，成熟於18世紀。這一階段新儒家學者們給自己的中心任務是重新研究和淨化儒家文獻，特別是經書、傳統。通過道德修養來尋求「道」之「體」已明顯不流行了，如同對「道」之「用」的內部功用不感興趣一樣。但說清代學者徹底不關心「道」之「體」是不公正的。事實上，對真正儒「道」的尋求必須始於學術的澄清，基於此，他們證明經史研究才是儒學的要求。關於「外王」之「用」的觀念此時也不是徹底消失了。相反，這個觀念在整個第三階段一直保持著很大的活力。例如，它曲折推動了晚明時期東林黨的政治批評、顧炎武和黃宗羲的期望、顏元(1635-1704)和李塨(1659-1733)的「實學」、戴震的政治和社會哲學以及章學誠的「經世」理論。19世紀著名的經世學派的興起，很大部分是由於章學誠著作的思想啟蒙。即使經過了所有這些修改，新儒學發展的最後階段的清晰標誌是對儒「道」之「文」的更真誠的興趣，而不是對「道」之「體」或「道」之「用」。

現在我們按照思想史的內在理路繼續分析新儒學發展的以上三個階段。如劉彝所說，宋初新儒學想通過多種活動沿著三條路線發展儒「道」，如他們實際做的那樣。不用說，新儒家哲學大師們長而著名的譜系基本上是關於「道」之「體」的探索的，從周敦頤、張載、程氏兄弟一直到朱熹和陸象山。然而說到「文」，宋代的成績卻一直被低估了。最近的研究已經很能使人信服地看到，在經史研究中，宋代學者至少在兩方面做得很好：第一，他們的考證和重

估幾乎涉及了古代文化遺產的各個方面；第二，即使在方法創新上，他們也預見了許多被看作是清代考據學家獨特貢獻的東西[62]。

宋代的儒「道」如宗教改革時期的基督信仰，「是一個繁忙、活躍的事物。它改變社會，建立王國」[63]。例如，11世紀的第三個十年裡，胡瑗引入太學的一項主要課程改革就是強調儒家高等教育中伴隨經典研究(即所謂「經義」)的「治事」[64]。毋庸諱言，經典涉及「道」之「體」，「治事」涉及「用」。對「體」和「用」的同時關注絕非胡瑗一人，事實上，這是北宋新儒家的一個共同精神趨向。另外兩個例子，孫復《春秋》[65]的研究，李覯(1009-1059)《周禮》[66]的研究，表明了宋代對國家和社會的需求同樣是直接而實用的。從思想史的觀點看，這超出了宋代的時代精神[67]，可以說，它引起了從范仲淹到王安石的改革運動，這一運動是「外王」

62　見張舜徽，《中國史學論文集》(武漢，1956)，頁78-130；錢穆，《朱子新學案》(台北，1971)，第1冊，頁10-15。錢穆書的第4和第5冊特別論述了朱熹作為一名學者在儒家各個領域的成績。

63　Harbison,見前，p. 163.

64　見王建秋，《宋代太學與太學生》(台北，1965)，頁169-175。

65　見牟潤孫，《兩宋春秋學之主流》，注史齋叢稿(香港，1959)，頁141-161。

66　胡適，〈記李覯的學說〉，《胡適文存》，第2冊，頁28-47；也見 Etienne Balazs, *Chinese Civilization and Bureaucracy* (Yale University Press, 1964), pp. 277-289.

67　思想史中所謂的「時代精神」問題，見Franklin L.Baumer, "Intellectual History and Its Problems," *The Journal of Modern History* ,vol. X XI, No.3 (September, 1949), 特別是pp. 192-194; John C. Greene, "Objectives and Methods in Intellectual History, " *Mississippi Valley Historical Review*, X L IV (June,1957)，特別是pp. 59-64;和H.Stuart Hughes, *Consciousness and Society: The Reorientation of European Social Thought, 1890-1930* (Alfred A. Knopf, New York, 1958), pp. 8-9.

領域「道」之「用」的頂峰。

　　王安石改革的失敗標誌著新儒學發展的一個轉折點，結束了新儒家學者對政治和社會重建的夢想，因而使新儒學向內轉向「內聖」。12世紀，新儒學面臨政治參與和思想退卻的困難的歷史選擇。觀點主要分爲所謂的理學派[68]，如朱熹、呂祖謙(1137-1181)和張栻(1133-1180)，和功利學派，包括陳亮(1143-1194)和葉適(1150-1223)。當後者繼續宣傳直接的政治改革理論時，前者遠遠退到思想和道德世界去解決新儒學中他們認爲更基本的問題〔編按余英時先生的新著《朱熹的歷史世界》(三聯書店，2004年)顯然已修正了這個看法〕。眾所周知，理學派最後勝過了他們的功利學派對手們。另外，理學派的退卻原本被認爲是臨時的戰略改變。因爲朱熹和他的同黨都深信，只有當基本問題圓滿解決，他們才能回去高效地處理國家和社會中的現實事務[69]。因而，按照劉彝三個方面的確切描述，可以說南宋時新儒學的重點逐漸轉移到「道」之「體」上去了，雖然「用」的觀念仍然很活躍。換句話說，新儒學放棄了在外部世界尋求當下的改善，開始了追求「道」之「體」內在涵義的形而上學的漫漫長路。這個轉變雖然開始時不很清楚，但多少反映了宋代新儒家哲學中體用觀的變換。例如11世紀，程頤認爲體用一源，表明它們是「道」的兩個不可分割的方面[70]。但程頤

68　關於「理學派」，見de Bary, "Some Common Tendencies in Neo-Confucianism," p. 34.

69　見錢穆，《中國近三百年學術史》，第1冊，頁5-6；de Bary, "A Reappraisal," pp. 105-106.

70　程頤，《程氏易傳》前言，《叢書集成》，頁2。關於宋代新儒學的術語「體」和「用」的用法及其可能的佛學淵源，見李顒與顧炎武的觀點交流，《二曲集》(北京，1930)16:7a-9b。對朱熹體用理論的詳細論

對這兩方面中哪個應當強調沒有給出明確說明。12世紀，體用不可分割的觀念仍然很流行，但重點更多是在體，而不在用上。對此積極的有朱熹「體生用」的觀點[71]，這可看作是與程頤觀點的重大偏離。消極的是呂祖謙教人不要過分看重「用」。他指出，雖然「用」是儒「道」的基本部分，但我們也不能把它拿出來作為特別重要的事情。如果那樣我們將不可避免誤入歧途[72]。可以想像，呂祖謙的觀點被發展為理學派應對功利學派挑戰的回應。

準確說出新儒學第二階段的開始時間很困難。我試圖把1175年朱熹和陸象山的鵝湖之會作為開端。然而有兩點頗為猶豫。第一，這場爭論很有可能對後來數世紀的新儒家比對12世紀的新儒家更重要。例如，朱熹只是在他的信件中偶爾提到這件事[73]。無論如何，沒有證據表明這場爭論吸引了朱陸同輩人更多直接的關注。第二，在朱熹時代，修身之「道」的主觀尋求與儒家經學傳統的客觀研究仍保持相當程度的平衡。即使依清代考據學嚴格的標準，朱熹本身也是一位偉大的經學大師。

如果必須為第二階段的開端找出時間，13世紀要比12世紀合適。13世紀中期，一個叫湯中的人試圖協調朱熹「道問學」和陸象山「尊德性」的分歧[74]。這是鵝湖之爭後新儒學思想史上最早的調

(續)
　　述，見錢穆，《朱子新學案》（台北，1971），第1冊，頁429-440。
71　《朱子語類》，第1冊，頁580。朱熹的體用觀點被王陽明進一步發展了，見《王文成公全書》，《四庫叢刊》本，卷一，頁81；Wing-tsit Chan(陳榮捷)譯, *Instructions for Practical Living and Other Neo-Confucian Writings by Wang Yang-ming* (Columbia University Press, 1963), p. 71.
72　《宋元學案》，卷51，第13冊，頁60。
73　見牟宗三，《心體與性體》，第3冊，頁253-254。
74　袁桷，《清容居士集》，《四部備要》本，21:4b。也見全祖望，《鮚埼亭集》，《萬有文庫》本，卷34，第4冊，頁430-431。

解。不幸的是，我們對湯中所作的調解所知甚少。然而，湯中發現
做此努力是必須的，這一事實暗示了朱陸之爭到那時已變成了新儒
學內部的問題。從思想史的角度看，幾十年後，元初的吳澄（1249-
1333），一位有名的很受人尊重的朱熹的追隨者，也轉向強調「尊
德性」的重要性，爲此他受到同時代人嚴厲的批評，這是合乎邏輯
的[75]。

　　在第二階段，「道」之「用」從儒家意識頂峰後退時，對
「道」之「體」的尋求與整個儒家經學「文」的傳統不可分解地糾
纏在一起。這是因爲「尊德性」和「道問學」的糾纏變成了新儒學
的中心問題。我們前面已經知道，這個中心問題在儒家語境中是如
何暗含了道德與知識的二分。現在，我們必須用簡短並高度概括的
術語來考察它是如何進一步被放入劉彝提出的「道」的三方面這一
分析框架的。在劉彝確切陳述的基礎上，新儒學第二階段出現了一
個大爭論，這個爭論源於對儒家經學「文」的傳統的作用存在兩個
有衝突的看法，而這個經學「文」的傳統涉及到對「道」之「體」
的形上思考。

　　正如第二階段的新儒學哲學家都贊同的，「道」之「體」本質
上主要是道德。他們也基本同意關於「體」的眞正知識主要可以通
過人的道德本性的內在理解來獲得。道德修養因而成了每位新儒家
學者首要和中心的任務。但是儒家的「文」，特別是經學的傳統在
對「道」之「體」的內在尋求中起什麼作用呢？在這一點上我們發
現新儒家群體極端分裂。一個極端認爲，既然所有的關於「道」的

75　虞集，《道園學古錄》，《四部備要》本，44:5b；《宋元學案》卷
　　92，第23冊，頁5-6。

道德眞理已經被古代聖賢發現並存於他們的著作中了，那麼我們認眞研究這些資源從而發現「道」究竟是什麼就很重要了。道德修養的首要地位當然不容懷疑，但經學傳統被強調爲道德修養的必要的先決條件。另一極端，我們看到的是強調對「道」的道德之「體」的超越。這個觀點不否認道德眞理從前已被聖賢所發現。然而，它傾向於表明人的道德的覺醒，或良知的恢復，存在於每件事中，以及他自己所有的原始創造和發現中。換言之，無論同一個眞理被以前的聖賢發現過多少次，一個人仍然必須去挖掘，靠他自己，也爲了他自己。因此，按照這個觀點，儒家的文獻(包括經典)研究對「道」之「體」的尋求，如果不是完全無關，至少也變得不重要了。

　　毫無疑問，上述是過於簡略和概括的說法。而且，兩個極端之間也有些中間觀點在不同的變化程度上傾向於這邊或那邊。但總體上，這兩種基本分歧的態度主要出現在新儒家涉及「尊德性」和「道問學」關係的內部問題中，或者如宋代區分的「德性之知」和「聞見之知」中。

　　明代尋求「德性之知」占了統治地位，劉彝所指的儒「道」之「文」，新儒學的哲學家們關注很少。明代的儒家經典研究衰落到歷史的最低點，這一事實足以證明這種狀況。正如顧炎武所說，「以八股取士，致古學盡棄；《全集》(《四書五經大全》)一出，凡古釋盡遺」[76]。雖然在實際的學術上明代新儒學對經史研究沒做有影響的貢獻，但在理論上，「聞見之知」仍然是哲學討論中的重

76　《日知錄集釋》，《萬有文庫》本，第6冊，頁105。關於明代經學研究的衰落，見皮錫瑞，《經學歷史》，周予同注釋(上海，1934)，頁292-299。

要中心。眾所周知,明代新儒學的統治理論,從陳獻章到王陽明,都是把「德性之知」放了純粹和完全自足的領域中,這個領域是「聞見之知」不可企及的。當這個理論被用來解決儒家經學傳統中的問題時,不可避免地會得出這樣一個基本結論:六經爲聖人糟粕[77]。王陽明甚至誤導性地說,六經所述「道」的所有眞理,只存於我們自己的良知中,六經僅是它們的索引而已[78]。因此,在道德眞理即生活眞理、經的語言即死的語言之間,可以作出尖銳而強有力的對比。如果這個觀點成爲風氣,那麼經學考據必定會衰退。

正如傳統所認爲的那樣,王陽明在明代新儒學中的中心地位幾乎是不可置疑的。然而不必把他當作明代思想史的唯一代表[79]。他的知識理論產生的巨大影響引起了一股強烈的哲學回應。從16世紀到明王朝結束,王陽明的批評者和修正者發展了許多新的知識理論,都強調在一般的儒家學習及特殊的經學傳統學習中知識元素的重要性。甚至考據學也有了初步而清晰的開始。充滿諷刺意味的是,王陽明自己也許沒有清楚地意識到,他自己在某種程度上也捲進了只能被稱之爲最廣義的考據活動中。他所謂的《大學古本》復原就是特別的例證。它開啓了明末清初關於這個問題的許多重要考據研究,許多重要人物涉及其中,如高攀龍(1562-1626)、劉宗周

77　見陳建對陳獻章的評論,《學蔀通辨》,《叢書集成》本,頁62-63。關於陳獻章背離朱子學思想方法的最近討論,見Jen Yu-wen, "Ch'en Hsien-chang's Philosophy of the Natural," 收入 *Self and Society in Ming Thought*,特別是pp. 61-62,以及同作者的中文著作《白沙子研究》(香港,1970),特別是頁180-184。

78　〈稽山書院尊經閣記〉,《王文成公全書》卷7,頁250-251。

79　見de Bary近來在 *Self and Society in Ming Thought* pp. 1-26中令人感興趣的論述。

（1578-1645）、陳確（1604-1677）和毛奇齡（1623-1716）。事實上，儘管王陽明堅持按照其中的精神而不是字面來對經典做直覺理解，然而儒家的字面材料還是深深地干擾了他，很多時候在某些關鍵點，他的解釋與先儒，特別是朱熹，是相抵牾的。

事實上，清代考據學的興起很大程度上源於晚明的形而上學爭論是可以證明的。在別處[80]我說是「回到原典」的儒學運動，這個運動始於16世紀，到清代充分展開，促成這個運動的事實是，不知所措的爭論者將其爭論訴諸最早聖賢們的至高法庭，最後把他們的論點建立在神聖的經典上。一旦原典的證據引入到形而上學的訴訟中，不讓考據作爲專業證人是絕不可能的。因此經典的考據性解釋逐漸代替道德的形上思辨而成爲獲得儒學眞理（道）的主要方法。按照清代思想史上普遍接受的劃分，前者是實學，後者是空言。

但在最後的分析中，明代到清代思想轉變的特點主要是新儒學的重點從道德因素轉到思想因素。16世紀，主要由於王陽明的影響，許多新儒家們仍然堅持「德性之知」和「聞見之知」的宋代區分，不容置疑地把重點放在了前者。但到17世紀，持變化的哲學信念的主要儒家學者開始了一個新轉變，他們認爲「聞見之知」在「道」的追求中有更重要的作用。劉宗周，王陽明學派的一個批評者和修正者，他是黃宗羲的老師，他認爲這兩種知識的區分是錯誤的。人的道德意識不僅與他的智識本性分不開，而且依賴後者去運轉[81]。必須注意到，他的看法獲得了18世紀考據者的熱烈歡迎[82]。

80　見拙文〈從宋明儒學的發展論清代思想史〉，《中國學人》，第2冊（1970年9月），頁19-41。
81　劉宗周，《論語學案》，《劉子全書》（1824），29:31a。
82　見《四庫全書總目提要》，《萬有文庫》本，卷36，第8冊，頁11-12。

　　顧炎武引《論語》說，「行己有恥，博學於文」[83]。他用這種簡潔方式區分道德和知識，實際上是把新儒學的泛道德主義降爲純爲個人道德規範的事情。當然，他正式把「博」作爲重點才引起了後繼者的密切關注[84]。再舉一個例子，王夫之(1619-1692)在注張載《正蒙》中強調，「聞見之知」對我們的德性來說是個非常重要的幫助[85]。他認爲，雖然人擁有先驗知識的能力，但知識始於感覺。這甚至使我們想起了康德[86]。這就不奇怪一個世紀以後戴震會認爲人的德性資於學問[87]。戴震認爲，聖賢不僅僅是個道德完美的人，在達到道德完美前，他必須是個優秀的學者，一個非常智慧的人[88]。因而我相信，清代經學考據的發展在儒家智識主義重要性日漸提高的廣闊背景下會獲得更好的理解。

　　新儒家思維中「聞見之知」重要性的增長，儒家學者，包括形而上學家考證興趣的回歸，日漸深入的新儒家哲學討論的考據糾紛，這些都眞實地表明，在17世紀的轉折期，新儒學內部正在發生一個基本的思想轉變。正是這個轉變最後把新儒學的發展帶到了清代的第三期，即最後階段，此時儒家經典得到了比中國歷史上任何

83　見Arthur W. Hummel, *Eminent Chinese of the Ch'ing Period*, Vol.1 (U. S. Government Printing Office, 1943), p. 423.

84　錢穆，《中國近三百年學術史》，第1冊，頁130-131。

85　王夫之，《張子正蒙注》(北京，1956)，頁106。早在1611年方學漸(1540-1615)就表達過類似觀點(見《東遊記》，《桐城方氏七代遺書》，1:4b)。由於王夫之是方學漸的孫子方以智(1611-1671)的好朋友，很有可能在和方以智的哲學討論中受到方學漸的影響(見拙著《方以智晚節考》，香港，1972，頁65-66，87-88)。

86　《思問錄》「內篇」(台北：廣文書局，1970)，頁24-25。近來的討論見蕭父《王船山學術討論集》(北京，1965)，第1冊，特別是頁39-49。

87　《孟子字義疏證》，頁15。

88　同上，頁55。

一個朝代規模還要大的重要的系統重估。

　　自18世紀中期以來，清代經典學術一直被視爲「考據」或「考證」。但清代的經學大師們並不樂於接受這一術語。因爲這傾向於表明他們如此全身心投入的這種文獻研究與儒「道」沒有直接關係。例如，焦循(1763-1820)就強烈反對這個說法。像龔自珍，寧願用更優雅高貴的稱呼「經學」。他認爲，稱「考據」或「考證」意味著完全丟掉了清代經學研究最終要尋出的掩蓋在聖賢話語字面意義後面的原始涵義[89]。因而，這是清代經學家們按照自己在儒學史上所扮演的特殊角色而畫的自畫像。不幸的是，焦循的反對好像從未受到過重視。清代思想史的現代闡釋一般強調清代經學的考據特色，而經學家對儒「道」自認的貢獻經常被漠視，好像這些貢獻僅是裝飾品。結果，清代經史研究的總體發展基本上被看作是研究方法的變動，而這個變動與儒家傳統思想的聯繫，如果不是斷裂，就是變得太鬆而沒有很多的意義。我必須承認，在清代考據發展中確實有一些根據能傾向於支持這一觀點。史華慈的解釋是恰當的，「即使像惠棟和閻若璩這些先輩繼續把『學』看作取得道德和政治洞察能力的方法，他們的方法也會把他們帶到其他別的地方。方法本身不久會陷入困惑」[90]。

　　然而另一方面，清代儒學純考證的解釋有兩個明顯的錯誤。第一，它模糊了清代經史學術的儒家哲學背景，因此它忽略了17世紀基本的思想轉變的內在理路。第二，如這個解釋適用於許多個案，在這些個案中考據家們潛心於文獻問題而完全忘記了自己的思想任

89　見焦循寫給劉台拱(1751-1805)的信，《雕菰集》，《國學基本叢書》
　　本，第2冊，頁212-214。
90　梁啓超，《清代學術概論》，〈前言〉，頁XIX。

務的最初目標,那麼這個解釋就不能對清代考證學作為一種學術活動所承擔的學術發展進程給出一個滿意的回答。尤其是,這個解釋在給清代經史研究的兩位重要哲學代言人戴震和章學誠進行符合其歷史視野的定位時遇到了不可逾越的障礙。

為了儒家傳統的淨化而堅持回歸原典,在反對空洞的形而上學思辨的考據運動中,清代學者與文藝復興和宗教改革時的基督教人文學者有驚人的相似,特別是瓦拉(Lorenzo Valla)和鹿特丹的伊拉斯姆斯(Erasmus of Rotterdam)。與這些人文學者一樣,清代學者有一些其他的基本設想,包括作為信仰真正基礎的博學[91],為闡明原文中的真實意義而作考證探求的必要[92],而最重要的是把學術作為一個儒家的要求(在清代經學家們的個案上)。因此,我提議把清代考據學重新定義為新儒學的最後階段。

以上所嘗試勾勒的新分期,主要解釋了宋初到清代新儒學的性質及其發展,它只代表了一位思想史家的觀點或強調的重點。我希望對這些觀點或重點的涵義作更詳細一點的解釋,以為本文的總結。

我的中心是在宋明新儒學的哲學背景下來闡釋清代思想史。換言之,我希望弄清楚,作為新儒學語境中的一段內在思想發展,明代的形而上學轉為清代的考據學能被理解到何種程度,以及用什麼樣精確的術語才能被理解。因而,我的解釋必須建立在發展的內在

91　見Myron P. Gilmore, "Fides et Eruditio, Erasmus and the Study of History," 收入 *Humanists and Jurists* (Harvard University Press, 1963), pp. 87-114.

92　關於 Erasmus, 見 John Huizinga, *Erasmus and the Age of Reformation* (Harper Torchbook edition, New York, 1957), p. 111; 關於Valla,見Donald Kelley, *Foundations of Modern Historical Scholarship* (Columbia University Press, 1970), pp. 28-33.

理路上，而徹底排除了像17世紀中國的政治、社會和經濟變化等外部因素。以前，在同一主題的許多研究中這些外部因素得以彰顯，而我的研究與此不同。但這並不意味著我贊成那種明顯不可能的看法，即觀念完全按照自己的邏輯發展而對外部刺激毫無回應。我把純思想發展隔離於人類活動的其他領域，只是爲了歷史分析的目的。思想史嚴格的內在解釋不是爲了與外緣解釋——無論是政治、經濟還是社會的——爭誰更具有效性；相反，這個特別的解釋補充所有這些外緣解釋。這點已被米勒(Perry Miller)關於新英格蘭精神的優秀研究[93]所充分證實。可以斷言，如果外緣解釋有助於理解廣泛意義上的思想運動，那麼內在解釋則可以單獨對這一運動爲什麼沿著它該有的特殊路線走給出特別的回答。例如用清朝鎮壓的理論作爲清初學者從歷史轉向經典的令人滿意的解釋可以被接受，但爲什麼對某一經典的考證會超出其他經典呢，這是個特別問題，而其答案往往必須來自思想史本身。

從這個研究的觀點看來，宋初到清代整個新儒學的發展主要圍繞「知識」的問題。新儒學始於「德性之知」和「聞見之知」的嚴格區分，卻終於後者的至上，並伴有可稱之爲道德理性的知識化。雖然在儒學的意義上這基本是「知識」的問題，但當在高度概括和抽象水平上思考它時，這個發展就確實需要超越儒學界限的解釋了。因而，我主要從智識論和反智論之間能動的張力來看待這個發

93　特別是 Miller的 *Orthodoxy in Massachusetts, 1630-1650* (Beacon paperback edition, Boston, 1959)和 *The New England Mind: The Seventeenth Century* (同一版本, 1961). 關於Miller對思想史的非環境方法的討論，見Robert Allen Skotheim, *American Intellectual Histories and Historians* (Princeton paperback edition, 1970), 特別是pp. 186-197.

展的。

附錄：中國思想史上的智識論和反智論

我先解釋在我的研究中用到的「智識論」與「反智論」這兩個借來的術語，然後勾勒中國思想史上設想到的「智識論」與「反智論」的種種形式。

「智識論」並不意味著某個特殊的哲學學說。就對儒「道」而言，這個術語一般用來指一種追求知識與學術的積極態度。「智識論」特別強調理解聖賢語言的文本基礎的重要性。極端的例子如一些清代語言學家們，堅持文本的字面解釋乃至到了語源學謬論的地步，或如禪宗所說，「死在字下」。而「反智論」則如這一術語在西方語境中所流行的那樣，更難捉摸，更模糊。正如美國反智論權威霍夫斯坦特(Richard Hofstadter)曾經所說：「反智論沒有被清晰定義的一個原因就在於作為修飾語它的模糊性更有用。但在任何情況下，它都不願意被界定。」[94]「反智論」在現在這個研究的語境中也是指一種態度，這種態度傾向於把「道」看作高於知識甚而超越知識所能把握的領域。由此，對儒家經典的不同觀點得以區分。贊成這一態度的儒家相信不需要通過聖賢話語的媒介就可以領悟到他們的思想。只要明確自己是儒家，最終就不可避免要涉及聖賢的話語，但他主要依靠自己的直覺而拒絕束縛於文本的字面意思或者無論多麼權威的早期注釋，或者二者兼有。因此他強調，文字從來沒有完整地傳達聖賢話語中的內在涵義，六經不過是糟粕，或者至

94　*Anti-intellectualism in American Life*（A Vintage Book, 1962), pp. 6-7.

多是注腳而已。

　　中國思想史中按不同的標準可將「智識論」與「反智論」分爲不同類型。例如，有一個與科舉制度密切相關的可稱之爲智識論的世俗或庸俗形式的悠久傳統。這一世俗的「智識論」可以追溯到西漢，「遺子黃金滿籯不如一經」[95] 已成諺語。至漢末，經學家們走得更遠，他們經常用數千言去解釋一二段經文，或者以百萬言注解一部經書。班固(32-92)講得很對，正是如官職與報酬這些世俗的利益才使得儒學家們把世俗的「智識論」帶到這一極端[96]。後來「智識論」沿著這條線繼續發展。宋代皇帝的一首詩暗示書中自有顏如玉、黃金屋和千鍾粟，從而鼓舞無數人轉向經學研究[97]。崇尚讀書，這是朱熹「智識論」的中心，但在那些以獲得俗世的成功而非對「道」的認知爲最終目的的智識分子那裡被世俗地扭曲了。可以說，朱熹及其新儒學的真正追隨者堅持認爲他們與世俗的智識論者是不同的。但事實上，這兩種智識論者之間的清晰區分並不那麼容易做到。相互影響不可避免，立場不時轉變。畢竟智識論這兩種類型都源於對同一儒家經典的研究。這或許能解釋爲什麼是否參加科舉考試總是新儒學大師們的難題，特別是從朱熹到王陽明的時代。

　　現在轉向「反智論」，情況更複雜。「反智論」的強烈傾向在原始道家以及魏晉新道家那裡都明顯呈現出來。老子講「絕聖棄

95　《漢書》，經濟出版社本(1927)，73:2b。

96　同上，88:12a。

97　Ping-ti Ho(何炳棣), *The Ladder of Success in Imperial China* (Columbia University Press, 1963), pp. 86-87.

智」，就表明了他是一位公開的極具破壞性的反智論者[98]。至莊周，反智論者至少可分爲四種：當論及我們如何獲知事物時，他可能被描述爲一個不可知論的反智論者[99]；當他說「吾生也有涯，而知也無涯。以有涯隨無涯，殆已」[100]，他似乎是位邏輯的反智論者；當他說得魚忘筌、得意忘言時[101]，他可能是位語言的反智論者；最後，當他論及言外無意和識外無識時，他又變成了一位先驗的反智論者[102]。

在新道家那裡，「智識論」與「反智論」之間的重要爭論是在語言層面上展開的。3世紀初的荀粲對儒家經典有過以下著名的言論：「子貢稱夫子之言性與天道不可得而聞也。然則六籍雖存，固聖人之糠秕。」[103]把經典比喻爲糠粕在早期道家作品中當然是有跡可尋的，比如《莊子》[104]和《淮南子》[105]，但在荀粲的簡明陳述中我們發現了經典並不是儒家眞理必須的儲存器這一觀點最早的清晰表達。這一觀點後來影響到新儒家的反智論者，特別是陳獻章。當然，這一觀點的直接涵義尚局限於新道家關於「言」「意」關係的哲學討論。新道家反智論者普遍相信《莊子》和《繫辭》的權威說法[106]，「言不盡意」。另一方面，新道家智識論者也根據

98 這以及其他的類似表述在馮友蘭著作中有討論，《中國哲學史》，第1冊，頁187-189。
99 James Legge, *The Texts of Taoism*, Part I , pp. 190-192.
100 *The Texts of Taoism,* Part I , p. 198.
101 *The Texts of Taoism,* Part II , p. 141.
102 見馮友蘭的分析，上引書，頁201和242。
103 荀粲傳記引自《世說新語注》，太平書局本(香港，1966)，頁47。
104 *The Texts of Taoism*, Part I, pp. 343-344.
105 《淮南子》，浙江書局本，12:9b-10a。
106 見James Legge譯*The Yi King, Sacred Books of the East*, vol. XVI (Oxford,

《繫辭》，認為語言在思想表達中是徹底充足的[107]。但最後是反智論的觀點統治了新道家的思想世界。也正是這個觀點後來與大乘「方便法」的概念聯合在一起，從而促進了佛教反智論的發展[108]。

佛教給我們「智識論」與「反智論」的討論提出了又一個難題。理論上，佛教依靠辯證而不是平常的邏輯，堅持真理或現實的可知只有通過直覺或先驗智慧而不是理性，全然丟棄了智性知識，因而在我們看來是反智論的體系[109]。但問題沒那麼簡單。因為當這個直覺哲學發展為精細的經院哲學時，它也會轉變為一種智識論，雖然它是更高或我們可以稱為最高水平的智識論。在唐代，唯識宗通過對八種意識的細微分析和心智的精細區別而成為這樣的智識論[110]。毫無疑問，這種哲學只會引起博學者的興趣。

另一方面，唐代也興起了佛教反智論的最重要形式──禪宗。胡適博士稱禪宗運動是佛教的改革或革命是有道理的[111]。至少禪宗強調「直指本心」和「見性成佛」，讓我們想到馬丁·路德的因

（續）─────────────

1882), p. 376.

107 見歐陽建，〈言盡意論〉，收入《全晉文》（嚴可均，《全上古三代秦漢三國六朝文》[中華書局本，1965]）109:1a-b。

108 見湯用彤，〈言意之辨〉，收入《魏晉玄學論稿》（北京，1957），頁26-47。也見E. Zurcher, *The Buddhist Conquest of China* (Leiden, 1959), vol.1, pp. 89-90.

109 關於佛教哲學裡的辯證法和直覺，見T. R. V. Murti, *The Central Philosophy of Buddhism* (London, 1955) 章Ⅴ和Ⅷ。也見Daisetz T. Suzuki, *The Essentials of Zen Buddhism* (New York, 1962), p. 25.

110 對此問題的一般討論見馮友蘭上引書，第2冊，299-338和任繼愈，《漢唐佛教思想論集》修訂本(北京，1973)，頁195-240。

111 見Hu Shih(胡適), "Ch'an(Zen) Buddhism in China: Its History and Method," *Philosophy East and West*, 3(1953), p. 12. 也見他死後出版的《中國中古思想小史》（台北，1969），頁109-11。

信稱義。但禪宗也許比路德更徹底，因爲禪宗不僅放棄了教堂也放棄了文本，而在路德，啓示與聖經的實際文本是不可分離的，因而只有學習以後才能獲得上帝的恩典[112]。禪宗反智論的一般特點太顯著，不需要進一步說明了。然而對這一歷史事實有兩點在這裡不能完全忽視。第一，禪宗反智論在有許多大師的社會背景下可以被更好地理解。從惠能(638-713)開始大量的禪教徒來自社會底層，因而如果不是文盲也是非智識分子。在佛教中降低智識因素是很自然的了。禪宗反智論的這個方面後來鞏固了儒家的觀點，即所有的人都是潛在的聖人，雖然這一觀點最初可能來自別的影響，如禪宗的哲學先驅竺道生(約360-434)。從陸象山和王陽明在白丁中見聖性的方式可以發現禪宗的影響。

第二，禪教徒不用文字傳播思想的理論暗示了眞理的無以言表。雖然這個觀點毫無疑問有它獨自的佛教淵源，但也明顯表現出新道家的影響。正如剛才所言，新道家的哲學論爭主要在語言作爲思想的媒介的不足性問題上。早在4世紀的釋支遁(314-366)就已經將新道家的這個話題引入佛教了。在〈大小品對比要鈔序〉中他說：

宜明所以寄，宜暢所以言。理冥則言廢，忘覺則智全。[113]

這裡要說明，雖然支遁所強調的明顯是原則和意義，但對語言的功

---

112 見W. Schwarz, *Principles and Problems of Biblical Translation* (Cambridge University Press, 1955), p. 193.

113 《全晉文》157:6 a-b。英譯見E. Zurcher, *The Buddhist Conquest of China*, vol.1, p. 125.

能也不是全部否定的。而這一話題後來在竺道生那裡有了反智論的
進一步轉變。他說：

> 自經典東流，譯人重阻，多守滯文，鮮見圓義。若忘筌取
> 魚，始可與言道矣。[114]

竺道生的語言反智論連同他的頓悟在觀念形態上必定有助於唐代禪
宗的興起[115]。在儒家內部，反智論也是建立在幾個不同基礎上
的。除了形而上的反智論，其他兩種類型的政治和社會意義可以簡
要說明。第一種類型源於「才」和「德」或「才」和「性」的區
別，如魏晉時期[116]。這個區別本身至少與孔子同時，但是在帝國
時才取得了實踐的重要性。它與官方的徵召問題特別有關。其最早
的制度化表達可以在漢政府選拔人材為政府服務的兩個主要類別——
—孝廉和秀才中找到。然而，中國歷史中的一般趨勢是重心從
「德」向「才」逐漸轉變，這在很大程度上是因為對標準客觀化需
求的日益增長。另一方面，中國中古時期(大約從3世紀到9世紀)貴
族政治對政府的要求之一就是「德」。中古時期的貴族們相信政府
需要的那種德性只有在好的家庭中培養出來。到明清，家族背景仍
或多或少被強調重視，除非有清楚和明白的家族記錄，否則就不能
參加科舉考試，這一事實說明了這一點。「德」與「才」的區分在

---

114 慧皎，《高僧傳》，初集，臺灣印經處本，卷1，頁171。英譯見Derk
    Bodde所譯馮友蘭上引書，II, 270.
115 見馮友蘭上引書，II, pp. 388-390.
116 關於魏晉時期「才」和「性」的問題，見唐長孺，〈魏晉才性論的政治
    意義〉，《魏晉南北朝史論叢》(北京，1955)，頁298-310。

新儒學中得到進一步的強調。司馬光(1019-1086)以新的激情重新開始了重估儒學原則這一老問題的討論，認爲作爲社會和政治的價值，「德」必須先於「才」[117]。當然，「才」的涵義要比知識或學術廣得多。但無論如何，知識處於「才」的中心。婦女教育是這一區分的特別例子。在明清，「女子無才便是德」是很流行的諺語，它實際上是從識字方面來定義「才」的[118]。

反智論的第二種類型源於對實用性和功利性的重視。這一類型最好的儒家代表人物是顏元，他大概算是儒學史上最徹底和激進的反智論者了。在現代他有時被看作是中國思想史上的「實用主義者」(Pragmatist)。這一類比有些牽強因而值得質疑。但是，就他反智論的活動以及堅持思想必須服務於實際事務的觀點而言，他與威廉‧詹姆斯的確可以類比。二人都是實用性的哲學家[119]，而顏元更是同時在兩個方面與智識論鬥爭。他以儒家「用」的觀點對形而上的道「體」和咬文嚼字的「文」進行了猛烈的進攻。當然，如果他不能突破儒家的既定限制，他的「實用主義」哲學的命運必定要毀滅。因爲在方法論上，他既不能與宋明新儒學踐履的道德培養明確區分，又不能使自己完全遠離儒家的經學傳統，而後者恰恰屬於他那個時代所興起的儒家智識論的精密的考據學。按照懷特(Morton White)所說的有用的區分，我們在顏元那裡實際上看到的是反智論者與反智識分子的結合，這一結合意味著他不僅否定知識

---

117 見《資治通鑑》(中華書局)，卷1，頁14-5。亦見他的文章〈才德論〉，《溫國文正司馬公集》，《四部叢刊》初編縮本，卷70，頁511-12。
118 陳東原，《中國婦女生活史》(上海，1928)，頁189-02。
119 關於作爲反智識論的詹姆斯(William James)，見Morton White, *Reflections on Anti-intellectualism*, Daedalus, vol. 91, no. 3(1962年夏), pp. 466-467.

來自書本，而且認爲學者或讀書人是社會中完全無用的成員。因此，在這意義上，他的反智論超出了純思想領域，如果將此與17世紀中國對知識和智識分子的社會政治態度緊密聯繫起來考察，則可以更有成效。

以上所說，概述起來至少有兩點很明顯：第一，中國歷史上的智識論與反智論可以從思想、宗教和政治、社會各不相同的角度來研究。每一個角度的研究決不能限於我在這一研究中所選擇的區分。第二，所有類型的智識論與反智論，雖然概念上可辨別，但在歷史事實中不總是截然分開的。彼此間的相互影響也是個當然的事實。各種反智論經常彼此支持，正如不同起源的智識論一樣。至於在我的研究中雖然傾向於把智識論與反智論的衝突主要看作新儒家思想的內部發展，但這並不意味著這一發展可以完全與其他非儒家甚至非智力因素隔離起來而得到理解。

需要進一步明確，智識論與反智論作爲兩種相對照的態度可以在相對而非絕對的層面上有更多意義的理解。事實上，我們幾乎找不到它們純粹的形式，在許多寬泛的情況下甚至更難有個嚴格的界限。而且，當我們把這一區分應用到某個思想家身上，稱他爲智識論者或反智論者時，弄清楚這是在哪個層面或哪個領域尤爲重要。因爲同一個人可以同時在不同層面或不同領域。朱熹在「道問學」的層面無疑是位儒家智識分子，而在「尊德性」的更高層面，他也顯示了反智的傾向。如果王陽明按照思想的層面而不是生活的層面爲朱熹的「定論」辯論，他也許會有更強的實例。德爾圖良的基督教反智論在哲學領域要比在神學領域也會更有意義，因爲他嘲弄的是哲學家們的理性，而在維護信念和理解聖經時他仍是求助於理性

的[120]。

　希望以上的多種說明能充分表達出問題的極大複雜性，而這是
對中國思想史上智識論與反智論的豐富涵義嘗試區分所必不可少
的。在這點上，我很同意柏林(Isaiah Berlin)關於刺蝟和狐狸所作
的著名區分：

> 當然，像這種類型的所有過於簡化的分類一樣，二分法如
> 果被迫變成人爲的，則最終會變得荒唐。但如果它不是嚴
> 肅評論的一個幫助，那麼就不會被看作膚淺的或輕佻的而
> 被否定；正如體現眞理不同程度的各種區分一樣，二分法
> 提供給我們一個去觀察比較的視角，一個眞正調查的始
> 點。[121]

　據 "Some Preliminary Observations on the Rise of Ch'ing Confucian
Intellectualism," and Appendix: "Intellectualism and Anti-intellectualism
in Chinese Intellectual History," *Tsing Hua Journal of Chinese Studies*,
New Series XI.1/2〔December 1975〕:105-144譯出。

（高雲萍　譯）

120　Etienne Gilson, *History of Christian Philosophy in the Middle Ages*, p. 575.
121　*The Hedgehog and the Fox*, p. 2.

8
對17世紀中國思想轉變的闡釋(書評)

　　由狄百瑞(Wm.Theodore de Bary)與17世紀中國思想研討會編的《新儒學的闡明》(以下簡稱《闡明》，*The Unfolding of Neo-Confucianism*)一書，是1970年9月在義大利貝爾阿吉奧的塞爾貝洛尼宅(Villa Serbelloni, Bellagio, Italy)舉行的研討會的成果。該書由以下十三篇論文組成：荒木見悟的〈晚明的儒與佛〉、吳佩怡的〈德清的精神自傳〉、格林布賴特(Kristin Yu Greenblatt)的〈袾宏和晚明的居士佛教〉、狄百瑞的〈新儒家的教養與17世紀的「啓蒙」〉、林理彰(Richard John Lynn)的〈正統與啓蒙：王士禎的詩論及其前輩〉、錢新祖的〈焦竑與朱程正統的反叛〉、唐君毅的〈劉宗周的德性與實踐學說及其對王陽明的批判〉、阿特韋爾(William S. Atwell)的〈從教育到政治：復社〉、裴德生(Willard J. Peterson)的〈方以智：西學與「格物」〉、麥穆倫(Ian McMorran)的〈王夫之和新儒家傳統〉、成中英的〈17世紀新儒學中的理性、實體和人的欲望〉、杜維明的〈顏元：從內在經驗到活的具體〉、陳榮捷的〈《性理精義》與17世紀的程朱學派〉。狄百瑞所寫的長篇「導言」，不僅將此十三篇論文置於合適的歷史視角之中，而且對新儒學內部世界的全貌作了一次俯瞰。

　　以上所有論文，都建立在原創性研究的堅實基礎之上。無論從

斷代、內容主題與學術質量上，該書可算是同一編者於1970年編輯
出版的《明代思想中的自我與社會》（以下簡稱《自我與社會》，
Self and Society in Ming Thought）的很好續編。像《自我與社會》一
樣，《闡明》也是國際性學術合作的結晶。荒木見悟與唐君毅所作
的實際上不是一般意義上的會議論文，而是他們在各自領域裡畢生
研究的結晶。故讀者尤宜參考荒木的《明代思想研究》（1972，特
別是第9章）與唐氏的《中國哲學原論：原教篇》（1975，特別是第
18章），此二作對同一論題的探討更爲深入。這本文集題贈給唐君
毅，以「讚賞他對新儒學研究的畢生貢獻，並欣賞他給我們的合作
所帶來的個人的精神品質」。他的貢獻必將受到後來學者積極而恰
當的評價。1978年初唐教授在香港仙逝一事，開始引起評論者的注
意。唐教授長期遭受病魔的折磨，當他從《歷史研究》（1978年第1
期）的一篇文章中得知孔子在中國得到了幾分厚待這個振奮人心的
消息時猝死。這對這位名副其實的儒家信徒而言，尤具象徵性。

　　從1953年發表〈新儒學的重估〉（收於芮沃壽的《中國思想研
究》，Arthue F.Wright, *Studies in Chinese Thought*）開始，狄百瑞教
授便成爲美國倡導新儒家研究的領軍人物。由於不滿現代學者用
「僵化的正統和專制主義的思想工具」這種陳詞濫調來界定新儒
學，因此狄教授不僅以豐富的創作闡明新儒家的本質，而且通過組
織一些討論班與研討會（包括在哥倫比亞大學所創辦的新儒家研究
的地區性討論會）來爲其他學者提供研究新儒家的機會。毋庸諱
言，新儒家的思想略顯龐雜（《闡明》，頁3），但狄百瑞推動我們
應把新儒學視爲具有普遍意義的精神。他認爲，「新儒家精神在一
定程度上提供了向新的體驗的開放，並且——特別是明代思想—
—擴大和延展了對人之所以爲人的認識」（頁24）。新的進路使得

《闡明》(當然也包括《自我與社會》)與西方其他新儒家研究涇渭
分明。

狄百瑞正確地指出，17世紀爲新儒學發展的轉折點(頁4)，而
此轉折點的性質還需充分討論，而《闡明》中的所有論文從不同角
度增進了對17世紀中國思想的某些根本性改變的理解。下面我想討
論《闡明》一書在明清智識轉變的歷史語境下探索而取得的累累碩
果，因爲在我看來，該書的巨大貢獻正在於此領域。

儘管17世紀中國思想的新發展已得到多種解釋，但從根本上
講，解決此問題的進路不外兩者：一爲內在解釋，即認爲這些發展
是從宋明新儒家傳統內部孕育而出；二爲環境解釋，即認爲這些發
展是對明末清初社會的外在改變所作的回應。而環境解釋又可分爲
兩派：一是梁啓超與章炳麟所描述的政治派，強調明朝的巨大影響
及衰落，尤其是滿族對中國思想界的征服；另一是侯外廬所描述的
社會經濟學派在明清智識轉變中覺察到「市民」階級意識的萌芽，
侯認爲這是近代中國的早期「啓蒙」。

但內部解釋與環境解釋決不相互排斥。相反，任何想全面考察
這場轉變的學者都須充分重視這兩種進路所導致的多種結果。因爲
一個簡單的歷史事實是，這一轉變有兩個方面：一方面，它從新儒
家傳統中發展而出；另一方面，它亦折射出晚明政治危機與社會危
機的深化。因而在具體的研究中，歷史學家們很少會在強調一方面
原因時而完全無視另一方面。儘管《闡明》的研究方法在整體上屬
於內在解釋的範疇，但阿特韋爾有關復社的論文研究了當時知識界
對歷史境況的反應，殊爲有見。在對新儒家修養工夫的研究中，狄
百瑞對17世紀新儒家的「啓蒙」根源作了最全面的分析。可見，這
樣的內在解釋方法不會影響作者對思想的環境方面的敏感性，正如

作者所說的：

> 隨著對明朝崩潰與日俱增的震驚，以及外族統治對人們自
> 信心的摧殘，知識分子對中世儒學的絕望感導致他們更加
> 深刻地質疑傳統，並試圖在更堅實的基礎上對傳統進行重
> 建。(頁190)

17世紀思想最顯著的變化發生在新儒家的形而上學領域中，成中英
在自己的論文中對王夫之(1619-1692)以及其他一些思想家，諸如
黃宗羲(1610-1695)、陳確(1604-1677)、李顒(1627-1705)、方以智
(1611-1671)、顏元(1635-1704)和李塨(1659-1733)等所提出的理與
氣以及理與欲的聯繫作了研究，他講：

> 據我們分析，所有這些哲學家都以不同的程度在形而上學
> 與道德哲學兩方面以一種反二元論的自然主義框架反對宋
> 明新儒學。在形而上學方面，反二元論的自然主義贊成不
> 確定的實體在本體論上是第一位的，而且不確定的實體在
> 發展上是有內在依據的。在道德方面，它主張理性的實現
> 是與欲望的滿足以及自然欲望固有的真與善是密不可分
> 的。(頁502)

成氏指出17世紀新儒學反二元論的自然主義這一普遍傾向，洵為允
當。麥穆倫對王夫之思想的深入剖析，進一步證明了成氏的一般性
的論斷。我完全同意他所提出的「氣一元論為王夫之整個哲學體系
的構建提供了基礎，並使得王氏哲學成為一個自洽的體系」(頁

437）。他繼而提出，王的一元論觀點沒有受新儒家理—氣、理—欲二元論的束縛，而是進一步取消了新儒家傳統中所有其他的二元對立的關係。故在討論人性時，王氏把「天地之性（或義理之性）」與「氣質之性」當作同一事物的兩個方面，而前者存在於後者之中。在論及文明的起源與演化時，王夫之認爲道產生於器中，並隨之變化。在王氏的歷史哲學中，理與勢同理與氣相似，也融爲一體[1]。

然而，這種思想的新趨向在17世紀還未開始。狄百瑞令人信服地指出，明代中期程朱之學的重要思想家羅欽順（1465-1547）已把朱熹理氣二元論轉變成了氣一元論。此外，羅也挑戰了物欲爲罪惡根源這一正統觀念[2]。狄百瑞肯定地指出：

> 實際上，在17世紀明代的程朱學派中出現了重要的發展，這一發展不僅對氣的哲學有所貢獻，且由此與王陽明學派的對氣的著力強調達成了交集。（頁200）

到17世紀初，當「思想在思想家與學派中間自由傳播」（頁201）時，像劉宗周（1578-1645）、高攀龍（1562-1626）這些王陽明的修正者及批評者進一步發展了一元論框架，從而爲黃宗羲、顧炎武、王夫之這一代人把智識轉變引到最後階段鋪平了道路。

正如成中英、麥穆倫與狄百瑞所顯示的那樣，新儒家形而上學的新趨向不僅源於明代中期，而且突破了程朱學派與陸王學派之間

1 關於王的歷史哲學，參見《王船山學術討論集》中姚薇元與蕭父的論文（北京，1965），頁285-331。
2 章炳麟在有關漢學的一篇論文中首次注明了這一點，參見他的《國學略說》（香港，1972），頁157。

的門派界限。現在我們所面臨的問題是，如何解釋這一趨向的興起
及其廣泛普及性。成氏認爲：「儘管有很多文化因素甚至政治因素
引發了儒家學者中的這場運動，然而此現象仍能視爲新儒學內在的
辨證發展。」成此處意爲：「儒家思想本質上達到了一致性和完整
性的狀態，因此在佛學影響下產生的新儒學的弱點可以一覽無
遺。」（頁471-472）此言確有幾分道理，但作爲一歷史闡釋，它仍
不夠確切。

　　首先，我認爲重要的是要弄清楚新儒學這種抽象的批評在明清
轉變的歷史語境中意味著什麼？據我所見，新儒學正經歷著一場從
清靜無爲到積極有爲這一根本性轉變，此洵非虛論。須加以說明的
是，從朱熹時代開始，特別是在明代，新儒家已轉向內在的自我精
神修養，這是由於外在條件不利於道學實踐自己的主張。故靜坐與
玄思冥想尤其成爲陳獻章（1428-1500）之前明代新儒家的生活特
點。毋庸置疑，他們中的許多人已達到了一個很高的自制與自得的
精神水準。但也不可否認的是，明代新儒學在整體上是相當虛寂、
相當收斂的。王陽明強調「知行合一」哲學，使得新儒學朝著積極
有爲的方向發展。這促進了晚明思想新趨向的發展，這一新趨向包
括氣一元論以及狄百瑞所稱的強調生活實際與人性的「活力論」
（頁194-196）等。然而，王陽明的直接追隨者卻繼續在舊的內傾化
的主靜框架內發展其「良知」哲學。黃宗羲正確指出，由於王陽明
對「良知」的強調或多或少地放在思想收斂這一點上，故其門徒如
羅洪先（1506-1564）、鄒守益（1491-1562）以及王畿（1498-1583）都想
在「靜」或「寂」的方面來發展「良知」思想[3]。

3　黃宗羲，《明儒學案》，《萬有文庫》本，第2冊，頁89。

尤為重要的是，17世紀初重構儒家形而上學預設的運動，是與儒家修養從清靜無為到積極有為這一轉變齊頭並進的。如狄百瑞認為，高攀龍、劉宗周二人把其哲學體系合併成「氣一元論、動態的人的本性論、重建溝通主觀德性與客觀德性的橋樑的努力」。同時，「儘管他們仍要實行靜坐，但有一微妙的改變，即德性修養觀更偏向於外向，而不把天理或本性視為永不改變的處於靜止狀態且只能在模範的引導下呈現的內在本質」(頁202)。杜維明分析顏元(1635-1704)的論文也許提供了一個極好的例證[4]。在清初思想史中顏元以程朱學派的強烈批判者而知名。在形而上學與道德哲學中，他認為理內在於氣中，也內在於人的「氣質之性」的「德性」中。在精神修養中他排斥靜坐，而代之以他所稱的「端坐習恭」。杜指出：

> 從對顏元一生的描述中好像可以看出，他從未懷疑過儒家價值位階中的自我修養的優先性。甚至在他對程朱學派徹底幻滅以後，他仍信奉自律的僵硬程序。具有諷刺意味的是，他的儀式化的生活方式可以被程朱信徒譽為自控的最好例子。(頁523)

乍一看，確實難以把顏的精神修養與其宋明先輩區別開來。甚至在當時其門徒也問過，其「端坐」與「靜坐」是否相同[5]。現在正如

---

4 杜認為，梁啓超1923年所寫的關於顏元的論文引起了章炳麟的興趣(第513頁)。此為一誤解，章關於顏元的首篇論文〈顏學〉收在其《訄書》中(寫於清末1910年前)。
5 《顏習齋先生言習錄》，《顏李叢書》本，下，6a。

狄百瑞所說的,在高攀龍與劉宗周的自我修養中有一「微妙改變」,那麼顏的「端坐」更應被理解爲指向能動性的。杜認爲「在道德實踐中積極有爲」是顏的「主要關注」(頁519),切中肯綮。在對聖賢的界定上,顏氏對習行主義的表達最爲精妙。他講:

> 五帝三王周孔,皆教天下以動之聖人也,皆以動造成世道之聖人也。[6]

故他所說的聖人,像黃宗羲有資格成爲聖賢的候補一樣,以狄百瑞的話說是「行動的人」,「而非靜坐的聖人」(頁203)。成氏認爲,與王夫之不同,顏並不具有形而上學的傾向,或者說他並不想構建自己的形而上學(頁491)。那麼爲何要給他一個形而上學的堅實地位呢?合理的解釋可能是,在以形而上學爲中心的新儒家傳統中,只有先進行新的形而上學的合法性論證,才能開始從靜坐主義到習行主義的轉變。離開王陽明哲學的原始語境,我們可以說,在理、氣二元對立的世界中「知行合一」不可能實現。

但是,內部解釋的觀點又必然引起一深層問題,即如何從新儒學自身的角度來解釋從靜坐主義到習行主義的轉變?這不能簡單地歸之爲外部的刺激,因爲分析新儒學對刺激的反應,最終仍能發現某些思想的內核所在。我認爲此答案定要從儒家道的本質(當然,包括新儒家的變種)中去尋找。眾所周知,從一開始儒家之道就被認爲在人類活動的兩個重要領域中起作用。傳統上道的功能被定義爲「內聖外王」。或者如17世紀的新儒家學者邵廷采(1648-1711)

---

6   《顏習齋先生言習錄》,《顏李叢書》本,下,8b。

所作的尤爲清晰的界定：「外期經世，內養性情。」[7]

當10至11世紀新儒學開始時，它就首倡「經世」這一崇高目標。王安石變法的失敗經驗，在很大程度上把新儒學內傾化地轉型爲「內聖」之學[8]。但儒家企圖重建世界的衝動一直存在，且躍躍欲試以待更好機會的出現。馬克思曾經說過「哲學家們僅僅以各種方式解釋世界，但眞正的任務在於改變世界」。馬克思此處當然說的是西方哲學家，就新儒家而言則正好相反。他們通常認爲，爲了改變世界，眞正的任務是把道激活起來。明末政治危機與社會危機的深化，給他們提供了一次行道的機會。鑑於此，17世紀新儒學所發生的從靜坐主義到習行主義這一內在根本性的轉變，便是水到渠成了。

明末政治與社會已經腐化到了不再可能留有容納儒家重建理想世界的衝動餘地了，結果暴發了大規模的社會運動，如東林運動與復社運動。基於復社的研究，阿特韋爾清楚地顯示出，這一文人結社的主要目的是「興復古學，將使異日者務爲有用」（頁346）。阿特韋爾正確指出「復古……不是盲目地、一味地復古」，而是要「創造性地以史爲鑑，以解決當下的實際問題」。但由於「古學」的內容主要包括儒家經典，故應注意到，儘管經學研究的水平在明末退化到谷底，復社仍對其質量表現了可貴的關注[9]。由此觀之，復社實步東林之後塵。顧憲成(1550-1612)在爲東林黨所寫的一份

7　邵廷采，〈答蠡吾李恕谷書〉，見《思復堂集》，紹興先正遺書本，7:10b。

8　參見狄百瑞，*A Reappraisal of Neo-Confucianism*，見芮沃壽(Arthur Wright)主編，*Studies in Chinese Thought* (Chicago, 1953), pp. 105-106.

9　皮錫瑞，《經學歷史》(周予同注) (香港，1973)，頁283-294。可參考錢新祖英譯，見《闡明》，頁293。

聲明中，表明「尊經」爲四要素之一[10]。當時復社綽號爲「小東林」[11]。這不僅由於其中的許多成員爲東林烈士的後輩或者子孫，而且也由於復社是東林精神上的繼承者。東林與復社的區別主要是兩黨活動於不同時期。

阿特韋爾的研究顯示出，像明代其他許多文人社團包括最初的應社一樣，復社能吸引大量的追隨者是由於加入社團有助於應試者在鄉試和會試中取得功名。復社不僅選編八股文出版（與書商合作），而且爲其成員專門提供專家水平的八股文點評。復社的成員能夠增至三千餘人，顯然要大大地歸功於其科舉登第成功的輝煌記錄。但幫助舉人登第，並非復社創建者的初衷。相反，他們的本意是要向八股注入新的生命，然後使這種與儒家經學日益相悖的文體得到新生[12]。他們力復「古學」的中心點是要把經學同八股文的寫作真正結合起來。

就拿復社的前身應社爲例，該社有一項與科舉應試有關的活動，就是把其成員劃爲五小組，「每一組要對五經中的一經詳細研究，然後舉行會議、交流信息以及將其研究成果結集付梓」（頁339）。張溥(1602-1641)這位應社與復社的創建者明確指出：「應社之始立也，所以志於尊經復古者。」[13] 阿特韋爾說，復社領袖們相信「社會與政治改革依賴於教育的改善」（頁347），此言不虛。但可進一步斷定，他們也認爲教育的改善依賴於把科舉系統與張溥所稱的「六經的智慧」（頁345)創造性地結合起來。確切地說，如

10　容肇祖，《明代思想史》（台北，1966)，頁291-292。

11　謝國楨，《明清之際黨社運動考》（上海，1934)，頁148。

12　商衍鎏，《清代科舉考試述略》（北京，1958)，頁238-241。

13　前引謝國楨書，頁159。

果我們把新儒家形而上學當作一種高雅文化時，那麼八股文很可能
被視爲其通俗的副本。新儒家們將其注意力從形而上學轉向八股這
一事實，生動地展示了晚明思想的新趨向，即狄百瑞所強調的面向
「眞實生活與當下實際」[14](頁196)。

通過把復社同新儒家所強調的「經世致用」聯繫起來，阿特韋
爾的研究有助於我們進一步理解明清智識轉變。尤爲要者，我們注
意到了1638年由陳子龍(1608-1647)與其他學者所編纂的《皇明經
世文編》這一鴻篇巨製(頁348)。「經世」思想作爲儒學樞紐的地
位如此凸出，以至於這個詞可與「內聖」相互換。晚明以來，隨著
新儒家積極有爲思想的興起，它實際上成爲所有思想家所共享的瑰
寶。在此意義上，很容易把「經世」誤解爲清初的一個學派[15]。這
種對「經世」(或確切地說是合理地安置世界)的重新強調，也應理
解爲與智識轉變是一個整體，因爲它直接從道的新概念中孳乳出
來。自宋以降，儒家之道一般在體與用的二元對立上受到界定。在
明代新儒學中，道之體主要被認爲具有道德特徵的自足的抽象實
體，但此實體產生出無限創造性的功用。故可認爲道之用定會蘊涵
「經世」思想，至少在理論上如此。然而，由於明代新儒家主要關
心的是「怎樣成爲一聖人」，故道之用在實踐中僅圍於自身道德修
養而未擴充到外在世界。17世紀在強調道之本從內斂型到外向型
時，出現了一根本性轉變。當顧炎武(1613-1682，復社中的傑出代

14　清初呂留良(1629-1683)也創造性地使用了八股文，使之成爲宣傳程朱
　　學說的一種普及性工具。見錢穆，《中國近三百年學術史》(上海，
　　1937)，第1冊，頁177。

15　梁啓超, *Intellectual Trends in the Ch'ing Period*(《清代學術概論》), 徐中
　　約(Emmanuel C. Y. Hsu)譯(Harvard University Press, 1959), p. 84.

表)說出「明道」與「救世」時，他顯然認爲能夠經世的儒家之道並不是通過內省察識的形而上本體[16]。在別處，他進一步闡述道：「必有濟世安民之識，而後可以考古證今。」[17]故據顧言，社會使用或社會實踐是儒家經學中道的本質。事實上，宋明理學中道之體與道之用的二元對立，被作爲佛教概念而徹底拋棄。有趣的是，儘管李顒與李塨(1659-1733)在智識方向上迥乎不同，但在體、用二元性並非起源於儒家這一點上達成了共識[18]。李顒完全同意其友顧炎武的觀點，他認爲如果我們一定要堅持對體、用作區分，那麼儒家之體眞正存在於「明道」之中，而儒家之用眞正存在於「經世」之中[19]。

我認爲，此討論正好闡明了上引復社的宣言：「興復古學，將使異日者務爲有用。」從內部解釋的方法來看，經世思想已內在於新儒家的靜坐主義到習行主義的轉型之中。16世紀初期，泰州學派的趙貞吉(1508-1576)計劃編纂一部名爲《經世通》的歷史之作[20]。該學派中的李贄，也在其綜合史學巨製《藏書》中列出了經世之士的傳記譜系[21]。稍後，利瑪竇的一位朋友馮應京(1555-1606)，編纂出二十八卷本《皇明經世實用編》這套百科全書。此書把經世思想帶到新儒家意識之中，因而有著很大的影響。李對該書把古代儒

16　《顧亭林詩文集》(中華書局，1959)，頁103。
17　同上，頁95。上引梁啓超書英譯本，p. 32。
18　李顒，《二曲集》(北京，1930)，16:7a-9:b；李塨，《恕谷後集》，《顏李叢書》本，13:5a-6a。
19　《二曲集》16:8a。顧的答覆引用在9a。
20　《明儒學案》，第6冊，頁100。
21　見《藏書》第13與14章。

學與當代實際相結合這一做法大爲讚賞[22]。由書名還可斷定，《皇明經世文編》的編纂極可能受了它的影響。這些事例不僅印證了清初經學研究的興起可能與晚明經世趨向有部分關聯這一現代觀點[23]，而且使我們更確切地把這一趨向的起源追溯到16世紀後半期。

最後，在談到經世趨向時，不得不提及陳榮捷對清初程朱學派的細微剖析，而這一方面恰恰爲當代大多數研究所忽視。陳榮捷通過對李光地(1642-1718)《性理精義》內容與編排的詳盡檢討，發現其精神中有「把對實際事物關心置於抽象事物之前」(頁561)的成分。李對「大本」的處理經常被引用，以說明發生了一個從抽象事物到具體事物的清楚轉變。更爲重要的是，李光地決不是顯示發生類似智識轉變的唯一一位程朱學者。相反，清初整個程朱學派都朝「經世致用」的方向發展。正如陳榮捷文中所引，程朱學派的傑出領導者陸世儀(1611-1672)說：「六藝古法雖不傳，然今人所當學者，正不止六藝。如天文、地理、河渠、兵法之類，皆切於用世，不可不講。俗儒不知內聖外王之學，徒高談性命，無補於世，此當世所以來迂拙之誚也。」陳榮捷因而認爲「實踐精神尚懸而未決」(頁564)，這是切中肯綮的。陳榮捷通過扎實的論證指出，就如同新儒家形而上學中的「氣」受到重新重視一樣，經世的傾向也突破了程朱與陸王的門派藩籬。

17世紀新儒學的智識轉變，最終落實到一般所說的清代考證之學，即強調對經文的考釋(爲了方便，我簡單依照倪文孫[David S. Nivison]的觀點，稱之爲清代的考證學)。乍一看，明代理學與清

22　《恕谷後集》13:4a。

23　陸保黔(Lu Pao-ch'ien音譯)，〈論清代經學〉，見《歷史學報》卷3(1975年2月)，頁1-22。

代考證學除了擁有共同的儒家譜系以外，幾乎沒有什麼共同點。正因為如此，清代考證學的興起被視為對明代理學的一種否定。我在別處已探討過此問題，並得出結論，從新儒家發展的「內在理路」看，明清思想是具有延續性、而非斷裂的[24]。現在，錢新祖與裴德生通過兩個個案的研究，深化了對這一問題的認識。

　　錢新祖的研究之所以有趣，是因為它把中心任務放在處理「焦竑(1540-1620)作為左翼學者的身分與他作為清代批判性學者的先鋒的身分明顯相互矛盾」上，更重要的是，這還意味著「只有把陽明心學的左派看成是策源地，清初漢學的勃興才能得到合乎邏輯的解釋」(頁276)。像錢新祖所指出的那樣，左翼人士焦竑本質上是一位有著強烈調和傾向的新儒家。他樂意接受釋、道二家的思想清楚地顯示出，他受了其師羅汝芳(1515-1588，精通釋、道二家學說)與其友李贄(在晚明所謂的「三教合一」運動中聲名顯赫)的影響。作為清代考證學的一位開創者，焦竑是晚明時期提倡用語言學方法來研究儒家經學的最早的一位新儒家，正如錢新祖文中所引，焦竑以為，《詩》應在音訓方面來討論，其餘經學應借助於其語言來理解(頁292)。錢得出結論：

> 焦竑用其基本的儒學評判，綜合釋、道二教道的概念為不可言喻的真理，並在其思想中建立了多元論哲學，再加上高度強調自我獨立、思想自主，從而一起在邏輯上導向反

24　"Some Preliminary Observations on the Rise of Ch'ing Confucian Intellectualism," *Tsing Hua Journal of Chinese Studies*, new series, XI, nos.1 and 2(December, 1975), pp. 105-146.編按此文已收入本書第7章；《歷史與思想》(台北，1976)，頁87-165；《論戴震與章學誠》(香港，1976)。

抗程朱正統權威，導向了提倡以訓詁為解經的方法。他在學術批判上的開拓性深深地根植於泰州學派的哲學。(頁296)

對於上述陳述，我感到有些疑惑。如果作者所提到的「訓詁小學」與「學術批判」是指清代考證學(漢學)，那麼須承認，我看不出這些與焦竑的「多元論哲學」或「泰州學派的哲學」有「邏輯」上的聯繫。首先，恰好因為「釋、道二教道的概念」需要澄清，故清代考證學家們呼籲人們要回到經文本身。其次，在焦竑以前(從王艮到羅汝芳以及李贄)，泰州學派中沒有任何一位學者對考證學感興趣。顯而易見，焦竑經學考證的哲學進路另有所本。

由於錢新祖的論文兩次引用了我的觀點，在此我想闡明一下我的立場。首先，在我較早的一篇論文中，我並不像他那樣簡單地把「智識主義」同程朱學派聯繫起來，也未把陸王學派等同於「反智識主義」。我所說的是，在新儒家傳統中智識主義與反智識主義之間存在著一種張力，這分別源於程朱學派的「道問學」以及陸王學派的「尊德性」。但在新儒家原始語境中，二者是和諧互補的。首先，「尊德性」意味著通過理解我們真正的本性來達到喚醒道德信仰，而這一本性構成了道的倫理本質；其次，「道問學」意味著，在掌握客觀知識(被認為擁有一種內在的道德素質)方面的每一次進步，都意味著朝喚醒道德信仰的方向前進了一步。故一般來說，尊德性與道問學可分別理解為新儒學中的倫理要素與智識要素。

為何「道問學」會引起智識主義，這不難理解。但「尊德性」與反智識主義的內在聯繫則需要作一解釋，這種情況是由於以陸王學派為主要代表的一些新儒家認為，人類德性的恢復只依賴於「德

性之知」的修養。這種「德性之知」已超過了普通的「聞見之知」，達到了更高領域。這一觀點的極端化是以智識之知爲自我道德修養的障礙。正因爲如此，王陽明的許多第一代弟子便轉入到了反智識運動中[25]。在新儒家歷史中，明代是以尊德性爲特徵的時代，知識對道德修養而言，顯然處於從屬地位。在明代初期，甚至程朱學派也露出反智識主義的端倪。直到16世紀末與17世紀初，新儒家的鐘擺才逐漸擺到並最終穩定在智識主義一邊。故當論及「智識主義」與「反智識主義」時，我並未對程朱與陸王二派細加辨析，而是指出在新儒家的理論預設中發生了一次根本性轉變，而這種預設對新儒家內部各派均有影響。其次，並非如錢所言，我沒有認爲焦竑對考證學感興趣是源於其「智識主義」（頁296）。我原來的想法是，把焦竑視爲一個過渡角色也許更合適，其智識活動處在新儒家從「尊德性」到「道問學」（也可理解爲從「反智識主義」到「智識主義」）的轉變中，具有醒目的象徵性[26]。當他在「三教合一」上形成「多元論哲學」思想時，他實際上給「尊德性」時代劃上了一個句號。他的這種思想幾乎被清初像顧炎武、黃宗羲、王夫之等所有重要的新儒家所排斥。而當他忙於考證實踐時，他又迎來了道問學的新時代。從學派的思想觀點來看，這種考證實踐與恢復人的本然善性毫不相干。焦竑的思想是否前後一致，這屬於解釋學的任務，但其智識活動既與明代理學不完全一致，亦與清代考證學不完全相同，此點當確定不移。 在同種意義上，焦竑是一個過

---

25 關於王陽明學派的反智識主義，見熊十力，《十力語要》（台北，1971），4:24a。

26 爲了更深入地闡明這二個術語，可參 "Some Preliminary Observations on the Rise of Ch'ing Confucian Intellectualism," pp. 137-144.

渡角色；而方以智(1611-1671)的思想與學術，也打上了過渡的烙印。在1644年北京淪陷之前，方基本上完成了其考證方面的不朽之作《通雅》。但生命中的後二十年，很大程度上由於環境的巨變，他成了一個和尚，並轉向以他自己的方式宣講「三教合一」的道義。有證據清楚地顯示，方氏思想中的調和成分是有家族淵源的，其外祖父吳應賓是林兆恩(1517-1598)這位「三教宗師」的信徒[27]。但由於比焦竑晚七十年出生，因而方氏與焦氏的區別顯而易見：焦活躍於此過渡期的初期，而方趕上了尾聲。這至少部分解釋了為何方的考證學在清代受到了普遍歡迎，而其義理之學卻很快被忘卻。相比之下，焦氏有關新儒家形而上學的論文吸引了讀者，其深受歡迎的情形用黃宗羲的話說是「如水赴壑」[28]。值得注意的是，直到仙逝前，方對考證學的興趣都一直保留著。裴德生指出「方以智這位僧侶雖然不再繼續他自己早年的追求，但也不否定那些工作」（頁376）。但值得進一步引起注意的是，在其僧侶生活中，阻止方氏繼續從事考證研究的並非是他的興趣轉移，而是由於書籍匱乏[29]。再者，作為一佛教僧侶，方一直密切關注著儒學，他在為青原書院撰寫的一篇文章中提出「藏理學於經學」[30]。確實令人匪夷所思的是，方所獨立構建出來的這一理論與顧炎武的著名理論「經學即理學」有高度相似之處，幾乎堪稱孿生兄弟。可見，新儒家的「道問學」運動此時正以何等的氣勢突飛猛進。

---

27 見拙著《方以智晚節考》（香港，1972），頁64-65。
28 《明儒學案》，第7冊，頁46。
29 方中履(以智之子)曾想在青原山建造一藏書樓，見《青原山志略》(1669)，3:33a-35b。
30 同上，「發凡」章，4b。

　　裴德生的研究集中在方以智與耶穌會士傳到中國的西學的聯繫上。但在明清智識轉變過程中，把方氏探討西學的方法與格物問題聯繫起來更爲重要。裴德生指出：「在17世紀發生了一場運動，把知識分子的關注從主流的對格物的解釋，轉變爲後來所謂的清學的解釋，方以智是這場運動一部分。」(頁369)他的這一論斷是有充分根據的。裴德生仔細比較了王陽明的「格物」觀與方以智單獨對「物」所作的定義，然後得出結論：

　　　　一個多世紀前的王陽明，提出與「心中之物」相比，「心外之物」不值得去「格」，現在方氏用「聞見之知」修正了(王陽明)對「物」的界定。(頁278)

更爲重要的是，通過對方的個案研究，裴德生成功地確立了明代理學與清代考證學的歷史性聯繫。「方以智不但撥正了格物的方向」，裴德生指出：

　　　　他還捲進了對致知的再解釋的運動之中。他對知識積累的強調與對反省方法的否定，預示著清代考證學的兩大特徵嶄露頭角。(頁400)

由是觀之，方以智爲我們提供了清代儒家智識主義興起的一個絕佳例子。

　　我曾在另一篇論文中指出：「從明代到清代的智識轉變，是以

新儒學的中心由尊德性向道問學轉移爲主要特徵的。」[31]方以智將格物的方向撥正到指向外在於心靈的世界，也顯示了這一重心的轉移。此處我們也可引用劉宗周關於「聞見之知」的觀點作爲另外一例。從王陽明開始，「德性之知」與「聞見之知」的區分已被強調爲「聞見之知」與德性無關。對這一極端的反智識主義，劉宗周深爲不滿，認爲這種區分子虛烏有。依他之見，人類的道德意識不僅與其智識本質不相分離，而且在運行上也依賴於此智識本質[32]。已故的唐君毅教授正確評述道，相比於王陽明及其弟子，劉氏更加強調經學與史學。明乎此，則像劉宗周這樣的德育老師的門下何以能培養出黃宗羲這樣的儒家學者便不難理解了（頁327）。從內部解釋學的觀點看，清代經學與史學的成長可能要通過多種方式來解釋。前面所述的經世趨向便爲其中一種，它把文獻考證引入到理學辯論中。但從劉宗周與方以智的情況來看，最根本的改變應該是，儒家精神中長期受到壓抑的道問學的傳統開始積極地尋求自我表達。從方以智對格物的重新定位可以看出，從尊德性到道問學的轉變同從靜坐主義到習行主義，以及從內斂型到外向型的新儒家轉變，實際上是齊頭並進的。

最後，荒木、吳佩怡和格林布賴特對晚明佛教的三篇有價值的研究，也加深了我們對新儒家轉變的理解。狄百瑞在序中指出，16至17世紀佛教徒的復活，在很大程度上是對王陽明學派帶來的強大刺激的反應，因而能折射出新儒家的趨向。荒木的論文，對從王陽明時代開始佛學與新儒學之間的複雜關係作了清楚的描述。著名高

31　"Some Preliminary Observations on the Rise of Ch'ing Confucian Intellectualism," p. 126.

32　劉宗周，《論語學案》，見《劉子全書》（1824），29:31a。

僧藕益智旭(1599-1655)對其大致情況歸納得相當精彩,「佛法的
興衰與儒說的興衰相伴而來」(頁54)。這完全證實了晚清傑出的學
者沈曾植對這一問題的洞見[33]。荒木把這個時期佛教徒的信仰特點
歸納爲「與日常生活緊密聯繫」,佛學與新儒家一樣,也經歷著從
內斂的清靜無爲到外向的積極有爲這樣的根本轉變。格林布賴特精
闢指出,「明末佛教運動的方向,更偏向於積極而不是沈思,更偏
向於道德而不是理論,更偏向於入世而不是出世」。作者心目中的
大德雲棲宏(1535-1615)便是一具體例證,他極力強調道德行動而
相對忽視教義問題(頁131)。甚至在晚明佛教中也能發現與新儒家
相對應的經世思想。這在紫柏達觀(1544-1604)對用的重新界定上
尤爲彰顯。依達觀之見,「用」不再是禪宗的「反應」的消極功
能。相反,它「意味著通過啓發經驗來發現世界的歷史眞實性」
(頁59)。像儒家的「道」一樣,佛法也在外部世界以一種積極的方
式來激活功用。

　　最爲重要的是,我們甚至可以在晚明佛教中捕捉到類似新儒家
內部從尊德性到道問學發展的智識主義運動的苗頭。吳佩怡指出
《楞嚴經》在明代的廣泛普及性,並且提到了袾宏和智旭是該經的
著名注釋者。吳的研究告訴我們,德清(1546-1623)也有三種此方
面的注釋之作(頁80)。事實上,佛門對《楞嚴經》的巨大興趣,只
是此時佛學的顯著發展的冰山一角。如智旭可能是明代最偉大的佛
學家,其著作不少於五十部,總共約有兩百卷。其《閱藏知津》是
一部綜合性的關於佛經注釋的目錄學著作,至今仍不失爲重要的參
考之作。

33　沈曾植,《海日樓箚叢》(上海,1962),頁214。

我們知道，禪宗強調從一思想者到另一思想者要靠「不立文字」的直接傳授。正像新儒家重返六經一樣，晚明時期佛教僧侶也開始產生了關於「文字」的偏激觀點。例如，紫柏達觀(又名眞可)曾相信一個人只有知道怎樣「執文字，立文字」，方可獲得眞理[34]。但五十年後當佛教智識主義取得重大發展時，智旭便開始得出偏激的結論：「與經有一字之差，便入異端。」依他之見，眞正的教導只存在於經的原文中。若無佛經教義的指引，僅通過玄思冥想是不能獲得眞理的。也正是因爲這樣，他才轉向了研習《楞嚴經》以及其他重要經文[35]。

明代末期全國佛教藏書樓的增多，進一步說明了佛教智識主義的興起。研究明清佛教史的權威陳垣指出，在佛教界普遍進行著擴建寺廟藏經閣的運動。16世紀末與17世紀初，雲南與貴州頗具規模的寺院幾乎都擁有一套完整的大藏經。紫柏達觀對此運動也貢獻頗巨，在很大程度上由於其倡導，整部大藏經首次以普通著作的形式出版，這爲收集與閱讀提供了極大方便[36]。陳垣講：

> 明季心學盛而考證興，宗門昌而義學起，人皆知空言面壁，不立語文，不足以相攝也，故儒釋之學，同時丕變。問學與德性並重，相反而實相成焉。[37]

陳垣的上述論斷簡明扼要，抓住了這一轉變的精神實質。在結論中

34　引自《青原山志略》，「發凡」章，5a。
35　釋聖嚴，《明末中國佛教の研究》(東京，1975)，頁283-286。
36　陳垣，《明季滇黔佛教考》(北京，1962)，卷2，特別是頁92-96。
37　同上，頁86。

我們要問，在17世紀智識轉變中的早期階段，大張旗鼓的自我宣傳的經世趨向到底發生了什麼轉折？爲何這一智識轉變止步於考據學？這兩個問題僅依靠智識歷史的內部方法，是難以回答的。我在別處說過：

> 道的外在功能「經世」……超越了思想領域，唯有依靠外
> 在因素方能最終解決，而這些外在因素是儒家思想家個體
> 所難以控制的。[38]

我認爲，第一個問題與墨子刻(Thomas A. Metzger)所稱的「連鎖問題」(the problem of linkage，一個值得深入探究的重要思想)緊密相關[39]。關於第二個問題，我只希望學術界對清初顏李學派的命運加以注意。不幸的是，儘管顏元對「實」與「用」極力強調，但由於他在儒家思想的內部世界與政治現實的外部世界中未建立任何「聯繫」，故重組社會的熱情使他無法立足。具有諷刺意味的是，儘管他對「紙墨世界」懷著強烈的反感，但未能成功地阻止其信徒李塨捲入考證之爭。只要顏元與李塨聲稱他們的思想源於孔、孟，那麼他們就永遠擺脫不了植根於儒家經典內部中的形形色色的哲學問題。此處我們可以看到，除了外力的因素，顏李學派的命運是被他們自己創造的由經世到考證的邏輯所決定的。

林理彰對王士禎詩歌理論的透徹研究，值得文學家與歷史學家

---

38 "Some Preliminary Observations on the Rise of Ch'ing Confucian Intellectualism," p. 120.

39 *Escape from Predicament, Neo-Confucianism, and China's Evolving Political Culture* (Columbia University Press, 1975).

們密切關注，限於本文的題目，此處我只作簡單的評論。在免受現代「有機論」偏見影響的前提下，林理彰在對中國整個詩歌傳統進行評估時顯示了自己對文化的敏銳感覺。他力圖在中國詩學與哲學上建立聯繫，其論文給新儒學的展開提供了一個新的向度。他認爲「悟」在哲學與詩學上本質相同(頁256)，這一點毋庸置疑。三十年前錢鍾書也有相似的發現，他在文學批評的現代經典《談藝錄》(顯然林理彰未曾寓目)中，引用高攀龍與陸世儀之語來支持此說[40]。事實上，《談藝錄》廣泛討論了王士禎的詩歌理論，以及他的先驅(包括陸時雍)對「神韻」的使用，這些在林理彰論文中也有所涉及(頁264，註112)。

最後，有趣的是林理彰指出，袁宏道(1568-1610)希望把劇本與傳奇小說抬到與唐詩同樣高的位置(頁237)。在此方面要引起注意的是，一個世紀以後，劉繼莊(1648-1695)甚至更進一步地把劇本、小說與六經進行比較[41]。而依我之見，對劇本與小說態度上所發生的這種改變，一定要結合17世紀中國智識轉變的背景來理解。

據 "Toward an Interpretation of the Intellectual Transition in Seventeenth-century China," *Journal of the American Oriental Society* 100.2[1980]: 115-125譯出。

(程嫩生　譯)

40　錢鍾書，《談藝錄》(上海，1948)，頁115-119。
41　《廣陽雜記》(商務印書館，1941)，頁98。

9
戴震與朱熹傳統

　　在〈朱陸〉篇以及〈書朱陸篇後〉中,章學誠(1738-1801)彰顯了戴震(1724-1777)與朱熹(1130-1200)的智識聯繫,並作了原創性的評價。一開始,章氏指出,從智識譜系看,戴較多地繼承朱熹的傳統,都強調經學為儒家的天職。但戴得益於身處清代考據學的鼎盛時期,故其經學研究方法自然超越朱熹。而戴未意識到自己的智識之源,他不僅在考據學方面訾議朱熹,而且宣稱朱學已經過時[1]。章的批評揭示了歷史連續性的內涵:清代考據學與其說是同宋明新儒家傳統的一次徹底決裂,毋寧解釋為一個內部的發展更為合理[2]。

　　在本文中,我的考察對象主要是戴震同朱熹傳統的智識聯繫。首先,我明確提出兩個問題:一、章認為在清代中期學術史中,戴為朱的真正繼承者,這一判斷在何種程度上是成立的?二、就新儒

1　章學誠,《文史通義》(北京,1956),頁53-59。

2　我在《歷史與思想》(台北,1976)頁87-156,以及專題研究《論戴震與章學誠》(香港,1976)中得出此論題。值得注意的是,清代「考證」傳統的傑出繼承者,已故的顧頡剛先生(1893-1980)臨終前開始意識到清代考證學與宋學之間的歷史延續性。他認為章〈朱陸〉篇能證實此延續性,故他特別要求我們引起注意。參見其論文〈徹底批判「幫史學」,努力作出新貢獻〉,載《中華文史論叢》,第七輯(1978年7月),頁50-51。

家發展的內在邏輯而言,我們又如何解釋戴對朱熹哲學系統的批判?

關於第一個問題,確有幾個根據來證實章的觀點:首先,可以令人注意到的是戴的地理背景,戴出生於安徽南部的徽州,而徽州也爲朱熹的出生地。這是一個朱熹傳統從未中斷的地區,尤其17世紀初由於東林學術的影響,朱子傳統便在當地復活。一般而言,該地的朱熹研究沿著兩條路線發展:其一,在《四書章句集注》以及新儒家手冊《近思錄》(朱熹與呂祖謙[1137-1181]共同編纂)的基礎上,對朱熹思想進行再認識;其二,在傳統學術領域中,借助清代考據學這一新興武器,繼續朱熹未能完成的儒家三《禮》(《禮記》、《儀禮》、《周禮》)研究[3]。眾所皆知,戴的學術生涯基本上沿著這二條路線。無疑,戴震早期所接受的地方傳統,對他一生同朱熹思想與學術所作的鬥爭起到了定型的作用。事實上,我們可以在清代找到一些例子來證明一些學者受地方學術傳統塑造的影響,如李紱(1673-1750)成爲陸象山(1139-1191)的維護者很大程度上與其故鄉江西臨川有關聯;章學誠自我定位爲王陽明(1472-1528)後學也是基於他的出生地是在浙東。

其次,戴震的良師益友江永(1681-1762)也出生於徽州,畢生致力於朱學。1742年江永的至今仍具有權威性的《近思錄》注本最終定稿[4]。1750-1754年戴在江的引導下,在紫陽書院從事經學考證

3　錢穆,《中國近三百年學術史》(上海,1937),第1冊,頁307-312;江藩,《漢學師承記》(《萬有文庫》本,上海,1931),第2冊,頁1-4〈江永記〉;江藩,《宋學淵源記》(《萬有文庫》本),頁19〈吳慎記與施璜記〉。

4　參見陳榮捷關於江對朱熹與呂祖謙評論的箚記,*Reflection on Things at Hand, The Neo-Confucian Anthology*, Wing-tsit Chan(陳榮捷)譯(New

與算學研究。戴的學術經歷對其智識視野產生了深遠的影響。以良師益友爲模範，他相信在儒家經學研究中，既要承襲漢學，也要接受宋學(特別是朱學)[5]。

第三，清代的考據學運動在很大程度上仍屬於「道問學」的朱熹傳統。儘管此點尚待深入研究，但可以肯定的是，朱熹「格物致知」理論包含了經學考據。事實上，在用考證恢復經文原貌方面，朱熹堪稱一巨擘。在許多方面，朱熹均領先於清代考據學家們[6]。朱熹曾向一位朋友吐露，他熱衷於耗時的「考證」學[7]。我們可以認爲，儒家經學中考證的進步與修正是其智識系統的一個內在特點。由此看來，清代學者在繼承朱熹義理之學的同時，也應對其進行考證上的批評才合乎邏輯。如清初閻若璩(1636-1704)公開宣稱他用漢代考據學維護了宋代義理學[8]；戴震對福建的朱熹傳統所作的描述，亦與此近似[9]。閻在《四書釋地》中訂正了朱的一些錯誤。事實上，這些都可視爲以考證形式對朱作了一種微妙的維護[10]。因此，江永與戴震努力對朱熹進行考據化的更新，實爲朱熹傳統的眞實精神。

(續)

York, 1967), pp. 343-344,以及胡適的〈戴東原哲學〉，載《近代中國學術論叢》(香港，1973)，頁187。

5　戴震，〈與方希原書〉，見《戴震文集》(趙玉新點校)(香港，1974)，頁143-144。

6　張舜徽，《中國史論文集》(武漢，1956)，特別是頁82-91；錢穆，《朱子新學案》(台北，1971)，第5冊，頁191-341。

7　朱熹，〈答孫季和(應時)第二書〉，見《朱文公文集》(《四部叢刊》初編縮本)，卷54，頁960。

8　錢穆，《中國近三百年學術史》，第1冊，頁232。

9　戴震，〈閩中師友淵源考序〉，見《戴震文集》，頁158。

10　江藩，《漢學師承記》，第2冊，頁58。

最後，與章學誠所宣稱的相反，戴震在很大程度上意識到自己在智識上受惠於朱子。大概1750年在致是鏡(字仲明，1693-1769)的一封信中，戴竭力維護朱熹的「考據學」傳統以反對陸王學派的反智識主義，信云：

> 僕聞事於經學，蓋有三難：淹博難，識斷難，精審難。三者，僕誠不足與於其間。其私自持，暨爲書之大概，端在乎是。前之人博聞強識如鄭漁仲(鄭樵，1104-1162)、楊用修(楊愼，1488-1559)諸君子，著書滿家，淹博有之，精審未也。別有略是而謂大道可以徑至者，如宋之陸，明之陳(陳獻章，1428-1500)、王，廢講習討論之學，假所謂「尊德性」以美其名，然舍夫「道問學」，而惡可命之「尊德性」乎？[11]

在朱熹、陸九淵之間有名的「尊德性」與「道問學」之爭中，戴顯然站在朱的立場，如我們所知，朱曾向一位友人敘道，他與陸所強調的「德性」迥乎不同，他更多地是以「問學」爲導向的：

> 大抵子思(前492-前431)以來教人之法惟以尊德性、道問學兩事爲用力之要。今子靜所說，專是尊德性事，而熹平日所論，卻是問學上多了。[12]

---

11 戴震，〈與是仲明論學書〉，見《戴震文集》，頁141。
12 朱熹，〈答項平父〉，見《朱文公文集》卷54，頁962。

　　但陸得知朱此語時，便簡單反駁道：「既不知尊德性，焉有所謂道問學。」[13]毫無疑問，戴在此信中對朱、陸思想作了一些權衡。在上文所引的末一句中，戴顯然站在朱的立場上來反駁陸。另外，戴在早期作品中不僅認為程朱學派「理精義明」[14]，而且在考證基礎上加以維護。如他嚴守程頤（1033-1107）與朱熹所校勘過的《大學》定本[15]。他也付出甚多心血，將朱從《易》的研究困境中解救出來[16]。

　　現在，我開始討論第二個問題，這個問題比上一個問題更為紛繁複雜。戴震對朱熹的批判有著深層的心理因素，此點我在別處已言及[17]。在本文中，我將用思想史的觀點來對此問題單獨進行檢討。在章學誠作品的有趣引導下，我們可看到明清時期所發生的從尊德性到道問學的智識轉變，此轉變最終導致了18世紀儒家智識主義的興起[18]。戴震對朱熹傳統態度上的改變，我認為是對這一轉變的有力闡釋。錢穆教授（1895-1996*）認為，1757年戴震與惠棟（1697-1758）初晤於揚州，在惠的影響下，戴才對朱熹傳統中的義

13　《語錄‧上》，見《象山先生全集》（《四庫叢刊》初編縮本），卷34，頁261。

14　戴震，《經考》（安徽叢書，第六函，1936），卷5，頁7a-8a。

15　戴震，《經考附錄》（安徽叢書，第六函，1936），卷4，頁21a，頁22b-頁23a。

16　《經考》卷1，頁3a，頁19b；《經考附錄》卷1，頁22a。更多細節參見我的《論戴震與章學誠》，頁154-164；以及楊向奎的《中國古代社會與古代思想研究》（上海，1964），第2冊，頁920-922。

17　《論戴震與章學誠》，頁83-132。

18　參見我的 "Some Preliminary Observations on the Rise of Ch'ing Confucian Intellectualism"（見本書第7章）和 "Toward an Interpretation of the Intellectual Transition in Seventeenth-century China"（見本書第8章）.

*　編按此文原刊時錢穆先生尚健在，故卒年繫這次編譯時添加。

理學進行了批判[19]。一般認為，戴在《孟子字義疏證》中對儒學關鍵詞「理」的再闡釋深受惠棟《易微言》的啓發[20]。但細讀《易微言》便可發現，《易微言》中亦蘊含著智識論者一些其他的初期思想，而這些思想在戴的義理之作中得到了淋漓盡致的發揮。

惠的智識論在強調「積」的思想時，最為清晰。而這種「積」的思想源於儒家智識論的創始者荀子。在〈聖學尚積〉的開頭，他便引用了包括《荀子》在內的一些儒家經典來展示通過日益積累方可獲得儒學知識[21]。這意味著，必須排斥任何以道德直觀呈現知識的學習方式，包括《大學章句》這樣經過朱熹修訂的穩妥版本（moderate version）[22]。惠以同樣的方式對「一貫」這一關鍵詞作了新的闡釋，他從詞源學上論證了「貫」通常義為「積」，故道也是一點一點地累積而成[23]。他更進一步指出，「一」對於孔子僅僅意味著開始，但對於莊子（前365-前290？）則意味著結束。在對「一」所作的重新闡釋中，宋代新儒家學說遵循的實為道家而非孔子[24]。要引起注意的是，戴震後來對這一點進行了細密的分析[25]。

19 錢穆，《中國近三百年學術史》，第2冊，頁322-324。這次會晤很重要，不僅記錄在段玉裁《戴東原先生年譜》中（見《戴震文集》，頁223），而且記錄在李斗《揚州畫舫錄》中（北京，1960），卷10，頁230。
20 胡適，《戴東原的哲學》（上海，1927），頁51-53；楊向奎，《中國古代社會與古代思想研究》II，頁918。據錢穆，《中國近三百年學術史》，第2冊，頁324-327言，惠《易微言》對戴最後修訂《原善》（1766）在方法上產生了巨大影響。《易微言》收於惠《周易述》中。
21 《惠氏易學·周易述》（台北，1970），第1冊，頁773-775。
22 James Legge（理雅各）譯, *The Great Learning, in The Chinese Classics* (Hong Kong, 1960), 1, pp. 365-366.
23 《周易述》，頁697。
24 同上，頁703。
25 例見戴震《孟子字義疏證》（北京，1961），頁52-59。

可能受惠棟治學方法的影響，戴爲了強調「積」的思想，也從《荀子》中旁徵博引。他完全贊同荀子(前310？—前230？)「聖可積而致」的論點[26]。當然，戴認爲「積」是「學識的積累」，其結論便是，道德至善只有通過逐漸擴充智識方可獲得，而此智識在本質上與動物有別[27]。

　　但戴震不像惠棟那樣對宋代新儒家學說在本質上作純破壞性的批判，而是想通過修正與改造來挽救朱熹的智識體系。儘管在某些具體的哲學問題諸如「理」、「欲」等方面與朱子有很大分歧，但他好像永遠沒有擺脫同程朱傳統的智識聯繫。種種　象充分表明，他一直反對朱子體系中的幾個基本觀點。如上所述，在強調儒學中的智識要素——道問學方面，他站在朱的立場上。在這方面，在擺脫程朱傳統後，他的立場仍保持不變。在《緒言》中他確實對程朱與陸王傳統進行了譴責，但細繹文義便可發現，他在批判此兩派時又有所區別。依他之見，二程與朱子的錯誤僅限於借鑑了佛教的名相，而陸王則援佛入儒，罪不容恕。另外，當在良知本旨上討論知識時，王陽明實際上與佛、老反智識主義沆瀣一氣，完全摒除了聞見之知[28]。甚至在著名的致彭紹升(字允初，1740-1796)信中(此信寫於其死前僅一月左右)，戴仍重申此點[29]。毫無疑問，就儒學智識基礎而言，戴僅在程度上有別於程朱學派，而與陸王學派的分歧則是在類別上。

26　《孟子字義疏證》，頁31-32。
27　同上，頁28-30。
28　《緒言》下，見《孟子字義疏證》，頁121。
29　〈答彭進士允初書〉，見《孟子字義疏證》，頁161-170。此信的寫作日期見段玉裁《戴東原先生年譜》，頁240。

在新儒家哲學極其敏銳、富於戰略性的核心領域裡，甚至可以看出，戴一生都是朱的信徒。眾所皆知，朱知識體系的基石是知先於行的論點，儘管知與行常相互依靠、相互補充[30]。後來王陽明以明代的庸俗化形式與之奮力相抗，直到1509年能夠以著名論題「知行合一」來反對爲止[31]。戴在此重要問題上堅持朱子之說，他認爲所有異端理論都具有兩個基本特點：一、他們不是尋求去蔽，而是提倡無欲[32]；二、他們首先不強調知而強調行[33]。再者，在儒學中知通常先於行，其云：

聖人之言，無非使人求其至當以見之行；求其至當，即先務於知也。凡去私不求去蔽，重行不先重知，非聖學

---

30 朱熹思想中的「知」、「行」整個問題太複雜，此處不細談。簡言之，其觀點在他〈答吳晦叔〉中可以找到，〈答吳晦叔〉云：「夫泛論知行之理而就一事之中以觀之，則知之爲先，行之爲後，無可疑者。」見《朱文公文集》，頁42，頁710。也可參《朱子語類》（台北，1973），第1冊，頁235-236。爲了全面了解此問題，參錢穆，《朱子新學案》，第2冊，頁379-405。

31 錢德洪，《陽明先生年譜》，見《王文成公全集》（《四庫叢刊》初編縮本），卷32，頁910-911。也可參《傳習錄》，同上，卷1，頁58，以及陳榮捷譯，*Instructions for Practical Living and Other Neo-Confucian Writings by Wang Yang-ming*(New York, 1963), pp. 11-12. 有關此論題的文章太多，此處不一一羅列。最近討論「知行合一」的英文論著可參Julia Ching(秦家懿), *To Acquire Wisdom, The Way of Wang Yang-ming*(New York, 1976), pp. 66-69,以及Tu Wei-ming(杜維明), *Neo-Confucian Thought in Action, Wang Yang-ming's Youth*(1472-1509)(Berkeley, 1976), Chapter IV.

32 《孟子字義疏證》，頁54。關於戴所討論的「蔽」，參《孟子字義疏證》中的《原善》，頁72；英譯見Chung-ying Cheng(成中英), *Tai Chen's Inquiry into Goodness*(Honolulu, 1971), p. 99.

33 《孟子字義疏證》，頁57。

也。[34]

需要指出的是，此處「蔽」一詞借用於荀子。依據荀子對邏輯結論的推理，戴也認為，去蔽的方法僅為求知[35]。

作為儒家思想家，戴當然要討論德性問題。在處理此問題時，他通常強調德性的智識基礎。他排除了存在一種獨立於智識之外的內在的德性知識的可能性。他認為，當人們通過考證而獲得知識時，其德性將日益具體化，此點細述如下：

> 試以人之形體與人之德性比而論之，形體始乎幼小，終乎長大；德性始乎蒙昧，終乎聖智。其形體之長大也，資於飲食之養，乃長日加益，非「復其初」；德性資於學問，進而聖智，非「復其初」明矣。[36]

以這種方式，戴實際上把新儒家學說的智識成分推到了極點。彭紹升一定掌握了戴《孟子字義疏證》中的大多數要點，故他特別指出：「是謂德性不足以盡道，必以學問加之，則德性亦不足尊矣。」[37]儘管如前面所引，朱熹說他在教學中更多地注意到了「問學」，但這樣說並不一定意味著他置知識於德性之上。不管新儒家們是否有門戶差別，但他們一致同意以「尊德性」為首要、「道問

---

34 《原善》，頁72；*Tai Chen's Inquiry into Goodness*, p. 100.關於戴的思想受惠於荀子，可參錢穆，《中國近三百年學術史》，下冊，頁357-358。

35 《原善》，頁74；*Tai Chen's Inquiry into Goodness*, p. 107.

36 《孟子字義疏證》，頁15。

37 彭紹升，〈與戴東原書〉，見《二林居集》(1881)，卷3，頁18a。

學」爲次要。所以，朱子定會這樣回答「尊德性」、「道問學」的先後問題：「尊德性」才是終極目標，所有「道問學」的努力都是指向這個方向的[38]。雖然戴震未公開否認新儒家「尊德性」，但在對「尊德性」與「道問學」的聯繫加以重新界定時，他將德性智識化，最終它成了考證中的一個副現象（epiphenomenon）。換言之，他將程朱傳統中的德、知二元論轉換成了知一元論。

依據這一轉變，我們也更能理解爲何戴根本不滿程頤、朱熹詳於論「敬」而略於論「學」這一做法[39]。眾所周知，此二分法可參照於程朱最有名的公式：「涵養須用敬，進學則在致知。」「敬」獨存在於道德領域，而「學」則構成它的智識基礎。概言之，它們可能與基督教傳統中的虔誠與學問相類似。故戴的批評清楚地表明，他對知識擴充感興趣，而幾乎忽視了德性修習。胡適（1891-1962）正確指出，也只有在學問極盛的清中葉才能出現這樣的批評[40]。

對儒家「博」與「約」的討論也充分表明，戴對程朱傳統進行了思考。他就《論語》中「一貫」一詞的闡釋同朱熹展開了爭論[41]，他認爲：

> 道有上學下達之殊致，學有識其迹與精於道之異趣；「吾

38　事實上，這是王陽明選擇朱熹的一些作品來編《朱子晚年定論》的標準，參見《王文成公全書》卷3，頁160-169。

39　《孟子字義疏證》，頁15。

40　《戴東原的哲學》，頁81-82。

41　語出《論語‧衛靈公》：「子曰：賜也，女以予爲多學而識之者與？對曰：然，非與？曰：非也，予一以貫之。」英譯見D. C. Lau（劉殿爵）的新譯本, *Confucius, The Analects*（Harmondsworth, 1979）.

道一以貫之」，言上達之道即下學之道也。「予一以貫
之」，不曰「予學」，蒙上省文，言精於道，則心之所
通，不假於紛然識其迹也……《論語》曰：「多聞闕疑，
慎言其餘。」「多見闕殆，慎行其餘。」又曰：「多聞，
擇其善者而從之；多見而識之，知之次也。」又曰：「我
非生而知之者，好古敏以求之者也。」是不廢多學而識
矣。然聞見不可不廣，而務在能明於心。一事豁然，使無
餘蘊，更一事而亦如是，久之，必知之明，進於聖智，雖
未學之事，豈足以窮其智哉！[42]

這一段中有多處重點需引起注意：一、他反對宋代將「道」或
「理」作為有不同學術位置的一抽象化實體。依他之見，道與學術
在程度上相區別，而在種類上實同。「上達之道即下學之道」一語
有力顯示出，考證為儒家之道奠定了唯一可靠的基礎，這與上述他
的知一元論觀點吻合無間。二、有趣的是，為了得出此結論，他甚
至毫不猶豫地違背考據學的基本規則而求助於一條無文獻根據的校
勘。他將「予一以貫之」讀作「予學(一以貫之)」，這是一種哲學
觀點，而在考據學意義上實難令人信服[43]。三、在「然聞見不可不
廣，而務在能明於心」一語中我們發現，他已用獨特的觀點對
「博」與「約」的聯繫作了新的界定。同章學誠一樣，戴震所言之

42　《孟子字義疏證》，頁55。亦可參惠棟《易微言》對「一貫」一詞的討
　　論(《周易述》頁697-705)。
43　此為我們所熟知的漢語考證中的「增字解經」。胡適博士也指出，在
　　《原善》腳注中，戴對「格物」一詞作了哲學意義上的界定，但並未提
　　供任何佐證。參見《戴東原的哲學》，附錄，頁28。

「約」顯然已智識化[44]。但與章的「系統化」或「理論化」不同，戴在知識心理方面來界定「約」。作爲一傳統考據學家，戴當然深知儒家早期文獻中的「約」具有顯著的德性涵義，意味著「精於道」。爲了解決此難題，他機智地區分了兩種「約」：與「行」本質上相關聯的「約」是修身，與「知」本質上相關聯的「約」是啓發思想。他認爲這兩種情況都沒有一個爲人所知的抽象化實體[45]。理解了此點，他所使用的「修身」一詞便決不會與程頤與朱熹所稱的「涵養需用敬」相混淆。由於戴整個智識體系不接納內在的德性（宋明新儒家認爲此德性不僅可用人們的本性或思想來鑑定，更重要的是，它只能通過認眞的精神修養方可獲得），故戴震文中的修身思想所涉及到的儒家德性只不過被理解爲個人倫理罷了。此處戴對兩種「約」的區分，與顧炎武(1613-1682)判知識與德性爲二的作法是一致的[46]。

最後，我們必須把戴震的智識主義與他對新儒家重要術語「理」的重新闡釋聯繫起來。眾所周知，這一建立在考據學堅實基礎之上的新闡釋是戴震哲學體系的樞紐。應用到人類日常生活中，「理」不再像傳統中所認爲的那樣與「欲」、「情」相對立，而應合理地滿足「欲」、適當地引導「情」[47]。現代學者強調戴震有關「理」的理論具有深刻的政治與社會內涵，洵爲卓識。但通過研究，我敢斷言，戴重新闡釋的源頭，本質上是對程朱傳統中「理」

---

44 章學誠對「約」一詞的闡釋，可參見拙著《論戴震與章學誠》，頁64-65。

45 《孟子字義疏證》，頁56。

46 參見拙文 "Some Preliminary Observations on the Rise of Ch'ing Confucian Intellectualism," p. 126.

47 《孟子字義疏證》，頁1-3，頁8-10。

的智識化，這又與章學誠將王陽明的「良知」智識化極為相似。通過《孟子字義疏證》可以看出，他強烈反對把「理」當作一個完全自足的抽象化實體的新儒家正統觀念。特別值得一提的是，他對朱子把「理」界定為「如有物焉，得於天而具於心」，提出了質疑。據戴分析，我們便從邏輯上推出朱的反智識主義。因為如果「理」為一完全自足的抽象化實體，那麼它便不需要任何知識。他認為，這便確切地揭示了為何在佛教與道教中，知識難以容身。從為了恢復人類最初的道德思想或良知而幾乎全面排斥智識這一點看，陸象山與王陽明達成了共識。看來，使戴一籌莫展的是，朱把「理」與「氣」以及「敬」與「學」分離了開來。戴認為程朱傳統大體上追隨儒家智識主義的主流，但把「理」作為一個完全自我滿足實體的先決條件，使得程頤與朱熹(特別是朱熹)把「理」從「氣」範疇裡分離出來，結果把「理」放到了普通知識活動難以達到的境界。因此，為了尋求這個抽象化實體(即所謂的本體，戴認為不存在這樣一個實體)，他們最終要求助於「敬」這種「先天」的反省方法。結果，它破壞了程朱體系中「德」與「知」(蘊含於「涵養需用敬，進學則在致知」的公式中)的原初均衡。用戴自己的話講，程朱傳統「詳於論敬而略於論學」。簡言之，戴把「理」的自足視為儒家智識主義中的一個自相矛盾的腫瘤[48]。

為了克服程朱體系內部的不協調性，戴建議把「理」闡釋為「條理」。他最終的結論是，「敬」對於「理」的探索毫不相干，「敬」並不能幫助人找到「理」[49]。站在激進智識主義的立場上，

48　《孟子字義疏證》，頁13-20。

49　參見1777年1月14日戴致段玉裁的信，見《戴東原戴子高手札真蹟》(影印本)(台北，1956)，未標頁碼。

戴震得出這樣的結論可能是必然的。既然「理」不再被視爲一「得於天而具於心」的自足的抽象化實體,那麼不能再通過「敬」這種道德類型的內心想像獲得「理」。從實際情況看,戴所述「理」的本質基本上是智識的,只有通過「學」才能發現。通過堅持把「理」訓爲「條理」,戴震故意將新儒家這一關鍵概念從超越並賦予萬物以形狀與意義的先天道德原則轉換成萬物內在的不變規律或模式。故戴所強調的「事物之理,必就事物剖析至微而後理得」也就不足爲怪了[50]。這一改變至少在兩方面強化了儒家智識主義:一、它把儒學中的知識恢復到了應有的中心位置,因爲「條理」的發現須先占有剖析至微的客觀知識;二、它把漸進主義重建爲儒學中的一種導向性的方法論原則,因爲如果「理」或「原理」不是內在於心靈,而是客觀地存在於外部世界的每個角落,那麼對「理」的求索只能是一個循序漸進的過程。

戴將「理」智識化從他對自然與必然所作的重要劃分中更能看出。《原善》(寫於1766年)云:

> 性之欲,其自然之符也;性之德,其歸於必然也。歸於必然,適全其自然,此之謂自然之極致。[51]

十一年後(1777),《孟子字義疏證》仍堅持此劃分:

> 善,其必然也。性,其自然也。歸於必然,適完其自然。

---

50 《孟子字義疏證》,頁54。
51 《原善》,頁64;*Tai Chen's Inquiry into Goodness*, p. 77.

　　此之謂自然之極致。[52]

　　毫無疑問，戴震所稱的「必然」實際上是在強調「理」的道德特徵
時的一個別稱。但此處引出了一些有趣的問題，譬如，爲何戴故意
用「必然」來替換「理」？爲何他須把「必然」同「自然」聯繫起
來，並認爲前者是後者的「極致」？從「自然」發展成「必然」又
如何可能？

　　第一個問題不難解決，依他之見，包括朱熹在內的宋代新儒家
思想家們認爲「理」應理解爲「得於天而具於心」的一個實體。但
它實際上僅爲一個不能獨立存在的空洞名稱[53]，戴用必然來替換
「理」，顯然希望能避開這種誤解。就此而言，戴震是一個儒家唯
名論者。這便自然引出第二個問題。

　　與「必然」不同，戴將「自然」界定爲包括他所稱的「人倫日
用」(即現實生活)在內的「實體」，而人類與其他動物共同分享這
種現實生活。人類與動物有別是因爲人類能獨自從「自然」中識別
出「必然」，並能把「自然」引到「必然」。然而，由於「必然」
爲「自然」的「條理」，所以爲了引導「人倫日用」而要建立的道
德標準，應被視爲「自然」的完成而不是破壞。這裡的關鍵是，道
德的必然須建立在自然這一堅實基礎之上，人們生活中的自然應與
必然充分一致。事實上，戴認爲當人們像動物那樣遵循著自然，他
們將會失去自然。[54]此處我們發現，在必然與自然的聯繫上，戴同
包括朱熹在內的宋代新儒家大師們的觀點大相徑庭。後者認爲，整

52　《孟子字義疏證》，頁44。
53　〈緒言〉上，見《孟子字義疏證》，頁97-98。
54　〈緒言〉上，見《孟子字義疏證》，頁96。

個自然都被「理」或德性所統治;而前者認爲,只有人類中的部分
自然才是德性。另外,戴認爲必然可理解爲自然後的最終模式,此
與宋代新儒家們的理解方式有別。關於怎麼從自然發展成必然這個
問題,戴的回答簡單明瞭:它完全依賴於人們對知識的不斷追求。
通過考證,人們會逐漸地發掘自然中的必然,從而在知識基礎上建
立起德性。聖人掌握了必然的完備知識,而這些知識通過六經一代
又一代地傳下來[55]。因之,儒家的天職無疑就是經學研究。戴作爲
儒家智識主義的身分,可能在這裡而非思想領域得到了最爲清晰的
凸現[56]。在作結論時,我想借助朱熹「格物致知」這一傳統觀點來
作對比分析。我認爲,只有通過對比分析,才能把握戴震對朱熹傳
統智識化的重要性。在〈補格物致知傳〉中,朱熹指出:

> 所謂致知在格物者,言欲致吾之知,在即物而窮其理也。
> 蓋人心之靈莫不有知,而天下之物莫不有理,惟於理有未
> 窮,故其知有不盡也。是以大學始教,必使學者即凡天下
> 之物,莫不因其已知之理而益窮之,以求至乎其極。至於
> 用力之久,而一旦豁然貫通焉,則眾物之表裡精粗無不
> 到,而吾心之全體大用無不明矣。此謂物格,此謂知之至
> 也。[57]

55 《孟子字義疏證》,頁82,頁147;〈題惠定宇先生授經圖〉,見《戴震
  文集》,頁168。
56 周輔成,〈戴震的哲學〉,見《中國近三百年學術思想論集》(香港,
  1973),IV,頁92-94,亦可參Fung Yu-lan(馮友蘭), *A History of Chinese
  Philosophy*, Derk Bodde譯(Princeton, 1953), II, pp. 661-663.
57 Wing-tsit Chan(陳榮捷), *A Source Book in Chinese Philosophy*(Princeton,
  1963), p. 89; James Legge, *The Chinese Classics*, I, p. 365-366.

我敢斷定，當戴提出「然聞見不可不廣，而務在能明於心。一事豁然，使無餘蘊，更一事而亦如是，久之，必知之明，進於聖智，雖未學之事，豈足以窮其智哉」時，他定會銘記此段文字。在提倡人們須詳盡地考察研究一連串事物方面，戴對朱亦步亦趨。但只有絕口不提「豁然貫通」時「眾物之表裡精粗無不到，而吾心之全體大用無不明矣」的體驗，戴才能有意識地把漸進主義的方法論歸於邏輯上的結論。戴震的智識主義觀點認為，所謂學習的進程達到某一臨界點時，人的認識會躍進到「眾物之表裡精粗無不到」，並且「全體大用無不明矣」的境界，這是不可想像的。戴同朱的決裂，還可通過以下幾點來加以闡釋。

首先，戴不相信朱所說的存在一個散布於萬物之中的單一的「理」。相反，他認為「理」在根本上是一分析性概念。他從詞源學上得出，「理」須借助於「分」來理解，不用說，這與他把「理」訓為「條理」這一做法相一致[58]。「舉理，以見心能區分」[59]；「事必有理，隨事不同」[60]。有鑑於此，我們對理的追求只能為一逐漸的認識過程。朱所描述的「豁然貫通」永遠不會達到。

其次，根據戴的分析，朱熹體系亦提出「心者，人之神明具眾理而應萬事者也」（《孟子集注·盡心上》），但由於外部世界由萬物組成，所以人們大腦須容納萬物之「理」以反映萬物。但難題在於，我們能想到這些分離之「理」在人們腦中共同存在嗎？為了解

58　《孟子字義疏證》，頁1，亦可參周輔成在《戴震的哲學》中的分析，頁88-89。
59　《孟子字義疏證》，頁3。
60　同上，頁54(事必有理，隨事不同)。

決此難題，得進一步認爲，大腦中所有的「理」實際上並未分離，而是「理一分殊」。[61]由此可得出，對「理」的知識的不斷追求有時會得到瞬間啓發，此時外部世界的萬物之「理」在我們心中會顯現。[62]但戴反對此理論，因爲他還是持「(理)如有物焉，得於天而具於心」的立場。戴震認爲，人的腦中根本不可能有包羅萬象的單一之「理」。將人與動物分開的僅爲認知能力，當逐漸用外部世界中的萬物知識來滋養自己時，這一能力也便逐漸地由稚嫩走向成熟。因此，儘管在描述長期的「格物」思想歷程時，戴所使用的術語與朱極爲相似，但他所想形成的思想在根本上是一個精心構建的認識論。有了這種認識論，格物才能應用自如。這種認識論與朱的思想(以完全擁有萬物的先天之「理」爲標誌)顯然有別。

最後，雖然朱熹力倡知識擴充，但與戴震比起來，他只不過是一個半智識主義者。對他而言，知識追求只有在「尊德性」的結構中進行才有意義。故他所說的「吾心之全體大用無不明矣」，應在本質上理解爲人們對自己內在德性知識的追求。故朱熹決不會以外部世界的客觀知識來構建「格物致知」，而戴的情況有些不同，梁啓超(1873-1929)認爲戴爲了求知而求知，此說我不敢苟同[63]。不過，龔自珍(1792-1841)已敏銳地察覺到，清代是一個儒家智識主義(道問學)稱霸的時代[64]。隨著清代中期考據學運動的興起與發展(戴爲此運動的首要代言人)，新儒家「尊德性」思想實際上已逐漸

61　同上，頁54。

62　Fung Yu-lan(馮友蘭)，*A History of Chinese Philosophy*, p. 562.

63　梁啓超，《清代學術概論》，英譯見Immanuel C.Y. Hsü譯本(Cambridge Mass,1959), p. 68.

64　《龔自珍全集》(王佩諍校訂)(北京，1959)，I，頁193。

讓位於此運動。結果，戴對德性與知識二者的聯繫所持的觀點與朱迥乎不同。在戴震的哲學體系中，萬物之「理」（包括德性）的知識的發展永遠不會停止，這是因爲他能以考證不斷地豐富自己。智識知識與德性知識或「學」與「敬」的傳統區分，對戴震而言已毫無意義，因爲他認爲德性只不過是知識的產物[65]。

據 "Tai Chen and the Chu Hsi Tradition," in Chan Ping-leung, ed., *Essays in Commemoration of the Golden Jubilee of the Fung Ping Shan Library, Studies in Chinese Librarianship, Literature, Language, History and Arts*(Hong Kong: Hong Kong University Press, 1982), pp. 376-392譯出。

（程嫩生　譯）

65　Fung Yu-lan(馮友蘭), *A History of Chinese Philosophy*, p. 622.

10
戴震的選擇──考證與義理之間

　　在清代中期的思想史中，戴震(1724-1777)擁有兩種截然不同的形象──古典考證學家與儒家哲學家。在其生活時代，作爲考證學家的戴震得到了學術界的一致認可；而作爲哲學家的戴震又爲當時學者所蔑視、甚至詆詈。章學誠(1738-1801)對戴的義理之作大爲激賞，而戴、章共同的朋友朱筠(1729-1781)與邵晉涵(1743-1796)則不屑一顧。戴震這位哲學家之所以能成爲現代智識關注的焦點，在很大程度上歸功於章炳麟(1869-1935)、王國維(1877-1927)、劉帥培(1884-1919)、梁啓超(1873-1929)、胡適(1891-1962)等一些學者。相比之下，戴震考證上的成就得到的更多的是表彰而非嚴肅的研究，著名的《水經注》校本是一個例外[1]。

---

[1]　現代對戴《水經注》校本的興趣，主要集中於戴此作是否剽竊了趙一清(1711-1764)《水經注釋》這一著名疑案。從1943年起，胡適特地重審這一公案，歷時達二十年之久。他搜集大量證據證實了在獲得趙手稿之前，戴已取得了校定殿本中的所有重要發現。再者，有人指控戴爲掩蓋剽竊而假託參校了《永樂大典》，恰恰相反，胡適的研究可以證明戴震在許多地方因襲了《永樂大典》本，甚至錯誤。此事紛繁複雜，本文不便展開。但有一點仍然是清楚的，這椿通常被利用來反戴的學術公案，僅僅基於某一被曲解的間接的證據。值得注意的是，指控戴剽竊的現代學者孟森與王國維等，無視戴反對新儒家義理學的觀點。每一個總想對戴提出指控的治學嚴謹的學者，必須充分吸收胡適的成果，方爲公允。

　　在本文中，我想把義理與考證作爲戴震儒學系統中的兩個基本要素來加以考查。我把清代學者所稱的「義理」與「考證」，分別譯爲「philosophy」與「philology」。

　　本文把重點放在戴震生命中後二十年的思想發展上，在此階段他被學術界推爲考證學運動的傑出領袖。戴震捲入這一運動，不僅對他自身的智識生活，而且對該運動的發展都至關重要。這一運動爲戴震的考證學提供了一個堅實基礎。有此基礎，他的義理大廈才得以最終建立；反過來，通過他對這一運動提供一些必要的義理判斷，這一運動才能日趨成熟。

　　戴震在1754年首次來到北京，他與京師學術界才取得聯繫就被推爲當時考證學的權威。錢大昕《自訂年譜》最先記載了戴震是怎樣暴得大名的：

> 乾隆十九年甲戌，年二十七歲。是歲移寓橫街，撰次《三統曆術》四卷。無錫秦文恭公(蕙田)，邀予商訂《五禮通考》。休寧戴東原初入都，造寓談竟日，歎其學精博。明日言於文恭公，公即欣然與居士(按：竹汀自稱)同車出，親訪之，因爲延譽，自是知名海内。[2]

　　　見Hu Shih(胡適), "A Note on Ch'üan Tsu-wang, Chao I-Ch'ing and Tai Chen: A Sthdy of Independent Convergnce in Research as Illustrated in Their Works on the Shui-ching chu," 收入Arthur W. Hummel編, *Eminent Chinese of the Ch'ing Period*(Washington, D. C.: U. S. Govt. Printing Office, 1944)2, pp. 970-982; 以及《胡適手稿》，第1-6冊(台北：胡適紀念館，1966-1969)。

2　　錢大昕，《竹汀居士自訂年譜》(香港重印本，中文書店，1974)，頁12。由於晚年記憶之誤，段玉裁在《戴東原先生年譜》中誤以爲戴在1755年首次去北京。見《戴震文集》(香港：中華書局，1974)，頁

毫無疑問，發現戴震讓錢大昕與秦蕙田二人感到十分興奮，這不是由於戴震具有卓絕深邃的儒學思想，而是他在清代考證學這一廣闊領域中(包括算學、天文學、歷史地理學、詞源學、音韻學等多方面)取得的重大成就。故當戴震最後接受秦的邀請致力於《五禮通考》時，他承擔起了「觀象授時」這一部分[3]。

戴震早期作爲考證學權威的公眾形象，到他去世仍未改變。當他在學術界聲譽日隆時，這一形象亦與日俱增地彰顯了。1773年被任命爲《四庫全書》的編纂者時，他還未中進士，顯示了戴震在考證學中的領導地位。據段玉裁言，1773-1777年當他致力於此項工程時，分配給他校訂的任務主要分爲：天文學、算學、歷史地理學、詞源學、語言學等[4]。

1755年戴震致一位友人的信(〈與方希原書〉)云「聖人之道在六經」，而這一點必須通過義理與考證兩方面的分析。漢儒得其制數，失其義理；而宋儒得其義理，失其制數[5]。弦外之音是，只有吸取二者精髓，袪除二者糟粕，方爲盡善盡美。但仍如1754年一樣，1777年他僅被北京的學術界推爲一古典考證學家。使戴震大爲沮喪的是，他從來都未被同伴們視爲一儒家思想家[6]。然而就在此時，戴震不僅在考證上碩果累累，而且在義理上富有成效。1763年前的一段時間，《原善》首先起草，1766年又加以擴充與修訂。

(續)————————

　　　220。細節可參拙著《論戴震與章學誠》(香港：龍門書店，1976)，頁152-153。

3　《戴東原先生年譜》，頁221。

4　《戴東原先生年譜》，頁236-238。

5　《戴震文集》，頁144。

6　錢穆，《中國近三百年學術史》(上海：商務印書館，1937)，上冊，頁332。

1769年當創作《緒言》時，他正在山西修一地方史。他在儒家義理方面的加冕之作《孟子字義疏證》，直到死前幾月內才完成。另外，現在已發現在1769-1777年中，他修訂了《緒言》並將標題改爲《孟子私淑錄》，《孟子私淑錄》後來又併入了定本《孟子字義疏證》中[7]。戴震出入於考據、義理之間，但唯有前者得到了同行的賞識，而義理上的冒險並沒引起注意。1766年當章學誠在北京與朱筠呆在一起時，對此曾有生動描述。章〈答邵二雲書〉云：

> 當時中朝薦紳負重望者，大興朱氏、嘉定錢氏實爲一時巨擘。其推重戴氏，亦但云訓詁名物、六書九數，用功深細而已。及見《原善》諸篇，則群惜其有用精神耗於無用之地。僕當時力爭朱先生前，以謂此說似買櫝而還珠，而人微言輕，不足以動諸公之聽。[8]

我們有理由相信，在首次受挫後，戴震就把此稿置於身邊，絕少在師友間傳閱自己的義理著作。此點可以從《原善》定本序中看出，他說「藏之家塾，以待能者發之」。1763年他的得意弟子段玉裁抄寫《原善》原稿時，好像不知這位大師的一生之中還會有其他兩部義理力作——《緒言》與《孟子字義疏證》[9]。

在致王念孫(1744-1832)的信中，段承認直到1810年才研究

7　錢穆，〈記鈔本戴東原《孟子私淑錄》〉，可參拙著《論戴震與章學誠》，頁283-289。戴義理作品演變的不同觀點見山井湧《明清思想史の研究》(東京：東京大學出版會，1980)，頁412-431。

8　章學誠，《章氏遺書逸篇》，此信可參拙著《論戴震與章學誠》，頁309。

9　錢穆，《中國近三百年學術史》，上冊，頁324-328。

《孟子字義疏證》且得其精髓[10]。戴震作爲哲學家的隱晦身分，直到18世紀後期才被章學誠更深入地發掘。章是戴義理之學的推崇者，不過他從未接觸過戴後期義理之作。因爲1790年當章寫〈書朱陸篇後〉時，他仍採用《原善》（很可能爲原稿）以及戴代表性思想論「性」的兩篇短小篇章[11]。我們有證據證實1776年戴僅向昔日同窗程瑤田(1725-1814)出示《緒言》，1777年向佛教思想家彭紹升(1740-1796)出示了《孟子字義疏證》，而這些都是應他們的請求[12]。但要引起注意的是，儘管程、彭二人在義理觀點上與戴有別，各有各的思維方式，但都對新儒家義理之學感興趣。此處我們先打住，來思考兩個有趣的問題：一、戴震的考證學與義理學是否有聯繫？如果是這樣，它們又怎樣互爲聯繫？二、考證學與義理學對戴震而言，是否同樣重要？換言之，戴震是否最終認爲其中一個更具有根本性？

第一個問題的答案簡單明瞭。戴震在許多場合徑直指出，考證學與義理學不可分割。1777年2月21日致段玉裁的信云：

僕自十七歲時有志聞道，謂非求之六經、孔、孟不得；非

10　劉盼遂，《經韻樓文集補編》(北京：來薰閣，1936)下，頁20a。

11　章學誠，《文史通義》(北京：古籍出版社，1956)，頁57。

12　據《戴東原先生年譜》，頁223，1776年程瑤田抄寫了《緒言》，據彭紹升致戴震的信(收在《二林居集》[1881年本；台北重印本：石門圖書公司，1976]，卷三，第166頁)，1777年戴向彭出示了《原善》與《孟子字義疏證》(北京：中華書局，1961)。亦可參《戴東原先生年譜》，頁240)。從戴的回答中我們得知，彭首先僅請求看戴的《原善》，他可能一點兒也不知道《孟子字義疏證》，而戴卻送給他兩個文稿。參《孟子字義疏證》中戴致彭之信，頁161。

從事於字義制度名物，無由以通其語言。[13]

他早在1795年時就說：

> 夫所謂理義，苟可以舍經而空憑胸臆，將人人鑿空得之，
> 奚有於經學？惟空憑胸臆之卒無當於賢人聖人之理義，然
> 後求之古經。求之古經而遺文垂絕，今古縣隔也，然後求
> 之故訓。故訓明則古經明，古經明則賢人聖人之理義明。[14]

故對戴而言，考證學是基礎，義理學是上層建築。但戴的考證學內涵又與同伴們有別，清代中期絕大多數學者均埋頭於瑣碎的考證，而戴震的創舉應是系統化考證。

早在1749年戴講：

> 夫援《爾雅》以釋《詩》、《書》，據《詩》、《書》以
> 證《爾雅》。由是旁及先秦以上，凡古籍之存者，綜核條
> 貫，而又本之六書、音聲，確然於故訓之原。[15]

大約也在此時，在廣徵博引的〈與是仲明論學書〉中，他深入地界定了他的系統化考證：「一字之義，當貫群經，本六書，然後為定。」[16]17世紀的萬斯大（1633-1683）認為，儒家古典學術具有統

13　此信可參拙著《論戴震與章學誠》，頁291-293。

14　《戴震文集》，頁168。

15　同上，頁44。

16　《戴震文集》，頁140。

一性，單篇經文若與其他經文分離，便難以被充分理解，故必須把儒家經典當成一緊密聯繫的系統來看待[17]。但明顯的是，此處萬氏僅提倡對經典的系統研究。清代考證學在18世紀中期才臻於全盛，一個世紀後戴震所開創的系統化考證在萬氏的時代，還是難以想像的。

戴震系統化考證的精髓是基於一個基本的預設：表達聖人義理思想的語言與先秦典籍的語言是相同的。這種設想到底在何種程度上是正確的，與我們此處所討論的無關。我想強調的一點是，這一設想提供了一個義理與考證內在統一的方案。像柏林（Isaial Berlin）所說的刺蝟一樣，戴震也是把「一切事物都聯繫到一個一貫的中心見解（a single central vision），一個大致自洽而明暢的系統上面去」。不過就戴震的特殊例案而言，他的「中心見解」或「系統」則使他同時捲入兩種不同的學術工作——考證與義理。但戴所尋求的不僅是使義理與考證在各自領域中系統化，他還要把儒學中的這兩支與儒家「道」的「中心見解」有機地聯繫起來。這就直接導致第二個問題，即對他主要的智識關注而言，義理與考證哪一個更具有根本性？

我首先想說的是，儘管戴被公認為考證學權威，但他一直渴望成為儒家思想家。我們可以舉出這樣有力的證據：當每次忙於重要義理之作時，他都深表滿意。他曾對段玉裁說：「作《原善》首篇成，樂不可言，吃飯亦別有甘味。」[18]為何他對第一部系統化的義理之作《原善》感到如此興奮？這不難理解。從早年到仙逝，戴都

17　此根據黃宗羲對王氏觀點的概括，見《黃梨洲文集》（北京：中華書局，1959），頁199。
18　《戴東原先生年譜》，頁226。

孜孜於考證學。同時他又竭力超越考證學，以達到對儒家義理的眞正理解。他屢次強調指出，考證學僅爲一「聞道」[19]方式，並非終極目標。可能在創作《原善》時，他首次經歷了由考證得到義理啓示時的那種狂喜。

還有一些片言隻語，也能反映他創作第二部義理力作時的心理狀況。1772年他對程瑤田追憶起1769年在山西著手創作時的情形：

> 壬辰師館京師朱文正[朱]家，自言曩在山西方伯署中僞病者十數日。起而語方伯，我非眞病，乃發狂打破宋儒家中《太極圖》耳。[20]

戴震的解釋非常合乎邏輯。最後一句中「打破宋儒家中《太極圖》耳」，是《緒言》這一作品的寫照，因爲儘管《原善》明顯背離了宋儒義理的正統地位，但戴並未同宋儒義理決裂[21]。正如錢穆所指出的，他在《緒言》中才公開非難宋儒先輩[22]。但特別要引起注意的是，他在創作《緒言》時經歷了一種狂喜的心理狀態。這好像清楚地顯示，在僞病的「十數日」內，他完全沈浸於此思想之中。《緒言》的實際創作時間可能會更長，因爲有證據顯示，戴在

19　例如，可參《戴震文集》，頁146；〈與某書〉，收在《孟子字義疏證》，頁173。

20　段玉裁，《經韻樓文集》(經韻樓本，台北再版，大化書局，1977)，頁54a-b。

21　1778年致段玉裁信中，戴中立(戴震之子)在《原善》標題下注明「駁宋儒」(見《戴東原手札眞蹟》)。我猜測此論述展示了戴震對《原善》的自我評定，中立可能只是記錄了其所聽到的父親晚年之語。

22　錢穆，《中國近三百年學術史》，上冊，頁339。

三年後(1772)仍在修訂此作品[23]。但我們可以斷定,《緒言》的主要思想在1769年的「十數日」內已經確定,這些思想後被吸收到《孟子字義疏證》中去。毫不誇張地說,對其義理學思想的形成而言,1769年這一短暫時期至關重要。

再者,戴的追憶亦能透露出其重要的心理狀態。其「僞病」、「發狂」以及竭力「打破宋儒家中《太極圖》」等所有這些,都是一個巨大的心理波動,「打破宋儒家中《太極圖》」一語實際上是說,他同宋儒正式宣戰。事實上,戴轉向對程、朱傳統的批判可追溯於1757年他與惠棟在揚州的初晤。但他對宋儒首先提出批評的文章,到1765年才寫成。甚至那時,其批評也是溫和、間接而含蓄的[24]。四年後,他才公開宣戰。鑑於他早期的智識背景,特別是在江永的影響下對程、朱傳統的精神支持,「打破宋儒家中《太極圖》」的決定無疑是其生命中的一件突破[25]。戴震在1777年的前幾月,才完成義理絕筆之作《孟子字義疏證》。但不幸的是,壽命不

23　同上,頁328-329。
24　參《戴震文集》中〈題惠定宇先生授經圖〉,頁167-168。1765年戴所寫此短文云:「言者輒曰:『有漢儒經學,有宋儒經學,一主於故訓,一主於理義。』此誠震之大不解也者。夫所謂理義,苟可以舍經而空憑胸臆,將人人鑿空得之,奚有於經學之云乎哉?」顯而易見,此用微妙的方式來說明宋儒在經學研究中空憑胸臆而無文獻基礎。此段同1755年其致方矩的信,形成了鮮明對比,該信云:「聖人之道在六經。漢儒得其制數,失其義;宋儒得其義理,失其制數。」(《戴震文集》,頁144)。
25　需要指出的是,大概在決定「打破宋儒家中《太極圖》」時,戴對江永的態度發生了顯著變化。儘管還不清楚戴是否爲江的「受業」弟子,但戴在早年視江爲「先生」,而在去世前十年中,戴僅將江當作一老儒。戴震這種心理改變可解釋爲,他不再認同江氏對程、朱之學的信仰,細節可參拙著《論戴震與章學誠》,頁164-178。

永使他未能留下類似《緒言》那樣的自述來揭示他在這一傑作上所
凝聚的深厚感情。但從致友人信中我們發現，他對此書最爲滿意。
1777年5月30日致段玉裁的信中，他談到：

> 僕生平論述最大者爲《孟子字義疏證》一書，此正人心之
> 要。今人無論正邪，盡以意見誤名之曰理，而禍斯民，故
> 《疏證》不得不作。26

　　眾所周知，《孟子字義疏證》中的最終發現，是在「情」與
「欲」方面對「理」作重新界定。這個界定與程、朱把「理」與
「情」、「欲」歧分爲二，截然相反。他對此發現尤感興奮，在仙
逝(1777年7月1日)前四個月內，他給友人寫信不少於五封，這些信
均解釋了他在儒家思想中取得了重要突破27。毫無疑問，「最大
者」的完成給了他智識上的最大滿足。
　　以上分析清楚地顯示出：義理學不僅一直占據著其思想，而且
占據著他的心靈。相比之下，考證學好像就不能帶來較強烈的自我
實現感28。當然，這不是說考證學對他不重要。我已指出，戴震的
義理學結構是建立在考證學基礎之上的。我必須補充說明的是，戴
震謀生的絕大多數時間都花在考證工作上。就此而言，戴是一位職
業考證學家。然而，事實表明在他最後二十年中他從不允許考證上

26　見《戴震文集》，亦可參《戴東原先生年譜》，頁241。
27　錢穆，《中國近三百年學術史》，上冊，頁330-331。
28　楊向奎，《中國古代社會與古代思想研究》(上海：人民出版社，
　　1964)，第2冊，頁929。須指出的是，戴從考證中亦偶爾得到一些歡
　　愉。但此歡愉同其取得義理成就時的欣喜若狂，差距甚遠。如見《戴震
　　文集》中致盧文信，頁61；以及《戴東原先生年譜》，頁226。

的職業興趣干擾他對義理學中心——儒家之道的思考。在1777年2月21日致段玉裁信中，他談了自己未來的計畫：

> 今夏纂修事似可畢，定於七八月間乞假南旋就醫，覓一書院糊口，不復出矣。竭數年之力，勒成一書，明孔、孟之道。餘力整其從前所訂於字學、經學者。[29]

　　顯而易見，要是戴再延壽幾年，他定會創作出比《孟子字義疏證》更爲傑出的義理之作，所論及的對象不僅僅圍於孟子，連孔子也會囊括於中。再者，最後一句確切地顯示出：考證學僅僅成爲他智識關注的邊緣。這裡，戴在義理學與考證學之間作了最後的抉擇[30]。

　　我們知道，戴作爲考證學權威的公開形象，與他儒家思想家的自我定位是互相牴牾的。內心世界與學術環境之間存在著矛盾，而學術環境不僅包圍著他，而且他也是這一環境中的一分子。不必過分強調戴生活中這種矛盾的重要性。這正如下面所顯示的，18世紀中期學術環境的壓力激發了一種緊張感，這種緊張感源於戴震直到去世都一直努力去適應環境的忍耐本性。我認爲1754年他到北京後的一些學術發展，特別是其表達義理思想的方式的發展，都可以用這種張力來重新闡釋。因爲兩個世紀以來戴震思想意識中的某些死角，雖經眾多學者的研究卻仍晦暗不明。沒有人曾懷疑過，戴震這位考證學權威一生之中所面對的眾多心理壓力，竟然來自於一群與

29　參拙著《論戴震與章學誠》，頁292。
30　此點可參焦循〈申戴〉之論述，見《雕菰集》（《國學基本叢書》本）第一冊，頁95。

他親密無間的考證學家們。讓我們首先對這些壓力的本質作一檢
討。

章學誠〈書朱陸篇後〉云:

> 凡戴君所學,深通訓詁,究於名物制度,而得其所以然,
> 將以明道也。時人方貴博雅考訂,見其訓詁名物有合時
> 好,以謂戴之絕詣在此。及戴著《論性》、《原善》諸
> 篇,於天人理氣,實有發前人所未發者,時人則謂空說義
> 理,可以無作,是固不知戴學者矣。[31]

從前面引用的〈答邵二雲書〉中可以看出,「時人」指朱筠與
錢大昕。章在別處特地點出,朱筠曾對戴在義理上的冒險作了嚴厲
批評[32]。既然朱、錢二位均為當時考據學運動最有號召力的領導
者,既然他們一次次地攻擊這一冒險,那麼很難想像戴震會對此無
動於衷,遑論置若罔聞。事實上,戴對此作出了敏銳而積極的反
應。不過,這些反應被極為巧妙地掩蓋起來,令人難以發覺。下文
我想通過對《原善》與《孟子字義疏證》的討論,來證實此點。

修訂與擴充版的《原善》序云:

> 余始為《原善》之書三章,懼學者蔽以異趣也,復援據經
> 言疏通證明之,而以三章者分為建首,次成上、中、下
> 卷。此類合義,燦然端委畢著矣。天人之道,經之大訓萃

31　《文史通義》,頁57。
32　章學誠,《章氏遺書補遺》(嘉業堂本),頁29a。

焉。以今之去古聖哲既遠,治經之士,莫能綜貫,習所見
聞,積非成是,余言恐未足以振茲墜緒也。藏之家塾,以
待能者發之。[33]

此序提供幾條重要線索,可以揭示戴震與其他考證學領袖間微妙而
緊張的關係。首先,它告訴讀者戴震修訂與擴充《原善》初稿的衝
動來自於回應那些對他的思想「蔽以異趣」的學者們。戴在文中所
談論的「學者」到底指誰?由於在1763-1766年中,《原善》初稿
僅在戴學術朋友這個極爲有限的圈子裡流傳[34],而最先對此作品進
行批評的人是朱筠與錢大昕,故我們可以斷定,戴所述「學者」很
可能即是章學誠在〈書朱陸篇後〉中所提到的「時人」。換言之,
當戴撰此序時,他定會想到朱筠與錢大昕。

　　其次,他對《原善》初稿進行修訂與擴充這一行爲進一步表
明,此次修改爲朱、錢二人批評該作爲「空說義理」這一動機所驅
使。正如戴自己所指出的,此次修改主要是從古文獻中旁徵博引,
以證實其最初的結論。梁啓超對此兩種版本細作比較後,充分論證
了此點[35]。故我們可看出,戴修訂《原善》不必是出於義理上的緣
由。他這樣做,是爲了把義理建立於文獻的堅實基礎之上的特殊目
的。他以一種隱晦而持久的方式,反駁了考證學家們對他的指

33　*Tai Chen's Inquiry into Goodness,* Chung-ying Cheng(成中英)譯(Honolulu:
　　East-West Center Press, 1971), p. 65;引用時作了少量變動。

34　如1766年當段玉裁請求看其《原善》時,戴在信中說,該作被朋友王明
　　借去(參1766年戴致段之信,收於《戴震文集》)。此信顯示出,《原
　　善》稿本僅有一始鈔本。

35　梁啓超,《戴東原著述纂校書目考》,見其《近代中國學術論叢》(香
　　港:中文書店,1973),頁234。

控──他的義理之作僅爲「空說」。

其三，在序的後半部分，戴通過點出考證學家們不能保持聖人系統化的教育觀點，從而展開了由防禦到進攻的轉折。這是刺蝟對狐狸所進行的一個典型痛斥，序中「治經之士」一語，顯然是指考證學家們。到1769年，他還重申此點。他從積極的角度規勸考證學家們，爲了理解儒家之道，在治經時要從考證學中跳出來[36]。

如果戴修改《原善》是出於實證主義的壓力，那麼此壓力同樣出現於《孟子字義疏證》的創作中。朱筠再一次捲入其中，使此更爲彰顯。朱筠信徒、學術思想史家江藩(1761-1831)云：

> [洪榜，1745-1779]生平學問之道，服膺戴氏。戴氏所作
> 《孟子字義疏證》，當時讀者不能通其義，惟榜以爲功不
> 在禹下，撰東原氏〈行狀〉，戴〈與彭進士尺木[37]書〉，
> 筠河師見之，曰：可不必載，戴氏可傳者不在此。榜乃上
> 書辨論，今〈行狀〉不載此書，乃東原子中立刪之，非其
> 意也。[38]

爲了獲得此事實情，需細查洪榜致朱氏之信，今將此信節錄如下：

---

36 參其〈古經解鈞沈序〉中的最後一句，見《戴震文集》，頁146。
37 此爲彭紹升之號，此信可見《孟子字義疏證》，頁161-170。
38 江藩，《漢學師承記》（《萬有文庫》本），第2冊，頁324。梁啓超在《清代學術概論》中誤以朱珪與朱筠爲二兄弟（台北：中華書局，1970），頁31。Emmanuel C. Y. Hsu（徐中約）譯, *Liang Ch'i-ch'ao: Intellectual Trends in the Ch'ing Period*(Cambridge, Mass: Harvard U. P., 1959), p. 62.仍沿襲此誤。

以承面論，以「〈狀〉中所載〈答彭進士書〉，可不必載。性與天道，不可得聞[39]，何圖更於程、朱之外復有論說乎？戴氏所可傳者不在此」。榜聞命唯唯，惕於尊重，不敢有辭。退念閣下今爲學者宗，非漫云爾者。其指大略有三：其一謂程、朱大賢，立身制行卓絕，其所立說，不得復有異同。……其一謂經生貴有家法，漢學自漢，宋學自宋。今既詳度數，精訓詁，乃可不復涉及性命之旨。返述所短，以掩所長。其一或謂儒生可勉而爲，聖賢不可學而至。以彼矻矻稽古守殘，謂是淵淵聞道知德，曾無溢美，必有過辭。蓋閣下之旨，出是三者。

須指出的是，當朱筠對洪榜提出異議時，朱未作任何解釋。因此，上述三個理由是洪所作的猜測。我認爲對朱持異議的更合理解釋，應爲洪信中所列的第二條理由，即漢學家們不應該在宋儒義理之學領域插一腳。

1777年戴致彭紹升之信，實際上是《原善》與《孟子字義疏證》中重要論點的一個梗概。前引章學誠文告訴我們，朱從一開始就不滿戴在義理上的冒險，他把《原善》與戴其他義理之作蔑爲「空說」。顯而易見，朱在戴死後並未改變初衷，他篤信給其摯友所做的最後一件重要之事，便是要求洪榜在〈行狀〉中刪去此信的片斷。從嚴格的考證學觀點來看，他不忍心看到戴震這位傑出考證學家的印象，被「空說義理」這一說法所損害。聽任戴震的「空說

---

39 參考了《論語》中的一段（〈公冶長〉篇第12章）。弦外之音爲孔子從不忙於「空說」。

義理」流傳後世，只能讓他淪爲笑柄。他欽佩戴在經學上的驚人成
就。當錢載(1708-1793)痛斥戴的考證之學時，朱筠便抓住每一機
會與之力爭。[40]毫無疑問，洪榜充分意識到朱筠偏激的實證主義。
故在此信結尾，他以下列方式爲《孟子字義疏證》辯護：

> 夫戴氏論性道莫備於其論《孟子》之書，而所以名其書
> 者，曰：《孟子字義疏證》焉耳。然則非言性命之旨也，
> 訓詁而已矣！度數而已矣！

通過說明《孟子字義疏證》的標題是以「訓詁」而非義理的方式出
現，洪在此時無意中揭示出戴的一個隱衷——一種產生於實證主義
壓力上的緊張性心理。事實上，戴對其義理力作最終採取用訓詁的
標題與訓詁的形式來表達。唯一有意義的解釋是，這是對考證學家
們指控他「空說義理」[41]所作的一種間接反應。他只是想借此說
明，他的考證學是其義理學一個必不可少的副產品。這是戴對考證
學家們的挑戰所作的一個典型反應。在他對《原善》的修訂中，我
們就已察覺到。

　　但不幸的是，洪榜的信在現代引起了一個嚴重的誤解，即誤解

40　李慈銘，《越縵堂日記補》(台北：文海出版社，1963)，第13冊(壬
　　集)，頁59a。有關更多的細節可參翁方綱《復初齋文集》(台北：文海出
　　版社，1966)，第1冊，頁323-324。
41　胡適在《戴東原的哲學》中，簡要論述了戴爲何將《緒言》標題改爲
　　《孟子字義疏證》(上海：商務印書館，1927)，頁86-87。後文顯示，
　　胡的解釋是基於對洪榜此信的嚴重誤解(見拙著《論戴震與章學誠》，
　　頁100-102)。日本學者青木晦藏推測，戴此標題可能受伊藤仁齋(1627-
　　1705)《語孟字義》啓發(見青木晦藏，《伊藤仁齋與戴東原》，載《斯
　　文》8.1[1926]，頁27-28)，但無任何證據證明戴曾得到伊藤仁齋之作。

了戴的義理命運與清代中期的智識氣候對抗的性質。胡適在對戴採取訓詁形式的標題評論中提出，戴之所以這樣做，是由於他不得不屈服於程、朱學派的權威之下。胡適痛惜道：「不料當日擁護程、朱的人的反對仍舊是免不了的。」[42]此處胡可謂完全誤解了當日的情形。如上所述，如果戴要屈服於某一權威，那麼這種權威只能是漢學。另外，胡在文中說「擁護程、朱的人的反對」，實際上是把朱筠當作爲程、朱後學，這純屬子虛烏有。

朱筠這位考證學領袖，對中國18世紀漢學的興起貢獻巨大[43]。據孫星衍(1753-1818)稱，他力攻南宋以來的經學研究。他認爲此時經學研究特點爲：佛學摻入、空洞無實。依他之見，眞正的經學研究只能建立在考證這一堅實基礎之上[44]。章學誠——朱筠的信徒，深受其良師益友的影響，對漢代注家在詞源學、曆算學、度數以及經文意思上的解釋亦步亦趨[45]。發起於1773年的巨大工程——《四庫全書》的編纂，在很大程度上得力於他的建議[46]。與紀昀(1724-1805)不同的是，他不公開攻擊程、朱學派。像這樣以考證爲導向的學者爲了維護程朱學派而去反對戴之義理，好像也不可能。而胡適顯然受到了朱的「何圖於程、朱之外複有論說乎」一語

42　胡適，《戴東原的哲學》，頁86。

43　姚名達，《朱筠年譜》(上海：商務印書館，1932)，序，頁2-4。

44　孫星衍，〈笥河先生行狀〉，見《笥河文集》(《叢書集成》重印本，台北：商務印書館，1966)卷首，頁21b-頁22a。

45　章學誠，〈朱先生墓誌銘〉，見《章氏遺書》(上海：商務印書館，1936)，第3冊，頁29。

46　郭伯恭，《四庫全書纂修考》(上海：商務印書館，1937)，頁7-13。有關四庫工程中朱筠角色的精彩描述，可參R. Kent Guy, *The Emperor's Four Treasuries: Scholars and the State in the Late Ch'ien-Lung Era* (Cambridge, Mass: Harvard U., Council on E. Asian Studies, 1987), chap. 3.

誤導。我覺得朱此語應理解為，既然程、朱義理也為「空說」，為何戴還要重蹈覆轍？作為一偏激的考證學家，朱對戴與程、朱學派的蔑視可謂旗鼓相當。質言之，他也像當時考據學中的其他領袖一樣，是一個地地道道的反義理學者。

在此，我們還須對戴震時代中的程、朱學派作一說明。當然，程、朱學說在當時是否處於正統地位，還有待於繼續檢討。但為了對程、朱學派的後學作一梳理，我們顯然不能對程、朱之學的每位研究者都進行鑑定。肯定會有許多說教者很舒適地在程、朱之學中生活、思考、談論，如同上教堂做禮拜者並非都為基督教徒一樣，這些人亦並非都為程、朱後學。乾隆時期(1736-1795)，程、朱學派顯然缺乏一位能幹的學術代言人。六十年代初當戴著手創作義理之作時，朱澤(1666-1732)與王懋竑(1668-1741)這兩位清代朱熹研究的傑出學者已仙逝多年。即使我們把程、朱學派當作官方思想，乾隆時期也並未產生一個政治上可與陸隴其(1630-1693)、熊賜履(1635-1709)、李光地(1642-1718)、張伯行(1652-1725)相匹敵的代言人[47]，故戴震時代，程、朱之學已趨式微[48]。

再者，戴震時代的漢學潮流已如日中天。據袁枚(1716-1797)描述，當時學者均倡漢攻宋，這一學術趨向幾乎占據著清朝的每個角落[49]。章學誠之友胡虔(舉人，1796)的說法可以證明這一情形，他描述當時學界推崇許慎痛斥朱熹時說：「幾於萬口一聲。」[50]在

47 此點可參章炳麟，〈檢論〉(《章氏叢書》本)卷四，頁24b-頁25a。
48 只要讀江藩的《國朝宋學淵源記》(《粵雅堂叢書》本；台北影印：譯文出版社，1965)，便可證實這一觀察。
49 袁牧，《隨園詩話》(北京：人民文學出版社，1960)，第1冊，頁49。
50 胡虔，〈廣學篇〉，轉引自錢穆，《中國近三百年學術史》，下冊，頁517。

所謂的宋學衰竭得難以爲繼時，戴披著訓詁的面紗來表達義理思想，已經不會對自己構成威脅。此外，從《原善》到《緒言》最後到《孟子字義疏證》，戴對宋學所持的批評可以清楚地看出，其公然挑戰僞裝(不管僞裝如何巧妙)是一個漸進過程。事實上，他想把自己與宋儒有別的哲學觀點隱瞞起來這一說法，值得懷疑。其〈答彭進士允初書〉云：

> 雖《原善》所指，加以《孟子字義疏證》，反覆辯論，咸與足下之道截然殊致，叩之則不敢不出。今賜書有引爲同，有別爲異，在僕乃謂盡異，無毫髮之同。[51]

此例極能顯示出，戴已斷定自己的義理之學與所謂的宋學的義理大相徑庭。

1777年仙逝前一月，戴同彭紹升展開了一場學術論爭。有證據顯示，彭是戴生前有幸讀過《孟子字義疏證》的唯一一位學者。如果認爲戴震的義理之學在生前曾受到程、朱學派正式挑戰的話，那麼挑戰者便可能是彭紹升，儘管還不能斷定彭爲程、朱後學[52]。對戴義理思想提出批評的其他「時人」受了程、朱思想的影響，這些學者包括姚鼐(1732-1815)、翁方綱(1733-1818)、程晉芳(1718-1784)等。而一旦細查便會發現，這些批評性的片言隻語是在戴去世後才出現的。這主要是由於直到1777-1779年，《孟子字義疏

---

51 《孟子字義疏證》，頁161。
52 《戴東原先生年譜》，頁240。但須指出的是，彭與戴辯論時要維護程、朱之學的正統地位，並非借助於佛教觀點。彭之信見其文集《二林居集》卷三，頁16b-頁19a。

證》與《原善》才付梓[53]。上述三位中，可能只有姚就宋儒的義理問題同戴交換了意見，此時他們都在北京[54]。但由於姚服膺戴，甚至於1755年要拜戴爲師，故他們之間義理上的切磋根本不可能充分展開[55]。

上文我對宋學在18世紀後半期的一般狀況作了簡要回顧。多方面證據有力地顯示，此時的宋學與漢學迥乎不同，既缺乏領導又缺少生機。難以對戴震生機勃勃的智識主義進行任何有效、有組織的抵抗。程、朱正統性的復活及其對漢學(特別是對戴震)所進行的反擊，直到戴去世後的半世紀左右才發生。1824年方東樹(1772-1851)在姚鼐的影響下，寫了一篇攻擊漢學的力作《漢學商兌》，可被視爲清代實證主義衰落的開端。1861年1月25日李慈銘在一篇箚記中，用一種誇張而感傷的筆調提出，在不到四十年這一短暫時期內，姚鼐把中國從一個博學的世界改變成了一個完全文盲的世界[56]。故若程、朱之學爲戴生前義理上的勁敵是虛構的話，那麼此虛構僅存在於現代歷史學家的想像之中。而在19世紀中期，這一情況是眞實存在的。

隨著義理思想的發展，戴對程、朱正統性的反抗日趨尖銳化。而他同考證學的聯繫又完全不同，縱觀其一生(特別是晚年)可以看出，他對考證學所產生的矛盾心理根深蒂固。一方面，他對於考證學這一廣闊領域中穩固形成的多種新技術、新方法成果極有信心。

---

53 拙著《論戴震與章學誠》，頁109-110；以及頁130，註70。
54 姚鼐，〈復蔣松如書〉，見《惜抱軒全集》(四部備要本)文集六，頁10b。
55 參《戴震文集》中戴致姚的信，頁142。
56 李慈銘，《越縵堂日記補》，第10冊(庚集末)，頁53a。

他認爲，有了當時一些學術領導者，考證學便成了打開蘊涵著聖人
之道的經文這一武庫的唯一鑰匙。但另一方面，他又不願強調考證
學方法論的重要性。他覺得傳統考證學與儒家義理學之間有一條天
然聯繫，滿足於考證學本身是把方法誤以爲終極目標。極爲有趣的
是，其言行不完全一致，有時甚至說出輕蔑考證學之語。爲了深入
研究他對考證學所抱的矛盾心理，有必要對其一些口頭評論作一檢
討。依我之見，這些口頭評論比正式作品更能揭示其心理狀態。

戴曾對段玉裁云：

> 六書九數等事如轎夫然，所以舁轎中人也。以六書九數等
> 事盡我，是猶誤認轎夫爲轎中人也。[57]

章學誠對此口談也作過略爲不同的描述：

> 余於訓詁、聲韻、天象、地理四者，如肩輿之隸也；余所
> 明道，則乘輿之大人也；當世號爲通人，僅堪與余輿隸通
> 寒溫耳。[58]

上述兩條口頭評論意思相同，但重點有別。依段言，戴主要關心自
己的智識定位，他不想被視爲一考證學家，甚至一考證學巨擘。章
認爲他用「轎」作類比，用心良苦(表達他對考證學家們的蔑視)。
這些考證學家們由於無能或缺乏興趣或二者兼有，而拒絕「告別對

---

57 參《戴東原集》中段玉裁序(《四部叢刊》縮本)，頁1。
58 《文史通義》，頁57。由於「轎」之類的比喻被段玉裁所證實，故我們
　　認爲章學誠作品中有關戴的口談一般可信。

細節的糾纏並且對把握整體無能爲力」[59]。這兩個版本的差別，不致引起懷疑。用「轎」作類比可能是戴的喜好，他一定在多數場合都使用過。但由此二例可以看出，其共同點是抑考證之學而揚義理之學。這定會有心理上的深層原因。我敢斷定，這一口頭評論是爲了回應朱筠與錢大昕的挑戰。章所言「當世號爲通人」，更加證實了我的觀點。戴的這兩大畏友曾多次批評他「有用精神耗於無用之地」，即是說他在「空說義理」方面白費時光。可以想像，戴可能對此大爲惱怒。他認爲當時的考證學家們就不能像他一樣地認識到，傳統考證學與儒家義理學之間存在一種天然聯繫。因而在憤怒的驅使下，他進行了尖銳的反駁：他們只配當他的轎夫。

上述戴對像朱筠與錢大昕這樣的考證學家所作的評論，可被江藩《國朝漢學師承記》中的其他一些言談所印證。江記錄道：「戴編修震嘗謂人曰：『當代學者，吾以曉微爲第二人。』蓋東原毅然以第一人自居。」[60]此處我們須先提一個問題：戴聲稱其學術超過了錢到底有何根據？這一聲稱顯然不是針對博學而發的，戴密微指出「倘以博雅而論，則錢大昕（1728-1804）的成就實在東原與實齋之上」。[61]這在清代學者中基本上已成定論，故我們得在別處尋求合理解釋。幸運的是，戴曾向段玉裁作自我評定「學貴精不貴博，吾之學不務博也」[62]一語，對此問題提供了一條重要線索。

59　正如E. Harris Harbison對John Colet所說的，見*The Christian Scholar in the Age of the Reformation*(New York: Charles Scribner's, 1956), p. 60.

60　江藩，《漢學師承記》，第1冊，頁49。

61　P. Demieville(戴密微), Chang Hsueh-ch'eng and His Historiography, 見W. G. Beasley與E. G. Pulleyblank編, *Historians of China and Japan*(Oxford: Oxford U. P., 1961), p. 170, n. 7.

62　《戴東原先生年譜》，頁248。戴氏常云治學有三難：淹博難、識斷難、

　　戴震口中的「精」與章學誠所稱之「約」或「專家」，意思極為接近。他們在著作中所討論的這些術語，更多地應從義理學而非考證學的角度去理解。我認為在清代中期的儒學研究中，戴斷言錢大昕為第二人而為自己保留第一人位置，所採取的標準偏向於義理學而非考證學。顯然在此基礎上，已衝破戴震牢籠的章學誠斷言：「乾隆年間未嘗有其(戴)學識。」[63]甚至連晚清漢學批判者朱一新(1846-1894)亦認為，若把戴、錢相較，「乾、嘉諸儒，東原、竹汀為巨擘。一精於經，一精於史。竹汀博洽過東原，湛深不逮」[64]。有趣的是，朱首先的評判是對錢所持的博學標準亦步亦趨，此點戴密微在上文亦言及[65]。但第二次評判中，朱顯然又轉移到了戴所強調的「精」上。故戴此言所透露的信息只有借助「轎」之類比，才得以充分理解。依戴之見，錢雖博學多識，但永遠不會「告別對細節的糾纏並且對把握整體無能為力」，故其為一轎夫。另外，戴為自己安排了當時學術界的頭把交椅，是由於其自我界定為一儒家思想家，舒適地成為轎中人。但在深層次意義上，這一評判還不能簡單地視為對錢大昕所作的個人批評，其真正意思是考據學永遠不能成為儒學的第一義。在戴的眼中，只有義理學才能擔當此任，通過它可直接明道。戴再次用極敏銳而又委婉的方式，對考證學家們的

(續)──

　　精審難(見《戴震文集》頁141，以及《經考》[安徽叢書本]3，頁21a)。此三者中，他顯然認為淹博較容易達到。

63　《章氏遺書逸篇》。轉引自於拙著《論戴震與章學誠》，頁309。

64　朱一新，《無邪堂答問》(廣雅書局本；台北再版，世界書局，1963)，第1冊，頁36。

65　關於錢大昕所說的淹博在治學中至為重要一語，參其《抱經樓記》，收於《潛研堂文集》(《四部叢刊》初編縮本)21，頁195-196；亦可參錢穆，〈錢竹汀學述〉，載《故宮文獻季刊》2.2(1971年3月)，頁1-11。

挑戰作出了回應。

　　此處，還有一些戴的言談能揭示他同考證學家們之間的緊張關係，借此我要特別談到他對程、朱學派的公開攻擊。首先，我引用章學誠對戴震生平口談所作的一個系統分類：

> 大約戴氏生平口談，約有三種：與中朝顯官負重望者，則多依違其說，間出己意，必度其人所可解者，略見鋒穎，不肯竟其辭也；與及門之士，則援業解惑實有資益；與欽佩慕名而未能遽受教者，則每爲慌惚無據，玄之又玄，使人無可捉摸，則疑天疑命，終莫能定。[66]

上述三種人可被鑑定，所提及的「中朝顯官負重望者」是指朱筠、錢大昕、盧文(1717-1796)、秦蕙田與王鳴盛(1722-1798)；「及門之士」指段玉裁與王念孫；戴之「欽佩慕名者」多不勝數，但章此處特別記起的應是馮廷丞與吳穎芳[67]。第一種人是當時考證學中的領袖，他們所支持的可能是戴所倡導的對儒家義理進行大規模的重建工作。我敢斷定，戴有一些反程、朱言辭，是想要喚起考證同行們的友情。就以章學誠所記載的下面兩處言辭爲例：「自戴氏出，而朱子僥倖爲世所宗已五百年，其運亦當漸替。」[68]「《原善》之書欲希兩廡牲牢。」[69]章發現戴震出言狂悖，是很容易理解的，但

66　《文史通義》，頁59。
67　吳孝琳，《章實齋年譜補正》，見《章實齋先生年譜彙編》（香港：中文書店，1975），頁263-264；以及拙著《論戴震與章學誠》，頁105。
68　《文史通義》，頁57。
69　《章氏遺書逸篇》，轉引自拙著《論戴震與章學誠》，頁309。

問題在於，是何心理動機驅使戴震出此放言？章堅持認爲戴「心術未醇」未必不對，但他未作充分解釋[70]。這就給我們提出了另一問題：爲何戴會出現「心術未醇」？我認爲戴震這一言談，也是對考證學家們產生心理壓力的一種反應，不過這是以另一種方式。如果借助他的「轎」的比喻，那麼他要表明的是：考證學非儒學的終極目標，要取代朱熹的孔廟從祀的地位，須把考證學與其新義理學緊密地結合起來。他力圖向考證夥伴們表明，他在清代考證學這一堅實基礎上從事義理學工作，決不意味著個人的標新立異。他可能反而認爲，從事義理學的同時也可以致力於清代考證學這一共同事業，畢竟義理學是清代考據成果的綜合。再者，不在義理學這塊戰場上取得決定性勝利，漢學派就不要妄想在儒學正統性方面超越宋學派。上文所引戴語好像是說，戴震想要取代儒家殿堂中朱熹的地位。如果這一宏願能夠實現的話，那麼其抱負應代表著新儒家正統性的建立，而不僅是個人成就。他特地述及《原善》一作，意味深長。這難道不正是對朱筠與錢大昕二人指控《原善》「空說義理，可以無作」作出了回答嗎？

顯而易見，戴的這些口談情緒的成分多於理性。但這可能正好解釋了爲何章學誠發現戴與當時的一些重要學者達成了共識。值得注意的是，清代中期的考證學運動始於一種幾位領導者都懷有的、從不同的角度去反宋(或更確切地說爲反程朱)的強烈感情。1754年戴與這一運動取得聯繫之前，他未與宋學進行爭辯，反而受了江永的影響，有時甚至對程、朱傳統進行維護[71]。但1757年在揚州會晤

70　《文史通義》，頁57；《章氏遺書逸篇》，轉引自拙著《論戴震與章學誠》，頁307。
71　拙著《論戴震與章學誠》，頁155-157。

惠棟後,他對宋學的態度發生了巨變——由以前的維護轉爲痛擊。惠氏對把清代考證學運動命名爲漢學居功至偉。他從苛刻的考證學角度斥責宋儒不識字[72]。當他說「宋儒之禍甚於秦灰」時[73],這一攻擊達到了頂峰。《四庫全書》總纂者紀昀,顯然是把戴推到反宋運動最前線上的另一位學者。紀反對程、朱之學的策略尤爲獨特,因爲他能從正面與側面兩個方面同時發起進攻。作爲《四庫全書》總纂者,他在大量的《四庫全書總目提要》中,有條不紊地對宋學進行了痛擊[74];作爲通俗作家,他創作出大量的寓言故事,以暴露程、朱道學家之僞善[75]。在傳統中國中他確實是一位能同時在高雅文化與通俗文化兩個領域,力圖削弱宋學影響的唯一一位學者。可以想像,戴的一些反程、朱的口談可能是紀之翻版。

但此處我須趕緊補充的是,我認爲戴的義理之作並非全是故意滿足考證夥伴們反宋情緒的一種需要[76]。他同朱熹義理之別名副其實,甚至連愛批評的章學誠對此也篤信不疑。使章心煩的是戴震的作品與口談的不一致性。章特別擔心戴的口談的消極影響,因爲在戴去世後不久,他就聽到一些重要學者說:「異日戴氏學昌,斥朱子如拉朽。」[77]後一句引文意思極爲明顯,它告訴我們戴震對那些渴望獲得儒家正統性的考據學家所實行的策略,並非毫無效果。章

---

72 惠棟,《松崖筆記》(台北:學生書局,1971),頁37。
73 李集,《鶴徵錄》(漾葭老屋本),卷3,頁12b。
74 余嘉錫,《四庫提要辯證》(香港:中華書局,1974),第1冊(序錄),頁54。
75 Hummel主編, *Eminent Chinese I*, p. 123.
76 但錢穆認爲戴反程、朱之作(特別是《孟子字義疏證》)是想取悅於紀昀,見錢穆,《中國近三百年學術史》,上冊,頁322。這對戴的評判好像太苛刻。
77 《章氏遺書逸篇》,轉引自拙著《論戴震與章學誠》,頁310。

學誠非常敏銳地察覺到，戴作爲一作者與一健談者之間是不一致的。儘管章絞盡腦汁，但他對戴自我定位爲一儒家思想家，以與清代實證主義固有的反義理傾向對抗時所產生的這種緊張性心理，仍然不能理解。只有理解了這種緊張性心理，戴的不一致性就會迎刃而解。

最後，我將通過簡要回顧戴的智識發展（集中於他對儒學觀點的改變）來結束本文。迄今爲止，歷史學家一般把戴震的學術生涯劃爲兩個階段，以1757年揚州之行作爲分界線[78]。但我將其學術發展劃爲下面三個階段，而直到他生命的最後十年才臻於全盛。全盛的標誌就是在他對儒學結構的討論，下面我對此作一闡述。

1755年戴致方矩的信云：「古今學問之途，其大致有三：或事於理義，或事於制數，或事於文章。事於文章者，等而末者也。」[79]就我所知，這是儒學智識活動的三部曲——理義、制數、文章的最初闡述，儘管在戴震之前就有不少學者長期追逐過這三種智識活動。特別值得注意的是，戴對儒學的三支並非等量齊觀。可能寫於1750年的致鄭用牧的信明顯地反映了這一點，戴在此信中進一步闡述道：「今之博雅能文章、善考核者，皆未志乎聞道。」[80]此處他對理義的偏袒尤爲明顯。將這二信聯繫起來可以看出，在早期智識體系中，他將義理遠遠置於制數與文章之上。制數遠勝於文章，但在義理旁邊又顯得甚爲黯淡。這正解釋了爲何在給方矩的同一封信

78　胡適，《戴東原的哲學》，頁24-26；錢穆，《中國近三百年學術史》，上冊，頁316-324；以及楊向奎，《中國古代社會與古代思想研究》，第2冊，頁923。

79　《戴震文集》，頁143。

80　同上，頁143。

中，他毫不猶豫地表揚了宋儒——儘管宋儒失其制數，但得其義理。

第二階段大概是從1757-1766年，其學術思想主要是考據（制數）學。在此期間，他對段玉裁云：「天下有義理之源，有考核之源，有文章之源，吾三者皆庶得其源。」[81]在此處可得到兩點結論：其一，義理、考核、文章源於各自獨立的「源」，這暗示著在邏輯上它們互不關聯，這與他早期的觀點已然大相徑庭。他在致方矩的信中提出：文章在很大程度上首先應與理義相一致的「本」相連，然後還要回歸「大本」（道）。其二，他的整個儒學思想在結構上發生了巨變，早期的等級制結構或多或少地被平等結構所代替，他不再聲稱理義優越於制數與文章。不過，戴震的這一平等主義實際上並不很明顯。事實上，通過結構的重新調整，他把制數抬高到了幾乎直達道的地位。在1765年他說「故訓明則古經明，古經明則賢人聖人之理義明」一語，使得儒學中的一合乎邏輯的分支「理義」無容身之地。

讀者不必對第二階段的戴震偏激的考證觀點嘖嘖稱怪，因為這一時期他受到了考據學運動深刻的影響。實際上，如此偏激的觀點已為當時其他考證學者廣泛接受，章學誠云：

> 近人所謂學問，則以《爾雅》名物、六書訓故[82]，謂足盡經世之大業，雖以周、程義理，韓、歐文辭，不難一置

81 《戴東原先生年譜》，頁246。
82 此處「六書」理解為「六種文字的構成法」援自James J.Y. Liu（劉若愚）的解釋，參見James J. Y. Liu, *The Art of Chinese Poetry*(Chicago: U. of Chicago, 1962), p. 4.

之。其稍通方者,則分考訂、義理、文辭爲三家,而謂各
有其所長。[83]

可以看出,章在此文中提出了儒學的兩種流行觀點。第一種觀點顯
然太過狹隘,戴不會接受;而第二種觀點幾乎與戴如出一轍,它不
僅與上文所引戴之「源」理論相吻合,而且與1766年章、戴初晤後
章致章汝楠的信中所提出的觀點桴鼓相應[84]。值得注意的是,儘管
此階段末戴震的義理學工作有了重大進展,但他聲稱義理學要從
程、朱之學中獨立出來,直到1769年經歷挫折後,他才正式宣布
「打破宋儒家中《太極圖》」。故這一階段中他對宋學的批評,主
要圍於傳統考證學領域。與第一階段不同,本階段戴震不再認爲
程、朱之學至爲允當;但又與第三階段不同,此階段其義理學系統
還未充分建立。可能在此期間,戴震的義理學尚未被人注意。

在生命中的最後十年中,戴震用儒學終極觀點對自己漫長的學
術發展作出了總結。據段玉裁言,此時戴取消「源」的理論,並對
段說:「義理即考核、文章二者之源也,義理又何源哉?吾前言過
矣。」[85]在另一文中,段進一步引用了乃師之語:「熟乎義理,而後
能考核、能文章。」[86]後一語揭示出戴意爲「義理即考核、文章二者
之源也」。顯而易見,此時他又返回原位,強調義理學可直達儒家
之道。他好像是說,醉心於缺乏義理之學提供「中心觀」的制數與

---

83 《文史通義》,頁311。
84 《章氏遺書》,第3冊,頁314。
85 《戴東原先生年譜》,頁246。
86 《戴東原集》段玉裁序,頁1。有關細節見拙著《論戴震與章學誠》,頁
   114-117。

文章之學，只會走上迷途。總之，他好像對義理學又滿懷信心。

然而，爲何他現在又否認義理之「源」？段玉裁解釋道，這是由於存在於六經的 「義理」爲聖人所創造，其本身便爲我們政治、社會以及道德秩序之「源」[87]。這個解釋與戴關於「自然」與「必然」的理論根本上是一致的。也就是說，聖賢時代主要存在於從自然到必然(與「理」同義)這一創造性的轉變中[88]。故戴所強調的人類思想的創造性，最終使他意識到說義理有「源」是荒唐的。

戴震對儒學的總體觀在1777年的〈與某書〉中得到了進一步闡明，今節錄如下：

> 治經先考字義，次通文理。志存聞道，必空所依傍。漢儒訓詁有師承，亦有時傅會；晉人傅會鑿空益多；宋人則恃胸臆爲斷，故其襲取者多謬，而不謬者在其所棄……宋以來，儒者以己之見硬坐爲古賢聖立言之意，而語言文字實未之知。[89]

從根本上講，這段引文的結構與其第一階段的結構尤爲相似，同時也留下了戴在第二階段中同宋學以及清代考證學對抗時的印痕。這一結構也是等級制的，義理之學尊貴而制數與文章之學卑

87　《戴東原集》段玉裁序，頁1。

88　《孟子字義疏證》，頁12-13以及頁64。英譯本參Wing-tsit Chan(陳榮捷)，*A Source Book of Chinese Philosophy*(Princeton: Princeton U. P, 1963), pp. 716-717; Cheng, trans., *Inquiry into Goodness*, p.77.進一步闡述可參拙文，"Tai Chen and the Chu Hsi Tradition," 見本書第9章。

89　《孟子字義疏證》，頁173；英譯是從徐中約所譯*Intellectual Trends*, p. 56.中改寫而成。

賤,但他已不再折衷地認為,漢儒得其制數,失其義理;而宋儒得其義理,失其制數。相反,如同批判宋儒義理一樣,此時他亦大肆批評漢儒制數。在追求真理時應空所依傍,成為既是戴智識生活的起點,又是其智識生活的終點。很有象徵意義的是,他的這種智識生活以十歲時一個不重要的考證問題開始[90],又以在孔子所謂知天命之後五年作出的一個重要的哲學回答而告終[91]。

據 "Tai Chen's Choice between Philosophy and Philology," *Asia Major*, Third Series, 2.1﹝1989﹞:79-108譯出。

(程嫩生 譯)

---

90 戴十歲時曾與一位教師討論過《大學》,他問道:「此何以知為孔子之言而曾子述之?又何以知為曾子之意而門人記之?」見《戴東原先生年譜》,頁216;徐中約譯本, *Intellectual Trends*, p. 55.

91 據焦循言,戴在去世前不久僅關注義理學而非考證學。見焦氏《雕菰集》,第1冊,頁95。這一複雜問題的詳細討論,見拙著《論戴震與章學誠》,頁118-123。

11
章學誠對抗戴震[*]
──18世紀中國智識挑戰與回應的研究

　　在現代歷史學家的學術評判中，戴震(1724-1777)和章學誠 (1738-1801)是18世紀中國兩位學界泰斗[1]。這樣的判斷應該是恰當 的，可能誰都不能撼動當時戴、章兩者的地位，包括他們的共同朋 友朱筠(1729-1781)、邵晉涵(1742-1796)。在當時，戴震被公認爲 儒學研究中新考證學運動的卓越領導者，而章氏儘管在學術友人這 一小學術圈中被推爲一重要的文史學家，但在整個智識領域中，他 鮮爲人知。由於考證學被確立爲18世紀儒學的唯一標準，章之學術 地位也就不能望戴震之項背。即使到章的作品已逐漸得到認可的19 世紀90年代，他得到的學術評價與戴震仍然相去甚遠。例如浙江青 年才俊孫寶(1874-1924)在其1894年的日記中僅對章早期的思想表 示一點欣賞，而批評了《文史通義》全書在概念與闡釋上的狹窄 性。相反，當他在1898年中花一周時間研讀戴震的文集後，立刻稱

---

*　　牟復禮(Frederick W. Mote)與裴德生(Willard J. Peterson)閱讀了本文初 稿，並提出了一些修改建議，在此一併致謝。

1　　章炳麟(1869-1935)、梁啓超(1873-1929)、胡適(1891-1962)、錢穆 (1895-1990)各以自己的方式來宣傳這種現代觀點。日本的島田虔次也 有相似評價，見〈章學誠の位置〉，載《東方學報》(1970年3月)，頁 519-530。

賞不已[2]。到了本世紀初，嶄新的優秀學術標準逐漸形成，發掘經文中的微言大義的工作得到了無以復加的激賞。由此我們可覺察到晚清從考證學到義理學（或如倪文孫[David S. Nivison]的簡譯從「philology」到「philosophy」）這一微妙的學術轉變。結果，20世紀初以來戴震的義理學便成爲智識界關注的焦點，而其考證學只是得到了表彰而非研究[3]。這一現代標準的出現，才把章學誠抬到在清代中期儒學中眞正應有的地位。

本文打算對戴、章二人的智識聯繫作一考察，這一聯繫也許顯示了18世紀中國學術團體之間複雜而緊張的關係。從胡適（1891-1962）開始，有一點已成定論：戴震對章早期儒學觀點的形成產生了巨大影響。而章氏對戴震的態度，眾所周知正如倪文孫所指出的，是「章既欽佩但又排斥戴」[4]。事實上，章在大量的論文與書信中或明或暗地談到戴震（最後一篇是寫於1800年的〈浙東學術〉）。另外，他不僅激烈地斥責戴震，而且同樣也竭盡全力地維護他。章學誠流露出的如此強烈的感情，表明戴震對他的影響定比以前學者所認識的更爲深遠、更爲持久。但這種潛在的認識的出現，與其說是來自於現代解釋者的誤解，毋寧說是因爲章氏一些在20世紀40年代與50年代才被發現的著作尚未得到充分的研究。1985年版的《章學誠遺書》中所收集的一些新材料，表明章氏同戴震在考證學與義理學兩方面作了畢生對抗，這迫使我們重新審視章的思

2　孫寶，《忘山廬日記》（上海古籍出版社，1983），頁24，頁207-210。

3　唯一顯著的例外是戴氏的《水經注》校本。參胡適《胡適手稿》，第1-6冊（台北：胡適紀念館，1966-1969）。

4　David S. Nivison（倪文孫），*The Life and Thought of Chang Hsueh-ch'eng* (1738-1801)（Stanford University Press, 1966), p. 142.

想發展。

一、初　晤

首先，我要說明一下章、戴二人初次會晤的情形，倪文孫敘述如下：

> 朱(筠)要將其弟子(即章)引見給一位老學者戴震，他是一位考證學領袖，但與其他實學的倡導者不同，他對義理之學懷有濃厚的興趣。章、戴初晤時間可能在1766年，此時戴震正在京師就館，並準備參加進士考試。[5]

這是在總結當代學者對章智識生活中的重要事件的研究成果的基礎上，倪文孫所提出的一個嚴密的學術性推測。所幸在上面提到的新材料中，我發現了章描述其與戴震初晤的一封信。在〈答邵二雲書〉中，章學誠說：

> 丙戌春夏之交，僕因鄭誠齋(即虎文，1714-1784)太史之言，往見戴震氏休寧館舍，詢其所學，戴震爲粗言崖略，僕即疑鄭太史言不足以盡戴震君。時在朱(筠)先生門，得見一時通人，雖大擴生平聞見，而求能深識古人大體，進窺天地之純，惟戴震氏可與幾此。而當時中朝薦紳負重望

5　David S. Nivison, *The Life and Thought of Chang Hsueh-ch'eng*(1738-1801), pp. 32-33.

者，大興朱氏(筠)，嘉定錢氏(大昕)，實爲一時巨擘。其
推重戴震氏，亦但云訓詁名物，六書九數，用功深細而
已。及見《原善》諸篇，則群惜其有用精神耗於無用之
地。僕於當時，力爭朱先生前，以謂此說似買櫝而還珠。
而人微言輕，不足以動諸公之聽。足下彼時，周旋嘉定
(錢)、大興(朱)之間，亦未聞有所抉擇，折二公言，許爲
乾隆學者第一人也。[6]

　　這封信揭示了初晤時的一些重要事實。首先，它不僅證實了初
晤時間爲1766年的推測，而且更精確地點出時間爲春夏之交；其
二，與倪文孫的猜測相反，戴、章之間的介紹人並非朱筠，而是鄭
虎文。鄭結識戴震要比朱早得多，當鄭擔任新安(戴震的家鄉)紫陽
書院的山長時，就已認識了戴震[7]；其三，現代學者一般認爲，
戴、章初晤時，章就完全折服於戴震嚴密精湛的考證學。如今通過
此信，我們便可知曉戴震的義理學也在章氏心靈中打下了一個深深
的烙印，下文我將深入探討這一非常重要的細節；其四，在其〈書
朱陸篇後〉中，章痛惜「時人」只欽佩戴震的考證學成就，而未能
把握戴震對儒家哲學的貢獻這一精髓。然而，「時人」究竟指誰語
焉未詳。不過從此信可清楚地看出，當他寫信時，心中念念不忘的
是他高度景仰的業師朱筠和著名學者錢大昕。因而，這封信給我們
提供了一條極爲重要的線索：戴震的內心緊張性源於對義理學與考
證學二者的選擇[8]。1766年初晤戴震後不久，章學誠向章汝楠回顧

6　《章學誠遺書》(北京：文物出版社，1985)，頁645。
7　參《清史列傳》，王鍾翰標點(北京：中華書局，1987) 8:5888-5889。
8　Yu Ying-shih(余英時)，"Tai Chen's Choice between Philosophy and

了他們之間交談的部分內容，章曰：

> 往僕以讀書當得大意，又少年氣銳，專務涉獵，四部九
> 流，泛覽不見涯，好立議論，高而不切，攻排訓詁，馳騖
> 空虛，蓋未嘗不然自喜，以爲得之。獨怪休寧戴震東原，
> 振臂而呼曰：「今之學者，毋論學問文章，先坐不曾識
> 字。」僕駭其説。就而問之，則曰：「予弗能究先天後
> 天，河洛精蘊，即不敢讀元亨利貞；弗能知星躔歲差，天
> 象地表，即不敢讀「欽若」、「敬授」……我輩於四書一
> 經，正乃未嘗開卷卒業。可爲慚惕！可爲寒心！[9]

僅據此信，自然會令人想到(過去學者實已想到)章、戴震初晤時的
談話僅限於考證方面。但上文所引致邵晉涵之信則表明，他們的談
話必定轉到了儒家義理學方面。爲此我能提供兩個理由：其一，在
與章學誠初晤時，鄭虎文定像其他任何人一樣，極力讚揚戴震的考
證學成就。那麼爲什麼章發現鄭之言「不足以盡戴震君」呢？只有
一個可能，就是章在談話中驚喜地發現，戴震不僅是傳統考證學
家，而且是儒家思想家。其二，會晤之後，章開始維護戴震義理之
作(特別是《原善》)，而反駁了朱筠與錢大昕的攻擊。這證明，
《原善》在二者談話中必定被提起過，甚至可能被討論過。恰巧在
1766年初，戴震剛剛完成了對《原善》的校訂和擴充。戴震對在儒
家義理學上所取得的新成就尤感興奮，以至於當弟子段玉裁(1735-

(續)————————————————
    Philology," *Asia Major*, 3d. ser., 2, pt.1(1989):79-108.見本書第10章。
9 《章學誠遺書》，頁224；英譯參David S. Nivison, p. 33.

1815) 趕到北京時，他告訴段的第一件事即爲此[10]。幾乎可以確信，當戴震向章略述自己學術著作時，他提及了《原善》。

這又引出一個深層次問題：爲什麼章學誠在這次正式會晤中要不憚其煩地去尊敬戴震？眾所周知，章學誠性格內向，甚至有時近於怪癖。精心準備並且主動拜會一位完全陌生的人，對他而言，確實是一件異常嚴肅之事。會晤一位如此著名的學者的最初動機，不可能出於一種簡單的好奇，更不必說虛榮心。我認爲，此時章對於自己所追求的學問，正經歷著一種自我懷疑的階段。倪文孫已簡潔地概括出章對兩種學者所作的一般區別，即：

> 智識的趨向各不相同。從最寬泛的意義上說，有些學者善於以直覺把握對象的核心，遂能得其大體；而有些學者只對事實的細節感興趣。[11]

這幾乎就是柏林(Isaiah Berlin) 分辨刺蝟與狐狸的中國翻版。根據其自我分析，章屬於第一種類型，或以柏林的術語來說，是一隻刺蝟。少時起他便對事物大意極感興趣，而不關心於文獻細節。此點在1791年所作的〈家書三〉中已顯示出來：

> 吾讀古人文字，高明有餘，沈潛不足，故於訓詁考質，多

10　段玉裁，《戴氏東原先生年譜》，見《戴震文集》(趙玉新點校)(香港：中華書局，1974)，頁228；錢穆，《中國近三百年學術史》(上海：商務印書館，1937)，上冊，頁326-327。

11　David S. Nivison, p. 156.

所忽略，而神解精識，乃能窺及前人所未到處。[12]

但1765年當他到北京向朱筠請教時，這個刺蝟的觀點便受到了嚴肅挑戰。此點在1766年致章汝楠的信中便可窺見端倪：

> 近從朱先生遊，亦言甚惡輕雋後生，桙腹空談義理，故凡所指授，皆欲學者先求徵實，後議擴充。[13]

18世紀中期的北京，可謂是實證主義運動的中心。考證學家們被界定爲狐狸，或是由於智識傾向所致，或是由於此運動所產生的壓力。我認爲此「實證主義」在章的時代，是指考證學的偏激倡導者廣泛認爲考證方法本身能發現久藏於儒家以前以及儒家文獻中的道。1765年章氏加入朱筠的學術圈之後，便直接受到實證主義的巨大影響。就像一個一直走自己路的刺蝟，忽然處於考證學的狐狸們的包圍之中，他難免會有點缺乏自信。我敢武斷地認爲，極有可能是這種自我懷疑的心理，促使他和戴震進行了此次正式會晤。

再現了初晤前夕戴震、章二人的心理狀況後，那麼他們之間的談話在考證與義理之間反覆，就不足爲奇了。關於他們的初晤的另外一個問題是，此次會晤對章氏意味著什麼？我認爲在章智識生活中的關鍵時刻，與戴震的會面具有雙重意義。這次會晤給章帶來的既是挑戰又是欣慰。挑戰(章氏已經感受到的)是在考證學方面，而欣慰本質上是在義理學方面，但二者又是相互關聯的。可能不久後

12　《章學誠遺書》(「家書三」)，頁92。
13　《章學誠遺書》，頁224。

章就會發覺，戴震的終極目標不在於考證學。相反，戴震一直都是一隻典型的刺蝟，尋求「知一大事」——儒家之道，並且置義理學於考證學這一堅實基礎之上。爲了以一種不同的方式來處理它，戴震像章學誠一樣也尋求抓住對象的核心，特別是把每個對象同一中心主題聯繫起來。對在以後二十年中仍追求智識上自我界定的章而言，這一發現定會是個重要啓示。他從戴震一人就能夠看到考證學與義理學之間的內在聯繫。在儒家智識主義時代，一個值得追尋的眞正的義理思想，只能是建立在考證學這一堅實基礎之上。這可能顯示至少在一段時間內，章爲何篤信考證學的重要性。但章學誠感到欣慰的是，他看到了一個振奮人心的榜樣戴震，這個榜樣給自己的治學生涯指明了正確的方向。不過章學誠的當務之急，是要如何應對我們下文要談到的考據的挑戰。

二、尋找智識基礎

爲了理解章學誠所面對的「考據的挑戰」這一本質，我們需要對不同於前代的清代智識模式的一般情況有所了解。儒家思想家龔自珍(1792-1841)敏銳地察覺到了本朝與前朝的差別：

> 孔門之道，尊德性，道問學，二大端而已矣。二端之初，不相非而相用，祈同所歸；識其初，又總其歸，代不數人，或數代一人，其餘則規世運爲法。入我朝，儒術博矣，然其運實爲道問學。[14]

14　《龔自珍全集》(王佩諍校)(上海：中華書局，1961)1:193。

　　爲了得到一個較好的英語術語起見，我選擇稱「道問學」爲
「Confucian intellectualism(儒家智識主義)」，對道問學的興起所
帶來的明清中國思想史的轉變我已作過解釋，正如龔自珍和清代其
他學者所清楚意識到的，這一轉變是從尊德性向道問學過渡[15]。在
尊德性的主要模式下，儒家的程朱、陸王二學派主要通過形而上的
思考來闡明古聖人的道德原則。至於通過考證來闡明經文，則至多
被認爲是邊緣性的，在最壞的情況下還將阻礙人們對道的追求。但
程朱、陸王二學派之間形而上的思考的爭論，最終導致了雙方在16
世紀都回到了文獻考證之中。王陽明(1472-1529)要努力恢復所謂
的「《大學》古本」，這在17世紀引發了一系列的回歸經典文獻的
考證實踐。站在程朱立場上的羅欽順(1465-1547)也提倡「回到本
源」以作爲解決義理之爭的方法。如爲了維護程朱「性即理」的理
論而反對陸象山「心即理」的理論，羅從《易》與《孟子》中引用
了好幾段來證實自己的觀點，並且得出結論:「故學而不取證於經
書，一切師心自用，未有不自誤者也。」[16]晚明時期的一些儒者已
深深感到，爲了支撐他們的哲學觀點必須取證於經書。這樣便一步
步地把儒家學說從內部推向了一個新的方向，它引起了17世紀中期
思想結構從尊德性到道問學的根本性改變。在建立儒家經學研究的

15　Yu Ying-shih(余英時)，"Some Preliminary Observations on the Rise of
　　Ch'ing Confucian Intellectualism," *Tsing Hua Journal of Chinese Studies*, n.
　　s., 11, nos.1-2(December, 1975):105-144.見本書第7章。
16　羅欽順，《困知記》，《叢書集成》本，頁13。英譯見Irene Bloom,
　　Knowledge Painfully Acquired (New York: Columbia University Press,
　　1987), pp. 144-145.但我把Bloom的without reference to the classics改爲
　　without seeking evidence in the classics，因爲這樣更貼近取證於經書的字
　　面意思。

新範例方面，顧炎武(1613-1682)比其他任何人貢獻大，這點從18
世紀開始便已成共識。其最著名的言論「經學即理學」便是整個清
代儒學中的一根本觀念。一旦注意力轉移到經文，那麼考證學(特
別包括詞源學、音韻學、古文字學以及文獻批評)便開始成爲儒學
中的一樞紐角色。清代文獻學家們(幾乎無一例外)認爲，考證學本
身能向我們提供古聖所創的思想與制度世界的鑰匙。戴震曾有力地
闡述了這一點：

> 惟空憑胸臆，卒無當於賢人聖人之理義，然後求之古經；
> 求之古經而遺文垂絕，今古懸隔也，然後求之故訓。故訓
> 明則古經明，古經明則賢人聖人之理義明。[17]

　　由於章氏贊同清代儒學的智識預設，所以他對戴震考據學挑戰
的最初反應不是抵制，而是震驚與慚愧。上文所引章氏1766年致章
汝楠之信，已清楚地顯示了這一點。但七年後(即1773年)章、戴再
會時，章看上去不僅從最初的震驚中徹底恢復過來，且如倪文孫所
描述的，已開始「在歷史文學方面別出心裁」[18]。兩位學者當年曾
謀面兩次，地點先後爲寧波與杭州。簡要回顧這兩次相遇，將有力
揭示章在儒學中的自我定位的程度及其在1766年初晤戴震後重新獲
得的自信。

　　據章學誠說，就寧波地方志的編寫工作問題，他在寧波同戴震
展開了一場激烈的舌戰。戴震認爲編寫地方志的重心，是詳盡而精

17　《戴震文集》，頁168。
18　David S. Nivison, p. 47.

確地描述行政區劃(即縣、府、省)的地理沿革(特別是疆域邊界)。由於戴震強調地方志的歷史性發展到了某個極端程度,在剛剛完成的兩部地方志中,他否定了佛、道人士在傳記體中的地位,只把他們當作道觀或佛寺的附錄。而站在自己的立場上,章學誠認為地方志的真正作用是要保存好地方上的「文獻」。「文獻」不僅與當時相關,而且有實際用途。以司馬遷《史記》為一有力事例,他辯論道,歷史的本質是要更關注近代,而非遙遠的過去。章認為歷史地理的重要性僅僅是為了研究地方的古蹟。由此章學誠開始得出結論:儘管戴震經術淹貫,但在歷史學領域他根本是一外行[19]。顯然,地方志之爭反映出這樣的差別:戴震是以考證學為中心的文獻學家,而章則是具有現代思想的歷史學家。從戴震的實例中不難看出,為了編纂地方志,他把考證學方法應用到了古典歷史地理學——《水經注》的研究上[20]。作為一個偉大的文獻學家,戴震並不懂得歷史學;而章學誠不僅倡導歷史學的獨立性,而且把歷史學抬到了可與經學相頡頏的地位。我在後文將展開論述這個重要的觀點。

在杭州,章氏還無意中聽到了戴震對鄭樵(1104-1160)《通志》的嚴厲批評。戴震從嚴格的考證學角度,發現《通志》瑕疵滿目,特別是在天文學部分。儘管章此時保持沈默,但他對戴震深致不滿。後來他寫了一些為鄭樵辯護的文字,他在文中提出,作為歷史綜合性的《通志》在「弘綱」方面以及對中國歷史學的「義」的把握方面,均可堪稱傑作。在考證上對這部不朽之作吹毛求疵,乃

19　《章學誠遺書》,頁128。
20　參戴氏《汾州府志》的「例言」,收於《戴震全集》(北京:清華大學出版社,1991)1:489。

是誤解了這部著作的主要目的[21]。此處我們遇到了西方解釋學所提到的問題。作爲分析主義方法論者，戴震與清代其他考證學家們好像認爲，在理解和闡釋過程中，一個人只有理解其部分，然後才能抓住其大體。而作爲整體主義方法論者，章學誠強調，理解整體爲理解部分的先決條件。這便成爲章學誠對戴震不滿的一個根本原因，章在後期作品中對此作了進一步的闡發[22]。

因而1773年的兩次會晤說明，章學誠同戴震的偏激考證所進行的智識鬥爭，最終有了結果。與第一次交談不同，章不再是一個被動的傾聽者。相反，他能用來自自己的智識基礎——歷史學的觀點，一一反駁戴震。讓我們來看看他是怎樣建立與發展其智識基礎的。

在道問學的時代，章是一位整體論者。像當時的文獻學家一樣，他爲成爲學者的知識分子理想而努力，以與儒者的稱號相稱。但其智識傾向是歷史學的，而非經學的。從其自述中可以看出，自少年起他在歷史學方面就具有一種才質，而在傳統考證學上卻沒一點兒才能[23]。1766年同戴震所進行的首次長談，在兩個重要方面有助於塑造他的學術生涯：一、他強烈意識到，如果不能首先符合智識主義者對經驗(特別是文獻)學問的基本要求，那麼一個人在儒學的任何方面都不能贊一詞。就章學誠的例子而言，毋庸贅言，歷史學就是他的經驗學問。二、章學誠在戴震考證學從屬於義理學的論斷的巨大鼓舞下，通過廣泛研讀大量文獻，開始形成自己的文史理論。結果產生了兩大力作《文史通義》與《校讎通義》，這兩部著

21　《章學誠遺書》，頁37。

22　《章學誠遺書》，頁337-338；David S. Nivison, p. 188.

23　《章學誠遺書》(「家書六」)，頁93。

作的起源可以追溯到1772年[24]，其聯繫可用一詞概括——井然有
序。

倪文孫指出，「文史」一詞既有字面意思（「文學藝術與史學
作品」），也有特指（「文學與史學批評」），這兩重意義被文獻學
家因襲使用。另一方面，對章而言，校讎「是一種針對書籍以及關
於這些書籍所從屬的傳統的書籍的大跨度研究，在某種程度上也是
一種批評與解釋兼備的研究」[25]。此外，倪文孫還這樣評述《校讎
通義》：

> 這是一件理論性的工作——顯然是文獻學中不可或缺的主
> 題。換言之，它是一部書中之書，講述如何分析群書，並
> 為之編目。而分析與編寫目錄是通過比較文獻以確定著作
> 的真偽、作者以及完整性問題。不僅如此，通過編目和校
> 讎，該書還以一種緊密和自洽的形式完成了對章學誠歷史
> 哲學、文學批評的根本觀點的呈現，這是章學誠在那時形
> 成的哲學立場的一種基本聲明。[26]

這段話對《校讎通義》作了精確的描述，但這裡出現了一個有趣的
問題，即我們怎樣對章的校讎與文史劃分畛域？在思考此問題的過
程中，我偶然得到了一個驚人的發現。由於整個事件太複雜，故此
處我不便展開，只能簡略彙報我的發現。

大多數學者普遍同意章學誠是在1772年開始創作《文史通義》

24　David S. Nivison, p. 41.
25　同上，pp. 41-43.
26　同上，pp. 56.

的。由於得到了1772-1773年章致友人之信強有力的佐證，因此似乎沒有理由懷疑這個時間。首先還是讓我引用其中的幾封信，1772年致朱元(1727-1782)的信中，章首次提到了《文史通義》：

> 是以出都以來，頗事著述。斟酌藝林，作爲《文史通義》。書雖未成，大指已見。辛楣先生候牘所錄內篇三首，並以附呈。[27]

接著，在1773年致嚴多友的信中他又說：

> 思斂精神爲校讎之學。上探班、劉，溯源官、禮，下該《雕龍》、《史通》。甄別名實，品藻流別，爲《文史通義》一書。[28]

顯而易見，這兩封信都言及同一件事，只不過第二封信更爲詳盡罷了。如果我們相信他的話，那麼他早期提及的《文史通義》便與今本《文史通義》截然有別。確切地說，這個《文史通義》完全符合對《校讎通義》的描述，或者正如倪文孫所說的「它是一部書中之書」，故合理的解釋應是，章此時以《文史通義》爲標題寫出的初稿，後來成爲《校讎通義》的一部分。而《校讎通義》這個標題可能到1779年才具體確定。在1774年他所寫的〈和州志隅自敘〉中，這個觀點便得到了更進一步地證實，〈和州志隅自敘〉云：

27　《章學誠遺書》，頁225；英譯見David S. Nivison, p. 41.
28　《章學誠遺書》，頁333；英譯見David S. Nivison, p. 42.

　　《通義》示人，而人猶疑信參之，蓋空言不及徵諸實事
　　也。《志隅》二十篇，略示推行之一端。能反其隅，《通
　　義》非迂言可也。[29]

顯而易見的是，如果他這裡提及的《文史通義》與現存的《文史通
義》有聯繫，那就有點不可理喻了。蓋今本《文史通義》中的理論
原則是不可能「推行到」《和州志》上去的。顯而易見，只有用
《校讎通義》去替代《文史通義》，章學誠這段話才有意義。事實
上，《校讎通義》在結構與主題上都與《和州志·藝文志》有相似
之處。以至於倪文孫曾認為《校讎通義》是由《和州志·藝文志》
發展而來[30]。依我之見，可以對實際發生的情況作如下推測：1772
年他在一些文字中，已形成了其所稱的文史校讎的一些中心思想。
通過上文所引的1773年致嚴冬友之信可清楚地看出，這些文字原來
是有關校讎理論而非文史理論。換言之，它們是初稿，後來才形成
了《校讎通義·內篇一》。但由於此時《校讎通義》的標題不存
在，故他提到了他曾向友人們(包括錢大昕)出示過「《文史通義》
內篇三首」。在《文史通義》和《校讎通義》被分成「內篇」與
「外篇」的情況下，這種混淆更加劇了，使得檢討起來倍加困難。
幾十年來學者們在今本《文史通義》中試圖鑑定出此「三首」，但
都一無所獲。現在我們至少可或多或少地確信，它們必定在《校讎
通義·內篇》的十八篇文字之中，特別是在那些論述一般性原理的
篇章裡。

29　《章學誠遺書》，頁552；英譯見David S. Nivison, p. 46.
30　David S. Nivison, pp. 57-60.

倪文孫就此問題敏感地作出了表態，他認為：

> 在這些信中，章首次提到此卷論文(是其現在最著名作品
> 的一部分)的名稱。但我們只能猜測，這是早期的《文史
> 通義》，現存的大多數作品都是後來所寫。另外，這裡還
> 顯示，章同時想要用此標題作為其所有作品的共同標題，
> 或至少是所有他想要保留的作品的共同標題。[31]

上述兩點言論特別值得注意。首先，今本《文史通義》中幾乎所有
重要的理論性文章都在1783-1792年這一較晚的時期內寫成[32]。故
早期的《文史通義》更可能是今本《校讎通義》的初稿。其次，章
最初想用《文史通義》「作為其所有作品的共同標題」，這也是有
據可尋的。倪文孫又進一步指出：「但將其《校讎略》的標題改為
《校讎通義》(《校讎略》在邏輯上極不可能被收入另一《通義》
之中)後，章可能又改變了想法」[33]。這誠然可備一說，但也有另
外一種可能性。1779年他寫成了《校讎通義》，此時新思想可能在
其腦中已孕育出，即為了一個更有抱負的計畫，他決定保留《文史
通義》作為標題。另外，從他對早期以及後來的《文史通義》迥乎
不同的態度中，我們很容易看出這二者的巨大區別。1772-1774年
他急於把早期《文史通義》中的文字出示給友人，以期得到賞識。
而後來他卻試圖把自己大多數早期思想隱藏起來。1796年他致汪輝
祖信已充分表明，他害怕這些思想「驚世駭俗，為不知己者詬

---

31 David S. Nivison, p. 41.
32 錢穆，《中國近三百年學術史》，頁420-424。
33 David S. Nivison, p. 174.

屬」[34]。因此可以肯定，1772-1774年間所提及的《文史通義》中的文字是《校讎通義》的初稿。

揭示了早期的《文史通義》實爲《校讎通義》的初稿這一簡單事實後，我們就能更多地了解在回應戴震考證挑戰之中成長起來的章氏思想。首先，與以前的推測相反，18世紀70年代初章沒有寫出像今本《文史通義》那樣的義理學方面的傑出篇章。這一時期的章氏文字大量吸收了校讎學精華，緊緊依靠在他所精心選擇發展的文獻基礎上。這表明，他確實把戴震1766年之語銘刻於心：「今之學者，毋論學問文章，先坐不曾識字。」

其二，在致錢大昕的信(最初寫於1772年，但可能在1798年作了些修改)中[35]，章描述自己手頭工作是文史校讎。至於這項工作涉及到哪些方面，現在我們知道，1772年他不會提及後來所出版的兩部名作——《文史》與《校讎》。這裡我們須回到前面所提到的問題：怎樣給文史與校讎劃分畛域？他將兩部分置於一起的事實顯示，他已認爲此兩部分不可分割。但隨著工作的進展，他逐漸意識到校讎方法論中存在一些獨特的問題，需要區別對待，故1779年便寫成了《校讎通義》。章學誠自始至終都在宣揚，校讎爲儒學研究中的一合理部分，其作用不是龐雜的文獻集成或文獻目錄，而是通

34　《章學誠遺書》，頁82；David S. Nivison, p. 253.

35　我認爲錢大昕的第一封信可能寫於1772年，因爲其部分內容與致朱元的信(以上引用的)相一致。但現在見到的版本可能在1798年作了擴充與修改，以便收進文集中。此爲傳統中國作者的慣例。參錢穆，《中國近三百年學術史》，頁418；Paul Demiéville(戴密微), *Chang Hsueh-cheng and His Historiography*,收入W. G. Beasley和E. G. Pulleyblank編, *Historians of China and Japan* (London: Oxford University Press, 1961), 172n.; David S. Nivison, p. 183注.

過文獻的系統分類來闡述思想與學術的不同傳統[36]。儘管校讎重
要，但未被章氏視爲終極目標，而是服務於他的文史研究的更高目
的——揭示道的眞相。故不難看出，章氏故意選擇「文史校讎」這
種表達，是想對戴震經學訓詁的霸權地位提出挑戰。1772-1783年
通過研究校讎，他孜孜於建立自己的智識基礎。一個新發現的手稿
證實了我此處的觀點，1778年致錢坫(字獻之，1744-1860，錢大昕
的一位親屬)的信中，章開始表揚了錢氏淵博的訓詁文字知識，後
對自己的作品發表看法以作對照，其云：

> 學誠粗通大義，不能研究文字，自以意之所至，而侈談班
> [固]、劉[歆]述業，欲以疏別著述淵源，究未知於古人之
> 志，有當與否？[37]

這個新證據有助於證實其早期思想的兩個重要事實：一、直到1778
年，他的自我定位仍主要爲一歷史文獻學家，而未對今本《文史通
義》所體現的文史思想作任何暗示。二、錢的「訓詁文字學」與章
「文獻學」之間的對照顯示出，章在校讎上有意識地塑造自己的智
識基礎，來反攻當時考證學家們(特別是戴震)的訓詁學。事實上，
儘管他批評當時沈醉在「好勝而強所不知」的戴震，但他在此信末
尾特別提到了戴震尤擅於訓詁[38]，在作此批評時，他定會記得1773
年他所言「戴震經師、不通史學」一語。毫無疑問，正如戴震的訓
詁學是解釋儒家經典的工具一樣，章的文獻學方法論這一工具是以

36　David S. Nivison, p. 196.
37　《章學誠遺書》，頁694。
38　同上，頁696。

文史批評爲中心的。

其三,我們現在能區分1766年章、戴震初晤後,章智識發展的兩個階段。第一階段大約從1771年他著手寫一部有規劃的作品開始,到1783年他正在創作《文史通義・內篇》爲止。這一階段他更關注通過校讎來建立其智識基礎,而不是形成文史觀點。1779年的《校讎通義》,可視爲此時代表作。第二階段從1783年至1801年即他仙逝爲止。章學誠這近二十年中的主要工作是系統地擬出《文史通義》的主要思想。不幸的是,終未留下完璧。第二階段的1788-1790年是一個高潮,這時章學誠的理論思想出現了突破。由於《文史通義》的標題造成了混淆,以前我們一般認爲從1771年起他同時忙於文史與校讎。澄清這一混淆後,我們更清楚地看到了一個從文獻基礎到上層理論建設智識成長的合理模式。這一過程中戴震的影響是不可否認的。正如章學誠強調指出,戴震一生致力於訓詁,只是爲了重建儒家思想[39]。

毋庸贅言,對章氏智識發展的兩個階段只能在相對意義上加以理解。第一階段他強調校讎,第二階段他強調文史。但無論在那個階段,他都不會強調一方而力斥另一方。出於他那個時代的智識主義精神,他在兩個階段通過應用其思想到實際研究項目中測試其合理性中顯示出顯著的一致性。在章作品中,理論與實踐常常能夠共生地發展,我們已看到《校讎通義》與《和州志》是如何緊密地聯繫在一起。現在讓我們對章學誠另一重要項目《史籍考》是如何促進了《文史通義》的寫作,作一簡要考察。1787年他首先向河南巡撫畢沅(1730-1793)推薦此巨大工程,然後從1788年他便著手去

---

39 《章學誠遺書》,頁16。

做。雖然曾中斷過，但此項工程一直伴隨著他走完了人生的最後歷
程[40]。

倪文孫認爲：「章學誠爲這一工程所付出的大量心血沒有虛
擲，這是因爲，在寫作章氏興致最大的有關方志編纂理論論文的那
幾年中，這一工程對他的思考起到了主要的推動作用」[41]。爲了證
實此觀點，我想援引他自己的言論。1788年他給孫星衍（1753-
1818）寫過兩封信，這兩封信對這裡要討論的內容尤爲重要。第一
封信寫於仲春，其云：

> 鄙人比日與洪[亮吉，1746-1809]、凌[廷堪，1747-1809]
> 諸君，爲中丞編《史籍考》。泛覽典籍，亦小有長進。
> 《文史通義》，亦庶可藉是以告成矣。[42]

第二封信寫於數月後：

> 俟爲尚書公成書之後，亦當以涉歷所及，自勒一家之言。
> 所爲聊此自娛，不敢問世也。然相知數君子，終不敢。[43]

此二信雖然講的是自己編書的情形，但須注意的是，章在第二封信
中首次表達了「六經皆史」這一著名理論。他對史料目錄新分類的
嘗試，導致他發現了這一思想，而此思想又成爲其編纂《史籍考》

40　羅炳綿，《清代學術論集》（台北：食貨出版社，1978），頁1-115。
41　David S. Nivison, pp. 205-206.
42　《章學誠遺書》，頁335。
43　同上，頁86。

的指南[44]。1789年初，在忙於此工程一年多一點的時間後，他能在兩月時間內寫出了至少二十三篇之多的《文史通義》的核心論文。寫作中迸發出的巨大靈感甚至連作者本人都感到吃驚，他自述道：「生平為文，未有捷於此者。」[45]

三、「六經皆史」

章學誠在《文史通義》中所提出的「六經皆史」這一中心論題，在中國現代歷史學中得到了最為徹底的討論[46]。本文不擬全面展開這一論題及其在清代思想史中的意義。確切地講，下文僅從章、戴之間發生的智識挑戰—反應的角度嚴格檢視這一命題。

現代已故學者錢穆(1895-1990)教授首先認為，章氏是想通過質疑當時古典考據派的基本預設來挑戰其主要範式[47]。讓我們以這個範式為下文討論的起點。到18世紀後半期，上文所引顧炎武的口號「經學即理學」，已經變得不言而喻。作為一個流傳極為廣泛的概念，它也被章摘錄進其筆記裡[48]。作為清代傳統實證主義中最主要的義理學代言人，戴震在多數信中或偶而在著作中，把此概念之涵義進行了詳盡闡發。在仙逝前幾月，戴震給得意門生段玉裁(1735-1815)寫過一封信，信中的要點可資佐證：

---

44 參《章學誠遺書》中的〈史考釋例〉，頁615-618；以及〈史考摘錄〉，頁648-656。
45 《章學誠遺書》，頁325。
46 現代關於本論題的一些重要討論，參拙著《論戴震與章學誠》中所引用的作品(香港：龍門書店)，頁76注。
47 錢穆，《中國近三百年學術史》，頁380-386。
48 《章學誠遺書》，頁381。

> 僕自十七歲時，有志聞道，謂非求之六經、孔孟不得，非
> 從事於字義、制度、名物，無由以通其語言。宋儒譏訓詁
> 之學，輕語言文字，是猶渡江河而棄舟楫，欲登高而無階
> 梯也。[49]

這可視爲顧炎武最初思想之詮釋，從中可清楚地看到，不僅顧對當
時玄談學風已深致不滿，而且他提倡把經學中的訓詁方法作爲重新
掌握「道」的唯一方法。此間的涵義，可作如下三層剖判：一、
「道」已被古聖人發現，特別是孔子與孟子；二、「道」在六經；
三、只有訓詁，才能闡釋六經的原始意思。由於章特別反對戴震的
諸如此類的觀點，遂提出了「六經皆史」。

　　上文已經述及，以《文史通義》爲標誌，1789年是章智識生命
中收穫最豐的一年。他在此年給一些理論性文字寫了一篇序，該序
有力地證明：章學誠儒學上的重要思想，既來自於對道的不懈追
求，也來自於與戴震展開的歷時十年之久的思想對抗。直到1789年
即戴震死後十二年時，這個智識競爭的勁敵的幽靈仍糾纏著章學
誠。因此他寫道：

> 余僅能議文史耳，非知道者也。然議文史，而自拒文史於
> 道外，則文史亦不成其爲文史矣。因推原道術，爲書得十
> 三篇，以爲文史緣起，亦見儒之流於文史，儒者自誤以謂
> 有道在文史外耳。[50]

49　《戴震全集》1：213，相似但更詳盡的論述可能在《戴震文集》中，頁
　　44，頁140，頁145-146，頁164-165，頁168。
50　《章學誠遺書》，頁325。

上文最後一句可見章對戴震的挑戰是怎樣的刻骨銘心，〈又與正甫論文〉(寫於1789或1790年)再次證實了這種情緒，該文云：

> 馬(遷，前145-前85)、班(固，32-92)之史，韓(愈，768-824)、柳(宗元，773-819)之文，其與於道，猶馬(融，76-166)、鄭(玄，127-200)之訓詁，賈(逵，30-101)、孔(穎達，574-648)之義疏也。戴震氏則謂彼皆「藝」而非道。此猶資舟楫以入都，而謂陸程非京路也。[51]

通過此信可清楚地看出，章在1789年所寫之序，只是對戴震作了一種含混的不點名的批評。他認為就趨近「道」的捷徑而言，文史不比戴震之經學遜色。此處我亦須指出，章的批評明顯針對戴震1755年的〈與方希原書〉。戴震在此信中含蓄地點出，司馬遷、班固、韓愈以及柳宗元的作品只能被視為「藝」而非「道」，同時他也指出「聖人之道在六經」[52]。

　　章學誠進而推翻了戴震反覆闡述的清代實證主義的三種假設。首先，章不像戴震那樣對考證充滿著無限的信仰。儘管他對戴震以及當時其他文獻學家的精湛考證極為尊崇，但精湛的考證與經書的微言大義之間差距甚遠。他認為「數千年來」，就「六書小學」而言，「諸儒尚未定論」。作為一整體主義方法論者，他認為無需考證方法的援助，也能把握經文大意[53]。

　　章對清代實證主義的其他兩種觀點也提出質疑。這兩種觀點

51　《章學誠遺書》，頁338。
52　《戴震文集》，頁143-144。
53　《章學誠遺書》，頁73-74。

是：古聖人發現了道，道在於六經(須指出的是，此觀點自漢朝以
來已被吸收到儒家傳統之中)。由於對道作了一全新闡釋，他才能
對這一根深蒂固的傳統提出挑戰。章學誠的現代從者普遍認爲，他
所提出的道已徹底歷史化[54]。對此，倪文孫曾精闢闡述道：

> 章認爲，經文本身不足以揭示道之全體。由於道之全體通
> 過顯示過去有什麼或發生過什麼來呈現道，故最終是歷史
> 本身、事件過程揭示道，經文顯然只占其中一部分。[55]

但此處我們所關心的，不是章學誠對道所作的爲人熟知的闡述，而
是怎樣使用道來論證「六經皆史」這一中心論題，來與戴震的激進
考證相抗衡。我們已看到，他在1789年的序中有力地辯解道，文史
同戴震的經學一樣，也是對道進行有效的闡述。一直到生命盡頭，
他都信奉此觀點。1796年他給朱珪(1731-1807)寫了封信，並向朱
贈送了一冊初刊本《文史通義》。在此信中，他又述及到了其最喜
歡的主題。但這次專門提到了經學與史學：

> 古人之於經史，何嘗有彼疆此界，妄分孰輕孰重哉？小子
> 不避狂簡，妄謂史學不明。經師即伏、孔、賈、鄭，只是
> 得半之道。《通義》所爭，但求古人大體。[56]

---

54 錢穆，《中國近三百年學術史》，頁382-384；Paul Demléville, pp. 178-
    180；David S. Nivison, pp. 140-162.
55 David S. Nivison, p. 151.
56 《章學誠遺書》，頁315，亦可參《章學誠遺書》中的〈丙辰答記〉，頁
    387-388。

顯而易見，章再次批評了戴震。這幾行文字實際上暗示，他重複了在1773年同戴震在地方志之爭時所作的評價——儘管戴震擅長訓詁考證，但他對史學是無知的。明乎此，我們幾乎可以斷定，其論文《原道》第三部分中的如下一段，便是自己與戴震的一個對比：

> 夫道備於六經。義蘊之匿於前者，章句訓詁足以發明之；事變之出於後者，六經不能言。固貴約六經之旨，而隨時撰述，以究大道也。[57]

據此觀點，戴震像漢代儒學大師一樣，至多也不過抓住了道的一半。

行文至此，我們不妨打住先提一個問題：章學誠是否同意，由於他不借助於考證研究經學，那麼他對道的理解是否有偏頗的呢？答案肯定是否定的。如上文所引的致朱珪信的最後一句便說明：儘管他對道沒有從細節上把握，但他自信他在本質上對道有整體上的理解。作為一整體論歷史學家，他發現了「六經皆史」這一至為重要的事實。但「六經皆史」又不能反過來說，因為史並非都為經。實際上他認為「經」一詞，要麼是用語不當，要麼是歷史上的失誤。在〈經解〉一文中他力圖說明，詞源學上「經」的意思至多不過為概要罷了，它一般使用於墨家與法家而不是儒家文獻中。在孔子死去很久後，「經」才神聖化並被引進儒學文獻中。章強調指出，經「初不名經」[58]，經之所以神聖，並不由於它們是經，而由

---

57 《章學誠遺書》，頁12。
58 同上，頁8-9。

於它們最初在本質上爲史。關於此點,他在別處也作過斬截表達:
「後人貴經術,以其即三代之史耳。」[59]

有了「六經皆史」的觀點,章不僅推翻了戴震對道的壟斷地
位,而且以貶低同時代的經學爲代價,將史學神聖化。如同章的眾
弟子一樣,我也充分地認識到:這一命題的深邃豐富,在於哲學與
史學蘊涵兩個方面。我無意用心理學分析來簡化它。無論如何,學
術思想史是決不能簡化爲個人的心理狀態的。總而言之,要不是爲
了向戴震挑戰,幾乎可以確信,章是不會在《文史通義》中表達這
一立場的。

四、朱與陸:兩種智識譜系

最後,戴震給章帶來的畢生智識壓力,在章重建朱熹(1130-
1200)與陸象山(1139-1192)這兩大新儒家譜系中的勁敵的歷史時臻
於極致。戴震1777年仙逝,給章提供了一個對戴震的學術強項與學
術弱項進行反思的機會。在〈朱陸〉一文中,他便做到了此點[60]。
在1800年即去世前一年,他寫了另一篇名爲〈浙東學術〉的文字。
他在本篇文字中,將自己的智識根源全追溯到陸象山。儘管相隔四
分之一世紀,但這兩篇文字在意思上互爲補充,故構成一全璧。後
者(〈浙東學術〉)即使未明言前者(〈朱陸〉),至少也已有暗示[61]。

59　《章學誠遺書》,頁15。
60　我認爲,〈朱陸〉篇最有可能是1777年章得知戴震仙逝時所寫。而胡適
　　在《章實齋先生年譜》(姚名達校訂,遠流出版公司,1986,頁73-77)
　　中則表達了不同的看法;前引錢穆,頁419;David S. Nivison, p. 105.
61　《章學誠遺書》,頁14-16。

在這兩篇文字中，他對朱熹與陸象山的智識譜系分別作了重建。在對他們的要義作出評價之前，讓我們首先對此二譜系作一檢討。〈朱陸〉表述的朱學譜系如下：

> 一傳：黃榦(1152-1221)與蔡沈(1167-1230)；再傳：眞德秀(1178-1235)、魏了翁(1178-1237)、黃震(1213-1280)、王應麟(1223-1296)；三傳：金履祥(1232-1303)與許謙(1270-1337)；四傳：宋濂(1310-1381)與王禕(1323-1374)；五傳：顧炎武與閻若璩(1636-1704)。

須指出的是，該文中「傳」的使用極爲鬆散，但並不影響我們此處的討論。〈浙東學術〉表述陸象山的譜系如下：

> 袁爕(1144-1224)、袁肅(？-1199)與袁甫(？-1214)──王陽明(1472-1529)──劉宗周(1578-1645)──黃宗羲(1610-1695)──毛奇齡(1623-1716)、萬斯大(1633-1683)與萬斯同(1638-1702)──全祖望(1705-1755)。

關於這兩大譜系，我所想作的評論爲：其一，他們是「儒家學者」而非「新儒家學者」的一覽表。在兩文中，章學誠明確提出，他篩選的標準爲「通經服古」、避免「空言德性」。兩大譜系最爲清晰揭示了道問學(儒家智識主義)。其二，據〈書朱陸篇後〉──章氏早期所寫的批評戴震的文字[62]，他把戴震的智識譜系從顧炎武

---

62 《章學誠遺書》，頁16-17。

追溯到朱熹，以顯示戴震在非難朱熹時，「飲水而忘其源也」[63]。
其三，1777年〈朱陸〉篇中的一個顯著錯誤便是陸學譜系，而章在
〈浙東學術〉(1800)中，仍沿襲這一錯誤譜系。但細查便會發現，
這一譜系未能覆及整個陸學，而是囿於陸學的浙東一支。毫無疑
問，章在1800年的譜系重建中，主要想把自己置於陸學傳統，以與
朱學傳統中的戴震相頡頏。下列事實充分證實了這一點：陸象山的
主要信徒楊簡(1140-1226)，王陽明的兩個得意弟子錢德洪(1497-
1574)和王畿(1498-1583)，即使他們都爲地地道道的浙東人，卻無
法側身章的譜系。換言之，此譜系給章學誠自我的智識認同披上了
一件精緻的外套。

　　章學誠對兩個新儒家譜系的重建，不僅闡明了他同戴震的智識
聯繫，而且宣布了自己爲清代儒家智識主義的義理學代言人。限於
篇幅，這兩者的聯繫只能作如下簡述[64]。

　　據倪文孫言，章學誠很遲才發現黃宗羲(可能在1795年)，這時
章的作品已基本完成。僅在那時他才開始充分意識到浙東史學的重
要性。故在此基礎上，倪文孫得出判斷：章氏不是「浙東學派」的
「成員」：

　　　　認爲章學誠是「浙東學派」一員，這是陷入了章自己的歷
　　　　史主義思想之中。「浙東學派」也許對章有影響，但章的
　　　　這個自我認同是晚年追認的。

<hr>

63　David S. Nivison, p. 162.
64　詳參余英時，《論戴震與章學誠》，頁53-75。

　　倪把章認爲自己與「浙東學術」有聯繫理解爲「晚年追認」[65]，
殊爲有見。但需要進一步加以闡明。首先，我們要問，爲什麼在
1777年他的〈朱陸〉篇中僅有朱熹的智識譜系，而沒有陸象山的智
識譜系？這是否由於如倪文孫所說，章直到1795年才熟悉黃宗羲作
品？這當然是答案的重要部分，而非全部。我認爲更重要的是：章
學誠的思想與學術此時已臻於成熟。現在我們知道1777年章學誠的
大多數作品關注校讎研究，他的理論突破諸如「六經皆史」，實際
上更在十年之後。當時《文史通義》除了標題外，作爲一部著作實
際上並不存在。他尚無合理的構想以南宋朱陸對抗，或清初顧炎武
對抗黃宗羲的模式，來描述自己與戴震之間智識上的分庭抗禮。其
實這一點在〈浙東學術〉中，他已經做到了。下一個問題便是，他
在何時自我認同爲以黃宗羲爲源頭的清代浙東史學傳統之中？其友
邵晉涵1796年的死亡，給他提供了一個重溯這一傳統的機會。他特
地表彰了黃宗羲、邵廷采(1648-1711)以及全祖望對史學研究的貢
獻[66]。他是否也認爲自己是此傳統後半階段的繼承者，則不得而
知。另外，這裡有一反證，1797年他給朱錫庚寫了封信，該信對
〈朱陸〉篇所評戴震的學術特點作了在根本上與譜系一致的總結。
不過，他對清代部分的譜系的表述如下：

　　至國初而顧亭林、黃梨洲、閻百詩皆俎豆相承，甚於漢之
　　經師譜系。戴震亦從此數公入手，而痛斥朱學，此飲水而

65　David S. Nivison, p. 279.亦見pp. 249-250.
66　《章學誠遺書》，頁117-118，關於浙東史學傳統，參Lynn Struve(司徒琳), *The Early Ch'ing Legacy of Huang Tsung-Hsi: A Reexamination*, Asia Major, 3d ser., 1, pt.1(1988): 83-122.

忘其源也。[67]

令人極爲驚奇的是，章學誠遲至1797年還把黃宗羲置於朱熹傳統
中，而且把他作爲戴震的智識先輩之一。即使我們認爲這僅爲章氏
的一次「疏忽」，這種「疏忽」本身也有著一些深層次的心理意
義，至少揭示此刻他還未最終形成歸宗於浙東史學傳統的自我定
位。這個簡單的事實亦說明了，爲何1777年的〈朱陸〉篇未給陸建
立譜系。在此意義上，1800年所撰的〈浙東學術〉確實爲「一種晚
年追認」。1800年他雙眼失明，健康狀況亦日趨惡化，故寫作時需
有協助。雖然他已自知日薄西山，但他發現有必要對其傑作作最後
的修改。〈浙東學術〉爲其最後的理論性文字，並爲《文史通義》
的核心章節，這對他定有許多意味。那麼，促使章寫此絕筆之作的
動機何在呢？我在此僅作一推測。首先，當他想把《文史通義》的
草稿交給一位朋友終審時，他定會發現1777年的〈朱陸〉篇在內容
上的顯著失衡——它把戴震的智識譜系追溯到朱熹，而隻字不提自
己與陸學傳統的聯繫。而〈浙東學術〉便彌補了這個隙漏[68]。其
二，隨著其儒學體系的基本完善，他此時可能感覺到更合情合理的
安排應該是，把自己與戴震定位在儒學傳統中明道主線上的兩個代
表(即戴震的經學與自己的史學分庭抗禮)。爲了在儒家史學中爲自
己找一合適位置，他也需要建立自己的智識譜系，那麼沒有什麼比
浙東史學傳統更合適不過了。顯然，如果他要在這個傳統中安置一
個樞軸角色，則由黃宗羲充任最爲允當了。而前文所述他在三年前

67　《章學誠遺書》，頁611。

68　章曾委託過王宗炎(1755-1826)修訂《文史通義》，1801年王建議對最
　　後一篇的首段作些修改。參《章學誠遺書》附錄，頁624。

曾慷慨地將黃劃入朱熹學派，〈浙東學術〉云：

> 世推顧亭林氏爲開國儒宗。然自是浙西之學，不知同時有
> 黃梨洲氏出於浙東。雖與顧氏並峙，而上宗王、劉，下開
> 二萬。較之顧氏，源遠而流長矣。顧氏宗朱，而黃氏宗
> 陸。蓋非講學專家，各持門户之見者，故互相推服而不相
> 非詆。學者不可無宗主，而必不可有門户。故浙東浙西明
> 道並行而不悖也。浙東貴專家，浙西尚博雅。各因其習而
> 習也。[69]

章在此處誇大了黃宗羲的史學地位，這與其在〈朱陸〉篇所作的朱
子學派譜系中對顧炎武的描述相牴牾。儘管章學誠深知顧之影響風
靡全國，但他還是將後者在地域上界定爲浙西人，來表示顧學術上
的地域局限[70]。但一旦我們認識到他實際上是間接地拿自己與戴震
作比較時，這種誇飾完全可以理解。

最後但並非最不重要，章的絕筆之作必須借助《文史通義》中
的中心思想「六經皆史」來理解。〈浙東學術〉中有一重要段落，
部分如下：

> 三代學術，知有史而不知有經，切人事也。後人貴經術，
> 以其即三代之史耳。……浙東之學，言性命者必究於史，

---

69 《章學誠遺書》，頁15。
70 戴密微認爲章在地域上把顧炎武界定爲浙西是個失誤，見前引氏著書，
171註。但章的界定是建立在全祖望的新研究基礎之上。參《鮚埼亭
集》，《四部叢刊》縮本，外編，卷49，頁1057-1058。

此其所以卓也。[71]

現代闡釋者一般認為，章此言論僅僅涉及到清代浙東學術傳統，因為若將此推廣到17世紀以前，顯然站不住腳[72]。但事實並非如此，在1800年所寫的〈邵與桐別傳〉中，章清楚地說道：

南宋以來，浙東儒哲講性命者，多攻史學，厤有師承。[73]

此處說點題外話，即章為什麼對自己所為之事誇大其辭？我認為，他可能考慮到兩點：其一，既然根據「六經皆史」的理論，道僅在史學中才得以充分揭示，孳乳他的傳統得一直要有正確的軌道。浙東哲學家們永遠不陷入「空談」，他們借助於史學來研究哲學。其二，從顧炎武到戴震，儒學的基本模式肯定被激進地修正過。在章對南宋以來浙東學術傳統的誇大言詞中好像可以看出，章也想用「史學即理學」來代替「經學即理學」。故《文史通義》中的這兩個著名論題相互促進，共同構成了與戴震經學訓詁相抗衡的有力論點。章在絕筆之作中得出結論：他同戴震所進行的長期智識鬥爭，將一直延續到生命盡頭。

但章構建新儒家朱、陸兩大譜系的重要性，遠遠超越了其智識發展的個人容量之外。雖然未臻全璧，但兩個譜系表明，章這位歷史學家具有深邃透徹的思想。他當時獨自深入經學，發現了清代中期考證學家們所從事的活動顯然缺乏思想的深層涵義。這當然不是

71 《章學誠遺書》，頁15。
72 金毓黻，《中國史學史》（上海：商務印書館，1957），頁252。
73 《章學誠遺書》，頁177。

說，他的這一發現絲毫未假外力。如上所示，他有關清代新儒家兩大傳統的最終觀點，是其幾十年中對戴震經學愈演愈烈的考證挑戰的回應。只要精心研讀戴震的作品，章學誠在一定程度上能夠認知到：在戴震以考證為基礎來反對朱熹的背後，隱藏著一個導源於朱熹的哲學架構。

18世紀中國包括戴震在內的考證學家，幾乎都提倡漢代的考證學，而反對宋代的義理學。漢宋對立意味著，宋明新儒家學說與17世紀中期清代經學之間，已徹底決裂。我認為，章沒有參加這一論爭。在其作品中我們也可發現，他認為漢宋之別意味深長，新儒家的兩種傳統還繼續滲透到清代，而發生改變的是尊德性已讓位於道問學。他可能比當時大多數學者更充分地意識到，他處於道問學時代，因而要全心全意地去接受這一傳統。在此意義上，他不僅接受了戴震的智識主義視野，而且也像戴震一樣，承擔起清代道問學的哲學代言人這一職責。但二者區別也是顯而易見的：戴震可被視為朱熹傳統的代言人[74]；而為道問學辯護的章學誠，顯然是站在陸王的立場上的。

章學誠聲稱戴震實為朱熹的繼承者，此不難理解，畢竟道問學一直被視為朱熹傳統的內在特點。另外，他力使陸王傳統與清代智識主義相一致，此乃英勇之舉。其言辭迂迴複雜，有時甚至轉彎抹角，此處試舉一二例。他常強調，為學應先悟其「大體」，而不應沈湎於細節之中，這是參考於陸象山所特別強調的孟子思想「立乎其大」，此不必說。此「大體」對孟子與陸象山而言，僅意味著一

74　參拙文，"Tai Chen and Chu Hsi Tradition," 收入 *Essays in Commemoration of the Golden Jubilee of the Fung Ping Shan Library* (Hong Kong University Press, 1982), pp. 376-392. 見本書第9章。

個人的「德性」，但對章而言，則是在整體上抓住重要事物的一種智識才能，有時他亦稱之爲專家，在字面意思上爲「specialist」或「specialization」。但是我們不要把它同現代意義上的「specialist」相混淆，他的「專長」正是刺蝟所知道的「一件大事」。另外一例是他在一些文字中，吸收了王陽明的「致良知」。良知在本質上仍爲德性，但一旦到了章的手上，便發生了智識上的轉變。他認爲，良知只是特殊智識作品中作者的一種直覺傾向[75]。爲了滿足浙東史學的需要，他以此方式將陸王傳統智識化。隨著道的歷史化以及陸王傳統的智識化，他把18世紀中國的道問學成功地推到了一個新的高度。

據 "Zhang Xuecheng versus Dai Zhen: A Study in Intellectual Challenge and Response in Eighteenth-century China," in Philip J. Ivanhoe, ed., *Chinese Language, Thought and Culture, Nivison and His Critics*(Chicago and La Salle: Open Court, 1996), pp. 121-154譯出。

（程嫩生　譯）

75　拙著《論戴震與章學誠》，頁63-65，頁73-75。

12

黃進興《18世紀中國的哲學、考據學和政治：李紱和清代陸王學派》序

　　李紱(1675-1750)在西方幾乎不爲人知，20世紀的中國學者對他也未作充分研究。盡我所知，1923年梁啓超(1873-1929)在清華大學發表的關於清代學術史的系列講稿中，首次提到李紱爲「陸王學派的殿軍」。可能受梁啓超的啓發，先師錢穆先生(1895-1990)在《中國近三百年學術史》(1937)中，用一整章的篇幅專門介紹其生平與思想，迄今爲止，這仍是最詳盡透徹的介紹。

　　在20世紀的中國史編纂中，李紱的遺忘更多的是由於歷史學家的主觀所致，而不在於李紱置身其中的歷史事實。受民族主義與實證主義潮流的影響，現代中國的歷史學家們通常對與清廷密切合作的儒家學者和作爲一種哲學體系的新儒學產生偏見。結果，關於清代學術思想史的研究主要集中於返回漢學的考據學，而漠視程朱與陸王兩派的演變。由於李紱具有高層官員與陸王學派代言人的雙重身分，故未被納入歷史學家的考慮名單。

　　然而，一旦我們設法擺脫現代的這種參照系，直接細查史錄，我們將立即發現，在清代學術思想史的研究中，尤其是放在其自身的話語中，無論李紱還是陸王學派，都不應被忽視。實際上，李紱的學術影響是值得重視的。第一，在著名歷史學家全祖望(1705-

1755)的力助下，李紱試圖重理17世紀30年代初期的明代百科全書
《永樂大典》中的古文獻，這爲四十年後啓動《四庫全書》大工程
立了榜樣，而正是此工程使漢學臻於巔峰。第二，李紱是清代第一
位對王安石(1021-1086)及其變法運動的歷史非議進行公開抨擊的
儒家學者。他的論述直接啓發了蔡上翔(1717-1810)用二十年時間
詳細研究王安石年譜。對宋代這位偉大改革者的錯誤指控，即使不
是全部，也絕大部分首次得到了澄清。在蔡上翔研究的基礎上，梁
啓超才能於1908年寫出王安石的現代傳記，甚利於改良主義思想的
傳播。由此，李紱實亦間接有功於晚清中國的政治發展。第三，從
1750年李紱去世到清亡，他一直未被人所忘，19世紀的許多作家寫
到他時，或論及其政治生涯，或論及其學術成就，或兩者兼而有
之。實際上，作爲一位博聞強記的學者，他的聲譽一直在上升，有
時甚有傳奇色彩。1831年李紱全集的再版，也證明了他在學術界的
長期影響。

　　正如梁啓超所說，李紱很可能是清代公然以陸王後學自居的最
後一位學者。但這並不意味著整個陸王傳統隨著他於1750年去世便
突然消逝。相反，陸王傳統仍然存在，只不過沒有代言人與公開的
可識別的身分而已。換言之我們可以說，即使在漢學鼎盛期的學術
思想界，陸王新儒學的痕跡也從沒有消失。一些學者，如著名學者
章學誠(1738-1801)，不時地倡導陸王學派方法論上的整體論，而
像焦循(1763-1820)，則對王陽明「良知」說作出他們時代的重新
界定。到18世紀20年代，陸王新儒學的痕跡肯定對像方東樹(1772-
1851)這樣的程朱信徒構成了嚴重威脅，方東樹曾以極急迫的語調
警告同時代人，在漢學道德破產的醒悟中，已面臨陸王學派尾隨而
至的危急時刻。他的警告雖未立竿見影，但實具先見之明。六十年

以後，當康有為在廣東創建私立學校以促進教育改革時，陸王心學的內容便集中呈現在他所修訂的儒家課程上。

毋庸置疑，關於李紱與清代陸王學派的長篇專論一直沒有，現在，隨著黃進興博士的研究成果的出版，中國學術思想史中的這項空白終得填補。對黃博士這一進行數年的研究，從一開始我就一直密切關注著其進展。我很樂意就此書所取得的幾點最顯著的成就談些看法，與讀者分享。

首先值得讚賞的是作者在結構文脈上的創意。此書視野廣博，李紱盡其可能地被置於具有歷史意味的語境中。此書在學術思想史的領域中按兩種不同的方式加以構造，其一可稱為譜系式的，另一可稱為共時式的。作者首先把李紱放置在「朱陸異同」的問題中，然後梳理此問題的各種譜系而上溯源頭，同時下論至18世紀末期的章學誠。因此，此書遠非一般意義上的學術思想傳記，更宜視為一本精心構建的新儒學的高濃縮史。順言之，首兩章「原初爭辯」，在我看來，對於程朱與陸王哲學的深刻分歧作了最清楚的揭示。作者用他們自己的術語全面分析了彼此的論辯，擋住了目前已甚時尚的將西方哲學的概念應用到新儒學的各種誘惑。

在共時段上，作者把李紱和「朱陸異同」的問題放在清中葉學術思想的主流語境中。第六章「李紱和考據學的轉型」給了我深刻的印象，從陸王的觀點來看新儒家的哲學論辯是如何與考證學的興起互相影響、互相牽連的，這章是一個最好的個案研究。清代考據學主要是建立在文獻考釋的基礎上的，在現在西方的論著中，我們常常對「考證」這一術語作簡單化的理解。因此，當本書在討論「義理」與「考證」的聯繫時，讀者宜知作者主要是把新儒學作為一種哲學傳統，而考證學是從16世紀晚期演變出來、加以討論的。

我持同樣的認識。

作爲一種學術運動，「考證轉型」是從複雜的歷史境遇中產生而發展的。顯然，對此運動作全面理解需要歷史學家對明清交替時期的中國歷史作方方面面的徹底梳理，僅限於學術思想史是難勝此任的。然而有趣的是，在新儒家的哲學傳統中，「朱陸異同」問題的演變本身對於趨向「考證轉型」是負有責任的。早在16世紀，王陽明反對朱熹的重要哲學論爭之一便是要恢復所謂的「《大學》古本」。在此過程中，王陽明不自覺地將自己捲到了文獻考證的研究中，並因此爲17世紀的許多心學家們致力於儒家文獻的考證樹立了榜樣。另一方面，在朱陸異同問題上與王陽明相匹敵的羅欽順（1465-1547），也倡導「返回原典」以作爲解決哲學論辯的重要途徑。爲了維護朱熹的「性即理」，反對陸象山的「心即理」，羅欽順援引數段經文來支撐其觀點，他的結論是，「學而不取證於經書，一切師心自用，未有不自誤者也」。這裡我們看到，義理之學是怎樣開始將自身推向考證之學的。

通過對李紱著作細緻入微的分析，黃博士爲我們描繪出陸王儒學在清代考證學全盛前的「考證轉型」的具體圖像。就李紱而言，「朱陸異同」的問題現在在考證學而非哲學的方法上得到的再現。黃博士在此方面的極大成功，很大程度上源自他對李紱《朱子晚年全論》的充分而有效的使用，他是現代第一位使用此書的學術思想史學者。李紱的這部著作很久以來極爲罕見，學者一般難以見到，包括先師錢穆先生在內。正如黃博士的書所呈現的那樣，李紱的理論建立在相當脆弱的基礎上，但這不相干。用作者自己的話講，眞正的情況是「李紱將朱陸異同的問題從義理轉到了考證」。我很樂意舉出一個相關的來自朱熹陣營的個案來支持黃博士的結論。王懋

竑（1668-1741）是這時期主要的朱學中人，他傾全力編纂與李紱觀點截然相反的詳細的《朱子年譜》。他的結論是，縱觀朱熹一生的學術思想活動，朱熹從未表現出與陸象山相調和的絲毫傾向。後來的評論家一般認為，儘管此譜由於王懋竑根深蒂固的偏見而略有瑕疵，但它毫無疑問是考證性研究的精品。由此可見，程朱陣營於此時亦經歷著同樣的轉向。

最後在第七章，黃博士把李紱與新儒學放在了清初政治史的語境中。他對康熙皇帝襲用道統的描述實在引人入勝。顯然，在清廷以李光地（1642-1718）和李紱為各自代表的程朱與陸王學派的新儒家們，都自願將道統賦予康熙皇帝。為了達到這一目的，他們採用了精明的意識型態活動，認為道統與治統在分開三千多年後，如今第一次在一位聖明帝王身上得到了再統一。現在有趣的問題是，我們如何理解這些新儒家精神上的突然改變呢？黃博士基於種種歷史與文學文獻的研究，提供了許多敏銳的觀察。下面我想提供幾個在我的工作中所見的相關事實，來彰顯本書中最富意義的一些發現。

首先，黃博士極正確地指出，李紱真誠地認為他的皇上確具有某種「聖明」氣象。康熙那些感人的實錄以及在儒家修養上的多方面成就，可以佐證李紱對康熙的無限欽佩是有根據的。尤有意味的是，甚至黃宗羲（1610-1695）這位明代忠臣、陸王哲學的首要繼承者，似乎也在某種程度上表現出與李紱相同的熱情。黃博士援引了黃宗羲一封寫給友人的信，在這封寫於1686年初的信中，黃宗羲表彰了康熙。我想附加說明的是，他在此信中亦提及康熙是「聖明君主」。

其次，據作者的學術研判，康熙「特別意識到儒家祭禮的意義」。他援引1684年康熙在聖人家鄉參拜孔廟的史實以為佐證，在

那裡，康熙以「三跪九拜」的祭禮空前地表達了對聖人的崇敬。可以看出，他對聖人之推崇史無前例。從文化史的角度看，此爲一要事，值得略作申述。

1684年歲末，在首次南巡的歸途中，康熙去曲阜祭拜了孔廟。此前，他在蘇州、南京各呆了幾天，在南京時他親自在明太祖墓前進行了祭祀，另外，從1684年12月初康熙在蘇州活動時的第一手材料的生動記述中，可窺當時之情形。在上海一位地方學者的日記《歷年志》中，作者記錄了康熙在佛殿前會見當地人時的詳情，康熙親自和佛僧們一起演奏樂器來款待眾人，人們異常興奮，高呼「皇上萬歲！」而康熙則應聲轉身，面朝大家高喊「祈福百姓！」（Greetings to the people!）

康熙在1684年所舉行的這三場儀禮，頗像恰當地通過樂禮來傳達一個重要的政治信息，即在聖明帝王的仁政下，全中國和平來臨。康熙在孔廟中跪拜，以及在明太祖墓前祭祀，似乎在對中國的精英們說，他已是道統和治統兩者的合法繼承者；而他彈奏樂曲，則彷彿意味著，他便是孟子所講的那種「與民偕樂」的儒家理想的統治者。禮樂始終是儒家象徵的核心。一個年僅30歲的滿族帝王在儒家象徵的操作上如此練達，確實令人驚訝。我考慮使用「操作」（manipulation）這個詞，是因爲儘管他宣傳周到，但作爲一個開始自勵成爲勤勉的儒家學者的形象，康熙從沒有放棄他的滿族身分。他所做的這一切並非因其真的信仰，而是出於政治操作的需要，一旦我們理解了1684年他首次南巡的用意，這點便昭然若揭。前一年合併台灣，三年前平定三藩，此後在中國已沒有足以對抗新王朝的合法性與權威性的強有力的組織。康熙對中國歷史爛熟於心，他深知利用儒家象徵來推動盛世太平的時間終於到來。上述黃宗羲與地

方日記的例子說明，康熙的政治操作實是一成功之舉。在他首次南巡後，人們的反滿情緒顯著消退。

　　黃博士對清代儒學與朝廷權力間的關係的研究，以一種感傷的筆調結束，實可理解。用儒學的評價尺度來衡量一個聖明帝王所具有的價值，這的確是令人壓抑的。至於儒家在朝廷的權力中心被意識到，則已是非常確定的。正如章炳麟（1867-1936）所言，在明代被賦予批評職能的言官侍史丞，自1723年，即康熙崩駕後一年便開始銷聲匿　。因此，黃博士的觀點是無可辯駁的。然而，就儒家學者而言，他們與朝廷權力間雖僅有外圍的或無關緊要的聯繫，但完全否定他們的批評職能是十分困難的。原因不難找到。儒家批評家通常像威爾茲（Michael Walzer）在《解釋與社會批評》（*Interpretation and Social Critism*）中所說的那種「有聯繫的」（Connected）批評家，其批評的距離可用英寸來測量。威爾茲告訴我們，「有聯繫的」批評家們借助於解釋可以確立批評的距離，「只要他們做學術思想的工作，他們就為論敵進行社會批評打開了道路」（第40頁）。在清代，戴震（1724-1777）可作為「有聯繫的」儒家批評家的一個典型例子。通過重新解釋儒家的「理」，他非常大膽地對程朱哲學的核心部分的合理性提出了質疑，他講：「人死於法，猶有憐之者。死於理，其誰憐之？」由此可見，道統與治統的統合無論鑄造得怎樣堅固，但永遠都不會完全合一。

1995年7月
新澤西普林斯頓

　　據"Foreword," in Chin-shing Huang, *Philosophy, Philology and Politics in Eighteenth-century China: Li Fu and the Lu-Wang School under*

the Ch'ing(Cambridge: Cambridge University Press, 1995), pp. ix-xv譯
出。

（程嫩生　譯）

13
桐城派(詞條)

　　桐城派因其三位主要創作者方苞、劉大櫆(1698-1780)和姚鼐的家鄉安徽桐城而得名。在二人中，方苞是開創者，姚鼐爲奠基人，而劉大櫆則爲過渡者。

　　作爲一位散文家與學者，方苞早年便已聲名顯赫。在1699年的鄉試(江南)中，他名列前茅。1706年中進士。但在1711年，由於他捲入到一宗與戴名世(1653-1713，也是桐城的一位著名學者)有關的文字獄中，先入獄，後判爲北京一旗人名義上的奴僕，直到1723年才得到清廷赦免。後來，他被提拔爲朝廷的官員，並在1738年官至禮部侍郎。但在整個官僚生涯中，他所做之事實際上全是學者的工作。他負責清朝的幾項文獻編纂工程，包括八股文策論選集和《三禮》注解的彙編。作爲一個古典學者，他卓然有名是由於他認爲《周禮》實際上是後人僞造，這個觀點對晚清今文經學產生了相當的影響。然而作爲桐城派的先驅，方苞最重要的貢獻是「義法」文論的發展，以及編纂了相應的範文集。

　　「義法」一詞可追溯到司馬遷，它涉及到文學藝術中的內容(義)與形式(法)。方苞認爲，如果內容與形式不能有機地結合於一體，那麼散文就不值得稱爲古文。這個內容是由程朱學派所傳承而來的儒家之道，而形式基本上是效仿像司馬遷這樣的經典作家，以

及唐宋八大家和歸有光的文章體式。雖然以「道」界定「義」，但方苞以爲散文的內容性質上不一定是道德說教。只是確切地講，不管主題如何，作家在作品中所表達的思想感情須不背悖於儒家（以及新儒家）的道德原則。內容與形式最終不可分割，而且理想的是，它們應在有機的聯繫中共同發展。在此，方苞越出了新儒家對文學功能所持的正統觀點，文學不只是一種載道的工具，就其最高形式而言，它就是道。

方苞爲追隨其學的弟子們篩選了一批古典範文，編成《古文約選》（一種古文簡集，1733）。從早期的歷史作品到唐宋散文中的精品，這本文選均有所錄。在序以及別處，方苞聲稱，通過這些範文的學習，一個學生能夠自己發現「義法」的眞正構成。這個文選對其後桐城派的發展產生了很大的影響。

劉大櫆兩次鄉試落第，終其一生是一位民間學者。1726年他拜訪了方苞（在北京），而方苞立即發現他擁有散文作家的過人才華。因方苞的大力表彰，劉大櫆得以顯名於全國。除了散文寫作的成就外，劉大櫆對桐城派也有理論上的建樹。在他著名的文論《論文偶記》（文學箚記）裡，他將文學劃爲三種雙重成分，即「神」與「氣」、「音」與「節」、「字」與「句」。據其分析，「神」與「氣」爲文之精，「音」與「節」是爲文之粗，而「字」與「句」則又次之。但他強調，研究文學須始於文之粗而終於文之精。易言之，只有「字」與「句」掌握了，「音」與「節」才能掌握；只有「音」與「節」掌握了，「神」與「氣」的清晰觀點才能形成。有趣的是，劉大櫆的文論被用以指導同時代的考證派。考證派以爲，爲了能理解古文獻，首先須研究詞義訓詁，而只有充分、正確地理解了古文獻，才能對聖人思想作正確的解釋。劉大櫆接受了方苞的

「義法」理論，但他所強調的顯然是「法」勝於「義」，他對桐城派的最大貢獻是在文論的技巧方面。

桐城派最大功臣實是三位巨匠中的最後一位姚鼐，若無其影響，桐城派可能永遠都不會成爲一流派。姚鼐早年受業於劉大櫆，以及他的很有學識的叔叔姚範(1702-1771，亦被認爲是該派的先驅者)，1750年中舉，1763年中進士。在歷仕十年後，他決定致力於教育與學術。後四十年(1776-1815)中，他在揚州、安慶、南京等地牽頭開展了各種學術活動，並因此收了許多有才華的弟子，這些弟子後來發揚了該派的古文創作理論，其中得意的門徒是管同(1780-1831)、梅曾亮(1786-1856)與方東樹(1772-1851)。

1750-1760年間在北京參加進士考試時，姚鼐便結識了諸如錢大昕(1728-1804)、戴震(1724-1777)等著名考證學者，並因此對考證學產生了濃厚的興趣，1755年他甚至正式請求戴震收其爲弟子但被婉言謝絕。後半生中，姚鼐仍然保留著考證學的興趣。正是他宣稱戴震將儒學劃分成義理、考據與辭章，事實上，他是借助新的學術思想的發展重新詮釋了方苞的「義法」理論。但是，他沒有進行古典考證，而是將考證方法應用到文學史的研究中，其結果是他編成了75卷本的《古文辭類纂》(1779)這一有影響性的集子。他將散文分爲十三種不同的形式，並在文學傳統中梳理每一種的演變過程。這種歷史方法與戴震以及同時代的其他古典學者所採用的古典文獻考證方法顯然是相吻合的。

姚鼐在文論上盡可能地拓展方苞的「義法」範圍，方苞的「義法」主要針對於散文寫作，而姚鼐則將之應用於包括詩歌在內的整個文學藝術領域。在某種意義上他把「文」與「道」統一的思想提升到了理論的水平。在他看來，正如道僅由陰與陽組成一樣，文學

亦爲兩種相反相成的力量的表現形式。由此他注意到了文學中兩種
對應之美：陽剛與陰柔。近來西方可與之相對應的概念可能是「崇
高」與「優美」，或是黑茲利特(Hazlitt)所謂的陽性與陰性樣式。
但姚鼐認爲，單純樣式的作品是不可能的，任何一種文學作品實際
上總是或傾向於陽剛或傾向於陰柔的混合體。

姚鼐對劉大櫆的文學技巧理論也有所發展。在《古文辭類纂‧
序》中，他界定了文學中八種基本要素：神、理、氣、味、格、
律、聲、色，前四種爲文之精，後四種爲文之粗。與劉大櫆一樣，
姚鼐也認爲文之精建立於文之粗之上。

從19世紀中葉到20世紀初，桐城派左右著中國整個文壇，這在
很大程度上得力於對姚鼐極度推崇的曾國藩的廣泛影響。由於桐城
派散文具有語言精純的主要特點，故它能很好地作爲一種表達傳統
思想、感情以及事物的文體。但對語言精純的強調必然會使它在表
達新事物和現代事物方面有局限性。梁啓超與章炳麟對桐城派散文
深表不滿。嚴復曾用它作爲一種有效的翻譯文體，結果遭到失敗，
這被胡適引爲例證來強調，古文在19世紀末已經僵化。五四運動
中，桐城派更遭到了猛烈攻擊，激進的反權威者錢玄同(1887-
1939)曾爲它取了「桐城謬種」的綽號。無論如何，桐城派的輝煌
到20世紀20年代確已黯然。

文獻版本

方苞，《方望溪先生全集》，《四部叢刊》本。
姚鼐，《惜抱軒全集》，《四部備要》本。
劉大櫆，《論文偶記》(人民文學出版社，1959)。

參考研究

胡適，〈五十年來中國之文學〉，見《胡適文存》，第二版(台
　　北，1971)，頁184-187。

郭紹虞，《中國文學批評史》(上海：上海古籍出版社，1979)，頁
　　627-676。

Liu, James. J. Y.(劉若愚), *Chinese Theories of Literature* (Chicago:
　　University of Chicago Press, 1975), pp. 45-46, 95-97.

《桐城派研究論文集》(安徽：人民出版社編，1963)。

葉龍，《桐城派文學史》(香港：龍門書店，1975)。

　　據 "T'ung-ch'eng School," in William H. Nienhauser Jr., editor and
compiler, *The Indiana Companion to Traditional Chinese Literature*
(Bloomington, Ind.: Indiana University Press, 1986), pp. 837-840譯出。

（程嫩生　譯）

14
商業文化與中國傳統
——中國歷史上商人文化演變研究

　　如這次演講的題目所示，我打算把「商業文化」與「中國傳統」聯繫起來。作爲開始，我要簡單解釋一下這次演講的主要內容。首先，我們必須把商業文化從商業本身中劃分出來。前者可以被理解爲一種生活方式，產生於持續發展的商業領域，它包括思想、信仰、價值觀、倫理準則、行爲模式，等等。我要強調的是這主要指商業領域的文化方面而言，而不是指商業領域本身。其次，我們應當把商業文化看作中國文化整體不可分割的組成部分，而不能把它當作只限於商業領域的孤立現象。事實上，在日常生活中商業文化不斷地與其他各個領域的文化，特別是與中國政治傳統、士人傳統和宗教傳統之間，相互影響、相互融合。第三，我將簡要敘述商人階層社會地位的變化，尤其是許多世紀以來，商人階層相對於士大夫階層而言的地位變化。畢竟，商業文化絕大部分由商人團體創造。因此商業文化的重要與否，我們可以根據商人在具體歷史時期的社會地位作出更準確的判斷。

　　以下的基本歷史背景可分爲三部分：第一部分從遠古到西元前221年秦統一六國。這一時期，伴隨著中國市場的起源和發展，中國的商業文化開始產生並呈現出生氣勃勃的繁榮景象。第二部分貫

穿了自秦朝一統天下直到西元16世紀的漫長帝國時代。人們普遍認為，在這一漫長時期裡，由於中國社會「重農輕商」，導致商人社會地位極低──至少從理論上講，商人是處於社會的最底層。最後，在第三部分中，我將略述西元16世紀以來，向不同方向發展的商業文化形成的各個支系及其所能觸及的中國傳統的底線。

一

　　海耶克在他的最後一本著作《致命的自負──社會主義的謬誤》中明確指出，人類文化的起源和保存應當歸功於「人類合作秩序的不斷擴大」；而這種合作秩序的不斷擴大，有可能帶來市場的產生和發展。根據舊大陸考古學及歐洲歷史，他進一步推測市場與國家之間的關係，認為市場不僅比國家的歷史更為悠久，且在文化史中所擔任的角色也比國家遠為重要[1]。無論是否贊同哈耶克的觀點，有一點毫無疑義，即無論古今中外，市場與國家之間的關係對人類社會而言都具有最基本的重要性。現在，我們就從古代中國的市場觀念開始談起。

　　根據傳統的說法，中國在很早的時候就已經認識到市場的重要性。《易經》中有一段文字常被引用。它將市場的規範化歸功於傳說中的皇帝神農──神農規定「日中而市，致天下之民，聚天下之

1　F. A. Hayek, *The Fatal Conceit, The Erros of Socialism*, W. W. Bartley III編, *The Collected Works of F. A. Hayek*, Vol.1（Chicago: The University of Chicago Press, 1989），特別是pp. 29-45. 與西方的一般比較，讀者可參閱 Thomas L. Hasken和Richard F. Teichgraeber III編, *The Culture of the Market, Historical Essays*（Cambridge and New York: Cambridge University Press, 1996）.

貨，交易而退，各得其所」。[2] 由於研究者普遍懷疑這段文字爲很晚以後——可能是西元前3世紀左右人的僞作，因此不能當作是對中國市場起源的歷史性描述。儘管如此，這仍清楚地表明，在古代中國人的思想中，國家與市場在誕生之初就是不可分的。這一點同樣可通過許多秦統一前的其他史料，包括《周禮》、《禮記》中的「王制」等等，予以證實。特別是《周禮》，描述了一個非常複雜的官方市場體系。在市場主管「司市」之下，還設有專門的部門分掌各類事務，如價格核定、保衛、營業證明、度量衡，等等。毫無疑問，《周禮》中介紹的市場系統是個理想的藍圖。但是，根據孫詒讓的詳細注釋，我們可以了解，這一理想的藍圖也不完全是缺乏歷史依據的空想。它至少反映了在西元前6世紀以前(如果不是更早的話)，這個國家的一些地方曾試圖對日益發展的市場力量進行控制的意願及爲之付出的努力[3]。讓我以下面有趣的例子來說明。西元前525年，強秦有一位使者出使鄭國，當時鄭國正在聰明的政治家子產的管理之下。這個使者想要子產利用宰相的權威迫使一個商人把一隻玉戒賣給自己。雖然子產很想保持與秦國的良好關係，但他仍堅決地拒絕了這位使者的請求。依照子產所言，鄭國官方與鄭國商人之間世代相傳著一個「契約」：「爾無我叛，我無強賈，毋或匄奪，爾有利市寶賄，我勿與知。」因此，子產對使者說：「今吾子以好來辱，而謂敝邑強奪商人，是教敝邑背盟誓也。」於是，

2 《周易》卷8，頁48，(《四部叢刊》初編縮本)；James Legge, *Texts of Confucianism* (Oxford, 1882), Part 2, p. 383.

3 孫詒讓，《周禮正義》(台北：臺灣商務印書館，1967)，卷27，第7冊，頁77-98；卷28，第8冊，頁1-5。

使者撤回了自己的請求⁴。根據這個特殊的故事，我們可以得出以下結論。首先，據我所知，這鄭國國家與鄭國商人團體之間的「契約」，並非時代通則，而只是個例外。締結這一契約的歷史背景是在這個故事發生的200年前，由於蠻族入侵，桓公與周王室一起東遷建立鄭國。這一過程中，他們得到了一群周商的加入與幫助。這可能就是鄭國商人在該國獲得特權的緣由。在春秋時期，鄭國商人比別國商人更有參政的積極性，這絕非偶然。如，在西元前626年，著名商人玄鎬在商旅途中得知秦軍將對他的國家發動突然襲擊時，他就假冒鄭國的官方代表，並成功地說服了秦軍將領，令其撤軍⁵。又如，在西元前587年，有一鄭國商人秘謀營救一個被囚於楚國的秦國政客⁶。就我所知，其他國家的商人不會像鄭國商人這樣深地捲入政治中。因此，鄭國政府與商人之間的相互信任應被理解為是獨一無二的。其次，通過對照，並無證據表明他國商人也和鄭國商人一樣，得到其統治階層的尊敬與優待。例如，那個秦國使者就簡單地視鄭國宰相以強力從商人處奪取玉戒為理所當然。這可能正是他在自己國家對待商人的方式。第三，即使在鄭國，商人團體雖然擁有很大的自由及自治權，但國家仍保持著對市場的一些控制權。據《史記》記載，子產擔任宰相兩年後，「市不豫賈」⁷。

4　James Legge(理雅各), *The Chinese Classics, V: The Ch'un Ts'ew with the Tso Chuen*(《春秋左傳》) (Hong Kong: Hong Kong University Press, 1960), p. 664. 以下簡稱*Tso Chuen*.

5　*Tso Chuen*, p. 224.

6　*Tso Chuen*, p.353. 關於鄭國商人與朝廷間的唯一關係，見竹添光鴻，《左傳會箋》(台北重印本，1974)，卷7，頁59。

7　《史記》(北京：中華書局，1972)，第10冊，頁3101。本文所用各朝史均使用此標點本。Burton Watson(華茲生)譯, *Records of the Grand Historian of China* (New York and London: Columbia University Press,

這說明了在《周禮》中提到的掌控價格的官方市場系統的存在。此外，西元前600年左右，孫叔敖任楚相時，由於國君莫名其妙地施行了錯誤的貨幣政策，致使市場陷入混亂狀態，據稱正是孫叔敖幫助「市令」恢復了市場秩序。「市令」這個官名證明《周禮》所云「司市」確實是存在的。涉及中國古代市場與國家之間關係的具體描述很少，不過我相信借助《史記》中的這個故事，大家可以對這二者之間的關係，得到一個大概的了解：

> 莊王以爲幣輕，更以小爲大，百姓不便，皆去其業。市令言之相曰：「市亂，民莫安其處，次行不定。」相曰：「如此幾何頃乎？」市令曰：「三月頃。」相曰：「罷工，吾今令之復矣。」後五日，朝，相言之王曰：「前日更幣，以爲輕。今市令來言曰『市亂，民莫安其處，次行之不定』。臣請遂令復如故。」王許之，下令三日而市如故。[8]

我必須趕緊加以補充，這個事情在西元前6世紀是否真的發生，甚至是否發生在楚國尚有待考證。但是，我們可以把它設想成是西元前4世紀後期或西元前3世紀早期，在城市化與商業文明進入鼎盛時期的一個國家事務的典型事例。這個故事說明了國家與市場之間存在著這樣的關系：至少在西元前3世紀早期，國家是一味地干涉市場運作，而市場已經產生出相當的力量來對抗國家權力的專

制干涉。

　　值得注意的是，從西元前6世紀到西元前3世紀，市場一直保持著持續發展的態勢；在這一過程中，中國的政治家、思想家和商人們也逐漸發現了某些必須遵守的市場規則。讓我試舉一兩個例子來加以說明。譬如，我深信他們基本領會了必要的「供求」觀念。在西元前538年，齊景公問著名的政治家晏嬰，既然你住在市集邊上，那你是否了解價格方面的事情。碰巧齊景公最近以砍下腳趾的方式懲罰了許多人，故晏嬰諫道：「踊貴，屨賤。」[9] 這立即讓我們想起亞當・斯密在討論市場中商品價格變動時所說的話：「一場公眾性的哀悼使黑布價格上揚。但是，人們對大多種類的白亞麻布和羊毛布的需求並未發生變化，所以它們的價格就保持了原樣。」[10] 當然，這裡斯密想要說明的是供求關係的變化規律。毋庸贅述，我並不認為晏嬰對這一規律的理解程度可與斯密相提並論。但他初步地將市場價格與供求規律聯繫起來這一點卻是明白無誤的，隨著時間的流逝，他們對市場規則的理解也逐步深入。在西元前5世紀，南方越國的計然詳細闡述了通過操縱市場來獲利的技術：

　　　積著之理，務完物，無息幣。以物相貿，易腐敗而食之貨勿留，無敢居貴。論其有餘不足，則知貴賤。貴上極則反賤，賤下極則反貴。貴出如糞土，賤取如珠玉。財幣欲其

9　Legge, *Tso Chuen*, p. 589.
10　Adam Smith, *An Inquiry into the Nature and Causes of the Wealth of Nations*, Edwin Cannan編（Chicago: The University of Chicago Press, 1976), Vol.I, p. 129.

行如流水。[11]

　　此後約一個世紀，周人白圭被公認為是經濟事務方面最早的、最重要的專家。白圭不像凱恩斯（John Maynard Keynes）那樣純粹是個理論家，他還在市場中賺了很多錢。他的格言很簡潔：「人棄我取，人取我棄。」這八個字可能是被竄入《老子》書中的，此前卻沒有人察覺。今天，它已成為被經常引用的古代名言之一。白圭最初想要表達的可能是「賤買貴賣」的意思。但一句名言被如此普遍地表達顯然有著更為廣泛的哲學用途。據說他非常善於觀察市場中隨時間變化而出現的各種機會。當他想增加他的貨幣供應時，他買入便宜的穀物，當他想增加他的庫存時，他買進優質穀物。他說，當年成好時他會投資穀物並賣出絲綢與漆器，但年成不好時則反之[12]。這位官吏在管理市場方面的獨特心得更值得我們關注：

　　　　吾治生產，猶伊尹、呂尚之謀，孫吳用兵，商鞅行法是也。是故其智不足與權變，通不足以決斷，仁不足以取予，彊不能有所守，雖欲學吾術，終不告之矣。[13]

這裡，他不是以道德哲學家的口氣在解釋儒家的有關觀點，如：「智」、「勇」、「仁」、「剛」等。相反，他是以海爾布倫納所

11 《史記》，第10冊，頁3256；Nancy Lee Swann（孫念禮）譯, *Food and Money in Ancient China* (Princeton: Princeton University Press, 1950), pp. 426-427.

12 《史記》，第10冊，頁3258-3259；Swann, *Food and Money in Ancient China*, pp. 428-429.

13 《史記》，第10冊，頁3259；Watson, *Records*, II:483.

說的「世俗哲學家」的身分來發表這種觀點的[14]。從中,我們發現
這個著名的官吏很有計算頭腦,實際上,他是在努力教導我們怎樣
完全依賴冷靜的理性去駕馭市場大海的浪潮。毫無疑問,通過描畫
政治行動、軍事部署及法律實施方面的相似性,他雖未提出但確實
彰示了韋伯提出的那個術語——「工具理性」。

　　現在我希望把市場與更大的世界聯繫起來。限於篇幅問題,我
只能做一簡潔的說明。首先是市場對政治領域內人們關係的普遍影
響。其次是市場帶來的生活方式在古代中國思想中的反映。對我們
所說的商業文化而言,這兩方面都很重要,但是據我所知,在現代
歷史學中,我們仍未給予足夠的重視。

　　韋伯對於市場的客觀性曾作過有趣的評論:

> 市場共同體是現實生活所有關係中最沒有人情味的一種,
> 而人與人總會彼此扯進這種關係裡……沒有人情味,是由
> 它對商品的求實性和對商品(且僅對商品)的市場取向性所
> 致。凡是市場能獨立發揮作用的地方,參與在其中的人們
> 就只認物,不認人。沒必要講友愛,也沒必要講尊孝,那
> 些由人與人之間維繫起來的自然的人際關係統統都不用
> 提。它們只會阻礙了赤裸裸的市場關係的自由發展,市場
> 關係的特殊利益要求削弱這種阻礙賴以存在的感情基礎。
> 理性的、有目的的利益追求影響著市場行為。

14　Robert L. Heilbroner, *The Worldly Philosophers* (sixth edition, New York: A Touchstone Book, 1992).

和通常一樣,韋伯談論的是市場的理想形態,在邏輯上,這種理想形態可以推演到可能性的極限;這在真正的市場共同體中是不可能存在的。而且,他的觀點主要是針對在市場得到充分發展的現代西方市場,並未打算將之運用到古代中國。但是,他關於市場客觀性的觀點對於我們的討論仍然是有意義的,因為我們確實在戰國晚期的市場關係中接觸到了市場的客觀性。

大約在西元前3世紀中期,突然出現了一個稱作「市道」的新概念。趙國名將廉頗賦閑十餘年之後,被重新起用。在他賦閑期間,所有的「門客」或「家臣」都離他而去。現在,他一復職,他們又回來為他服務。由於沒從深受的傷害中恢復過來,廉頗命令他們離開。但其中的一人對他說:「君何見之晚也?夫天下以市道交,君有勢,我則從君,君無勢則去,此固其理也,有何怨乎?」[15]就在此前幾十年,齊國以門下食客數千而聞名於世的孟嘗君也經歷了同樣的遭遇。西元前3世紀初,孟嘗君被重新任命為齊國的宰相,他的門客都紛紛前來,希望重歸門下。孟嘗君私下裡告訴他惟一信任的手下,當那些人來時他將羞辱他們。後者給了他以下忠告:「富貴多士,貧賤寡友,事之固然也。君獨不見夫趣市乎?明旦,側肩爭門而入;日暮之後,過市者掉臂而不顧。非好朝而惡暮,所期物忘其中。今君失位,賓客皆去,不足以怨士而徒絕賓客之路。」據說孟嘗君被這番話徹底地說服了[16]。

《史記》中的這兩個故事可能都有誇張甚至虛構的成分。但毫無疑問這代表了古人對於新的社會現實的看法,自西元前6世紀到

15　《史記》,第8冊,頁2448。
16　《史記》,第7冊,頁2362。也可見《戰國策》(《萬有文庫》本)卷11,頁93-94。

西元前3世紀，這種看法與市場重要性的持續發展是密切相關的。在以上敘述中出現了兩個核心因素：第一，封建領主與其隨從之間關係的決定因素似乎經歷了從主觀到客觀的變化。客觀的財勢之力，取代了主觀的道德信任與忠誠，成為他們之間相互關係的根本決定因素。第二，人們相信這種客觀模式來自於市場關係，即新術語「市道」。一方面，所謂的「賓客」將他們的服務視作商品，並以商品的形式提供給封建領主。另一方面，一個封建領主將賓客置於自己的保護之下，與一個顧客在市場中選擇商品並無不同。法家韓非(前280-前233)用市場術語來定義政府職責，就更加證明了這一點。他引用一位父親對兒子的忠告說：「主賣官爵，臣賣智力，故自恃無恃人。」日本一位注釋者對此段話解釋如下：「致智力取官爵，如貿易然。」[17]韓非在別的文章裡進一步解釋自己的觀點。他說：「臣盡死力以與君市，君垂爵祿以與臣市，君臣之際，非父子之親也，計數之所出也。」[18]根據注解，這最後一句話的意思是：「君計臣力，臣計君祿。」因此，我們看到，官職、爵位、知識以及工作都被轉換成商品在政治市場中進行交易。

但最令人感到震驚的是，在西元前3世紀以前，甚至王位也被當作商品。這在呂不韋(西元前335-前290)由富商變為秦國宰相的上升過程中得到了生動的體現。呂不韋曾在秦、趙兩國間進行長途貿易，相當成功。直到有一天，他遇到了在趙國首都作人質的秦王子。其敏銳的商業頭腦立即告訴他，這個王子是「奇貨可居」。他於是回家徵求父親的意見。以下據說是有關的對話：

17　陳奇猷，《韓非子集釋》(上海：人民出版社，1974)，第2冊，頁772-773。

18　同上，第2冊，頁800。

曰：「耕田之利幾倍？」

曰：「十倍。」

「珠玉之贏幾倍？」

曰：「百倍。」

「立國家之主贏幾倍？」

曰：「無數。」

於是，呂不韋毅然決然地做出其一生中最關鍵的決定，將他的人生舞臺從經濟市場轉向政治市場[19]。

此外，長期以來，人們也懷疑呂不韋在政治上白手起家的種種細節的真實性[20]。但是，他出身於商人，這一基本事實是毋庸置疑的。父子間的對話可能是虛構的，將王子當作「奇貨」的評論也可能是後人的發揮。不過，從社會思想史的角度來看，一般而言，此類故事提供的證據價值不可能完全是誇張的。毫無疑問，這些思想出現在西元前3世紀後期到秦統一前這段時間內。而且，正如前面所引的韓非的作品所示，學者用市場術語來表達對權力與榮譽的看法，在當時是相當普遍的現象。

原因是顯而易見的。在西元前3世紀，隨著市場的空前興旺，商人階級也變得比從前更有興趣用金錢來投資權力與榮譽。這兒，韓非再次成為我們最好的嚮導。他說：

今世近習之請行則官爵可買，官爵可買則商工不卑也矣，

19 《史記》，第8冊，頁2505-2509；《戰國策》卷7，第1冊，頁61-63。
20 錢穆，《先秦諸子繫年》（香港大學出版社，1956），下冊，頁491-493。

　　　　奸財貨賈得用市則商人不少矣。[21]

上面關於市場的評論爲新發現的馬王堆帛書進一步證實，這對我們
來說是不虞之獲。在西元前3世紀一位縱橫家的集子中，曾兩次提
到了「市場」：第21條提到黎明的「市」時間短促，人們來去匆
匆，這恰與前面孟嘗君例子中的有關描述相符[22]；第26條講在西元
前3世紀後期，魏國擁有「大縣十七，小縣有市者卅有餘」[23]。這
一點很重要。因爲它意味著作者可能發現在講小縣時有必要專門提
到「市」。這似乎在暗示有無市場決定著一個縣政治、經濟的重要
性。也可以假設「市」與作爲行政單位的縣相提並論，意味著或多
或少類似於《周禮》中記載的官方市場系統的存在。秦統一前的各
國或者大多數國家都存在著這種官方的市場體系。

　　結束對古代時期的討論，現在我要轉向士人傳統。這是我個人
的設想，希望在西元前6世紀到西元前3世紀這段時間裡，在部分思
想家、學者身上，找到以市場進行類比、說明事物或用作其他目的
的有利證據，來證實市場在他們日常生活中的重要性。當然，他們
實際對商業追求所持的是同情或敵對的態度與我們的討論無關。

　　子貢(即端木賜)是惟一進入《史記・貨殖列傳》的孔子門生。
據這部史學名著所載，由於子貢身爲富商，在訪問封建領主時總是
得到他們的禮遇。而孔子的聞名於世也歸功於子貢的努力[24]。孔子

21　《韓非子集釋》，第2冊，頁1075-1076。英譯本見Burton Watson, *Han Fei Tzu, Basic Writing* (New York: Columbia University Press, 1964), p. 116.

22　《戰國縱橫家書》(北京：文物出版社，1976)，頁91。也可見該書頁93 註11。

23　同上，頁115。

24　《史記》，第10冊，頁3258。

的《論語》完全可以證實這一論斷的可靠性。有一次，孔子將窮而
努力的顏回與富有的子貢進行比較：「回也其庶乎，屢空。賜不受
命而貨殖焉，億則屢中。」（〈先進〉）[25]這是《論語》中很有爭議
的一段話。出於對商人階層根深蒂固的偏見，許多傳統的注釋者傾
向於將其理解爲是對子貢的批評[26]。當然，我們不必考慮爭論本
身。重要的是，在這裡，孔子可能將其對市場的認識歸功於他的已
成爲商人的學生。《論語》中還有兩段孔子與子貢的對話可用來證
明這一點。有一次，子貢問他的老師：「貧而無諂，富而無驕，何
如？」孔子說：「可也。未若貧而樂，富而好禮者。」（〈學而〉）
我十分懷疑，當子貢問這個問題時，他必定要麼已經富有，要麼正
在變得富有。而且他很可能在他的頭腦中存有自己與顏回的比較，
這在孔子的回答中似乎亦有所暗示。這個解釋無疑與上文所引有爭
議的這段文字觀點相去不遠。第二段對話更加有趣。它是這樣的：

> 子貢曰：「有美玉於斯，韞櫝而藏諸？求善賈而沽諸？」
> 子曰：「沽之哉！沽之哉！我待賈者也。」（〈子罕〉）

這裡，子貢借助市場語言來談論學者對於政府任命的接受問題。但
是，子貢的問題到底反映的是一個普遍原則，還是特別提出來以抬
高孔子或他自己，這我們就不完全清楚了。注釋者一致認爲在這個
例子中，子貢是在勸他的老師從政，因爲孔子的回答很顯然是指自
己。但是，也存在著另外一種可能，即孔子是在通過模仿一位珠寶

25　《論語》，英譯本見D. C. Lau譯, *The Analects* (Penguin Books), XI.19.
26　劉寶楠，《論語正義》，第3冊，頁37-38。

商人的典型口吻來顯示自己良好的幽默感。所以，孔子反覆說
「沽」，又講了最後一句話。無論這個例子的實際情形是什麼，有
一點很明顯，即這對師生討論時使用了商人的語言。我想指出的
是，在當時的市場裡，商人們習慣把珠玉一類的珍貴貨物收藏在盒
子裡。有一篇介紹典禮的文章裡就曾提到過「(賈人)啓櫝取圭」的
事[27]。《韓非子》裡敘述過一個有名的故事，講一位鄭國商人從楚
國商人那裡買一顆放在一個精美盒中的珍珠，由於鄭國商人喜歡盒
子遠甚於珍珠，以致於買櫝而還珠[28]。正如前面所引呂不韋父子的
對話所反映的，珠寶可能是古代中國利潤最豐厚的生意。子貢是珠
寶商嗎？有人對此深表驚異。

　　但是，最有意思的還是孔子關於市場的談話。他有一次說：

　　　　富而可求也，雖執鞭之士，吾亦爲之。如不可求，從吾所
　　　　好。(〈述而〉)

所謂的「執鞭之士」，就是《周禮》中的「胥」，是市場管理人員
裡級別最低的。每個「胥」掌管兩家店。作爲這兩家店的保安，看
守大門、維持秩序是他們的職責所在[29]。不用說，孔子從不願意放
棄他自己的追求。但是，他對市場如此熟悉，著實讓人感到困惑，
也許，這還是得歸功於子貢。

　　生活在西元前4世紀的孟子，不僅非常清楚市場的普遍存在，

27　《儀禮》(《十三經註疏》本，南昌，1815)，卷19，頁7a。見胡培注
　　　《儀禮正義》(《萬有文庫》本)，第7冊，頁40-41。
28　《韓非子集釋》，第2冊，頁623。
29　《周禮正義》卷8，第8冊，頁4。

還對市場作出了一定的評價。他描述市場中稅收起源的理論很是特別的：

> 古之爲市也，以其所有易其所無者，有司者治之耳。有賤丈夫焉，必求壟斷而登之，以左右望，而罔市利。人皆以爲賤，故從而徵之。徵商自此賤丈夫始矣。[30]

作爲一種歷史描述，這段話可能是不足採信的。但是，根據這段話，我們可以做出兩方面的判斷：首先，它說明向商人徵稅是後來出現的現象。孟子曾認爲周文王時「關市譏而不徵」（〈梁惠王下〉），還建議「去關市之徵」（〈滕文公下〉），也進一步說明了這一點；其次，他關於「賤丈夫」的設想，實際上是他自己所處時代市場競爭的佐證。

　　孟子曾與農家許行的追隨者進行過長久辯論。這場辯論不僅揭示了孟子自己對市場的態度，也反映了其他學派的觀點。許行希望社會退回到勞動分工發生前的時代。在這樣一個無差別的原始社會裡，不存在真正意義上的國家和社會。許行的追隨者和他一樣，確信只要人們成功地倒轉社會演進的過程，就能實現「市賈不貳，國中無僞，……布帛長短同則賈相若，麻縷絲絮輕重同則賈相若，五穀多寡同則賈相若，屨大小同則賈相若」的生活理想。顯然，在談到商品價格的時候，農家似乎尤爲厭惡市場中普遍存在的逐利欺詐行爲。但是，在孟子看來，社會分工是理所當然的。因此，對他來說，市場是現實的存在，而要在市場中統一價格是不現實的。孟子

---

30 《孟子》，英譯本見D. C. Lau, *Mencius* (Penguin Books), II. B.10.

這樣反駁許行的理論,「夫物之不齊,物之情也。或相倍蓰,或相什百,或相千萬。子比而同之,是亂天下也。巨屨小屨同賈,人豈為之哉?」(〈滕文公上〉)這裡特別值得關注的是孟子的價格理論。如他以兩種鞋子為例,說明他已經開始把商品價格和價值聯繫起來考慮。馬克思發展了李嘉圖(Recardo)的理論,認為「商品價值是凝結在商品中的人類勞動的總和。如果生產一頂帽子所需花費的勞動是生產一雙鞋子的兩倍,則一頂帽子的價格將是一雙鞋子的兩倍」[31]。孟子似乎已有了關於這個問題的模糊概念。因此,我們有理由認為,在價格問題上,孟子和同時代的其他思想家有所不同,那些思想家傾向於認為,價格更易受到「供求」關係而不是別的因素的影響。

與此相聯繫,我還要介紹一下墨家在價格方面的看法。在《墨經》及其餘諸篇中,提到了兩個邏輯公式,顯示了作者對價格內在運行機制的深刻把握。這著實令人感到吃驚。為了避免技術性問題,我引用了葛瑞漢的概括。他的概括在簡潔說明問題的同時,能進一步證實我們的觀點:

> 經濟學上的兩個標準顯示,對他來講,真正合理的價格,是被供求關係確定的價格。第一個標準由買方價格向之趨近,第二個標準由賣方價格向之趨近。因此,這個價格不可能過高以致無人問津,也不可能過低而無人願賣。判斷價格是否合理的依據在於雙方是否能夠達成交易。這取決於雙方是否願意做這筆交易:「正賈也宜不宜,正欲不

---

31 Heibroner, *The Worldly Philosophers*, p. 156.

欲。」

這些部分顯示了真正的資本主義精神，包括示例的無情
(「若敗邦鬻室嫁子」)和道德判斷的可信性。貨幣和穀物
互為參照系，貨幣數量不變，而穀物卻經常發生變化。因
此，它們的相對價值隨收成呈反向波動；荒年裡，你需要
支付更多的錢，買到的東西卻更少。[32]

《墨經》一書產生年代較晚，其中有些篇章甚至是出現於西元
前3世紀晚期。現在，我想以《墨經》中寫作時間較早的一篇為
例，來說明我的觀點。據說，墨子在〈公孟〉篇中講過一個人不可
數著別人的缺口，把它們當作自己的財富[33]。原話太過簡潔，很難
理解。正如後來清朝一位註釋者所指出的，這句話要與下面這個故
事結合起來，才能被充分理解。

> 宋人有遊於道，得人遺契者，歸而藏之，密數其齒。告鄰
> 人曰：「吾富可待矣。」[34]

「契」，即符木，是古代商人生意往來最為常用的一種文件。它把

---

32 A. C. Graham(葛瑞漢), *Later Mohist Logic, Ethics and Science*(Hong Kong: The Chinese University Press, 1978), p. 397. 進一步的研究可見胡寄窗，《中國經濟思想史》，第1冊(上海人民出版社，1962)，頁129-134；柳存仁，〈墨經箋疑〉，《和風堂文集》(上海：上海古籍出版社)，頁118-120。
33 《墨子閒詁》(《萬有文庫》本)，第3冊，頁31。
34 《列子·湯問》，英譯見A. C. Graham(葛瑞漢), *A Book of Lieh-tzu, A Classic of Tao* (New York: Columbia University Press, 1990), p. 179.

刻著「合同」或「協議」的木塊分成兩部分，由買、賣雙方分執。
只有當分開的兩部分的缺口能完全吻合時，才能把錢或貨交付對
方。墨子在和儒家對手公孟的爭論中，將此類信手拈來，說明他對
市場語言甚為熟悉。與此相關的，《老子》文中也同樣出現過
「契」這個字：「聖人執左契，而不責於人。」[35]但在《莊子》
中，「左手和右手的契」變成了「券內者、券外者」，據注者的解
釋，「券」具有和「契」相同的功能。所以，注者在文中云：「契
合乎外者，志欲窮極其財用也。」[36]無需太多的技術性，我僅需指
出，作為法律文書，契或券這兩種符木是古代官方市場體系的一個
組成部分。據《周禮》，市場體系裡設有專門機構來管理這些法律
文書，以預防生意往來方面的訴訟[37]。

　　有趣的是，如果我們將《列子》中的這個故事看作是發生在先
秦時期的話，就像我現在所做的一樣，則不管道家相對於其他學派
而言在世俗哲學方面的傾向如何，他們對市場的所知確實甚為淵
博。為了進一步闡明我的觀點，請允許我對相關的《老子》作一簡
單介紹。我們還不能斷定《老子》的確切年代。我認為它可能是在
西元前4世紀到西元前3世紀這段時間裡逐漸發展形成的。特別值得
關注並打動我的是這篇僅五千字的文章中，「貨」（指「貨物」，
或「難得的貨物」）出現了不下於五次，「契」（「符木」）和
「市」（「市場」）各一次。《老子》六十二章中提及「市」一詞的

35　《道德經》（《四部叢刊》初編縮本），英譯見John C. H. Wu（吳經熊），
　　Tao The Ching（Boston and London: Shambhala, 1989), Chapter 79, p. 161.

36　王先謙，《莊子集解》（北京：中華書局，1954），第2冊，頁37-38；
　　Burton Waston譯，*The Complete Works of Chuang Tzu*（New York：
　　Columbia University Press, 1990), p. 255.

37　更具體的內容可見《周禮正義》卷27，第7冊，頁92-94。

句子是這樣的：「美言可以市尊。」河上公對此解釋得很好，他說：「美言者獨可於市耳……求者欲疾得，賣者欲疾售也。」[38]如果他的解釋是正確的，則我們應當承認，《老子》的作者在他的時代算得上是一個對商業文化有著非凡洞察力的人。事實上，我們有充足的理由相信河上公是正確的。《史記》中用「良賈深藏若虛」來稱讚他，這句話在今天已成為名言[39]。這是一種世俗智慧，必須如《老子》的作者那樣，專注於精神上的修養才能獲得。

從孔子到韓非子經歷了三個世紀，這三個世紀見證了市場的擴展、商人階層的壯大，以及中國商業文化的產生與發展。如上所述，實際上，所有的哲學學派都以各自的方式在不同程度上對這些新發展引起的社會變化作出了回應。可能沒有一個學派會完全肯定這些新發展，但它們之間還是存在著很大的差別。作為結束，讓我用簡單的話來單獨評述一下國家和市場之間的關係。與儒教主張重農抑商的傳統觀念相反，早期的儒家學者實際上比其他學派更看重市場的重要性。當然，他們也認為農業是更基本的行業，但是，他們並不要求以壓制商業貿易為代價來發展農業。孟子全然接受社會勞動分工的法則，說明他對商業貿易持贊成的態度。因此他說：「子不通功易事，以羨補不足，則農有餘粟，女有餘布；子如通之，則梓匠輪輿皆得食於子。」（〈滕文公下〉）正如我們此前所看到的，他強烈反對「關稅和市場稅」。綜合這兩點，我們有理由認為，孟子的基本觀點就是認為國家對市場的干涉應當保留在最小程度。令人感興趣的是，在這兩點上，荀子的看法與孟子完全一致[40]。

38　《道德經》（《四部叢刊》初編縮本）。

39　《史記》，第7冊，頁2140。

40　John Knoblock, *Xunzi, A Translation and Study of the Complete Works*, Vol.

通過對比，我們發現法家對市場和商人階層持有極端的敵對態度。商鞅，一個4世紀的法家政治家，不僅提議對市場徵收重稅，而且還希望通過施行他所提出的政策來有效控制商人階層的壯大[41]。韓非對商人更為敵視。他甚至公開宣稱：商人階層是他所說的「五蠹」之一[42]。也正是韓非，首次提出了以農為本務、以商業貿易為末作的建議，並將之上升為「重農抑商」的思想[43]。簡而言之，法家是主張國家應對市場進行完全控制的。

西元前2世紀，具有道家傾向的學者，如司馬遷，提出了一個有利於商業發展的觀點。這一觀點可能源於道家的「無為」、「自然」等概念。但是，在秦大一統前，以《老子》和《莊子》兩部書的作者為代表的道家，都對國家與市場持否定態度。而到了西漢，法家頒布法令，宣布由政府壟斷鹽、鐵買賣，這一法令的實施成為中國歷史上國家全面干涉市場的開始。為了對抗法家，道家和儒家自然而然結成了同盟。

二

如果我們聽從布羅代爾(Fernand Braudel)的英明忠告，把市場經濟和資本主義兩個概念區別開來，那麼，我們就可以說，市場經濟的上行和下滑貫穿著整個帝國時代[44]。從西元8世紀晚期開始，

(續)————————————

II. (Stanford: Stanford University Press, 1990), p. 102.
41 朱師轍，《商君書解詁定本》(香港：中華書局，1974)，頁82-83。
42 《韓非子集釋》，第2冊，頁1078；Waston, *Han Fei Tzu*, p. 117.
43 羅根澤，〈古代經濟學中之本農末商學說〉，收入《管子探源》(上海：中華書局，1931)，頁234-238。
44 Fernand Braudel, *Civilzation and Capitalism, 15th-18th Century*, Vol. II., Sia

市場經濟的穩步增長和發展是顯而易見的。但是，我接下來要討論的不僅包括市場經濟自身，而且還包括植根於市場的商業文化。作為開始，必須先對西元前221年秦統一後市場和國家之間的關係加以說明。

在這點上，有兩個重要推想被人們普遍接受，幾乎成了不證自明的真理：其一，全能的國家是市場自由發展的主要障礙；其二，被置於社會底層的商人總是受到統治階層的歧視，當然，也包括受過教育的社會精英。第一個推想可能是正確的，但是需要多方面的修正。至於第二個推想，則情形更為複雜：不僅隨著時代的不同而發生變化，而且經常在理論虛構和社會現實之間搖擺不定。毫無疑問的是，在整個帝國時代，社會對商人的偏見根深蒂固且影響深遠。但是，可以說直到12世紀，中國商人所獲得的尊重，並不一定比中世紀的歐洲同行們更少。在歐洲封建制度下的商人們地位也很低。而且，較之儒家思想，教規對商業收入的責罰更為嚴厲。無論是否屬於誠實所得，都被教會視為有罪的[45]。在帝國時期的中國，對商業精神的反對主要來自國家，而不是宗教。韓非曾經提議：「夫明王治國之政，使其商工遊食之民少而名卑。」[46]正如我們所知，法家哲學的核心目的是使國家政權穩定並擁有全能的職權。財富是權力的源泉之一，必須藏於國庫，而不使流入到私人手中。當漢代的開國皇帝統一中國時，他所做的第一件事就是將韓非的建議

（續）―――――――――――――――――

    Renolds譯, *The Wheels of Commerce*（Berkeley and Los Angeles: University of California Press, 1992）, pp. 588-589.

45 M. M. Postan, E. E. Rich和Edward Miller編（*Cambridge Economic History of Europe*, Vol.III, Cambridge: Cambridge University Press, 1963）, pp. 46-47.

46 《韓非子集釋》，第2冊，頁1075；Waston, *Han Fei Tzu*, p. 116.

變成法律，雖然他可能從沒聽說過這個哲學家的大名。因此，他一方面禁止商人穿絲織衣物、乘大車，另一方面則懷著明確的「抑商賤商」目的[47]，增加了他們的賦稅。這些舉措關係重大，直到1381年，在對待商人的問題上，明朝的開國皇帝還是採取了相同的態度。爲了使百姓放棄經商，轉向「本務」農業，他制定了一項法令，宣布農民家庭可以使用絲帛，但商人家庭不可以。這項法令極爲嚴厲，它甚至規定在一個農民家庭裡，只要有一個成員經商，則所有的家庭成員都不得使用絲帛[48]。

但是，法令是一回事，其具體執行又是一回事。有充足的證據說明，在整個帝國時代，商人們總能用他們的財富獲得他們想要的東西。漢高祖的法令一經頒布，就被人們置之腦後。西元前178年，就有一位高級官員痛苦地抱怨道，富商們每天漫步在各大城市和市場之間。他們穿著「刺繡」的衣服，吃著「精美」的食物。用他自己的話來說，就是「今法律賤商人，商人已富貴矣」[49]。這一描述實際上適用於此後的所有朝代。

當然，並非統治階層內部上自皇帝、下至學者的所有精英人士都對商人普遍持有輕視的態度。許多事例說明，特別是在商業主義盛行的時期，他們也會對商人產生羨慕嫉妒的情感，讓我引兩個特殊的例子來說明這一觀點。漢末，靈帝(168-188)喜歡在內宮和他的嬪妃們玩商人遊戲。他讓嬪妃們扮演私人旅館的女老闆，而他自己則扮演一位旅商，來檢查每個客棧，以享受「女主人」的招待。

47　Swann, *Food and Money in Ancient China*, p. 231.
48　徐光啓，《農政全書》(上海：上海古籍出版社，1979)，第1冊，頁65。
49　《漢書・食貨志》；參Swann, *Food and Money in Ancient China*, pp. 164-166.

據說這是他最喜歡的遊戲之一，經常玩[50]。13世紀後，明代的正德皇帝(1506-1521)，又玩同樣的遊戲，而他還很可能對玩過這個遊戲的漢代前人並無所知。他在宮中把倉庫變成六個不同的商店，然後，他扮作商人，和他們一個一個地做生意。無論他到哪裡，他都大聲地和「店主們」討價還價[51]。這兩個皇帝玩商人遊戲，不僅僅是為了有趣，在他們內心裡，還存有對商人生活方式和財富的妒羨。漢靈帝曾以固定的價格出賣政府中的高級官職，還任命大量商人到太子所在的東宮工作[52]。明正德帝則自己當了商人。他在1513年，派他的心腹太監到京城和各大城市開辦並管理各種「帝國商業機構」(imperial business establishments)。不必多說，憑著國家財力的支持，他把許多個體商販擠出了商人這一行[53]。漢靈帝與明正德帝做出同樣性質的事情，決非偶然，因為他們碰巧都生活在商業與貿易蓬勃發展的世紀。但是，具有更諷刺意味的是，正是這兩位皇帝的先祖們特意定下了「抑商賤商」的法令。事實證明，市場力量有時的確不可阻擋。

在高級官員和高潔的學者中，我們也發現了商業精神影響他們的有趣例子。王戎(234-305)，「竹林七賢」之一，兼備普通市儈最壞的品性。他喜歡賺錢並積累了大量的財富。他的債券之多，需

50 Ying-shih Yu(余英時), *Trade and Expansion in Han China* (Berkeley and Los Angeles, University of California Press, 1967), p. 218. 中譯本見《漢代貿易與擴張》(台北：聯經出版公司，2008)。

51 毛奇齡，《西河文集》(《萬有文庫》本)，第14冊，頁2204；陳洪謨，《繼世紀聞》(北京：中華書局，1985)，頁69。陳洪謨(1474-1555)生活在正德皇帝時期。

52 《後漢書》，第2冊，頁339，342。

53 鄭克晟，《明代政爭探源》(天津：天津古籍出版社，1988)，頁274-283。

要他和妻子兩個人每天晚上花幾個小時來統計。他園子裡的李樹品種是最好的，他常常賣李子。但是，為了不讓別人得到種子，他總是將李子的核仁鑽上幾個洞。他的女兒曾向他借錢，在回家省親時沒有立刻還錢，他就拉長了臉，直到女兒把錢還清[54]。即使這些「傳聞」並不完全可靠，但在這些知識精英們中必定有些人或多或少地會如此行事。

再舉一個史書上有據可考的例子。徐勉(466-535)在給他兒子的信中勸誡道：「(吾)顯貴以來，將三十載，門人故舊，亟薦便宜，或使創闢田園，或勸興立邸店，又欲觸艫運致，亦令貨殖聚斂。若此眾事，皆距而不納。」[55]徐勉是大儒，曾在南梁任中書令。很顯然，那時朝廷高官必定也進行商業活動。從這封信中，我們也確切了解到重權在握的官員們可以從事的商業名目。

王戎和徐勉的例子為我們欣賞3世紀晚期魯褒寫的著名諷刺詩〈錢神論〉提供了歷史語境。這首詩的內容可簡單地概括為一句話：「有錢能使鬼推磨。」作者意在告訴我們，在京城，所有有權力有地位的人都愛這種由青銅製成、帶著方洞的小物件，它的名字就叫「錢」（即「制錢」）[56]。因此，錢不僅是商業領域裡人們進行交易的中介，在商業領域和其他領域之間，特別是政治領域裡，也是如此。

及至唐宋時期，隨著商業的發展，特別是對外貿易的繁榮，商

---

54 《世說新語》，Richard B. Mather譯，*Shih-shuo hsin-yu, A New Account of Tales of the World* (Minneapolis University of Minnesota Press, 1976), pp. 455-456；也見於《晉書》，第4冊，頁1234。

55 《梁書》，第2冊，頁384。

56 《齊書》，第8冊，頁2437-2438。

業文化更獲得了長足的進步[57]。在關於唐代市場體系的重要研究中，崔瑞德這樣描述8世紀末到9世紀期間市場的衰弱：

> 在8世末到9世紀，政府放棄了直接對價格和市場進行嚴格控制，同時逐漸放鬆了對貿易和工業採取約束敵對態度的極端重農理論。譬如：唐末宋初，許多商人在社會中處於底層的法令和政策，包括著裝、儀式、住宅、馬車、坐騎等方面的諸種限制，以及商人後裔不准參加科舉考試的禁令，等等，都在實際執行中有所放鬆，甚至被廢棄。

而且，在稅收領域，人們對商業的態度也發生了類似的變化：

> 此前，商業根本不受歡迎，人們雖然少不了它，但視其為旁門左道，對商業加以嚴格控制，並將之限制在一定範圍之內，但是現在，國家不再禁止貿易，也放鬆了對它的嚴格控制，於是，人們認識到，最好的辦法就是去開發利用這個財源。[58]

這些以堅實的歷史知識為基礎的評論，對我們今天的討論極為重要。首先，它們向我們提供了唐宋商業文化變遷的一個非常好的歷史背景。其次，更為重要的是，它們幫助我們警惕任何對帝國時期

57　研究唐宋經濟和對外貿易的著作甚多，但以全漢昇、加藤繁和斯波義信的著作最為重要。

58　Denis Twitchett(崔瑞德), "The T'ang Market System," *Asia Major*, N. S. Vol. XII, Part 2, 1966, pp. 205-206.

國家和市場之間的關係作的過分簡單化的判斷。通常人們認爲,國家對市場的控制幾乎貫穿於各個時代[59],但現在我們發現,長期發展的市場力量,也能迫使國家在政策和制度層面上作出妥協。

雖然,由於缺乏證據,我們不能確定唐代商人的權力,但是,我還是傾向於認爲他們比前朝擁有更多的政治權力。8世紀初,幾個蜀地商人被邀請到內宮參加由皇后武則天個人舉辦的正式宴會,這真是令人吃驚。在參加宴會的客人中,有宰相韋安石和其他高級官員。宰相強烈抗議道:「蜀商等賤類,不合預登此筵。」但是史料中沒有說明,到底皇后有沒有驅逐這幾個商人[60]。可見,傳統偏見儘管存在,但它並不總是能在反對商人階層的進取中起到作用的。

唐時,中亞商人(商胡),尤其是粟特人血統的,在貿易和政治上都特別活躍[61]。有一個粟特商人康謙,曾經擔任安南都護。後來,由於他在安祿山叛亂之後對政府財政的巨大貢獻,他甚至被提拔爲負責接待外國使節的鴻臚卿[62]。正如在研究中古史方面頗有建樹的史學家陳寅恪所言,在唐代,中亞以及居住在中國北部和東北部的其他非漢族人是叛亂的主要力量。他特別舉了兩個事例:其一,在755年的叛亂以前,有大量商胡生活在安祿山的出生地營州(今屬遼寧)。其二,安祿山和史思明這兩名叛軍首領,都是中亞粟特人和突厥人通婚所生,能說多種語言,這一事實說明他們爲什麼

---

59 如前引Braudel, *Civilzation and Capitalism, 15th-18th Century*, pp. 586-589.

60 《舊唐書》,第9冊,頁2956。根據司馬光,《資治通鑑》(北京:中華書局,1956),第14冊,頁6553,這個故事發生在西元700年。

61 E. G. Pulleyblank, *The Background of the Rebellion of An Lu-shan* (London: Oxford University Press, 1955), p. 41和Chapter 4, p. 134n. 7.

62 《新唐書》,第20冊,頁6425,書中還提及康謙的女婿也是安祿山叛亂的追隨者之一。

以「互市郎」爲早期職業[63]。下面這句話被陳寅恪用來證明自己的
觀點，我覺得特別值得注意：

> (安祿山叛亂前)潛遣賈胡行諸道，歲輸財百萬。[64]

在與原始文獻進行核對時，我意識到「商人」和「胡人」至少具有
同等的重要性。作者立即接下去說：

> 至大會，祿山踞重床，燎香，陳怪珍，胡人數百侍左右，
> 引見諸賈，陳犧牲，女巫鼓舞於前以自神。陰令群賈市錦
> 彩紫服數萬爲叛資。[65]

這段文字充分說明，這次宴會是一次以中亞商人爲主要對象的募款
集會。宗教的氣氛可能是爲了堅定商人們對安祿山能當上皇帝的信
心。從這整個過程裡，我們發現中亞商人(特別是粟特人)多年來一
直在爲安祿山的密謀造反捐獻了大量財物。毫無疑問，中亞商人這
樣積極參與叛亂，必定是希望安祿山登基之後，能使他們在中國擁
有貿易上的統治權。757年，恰在安祿山起兵一年之後，中亞商人
在武威(今甘肅)發生叛亂，這似乎更進一步證明了這個論斷。這場
叛亂的商人首領叫安門物，毫無疑問，他和安祿山屬於同一種族。
這支商人隊伍能一連奪取武威七座城池，堅持作戰十七天，必定勢

63　《陳寅恪先生論集》(台北：中央研究院，1971)，頁126-138。
64　同上，頁129。轉引自《新唐書》，第20冊，頁6414。
65　《新唐書》，第20冊，頁6414；《資治通鑑》，第15冊，頁6905。

力強大[66]。

　　另一方面，同樣值得引起注意的是，唐朝政府通過向長江流域和四川的富商強行借貸，以維持平息叛亂的鉅額財政支出[67]。此外，回紇決心站在朝廷一邊抗擊安祿山，這不僅僅因爲肅宗允諾他們洗劫奪下的叛軍首都，更重要的是肅宗還答應用唐朝的絲綢交換回紇人的馬匹，和他們進行長期貿易[68]。回紇人和中亞商人在中國市場上是對手。安史之亂後，後者只能仰仗前者在中國市場上的特權才能在中國做生意，但是，這兩個群體間的爭鬥從來沒有眞正停止過。西元780年左右，回紇在他們的國家裡屠殺了成千上萬的中亞商人；而在長安的中亞商人爲了報復，也趁機挑唆唐朝將軍處決了九百多名回紇特使和商人[69]。自然，回紇人從一開始就對安祿山的叛亂抱有很深的敵意。

　　可以說，在整個叛亂過程中，商胡扮演著重要角色。而安史之亂是中國歷史上一個極爲重要的轉折點。也有證據表明，甚至中國商人也加入了爲朝廷提供軍備的行列。例如：當755年叛亂爆發時，御林軍無力保衛京城，因爲所有士兵都來自市場，不是商人，就是小販[70]。另一個有趣的例子發生在844年的邢州(位於今河北省境內)。邢州刺史官員裴問所率軍隊大部分由「富商子弟」組成[71]。

66　《資治通鑑》，第15冊，頁7015。

67　陶希聖、鞠清遠，《唐代財政史》(長沙：商務印書館，1940)，頁99；Denis Twitchett, *Financial Administration under the T'ang Dynasty* (Cambridge: Cambridge University Press, 1963), p. 35, p. 247n. 109.

68　陳寅恪，《元白詩箋證稿》(北京：文學古籍刊行社，1955)，頁240-246。

69　《資治通鑑》，第16冊，頁7287；《新唐書》，第19冊，頁6121-6122。

70　《舊唐書》，第16冊，頁5370。

71　《資治通鑑》，第17冊，頁8005。

第二個例子尤使人感到困惑。爲什麼這些生長在富裕家庭的年輕人竟願意當一名普通士兵？在這兩個例子裡，這些有著商人背景的人顯然是自願參軍的。這一現象昭示著唐代商人身上一些新的特質的出現，對此，我們仍需作深入探索。

考量帝國時期商人社會政治地位的一個重要途徑，就是考察他們和科舉體制之間的關係。正如韓非所云，在戰國時期，富商們買官爵已經成爲公開的事實。在秦統一後的帝國時代，這一風氣得到了繼承和發展。但是，由於這是不合法的渠道，與「生意關係」相比，買來的官爵在高級場合幾乎沒什麼權力。但是，通過傳統視爲「正途」的科舉考試而進入官場，就完全不同了。「科舉制」有狹義和廣義之分。從廣義來講，應上溯到西元前124年太學成立的時候。從狹義上講，則它始於西元7世紀初隋煬帝（604-616在位）所設，並成爲科考主要內容的聲望很高的進士科。在今天的演講中，我使用狹義的概念，也就是我們通常所說的「科舉」。在隋唐時期，雖然法律禁止商人及其子弟參加科舉考試，但有證據表明，事實並非總是如此。

在宋代，強加於商人階層的種種禁令開始廢弛。楊聯陞教授曾在《宋會要輯稿》中發現一條法令（1044年），足以證明這一觀點。這條法令僅僅要求「身是工商雜類及曾爲僧道者並不得取」。根據楊教授的解釋，「『身』和『曾爲』兩個詞的使用，似乎暗示著商人家庭成員、甚至曾經從過商的人，都可以參加科考」。我認爲他的解釋很有道理。我也同意他上面的推斷，因爲這不僅僅是建立在這條法令的基礎之上，也有其他相關的史實以爲佐證，如「最近幾

百年來，商人在政治上獲得了解放」[72]。

讓我舉兩三個出自洪邁(1123-1202)集奇聞逸事之大成的煌煌巨帙《夷堅志》的例子來說明這一點。在徽宗(1101-1125在位)宣和年間，饒城(今屬江西)有一位吳姓老人，以製帽生意聞名於當地。那些參加科考的顧客頻頻光顧他的鋪子，使他對他們的社會地位心生妒羨。因此，他決定供他最聰明的兒子讀書，希望他有朝一日成為他們中的一員。最後，他的兒子成功通過了科考，成為一名管倉庫的小吏[73]。另一個故事說的是一個窮商人，姓潘，縉雲(今屬浙江)人。一日，他在城裡做生意，忽遇瓢潑大雨從天而降。他到附近的一所房子裡避雨，卻沒注意到那是個妓院。他在妓院的走廊上過了一夜。這一晚，妓院裡有一位姑娘夢見自己在走廊上看見了一條黑龍，第二天早上，她發現了那個商人。由於對夢境印象深刻，她對他傾囊相助，把所有積蓄交給他管理。最後，這個商人發了財，並娶她為妻。他們生了一個兒子，通過了進士考試，成為一名縣官[74]。在這兩個故事中，洪邁作為一位12世紀的故事講述者，認為商人子弟參加科舉考試是理所當然的。第二個故事尤能勾起人的興趣，因為當時的社會風俗認為黑龍象徵著極為重要的人物。書中緊接著的另一個故事，也發生在縉雲，也用了同樣的類比，用「黑龍」來象徵「貴人」[75]。這似乎說明，至少在百姓看來，富商的社會地位，堪與高級官員相媲美。

72　Lien-sheng Yang(楊聯陞), "Government Control of Urban Merchants in Traditional China," 收入他的 *Sinological Studies and Reviews* (Taipei: Shih-huo, 1982), pp. 30-31.

73　洪邁，《夷堅志》(北京：中華書局，1981)，第4冊，頁1562-1563。

74　同上，第1冊，頁98。

75　同上，第1冊，頁97-98。

　　另一段逸事說明曾經從過商的人也確有可能如前引1044年的法令所言，獲得參加科考的資格。鄱陽(今屬江西)有一位學者，名黃安道，在科舉考試中幾次落第。他幾乎打算去經商了，甚至作為初入行者，他在洛陽和長安之間進行的貿易也一開始就獲得了成功。但是，由於一位朋友的堅持，他在計畫從京城出發往西去做生意前，決定再花幾天時間參加最後一次科考。這一次，他通過了[76]。在這個例子中，我們看到主人公在兩個職業之間猶豫難決，這說明了學者和商人之間界限的模糊。隨著官方市場系統的瓦解，區別誰是商人可能很困難。這個故事的可信度被北宋無數例子廣泛證實。這說明，對一個由外省赴京參加科考的舉子而言，帶一些土特產到京城(開封)的市場裡做點小生意，是極平常的現象。正如11世紀早期的參政宋庠所云：「舉人應舉，孰無所貨之物？」[77]事實上，舉子們無疑可忝列短期商人之伍。正如全漢昇在一項詳細研究中所示，宋代政府官員的個體商業活動已經達到了巨大的比例[78]。

　　當然，《夷堅志》是一部講述虛構故事的著作，所以，人們也可能對其中所講的允許商人們參加科考的1044年法令產生質疑，作為證據它似乎晚了些。為了消除這個疑問，我可以再舉兩個11世紀的例子，其歷史可靠性是不容置疑的。在一份朝廷的記錄裡，記載著1067年，蘇轍建議通過提高考生們的年齡和減少錄取名額來提高進士的知識水平。他提出這一主張的原因之一在於現行的科考體制

76　洪邁，《夷堅志》(北京：中華書局，1981)，第2冊，頁670。
77　轉引自全漢昇，〈北宋汴梁的輸出入貿易〉，載全漢昇，《中國經濟史論叢》(香港：新亞書院，1972)，第1冊，頁120。
78　全漢昇，〈宋代官吏的私營商業〉，載全漢昇，《中國經濟史研究》(香港：新亞書院，1976)，第2冊，頁1-74。

太寬鬆，以致於「凡今農工商賈之家，未有不舍其舊而爲士者也」[79]。顯然，這種情況只有在1044年法令施行以後才可能出現。又，一位來自山東的士大夫王辟之(生於1031年，1067年中進士)，曾講過一個發生在曹州(今屬山東)商人家庭裡的故事。一個叫于令儀的商人以其和善慷慨而出名，晚年他變得非常富有。他爲自己宗族的孩子們設立了私塾。結果，他的一個兒子和兩個侄兒在幾年後都成功地考取了進士[80]。這個故事確切地證明了，至少在11世紀下半期，商人子弟已經可以正式參加科舉了。

　　總的說來，在宋代，商人的社會地位無疑有所提高。但是，我們不能誇大事實。在妓女眼裡，富商確實可能和宰相一樣重要，然而，士大夫們仍拒絕和具有商人背景的人們平起平坐。因此，12世紀孟思恭奉命出使金國時，他的同僚寫了一句詩嘲笑他，詩是模仿蘇軾在類似場合寫給他弟弟的著名詩句而做的，意爲「便是鹽商孟客兒」[81]。這個故事使我們注意到同一時期歐洲商人地位的發展。在12世紀，那些渴望爲自己或兒子爭取爵位的富商們也嚴重干擾著世襲制度。德國男爵亦曾不無輕蔑地提及那些新貴，以爲他們不過是「生意人」[82]。這確實是個很有趣的巧合，在完全相同的世紀裡，歐洲和中國的統治階層同樣感受到了來自商人階層的巨大力量。

　　在結束唐宋部分以前，我想簡單介紹一下不斷發展的市場對這

79　蘇轍，《欒城集》(《四部叢刊》初編縮本)卷21，頁228。
80　王之，《澠水集談錄》(北京：中華書局，1981)，頁30。
81　《夷堅志》，第2冊，頁840。
82　見Marc Bloch, *Feudal Society*, L. A. Manyon譯(Chicago: The University of Chicago Press, 1961), p. 322.

一時期中國精英文化的貢獻。著名詩人白居易在他寫給元稹的長信
中講了這樣一個故事：京城一個歌女告訴她未來的雇主，既然她能
唱白居易的〈長恨歌〉，她就不應被當作普通的女子。結果，雇主
同意付給她更高的價錢。白居易還告訴他的朋友，就在他被請去赴
宴喝酒聽歌的前一天，所有的歌女都立刻認出他是〈長恨歌〉的作
者[83]。詩歌是唐朝文化的桂冠，但娛樂業的興旺顯然也促進了詩歌
的蓬勃發展。唐代的娛樂場所還包括那些坐落在長安西市、有著美
麗中亞舞女和歌女的酒店。這些酒店主要針對外國客人，特別是中
亞、波斯和回紇商人而建。但是，包括李白等在內的中國詩人也喜
歡光顧，許多人還用生動的的語言描寫這些外國美人的樣貌和她們
的表演藝術[84]。

　　宋朝及以後各朝都很好地繼承了這個傳統。很難想像，如果沒
有無數歌女在各種場合的傳唱，柳永、蘇軾等人的詞能在宋代廣為
流傳[85]。

　　書市的出現是唐宋商業活動的另一個主要特點。824年，元稹
為白居易的文集作序，序中說，在過去的二十年裡，白居易和他自
己的許多詩作，在未經作者本人許可的前提下，或被手抄，或被雕
版印刷，拿到書市上出售。他特別指出，他兩人的詩在揚、越（分
屬今江蘇、浙江）一帶被大量印刷，並在各城市發售[86]。專家們對
「印刷」一詞的解釋有分歧，但這與我們今天的討論無關。通過元

83　《白樂長慶集》，（《四部叢刊》初編縮本）卷28，頁143。

84　向達，《唐代長安與西域文明》（北京：三聯出版社，1957），頁34-
　　40。

85　丁傳靖，《宋人軼事彙編》（北京：中華書局，1981），第2冊，頁465-
　　466，596，612-613，621-622。

86　《元氏長慶集》（《四部叢刊》初編縮本），卷51，頁161。

積的序,我們足以知道,書市在9世紀初的唐代為詩的廣泛流傳提供了重要媒介。

到11世紀,中國的印刷業已有全面發展。但是,我今天不談在京城和地方州縣的官辦印刷部門,因為它們不是盈利性質的產業。我們需要了解的是私營書市。早在1044年,有一位朝廷官員因為各種原因被貶,其中一條罪狀便是私下印書並強迫地方政府買他的書以賺取鉅額利潤[87]。事實上,對宋代朝廷和地方官員來講,書業貿易倒是他們很喜歡的一種貿易形式。正如12世紀末被多次討論的唐仲友例所顯示的那樣,書業貿易作為一項普遍的社會活動,持續了整個宋代[88]。但是,更引人矚目的是宋代私人印刷行業的繁榮。[89]葉夢得(1077-1148)在1128年或之後曾撰文提及其所處時代的印刷中心杭州、四川、福建,以及京城(不久失陷於金)。在前三個地方,他認為杭州的書印刷質量最高,四川次之,福建最差。但是,他認為「福建本幾遍天下,正以其易成故也」[90]。在中國印刷史上,福建印刷的書籍又通稱為「麻沙本」,由於個體書賈只求在書市裡獲取眼前利潤,使之因校勘粗疏而聲名狼藉[91]。結果,從11世紀後半期開始,書價就開始明顯下滑,一直持續到此後兩個世紀[92]。

87　1044年詔書,見全漢昇,《中國經濟史研究》,第2冊,頁62。

88　Lien-sheng Yang(楊聯陞), "The Form of the Paper Note Hui-tzu of the South-ern Sung," 收入他的 *Studies in Chinese Institutional History* (Cambridge: Harvard University Press, 1961), pp. 216-223.

89　見張秀民,《印刷史論文集》(北京:印刷工業出版社,1988),頁84-95,96-117;張秀民,《中國印刷史》(上海:人民出版社,1989),頁70-74、78-79、88-92。

90　葉夢得,《石林燕語》(北京:中華書局,1984),頁116。

91　同上,頁115。

92　Ming-sun Poon(潘銘燊), "Books and Printing in Sung China, 960-1279,"

所以，從文化史的角度來看，宋代的書市是值得稱道的，因為它不但生產了大量的各種書籍，使普通百姓也能讀書。而且，正如切尼克所說：「印刷行業的商業化，使書籍成為商品，給新思想以確切的價值，有助於新思想的產生。」[93]可以武斷說，宋代社會學習的升溫和新儒學思想的傳播，或多或少是書市發展的意外收穫。

三

在帝國時代後期，從16世紀開始，新一波商業文化的浪潮席捲了全國。這波新浪潮具有持續時間長、影響面廣等特點，故而引起了人們的特別重視。它對中國傳統各個方面的影響之深遠是以往包括唐宋在內的各朝難相媲美的。讓我借19世紀一位歷史學家沈垚(1798-1840)的話來作為討論的基礎：

> 宋太祖乃盡收天下之利權歸於官，於是士大夫始必兼農桑之業，方得贍家，一切與古異矣。仕者既與小民爭利，未仕者又必先有農桑之業方得給朝夕。以專事進取，於是貨殖之事益急，商賈之勢益重。非父兄先營事業於前，子弟即無由讀書以致身通顯。是故古者四民分，後世四民不分。古者士之子恒為士，後世商之子方能為士。此宋、

（續）————————————————————
(Ph. D. dissertation, University of Chicago,1979), pp. 95, 180. 舉例和進一步的討論參見Susan Cherniack, "Book Culture and Texual Transmission in Sung China," *Harvard Journal of Asiatic Studies*, 34:1 (June 1994), pp. 43-45.

93　Susan Cherniack, *Book Culture and Texual Transmission in Sung China*, pp. 79-80.

元、明以來變遷之大較也。 且今士大夫多出身於商賈之
家，性尤儉嗇。仕者殊少仁愛之心，而商賈反具備之，何
也？因國家之重心轉向貨殖，英雄才俊蓋出於商賈者也；
其以商賈爲業，以英雄爲特徵。既爲英雄，便能洞察世
情；能爲他人之所不能爲，卻難耐他人之冷落。是故士大
夫地位益顯窘迫，而商賈益珍視傳統之美德。此亦世之民
俗變遷之大概也。[94]

儘管沈垚的陳述偶有刻意或無心的誇張，但令人感到不可思議的
是，他所描述的這兩種「大概」與歷史上東方社會學的一般情況竟
如此相近。第一種情況是對因商人地位上升而引起的社會結構變化
的總結，第二種情況描述了隨著社會結構的變化帶來新文化的出
現。簡而言之，沈垚認爲士大夫和商人的社會地位已經發生了對
換，因此，傳統由前者獨占的社會領導角色，現在大部分由商人來
承擔。根據我自己的研究，我可以毫不猶豫地說，這兩種情況是中
國自16世紀以來廣大社會現實的眞實再現。同時，沈垚用這樣的溢
美之詞來嘉許商人，也令人深感吃驚。與前面兩部分描述的歷史相
反，他所用的語言似乎是全新的。但是，正如我接下來將要努力闡
明的，商業文化的這一波浪潮實際上從16世紀(如果不是更早的話)
就已開始了。

　　到16世紀，全國範圍內的大型商業網絡已經出現。來自徽州
(今屬安徽)的富商們——歷史上以「新安商人」而出名——是這些

94　沈垚，《落帆樓文集》卷24，頁11b-16a（《吳興叢書》本，北京：文物
　　出版社，1987）。Charles Y.T. Kwong教授初譯了這一段，特此致謝。

商業網絡的創建者。有一個例子可以很好地證明這一點。根據汪道昆(1525-1593)爲阮弼寫的傳記，我們可以了解到，阮是來自新安西遞村的成功商人。他在貿易中心蕪湖(今也屬安徽)設立了自己的商業總部，進行紙張的生產和銷售。當他的事業到達鼎盛時，他在許多省份，包括江蘇、浙江、湖北、河南、河北和山東等省的大城市裡，都設立了分店。他雇傭了許多能幹的助手，幫助自己管理各省的分店。據說，他有極爲出色的經商頭腦，清楚知道自己應在什麼時候、用什麼方法擴大經營規模。由於言而有信，他的聲譽極佳。一旦承諾對方，無論有沒有與對方簽下書面合同，他都不會違反諾言[95]。但是，阮弼僅僅是他那個時代裡無數新興商家中的一個罷了[96]。又如17世紀時，有一位洞庭(今屬江蘇)商人席本禎(1601-1653)，在全國各大城市都擁有自己的貨棧，從而建立了一個類似的商業網絡。他從不視察他的分店，僅僅通過寫信下達指令，而他的信件所及之處，有些竟遠在一到兩千里之外。儘管如此，他各個分店的管理人員都能夠如實執行他的指令[97]。

　　這種商業網絡接近於現代西方社會裡人們戲稱的「商業王國」。因此，看到16世紀的中國商人，譬如前面曾提到過的阮弼等人，就已開始用這一類的術語來稱呼它們，是頗爲有趣的。汪道昆在文中，把阮的故鄉新安比作他的「休養地」，而把蕪湖比作「豐沛」，從地理意義而言，豐沛是漢高祖開始創建大漢帝國的根據

95　汪道昆，《太函集》(南京，1591)卷35，頁11b-16a。
96　更多例子可見滕井宏，〈新安商人研究〉，載《東洋學報》，第36卷第3號(1953年12月)，頁85-87。
97　吳偉業，《梅村家藏稿》卷47，頁207。

地[98]。如果這僅是一種孤立的描述，則我們盡可以忽略它，將它當作作者囿於古典語言層面的胡亂類比。然而，這樣的類比在16世紀使用頻繁。以另外一名新安商人李大鴻爲例，他的族譜中有他的傳記，其中提到，他在姑孰(今在安徽南部的當塗)經營當鋪，姑孰成了他的「關中」，而在過去，關中也被稱爲長安[99]。換句話說，即姑孰是李大鴻「商業王國」的首都。另一個更令人吃驚的例子是程周，一個在江西擁有許多生意，從當鋪到鹽業等各個行業無所不營的商人。《新安休寧名族志》一書中有他的傳記。根據傳記的描述，他是一個「創業垂統」的人，最早普遍使用這個詞的是孟子。在西元前211年秦統一後，它成爲王朝建立者的專用詞彙[100]。在後兩個事例中，傳者是他們的家族成員，因此，他們兩人也可以看作是商人自我形象的一種反映。

16世紀以來，商人階層的自信不斷增長，甚至可以說是到了自負的程度。成功商人的傳記常常把他們描述成在人生早期就具備「高瞻遠矚」或「見識非凡」之性格特徵的人，而在此前，配享這種描述的只有政治家和文人領袖[101]。用新安商人許秩的話來講，就是「吾雖賈人，豈無端木(即子貢)，所至國君分庭抗禮志哉？」[102]也就大約在這時候，商人們變得過分自信，甚至超出了他們實

98　《太函集》卷35，頁14a-14b。

99　張海鵬、王廷元編，《明清徽商資料選編》(《四部叢刊》初編縮本，合肥：黃山出版社，1985)，頁296-297。

100　張海鵬、王廷元編，《明清徽商資料選編》，頁234。在晚明富商、成功生意人中流行的小冊子力圖說明，他們和進入仕途者一樣擁有「天賦」的特殊品質。見李晉德，《客商一覽醒迷》(太原：山西人民出版社，1992)，頁312。

101　《明清徽商資料選編》，頁87。更多例子可見第223-259頁。

102　同上，頁216。

際的社會價值。他們第一次提出疑問：「賈何後於士哉？」[103]在
士人，同樣開始認識到商人抱怨中包含的合理成分，因此，汪道昆
跳到商人的隊伍中發問：「藉能賈名而儒行，賈何負於儒？」[104]
他不僅公開質疑那因為有著悠久傳統而倍受尊重的崇本抑末政策，
而且還質疑現行的「輕農稅、重商稅」這一財政政策。在他看來，
經商和務農這兩種職業應當受到平等對待。汪接著問道：「商何負
於農？」在這一點上，他的意見得到了同時代人，包括張居正
(1525-1582)和張瀚(1511-1593)等人在內的廣泛認同[105]。因此，可
以說，到16世紀，商人們不再被動地接受傳統所加予他們的低等地
位。相反的，他們盡一切努力證明在這個社會中，他們具有和農
民、士人一樣的平等地位。只要和16世紀以前的例子作一比較，我
們就可以理解新一代商人的觀念更新中所蘊含的革命意味。11世紀
時，有一名來自武漢、名叫李遷之的富人，曾向歐陽修(1007-
1072)講述自己作為一名商人，對其相對於其他職業的人來說所扮
演的社會角色的看法。他說：

> 夫民力役以生者也，用力勞者其得厚，用力偷者其得薄。
> 以其得之豐約，必視其用力之多少而必當，然後各食其力
> 而無慚焉。士非我匹，若工農則吾等也。……然其所食皆
> 不過其勞。今我則不然，……用力至逸以安，而得則過

103 《明清徽商資料選編》，頁439。
104 《太函集》，第55冊，頁1a。相同的觀點可見第29冊，頁20b。
105 余英時，《中國近世宗教倫理與商人精神》（台北：聯經出版公司，
    1987），頁150。

之，我有慚於彼焉。106

這兒，我們遇到了這樣一位商人，他毫無異議地接受了傳統將社會
階層劃分爲士、農、工、商四類，並予以逐級下降排列的方式。毫
無疑問，在11世紀和16世紀之間，中國的商業文化必定發生了本質
上的改變。

現在，讓我們轉向社會思想領域。在這一領域出現了一種新的
關於社會勞動分工的理論，實際上，這種理論的產生可以看作是對
中國社會商人階層重要性加強的反映。出人意料的是，著名心學家
王陽明爲此提供了最重要的文獻資料。1525年，王陽明爲一位名叫
方麟的商人做碑銘，其中表達了如下觀點：

> 蘇之昆山有書庵方公麟者，始爲士，業舉子。已而棄去，
> 從其妻家朱氏居。朱故業商。其友曰：「子乃去士而從商
> 乎？」翁笑曰：「子烏知士之不業商，而商之不爲士
> 乎？」
> 顧太史九和云：「吾嘗見翁與其二子書，疊疊皆忠孝節義
> 之言，出於流俗，類古之知道者。」
> 陽明子曰：「士者，四民異業而同道，其盡心焉，一也。
> 士以修治，農以具養，工以利器，商以通貨，各就其資之
> 所近，力之所及者而業焉，以求盡其心。
> 其歸要在於有益於生人之道，則一而已。……自王道熄而
> 學術乖，人失其心，交鶩於利，以相驅軼，於是始有歆士

---

106 《歐陽文忠公文集》（《四部叢刊》初編縮本）卷63，頁477-478。

而卑農，榮宦遊而恥工賈。夷考其實，射擊時罔利有甚
焉，特異其名耳。……吾觀方翁士商從韋之喻，陷然有當
於古曰民之義，若有激而不然者。嗚呼！斯義之亡也，久
矣，翁始有所聞歟？抑其天質之美而默然有契也。吾於是
而重有感也。」[107]

我如此詳盡地摘引了這篇碑銘，是因爲它從幾個重要途徑反映了16
世紀的中國社會情況。而且，它可能也是新儒學社會思想史上一份
具有里程碑意義的文獻，不幸的是，這篇銘文並未引起應有的重
視。下面，我將向大家解說這篇碑銘。

首先，方麟是明清時期眾多從商士人的典型。在16和17世紀，
一股看似平靜、實則活躍的「棄儒就賈」的社會運動，席捲全國。
其基本模式有如下特徵：一個二十多歲的士人，考舉人連連受挫，
因而放棄學業，選擇經商。當然，對個人來講，這樣的事情很早以
前就發生過了。像我們前面提到的北宋黃安道就是如此。這一現象
早在15世紀就已日趨明顯。根據王陽明做碑文的時間（1525年）來判
斷，則方麟「棄儒就賈」的時間當在15世紀後半期。根據桑悅
（1447-1530）所述，其父桑琳也和方麟一樣，與一商人家庭聯姻，
於是放棄考舉人，改行當了一家大商鋪的掌櫃[108]。此後幾個世
紀，這一趨勢蓬勃發展。譬如僅清一季，在新安婺源一縣之內，就

---

107 《王陽明全集》（上海古籍出版社，1992），第1冊，卷25，頁940-941。
　　Charles Y. T. Kwong教授初譯了這一段，特此致謝。
108 桑悅，《思玄集》，普林斯頓大學葛思德東方圖書館藏明版（Ming
　　edition in the Gest Oriental Library of Princeton University），卷7，頁1a-
　　1b。

能在地名辭典中找出五十多個這樣的例子[109]。但是，從現今可證實的資料來看，大規模的棄儒就賈集中於1500-1700年間。我們需要對這一現象作出解釋。

對此，我有一個不太成熟的看法。我覺得，這是科舉制度下競爭壓力越來越大和市場經濟越來越繁榮共同作用的結果。據粗略估計，從14世紀後期到1600年，中國人口大概已從6500萬增長到了1億5千萬[110]。但是，進士和舉人的名額在明清兩季卻仍維持原狀。正如文徵明(1470-1559)在1515年所指出的，蘇州府下屬8個縣，各地學校共有生員5000名，但在三年一次的科考中，卻僅能錄取貢生20名、舉人30名，遠遠不能滿足生員進階之需。所以，他建議大幅增加貢生名額以爲解決之策[111]。大約在同一時代，韓邦奇(1479-1556)也談到，應大量增加進士和舉人的名額，以解決貢生普遍沒有機會做官的難題[112]。通過對比，我們可以發現在16世紀，士人如果從商，則成功機會將大得多。他們相信「士而成功也十之一，賈而成功也十之九」[113]。一個叫黃崇德(1469-1537)的人，在其父的勸說下放棄了科考，到山東沿海販鹽。一年下來獲得了10%的利潤，並很快使資本翻了一番[114]。因此，我們看到科舉體制的「推」和市場的「拉」共同創造了第一波長期持續的「商業浪

---

109 重田德，《清代社會經濟史研究》(東京：岩波書店，1975)，頁294-349。

110 Ping-ti Ho(何柄棣), *Studies on the Population of China, 1368-1953* (Cambridge：Harvard University Press, 1959), p. 264.

111 文徵明，《甫田集》(《四庫全書》本)(台北：臺灣商務印書館，1984)，卷25，頁415。

112 韓邦奇，《苑洛集》卷19，頁4-5。

113 《明清徽商資料選編》，頁251。

114 同上，頁74-75。

潮」，借用中國現在的流行語來講，就是它將無數「知識分子」拋
入了「商海」[115]。

　　第二，王陽明曾對方麟的觀點表示首肯並予以詳細闡明，他曾
說自己所處時代的士人們比商人更有經濟頭腦，而在商人中間也不
乏恪守古聖賢之道的人。對同一社會現實，王陽明與晚他三個世紀
的沈垚作了本質上相同的評論，不同之處只在於兩人所用語言有所
差異而已，王用的是哲學理想主義，而沈垚用的是歷史現實主義。
從王陽明到沈垚，數百年間，許多作者都用不同的方式做出過同樣
的論斷。最常見的是「士為本而商為末」和「商為本而士為末」，
或者比較中立的道德定語，如「士而商」或「商而士」等。諸如此
類的表達極多，不能一一標明出處。但實際上，到16世紀的時候，
人們已很難在士人和商人之間劃分明確的社會界限了；他們更頻繁
地生活在同一屋簷下。在王陽明的時代，人們已就沈垚所指出的
「後世四民不分」達成了共識。歸有光(1507-1571)也曾說今天的
「士」、「農」和「商」經常是「混為一談」的[116]。他的這一觀
點在一個世紀後，得到了其曾孫歸莊的再度確認[117]。這一新發展
趨勢確實值得人們重視，但早在宋代，精英文化和商業文化之間就

---

115 關於16世紀中國市場經濟繁榮的一般描述，可見張瀚(1511-1593)，
　　《松窗夢語》(北京：中華書局，1985)，頁80-87；Timothy Brook(卜正
　　民)，"The Merchant Network in 16th Century China, a Discussion and
　　Translation of Zhang Han 'On Merchants,'" *Journal of Economic and Social
　　History of the Orient*, Vol. XXIV, Part II(1981), pp. 165-214. 基於明清十大
　　商人的傳記而對商人群體進行的通盤討論，可見唐力行，《商人與中國
　　近世社會》(杭州：浙江人民出版社，1993)，頁43-71。

116 歸有光，《震川先生集》(《四部叢刊》初編縮本)，卷13，頁188。

117 歸莊，《歸莊集》(上海古籍出版社，1984)，第2冊，卷6，頁359-
　　360。

已表現出互相貫通滲透的跡象。這並非為中國歷史所獨有。在15世紀的英格蘭，也曾興起過商人和貴族融合、並發展成為「紳而商」的運動。和中國的「士而商」一樣，「紳而商」甚至成了一個合法的術語。據斯拉伯(Sylvia Thrupp)所云，在中世紀的英國，「商人階層向擁有地產的貴族階層的轉化速度，超過了後者向前者的轉化」[118]。但在明清時期的中國，我懷疑可能與之相反。

最後，我們應該把注意力集中到王陽明關於「四民異業而同道」的評述中。在儒家思想史上，竟由地位斐然的哲學家王陽明第一次公開承認商人擁有分享聖人之道的平等權利。王陽明這句話的實際涵義也可以由他所說的另一段完全不同的文字得到證實，即「雖經日作買賣，不害其為聖為賢」[119]。從社會歷史學的角度來看，我們必須把「任何人皆可為聖」的普遍命題和「商人可為聖為賢」的特殊命題區別開來，即使從邏輯上看，後者包含在前者之中。對過去長期使用的普遍命題而言，有時候會變成毫無意義的陳詞濫調。作為一名儒學家，他根本不可能自覺地把這個普遍命題和商人聯繫起來，甚至把農民或工匠也聯繫在內。我認為王陽明是根據「道」來重新定義這四類人的。

但我必須立即加以補充，認為這一觀點源於王陽明不一定完全正確。在王為方麟寫碑銘的兩年前，其文友李夢陽(1473-1529)曾為山西商人王現(1469-1523)寫了一篇墓誌銘。其中引了一句商人

118 Sylvia Thrupp, *The Merchant Class of Medieval London*(Chicago: The University of Chicago Press, 1948), Chapter VI, "Trade and Gentility." 這裡引用的分別見p. 269, pp. 286-287.
119 《王陽明全集》，第2冊，卷32，頁1171。

訓誡他兒子們說的話：「夫商與士，異術而同心。」[120]王陽明可能讀到過這篇廣為流傳的墓誌銘，且對他來講，「心」和「道」是兩個可以互換的概念。如果是王現的話以某種方式喚起了哲學家的靈感，那麼我們可以說，是商人首先宣稱自己享有得道的平等權利。事實上，自16世紀以來，商人們日益表現出對新儒學的濃厚興趣，朱熹、陸象山、湛若水和王陽明等大儒亦倍受他們的推崇。不用說，新安商人普遍崇拜來自自己家鄉的朱熹，視其為精神導師[121]。17世紀早期，有一位浙江商人卓禺，極為推崇王陽明理論中的「知行合一」[122]。而湛若水的例子甚至更為有趣。16世紀30年代，他在南京任吏部尚書時，就有許多揚州鹽商向他請教哲學問題[123]。大概也在此時，一位富商的遺孀為了學習如何「體悟天道」，讓她的一個兒子拜湛若水為師。當湛若水創辦甘泉書院資金短缺時，她還捐助了幾百兩銀子[124]。前面提到過的棄士從賈的黃崇德，其父以「陸象山之學以安身立命為首要」對他加以勸誡，使他信服[125]。根據以上種種，我們自然而然得出這樣的結論：商人們不僅在積極學習得道，也在以自己的方式重新證道。與其把王陽明的新理論看作是純粹源自哲學天才頭腦(毫無疑問他確實有這個天份)的獨創觀點，倒不如視之為社會現實變化的一種反映。

---

120 李夢陽，《空同集》(《四庫全書》本)，卷46，頁420。關於王現以及王氏家族的深入研究，可見小野和子，《明季黨社考》(京都，同朋舍，1996)，頁79-82。

121 唐力行，《商人與中國近世社會》，頁93，200-201。

122 《梅村家藏稿》卷50，頁222。

123 何良俊，《四友齋叢說》(北京：中華書局，1983)，頁32。

124 唐順之，《荊川先生文集》(《四部叢刊》初編縮本)，卷16，頁337。

125 《明清徽商資料選編》，頁74。

　　王陽明是最早在傳記作品中對商人加以稱譽的作家之一。從這個時代以後，我們瀏覽明清作家的文集，時不時會在一些墓誌銘、傳記和頌壽文章中，讀到關於肯定商人社會作用的文字。根據前明作家著作中的一篇商人傳記，我們發現，明清時期的商業文化顯然有了新的發展。16世紀，人們有理由稱如著名的汪道昆、李維楨（1546-1626）等作家是商人階層的發言人。因為汪不僅出生於商人家庭，而且娶了一位富商的女兒[126]。必須強調的是，在明清時期，士人家庭和商人家庭之間的通婚現象極為尋常，這在富人們的文學作品中，即如關於商人的傳記材料等，也有說明。譬如：錢大昕（1728-1804），一個極受乾隆尊重的大儒，為富商瞿連璧寫了一篇墓誌銘，因為他的女兒嫁給了後者的孫子[127]。李維楨尤以其為富商服務而出名，因為富商們出手闊綽[128]。在汪道昆和李維楨各自的文集中，可以找到成百上千篇為商人作的墓誌銘。但是，這一新趨勢決不僅限於有錢有勢的商人圈子。到16世紀，即使最普通的小販也能平等地用這個方式為自己的祖輩父輩增添體面。在唐順之（1506-1560）1550年寫給朋友的一封信裡，他這樣說道：

　　　僕居閑偶想起宇宙間有一二事人人見慣而絕是可笑者，其
　　屠沽細人有一碗飯吃，其死後則必有一篇墓誌，其達官貴
　　人與中科第人稍有名目在世間者，其死後則必有一部詩文
　　刻集，如生而飲食死而棺槨之不可缺。此事非特三代以上

---

126 《太函集》，第13冊，頁6b-8b；第19冊，頁18b-20b。
127 錢大昕，《潛研堂文集》卷28，頁461-462。
128 《明史》，第24冊，頁7386。

所無，雖漢唐以前亦絕無此事。[129]

這段話對我們理解明代商人心理狀況極爲重要。五十年後，曾有作家進一步對此說法予以支持，認爲唐所言非虛[130]。而且，在張瀚抱怨他那個時代出產了太多「墓誌銘」的時候，他自己腦中也必定裝了不少商人名字了。他說，在古代，「只有德行兼優的人才配享墓誌銘」[131]。

對16世紀這一新的社會現象，我們該作何解釋？傳統上，人們普遍以爲這是因爲商人對士大夫們的嫉妒，欲盡一切努力模仿他們的生活方式。標準的說法是「附庸風雅」。無可否認，這個解釋確有一點道理，以致今天的歷史學家們也很少對它提出質疑。但是，這個推斷自身顯然便是千百年來中國社會對商人抱有的根深蒂固的偏見的一部分。而從商人的角度來看，作如下解釋則似乎更合理些，商人新獲得的自信引導他們去思考他們所得到的名譽、地位等長期以來爲士人所獨占的東西。這只是在世俗層面上對王陽明之「異業而同道」的解釋。

有眾多跡象表明，不是所有的商人都渴望進學當官。根據發生在晚明的一則小故事，我們發現當時徽州的社會風習是以經商爲最重要的第一職業，而以舉業爲第二職業[132]。汪道昆也曾說過，這一

129 唐順之，《荊川先生文集》卷6，頁119。
130 李樂，《見聞雜記》，序言作於1601年(上海：上海古籍出版社，1986)，第1冊，頁285。
131 《松窗夢語》卷7，頁141。
132 凌濛初，《二刻拍案驚奇》(1632年首版本)，卷37。轉引自《明清徽商資料選編》，頁46。

地區的人「甯從商，勿爲士；甯讀《九章》，不學《六經》」[133]。
著名古文大家王世貞(1526-1590)還爲我們提供了另外一個證據。
他說：「徽俗多徇，賈務以貲相高。」[134]把三方面的普遍評述綜
合起來，我們可得出如下結論：明代的徽州商人，正如他們自己所
說，必定有許多全心全意致力於經商的人。篇幅有限，我不能多舉
例子來加以證明，但這一點在下文還會有所涉及[135]。有趣的是，
另一商業大省山西的風俗與徽州相類。自明以降，山西走出了無數
富於創業精神的商人。1724年，山西總督面君上奏時曾講，山西確
實存在著「青年才俊多從商……唯誳者力不足於賈，去而爲儒」的
風俗。雍正皇帝回答說，對這個「荒謬已極的風俗」，他久有耳
聞[136]。而且，即使商人讓自己兒子去當官或入國子監當監生，他
們的目的也不是出於對士人的嫉妒或爲了謀求權力。譬如，16世紀
有一河北富商，因爲兒子從離中央更近的檢查機關調任稅收部門而
極感欣慰。當他的兒子最後成了一名掌管蘇州地方稅收的官員時，
他更感高興。正如其父所見，他的兒子現在的地位能使商人們免受
稅收部門的粗魯對待[137]。至於監生，則是一種身分，擁有這個身
分通常是入仕爲官尤其是進入政府權力部門的直接途徑[138]。由
此，我們不難發現，對歷史解釋而言，「嫉妒」或「模仿」是太過
簡單化了。

---

133 《太函集》。

134 王世貞，《弇州四部稿》(《四庫全書》本)，第4冊，卷95，頁539。

135 不過，16世紀早期的張元渙，例見《明清徽商資料選編》，頁92。

136 轉引自寺田隆信，《山西商人の研究》，([京都]東洋史研究會，
    1972)，頁285-288。

137 李維楨，《太泌山房集》(萬曆，1573-1615年版)，卷70，頁17b。

138 同上，卷106，頁24a；卷114，頁17a-17b。

　　到16世紀，商人們常因在緊急情況或慈善事業中慷慨解囊而獲得政府表彰。譬如，16世紀50年代，江陰商人黃宗周爲抵禦倭寇侵犯江陰，捐獻了大筆錢財，此舉同時大大減輕了窮苦百姓的負擔[139]。所以，16世紀後期，爲了紀念這位有愛國心的商人，人們建造了一座祠廟，連皇帝也致以祝禱。另一位徽州商人蔣克恕（1520-1581）則因爲獨力承擔了在自己家鄉附近修橋鋪路、並在路上修茸涼亭以供行人歇息的全部費用，從而得到地方政府爲他立碑的嘉獎。他的義舉在當地引起了轟動，居民們都說：「賈故自足耳，何儒爲？」蔣的女婿身爲士人，也從不同角度對此事加以評價，他說：「儒者峨冠博帶談說道理者若指掌，即不能不以一刀錐而弁髦其人倫。次公之於人倫厚矣，何必儒？」[140]這兩個例子清楚說明，隨著時間的流逝，沈垚所謂「賈之仁愛之心」使他們在國家和社會中得到了更深廣的認可。從這個時代以來，整個社會風氣的變化似乎慢了下來，但是，商人的權益仍在平穩發展。說晚明商人認爲人生需全力經商才有價值，這肯定是不切實際的。隨著士商差別的逐漸消失，他們不僅共有越來越多相同的舊價值，也一起創造著新的價值。正如我在其他地方所說，商業文化和精英文化是互相滲透的，它不僅是商人對士人的單向模仿，反之亦然[141]。

　　結束前，我想對明清商業文化及其與中國傳統之間的關係作個

139 王世貞，《弇州四部稿》（《四庫全書》本），第3冊，卷76，頁281-283。

140 王世貞，《弇州續稿》（《四庫全書》本），第3冊，卷93，頁344。

141 見拙著〈明清士商互動與儒學轉向〉，待刊。編按：此文後題爲〈士商互動與儒學轉向：明清社會史與思想史之一面相〉，收入郝延平、魏秀梅主編的《近世中國之傳統與蛻變：劉廣京院士七十五歲祝壽論文集》，上冊（台北：中央研究院近代史研究所，1998），頁3-52。

快速回顧。限於篇幅，我只能作一些簡單的評述。

第一，新商業文化。在這一時期有關商人的傳記文學作品中，我們經常會遇到「賈道」這個術語。其詞義比較含糊。但是，它有一個清楚的特定涵義，即指某些要獲得商業上的成功所必須遵守的市場規則。我只在技術層面上討論這個術語。陝西文人康海已故的叔叔生前是個要等到價格漲上去才肯出賣商品的商人，康評價其叔曰：

> 彼不知賈道也。俟直而後賣，此庸賈求不失也，可終歲不成一賈。凡吾所爲，歲可十數賣息固可十數倍矣。[142]

這段話中特別有趣的是，批評者似乎重新發現了西元前5世紀時計然首次發表的規則，即「無敢居貴」。整個16、17世紀，在士人所著有關商人的作品中，隨處可見司馬遷「貨殖」篇中的話語。這顯然是這一時代視漢代大史學家爲散文作家的文學潮流所帶來的必然結果。因此，我剛才所說的對秦統一前市場思想的「重新發現」，也許只是一種語言學上的錯覺。但是，也存在著另外一種可能性，即有一種特別的語境，使人們對特殊語言的用途進行重新界定。這一時代商人的言行可能提醒了作家，使他們去關注秦統一前的「貨殖」。無論如何，有一點很重要，明清商人把市場的合理化推向了一個新的高度，遠遠超過了以前的任何時代。

關於明清「賈道」，我只提兩個方面的特徵，即數學在商業上的運用和「壓低價格同時增大流通量的規則」的出現。這兩個特徵

---

142 轉引自寺田隆信，《山西商人の研究》，頁296。

碰巧也被韋伯看作是西方資本主義上升階段中「合理化進程」的例
證[143]。但是，這並不意味著明清時期的中國已經發展到了類似於
「資本主義」的階段。我同意韋伯所謂資本主義是一種特殊的西方
體系的看法。我所說的僅僅是這兩個特徵——明清時期中國「賈
道」的核心——恰好符合韋伯關於合理化的界定。沒有任何理由可
以推斷出合理性，甚至市場的合理性，必須導向西方模式的資本主
義。

我們引用過汪道昆關於徽州人喜歡算術甚於六經的話。這一普
遍說法能得到詳細的證明。程大位的《算法統宗》完成於1593年。
該書是一本著名的數學課本，它給出了一些用算盤來解決數學問題
的方法。根據作者早年曾經商的背景來看，這本書無疑是用於商業
計算的[144]。另一個例子是徽州人汪廷榜(1729-1803)，他早年經
商，後來成了一名數學家[145]。商業數學在徽州極受歡迎，甚至連
家庭主婦也為了幫丈夫算賬而進行學習[146]。但是，人們對商業數
學的熱情並不僅限於徽州，而是全國範圍內的普遍現象。一些晚明
商業手冊為了給旅商提供方便，也附有商業數學的內容[147]。人們
承認16世紀中國尚無複式簿記，不過當時的商業數學已極為精密，
堪與歐洲同時期的商業數學相媲美[148]。與此相關的是，在這一時

---

143 Max Weber, *The Protestant Ethic and the Spirit of Capitalism* (London and
     Sydney: Unwin Paperbacks, 1985), pp. 24-25, 68.

144 唐力行，《商人與中國近世社會》，頁220-221。

145 《明清徽商資料選編》，頁461-462。

146 《太函集》卷52，頁12a。

147 寺田隆信，《山西商人の研究》，頁321-324。16世紀山西商人張四教
     的事例可見小野和子《明季黨社考》的有關記敍和研究，頁84-85。

148 武田楠雄，〈東西十六世紀商算の對決〉，載《科學史研究》，第36期
     (1955年10月-12月)，頁17-22；第38期(1956年4月-6月)，頁10-16；第

期的商人傳記中，「心計」被作爲一種應當具備的素質而經常強
調。一個典型的「好商人」應是一個精於計算的人，他既不會犯最
小的錯誤，也不會錯過任何一個機會[149]。如果沒有「心計」這個
術語，則工具的合理性就會得到最大程度的理想化。

　　明清時期，壓低價格同時增大流通量的規則也被人們廣泛接
受，並得到普遍運用。事實上，前文所引康海對其叔「賈道」的評
論中已暗示了這一規則。但下面這段軼事對這一點揭示得更爲顯
著。根據顧憲成(1550-1612)所說，一位年輕人在從商前曾向激進
思想家何心隱(1517-1579)請教。何給年輕人兩個公式：第一個有
六個字：「買多少，賣多少。」第二個有四個字：「多買；零
售。」年輕商人聽從何的建議，很快在市場中贏得了先機[150]。這
個故事的眞實性無從查證，但無論是誰提出這兩個建議，都證明他
確實對市場經濟有深刻的理解。第一個公式的實際意思是要快速買
進賣出，這和韋伯的規則幾乎相同。現在讓我引用兩個例子來說明
明清時期具有生意頭腦的商人們對這個規則的持續運用。人們這樣
描述蘇州商人金汝鼎(1596-1645)：「他賈好稽市物以俟騰踴，翁
輒平價出之，轉輸廢居，務無留貨而已。」[151]另一個例子是蘇州
書商陶正祥(1732-1797)。根據孫星衍(1753-1818)所述，陶先生曾
和一位朋友談論自己的經商之道：「吾求贏餘以糊口耳。己好利，

(續)————————————

　　　39期(1956年7月-9月)，頁7-14。近來關於這一觀點的討論可見Jack
　　　Goody, *The East in the West* (Cambridge University Press, 1996), pp. 78-81.
149　《太函集》，第54冊，頁20a。司馬遷第一次把「心算」這個術語用在了
　　　漢代桑弘羊的身上。見《史記》，第4冊，卷30，頁1428。
150　顧憲成，《小心齋箚記》(台北：廣文書局，1975，1877年版的重印
　　　本)，卷14，頁344-345。
151　汪琬，《堯峰文鈔》(《四部叢刊》初編縮本)，卷16，頁175。

亦使購書者獲其利。人之欲利，誰不如我？我專利而物滯不行，猶爲失利也。」但是，陶先生不是唯一牢牢把握這一規則的人。孫星衍還提到過如工藝品商王某和古董商顧某等其他京城商人，他們和陶正祥有著同樣的經商觀點。在當時，他們的生意都做得很好[152]。

綜合這兩個重要特徵，我們有理由認爲在1500年到1800年之間，中國商業領域也經歷著一個「合理化進程」。但是，根據布羅代爾的界定，在中國的情況，這一進程是連續的，不是趨向資本主義，而是向一種更爲先進的市場經濟發展。

第二，人們可能會把前文所討論的「賈道」視作明清時期商業文化的核心。但是，商業文化的概念更爲廣泛。如果我們了解與商業領域相關的生活方式，那麼，就不得不承認明清時期的商業文化實際上就是中國文化自身，因爲它涉及到中國傳統的每個部分。因爲商業手冊這類書籍都由商人編輯，我們可以用它爲例對此加以簡單解釋。以《士商類要》（1626年版）爲例。它由四卷組成：卷一是包括商業路線在內的旅行指南。卷二實際上是核心部分，因爲它告訴商人在商業領域需要了解的每一件事。更有趣的是，它還有關於「賈道」通常規則的流行文章，如關於「貿易」的韻文和「商業管理」的散文等等。但是，在最後兩卷中，我們發現了中國社會中從過去到現在的每個重要方面的「類要」。其主題從歷史學、宇宙論、倫理學、宗教到社會關係、醫藥以及政治制度等無所不包。其題目也明顯說明，這部手冊是爲滿足旅商和赴考士子日常生活所需而設計的。這個具體例子說明，商人和士人的社會混合必然導向兩

---

152 孫星衍，《孫淵如詩文集》（《四部叢刊》初編縮本），《五松園文稿》，頁112。

者文化的互相滲透。

有一個有趣的相關事例，可以說明當商人作者在談到精英文化的某個方面時，有時候會另闢蹊徑對其進行重新解釋。在「客商指南」一節中，作者談到了市場中的定價技巧，並引用《道德經》中的話來加以說明。其所引如下：「人欲貴(貨)必以賤(貨)爲本，人欲高(價)必以下(價)爲機。」[153]但在《道德經》三十九章原文中，這幾句爲「貴必以賤爲本，高必以下爲基」。無論其涵義如何，它所討論的乃是君王諸侯的統治基礎，與市場無關。而這裡我們的商人作者卻不僅引用了原文，而且通過對其原義進行某種「古怪」的修正加以「曲解」，如加上「人欲」，把「基」改成「機遇」之「機」等等。這個具體事例充分說明，商人也在通過積極參與改變著士人文化。

但是，商業文化影響的痕跡在中國傳統中並非隨處可見。在有些領域，人們對其存在的感受較之其他領域會更爲深切一些。正如我們所知，商業文化對晚明世俗宗教和文學的發展都產生過影響。這一時期的商人普遍信仰宗教，多爲教徒。程雲章(1602-1651)甚至在林兆恩(1517-1598)三教合一的基礎上創立了一個很受歡迎的教派[154]。還有所謂善書也可作爲例證。善書是一種在16、17世紀廣爲傳布流行的半宗教性質的小冊子。善書專門勸箴商人捐助慈善公益事業[155]。另一方面，小說、戲劇以及話本的流行，不僅給書

153　程春宇，《士商類要》(南京：文林閣，1626)，卷2，頁44b。

154　酒井忠夫，《中國の善書研究》(東京：弘文堂，1960)，頁282。

155　Cynthia J. Brokaw, *The Ledgers of Merit and Demerit, Social Change and Moral Order in Late Imperial China*(Princeton: Princeton University Press, 1991), pp. 212-215.

商們帶來了高額利潤[156]，而且爲其他商人提供了他們最喜歡的閱讀材料。正如19世紀早期一位徽商所言：「人皆讀四子書，及長習爲商賈，置不復問，有暇輒觀演義說部。」[157]其實，這種閱讀習慣早在15世紀就已形成[158]。以16世紀著名的顧學爲例。顧學是顧憲成的父親，也是商人。他早年愛讀歷史小說，特別是《水滸傳》，晚年他成爲林兆恩三教合一的熱情追隨者[159]。該例之所以值得一提，乃是因爲它顯示了明清時期商人階層在世俗文學和宗教發展過程中扮演了無可爭議的重要角色。

最後，我們通過觀察明清時期的儒家傳統的重新定位來作出結論。一般而言，儒家此時的道德絕對論似已呈現出鬆弛傾向。如在「理與欲」、「公與私」、「義與利」、「儉與奢」等相對立的概念之間，人們長期以來一直以前者爲是，認爲是正面價值，而後者是負面價值。但16世紀以來，許多儒家學者和思想家意欲從相互補充、而非相互排斥的角度來重新解釋這些概念。在這裡闡明他們這些具有革命意義的觀點是不可能的。在前面探討的基礎上，我將選出其中三個與商業文化的建立相關且經明顯考證的觀點進行簡單概述。

私 在後古典儒學傳統中，一般認爲，在處理社會與個人的關係時，任何時候都應以公大於私爲基本準則。而至明清，情形有所轉變，這一被普遍接受的觀點遭到了認眞的質疑。李贄(1527-1602)、陳確(1604-1677)、黃宗羲(1610-1695)、顧炎武(1613-

156 張秀民，《中國印刷史》，頁466-470，605-608。
157 《明清徽商資料選編》，頁246。
158 葉盛，《水東日記》(北京：中華書局，1980)，頁213-214。
159 顧憲成，《涇皋藏稿》(《四庫全書》本)卷21，頁117。

1682)，以及後來的戴震(1724-1777)、龔自珍(1792-1841)等人，都對公和私之間的關係提出了修正。為了敘述簡單起見，讓我以顧炎武的簡潔說明作為這一新思想路線的代表。其文如下：

> 天下之人，各懷其家，各私其子，其常情也。為天子為百姓之心，必不如其自為，此在三代以上已然矣。聖人者因而用之，用天下之私以成天下之公，而天下治。……故天下之私，天子之公也。[160]

概而言之，他所要真正表達的意思是，「私」與「公」並非互相衝突的關係，天下所有人的「私」以其個人的方式得以履踐時，則在「公」的名義下以天子為象徵的政府職能也就得到了實現。較之顧炎武在其他地方所說的「合天下之私以成天下之公」[161]，這一觀點要尖銳得多。顯然，在這個新的明確表達中，公被設想為所有個人私利之和，因此公完全依賴於後者而存在。但現在我想要強調的是，這一新觀點在16世紀前期就已經產生，而闡明這個觀點的第一個人，比我上面所列的所有著名學者、思想家都要早，他是個棄儒就賈的商人。俞變(1496-1583)是江西人。有一次，他用非常明確的話對自己的姪子說道：「若人皆知私為第一，則公亦可建矣。」[162]我認為這句話是以後幾個世紀中人們重新認識公私關

---

160 顧炎武，《顧亭林詩文集》(北京：中華書局，1959)，頁15。

161 顧炎武，《原抄本日知錄》，徐文珊標點(台北：明倫書局，1970)，頁68。

162 李維禎，《大泌山房集》卷105，頁28a。在碑銘結尾，李維禎用「素封」一詞來形容俞變，這個詞是司馬遷專門用在富商身上的。見《史記》，第10冊，卷129，頁3272。

係、發展這一全新觀念的典範。但是，我舉這個早期事例，並不是
為了說明這一新思想發源於商人意識，或者是儒學家發展了這一服
務於商人階層特殊利益的新思想。我所要說明的是，精英文化和商
業文化之間在某些方面具有一致性、共同性，因此，涉及這些方面
的新觀念能同時得到雙方的認可。

利 在「義與利」這兩個極端對立的概念之間亦發生了類似的
變化。16世紀早期，商人王現，我們在上文曾引用過他關於「夫商
與士，異術而同心」的言論。他也對這組概念提出了自己的看法：

> 故善商者，處財貨之場，而修高高之行，是故雖利而不
> 汙，善士者引先王之經，而絕貨利之途，是故必名而有
> 成。故利以義制，名以清修，各守其業。[163]

在這裡，王現提出了兩個重要觀點：第一，儒家關於「義與利」的
道德原則不應被視作士人獨有的價值標準，它同樣適用於商人。第
二，人們不必因為商人所從事的是追求利益的職業就設定他們不關
心道德原則上的是非對錯。相反，商人的謀利行為也和士人的行為
一樣，受到相同道德準則的限制。這個例子生動說明了商人對自身
社會地位的發展有自知之明。

從士人的角度來看，這一觀點也得到了他們的同情和接受。幾
十年後，韓邦奇在為一個商人學生所作的墓誌銘中抒發了同樣的心
緒。他說商人們「行貨而敦義」。另一方面，他也指出，如果根據

---

163 《空同集》卷46，頁420。張四維出生於山西一個鹽商家庭，後入仕為
官。他的觀點與王現相近。見小野和子，《明季黨社考》，頁77-78。

投資和報酬來理解的話，一個士人亦可能在鑽研儒學的過程中變得
利欲熏心。當然，後面這個觀點並不新鮮，但它是作爲對士人的
批評而與對商人的讚揚一起提出來的，因此，便被賦予了新的意
義[164]。顧憲成用哲學語言對這個問題進行了簡單描述。他曾爲一
死於1604年的商人作墓誌銘，其中提到了兩個對立的觀點。首先，
他認爲義和利是完全獨立的並且總處於衝突之中的兩個概念。其
次，這兩者可以互相融合、互爲補充。在後一種情況下，「以義主
利，以利佐義」，他認爲這句話的第一個觀點是錯誤的，並稱讚已
故商人在其有生之年實踐第二個觀點的成功[165]。受到自身強大的
商人背景的影響，當這個準則被專門用於商人階層的時候，他對這
個準則進行了一種自由的表達方式。這是自然的。但是，相比之
下，當相同的準則運用於士大夫階層時，他不願意作出絲毫讓
步。作爲公共利益的管理者，士大夫階層不再有權享受「私」或
「利」[166]。在以後幾個世紀中，認爲「義與利」互爲補充的觀點
在商業文化中占據主導地位。1715年，甚至當康熙受請爲一商人
協會所建的紀念石碑撰文時，他也在京城毫不猶豫地公開承認了
這一觀點[167]。

奢 1975年，兩個重要的經濟史專家，一個在中國，一個在美
國，不約而同地將我們的注意力引向16世紀陸楫（1515-1552)所作
的一篇關於消費的文章。中國的傅衣凌將之等同於曼德維爾

---

164 《苑洛集》卷7，頁447。
165 《涇皋藏稿》卷17，頁196。
166 《小心齋箚記》卷2，頁44。
167 李華，《明清以來北京工商會碑刻》(北京：文物出版社，1980)，頁
  16。

(Bernard Mandeville)的名作《蜜蜂的神話或個人惡習、公共利益》
(*The Fable of the Bees or Private Vices, Public Benefits*，1727)，而哈
佛大學的楊聯陞則認爲這篇文章已接近於對「消費繁榮」所作的經
濟分析[168]。文章的中心議題是：曾作爲個人惡習的奢日益成爲一
種公共美德，而曾作爲個人美德的儉卻日益成爲一種公共惡習。爲
了論證這一觀點，他舉了很多例子來說明「大抵其地奢則其民必易
爲生，其地儉則其民不易爲生」的道理。他進一步解釋他所謂的
「彼有所損，此有所益」原則：「不知所謂奢者，不過富商大賈豪
家巨族，自侈其宮室、車馬、飲食、衣服之奉而已。彼以粱肉奢，
則耕者、庖者分其利；彼以紈綺奢，則鬻者、織者分其利。」在這
裡，無論是在語言表達、還是在理由陳述方面，陸楫和曼德維爾都
表現出了令人驚異的相似性。後者也在文中爭辯道：「這是『注重
享樂的侍臣』、『輕浮的婊子』、『浪費的流氓』、『高傲的妓
女』的行爲，——簡而言之，這是所有以『驕傲和奢侈』爲生活方
式的人的行爲，——這種行爲讓窮人工作，刺激工業的發展，鼓勵
熟練的技工們爭取進一步的提高。」[169]不用說，我們不必把這兩
條平行發展的歷史路線推向極限。16世紀的中國和18世紀的英國存
在著巨大的差別，這是我們不能忽視的。然而，晚明出現了有關奢
與儉關係的積極觀點，其意義不下於17世紀英國的奢侈成風。

---

168 傅衣凌，《明代江南市民經濟試探》(上海人民出版社，1957)，頁107-
108；Lien-sheng Yang(楊聯陞),"Economic Justification for Spending——
An Uncommon Idea in Traditional China," 收入他的 *Studies in Chinese
Institutional History*, pp. 58-74. 陸楫文章的英譯可見pp. 72-74, 此文最初發
表於*Harvard Journal of Asiatic Studies*, vol. 20, 1957.

169 Christopher J. Berry, *The Idea of Luxury, A Conceptual and Historical
Investigation* (Cambridge: Cambridge University Press, 1994), pp. 130-131.

　　我將對陸楫關於消費的文章進行三方面的觀察分析。首先，這不是一個無中生有、突然出現的孤立觀點。相反，它是16世紀以來，隨著社會歷史和經濟思想發展的巨大飛躍而產生的眾多新思想中的一部分。這些新思想還包括儒家傳統，如上文曾提到的兩組相對立的概念。注意這組對立概念之間的關係恰和其他幾組對立概念相同的敏感轉化是極為重要的，儉和奢也從互相獨立轉變成為一個整體之中互為補充的兩個要素。其次，對文章作者家庭的調查結果說明了新思想的產生和商業文化之間的關係。陸楫是著名大學士和文人陸深的兒子。陸深曾在國子監任教，享有很高的聲望。但是，從他的曾祖到他的兄長，經過四代人的成功經營，陸深的家庭已經純然是一個商人家庭了[170]。從他在一年多時間裡寫給兒子的一百多封信來看，我們可以了解到，由於陸楫身體屢弱，兼之會試屢屢落第，從未在政府部門任職。雖然陸楫自己也是個學者，但作為家中獨子，他還得負責管理家裡的生意[171]。因此，我們可以理解，他認為奢可以為廣大民眾提供就業之道的思想，直接來自於他在商業領域的個人經驗。

　　第三，陸楫的思想沒有像慧星那樣快速劃過天際之後消失無蹤，它不僅流傳到了以後幾個世紀，而且成為南方經濟發達城市，尤其是揚州和蘇州等地的地方政策。16世紀末，李豫亨在他的《推篷寤語》中對陸的文章加以概述。接著，李的概述又被一位蒙古血統的學者法式善(1753-1813)在其《陶廬雜錄》(1799)中予以轉

170　陸深，《儼山集》，第2冊，卷81(北京：中華書局，1959)，頁516-517，520-521；卷82，頁523-527。

171　陸深，《儼山集》，第2冊，卷97，頁631；卷99，頁640，642。

引，但法式善在轉引時略去了陸楫的名字[172]。到18世紀，認為奢
是提供就業之途徑的思想在長江中下游地區極為流行，而提出這一
思想的人卻被遺忘了：這是一個有趣的現象。18世紀，蘇州學者顧
公燮在談及當地的奢侈風氣時，也從集體制成員的思想角度，對這
一觀點予以肯定。很顯然顧公燮的觀點也源於陸楫的文章，儘管他
闡述的內容可能已經過兩次或三次的轉述。但是，他在說下面這番
話、對這一思想作出全新解釋的時候，必定是充滿了信心：「有千
萬人之奢華，即有千萬人之生理；若欲變千萬人之奢華而返於淳，
必將使千萬人之生理亦幾於絕。」[173]這段話解釋了他頑固反對頒
行禁止奢侈浪費的法令的原因[174]。最重要的是，甚至皇帝也開始
承認奢侈在特殊意義上的社會重要性。1765年，在乾隆皇帝巡行揚
州的旅途中，寫了幾句話評注自己所作的一首詩：

> 富商大賈出有餘以補不足，而技藝者流，藉以謀食，所益
> 良多。使禁其繁華歌舞，亦誠易事，而豐財者但知自嗇，
> 豈能強取之以贍貧民？[175]

當我們回想起明朝開國皇帝在1381年所頒行的禁止商人使用絲綢的
法令時，可以發現，乾隆的話與其形成了多麼強烈的反差！我們不

---

172 法式善，《陶廬雜錄》（北京：中華書局，1959），頁161。李豫亨，
　　《推蓬寤語》，見《四庫全書總目提要》（《萬有文庫》本），第24冊，
　　頁58。
173 顧公燮，《消夏閒記摘抄》卷上（涵芬樓秘笈本），頁27。
174 同上，頁44。
175 《重修揚州府志》（揚州，1810），卷3，頁2b。也見王振忠，《明清徽
　　商與淮揚社會變遷》（北京：三聯書店，1996），頁137。

得不承認，在14世紀和18世紀這四百年間，發生了巨大的變化。甚至在國家的每個角落都可見非個人力量作用下市場的持續發展。

現在，我們關於1800年以前中國商業文化的發展過程的演講已將結束。當然，我們沒必要也不可能對上面這些不言而自明的描述作出專門的結論。但是，在結束演講前，我希望闡明以下三個簡單的觀點：

第一，由於中國統治精英們很大程度上對商業文化所持有根深蒂固的傳統偏見，故而商業文化的重要性及其在中國歷史上的影響一直以來都為人們所忽視。除了商業文化萌芽和結束時期引人矚目的例子以外，在漫長中世紀的大部分時間裡，大致從西漢結束到明初這段時期，知識分子們顯然忽略了商人的社會存在，因此沒有任何商人的傳記流傳後世。我希望我的這次演講能對這種不公正的現象稍有糾正。商業文化總是中國文化不可或缺的一個部分，而且，它或多或少影響著眾多中國傳統的形成，同時，從總體上來講，它也是構成大文化的條件之一。

第二，在這次演講中，我已盡力從商人階層內部的有利之處出發，描述了傳統中國的商業文化，希望它對21世紀史學能有所幫助。但是，我充分認識到自己選擇討論、用來描述當時商業文化情形的無數材料只是其中的一部分，並且，對調查內容所作的歷史分析實際上也與全文無關。最後一部分我所提到的許多全新且敏感的變化都發生在明清時期。但是，我還必須指出，它們是在反對勢力還很頑固甚至強大的傳統領域裡產生的。大多數人都拒絕承認商人的社會價值，堅持道德絕對論的傳統。

第三，根據我的判斷，在帝國晚期的中國，社會的發展和知識的進步帶來思想狀態的變化。它為19世紀末儒家學者理解西方的價

值觀和思想提供了可能性[176]。正如我們上面所說，這一新的思想狀態是自16世紀以來逐步發展的新商業文化不可分割的組成部分。因此，商業文化在中國社會從傳統向現代轉型的過程中所扮演的角色理應引起我們的認真關注。無論如何，中國商業領域的現代轉變，似乎總是相應跟隨著平靜的逐步發展，這與政治和知識領域內革命的暴力性和斷裂性形成了對比。考慮到我自己對近代國家的歷史知識有限，我未能對許多吸引人的問題，特別是與中國商業文化現代化相關的問題作出答覆。因此，我希望上面粗略的概述能激發青年學者深入研究的興趣。

據"Business Culture and Chinese Traditions—Toward a Study of the Evolution of Merchant Culture in Chinese History," in Wang Gungwu and Wong Siu-lun, ed., *Dynamic Hong Kong: Its Business and Culture*(Hong Kong: Centre of Asian Studies, the University of Hong Kong, 1997), pp. 1-84譯出。

（姚誠、曾建林　譯）

---

176 關於這個問題的討論，可見拙著《現代儒學論》(River Edge, N.J.: Global Publishing, 1996), pp. 1-59.

15
孫逸仙的學說與中國傳統文化

一、孫逸仙思想的來源

在1923年寫的一個自傳草稿中，孫逸仙講自己的思想：「余之
謀中國革命，其所持主義，有因襲吾國固有之思想，有規歐洲之學
說事 者，有吾所獨見而創獲者。」[1] 總的來說，我相信，通過對
他的自傳進行一番徹底的探查，就可以輕易看到他對自己的分析。

在過去二十年裡，很多人試圖從孫中山的三民主義理論中分析
出儒家、墨家、道家的學說[2]，不過，我的研究有所不同。我不想
從孫中山的革命理論中尋找不同派別的理論根源，而想探討他的理
論與中國歷史傳統的聯繫，以及它與19世紀後期至20世紀初期中國
思想史的傳承關係。正如韋慕庭（Martin Wilbur）所說：「孫的改良
主義處方反映了當時激進的中國知識分子在各個發展階段所流行的

1　《總理全書》（台北，1956），第5冊，頁453。
2　這方面文獻相當多，相關研究主要有：呂治平，《國父與儒家政治思想
之比較研究》（台北，1967）；Li Yu-pin，《先秦儒家思想》（台北，
1978）；梁寒操等，《孔孟學說與三民主義》（台北，1980）；Hu Mein，
《儒家思想與三民主義》（台北，1980）；張志豪，《先秦墨家思想與三
民主義》（台北，1975）；蕭天石，《三民主義與老莊辯證思想》（台
北，1967）。

觀念，簡而言之，他所吸收的東西、他使之通俗化的東西，比他所改革了的東西要多。」[3]這一描述也適用於孫中山對中國傳統的解釋。

跟大多數他那個時代受過教育的年輕人一樣，孫中山早期接受了儒家教育。12歲時他已學過四書五經，之後在夏威夷和香港接受了八年英語教育後，20歲時他重新學習了中國的經典和歷史[4]。重新學習經典與歷史對他精神和思想的成長有很大的意義。

1886年，當他還是廣東醫藥學校的學生時，據說他曾在空閒時勤奮研讀儒家經典和帝國歷史。在他的房間裡有一整套正史。一開始他的同學們認爲他擁有這套書是拿來裝點門面的，但令他們驚訝的是，他們發現他眞的熟悉很多歷史內容。從這時起，他們始知他的野心遠不限於醫學事業[5]。

毫無疑問，孫中山早期對中國經典和歷史的興趣是發自內心的，因爲他終身都保持了這種興趣。例如在1924年7月，在他逝世前幾個月，他捐贈了一套二十四史和一套《四部備要》給黃埔軍校圖書館[6]。顯然，他認爲中國經典和歷史知識對培養革命者是很必要的。

這種對中國傳統的持續興趣，對他形成關於中國未來的看法是很重要的。也許正是這一點使他沒有與許多中國革命知識分子，特別是後來戰勝了他的那一代人一樣，陷入激進的反傳統陷阱。無論

3　C. Martin Wilbur(韋慕庭)，*Sun Yat-sen, Frustrated Patriot*(New York, 1976), p. 7.

4　《總理全書》，第5冊，頁88-89。

5　《國父年譜》，(台北，1965)，第1冊，頁37。

6　毛思誠編，《民國十五年前之蔣介石先生》(出版處不詳，1936)，卷7，頁26。

如何，孫中山對學習的興趣，不管是東方的還是西方的，都不僅限
於學術上。相反，從一開始，他就著眼於改變中國。在1896年應英
國漢學家翟理斯(H. A. Giles)的要求而寫的一個簡短自傳中他說：

> 文早歲志窺遠大，性慕新奇。故所學多博雜不純，於中學
> 則獨好三代兩漢之文，於西學則雅癖達爾文Darwinism之
> 道，而格致政事，亦常瀏覽。至於教則崇耶穌，於人則仰
> 中華之湯、武暨美國華盛頓焉。[7]

深入分析這段話，可看到孫中山學習的目標顯然指向了變革或
革命。首先，在整個中國歷史上的神話傳說和英雄人物中，他選擇
崇拜商湯王和周武王，這無疑表明在1897年他已經把革命當成自己
的任務。他想仿效這兩位傳說中的帝王，因為他們在傳統上都被認
為是「湯武革命」的領導者。喬治·華盛頓在美國歷史上也是這樣
的人物。其次，他對「達爾文之道」的興趣也明顯地表示了他對變
革或革命的熱情。雖然他也讀過達爾文的物種起源理論，但他對達
爾文主義的興趣主要是在社會革命理論上，他直接或間接地受到嚴
復翻譯的赫胥黎《天演論》(1894)[8] 和19世紀後期今文經學所解釋
的儒家的歷史「進步」觀的影響。第三，他關於「三代兩漢之文」
的表述是來自韓愈(768-824)的〈復李翱書〉。韓愈所說的「文」
不是指詩歌和散文，而是儒家的經史。依據韓愈的說法，孫中山的

7　《總理全書》，第5冊，頁90。

8　見James Reeve Pusey, *China and Charles Darwin*(Cambridge, Mass., 1983),
　　pp. 317-318；Benjamin Schwartz(史華慈), *In Search of Wealth and Power,
　　Yen Fu and the West*(Cambridge, Mass., 1964), pp. 98-112.

主張是更傾向於尋求對中國傳統文化遺　的共同理解，以此來改造中國。顯然，作為一個行動者，他的目標從來不是使自己獲得經史上的學術成就。但我們可以在「道統」觀上把孫中山和韓愈聯繫起來。

在著名的〈原道〉中，韓愈寫道：「斯道也，何道也？曰：斯吾所謂道也，非向所謂老與佛之道也。堯以是傳之舜，舜以是傳之禹，禹以是傳之湯，湯以是傳之文、武、周公，文、武、周公傳之孔子，孔子傳之孟軻，軻之死不得其傳焉。」[9] 非常有趣的是，當1921年12月共產國際代表馬林在廣西桂林見孫時問他「革命之基礎為何」時，孫的回答是：「中國有一道統，堯、舜、禹、湯、文、武、周公、孔子相繼不絕。余之思想基礎，即承此道統，而發揚光大耳。」[10]

這是一個奇特的回答，它的確切意義很難說清。一些國民黨人如戴季陶，因此認為孫應該是一個儒家真正的現代繼承者[11]。而國民黨中的自由主義批評家如胡適，則經常質疑這個說法的真實性[12]。孫中山是否真的用了「道統」這個說法現在已經不得而知了，不管原話是否真實，其涵義非常接近韓愈則是不會錯的。由前文所引的對韓文的學習，以及接受當時中式的教育來看，孫對韓愈

9　英譯引自Wm. Theodore de Bary(狄百瑞)、Wing-tsis Chan(陳榮捷)和Burton Watson(華茲生)編, *Sources of Chinese Tradition*(New York, 1960), p. 434.

10　《國父年譜》第2冊，頁854；Harold Z. Schiffrin(史扶鄰), *Sun Yat-sen, Reluctant Revolutionary*(Boston, 1980), pp. 224-225.

11　戴季陶，《孫文主義之哲學的基礎》(重印本，台北，1952)，頁21。

12　見胡頌平，《胡適之先生年譜長編初稿》(台北，聯經出版公司，1984)，第10冊，頁3754-3756。

的文章是相當熟悉的。如果他真的在1921年跟馬林說了這些,那也一點都不奇怪。但是,如果因此認為孫中山真的以為自己是三代以來的儒家傳統的現代繼承者,那好像有些過份。我覺得一個更可能的解釋是,他對馬林說上述的話,是對馬克思主義表示淡淡的、委婉的拒絕。他所說的不過是,中國有自己悠久的文化傳統,馬克思的革命理論並不適用於中國。我相信這是他當時拒絕跟蘇俄聯合的思想背景[13]。

有人說因為孫「受的是西方醫學訓練,中國古典學習則有限,所以他不可能成為一流的學者」。由於這一背景,「所以孫和國民黨的文化根基是介於中國和西方之間的」。還有,「孫的思想不屬於儒家模式,事實上也不屬於任何特殊的模式」[14]。雖然這個觀點有一些正確的東西,但無論如何太簡單化了,它不能完全解釋中國傳統文化對孫的革命理論的形成所具有的複雜而微妙的影響。毫無疑問,從表面上看,他的理論是一個大雜燴,或者說得更好些,是西方各種理論的一個綜合。但是,如果我們進一步探索他思想的深層結構,我們會發現,層層表面之下的是中國的傳統因素。

他對「中國傳統」的獨特見解在於他融合了兩個不同來源的因素:一個是他學習中國經史時所欣賞的中國精英文化,另一個是他早年從海外中國社區和秘密會社中所吸收的中國大眾文化。很清楚,在同盟會建立期間,孫遊移在這兩種文化之間。他面臨著困難的選擇,在他的革命組織中,究竟由秘密會社還是文人學者來擔任

---

13 關於孫拒絕與蘇聯聯合的實際方面,見Wilbur, *Sun Yat-sen, Frustrated Patriot*, p. 120.

14 John K.Fairbank(費正清)和Ssu-yu Teng(鄧嗣禹), *China's Response to West*(Cambridge, Mass., 1954), pp. 223-224.

領導者[15]。因此，孫的思想來源並非簡單地介於「東方和西方之間」，它也來自中國傳統的精英文化和大眾文化的交叉點。

當然，對孫的理論的整體研究超出了本文的範圍。接下來的討論，我將集中在孫的革命理論結構與中國傳統精英文化的可能存在的關係。如前所說，我把孫對中國傳統文化的理解更多的是看作一個反映，借用韋慕庭的說法，是對「當時激進的中國知識分子所流行的觀念」的反映，而不是他自己的解釋。為了弄清孫所處時代對中國傳統文化的基本看法，這裡有必要簡單地回顧一下中國19世紀後半葉的思想史。

二、19世紀中國思想的發展

到19世紀早期，考證學派已經過了它的巔峰期。政治、社會與經濟的危機使知識分子越來越不滿意於那些遠離現實生活的文獻研究。結果在儒學傳統中出現了兩個密切相關的學術發展。一個是提倡旨在「經世」的研究，另一個即所謂今文經學的興起。正如我們後面將看到的那樣，這兩個發展都源於力求改革和發展而對儒家思想進行再解釋。如果我們追溯宋以來新儒家關於體—用的區分，我們可能會說今文經學在試圖重新解釋儒家的道之「體」，而「經世」運動則試圖從道之「用」的方面來顯示儒學不是「空談」而是「經世致用」的。

現在我們分別談一下兩者的發展，然後把它們同19世紀晚期的

15　Harold Z. Schiffrin（史扶鄰）, *Sun Yat-sen and the Origins of the Chinese Revolution*（Berkeley, 1968）, pp. 347-354.

儒學改革聯繫起來，正是它們給孫逸仙的革命觀念提供了一個中國傳統文化的基礎。

今文經學的主要文獻是《春秋·公羊傳》。今文經學認為，《春秋》是孔子所撰。此外，在成於漢以前的春秋三傳（另兩本是《左傳》和《梁傳》）中，只有《公羊傳》因有賴於孔子，以及後來經師們的口傳而保留了「聖王的原旨」。早在漢朝，公羊學家如董仲舒（約西元前179-104）就已認為孔子在《春秋》中表達了如何在新制度下建立新帝國的思想。董仲舒還指出孔子實際上把《春秋》所載的242年歷史分成「三世」。後來，三世的觀念由公羊學派發展為「據亂世」、「升平世」和「太平世」。儒家的歷史進化論由此而得以建立[16]。

在18世紀，因考證學的影響，所有的儒家典籍都經過了文獻考證，《公羊傳》也引起了學者們的注意。例如戴震（1724-1777）的學生，也是考證學派中最傑出的學者，孔廣森（1752-1786）第一個寫了專論公羊的《公羊春秋經傳通義》。但由於這一著作與公羊學的傳統不符，故它沒有被晚清的今文經學視為有效的詮釋本。今文經學後來的追隨者梁啓超（1873-1929）將清代今文經學的源頭追溯到莊存與（1719-1788）和劉逢祿（1776-1829）。梁啓超講，作為今文經學的傑出先驅，莊「刊落訓詁名物之末，專求所謂『微言大義』者」。

當然，重新發現諸如「張三世」、「通三統」和「受命改制」這些漢代公羊傳統的真正意義者，是繼莊之後的劉逢祿[17]。換言

---

16 Fung Yu-lan（馮友蘭）, *A History of Chinese Philosophy*, Derek Bodde譯（Princeton, N. J., 1953）, vol. 2, pp. 71-87.

17 Liang Ch'i-ch'ao（梁啓超）, *Intellectual Trends in the Ch'ing Period*, C. Y.

之，今文經學努力想用政治和社會制度來重新界定儒家之道，以反對新儒家那套僵化的形而上學原理。按照今文經學的新概念，隨著歷史從這「世」轉入另一「世」，呈現在制度中的「道體」必須變化，「道體」不再被認為是超越現實的形而上學實體。

今文經學的繁榮，很大程度上是因為19世紀的兩位學者龔自珍(1792-1841)和魏源(1794-1857)的努力。梁啟超曾這樣簡論他們：

> 今文學之健者，必推龔、魏。龔、魏之時，清政既漸陵夷衰微矣，舉國方沈酣太平，而彼輩若不勝其憂危，恒相與指天畫地，規天下大計……故後之治今文學者，喜以經術作政論，則龔、魏之遺風也。[18]

尤需指出的是，梁所說的「後之治今文學者」是指他的良師益友康有為(1858)和他自己。

經世實踐差不多同時開始，而且，也是由領導今文經學的學者們推動的。經世觀念是宋代以來新儒學整體的一個部分，因為它建立在這樣一個假設之上，即道之「體」必須通過道之「用」來改變世界而使之更好。正如一位早期宋儒所言：「舉而措之天下，能潤澤其民，歸於皇極者，其用也。」[19]

正如我在別處指出過的那樣，經世致用的觀念在新儒家的傳統

(續)————————————————

　　Hsu譯(Cambridge, Mass., 1959), p. 88. 另參孫海波，〈莊方耕學業志〉，收入《中國近三百年學術思想論集》(香港，1971)，頁125-136。

18　Liang Ch'i-ch'ao, p. 91.

19　英譯引自前揭de Bary(狄百瑞)等書，p. 439.中文原文或能在《五朝名臣言行錄》(《四部叢刊》初編縮本)，卷10，頁198查到。

中形成了一股強勁湧動的暗流。新儒家「舉而措之天下」的嘗試幾個世紀從未沈寂過，在政治和社會發生嚴重危機的時候，像17世紀早期和19世紀後期，它更顯示出強大的生命力[20]。1638年和1827年所編的兩本與明清社會實踐問題相關的大型文集，清楚地說明了這一點。這兩本書同稱為《經世文編》並非巧合，賀長齡(1785-1848)所編的《皇朝經世文編》顯然受到陳子龍(1608-1647)所編的《皇明經世文編》的影響[21]。

當然，經世的觀念並不是對早期的簡單襲用。事實上它在整個清代思想史上一直很活躍。即使在18世紀考證學的鼎盛期，像戴震(1724-1777)、錢大昕(1728-1804)、章學誠(1738-1801)這樣持論不同的學者，都認同儒學最終的檢驗是看它能否充分地用以解決實際問題。章學誠的一些觀點對19世紀尤有影響，經世學派的興起很大程度上啓發於章的著作。19世紀早期的學術重點從文獻考證轉到歷史研究，實受章的影響。由此，許多經世學者將注意力轉向當時的歷史，希望喚醒時人關注改革基本體制和經濟的急迫性。在他們中間，上文提到的魏源，便是今文經學的一個強有力的擁護者。

如果我們想確認晚清經世運動開始的準確時間，那麼《皇朝經世文編》刊印的1827年是最好的標誌。重要的是，魏源不僅是賀長齡編輯《經世文編》的主要助手，而且是整個項目幕後的主要推動力量。追隨於章學誠通史可以經世的思想，賀著力強調與現實問題相關的實踐，從而在歷史上打開了新天地。他對19世紀經世運動中

20 余英時，〈清代學術思想史重要觀念通釋〉，收入《中國思想傳統的現代詮釋》(台北，1987)，頁418-431。

21 Arthur W. Hummel(恒慕義)編, *Eminent Chinese of the Ch'ing Period* (Washington, D. C., 1943), vol. 1, p. 282.

最關心的鹽務、水利、田賦等問題做出了凸出的貢獻。

經世運動的特徵就是要研究與當時社會密切相關的實踐問題。這使它的內容常常會應時而變。魏源因爲目擊了鴉片戰爭，所以他在1842年以後的經世著作中常反映戰後中國的現實問題。在他1842年的重要地理著作《海國圖志》中，他著重指出，中國迫切需要「師夷之長技以制夷」。他的「夷之長技」，當然是指西方先進的軍事技術，尤其包括堅船利炮。應該指出的是，這一著名論斷不久就成爲許多中國改革者的一句口號[22]。由此，魏源使經世研究超出了它的傳統局限，包括了對西方的學習，這在以後幾十年的中國思想史上越來越占據著中心位置。

這一簡單的敘述清楚地表明今文經學和經世運動在19世紀早期的發展與聯繫。對于魏源來說，這兩個潮流事實上合併爲一股思潮。魏源試圖把學習西方融入中國的經世傳統，這一點尤有意義。他確已爲後來指導中國探索現代化第一階段的「中體西用」論的發展鋪好了道路。後來，當康有爲參與進來的時候，我們發現今文經學和經世運動在康的學術生涯裡已經完美地融爲一體了。早在1891年康有爲撰寫作爲學規的〈長興學記〉時，他就以「經世之學」的新概念來介紹他的課程，他後來進一步界定「經世之學」爲：「令今可行，務通變宜民。」[23]

在1895年的《自編年譜》中，他對自己在長興裡的教學有一個簡單描述：「與諸子日夕講業，大業求仁之義，而講中外之故，救

22　〈魏源與晚清學風〉，《燕京學報》39期（1950年12月），頁177-226。另參前揭Fairbank和Teng書, pp. 29-35.

23　見錢穆的討論，《中國近三百年學術史》（上海，1937），下冊，頁637。

中國之法。」[24]

顯然，「求仁之義」是他學說中的中學之體，毋須贅言，這也就是19世紀今文經學重新解釋了的儒家傳統。不管怎樣，歷史（「中外之故」）和改革計畫（「救中國之法」）構成了他的經世之學的主要內容，目的就是要「致用」。在下一部分我想說明，如果放在19世紀中國這兩個相聯繫的思想發展過程中來看孫逸仙的思想，那麼其中傳統的因素就能更好地被理解。

三、經世學派對孫的思想的影響

雖然孫不是中國經典或歷史的專家，但在他思想的形成期，他生活在依賴於中國精英傳統的文化世界中，因此無論怎樣，對中國思想主流的新發展，他會關注到並保持其興趣。有跡象表明，1893年前後孫和康有為都住在廣東，孫很贊同康的改革思想。根據非正式記載，1893年孫通過一個朋友表示想見康。但由於康堅持孫必須以學生身分他才願意見面，因此沒有見成[25]。這件事情可能是編造的，但不可懷疑的是，孫一定通過他們共同認識的人聽說過康的教學。在1893年和1896年之間，康和他的學生們與孫和他的追隨者們有過一些接觸，他們討論過兩個組織間的合作，雖然沒有結果[26]。

應該指出的是，1893年前康已完成有關改革的今文經學著作，

24　Lo Jung-pang(羅榮邦)編, *K'ang Yu-Wei, A Biography and a Symposium* (Tucson, 1967), p. 53.

25　馮自由，《革命逸史》（重印本，上海，1945），第1冊，頁47。

26　前揭Lo Jung-pang(羅榮邦)書, p. 57, pp. 148-149; Yen-p'ing Hao, "The Abortive Cooperation between Reformers and Revolutionaries," *Papers on China*(Harvard University, 1961),第15冊, p. 93.

如1891年的《新學僞經考》和1892年的《孔子改制考》。還有，早
在1890年陳千秋和梁啓超師從他時，康已告知他們關於儒家政治哲
學的新觀點，包括「經三世而終至太平世」的理論[27]。此後，他對
《禮記・禮運》的研究導致了「大同」說的發現，早期《大同書》
的初稿也因此寫成。陳千秋和梁啓超對這本烏托邦著作都很興奮。
許多年後梁啓超還回憶道：

> 其弟子最初得讀此書者，惟陳千秋、梁啓超，讀則大樂，
> 銳意欲宣傳其一部分。有爲弗善也，而亦不能禁其所爲，
> 後此萬木草堂學徒多言大同矣。[28]

此外，作爲一個政治活動家，據說陳千秋是康的學生中多次見
過孫逸仙的人[29]。

此事即使視爲誤傳，我們也完全可以認爲孫很熟悉康由今文傳
統所發展出的一些思想，包括〈禮運〉的「大同」觀。事實上，這
篇特殊的文章對孫的思想產生了深遠的影響，在他的後半生，他常
用它來練書法。除了他的著名題字「天下爲公」外，他也寫過〈禮
運〉中「大同」那節，並成爲他的書法中的著名一幅[30]。

無論康有爲從今文經學其他學者那裡借用了多少思想觀念，他
自己最終也以一個改革者對「大同」和「進化」觀的強調重新發現

27　前揭Lo Jung-pang(羅榮邦)書, p. 52.
28　前揭Liang Ch'i-ch'ao(梁啓超)書, p. 98.
29　馮自由，《中華民國開國前革命史》(重慶，1944)，第1冊，頁35-38。
30　前揭Pusey書, pp. 32-33.

和解釋了〈禮運〉[31]。很難確定孫逸仙何時及如何對〈禮運〉第一次產生興趣的。但從當時的情況看,可以認爲,當他們兩個團體在1893-1896年進行接觸時,康聰明地用〈禮運〉作爲他改革思想的背景並令他的弟子們很激動這件事,也促使孫意識到這一文獻所具有的革命意義。正如上文所言,這時期陳千秋和梁啓超試圖公布康的諸如「大同」和「三世」之類的烏托邦思想。不管怎樣,隨著1897年康的《孔子改制考》付梓,這些觀點在中國已家喻戶曉。以孫的敏銳,康對中國文化傳統的理解他不可能一點都不知道。

正如下文將看到的,孫對於早期中國文化其他方面的理解也反映出康的影響的痕 。當然,講康的這些影響,並非是說孫在所有時候都被康的理論完全迷住了。孫不會盲從於任何思想,不管是東方的還是西方的。事實上他不僅吸取西方理論,而且還堅持學習中國學問。我的觀點是:由於康有爲是19世紀最後十年中國思想界的主要人物,而這正是孫的思想逐漸成熟的時期,因此孫很自然會對康的爲己所用的儒家經典新解釋有所欣賞。當孫面對現代化而尋求理解自己的文化傳統時,康的思想並不是影響過他的唯一理論。當孫的革命理論逐漸形成時,他仍在以各種方式修改自己對中國傳統的看法。正如下文將清楚地顯示的那樣,在他的思想發展過程中,他也向別的學者學習中國文化和歷史,從而最終超越了康的今文經學的最初影響。

---

31 湯志鈞,《康有爲與戊戌變法》(北京,1984),頁153-171,關於晚清包括「大同」在內的烏托邦思想的討論,另見Hsiao Kung-chuan(蕭公權), *A Modern China and a New World*(Seattle: University of Washington Press, 1975), pp. 499-501. 蕭公權指出,太平天國已引用過「大同」這一段,但蕭認爲,太平天國的文件不可能影響到康有爲和孫逸仙。

接下來，我們須簡單看一下孫的思想與經世之學的關係，這是晚清另一個主要的學術運動。前文已提到，早在魏源時期，經世之學已經超出傳統的限制而擴展到所謂的西學。此後，西學在中國思想界變得越來越重要。當張之洞在1898年提出著名的「中體西用」命題時，西學已幾乎成爲一個不可分離的部分[32]。

但是歷史地看，在19世紀的中國，從魏源到張之洞的西學發展只是經世運動的一個分支。在鄭觀應1892年的〈西學〉一文中，還是在提「中學爲本，西學爲末」[33]。可以說，張之洞和鄭觀應的命題都是源自儒學傳統中體用爲一的觀念[34]。把西學看作是經世之學的擴展，我們可以看到孫中山是站在19世紀最後十年的經世運動的中心。孫的思想與晚清經世運動相關，這點可從他1894年著名的〈上李鴻章書〉得到證明。他寫到：「竊嘗深維歐洲富強之本，不盡在於船堅炮利，壘固兵強。而在於人能盡其才，地能盡其利，物能盡其用，貨能暢其流。」幾行之後，他更詳細地闡明了自己的觀點：

> 夫人能盡其才，則百事興；地能盡其利，則民食足；物能盡其用，則材力豐；貨能暢其流，則財源裕。故曰：此四者富強之大經，治國之大本也。[35]

---

32 關於「體用」的二分，見William Ayers(威廉・艾爾斯), *Chang Chih-tung and Educational Reform in China*(Cambridge, Mass., 1971), pp. 150-152, 159-160.

33 余英時，《中國近代思想史上的胡適》（台北：聯經出版公司，1984），頁11-12。

34 見余英時，《清代學術思想史重要概念通釋》所引李顒言，頁37。

35 英譯見前揭Fairbank和Teng書, pp. 224-225.

首先我要指出，這封信的中心思想忠實地反映了當時經世學者們思想的普遍模式。譬如，張之洞區分了包括「堅船利炮」在內的「西方技術」和包括學校制度、經濟組織、工商發展在內的「西方制度」，並認為西方制度比西方技術遠為重要[36]。很清楚，這也是孫的上書的主要意思。

這一上書主要是呼籲通過改善教育、發展農業、工業和鼓勵商業使中國的人與自然資源得到全面開發。這個觀點也是當時像鄭觀應、馬建中、張謇、嚴復和康有為這些主張改革的人所共同認同的[37]。有趣的是，孫的上書被認為和鄭觀應1892年的《盛世危言》序很相似，不僅觀點相似，而且文字也相似。鄭與孫一樣，強調「西方富強之本不盡在於船堅炮利」，他也列舉了孫所提的四個最急切因素中的三個：「人盡其才，地盡其利，貨暢其流。」[38]但是，如果知道孫寫此上書前已諮詢過鄭[39]，則這種相似便不應覺得奇怪。而且，孫的上書最初刊發於1894年10月的《萬國公報》，鄭則是這份外國傳教士主辦的上海刊物的一位贊助人[40]。因此，鄭曾幫助過這一上書的發表是完全可能的。

但是，從思想史的角度看，孫的上書的特別意義在於能將它放在經世之源中來看待。早在19世紀60年代，馮桂芬(1809-1874)在《校邠廬抗議》中寫道：

---

36 蕭公權，《中國政治思想史》(台北：聯經出版公司，1982)，下冊，頁845。
37 趙豐田，《晚清五十年經濟思想史》(北平，1939)，頁88-147，301-305。
38 Schiffrin, *Sun Yat-sen and the Origins of the Chinese Revolution*, p. 36.
39 陳志先，《國父的學生時代》(台北，1955)，頁33。
40 《國父年譜》，第1冊，頁59。

　　以今論之，約有數端：人無棄材不如夷，地無遺利不如
夷，君民不隔不如夷，名實必符不如夷。[41]

　　顯然，這一段裡的前面兩點被上引鄭序、孫書完全認同。因此學者
們把它們解釋成一個系列觀念是很自然的。[42]

　　我們不能確知孫的觀點是直接來自馮的著作還是間接通過鄭觀
應。但必須強調的是，馮的《校邠廬抗議》在當時主張改革的精英
圈內是很有影響的。1861年後出了很多版本，1892年同時在蘇州和
武昌出版，這既證明其重要性，也證明了它很流行。因此，當孫
1894年上書李鴻章時，孫肯定以這樣或那樣的途徑熟悉馮的許多觀
點，可以說這些觀點是流傳甚廣的。至於鄭觀應，則幾乎可以肯定
直接接觸過這本書[43]。

　　確立孫與馮桂芬的思想聯繫對於我們理解孫對中國文化傳統的
總體態度是很重要的，因為馮桂芬是「同治中興」(1862-1874)時
期經世學派最主要的領導者。當康有為對儒家經典作出改革者的解

41　英譯引自前揭Fairbank和Teng書, p. 53.

42　周弘然，〈國父〈上李鴻章書〉之時代背景〉，收入《革命之倡導與發
　　展》（台北，1963），第9冊，頁270-280。另參見Schiffrin, *Sun Yat-sen
　　and the Origins Of the Chinese Revolution*, p. 36,和Michael Gasster, *Chinese
　　Intellectuals and the Revolution of 1911, The Birth of Modern Chinese
　　Radicalism*(University of Seattle, Washington, 1969), p. 10.

43　關於馮桂芬及其著作的詳細材料，或可參見百瀨弘，〈馮桂芬及其著
　　述〉，收入《中國近三百年學術思想論集》（香港，1971），頁397-
　　410。此文原係日文，發表在《東亞論叢》，第2期(1940年1月)，英文
　　題目由Kwang-ching Liu(劉廣京)翻譯，又見Frank A. Lojewski, "Reform
　　Within Tradition: Feng Kuei-fen's Proposals for Local Administration,"
　　Tsing Hua Journal of Chinese Studies, 新11卷, 第1, 2期(1975年12月), pp.
　　148, 157註6.

釋時，孫也密切關注著經世運動的每一個新發展，這個簡單的事實表明，孫歸根到底沒有像人們以為的那樣，站在19世紀晚期中國思想的主流之外。有一點要指出，在他早期的革命生涯中，他未被中國的精英圈所接受。但不能因為他不是一位訓練有素的古典學者或歷史學家，就以為他對中國思想界的發展完全不知道，這是完全不同的事情。事實正好相反，我們有理由相信，在關於中國的文化遺
　　在其現代化進程中應有的角色的理解上，經世學派對孫的思想產生了持久的影響。馮桂芬在他的〈采西學議〉中說：「如以中國之倫常名教為原本，輔以諸國富強之術，不更善之善者哉？」[44]基於這段話，芮瑪麗(Mary C. Wright)對馮的整個觀點作了精闢的分析：

> 馮桂芬期待著同輩張之洞著名的「中學為體，西學為用」，但馮並不抱有中國人只要簡單借用西方技術就可以應對西方挑戰的天真想法。確切地講，在弄清楚技術對於19世紀西方社會內在力量的貢獻之後，馮迫切要求重新審視中國自己的文明，並由其自身創造出一個強有力的現代中國。這的確是學習西方，但除了技術領域外，決不是對西方的模仿。[45]

我相信這一特徵只需稍作修改便很好地適用於孫逸仙。毫無疑

44　英譯引自前揭Fairbank和Teng書，p. 52. 但是，「名教」一詞被誤譯為「著名的儒家學說」。實際上，這裡的「名」是「正名」的「名」，故我引時作了修改。

45　Mary Clabaugh Wright(芮瑪麗), *The Last Stand of Chinese Conservatism, The T'ung-chih Restoration, 1862-1874*(Stanford, Calif., 1957), p. 65.

問，通過對西方的深刻理解，孫不可能同意張之洞的簡單表述。不
管怎麼說，有一個事實是不可否認的，即在他革命思想的長期發展
中，他從未被只有拋棄傳統才能實現現代化這樣的觀念愚弄過。相
反，他痛苦地努力調和現代化與他認爲是中國文化本質的東西。可
能正是由於這一原因，他在1913年2月23日留日學生歡迎會上講話
時，甚至把「革命」等同於「恢復」。他講：「中國此次之革命，
就是恢復數千年歷史上之文明。」[46]

　　這裡，孫的用詞讓我們想起了馮桂芬，他也用古代最好制度的
「恢復」來表達過「自強」[47]。

四、三民主義的傳統遺產

　　最後一部分我們將討論孫逸仙主要在「三民主義」演講中所談
到的關於中國傳統的看法。正如蕭公權所說，孫的政治哲學是傳統
的中國理論與現代的西方觀念相混合的創造。三民主義的每一條都
是將源自西方的現代內涵建立在中國的基礎上[48]。下文我將按序驗
證三民主義中的「中國基礎」。

(一)民族主義

　　在1923年1月29日寫的〈中國革命史〉中，孫寫道：「蓋民族
思想，實吾先民所遺留，初無待於外鑠者也。余之民族主義，特就

46　孫中山(孫逸仙)，《中山叢書》(上海，1928)，第3冊「演講」，頁37。
47　前揭Wright(芮瑪麗)書，頁65-66。
48　蕭公權，〈中國政治思想史參考資料緒論〉，附在《中國政治思想史》
　　(台北，1982)，下冊，頁996-998。

先民所遺留者，發揮而光大之。」[49]更深入的分析表明，他獨特的
民族主義可被追溯到清初的反清思想家，特別是王夫之（1619－
1692）。在《民族主義》第一講中，孫指出「我們研究許多不同的
人種，所以能結合成種種相同民族的道理，自然不能不歸功於血
統、生活、語言、宗教和風俗這五種力」。孫說：

> 我們鑑於古今民族生存的道理，要救中國，想中國民族永
> 遠存在，必要提倡民族主義。要提倡民族主義，必要先把
> 這種主義完全了解，然後才能發揚光大去救國家。就中國
> 的民族說，總數是四萬萬人，當中參雜的不過是幾百萬蒙
> 古人，百多萬滿洲人，幾百萬西藏人，百幾十萬回教之突
> 厥人，外來的總數不過一千萬餘人。所以就大多數說，四
> 萬萬中國人，可以說完全是漢人，同一血統生活，同一言
> 語文字，同一宗教信仰，同一風俗習慣，完全是一個民
> 族。[50]

據此，他的觀點可視爲基於種族觀念上的漢文化中心主義。我
認爲這是他早期反滿革命經歷的殘餘。在1911年前，許多在東京的
革命知識分子，如陳天華（1875-1905）和章炳麟（1868-1936），不僅
認同這種漢文化中心主義，而且將之推至極端。譬如章炳麟就推崇
王夫之「文化認同源自血緣種族」的權威觀點。由於滿族只是中國
一個很小的民族，他們必須跟其他少數民族一樣，接受漢族的統

---

49 《總理全書》，第5冊，頁453。

50 Sun Yat-sen（孫逸仙）, *San Min Chu I, The Three Principles of the People*,
Frank W. Price 譯（上海，1929）, pp. 11-12.

治，並被漢文化徹底「同化」[51]。這種「同化」的觀點即使在革命以後的孫的民族主義中仍然重要。在1921年6月的一次三民主義演講中，他重複強調了這一點：「必要滿、蒙、回、藏，都同化於我們漢族，成一個大民族主義的國家。」[52]這裡我們能清楚地看到，孫的漢族文化中心主義即使不完全受其他革命學者，特別是章炳麟思想的影響，也肯定是與之相互作用而被強化了。孫的觀點再一次反映了「當時中國激進思想中所流行的東西」。

　　無論如何，就整個歷史來看，孫民族主義的文化尺度遠比其漢族中心論有意義。正是在文化的尺度上，我們發現他的民族主義超越了狹隘的政治概念。他對中國的愛包括其文化和歷史；他並不認為他的國家僅僅是一個政治聯合體。換言之，他的民族主義觀念接近於赫爾德(Johann Gottfried von Herder)和浪漫主義者們，他們在政治與文化間更強調諸如母語、古老的民族傳統、種族或者「民族精神」這些文化標準[53]。像浪漫主義者們一樣，孫有時也傾向於讚美中國的遠古時代。在《民族主義》第六講中，他高度讚美了古代中國的精神貢獻。儒家的道德觀、政治哲學和個人修身的方法，在他眼中遠超過西方相應的學說。他把它們標識為「固有的智識」和「固有的道德」，並繼續強調，「我們舊有的道德，應該恢復以外，還有固有的智能，也應該恢復起來……我們今天要恢復民族精神，不但是要喚醒固有的道德，就是固有的智識也應該喚醒他」[54]。

51　蕭公權，《中國政治思想史》，下冊，頁902-910；前揭Gasster書, p. 77, 203, 204; 前揭Pusey書, p. 330-334.

52　孫中山，《中山叢書》，第3冊「演講」，頁72-75。

53　見Hans Kohn, "Nationalism," Philip P. Wiener編, *Dictionary of the History of Ideas*(New York, 1973), vol. 3, 特別是 p. 327a.

54　《三民主義》，頁133-134。

這裡，他提到「民族精神」令我們想起赫爾德和那些浪漫主義者們，他說的「恢複固有的道德和智識」暴露了上個世紀經世學者們的殘餘影響，像馮桂芬和張之洞。孫對中國文化傳統核心價值的深層繼承決無可疑。他在五四運動前夕的1918年寫「知難行易」這一著名論斷的文章時，冷靜地討論了相對立的「精神文化」與「物質文化」的矛盾，這在當時十分流行。雖然同意這兩種「文化」事實上密切相關，但無論如何他仍堅持在精神文化的某些領域，中國與西方是相等的，甚至超過了西方。中國不如西方之處是在物質文化的領域。在這裡，他回應了由《新青年》的編輯和作者，如陳獨秀(1889-1939)、錢玄同(1887-1939)、胡適(1891-1962)等人所發起的新文化運動(包括白話文學)。孫毫不猶豫地說：「雖今日新學之士，間有倡廢中國文字之議，而以作者觀之，則中國文字決不當廢也。」[55]顯然，這是對錢玄同的反駁，錢認為象形文字對現代化是一個障礙，應該用拉丁化的拼音文字加以取代。

在這篇文字中我們還發現，孫高度地讚美周代文明：「乃至成周，則文物已臻盛軌。其時之政治制度、道德文章、學術工藝，幾與近代之歐美並駕齊驅。」[56]無疑，歷史學家們會立即指出他對周代的理解是理想化的、不真實的。但這無礙於指出，他不僅真誠地相信中國的「民族精神」，而且還為她固存於曾繁榮於古典時代的人文道德文化而非常自豪。人們甚至可能認為，他對中國文化的深刻信念是一種支撐他經歷革命過程中的許多挫折的精神力量。他確實懷著極大的熱情歡迎五四運動，並公開承認他的革命「必須建立

---

55 《中山叢書》，第3冊，《孫文學說》，頁30。
56 同上，頁53-54。

在對中國觀念的改變之上」[57]。但是沒有證據表明，這場激進的反傳統運動從根本上改變了他長期以來對中國文化傳統的觀念。1924年3月2日他這樣說道：

> 但是恢復了我們固有的道德智識和能力以外，在今日的時代，還未能進中國於世界上的第一等地位，像我們祖宗在從前是世界上獨強一樣。要想恢復到那樣的地位，除了恢復一切國粹之後，還要去學歐美的長處。[58]

這裡，我們發現了一個從「恢復」中國的過去到「學習」西方的轉移，但是，他的文化民族主義的信念仍保持著，從未動搖。

(二)民權主義

對於他的民權主義，孫說：

> 中國古昔有唐虞之揖讓，湯武之革命，其垂爲學說者，有所謂「天視自我民視，天聽自我民聽」，有所謂「聞誅一夫紂，未聞弒君」，有所謂「民爲貴，君爲輕」，此不可謂無民權思想矣！然有其思想而無其制度。[59]

在「民權主義」第一講中，他重複了相同的思想，除了引用〈禮

57　見 Chow Tse-tsung（周策縱），*The May Fourth Movement, Intellectual Revolution in Modern China*(Cambridge, Mass., 1960), pp. 194-195.
58　《三民主義》，頁142。
59　《總理全書》，第5冊，頁454。

運〉大道之行，天下爲公外，而引用了一些孟子。由於向來認爲
〈禮運〉是孔子所撰，況且康有爲在1898年改革之前也多次這樣認
爲，因此孫有理由說「兩千多年前的孔子、孟子，便主張民權」[60]。

我們能發現，從康有爲的時代開始，一個爭論逐漸出現和形
成，它超越了政治上革命與改良間的界線，或經學上今文經學與古
文經學間的界線。這些爭論中有趣的一點是，有著不同取向的中國
知識分子都傾向於根據他們想向中國介紹的西方價值觀來重新解釋
某些關鍵性的中國經史文獻。民權或民主的觀念就是一個例子。正
如我們已熟知的，康有爲用民主界定太平世來解說文獻。由此，他
便得出了結論，說堯、舜象徵著「民主下的太平」[61]。在革命那一
邊，很有趣，我們發現著名的國粹派學者20世紀的頭十年都致力於
相同的古文獻詮釋。一些人引用早已被引用過的〈禮運〉，將之比
作中國的「人民呼聲」，以此「證明」民權理論在中國歷史上要比
西方出現得更早。另一些人則重複康有爲的話，聲稱三代時的中國
政府體制已建立在「天下爲公」的原則上了[62]。

即使是一些與孫早年曾有密切聯繫的邊緣學者，如何啓和胡禮
垣也參與了這場爭辯。跟康有爲一樣，他們也把堯、舜時代解釋爲
民主時代。在他們看來，民權的觀念在古代中國，特別是孟子，已

---

60 《三民主義》，頁169。孫在1919年關於三民主義的一次簡述中也表達了
   同樣的觀點。見《三民主義》，收入《總理全書》，第5冊，頁393-
   394。據湯志鈞的研究，康關於〈禮運〉的研究，可能寫於1896-1898年
   間，見湯氏，《戊戌變法史論叢》（重印本，香港，1973），頁147-
   151。

61 Hsiao, *A Modern China and a New World*, p. 99.這與孫的觀點是相似的，
   見《三民主義》，頁169。

62 見胡逢祥，〈論辛亥革命時期的國粹主義史學〉，《歷史研究》1985年
   第5期，頁142-160。

表述得非常清楚。另外，他們也都直接響應康有為「天下為公」的理念[63]。從這些事實，我非常傾向於認為，孫逸仙對整個中國文化傳統的有限認識是在他緊密追隨這些論辯發展的過程中逐漸形成的。他使用的「國粹」這個詞，起初借自日語，這也顯示了他的思想與國粹學派及其影響下的《國粹學報》間的聯繫[64]。

他的五權論也值得關注，為什麼他堅持五權制而不是西方普遍使用的三權分立呢？他的理由是：

> 我們現在為什麼要五權分立呢？其餘兩個權是從什麼地方來的呢？這兩個權是中國固有的東西。中國古時舉行考試和監察的獨立制度，也有很好的成績……監察權就是彈劾權，外國現在也有這種權，不過把他放在立法機關之中，不能夠獨立成一種治權罷了。至於歷代舉行考試，拔取真才，更是中國幾千年的特色……我們現在要集合中外的精華，防止一切的流弊，便要採用外國的行政權、立法權、司法權，加入中國的考試權和監察權，連成一個很好的完璧，造成一個五權分立的政府。[65]

顯然，這一修改大部分來自他自己對中國政治傳統的研究與理解。但是，在這個問題上，他也可能與其他學者相互影響。譬如章炳麟

63　蕭公權，《中國政治思想史》，下冊，頁845-855。

64　他對「國粹」的使用，參見中文版的《三民主義》，收入《中山叢書》，第1冊，頁90。

65　《三民主義》，頁356-358。我糾正了英譯中的一個錯誤。

在1908年也獨自提出過四權政府制，另一權是教育權[66]。孫不想完全脫離中國傳統，這是他的特徵，他也不想不加修改地拷貝西方模式。

(三)民生主義

孫逸仙在《三民主義》演講中所談的「民生主義」，有點類似社會主義，甚至是共產主義。這種說法可能會引起誤解。事實上，它在孫逝世後引起了意識型態領域的很多爭論。正如我在別處討論過的那樣，他在1924年作此演講，主要是出於國共合作時期容納中國共產黨的權宜與策略上的考慮[67]。無疑，他對當時西方流行的各種各樣的社會主義思想都很熟悉，但是，總的來說，雖然事實上他完全是以現代的方式根據當時西方資本主義社會的經驗來考慮民主主義的問題，但其構想首先是來自傳統中國的術語。簡單的事實是，他特意選擇了「民生」這個中國詞彙來表達他的主義，充分證明其思想的中國基礎。正如他清楚地解釋過那樣，這個詞來自「國計民生」[68]。國計和民生是兩個獨立的詞，先秦時代就有了，把兩者合起來是相當後來的事了，何時最早使用尚待考證。不過值得注意的是，國計民生在同治中興期間被特別強調[69]。從那時起，中國知識分子便很關注這個觀念，特別是那些沿著經世路線思考國家實際操作的人。孫選擇這一術語多多少少反映了他對早年思想形成過

---

66 蕭公權，《中國政治思想史》，下冊，頁913，和前揭Gasster書，p.217.

67 見拙文〈中國國民黨與思想現代化〉，收入《歷史人物》（台北：1982），頁20。

68 《三民主義》，頁364。

69 前揭Wright書, pp. 153-154.

程中所接觸到的經世思想的繼承。

在民生主義的表述中，孫的思想的背後似乎有著儒家「均」的觀念。在1919年談到民生主義時，他特別引用了孔子著名的「不患寡而患不均」的話[70]。與此均權意識相關，他讚美井田制是古代中國最好的土地制度。根據井田制，耕地被平分成九塊，三乘三，外邊的八塊分給八戶人家，而這些家庭要爲政府共同耕種中間的那塊田。他甚至走得更遠，認爲井田制本質上與他的「平均地權」的想法相符，而「平均地權」是他的民生主義兩個組成部分中的一個，另一個是「節制資本」[71]。

與此相關，必須提到他與知識分子談話的影響。根據當時記載，1898年到1899年間，孫經常和當時在東京的中國知識分子談論中國歷史上的土地制度，包括梁啓超和章炳麟。他們的話題從井田制、均田制(在農戶間均分土地的制度)，一直到太平意識型態中的「公倉」[72]。看起來他們對於井田制和均田制中的社會主義性質基本上認同。把井田制跟社會主義聯繫起來可能是康有爲的思想，他相信井田制是孫子發明的。作爲康的弟子，梁啓超在1899年寫道：「中國古代井田制和今日之社會主義是同水準的。」[73]1906年章炳麟關於井田制也說過類似的話：「均田制乃西方無可比肩之絕好之

70　《總理全書》，第5冊，頁389。

71　見Ch'en Cheng-mo，〈平均地權與中國歷代土地問題〉，《中山文化教育觀集刊》，第3卷第9期(1937年秋)，頁889-890；Hsiao Cheng，〈平均地權正詮〉，《地政月刊》，第1卷第1期(1933年1月)，頁10。

72　馮自由，《革命逸史》(重印本，台北，1953)，第2冊，頁144。

73　引自Joseph R. Levenson (列文森)，*Confucian China and its Modern Fate* (Berkeley, 1965), vol. 3, p. 26.

制，實同社會主義。」[74]同年，胡漢民(1879-1936)也說過井田制是古代中國的一種社會主義模式，並得到孫中山的贊同[75]。

「均」的觀念也是民生主義另一部分「節制資本」的核心。在這一領域，孫的思想就是眾所周知的「國家資本主義」，主要的工業、公共事業和交通事業必須由國家直接管理。他好像堅信這是保證經濟生活分配公正的唯一途徑。他對「國家資本主義」的強烈擁護顯然來自於他所看到的19世紀末和20世紀初西方資本主義社會的分配不公[76]。不過，我猜測他在這一領域裡的經濟思想也受到了中國傳統的影響。他對中國制度史所知甚廣，肯定熟知漢以來國家對鹽鐵業的壟斷。因此，偏好國家資本主義是很自然的。另外，爲防止財富分配出現總體上的不公平，當時的思想普遍認爲工商業必須由國家控制。例如康有爲，也認爲所有工商業必須公有化管理，這是他的烏托邦式大同思想的一個特徵[77]。眾所周知，「公」在中國是一個與「私」相對的積極價值觀。無論如何，如果我們不深入地理解孫對傳統的中國價值觀的繼承，是無法完全把握他的民生主義的。

我想通過對孫逸仙著名的「知難行易」說的討論來結束本文。1918年，在連續遭受挫折，甚至連他的追隨者也對他的革命失去信

74 引自前揭Gasster書, p. 200.

75 Robert A. Scalapino和Harold Schlffrin, "Early Socialist Currents in the Chinese Revolutionary Movement: Sun Yat-sen versus Liang Ch'i-ch'ao," *Journal of Asian Studies*, vol. 3, no. 18(1958年5月), p. 326.另見前揭Levenson書, p. 134 n. 36.

76 關於他的「國家資本主義」，見〈中國國民黨黨章草案〉，《中山叢書》，第2冊，頁2-4；《實業計劃》，同上，頁176-177；《三民主義》(《民生主義》第一講)，同上，第1冊，頁243-245。

77 見康有爲，《大同書》(北京，1956)，頁246-251。

心的時候，他寫了〈孫文學說〉這篇文章。他顯然相信，眞正的忠
誠只能建立在眞正的理解上。他的追隨者們在實踐他的主義時失敗
了，因爲他們從未眞正地理解它們。在這篇文章的序中，他在儒家
經典《尙書》中找到失敗的根源：「知易行難」他說，正是這個中
國傳統的思維習慣，極大地阻礙了他的革命事業。因此，他決定打
破這個錯誤觀念[78]。在這篇論述中，他也攻擊了王陽明的「知行合
一」說，因爲它實際上也暗含了《尙書》的觀念。因此，他自己的
命題「知難行易」是對傳統觀念的反駁。當他在上海會見杜威
（John Dewey），這一命題得到杜威證實時，他很滿意。知道了這些
事，我們可否得出結論說，在1918年孫已背叛了中國的傳統呢？回
答是否定的。因爲稍後他就講得很清楚，他實際上是遵循著正確的
孔孟思想[79]。事實上，如果他知道得更多些，他很可能會引用朱熹
（1130-1200），或者更近一些的戴震(1724-1777)來支持他的觀點。因
爲他的觀點的確非常接近程朱新儒家以知識爲行爲前提的傳統[80]。
當他加入知行關係的辯論時，孫肯定不想破壞傳統。毋須贅言，知
行關係是兩千年來中國思想中極具特色論題。我認爲，深入地思考
這一論題，就是在嚴肅地對待中國傳統，而不是拋棄她。

　　1913年，孫逸仙在一次演講中講：「中國此次之革命，就是恢

78　《孫文學說》，《中山叢書》，第3冊，頁2-3。

79　同上，頁50-53。Daniel S. Nivison(倪文孫)對此文有簡單的討論，見氏
　　著，"The Problem of 'Knowledge and Action' in Chinese Thought since
　　Wang Yang-ming," 收入Arthur F. Wright編, *Studies in Chinese Thought*
　　(Chicago, 1953), pp. 137-138.

80　見拙文"Morality and Knowledge in Chu His's Philosophical System," Wing-
　　tsit Chan編, *Chu His and Neo-Confucianism*, Honolulu, 1986, pp. 228-254; 和
　　"Tai Chen and the Chu Hsi Tradition," 見本書第9章。

復數千年歷史上之文明。」把「革命」與詞意相反的「恢復」相提
並論，聽起來有點奇怪，但他的聽眾們給了他熱烈的掌聲[81]。非常
明顯，作爲一個革命領袖，孫一直生活在革命和恢復、改革與傳
統、連續與斷裂間的張力中，但幾乎沒有精神失敗的　象。這種現
象既說明了孫逸仙本身，也說明了他的文化取向。他對西方文明的
仰慕與對自己的文化傳統的熱愛都是眞誠的。共和建立，也許眞的
可以說他使中國得到新生。毫無疑問，共和正是在中國傳統與西方
現代化各個層次的張力中所創造的一個綜合。就個人而言，孫的作
用顯然是決定性的。因爲在當時的情況下，只有他能夠將他的個人
張力轉化爲創造的源泉，去做他能做的一切，正如他所說：「把中
國最好的東西和其他國家最好的東西結合起來。」

　　不幸的是，革命尚未成功，孫就逝世了。他對新中國的設想還
有待實現。我們清楚地知道他關於政治、經濟、社會的設想，但
是，我們怎樣才能把這些設想轉化爲文化理念呢？尤其是關於中國
的傳統。當然，這是每個人的探索了。作爲結論，讓我們借用胡適
臨終前對中國傳統的看法來試著回答這個問題：「這次重生看上去
像是西化，但去其表面，你將看到其底子實質上是中國的，雖經風
化和腐蝕，卻能看得更清晰──一個在接觸了科學和民主的新世界
文明後，重新興起的人文和理性的中國。」[82]

　　據 "Sun Yat-sen's Doctrine and Traditional Chinese Culture," in

---

81　《中山叢書》，第3冊「演講」，頁37。
82　Hu Shi(胡適), "The Chinese Tradition and the Future," Sino-American
　　Conference on Intellectual Cooperation, Reports and Proceedings（Seattle,
　　1960）, pp. 21-22.

Chu-yuan Cheng, ed., *Sun Yat-sen's Doctrine and the Modern World* (Boulder & London: Westview Press, 1989), pp. 79-102譯出。

（羅群　譯）

16
民主、人權與儒家文化

　　民主與人權這兩個完全起源於西方的概念，前者可追溯到古希臘時代，後者則興起於文藝復興與啓蒙運動之時[1]。然而，自19世紀末以來，中國知識分子對諸如自由、平等、社會契約等一攬子西方思想觀念和價值觀如此著迷，以致於他們一直致力於將這些觀念移植到中國來。1949至1976年，中國大陸的知識分子無法就民主與人權進行嚴肅的討論，而同時期的臺灣和香港，自由思想則非常活躍，在那裡，民主、自由、平等與人權受到了凸出的關注。這一新的思想在中國大陸以外的發展，我們可以分辨出兩個不同的流派。

　　一方面，中國自由傳統的主流是以反儒學的面目出現的，在五四運動以及後來集結在臺灣《自由中國》周圍的知識分子則強化了這一立場，而「發行人」胡適則獨一無二地具有既是《自由中國》又是反儒傳統的雙重身分。另一方面，持文化保守主義立場的新儒家也開始認眞正視民主和人權的課題。目睹儒家文化在中國大陸遭

1　Simon Hornblower, "Creation and Development of Democratic Institutions in Ancient Greece," 收入John Dunn編, *Democracy, the Unfinished Journey, 508 BC to AD 1993* (Oxford: Oxford University Press,1993), pp. 1-16; Richard Tuck, *Natural Rights Theories, Their Origin and Development* (Cambridge: Cambridge University Press, 1979).

到史無前例的大規模損害，新儒家逐漸認識到，如果他們被剝奪了擁有儒家信仰的權利，他們無比珍視的儒家價值觀將無法得到拯救。然而他們堅持，如果找不到一條清晰的路徑將這些源於西方的觀念整合到儒家文化框架之中，包括民主和人權在內的這些思想的舶來品就不可能在中國土壤中植根、壯大。現在我再轉向1980年代至今中國大陸復蘇的關於民主和人權的討論。

眾所周知，1980年代初期實行的改革開放政策，在思想領域的反響就是許多新一代中國知識分子奉西方文化為精神指南。在所謂「文化熱」期間，西方思想界的形形色色思潮——從新左派、批評理論、現代化理論，到新自由主義，都能在年輕的中國知識分子群體中找到支持者。這場突如其來的西方思想的大洪水引起了強硬反彈，1983年發起了清除西方精神污染運動。然而，在整個1980年代，對西方民主思想和理論的再次引進，力度最大，也最令人鼓舞。諸如自由、權利等與之相關的一系列觀念和價值觀，被中國知識分子視為民主社會的定義性的標誌。

在那個洋溢著樂觀主義的時代，中國知識分子尤其是青年學生，對民主顯示了充滿熱情和無拘無束的信仰，他們堅信民主是解決當前中國所有問題的萬能藥。這種信仰掀起了一場民主運動，而後悲劇性地結束於1989年。

在「文化熱」期間，另一個被廣泛而熱烈地爭論的中心主題是傳統中國文化與中國現代化的關係。圍繞這一極其重要的問題，出現了形形色色的主張。但是，作為五四反傳統精神的繼承者，大多數鼓吹民主的中國知識分子都對儒學採取否定的態度。在他們看來，儒學已經成為中國邁向自由民主的絆腳石。另一方面，我必須立即補充的是，也就是在這一時期，很多學者和知識分子開始了對

儒家人文主義傳統的再發現和重估，這部分可以看作是厭惡官方意識型態而採取的抗拒姿態，同時也是對1949年以來中國大陸以外儒學研究的一種積極回應。這兩種話語，一是關於民主的，一是關於儒學的，在1980年代一直平行發展，但在1990年代很多方面開始發生互動。上文的歷史綜述，可算作對我將論述的民主、人權與儒家文化關係的一個導論。學術界圍繞這一異常複雜的課題，已經寫得夠多了。關於如何從多方面來闡述這一關係，從極端否定到極端肯定，研究者事實上已經窮盡了所有可能的角度，足以不容後來者置喙。我這裡所要做的工作，並非提供我自己的觀點，以使這一漫長的爭論更加糾纏不清。因此在下文，我將嘗試採取一種歷史的視角，以便使這場爭論的實質得到更好的理解。

首先，請允許我對作為西方文化和學理概念上的「民主」與「人權」，與作為使用於大多數文明的普世性術語的民主與人權，作一清楚的區分。在後一個範疇中，我把民主看作是普通大眾的觀念，這一觀念是政治權威的來源；而人權則是指，人們應當得到與他們的尊嚴相稱的對待，就如同說這是他們被賦予的一種特定美德，而這正是體面生活的基礎。在一些非西方文化中，譬如中國文化，找不到這些特殊的西方概念或術語，但沒有證據表明，在這些文化中就不存在這些西方概念所表達的普遍精神。一個明顯的例子就是「科學」這個西方概念。這個概念在傳統中國知識範疇中是沒有的。但恐怕沒人會說李約瑟的《中國科技史》(*Science and Civilization in China*)是用詞不當。關於民主、人權的這一區別，我不能在這裡展開太多的細述。但隨著討論的推進，我將努力證實我的觀點。

在今日實際生活中，民主和人權是不可分割和互相補充的。然

而，爲了便於分析，姑且將二者分開來討論，這樣我們就能建立起對它們與儒家文化的關係的更加清晰的認識。

在中國，首先使用「民主」這個詞的人是王韜(1828-1897)，他是理雅各(James Legge)翻譯中國典籍時有名的中國助手。在1867-1870年間陪同理雅各遊歷英格蘭與歐陸期間，他接觸到了西方政治系統的第一手材料。他將歐洲的政體分成三種，分別命名爲：民主政體、君主政體、君民共治政體(君主立憲政體)[2]。在王韜的啓下，康有爲(1858-927)根據這一分類設想了一個中國政治歷史分期的框架。在他影響很大的著作《孔子改制考》中，他把中國歷史分爲：「民主」，這種最完美的政府形式出現於聖王堯、舜統治的三代；「君憲」，是僅次於前者的政府形式，它出現於西周初年；最後，是君主獨裁制，這種最糟糕的政府形式自西元前221年秦統一中國以來一直延續到康有爲的時代。《孔子改制考》的核心主張是，中國第一個倡導民主思想的「改革家」孔子，已經向後人示範了如何通過複雜的制度改革來創造第二個黃金時代[3]。我們可以輕易地指出，康有爲的整個努力從歷史學角度看不過是一派胡言，但這不是問題之所在。這裡我們首要關心的正是儒家對西方民主文化的回應，就這一點說康有爲所採取的這一戰略行動作爲證據的價值，是無比重要的。在康有爲這一個案中，康有爲不但對接受西方概念沒有表現出一點點猶豫，而且甚至試圖將其中國化。這立

2　Su-yu Teng(鄧嗣禹)and John K.Fairbank(費正清), *China's Response to the West*: *A Documentary Survey*(Cambridge, Massachusetts: Harvard University Press, 1954), pp. 136-37.

3　Kung-chuan Hsiao(蕭公權), *A Modern China and A New World*(Seattle: University of Washington Press, 1975), pp. 197-200.

即帶來了一系列嚴重問題。因為在今天許多人的觀念中，民主與儒學是不相容的。這裡，讓我先轉到哈佛大學薩繆爾‧杭廷頓(Samuel P. Huntington)系統闡述的文明衝突論：

> 這個命題在學者中幾乎不存在異議，即傳統的儒學是不民主的或反民主的。中國古典政治唯一的現代元素就是，它的科舉制度向有才能的人開放職位而不考慮其社會背景。它甚至還有一套以績效為標準的晉升體制，然而卻無法產生一個民主政體……中國古典儒學及其在朝鮮、越南、新加坡、中國臺灣，以及日本(儒學味較淡)的派生物，都強調集體高於個人，權威高於自由，責任大於權利。儒家社會缺乏個人有權對抗國家的傳統，對個體權利容忍的限度是，它們是由國家創造的。和諧與合作優先於分歧和競爭。維護秩序和尊重統治者是核心價值觀。集團、黨派、觀念的衝突被看作是危險的和非法的。最重要的是，儒學將社會和國家合為一體，沒有給可以平衡國家的自治社會制度提供合法性……事實上，儒家社會和受儒家影響的社會並不歡迎民主。4

就一種批評性分析而言，如此不加區別的概括顯然不能讓人接受。我引用它的原因是，這種論調不幸在很多論著、尤其是西方的論著中可以碰到。然而，出於澄清的目的，我還是要作一點說明。首

---

4 Samuel P. Huntington, *The Third Wave, Democratization in the Later Twentieth Century*(Norman and London: University of Oklahoma Press, 1991), pp. 300-301.

先，杭廷頓的「儒家」或「儒學」似乎過於寬泛，幾乎等同於「中國的」或「中國」。他的簡述講的更多的是籠統的帝制中國的特徵而非儒學本身。他不但忽視了儒學的批判性，也忽視了帝制中國積極的特徵。其次，中、西方差異被過分誇大了。在對權威、秩序、統治階級的尊重以及強調集體的優先性等方面，中世紀的歐洲一點都不比帝制中國差。在當代某些天主教國家，我們仍能找到這些傳統。

最後，如果我們接受杭廷頓的觀點，即在民主問題上儒家與西方有著內在的衝突，那麼怎樣解釋上文提到的這個簡單的歷史事實呢？即儒者王韜與康有為恰恰是中國早期民主政治體系的崇拜者和提倡者。在儒家與西方民主的關係中值得探究的是，在英格蘭之行目睹了真實的西方政治和司法體系之後，王韜的儒家背景是怎樣引導他讚賞這一體系的。在一篇關於不列顛政府的文章裡，王韜說：

> 然而，統治者與被統治者之間聲氣相通、人民與管理者之間的密切關係，才是英吉利真正的力量所在……我的觀察是，英吉利的日常政治生活事實上實現了我國傳統的三代政治理念。
>
> 從行政角度看，推薦與選舉是切實可行的，不過被推薦者在被推上管理人民的職位前必須有相當的知名度、良好的德行和成就……大多數統治法規的原則是堅持顯示公正為目的……違法者只有在他招供的情況才上法庭，當事實真相大白並得到證詞證實後，嫌犯才被投入監獄。決不存在殘酷的筆楚肉刑，監禁中的犯人有衣食供應不致饑寒。犯人還被教以勞動技藝，使他不致淪為遊手。犯人家屬每周

　　探訪他一次，使他悔改並過上新生活。他不會被獄吏虐
　　待。三代以下，如此優秀的監獄制度在中國消失很久了。[5]

由於受到了西方模範的強烈衝擊，王韜對英國體制的描述無疑是理
想化了。他完全忽視了，當然他也不可能了解英國法律的歷史，直
到不久以前，在其審問制度中，拷打還被當作取得「完全的證據」
的必要手段，而這一點與王韜祖國的情形非常類似[6]。但上引片斷
值得特別注意之點是，王韜的注意力被兩個問題所吸引：首先，只
有在民主制度的政府下統治者與人民才能發展出良好的關係；其
次，我們稱之為違反人權的行為，諸如拷打取供，只有在號稱法治
的制度下才能得到有效禁止。而王韜反覆宣稱英國的政治和司法實
踐，將儒家經典中描述的三代最高理想化為現實，這一點再清楚不
過地反映了他的儒家背景。在王韜看來，儒學與民主、人權這兩者
的互相兼容是理所當然的。因而，王韜開創了這樣一條思路：在中
國存在著起源於本土的獨立於西方的非常古老的民主理念。這一思
考與探究的方向，在19世紀末到20世紀初葉產生了深刻的影響。改
良派和革命派都受到了這道咒符的蠱惑。可以毫不誇張地說，如果
沒有這樣的理念支持，恐怕發動戊戌變法或者辛亥革命的當事者，
連發動這些運動的動機都不可能有。我們已經見識了戊戌變法的領
導者康有為是怎樣將「民主」本土化的。現在，我們可以再引用中
華民國締造者孫逸仙博士的一段話來證明我的觀點。關於民權主義

5　　Teng和Fairbank, 前引書, p. 140.

6　　Alison W. Conner，"Confucianism and Due Process," in Wm.Theodore de
　　Bary（狄百瑞）and Tu Weining（杜維明）, eds., *Confucianism and Human*
　　Rights（New York: Columbia University Press, 1998）, p. 181和p. 190 n. 18.

在中國的起源，孫氏說：

> 中國古昔……有所謂「天視自我民視，天聽自我民聽」，
> 有所謂「聞誅一夫紂，未聞弑君」，有所謂「民爲貴，君
> 爲輕」，此不可謂無民權思想矣！然有其思想而無其制
> 度。[7]

需要指出的是，這些古語都出自《孟子》。其中第一句出自《尚
書・泰誓》，爲《孟子》所引用。第二句則表述了儒家關於人民有
革命權利的理念。最後一句話表達了這樣一層意思：普通人民才是
政治權威的終極來源。正如我們所知，孫逸仙一視同仁地重視西方
政治理論和儒學遺產。但他眞誠地相信，他的民主革命從儒家政治
理念那兒受到的激勵與法蘭西大革命那兒得到的一樣多。這與杭廷
頓「中國的儒家遺產……是現代化的障礙」的論斷形成了有趣的對
比[8]。

7　引自余英時，"Sun Yat-sen's Doctrine and Traditional Chinese Culture," in
　　Chu-yuan Cheng, ed., *Sun Yat-sen's Doctrine in the Modern World*(Boulder
　　& London: Westview Press, 1989), p. 94. 中譯本請見本書第15章。

8　Samuel P. Huntington, *The Clash of Civilizations and the Remaking of World
　　Order*(New York: Simon & Schuster, 1996), p. 238.我認爲福山(Francis
　　Fukuyama)下面對杭廷頓的評價是十分公允和合理的：「當杭廷頓正確
　　地說，現代自由民主產生於天主教文化時，形形色色的天主教在現代民
　　主出現以前懷著敵意極力壓制自由的寬容和民主的辯論。扮演民主絆腳
　　石角色的儒家在這方面不會比其他文明更加反動，尤其是把它與印度教
　　或者伊斯蘭文化相比如此，這一點更加明顯。」見Francis Fukuyama
　　"Modernization and the Future of Democracy in Asia,"收入Eric Wu和Yun-
　　han Chu編，*The Predicament of Modernization in Asia*(Taipei: National
　　Culture Association, 1995), p. 20.

　　所有關於儒學與西方民主觀念關係的認眞討論，都會涉及到對儒家政治原理的澄清。確切地說，找出那些在19世紀末廣泛傳播並使中國知識分子對民主產生興趣的儒家政治理念，是非常重要的工作。在此我想簡單提一下在中國政治思想史上已成爲經典的黃宗羲（1610-1695）的《明夷待訪錄》[9]。這本書儘管17世紀中葉已寫成，但一直默默無聞，直到19世紀才被改良派或者革命派的知識分子們重新發現。本書對中國、日本知識分子的影響廣爲人知，因而無須在這裡多著筆墨。這裡只是將《明夷待訪錄》當作悠久的儒家政治思想傳統的一個終極成果來加以討論。

　　限於篇幅，我只能提出三點。首先，作爲對《孟子》傳統的繼承，黃宗羲發展了人民是政治權威終極來源這一命題。用他的話說，古者以天下爲主，君爲客。換言之，君主只是人民選擇用來處理公共世界各種事物的僕人。然而，由於天下大事千頭萬緒，「君」憑一己之力不能統治好，因此必須由後來稱之爲「臣」的同事分擔。需要明確的是，臣也是向人民、而非向君主負責的。但是，令黃宗羲沈痛的是，所有這些政治原則在秦統一中國後（前221）被顛倒了過來。從西元前221年起，歷代皇帝占據了「君」的地位後就把整個國家當作自己的私產。結果是，不但人民成了奴僕，遭受君主反覆無常的剝削和壓迫，連大臣也成了君主的私人僕役。簡言之，中國的政治世界已經被顛倒太久了，黃宗羲寫《明夷待訪錄》的目的非常清晰地就是要糾正這一錯誤的秩序。

　　其次，黃宗羲把儒家政治批判的傳統發展到了一個更高的水

9　Wm. Theodore de Bary（狄百瑞）譯, *Waiting for the Dawn: A Plan for the Prince, Huang Tsung-his's Ming-I-tai-fang lu* （New York: Columbia University Press, 1993）.

平。在「學校」篇中，他強調儒家的學校必須同時發揮政治和教育雙重功能。除了培養學者——官員外，學校應該是一個可以公開發表政見的政治批判場所，當學者們輪流主持對時政的討論時，皇帝和大臣應當定期像學生那樣坐在太學中認眞傾聽。黃宗羲論證到，這樣做是有必要的，因爲皇帝以爲是者未必皆是，以爲非者未必皆非。他不必自己決定對錯，而應該與學校之士共同決策。當然，這樣的思想並非是黃氏發明的，子曰：「天下有道，則庶人不議。」（《論語·學而》）這句話的意思非常清楚：當皇帝的統治有失誤時，即使一個普通人也有權批評。《左傳·襄公三十一年》載，鄭國相子產拒毀鄉校，而他的政策在那裡受到了激烈的批評。儒家學者讀史至此，高度讚揚了子產的作爲[10]。這一傳統不僅非常古老，而且延續到了漢代的太學生運動、宋代，直到黃宗羲自己的時代。

最後，黃宗羲對「法治」「人治」對立的強調，應該視爲儒家政治思想的新發展。黃氏對「有治法而後有治人」的堅信幾乎是對儒家傳統的顛覆。但是，他所說的「法」與法家的「法」絕不等同。在黃宗羲看來，秦朝加以具體化了的法家之法純乎是法規條文，它只是爲皇帝利益服務的「非法之法」。相反，黃宗羲要確立的法是爲人民捍衛這個世界的。正如狄百瑞正確指出的那樣，黃宗羲首先關心的是確立「法之基礎」，它應當是「統治體系或者統治制度的本質而非法律術語，它應當代表人民的利益，並與道德律法相一致」[11]。由於黃宗羲《明夷待訪錄》和其他理論，晚清改良派或者革命派兩大營壘都驕傲地宣稱黃是中國民主思想家的先驅。早

10　James Legge譯, *The Ch'un Ts'ew with Tso Chuen*（《春秋左傳》）（香港：香港大學出版社, 1960), pp. 565-566.

11　狄百瑞, 前引書, p. 24.

年政治思想的形成與政治生活深受這部著作影響的梁啓超（1873-1929），直到1929年的一篇文章中，仍然認爲黃宗羲的偉大之處在於，他在早於盧梭《社會契約論》數十年前（準確地說應該早了整整一個世紀）寫出了這部巨著[12]。1895年，當《明夷待訪錄》重見天日時，孫逸仙立刻將包括前兩篇的一個節選本寄給了日本友人。有學者以這一事實證明《明夷待訪錄》是孫中山革命的共和思想中中國方面的來源[13]。因此，《明夷待訪錄》提供了一個說明性的個案，具體地向我們展示了17世紀的儒家政治思想是怎樣爲近代中國精英知識分子接受和欣賞西方民主理念和價值觀做了思想準備的。這裡我必須聲明，我並不同意以前某些學者的看法：黃宗羲可以與盧梭、洛克、穆勒相比。我的意思是，黃宗羲確實發展了一套新的有趣的理念，這套理念可以最好地被解釋爲對西方民主理念的接受。如果承認我在上文所作的「專門學理意義上的概念」與「普世性術語」的區分還有一點道理的話，那麼可以說，黃宗羲將關於人民是政治權威的來源這一普遍的儒家觀念，發展到了時代所能容許的極致，而西方民主思想在學理意義上是與之有差別的，但是在普遍意義上則是一致的。

現在讓我轉到人權及其與儒家文化的歷史關係。「民主」、「人權」作爲概念，在中國傳統話語中是沒有的。然而，如果我們同意1948年的《聯合國宣言》對「人權」的定義中的雙重涵義——普遍人性與人類尊嚴，那麼正如「民主」一樣，我們能證明儒學中

12　梁啓超，《中國近三百年學術史》（上海：中華書局1936），頁46-47。

13　Ono Kazuko(小野和子)，"Son Bun ga Minakata Kumagusu ni okutta 'Genkun, Genshin' ni tsuite," in *Son Bun Kenkyu* 14(1992年4月)，pp. 19-24. 此文譯成中文，刊《中國哲學》16輯(1993年9月)，頁527-540。

有「人權」思想，只不過是以不同的概念表達而言。有趣的是，在
西方人權理論史上有過這樣一次著名的論斷：

> 用語言難以直白淺顯地表述權利……擁有一種權利意味著
> 受益人同時承擔對別人的責任，所有關於權利的命題都可
> 直白淺顯的翻譯成所有關於義務的命題。如果承認這一
> 點，如何表述權利就顯得無關宏旨，關鍵是當我們談到人
> 權時，便是提出了我們對他人應負有何種義務這一問題，
> 而不是向我們提供任何獨立的倫理上的洞見。[14]

毋庸贅言，我自知學淺不足以判斷這一論斷是否正確。我在這裡介
紹它的原因僅僅是，當我試圖討論人權思想是否在儒學中存在時，
它深深地打動了我，尤其是下面對這一論斷的進一步闡述：

> 如果可以這樣完整地表示權利，即對權利的擁有者而言，
> 權利多少是對他人承擔義務的一種複雜約定，而那些義務
> 能夠反過來被更高層次的道德律法所解釋，那麼權利是一
> 種獨立的表述的觀點顯然已經被拋棄，權利涵義擁有了解
> 釋性和證明性的道德力量。[15]

將這段話從上下文語境中抽出稍加彎曲，我認為它再恰當不過地解
釋了「人權」概念在儒家傳統中缺位的原因。在整個儒學史中，用

14　Richard Tuck, 前引書, p. 1.
15　同上, p. 6.

義務的表述代替了對權利的表述。這可用孟子對梁惠王的這段建議
爲例：

> 是故明君制民之產，必使仰足以事父母，俯足以畜妻子。
> 樂歲終身飽，凶年免於死亡，然後驅而之善……王欲行
> 之，則盍反其本矣！五畝之宅，樹之以桑，五十者可以衣
> 帛矣；雞豚狗彘之畜無失其時，七十者可以食肉矣；百畝
> 之田，勿奪其時，八口之家可以無饑矣：謹庠序之教，申
> 之以孝悌之義，頒白者不負戴於道路矣。老者衣帛食肉，
> 黎民不饑不寒，然而不王者，未之有也。[16]

這裡，孟子提出了一個真正的「君」應該對治下人民所負有的義
務。然而，如果我們把他的義務表述翻譯爲權利表述，可以立刻非
常清晰地看到，人民不僅有權使用土地和有權在農忙季節獲得完全
的人身自由，而且有受教育的權利。儒學文本與歷史記載中充滿了
對個人和形形色色政治、社會角色的義務或者責任的討論。它們中
的大部分可以被解讀成是人們擁有利益的權利。權利義務相互依
賴，二者是一枚硬幣的兩面。在儒家的人權觀中有一點特殊性，它
的涵義能通過密切地檢視硬幣的另一面加以更好地把握。

　　《論語》、《孟子》與其他儒學文本對普遍人性和人類尊嚴的
表述同樣是非常清晰的[17]。顯而易見，到西元1世紀爲止，儒家的

16　*Mencius* I.A.7（《孟子・梁惠王上》），D. C. Lau 譯（Harmondsmith:
　　Penguin Books, 1970）.

17　參見 Irene Bloom, "Fundamental Intuitions and Consensus Statements:
　　Mencian Confucianism and Human Rights,"收入de Bary和Tu前引書, pp. 94-

人權概念中關於人類尊嚴的內容在官方法令中表現爲禁止買賣和殺
害奴隸。在西元9年，新朝皇帝王莽因爲集市買賣奴隸而聲討秦朝
時，用了如下表述：

> 又置奴婢之市與牛馬同欄，制於民臣，顓斷其命，奸虐之
> 人因緣爲利，至略賣人妻子，逆天心，悖人倫，繆於「天
> 地之性人爲貴」之義。[18]

西元35年，東漢光武皇帝在一道詔書中寫道：「天地之性人爲貴，
其殺奴婢不得減罪。」[19]這兩個例子充分顯示了，儒家關於人類尊
嚴的理念已經轉化爲法律行動。作爲一項制度，蓄奴不被儒家認爲
是合法。胡適曾說過一個著名詩人陶淵明的故事(365-427)，陶淵
明派一個僕人到他兒子那裡去，在給兒子的信中他寫道：「真誠對
待這個小夥子，因爲他和你一樣是我的另一個兒子。」胡適只有十
來歲時讀到了這一感人的逸事，但是他承認這件事情對他此後的生
活與事業產生了深遠的影響[20]。這故事提醒我們想起孟子曾強調的
觀點——即使是對待乞丐也要充分尊重他的尊嚴[21]。

(續)————
     116.
18 Pan Ku(班固), *The History of the Former Han Dynasty*, vol. 3, Homer H. Dubbs譯(Baltimore: Waverly Press, 1955), p. 285. 本文引用時略加修改。
19 范曄，《後漢書》(北京：中華書局，1965年)，卷1，頁75。
20 胡適，《胡適論學近著》(上海：商務印書館，1935)，頁514。需要指出的是，此事亦見朱熹《小學》，這本書在13世紀晚期到20世紀早期一直是儒家啓蒙教育的基礎教材。
21 *Mencius*, VI.A.10, pp. 166-167.關於此章的說明討論見Irene Bloom, 前引書, p.108.當談及人類尊嚴在儒學中的核心重要性時，我並不是含沙射影地說，在中國歷史上侵犯人權的情形較其他文明要少。我同意狄百瑞的

最後，我希望就儒家的自我個體的觀念略贅數語。在今日的西方流行著一種說法，即使在儒家基礎上能夠生發出中國的「人權」，那麼這種「人權」也只是一個具有隸屬於社群特徵的變種。西方式的個體權利觀不但與儒家思想抵觸，也與整個中國文化相抵觸。以我所見，這一觀點只是正在西方進行的集體主義與個人主義爭論的一個支流[22]。這裡我不可能展開這個問題。我想說的是，中國式的集體主義與西方式的個人主義之間的差異被過分地誇大了。很多西方作者閱讀了太多把20世紀的中國集權主義追溯到儒家傳統的論調。如果我們走出書齋直面現實，就不難發現，無論是西方文化的個人主義傾向，還是中國文化中的集體主義傾向，皆非若是之甚。事實上，中國人的個人主義作風遠非學者想像的那樣稀缺，否則孫逸仙博士也不會發出「中國人是一盤散沙」的浩歎了。在他看來，大概一粒沙子代表一個中國家庭吧。

下面請允許我再以歷史的考察來總結我的觀點。自16世紀初葉起，儒家正緩慢但又無可置疑地從集體主義向個人主義過渡。在理論上，王陽明的「良知」說就是這一轉變的明顯標誌。一開始，王

（續）————————
　　觀點：歷史地看，要儒學對中國歷史上所有罪惡負責是毫無道理的。纏足就是一例。正如狄百瑞說的那樣：「纏足經常被當作顯示儒學殘忍、扭曲、男權至上的罪惡習標誌。」但實際上正如他清楚地闡明，這種侵犯女性人權的極端形式與儒學、佛教均毫無關係（Wm. Theodore de Bay, *The Trouble with Confucianism* [Cambridge, Massachusetts: Harvard University Press, 1991], p. 104.）這裡我想指出一個重要卻被長期忽視的事實，理學的創立者程頤(1033-1107)的所有後代，直到元代都忠實沿襲不纏足的家族傳統，見丁傳靖編，《宋人軼事彙編》（北京，中華書局，1981），卷9，第2冊，頁455。

22　參見 Shlomo Avineri 和 Avner de-Shalit 編，Communitarianism and Individualism(Oxford: Oxford University Press, 1992).

陽明用「天理」來界定「良知」，而「天理」是一個無所不包的概念，強調「人與天地萬物的一體」。然而到了1521年，他開始用個體的概念重新構建自己的學說。當一個學生問他：「道一而已。古人論道往往不同，求之亦有要乎？」他的回答是：

> 道無方體，不可執著。道即是天，若識得時，何莫而非道？若解向裡尋求，見得自己心體，即無時不處不是此道。互古互今，無始無終，更有甚異同？[23]

非常清楚，王陽明的儒學觀點開始從傳統的對同一的強調，向個體化與多元化過渡。這種細微的嬗變導致了新儒家個人主義的崛起[24]。

無獨有偶，儒家的社會思想也發生了同樣的個人主義轉向。以「公」與「私」這一對立的概念為例，就能充分地說明這一點。16世紀以前，占統治地位的是私利應當服從於公益的觀念，這也是社群高於個體的基本信條。可是到了16世紀中葉，余變(1496-1583)挑戰了傳統觀點：「若人皆知私為第一，則公亦可建矣。」他以後明清兩朝持與他相近觀點的還有，李贄(1527-1602)、黃宗羲、顧炎武(1613-1682)和戴震(1724-1777)。顧炎武的觀點代表了這種傾向後來達到的新的深度：

23　Wang Yang-ming(王陽明), *Instructions for Practical Living and Other Neo-Confucian Writiings,* Wing-tsit Chan(陳榮捷)譯(New York: Columbia University Press, 1963), p. 230.

24　參見Wm. Theodore de Bary, "Individualism and Humanitarianism in Late Ming Thought," 收入de Bary編, *Self and Society in Ming Thought*(New York: Columbia University Press, 1970), pp. 145-245.

> 天下之人，各懷其家，各私其子，其常情也。爲天子爲百
> 姓之心，必不如其自爲，此在三代以上已然矣。聖人者因
> 而用之，用天下之私以成天下之公，而天下治。……故天
> 下之私，天子之公也。

這段話的意思簡單地說就是，「公」與「私」並不互相衝突。政府
(被象徵化爲「天子」)以「公」的名義起作用的惟一功能就是，讓
所有人民的私利以不同方式充分實現。這一觀點尤其明顯地體現在
「故天下之私，天子之公也」這句話上。顯然，按照這一新的理論
框架，公利不是所有個體私利的總和，而是完全依賴於每個個體的
存在。我必須補充的是，從這一觀點上，我們可以感覺到他對帝制
國家的深刻的不信任[25]。

儒家社會政治思想中發生的個人主義轉向，開創了一個新的思
想框架，這個框架對清末知識分子接受西方價值觀和思想是大有裨
益的。試舉一例，梁啓超在1903年曾對國家權利和個人權利的關係
進行了討論，他說：

> 一部分之權利合之，即爲全體之權利；一私人之權利思想
> 積之，即爲一國家之權利思想。故欲養成此思想，必自個
> 人始。[26]

---

25 關於「公」、「私」這對矛盾的探討，取自我的 "Business Culture and
the Chinese Traditions-Toward a Study of the Evolution of Merchant Culture
in Chinese History," 中譯本見本書第14章。顧炎武語引自《亭林文集》
卷1〈郡縣論五〉，《四部叢刊》本。

26 梁啓超，〈新民說〉，《飲冰室合集》(北京：中華書局，1989)，頁
36。英譯見Hao Chang(張灝), *Liang Ch'i-ch'ao and Intellectual Translation*

我們只需把上文的「公」、「私」替換成「國家權利」、「個人權利」，就能發現梁啓超所作的論斷與很久以前的顧炎武或者余爕是一樣的，「故天下之私，天子之公也」或「若人皆知私爲第一，則公亦可建矣」。說這些觀點之間存在著結構上的一致，當無大謬。嚴復在一封日期爲「1902年4月」的致梁啓超的信中，從大量細節充分討論了「權利」的概念，以及應該怎樣將它放回到傳統的中國文化[27]。不妨補充一點，此時嚴復已經完成了穆勒《群己權界論》(*On Liberty*)的翻譯，並於1903年出版[28]。不難想到，梁啓超《新民論》中關於「權利」和「自由」的兩篇文章，是在嚴復譯著的影響下寫作的。因而，毫無疑問的，當梁啓超寫作上引片斷時，正有意識地努力鑽研西方的「權利」觀念。但是在下意識層面，他的思考不可避免地受到了他所熟悉的此前儒學關於「公」與「私」兩極關係的新框架的界定。這個有趣的個案似乎支持了我的論點：在中國精英知識分子樂於接受西方「民主」、「人權」以及其他一攬子觀念的過程中，儒家文化當之無愧地發揮了文化背景的作用[29]。

與近代相比，「民主」與「人權」在當今中國碰到的麻煩，是完全不同性質的。由於儒家文化無論在精英層面還是在大眾層面都

(續)────────────────

    in China. 1890-1907 (Cambridge, Massachusetts: Harvard University Press, 1971), p. 195.

27   嚴復，《嚴復合集》(台北，辜公亮文教基金)，卷1，頁288-289。

28   Benjamin Schwartz(史華慈), *In Search of Wealth and Power , Yen Fu and the West* (Cambridge Massachusetts: The Belknap Press Of Harvard University Press, 1964), 第6章.

29   見拙著《現代儒學論》(River Edge, New Jersey: Global Publishing Co., 1996), pp. 1-59.

受到了摧毀或者歪曲，在1949-1976年間這種破壞尤甚[30]，因而很難看出儒家文化到底能在多大程度上繼續背負「中國現代化不可逾越的障礙」這一罵名。以中國目前的現狀而言，我還懷疑僅靠儒家文化就能締造另一種社會－政治系統，而且在這一系統中，「民主」與「人權」在語言層面上是完全不存在的。正如我們已經看到的，這兩個概念在中國本土化的時間已經長達一個世紀。不可想像，離開了這兩個概念(自然還有「自由」、「個人自主」等等)，中國精英知識分子能夠嚴肅地進行政治討論。在我看來眞正的問題是，如何讓儒家文化保持新的生機，方能繼續參與這樣的討論。

據"Democracy, Human Rights and Confucian Culture," The Fifth Huang Hsing Foundation Hsueh Chun-tu Distinguished Lecture in Asian Studies(Asian Studies Centre, St. Antony's College, University of Oxford, 2000), pp. 1-22譯出。

（王宇　譯）

30　參見一份對上海周邊地區進行的區域研究報告：Godwin C. Chu和 Yannan Ju, *The Great Wall in Ruins: Communication and Cultural Change in China* (Albany: State University of New York Press, 1993).

17
歷史視野中的儒家與中西相遇

一、前言

自從杭亭頓(Samuel P. Huntington)在1993年的《外交事務》(*Foreign Affairs*)雜誌上發表了那篇著名的論文以來,「文明衝突」這一論題即受到熱烈討論。他在《文明衝突與世界秩序的重建》(1996年)一書中對原始的論題做了更詳細的說明,同時也對前一篇論文某些尖銳的陳述予以修飾。但這本書實際上是在進一步闡揚最初的論點,而非予以修正。為避免曲解,我將直接引述原文,以呈現杭亭頓論點的核心:

> 隨著共產世界在1980年代末垮台,冷戰國際體系也走入歷史。在後冷戰世界,不同人民最重要的區別不在意識型態、政治或經濟,而在於文化……。人民以族譜、宗教、語言、歷史、價值觀、習俗和社會制度自我界定。他們認同於文化團體,包括族群、族裔、宗教團體、民族,及最廣義解釋的文明定位。人民不僅以政治謀求自身利益,更

要為自我定位。[1]（Huntington 1996: 21）

他接著向我們解釋為何這種「全球政治的重構」有可能引發「文明衝突」。再次引述他的原文：

> 文化相近的人群和國家不斷靠近，文化相異的人群與國家則彼此疏遠。取決於意識型態與超級強權關係的結盟，讓位於文化與文明的結盟。政治上的界線重劃越來越重合於文化界線：族群、宗教、以及文明。文化社群取代了冷戰集團，文明間的斷層線也已逐漸成為國際政治衝突的中線（Huntington 1996: 125）。

　　那麼，我們要如何評價如此宏大的理論？全面評述杭亭頓的論題已超出我的專業知識範圍，因此，我只想表達一些與本文寫作宗旨直接或間接相關的看法。

　　首先，我同意杭亭頓所說的「文明的接觸也許有助於理解20世紀晚期及21世紀初的全球政治」（Huntington 1996: 14）。這是因為它承認「文化」與非西方社會的現代化過程十分緊密相關。以中國為例，當美國的現代化理論達於鼎盛，費正清（John K. Fairbank, 1907-1991）、李文森（Joseph Levenson, 1920-1969）及芮瑪麗（Mary C. Wright, 1917-1970)等具有影響力的史學家，普遍視儒家思想為中國現代化的障礙。我在1991年也發表過以下的看法：「歷史女神

1　譯者按：譯文參照Samuel Huntington著，黃裕美譯，《文明衝突與世界秩序的重建》（台北：聯經出版公司，1997），頁6，略有更動。

(Clio)在過去二十年來已有了新的文化轉向，」其結果是，「文化作為歷史中一股相對自主的力量，如今已得到了比以往更清晰的認知。」(Yu 1991: 21)在杭亭頓將儒家傳統看作今日中國一股活躍的文化力量這一前提下，我對他提出的新「範式」並無異議。

但其次，我卻在仔細思量後以為，杭亭頓對於後冷戰時期全球政治重構的流行說法，必須嚴格加以界定。隨著東歐及前蘇聯共產體系的全面瓦解，西方世界的冷戰年代確實是在1991年突然告終了；然而，亞洲共產世界卻遠非如此。中國大陸、北韓與越南三國共有13億人民，佔全世界人口的五分之一，至今仍受到共產政權統治。杭亭頓等人過早宣稱全球進入後冷戰時代，似乎意味著東方的共產世界並不算數。在此，西方觀察家們根深柢固的西方中心偏見，以它最糟的形態出現了。確實，自從中國大陸於1980年代採行所謂的「改革」「開放」政策之後，不僅經濟上取得可觀的成長，中國共產黨控制人民的能力也持續減弱。然而，沒有一個心智正常的人能否認共產主義政體仍在中國存續著。社會主義道路、無產階級專政、中國共產黨領導、馬列主義毛澤東思想等「四項基本原則」仍然有效，並且由共產黨領袖們再三強調。西方後冷戰時代的起點，並不能追溯到蘇聯走上開放(*glasnost*)與改革(*perestroika*)道路的1980年代；同樣的，即使將想像力伸展到極限，我們也不能說冷戰在東亞已如同在歐洲般畫下句點。有件事實際上頗堪玩味：據報導，美國副總統高爾(Albert A. Gore, Jr.)在1997年初訪問朝鮮半島非軍事區(DMZ, De-Militarized Zone)時，說了這樣的話：「這裡的冷戰還在打！」當中共在1996年3月對台灣海峽進行飛彈演習，冷戰甚至升溫了。

我同意一位評論者的看法：杭亭頓有時會為了切合自己的理論

而重新詮釋事實。很顯然，他過度熱衷於「文明衝突」這一無所不包的想法，以致做出如下的表述：「在後冷戰世界，文化具決定性與統合性的力量。意識型態隔絕，文化卻又彼此相連的人們〔最終〕會走在一起。兩德的歷史已經實現這過程，將來兩韓以及兩岸三地也會如此。」²(Huntington 1996: 28)杭亭頓在這個事例中完全是曲解事實以符合其理論。他對後冷戰的歐洲與冷戰中的亞洲毫不區分；無庸置疑的，意識型態仍然分裂著南北韓與台灣海峽兩岸的中國，即使就兩德而言，說它們因「文化」「合而為一」，同時卻仍被「意識型態」隔絕，這種提法也太過膚淺而簡化。我不得不確信，他對自己那套大理論的執迷，使他相信中共已在某種程度上恢復了他們的儒家主體性。

最後，同樣重要的，我想對他「文明衝突」概念涉及儒家思想的部分表達一點意見。杭亭頓在1993年《外交事務》雜誌的論文中，直截了當地將中共黨人稱作「儒家」。雖然他在1996年的書中大幅緩和了這類說法，值得嘉許，但仍繼續以儒家思想定義今日中國，宛如共產主義與中國如何處理國際事務已毫無關聯。他一再提到的所謂「儒家—伊斯蘭聯結」即清楚說明了這一點；「文明衝突」論題的核心，是他對於「儒家—伊斯蘭同盟」的極度憂慮。而任何一個拒絕被理論蒙蔽的人，都能輕易看出所謂的「聯結」僅僅存在於北京共黨政權與某些反西方的伊斯蘭國家之間而已。關於這點，《文明衝突》一書引述過格達費(Mu'ammar al-Qaldafi)的說法，很值得在此重述一遍：

2　譯者按：參照黃裕美譯文，頁7，略有更動。

新世界秩序意指猶太人和基督徒控制穆斯林，如果可以的話，他們之後還要支配印度、中國及日本的儒家與其他宗教……。如今，我們期望看到以中國爲首的儒家陣營起而對抗以美國爲首的基督徒十字軍。我們沒有正當理由，有的只是對這些十字軍的偏見。我們和儒家思想站在同一邊，和儒家陣營結盟，在國際陣線上併肩作戰，以消滅我們共同的敵人。[3](Huntington 1996: 239-40)

無需多言，格達費上校的言論絕對符合「文明衝突」範式。但我們不免納悶，杭亭頓是否眞那麼看重一個對儒家不甚了解的人所說的話，即使單就他字面上的意思來看。

談到「文明衝突」，基督宗教與伊斯蘭教的對抗確實有其歷史上的根源，最晚也可以溯及12世紀的十字軍東征。這兩大宗教的一神論都源於猶太傳統，因此，兩者也同樣具備獨佔性與排他性，都要求信徒完全獻身。就某種意義上而言，雙方的衝突在事後看來也許是必然發生的，但我們對於中國與西方對抗的可能性又要怎麼說呢？我只能說，當前中國與西方(以美國爲主)的對抗，基本上只有從冷戰的未盡之業去理解才說得通；在這一點上，我們的心智由於以下兩個理由而陷入迷惘：其一，我們大多數人都受到晚近的「後冷戰」語彙誤導，而如上所述，這一語彙源起於根深柢固的西方中心偏見。其二，過去兩年多以來，中共當局精巧地操弄一種特別針對美國而發的民族主義熱潮。隨著馬克思主義意識型態的破產，使得中國共產黨的正當性陷入前所未有的嚴重危機；有充分證據顯

3　譯者按：參照黃裕美譯文，頁322，略有更動。

示，中共正採取一種微妙的手段，透過灌輸民族主義來復甦徹底失敗的極權意識型態。這顯然是一個從「社會主義」到「國家社會主義」的轉向，與鄧小平的「有中國特色的社會主義」口號幾乎不謀而合。時常被誤解爲中國儒家文化復興的，正是這波民族主義新浪潮(參見Yu, 1997a)。

無論是「社會主義」還是「國家社會主義」，當今的中國仍然深受一股起源於西方、但又堅決反西方的意識型態所支配；在「革命」的名義下，這種意識型態也必然以反儒家爲出發點。直到今日，我們仍然無法從中共官方的出版品裡找到任何一個對儒家傳統正面表述的例子。倘若中共政權與西方的對抗終究無可避免——沒有任何一個心智正常的人會想看到這種結果——那麼，這絕不能歸咎於儒家思想。不管衝突的起因可能會是什麼，它和「文明衝突」絕對是毫不相干的。

在以下的章節中，我將簡述儒家士大夫在中國與西方正面相對的最近幾世紀裡，是如何回應西方文明的。我會從宗教、科學與民主三個主題探討中西相遇。我相信，只有經由這樣的歷史分析，我們才能對儒家與西方文明衝突的可能性獲得更實際的見解。

二、宗教

儒家並不是西方原始意義下的宗教。然而，今日的學者大致同意儒家思想有宗教的一面，它聚焦於「天」、「道」等概念之上。作爲宗教的儒家自始即展現開放、靈活與包容的性格，這和基督宗教與伊斯蘭教兩者的獨佔性與排他性形成強烈對比。事實上，中國所有其他宗教也同樣具備這種性格，包括道教以及中國化了的各式

佛教宗派。這一至關重要的事實，或許能對中國歷史上爲何從未發生過宗教戰爭作一些解釋。研究中國宗教的當代歷史學者幾乎無一例外地向我們擔保，中國人的宗教生活最重要的特徵，就是以宗教寬容爲特質的宗教調和觀。就歷史而言，宗教調和論在明代中國達到顛峰；開國皇帝明太祖公開支持儒、道、佛三教的和諧與互補，爲整個明代的宗教調和趨勢定調；但對宗教調和影響最大的，莫過於明代最重要的哲學家王陽明(1472-1529)，他爲三教合一提供了儒家一方的論述。他也許是中國歷史上第一個承認儒、道、佛三教各自掌握了同一「道」之不同面向的大儒；也正因如此，他的門徒在16世紀與17世紀初將這種宗教調和觀進一步發展(見Berling; Yu 1988: 32-39)。

正是在這種以無處不在的調和論爲特徵的宗教氛圍中，耶穌會傳教士來到了中國。1583年抵華，對文化十分敏感的利瑪竇(Matteo Ricci, 1552-1610)，很快就察覺到了風行於儒家士大夫圈子中的宗教調和思想。他寫道：

> 今天，在那些自認爲是最賢明者之中，最普遍的觀點是聲稱這三教(儒、釋、道)本爲一體，可以同時遵守這三教的戒律。他們以此自我欺騙並欺騙他人，造成極大的混亂，因爲他們似乎覺得，在宗教方面，論述它的方式越多，它對帝國就越有利。[4](見Gernet 1985: 64)

4　譯者按：譯文參照Jacques Gernet(謝和耐)著，耿昇譯，《中國與基督教(增補本)：中西文化的首次撞擊》(上海：上海古籍，2003)，頁47，略有更動。

不用說，在利瑪竇充滿排他性的基督教觀點看來，宗教調和論是不可接受的，因為它「背棄原則」，也可說是「試圖犧牲真理以確保合一」。(Berling: 4)但弔詭的是，耶穌會在華初期事工的成就，絕大部分卻得歸功於宗教調和論。利瑪竇最輝煌的成就，無疑是引領多位重要的士大夫改宗天主，包括徐光啓(1562-1633)和李之藻(1565-1630)，他們和楊廷筠(1557-1627)合稱為「聖教三柱石」。但耐人尋味的事實在於，改宗的儒家士大夫們「期望將宗教調和論運用於基督教本身之上」。徐光啓所宣揚的「不是純粹的基督教教理，而是一種儒教和基督教的混合，與16世紀在儒教和佛教間發生的情況相類似。」楊廷筠則更要擴充中國的三教合一框架，以容納基督宗教，達到「四教合一」。龍華民神父(Niccolo Longobardo, 1565-1655)表示，楊廷筠真心相信儒、釋、道三教的普遍原則與基督「聖教」並無二致(見Gernet 1985: 66-67)。

同樣非常值得玩味的是，耶穌會傳教士與中國改宗者都齊心協力證明儒家經典內的中國古代思想與聖經思想一致。耶穌會士這一方同意，儒家經典中的「上帝」、「天」之類詞語必定與基督宗教的上帝相關，他們甚至推斷遠古時代的中國很可能已對聖經中的上帝有所認知。即使到了1704年，耶穌會士白晉(Joachim Bouvet, 1656-1730)仍堅稱「儒家經典裡包含一種對基督宗教一切教理及天主全盤計畫的神秘預言摘錄，此外別無他物」(Robertson: 8)。另一方面，中國改宗者似乎不太關心基督宗教信仰的絕對性與排他性，他們更在意儒家所注重的「人同此心」，以及人人皆可得「道」的普世性。12世紀的理學家陸象山(1139-1193)將儒家這一信念作了最生動的闡發：

> 東海有聖人出焉，此心同也，此理同也；西海有聖人出
> 焉，此心同也，此理同也；南海北海有聖人出焉，此心同
> 也，此理同也；千百世之上有聖人出焉，此心同也，此理
> 同也；千百世之下有聖人出焉，此心同也，此理同也。
> （見Fung: 573）

　　不論這段敘述的原意為何，它從此向儒家學者提示：無論儒家
思想還是中國都無法壟斷眞正的「道」。的確，這樣的共同認知也
很可能在17世紀讓許多儒家士大夫更容易改宗基督。比如李之藻就
將陸象山原句改寫為「東海西海，心同理同」，以表達對利瑪竇的
景仰；他最終之所以皈依於西海聖人的信仰，這或許也是個重要理
由（見Peterson 1988: 142）。

　　我選擇以明末清初來華的耶穌會傳教團闡述我的論點，是因為
這時的基督教與對華貿易多半還是分離的，不同於晚清的狀況，從
而能以更純粹的宗教術語，使我們更清楚理解儒家對基督宗教的回
應。雙方的關係絕不能說成是對抗性的；在最初六、七十年間，中
國儒者與歐洲傳教士通常互相調適，也造就了儒家與基督教思想的
初步會通。教廷和清廷在1724年的最終決裂，涉及許多本文討論範
圍之外的因素；但就宗教本身而言，決裂只在教廷揚棄利瑪竇早先
的適應策略，改採排他策略之後才變得無可避免。一般認為，儒家
思想對這次事件並無顯著影響（參照張國剛：413-5-2）。

三、科學

　　儒家對西方科學的回應一直是積極而熱烈的，而中國最早有系

統地接觸西方科學，也發生在17世紀。眾所周知，運用自身的科學知識，特別是天文學及數學知識，以引起中國人對基督信仰的興趣，正是耶穌會士的傳道策略；儘管耶穌會士生活和工作的時代正值西方科學革命，但他們基於神學理由而避免將某些最引人注目的新發現傳入中國知識界，特別是哥白尼（Nicolaus Copernicus, 1473-1543）的日心說（heliocentricism）。不過，他們引進中國的科學知識整體即使仍有局限，還是十分豐厚，從而帶給中國科學家們前所未有的衝擊（見Peterson 1973: 295-322）。據席文（Nathan Sivin）所言，第一批對西方科學作出回應的中國學者王錫闡（1628-1682）、梅文鼎（1633-1721）和薛鳳祚（死於1680年），對於中國的科學革命至關重要（Sivin: 160）。

　　西方科學的引進同時對儒家學問發展產生了重大影響。其一是更加重視外在知識：我們在此可舉方以智（1611-1671）對儒家「格物」概念的重新定義爲例。當他在耶穌會士出版的書籍中發現西方天文學、算學、生理學和自然哲學之後，即爲之深深著迷；在將它們與中國的相應學說予以詳細對照及批判性審視之後，他確信對外在世界實體的研究是上古聖賢之道的重要部分，這對人類物質生活的改善貢獻良多。於是，他賦予「格物」概念一種與16世紀以來支配儒家思想的王陽明解法恰好相反的新詮釋。王陽明以爲「物」乃是「意之所在」，而非他視爲無關乎致良知的「天地萬物」；但在方以智這裡，他不但將「物」的概念擴充到意外之「物」，並且更明確而斷然的直指自然世界的「萬物」。因此，他對儒家「理」的概念也有不同的理解；在他看來，理不只是「天理」，同時也是「物理」。他的著作也包含對於宇宙（天文學）和人體（生理學）構造的一系列研究，少了耶穌會士帶來的科學文獻幫助，這些研究顯然

是不可能的（見Peterson 1975: 369-409）。

　　來自方以智等一流學者的極其友好的回應，對於將年輕一代學者的注意力重新導向數學與科學研究產生了重大作用；這些年輕學者包括王錫闡、梅文鼎，以及方以智的次子方中通。在整個清代，我們看到中國本土的科學傳統持續發展。古代數學、科學和科技著作的重新出土與考訂，形成了18世紀儒家經學的一個重要面向。一些最有影響力的經學家同時也是第一流的算學家，包括戴震（1724-1777）和錢大昕（1728-1804），西方數學與科學也持續受到儒家學者研究。1799年，阮元（1764-1849）在錢大昕等人協助下，編成一部涵括280位天文學家與算學家事蹟的傳記集《疇人傳》，其中有37位歐洲人士；他也和其他人一樣，認為算學與科學必須成為儒家教育內容的一部分。

　　儒家對歐洲科學作出的或早或遲的回應尤其能使我們警惕，切莫像杭亭頓一般，盲目相信有所謂「中國中心論」這樣的流行概括（Huntington 1996: 234-5）。與既有的認知恰好相反，「華夏文明」對外界的影響一向來者不拒。倘若中國人的天性只知拒斥一切外來的事物與思想，那麼，佛教根本不可能成為中國的三教之一。方以智即引述孔子，為自己接受某些西洋科學理論辯護；即使聖如孔子，也毫不遲疑地就教於一位對「鳥」略知一二的「夷人」。18世紀的儒者們時常表達自己對西方科學的仰慕之情，他們公開承認西方科學比中國科學更優越。《四庫全書》總纂官紀昀（1724-1804）毫不含糊地說，西方在算學、天文學、水力控制、兵學等方面遠勝於中國（見羅炳綿：4-5）。錢大昕也在比較西方科學與中國學術之後得到相同結論，他接著解釋為何如此：

> 歐邏巴之巧，非能勝乎中土，特以父子師弟世世相授，故
> 久而轉精。而中土之善於數者，儒家輒訾爲小技。……自
> 古未有不知數而爲儒者，……中法之絀於歐邏巴也，由於
> 儒者之不知數也。

錢大昕在此顯然認爲歐洲文明足以和中國相提並論。他在上述
引文的前半部也重覆了陸象山的話，「東海之於西海……此心同，
此理同」，但又加上了「此數同也」，意指數學知識的普世性。儒
家的普世性並不必然是中國中心的。

西方科學在17、18世紀儒家意識中的持續彰顯，也對鴉片戰後
中國菁英士大夫如何回應西方入侵產生不小的影響。具有影響力的
儒家學者在關心中國「自強」之道時，立刻集中心力於推廣西方科
學，以爲這是當務之急。首先擔任欽差大臣林則徐幕僚，隨後加入
李鴻章幕府的馮桂芬(1809-1874)，在1860年寫成了一篇影響深遠
的論文(收入《校邠廬抗議》)，呼籲「採西學」，而他的西學主要
是指西方科學。受儒家經學培養，對數學、天文和地理也學有專精
的他，明確認定科學是西方富強之本。在他看來，「此百國中經譯
之書……如算學、重學、視學、光學、化學等皆得格物致理」；他
極力凸顯算學在幼童科學啓蒙教育中的中心地位，也同樣值得注目
(Teng and Fairbank: 50-51)。從那時候起，西方科學逐步深入中國
教育體系的核心，終至在20世紀最初10年(1900年代)取代了儒家經
學；中國人的科學崇拜更在五四運動時期到達第一個高峰，科學思
想被擬人化，成了「賽先生」(見Kwok; Furth)。

四、民主

　　民主實際上是杭亭頓那套大理論的核心。他在1991年的論文〈宗教與第三波〉裡，提示基督宗教與民主政治互爲因果，爲「文明衝突」理論首開先河（Huntington 1991a: 29-42；相關討論見 Fukuyama 1992: 374）。而在《文明衝突與世界秩序的重建》一書中，他對這一課題的看法基本上保持不變。他寫道：

> 在1970和1980年代，有三十幾個國家從威權體制轉向民主政治制度……。民主化在基督教和西方影響力強大的國家成效卓著，新的民主政府顯然最有可能在天主教或基督新教居於優勢的南歐和中歐各國站穩腳跟。而在東亞，受到美國強大影響的天主教國家菲律賓也在1980年代回歸民主，基督教領袖也在南韓和台灣提倡民主運動。……在前蘇聯，波羅的海各共和國似乎最能推動穩定的民主政治，在信仰東正教的共和國，民主程度和穩定性則差異極大且變幻莫測。到了1990年代，除了古巴，民主轉型已在非洲之外大多數信仰西方基督宗教，或是基督教仍有主要影響力的國家展開。[5]（Huntington 1996: 192-3）

　　就民主化而言，杭亭頓對儒家思想和伊斯蘭教的觀點一直都很負面。這也許能夠解釋他爲何一面認定「前蘇聯穆斯林共和國的民

5　譯者按：參照黃裕美譯文，頁259-260，略有更動。

主前景」「十分暗淡」，一面又將1980年代南韓與台灣的民主運動
歸功於「基督教領袖」的提倡。我不敢妄言自己對此處提及的穆斯
林共和國及南韓有任何了解；然而，就我所知，基督宗教在台灣近
年來的民主運動裡似未曾扮演重要的角色。杭亭頓再一次為了硬套
理論而任意剪裁事實。

　　他在《第三波：20世紀末的民主化浪潮》一書中，從西方公認
的觀點出發，對「儒家」做了批判性的簡評：「傳統儒家是不民主
或反民主的」（Huntington 1991: 300）。他幾乎是信心滿滿地作出這
樣一個全面性的結論：「實際上，儒家或受儒家影響的社會一直不
適合民主的生長」（Huntington 1991: 301）。但平心而論，杭亭頓畢
竟沒有說儒家文化對民主構成了永久障礙：他甚至承認儒家文化可
能「有一些與民主相容的成分，就像新教和天主教中也有明顯是反
民主的成分一樣」（Huntington 1991: 310）。只是到頭來，他對以下
這點終究還是深信不疑：「中國的儒家傳統強調權威、秩序、等級
和團體重於個人，這也造成對民主化的阻力。」（Huntington 1996:
238）

　　本文並非就儒家思想本質及其過去2500年來不斷變遷的政治與
社會思想，與杭亭頓展開全盤而鉅細靡遺辯論的場合。為簡短起
見，請容我問一個簡單的歷史問題：既然儒家思想一向敵視與民主
政治相繫的西方價值觀，那麼，最先被民主思想吸引的中國人又是
誰？就算隨意翻檢歷史紀錄都會看到，在19世紀晚期最早發現並提
倡民主的中國人，正是那些改革派的士大夫；例如王韜（1828-
1897）、郭嵩燾（1818-1891）及薛福成（1838-1894）遊歐數年返國之
後，都對西方的民主思想與政體刮目相看。王韜和薛福成不約而同
地將英、美譽為中國的黃金三代；王韜很可能也是第一個辨識出西

歐三種國家型態的中國學者，他分別稱之為民主、君主和君民共主
（見Teng and Fairbank: 136-7）。

到了世紀之交，中國出現了兩個敵對的儒學宗派。今文經學派
以康有為（1858-1927）、譚嗣同（1865-98）及梁啓超（1873-1929）為領
袖，古文經學派則由章炳麟（1868-1936）、劉師培（1884-1919）領
軍。有趣的是，儘管方法各有不同，但這兩派都提倡民主。今文學
派是支持君主立憲的改革派，而他們的對手則成為推動共和政體的
革命派。而這兩派特別值得注目的是，他們同樣都從儒家的過去尋
求民主思想的起源與演進。康有為是第一個力行這個構想的晚清學
人，他受到王韜著作的啓發，將中國歷史分為三世：至高至善的政
府形式，存在於傳說中的聖王堯、舜時期的「民土」，；其次則是
周初的「君主立憲」；自西元前221年秦統一中國以來，則是最低
級的政府形式「專制」。經由對幾部儒家經典的大量註釋，他最終
得到結論，孔子是古代中國最熱烈提倡民主的人（見Hsiao: 197-
200）。我們當然可以輕易地把這整套邏輯推演看作純粹胡鬧，但它
卻是彌足珍貴的證據，展現了早期的儒家士人回應西方民主思想時
非比尋常的熱情。他也因而樹立了一個榜樣，不只得到門徒的跟
隨，連他的對手也步趨其後；比如劉師培就寫下《中國民約精義》
一書，主旨在於追溯民主、自由、權利等觀念在中國歷史上的發展
過程。

直到反傳統主義大行其道的五四時代，民主和儒家思想才被視
為對立，而這種觀點至今在西方仍被廣泛接受。但只要我們更仔細
地檢視宣傳這一觀點最力的兩位五四運動領袖——陳獨秀（1879-
1942）及胡適（1891-1962）的著作，就會發現事態相當複雜。這兩人
在少年時代都接受儒家經典教育，並且終其一生獻身於某些儒家價

值觀。1930年代初期，身陷囹圄的陳獨秀曾說過：

> 每一封建王朝，都把孔子當做神聖供奉，信奉孔子是假，
> 維護統治是真。……五四運動之時，我們提出「打倒孔家
> 店」，就是這個道理。但在學術上，孔子言論，有值得研
> 究之處，如民貴君輕之說，有教無類之說，都值得探討
> （引自鄭學稼，1989：960）。

值得一提的是，他這時已被他所創立的中國共產黨開除黨籍。
他不僅重新思考儒家文化，並且再次擁抱他身為共產黨人時曾經否
定過的西方民主。凡此種種，在在發人深省。而在另一方面，身為
溫和自由派的胡適，從未徹底拋棄某些構成他所謂「人文與理性的
中國」（Hu 1962: 22）核心的儒家價值觀。他時常在許多英文著作中
強調儒家思想與西方自由主義的相容性，並主張某些儒家觀念與制
度或許足以提供中國一個堅實基礎，以成功創造立憲民主政治（見
Hu 1941）。

以上的歷史速寫清楚說明了，民主思想在中國的儒家菁英裡找
到最願意傾聽的聽眾；相對而言，商人、農民等其他社會團體，往
往缺乏積極參與政治的動機。要找到原因並不難；儒家教育往往將
正義感、社會責任感、人人平等、大眾福祉……等觀念灌輸於青年
心目中，而這些正是最接近於西方公民道德的儒家觀念。正是這種
儒家式「公民」精神，使得許多中國知識人在世紀之交傾向於西方
民主思想。這在今天看來或許有些菁英主義，卻也是菁英主義最正
面的意義之所在。我衷心贊同小施萊辛格（Arthur M. Schlesinger,
Jr., 1917-2007）的這段話：

在這個套語充斥的世界裡所產生的一切套語中，關於菁英
主義的套語是最無用的。整個人類史上的政府都是少數統
治的政府——也就是說，菁英統治。當今的民主國家和共
產國家是如此，中古時代的君王，甚至原始部落亦
然……。最重要的問題不是統治菁英存在與否，而是他們
的性格（Schlesinger: 428-9）。

舉一個最晚近的例子，1989年在天安門廣場上的民主運動，和後毛
澤東時代中國菁英文化的部分復甦有很大關聯。瓦爾澤（Michael
Walzer）在評論這場悲劇時認為，學生的菁英主義很可能植根於
「中共建政前中國特有的文化傳統」（Walzer: 59-60）。我相信他說
的沒錯。

容我借用羅爾斯（John Rawls, 1921-2002）最近闡述的新概念：
我會認為，儒家作為一項「合理而全整的學說」（reasonable and
comprehensive doctrine），對於形塑民主憲政的部分「文化背景」
會很有貢獻。民主既然不能在文化貧瘠的土地上生長，高度發展的
菁英文化也就成了民主化獲得初步成就的先決條件之一（見Rawls:
xvi-xvii, 14, 64; Yu 1997b: 208-210）。正如哈維爾（Vaclav Havel）的
優美詞藻告訴我們的：「少了古代西方、猶太教及基督教的道德世
界，西方就到不了近代民主；而我們能在其中發現的與儒家共通之
處，比我們想像的更多，甚至比那些援用儒家傳統以譴責西方民主
的人所瞭解的還要多。」（Havel: 201）我只想多說一句：援用西方
民主以譴責儒家傳統，也是同樣不智的。

五、結語

　　宗教、科學與政治體制是「文明衝突」最有可能觸發的三個關鍵領域。但以上的簡短回顧則告訴我們，儒家在這三個領域裡對西方文明挑戰的回應，整體而言是十分正面的。自19世紀晚期到20世紀中葉，儒家知識人一直積極地尋求將他們所見的西方文化菁華與自身文明結合，而又不致盡失自身文明的主體性。胡適在成為「全盤西化」的熱烈擁護者之前，為《先秦名學史》(*The Development of the Logical Method in Ancient China*)所作的序，將這種態度表現的淋漓盡致。他說：

> 我們中國人如何能在這個驟看起來同我們的固有文化大不相同的新世界裡感到泰然自若？一個具有光榮歷史以及自己創造了燦爛文化的民族，在一個新的文化中決不會感到自在的。如果那新文化被看作是從外國輸入的，並且因民族生存的外在需要而被強加於它的，那麼這種不自在是完全自然的，也是合理的。如果對新文化的接受不是有組織的吸收的形式，而是採取突然替換的形式，因而引起舊文化的消亡，這確實是全人類的一個重大損失。因此，真正的問題可以這樣說：我們應怎樣才能以最有效的方式吸收現代文化，使它能同我們的固有文化相一致、協調和繼續發展？[6](Grieder: 160)

6　譯者按：譯文引自Jerome Grieder著，魯奇譯，王友琴校，《胡適與中

而在先前所述的三個要素裡，科學與民主特別為儒家所接受，以為是中華文明在當代世界復興所不可或缺的。與傳統的想法恰恰相反，在中國提倡科學與民主的並不只是西化的反傳統主義者。如今以20世紀中國新儒家代表人物為人所知的梁漱溟（1893-1988），在五四運動期間由於有系統地闡述中國文明與西方文明的互不相容而聲名鵲起；但他也懇切呼籲中國人必須對西方文化「採取『全盤承受』的態度。……這兩種精神（科學與民主）完全是對的，只能為無批評無條件的承認。……怎樣引進這兩種精神實在是當今所急的。」（引自Alitto: 119-120）今日眾所周知的新儒家是在四位儒家學者於1958年發表〈為中國文化敬告世界人士宣言〉之後，正式在香港誕生的。張灝的評述十分確切，宣言的作者傾向於「以適應民主、科學等當代西方價值觀的方式，重新詮釋中國知識傳統」；這四位新儒家學者都確信，只要儒家的基本價值取向能得到全面而確切的理解，「就能使中國人更容易接受西方科學與民主」（Chang: 276-302）。自1980年代以來在中國大陸得到新一代知識人最大共鳴的，也正是這樣的新儒家。

　　杭亭頓極力推論中西文明衝突的可能性，卻對儒家在近、現代中國的發展歷程缺乏最基本的歷史認知，令人深感遺憾。他似乎過分倚重新加坡的李光耀，視之為儒家學說唯一可靠的詮釋者；然而正如哈維爾所言，李氏之所以對儒家有高度興趣，只因為可以拿它來訾議西方的民主。我並不否認北京政權與西方各國之間似乎確實存在著根深柢固的敵意，但這種敵意很明顯源自別處。只有為儒家

（續）—————
　　國的文藝復興：中國革命中的自由主義(1917-1937)》（南京：江蘇人民出版社，1993），頁175-176。

文化免去所有咎責，方爲持平之論。

參考書目

Alitto, Guy S. 1979. *The Last Confucian: Liang Shu-ming and the Chinese Dilemma of Modernity*. Berkeley: University of California Press.

Berling, Judith A. 1980. *The Syncretic Religion of Lin Chao-en*. New York: Columbia University Press.

Bernstein, Richard. 1996. "A Scholar's Prophecy: Global Culture Conflict," *The New York Times* (Books of the Times section), November 6.

Chang, Hao.(張灝)1976. "New Confucianism and the Intellectual Crisis of Contemporary China," In *The Limits of Change. Essays on Conservative Alternatives in Republican China*. Ed. By Charlotte Furth. Cambridge: Harvard University Press.

Elman, Benjamin A. 1989. *From Philosophy to Philology: Intellectual and Social Aspect of Change in Late Imperial China*. Cambridge: Council on East Asian Studies, Harvard University.

Furth, Charlotte. 1970. *Ting Wen-Chiang: Science and China's New Culture*. Cambridge: Harvard University Press.

Fukuyama, Francis. 1992. *The End of History and the Last Man*. New York: The Free Press.

Fung, Yu-lan.(馮友蘭)1953. *History of Chinese Philosophy*. Vol. II.

Trans. by Derk Bodde. Princeton: Princeton University Press, vol. II.

Gernet, Jacques. 1985. *China and the Christian Impact.* Cambridge: Cambridge University Press.

Grider, Jerome B. 1970. *Hu Shih and the Chinese Renaissance: Liberalism in the Chinese Revolution, 1917-1937.* Cambridge: Harvard University Press.

Havel, Vaclav. 1997. *The Art of the Impossible.* New York: Alfred A. Knopf.

Hsiao, Kung-chuan.(蕭公權)1975. *A Modern China and a New World.* Seattle: University of Washington Press.

Hu, Shih.(胡適)1941. "Historical Foundation for a Democratic China," In *Edmund J. James Lectures on Government: Second Series.* Urbana: University of Illinois Press.

——. 1962. "The Chinese Tradition and the Future," In *Sino-American Conference on Intellectual Cooperation: Reprot and Proceedings.* Seattle: University of Washington Department of Publication and Printing.

Huntington, Samuel. 1991. *The Third Wave. Democratization in the Late Twentieth Century.* Norman and London: University of Oklahoma Press.

——. 1991a. "Religion and the Third Wave," *National Interest* 24 (Summer): 29-42.

——. 1996. *The Clash of Civilizations and the Remaking of World Order.* New York: Simon & Schuster.

Kwok, D.M.Y.(郭穎頤)1965. *Scientism in Chinese Thought, 1900-1950.* New Haven: Yale University Press.

羅炳綿(1981)：〈紀昀的學術思想與四庫提要的立場〉，《新亞學報》，8:8（April）。

Peterson, Willard J. 1988. "Why Did They Become Christians?" In *East Meets West: The Jesuits in China, 1582-1773.* Ed. By Charles E. Ronan, S.J. and Bonnie B.C. Oh. Chicago: Loyola University Press.

Peterson, Willard J. 1975. "Fang I-Chih: Western Learning and the 'Investigation of Things'," In *The Unfolding of Neo-Confucianism.* Ed. By Wm. Theodore de Bary. New York: Columbia University Press.

Peterson, Willard J. 1973. "Western Natural Philosophy Published in Late Ming China," *Proceedings of the American Philosophical Society* 117 (4): 295-322.

Rawls, John. 1993. *Political Liberalism.* New York: Columbia University Press.

Robertson, Ritchie. 1989. "Introduction," In *Cultures in Conflict* by Urs Bitterli. Stanford: Stanford University Press.

Schlesinger, Arthur M. 1986. *The Cycles of American History.* Boston: Houghton Mifflin Company.

Sivin, Nathan. 1978. "Wang Hsi-shan," In *Dictionary of Scientific Biography.* New York: Scribner's Sons.

Teng Ssu-yu(鄧嗣禹), and John K. Fairbank, 1954. *China's Response to the West.* Cambridge: Harvard University press.

Walzer, Michael. 1994. *Thick and Thin: Moral Argument at Home and Abroad.* Notre Dame: University of Notre Dame Press.

Yu, Ying-shih(余英時).1988. "The Intellectual World of Chiao Hung [1540-1620], Revisited," *Ming Studies* 25: 32-39.

——. 1991. "Clio's New Cultural Turn and the Rediscovery of Tradition in Asia," A keynote speech to the 12th Conference, International Association of Historians of Asia, June 24-28, Hong Kong.

——. 1997a. "China's New Wave of Nationalism," In *Consolidating Thrid Wave Democracies: Regional Challenges.* Ed. By Larry Diamond, Marc. F. Platters, Yun-han Chu(朱雲漢), and Hung-mao Tien(田弘茂). Baltimore: The Johns Hopkins University Press.

——. 1997b. "The Idea of Democracy and the Twilight of the Elite Culture in Modern China," In *Justice and Democracy: Cross-Cultural Perspectives.* Ed. By Ron Bontekoe and Marietta Stepaniants. Honolulu: University of Hawaii Press.

張國剛(2003)：《從中西初識到禮儀之爭》。北京：人民出版社。

鄭學稼(1989)：《陳獨秀傳》，下冊。台北：時報文化出版公司。

據"Confucianism and china's Encounter with the West in Historical Perspective," *Dao: A Journal of comparative Philosophy*, June 2005, Vol. IV, No. 2, Global Scholarly Publications, 2005, pp. 203-216.譯出。

（蔡耀緯　譯）

18
民主觀念和現代中國精英文化的式微

托克維爾(Alexis de Tocqueville)在其名著《美國的民主》中作了富有啟示的論述：

> 一個國家，如果它原來是個人集權管理，並且習俗和法律也都接受這種管理，而現在它想建立類似於美國的民主共和制度，那麼我毫不猶豫地說，在這種共和專制下，會比歐洲任何一個完整的君主制更難以忍受。對此，我們可以在亞洲尋找可比照的東西。[1]

不需多言，托克維爾說這些話時，心裡想的是法國，但是，結果卻成了對20世紀中國的驚人預言。正如我們所知，中國是亞洲第一個廢除高度集權的君主制的國家——有兩千年的古老君主制——然後在其基礎上建立共和國形式的政府。另一方面，正如托克維爾所精確預言的，中國20世紀的專制主義在一陣又一陣的革命浪潮之後變得更加難以忍受。

1　引自Stephen Holmes, "Tocqueville and Democracy," 收入David Copp, Jean Hampton 和 John E. Roemer 編, *The Idea of Democracy*(Cambridge: Cambridge University Press, 1993), p. 51.

　　不過在本文中，我要討論的，不是中國專制制度的眞實性，而是關於民主的觀念。中國在1912年的事實情況，是有能力拋棄過去的君主制，並採納基本上參照美國模式的共和制度，這一事實無疑證實了中國革命精英的民主力量和政治信念。這一簡單又奇特的事實可以作爲我們探討20世紀中國政治和思想史中的民主觀念不斷變化的開始。這個事實是奇特的，因爲它引起了許多值得思考、作進一步探索的問題。我只舉一些：儘管在中國的民族史中，除了西元前221年開始的世襲帝制外，根本不知道還有別的政治模式，但爲什麼世紀之交的中國仍會有那麼多的知識分子完全接受民主的觀念？五四以後，儒學已被視爲中國民主化的一個主要思想障礙，正如陳獨秀(1879-1942)1919年明確指出：「爲了倡導民主，我們必須反對儒學。」[2] 但不可辯駁的事實是，世紀之交擁護民主的領袖們，即使不是全部，也是大部分，以各自的方式認同儒家，如嚴復(1853-1921)、康有爲(1858-1927)、梁啓超(1873-1929)、章炳麟(1868-1936)和劉師培(1884-1919)。既有這樣的事實，我們又如何解釋他們對在中國創立民主制的強烈熱情呢？隨著1912年中華民國的建立，民主的觀念確實有一個強大而良好的開始。但事實上，後來的歷程卻變得充滿挫折和失敗——有時甚至是悲劇性的。這就不可避免地引出又一個問題：民主的觀念可以在中國最後的帝制下誘發政治結構的基礎性變化，但共和以後卻爲什麼不再起作用了呢？這一奇特的問題正是本文所要探討的。但是由於篇幅有限，我不能以一般的綜合方式來處理這一問題，而想專門將民主的觀念與現代

2　Chow Tse-Tsung(周策縱), *The May Fourth Movement: Intellectual Revolution in Modern China*(Cambridge: Harvard University Press, 1960), p. 59.

中國的精英文化聯繫起來討論。

一

　　毫無疑問，民主的觀念源自西方，可以追溯到古希臘。即使我們同意希臘的政治智慧開始時可能受到古代腓尼基人的影響，但歷史事實仍表明，雅典城邦第一次在他們完整的體系中實踐了民主的觀念 3。當這個觀念在19世紀晚期傳入中國，中國的學者們對其歷史本身並沒有表現出學術上的好奇心，相反，他們卻對其現代的表現，如他們所看到的英國、法國和美國的模式極感興趣。他們給這個觀念起了很多中國名字——包括民主、民權和民治，現在通常用的標準譯名是「民主」。

　　值得注意的是，19世紀晚期具有開放思想的那批最早到西方的儒家學者們，回國以後幾乎都深爲西方民主的理想和體制所打動。幾個例子足以證明這一點。在19世紀60年代後期遊歷英倫列島和歐陸兩年後，王韜(1828-1897)，這位理雅各(James Legge)在英國翻譯儒家經典時的中國助手，這樣描述英國政府和人民：

> 英國的力量在於統治者和被統治者之間有一種深刻的理
> 解，他們之間有一種緊密的聯繫……我覺得英國日常的國
> 家政治生活實際上體現了我們上古黃金時代的傳統理想。
> 官員的任用採用薦舉的方法，候選者上任前須被充分了

3　Simon Hornblower, "Creation and Development of Democratic Institutions in Ancient Greece", 收入John Dunn編, *Democracy: The Unfinished Journey*, 508 B. C. to A. D. 1993(Oxford University Press, 1993), p. 2.

解，必須有良好的品德和功績……英國百姓均有公共意識
和守法精神：法律和規則高高在上(令每個人看它)，沒有
人敢違背它。[4]

此後，在1877年，當嚴復和中國第一任駐英公使郭嵩燾(1818-
1891)同在倫敦時，他們經常在一起整天整夜地討論中西思想與政
治體制的異同。有趣的是，他們根本性的結論和王韜相同，儘管他
們顯然不知道後者的論著。最後，郭完全同意嚴復的觀點，即「英
國和歐洲各國之所以富強，是因為公理日彰。這是根源」[5]。

我最後一個例子是薛福成(1863-1894)，他是中國1890-1894年
派駐英、法、義、比的大臣。在1890年5月1日的日記裡他寫到：

昔郭筠仙侍郎，每歎羨西洋國政、民風之美，至為清議之
士所抵排。余亦稍訝其言之過當，以詢之陳荔秋中丞、黎
蓴齋觀察，皆謂其說不誣。此次來遊歐洲，由巴黎至倫
敦，始信侍郎之說。當於議院、學堂、監獄、醫院、街道
徵之。

在同處，他也盛讚美國，說「美利堅猶中國之虞、夏時也」[6]。

我用上述例子說明儒家精英對民主觀念的最初反應。由於他們

4　Ssu-yu Teng(鄧嗣禹)和John K. Fairbank(費正清), *China's Response to the West: A Documentary Survey*(Cambridge: Harvard University Press, 1954), p. 140.

5　Benjamin Schwartz(史華慈), *In Search of Wealth and Power: Yen Fu and the West*(Cambridge: The Belknap Press, 1964), p. 29.

6　*China's Response*, pp. 143-144.

全都深信儒家的價值觀，因此他們本能地從儒家的觀點來讚賞和理解西方的民主觀念和制度。

王韜和薛福成的觀點尤為相似，他們各自將英國和美國表述為中國古史上的黃金時代，似乎是把民主的西方看成儒家黃金時代的再現，這確實已是傳統的儒家精英對民主觀念所能給予的最高讚美了。事實上在當時，他們只是極少數，因此還不能把他們看成是整個儒家精英。只是由後見之明，我們知道正是他們是書寫中國未來的「創造少數」。

把西方民主等同於黃金時代的儒家觀念，這一點稍後就在儒家改革者那裡作了一次巧妙的轉變。在1880年代，當康有為通過閱讀報刊了解了西方的民主觀念和制度後，他開始發展一種理論，可稱之為民主源於古代中國論。他將中國歷史的政府分為三種：「民主」、「君民共治」和「專制」。第一種「民主」，是在傳說中的堯、舜時期，是最高也是最完美的民主形式；第二種「君民共治」，他把它歸屬於周文王的時代，認為是一種憲政式的君主制；最後一種「專制」，是最低也是最壞的政府形式，從西元前221年秦始皇統一中國以後開始實施。通過對一些儒家經典的誇大解釋，康指出孔子是民主的狂熱擁護者[7]。這裡要指出，是王韜首先界定了歐洲的三種不同體制，他分別稱之為民主國、君主國和君民共主國[8]。康最初很可能是受他的啟發，並在此基礎上建立了自己的理論。由此，康在中國思想史上導入了一種全新的範式，直到五四前

7　Kung-chuan Hsiao（蕭公權）, *A Modern Chin and a New World, K'ang Yu-wei, Reformer and Utopia, 1858-1927*（Seattle: University of Washington Press, 1975）, pp. 197-200.

8　*China's Response*, pp. 136-137.

它仍成爲經學中的主流。這一範式不僅被康的政敵們接受，而且被極大地延伸爲儒家擁護共和革命。例如劉師培在20世紀早期就寫了一本《中國民約精義》，試圖從各種古代典籍直至18、19世紀的哲學著作中追尋中國民主觀念的起源與發展，包括民主、平等、自由、權利等等[9]。

在20世紀的最初十年，很有影響的且與劉師培和章炳麟密切相關的《國粹學報》刊登了大量有關這一主題的文章。由此，儒家精英們逐漸形成了一股思潮，認爲中國的民主觀念早在孔、孟及其他聖賢那裡就已經發展起來了，與西方無關，而現代儒家的責任就是要從儒家文獻中將它重新發掘並加以光大。這是民國創建者孫中山的論述，值得引用：

> 中國古昔有唐虞之揖讓，湯武之革命，其垂爲學說者，有所謂「天視自我民視，天聽自我民聽」，有所謂「聞誅一夫紂，未聞弒君」，有所謂「民爲貴，君爲輕」，此不可謂無民權思想矣！然有其思想而無其制度。[10]

孫並不是一個儒家學者，但是正如韋慕庭(Martin Wilbur)所正確地看到的，「孫的改革處方從各個方面看，都是對當時中國所流行的激進知識分子觀念的反映和發展」[11]。因此，孫的論述可以合

9　劉師培，《中國民約精義》，收入《劉申叔先生遺書》（台北：重印本，1975），頁673-713。

10　《總理全書》，第5冊，頁454。

11　C.Martin Wilbur, *Sun Yat-sen: Frustrated Patriot*(New York: Columbia University Press, 1976), p. 7.

理地看作是19世紀晚期到20世紀早期中國精英們的一個典型觀點。民主觀念被證明對中國精英富有吸引力，他們不僅接受了它，而且極力想使它本土化。

二

　　從五四起，老一輩的民主源於古代中國的歷史發現立即受懷疑。1919年後，當眞正在西方的原始語境中解讀時，很少有學者，如果還有的話，還會眞的相信諸如「民主」、「自由」、「權利」、「社會契約」這樣的觀念可以在儒家傳統中找到。他們不再把儒家經典看作是「民主觀念」的貯藏室，儒學現在已被視爲意識型態的一塊絆腳石，而中國的君主制徹頭徹尾是建立在它的基礎上的。這種反儒情緒在各個方面都表現得非常強烈，以至於今天我們仍能在許多思想中找到與它相應的回聲。由此，我們在現代中國思想史上發現了兩種相互對方的對儒學性質的解釋。那麼，我們應該追隨哪一種呢？對此作詳細解釋顯然超出了本文的範圍[12]。需要指出的是，儒學是關於價值、信仰和觀念的複雜體系，而且，在經歷了如此長的歷史變遷後，無論它的根基多麼好，都很難保持它任何一個方面的特性。事實上，儒學確實意謂著不同的東西，不僅對不同的人是如此，即使是同一個人在不同的情況下也是如此。例如陳獨秀，他在1930年代早期蹲監獄時曾向一個朋友談到：

12　總的看法，可見周策縱, "The Anti-Confucian Movement in Early Republican China," 收入Arthur F. Wright(芮沃壽)編, *The Confucian Persuasion* (Stanford: Stanford University Press, 1960), pp. 288-312.

> 每一封建王朝，都把孔子當作聖人供奉，信奉孔子是假，
> 維護統治是真……五四運動之時，我們提出「打倒孔家
> 店」，就是這個道理。但在學術上，孔、孟言論，有值得
> 研究之處，如民貴君輕之說，有教無類之說，都值得探
> 討。[13]

顯然，在這次談話中，當他的激進主義放在一邊時，他也把作為國
家意識形態的儒學與孔、孟及其他儒家的真正學說區分開來，從而
放棄了他早期所持的「儒學與君主專制密不可分」的立場[14]。

胡適(1891-1962)是另一位五四運動的知識分子領袖，他給我
們提供了一個稍有不同的例證。在提出「打倒孔家店」這個全國皆
知的反儒戰役口號的事上，他比其他人負有更大的責任。但是，作
為一個溫和的自由主義者，他似乎從一開始就發現不應該把作為國
家意識形態的儒學和他稱之為「人文和理性的中國」的核心的儒家
價值觀混淆起來[15]。特別有意思的是，在他的許多英文著作裡，他
常常把儒學和西方自由主義作對比。當然，胡適在智識上很圓通，
他不會宣稱中國古代已獨自發現了民主的觀念。但是，他也清楚地
提出，某些儒家觀念和體系可以給中國提供一個堅實的基礎，使立
憲民主成功地建立起來[16]。在〈中國傳統的自然法〉(1953年)中，

13　引自鄭學稼，《陳獨秀傳》(台北，1989)，下冊，頁960。

14　前揭周策縱文，p. 302.

15　見Hu Shih(胡適), "The Chinese Tradition and the Future," Sino-American Conference on Intellectual Cooperation, *Reports and Proceedings* (Seattle, 1960), pp. 13-22.

16　Hu Shih(胡適), "Historical Foundations for a Democratic China," *Edmund J. James Lectures on Government: Second Series* (Urbana: University of Illinois

他進一步提出儒家經典和新儒家關於「理」的觀念，都或多或少類似於西方的「自然法」，「常常在歷史中成為人們抗爭不公正和踐踏人權的鬥爭武器」[17]。與此相反，他很少在他的中文著作中讚美儒學，至少不那麼明顯和清晰，這也許是因為害怕他的同胞過分自滿以至於不想為中國的現代化而鬥爭吧。

陳獨秀和胡適的例子似乎表明，雖然他們表面上是站在儒家的對立面，但在意識深處仍保留著儒家的血脈。我想可能正是這一點，使他們從一開始就更容易接受民主的思想。陳在這時期是民主最熱心的擁護者，也正是他將之稱作「德先生」。

1919年冬天，杜威（John Dewey）在北京作了一場關於民主的報告。他把民主的觀念分解成四個範疇：

1.政治民主制，包括原則上的憲法和法律；

2.人民的權利，包括言論、出版、信仰、居住等等的自由；

3.社會的民主，就是要廢除社會的不平等；

4.經濟的民主，指社會財富分配的公平。陳完全同意杜威的分析，並寫了一篇〈實行民治的基礎〉的文章，與杜威的演講一起發表在十二月的《新青年》上。他強調指出，中國在政治民主制上必須參照英、美的模式，同時他也關注了社會和經濟的民主問題，這一點在世界各地都需要改進[18]。可能正是他對社會和經濟民主問題的關注，使他在隨後的十年成為一個社會主義革命者。但是，他對

（續）────────────

　　Press, 1941), pp. 1-12.

17　Hu Shih（胡適）, "The Natural Law in the Chinese Tradition", 收入 *Natural Law Institute Proceedings*（Notre Dame: University of Notre Dame Press, 1953）, vol. 5, pp. 119-153.

18　前揭周策縱, *The May Fourth Movement*, pp. 228-231.

民主的信仰卻從未徹底動搖，儘管在他參與革命的階段曾暫時中止過。1940年，在一些信件和文章中他表達了自己對民主的最終看法，此刻他發現那個所謂的「無產階級民主」只是獨裁極權的一個委婉說法。在深思了六七年後，他完全確信，在任何社會裡，不管是資本主義還是社會主義，民主都必須包括議會制、選舉制、立法程序，以及諸如思想、言論、出版、集會等人民權利的保護。基於他自己的政治經驗，他強調「特別重要的是反對黨派之自由」[19]。杜威1919年關於民主的那些話可能一直留駐在陳獨秀最後二十年的思想中。毫無疑問，從陳的思想發展各個階段所發表的文章看，他的政治、社會和倫理觀本質上都來自西方。與康有為、章炳麟這些清朝的儒家改革者和革命者不同，在我看來，陳好像從來沒有用中國經典的權威來論證自己的觀點。如果真是如此，那麼確切地說，我們憑什麼認為他對民主，以及社會主義(經濟民主)的擁護，可能得益於他的本質上屬於中國精英的儒家文化背景呢？我想提出兩個可能的原因：一個是具體的，一個是普遍的。具體的背景是在他的早年。陳早年曾追隨康有為，後來又轉向章炳麟、劉師培的革命運動，因此，他對這兩個儒家團體爭辯的問題相當清楚。到五四時期，他當然已經完全拋棄了民主源自中國的謬論，但正如他自己在1930年代早期引述孔、孟言論那樣，他內心仍可能通過這些言論使自己加深對民主觀念的接受，這種可能性並非完全不存在。

普遍的原因是，在中國的傳統精英文化中，除了別的觀念外，儒家教育也常常用公正、社會責任、人類平等、富民等觀念來循循善誘青年，而這些觀念很接近於西方「公民美德」的觀念。許多具

19　陳獨秀，《我的根本意見》(香港，1950)，有胡適序。

有儒家精英背景的晚清改革者和革命者，內心都浸透著這種公益精神。也正是這些儒家知識分子最容易受西方民主觀念的影響。他們最終可能拒斥已爲陳文的儒家教條，而扮演反儒的角色，但他們仍保留著儒家的公益精神。當然，這裡我只是在說一種可能的模式，但陳獨秀無疑就是這樣一個例子。

在這個意義上，我們的確有理由像狄百瑞（Wm. Theodore de Bary）那樣談論中國的自由傳統，如果「自由主義」這個術語不局限於西方法律意義下的自由概念，可以被自由解釋的話。在重新考察了從朱熹（1130-1200）到黃宗羲（1610-1695）的新儒家「自由主義傾向」後，狄百瑞悲歎這種傾向經過五四便暗淡了，因爲新儒家已被許多五四那一代年輕人視爲「一種保守、反動的體系」。狄百瑞的見解是有洞察力的，他講：

> 20世紀新文化運動的支持者們，他們新接受的西式教育強烈否定古典的儒家學術，常常忽視上述的思想家及其著作。但無論怎樣，他們自己的思想過程仍可能無意識地受到新儒家思想的持續影響。作爲仍然具有一定特權的知識精英中的成員，他們很容易區分西方模式的自由主義和早期學者文化中的個人自主觀念。[20]

我由衷地同意他的觀點。這也在相當程度上支持了我的看法，中國的精英文化雖然有許多不足之處，但它充滿矛盾地證明了自己

20　狄百瑞，《中國的自由傳統》（香港：香港中文大學出版社，1983），頁104。

更樂於接受民主觀念，而不是拒斥它。

三

隨著1912年民國建立，儒家思想不再是中國政治體制的哲學基礎了。

1949年以前，中國的知識精英們逐漸認識到立憲民主是唯一可以接受的政治模式。即使到了1957年，中國的知識分子仍迫切要求建立議會制和多黨政治，結果被畫爲右派。很顯然這是五四的遺產，因爲很多右派正是五四一代的學生。

如果說五四以後儒家思想在政治上已被逐漸邊緣化到極點，我們是否就可以認爲在文化上也是這樣呢？不可否認，20世紀儒家思想在文化和社會領域的影響也消退了。但是，許多世紀滲透在中國人日常生活中的儒家價值觀，很難想像會在幾十年裡被根除，即便是在激烈的革命時代。雖然在很大程度上被修改了，而且很可能有些地方被歪曲了，但儒家思想作爲一個整體，不管是在精英的層面還是在大眾的層面上，仍應該被當作中國文化的一個主要部分加以嚴肅對待。這些年來中國社會（相對於國家而言）已經逐漸並持續地重新獲得生命力，有跡象表明，儒家文化正開始以一種現代的新面目重新出現。

中國晚明時，專制主義曾變得越來越難以忍受，許多儒家知識精英對上的君主制徹底失望，他們開始向下關注文化和社會空間的拓展。有些建立私人講社，有些致力於各種地方社區的建設（包括眾所周知的鄉約），還有一些則投身於經商。其結果，儒家社會和政治哲學發生了很有意味的轉變。例如，1600-1800年間，一些主

要的儒家思想家強調「私」甚於「公」，因爲他們認識到個人能比
皇帝更好地維護自己的利益。另外還強調，財富必須留在創造者手
裡，而不是委託給國庫[21]。今天我們在中國似乎又一次目睹著晚明
曾出現過的歷史過程。

如果儒家思想的現代形式和民主有希望在不久的將來共存於中
國(正如臺灣已有所開始的那樣)，那麼這兩者又會怎樣互相聯繫
呢？對此，我想借用羅爾斯在他1971年的名著《正義論》發表後所
發展的一個概念「綜合性學說」(comprehensive doctrine)。在〈政
治自由主義〉中，羅爾斯說道：

> 一個兼具正義和公平的秩序良好的社會的一個本質特徵
> 是：所有的公民都認可建立在我所說的綜合性的哲學學說
> 之基礎上的觀念……現在這是一個嚴肅的問題：一個現代
> 民主社會的特徵不僅是兼具綜合性宗教、哲學和道德學
> 說，並且要兼具互相對立的但卻都是合理的綜合性學說。
> 沒有一種學說會被市民普遍肯定。人們也不能期待在不久
> 的將來這些學說中的一個或一些將被所有市民或絕大多數
> 市民認同。政治自由主義設想，從政治上講，如果是在一
> 個自由的憲法民主體制框架之下，那麼出現一些合理的但
> 卻互不相容的綜合性學說，是人們合理行爲的必然結果。
> 政治上的自由主義還認爲，一個合理的綜合性學說是不會

21　在一篇長文中，我已經討論過儒家社會與政治思想的新發展，並聯繫到
晚清中國知識精英對西方觀念的接受，見我的〈現代儒家の回顧と展
望——明清期の思想基調の轉換から見た儒學の現代的發展〉，收入
《中國——社會と文化》第10卷(1995年6月)，頁135-179。

拒斥民主制的本質的。[22]

儒家思想的現代模式很顯然具備這裡所描述的「綜合性學說」的特徵。在傳統中國，從理論上講，政治生活是由儒家的道德原則指導的。正如孔子所說：

道之以政，齊之以刑，民免而無恥；道之以德，齊之以禮，有恥且格。[23]

「政」與「刑」都是指法律原則，而「德」和「禮」是指道德原則。古代聖賢選擇了後者。西方的政治傳統正相反，從古希臘的城邦時代開始，就遵循著法律的原則[24]。現在，在接受西方憲法民主觀念的時候，中國的知識精英們實際上拋棄了傳統的「道德原則」而選擇了「法律原則」[25]。這無疑使得作爲占支配地位的政治力量

---

22 John Rawls, *Political Liberalism*(New York: Columbia University Prss, 1993), p. xvi.

23 《論語・爲政》。英譯引自 D. F. Lau 譯 *The Analects*（Harmondsworth: Penguin Classics, 1979), p. 63.

24 正如 Frederick Watkins 所指出的，「中國和其他高水準文明的人民，其政治思想的特徵總是傾向於道德，而不是法律。希臘與此不同，從一開始他們就將自己的大部分政治精力投注在法的創建和執行上。」見 *The Political Tradition of the West: A Study in the Development of Modern Liberalism*(Cambridge: Harvard University Press, 1948), p. 8.

25 也許要提一下黃宗羲，他通過提出「有治法而後有治人」(《明夷待訪錄・原臣》)的觀點，對傳統的儒家原則作了一個重要的轉向，參見 Wm.Theodore de Bary 所譯 *Waiting for the Dawn, A Plan for the Prince,* (New York: Columbia University Press, 1993), p. 99, pp. 21-24. 正如黃的著作是晚清儒家的主要思想資源一樣，他對法重於人的強調對晚清儒家也有一些影響。

的儒家思想走向了滅亡。

與政治力量無關的是，儒家思想的現代形式已不再占有任何優勢，因此，它已成為各種綜合性學說中的一個。但是，羅爾斯曾進一步對「合理的綜合性學說(reasonable comprehensive doctrines)」與「不合理的(unreasonable)」那種作了區別。不合理的學說會破壞憲法民主體制的統一和公正，所以必須被清除。他並沒有詳加說明，但我們可以合理地認為，它們是指那些原教旨主義的宗教形式，可能還有一些現代專制主義的意識型態[26]。另一方面，他有意地把「合理的綜合性學說」定義得比較含糊，從而使它盡可能多地容納許多宗教、哲學、道德學說。他的例子包括功利主義、康德的帶有自律理想的道德哲學，以及「歷史上所有的主要宗教」[27]。以這種視野，儒家思想不僅是一個「綜合性學說」，而且也是「合理的」的那種。

此外，根據羅爾斯的說法，一個民主體制下所有人分享的政治公正的概念，即使不通過所有的人，也須通過大多數人的「一致同意」，才可能被接受為合理的綜合性學說。每一個合理的信條都以它自己的理解方式來認可這個概念的[28]。他似乎認為，作為文化資源的合理的綜合性學說，在民主社會裡會有力地促進大眾接受公正概念的建設。也許這就是他把它們稱為「背景文化(background culture)」的原因[29]。但是，在一個社會建立民主秩序的過程中，並

26　前揭Rawls書, pp. xvi-xvii, 64.

27　同上, pp. 58-60, 169-170.

28　同上, pp. xvi-xvii, p.134.

29　同上, p. 14.羅爾斯還說：「那麼，我們從關注作為共同資源的公共文化開始，這些共同資源隱含著公認的基本觀念和原則。我們希望很清楚的表述這些觀念和原則，使之能結合到一個政治的公正概念中，與我們大

不是所有的合理的綜合性學說所起的作用都是相等的。羅爾斯的這段話含有這種意思：「有許多合理的綜合性學說，它們了解更廣泛的價值領域，能與民主政體相適應，或者支持，或者說是不衝突，從而被一個公正的政治概念所選擇。」[30]如果我的理解是對的，那麼羅爾斯所說的合理的綜合性學說，與以民主政體為目的的公正概念通常是怎樣彼此建立聯繫的，也同樣有效地適用於儒家思想將如何與中國的民主相關聯。在所有中國傳統的合理學說中，儒家思想顯然是最綜合性，並因此最有助於中國的政治公正概念。

我深知儒家思想和西方自由主義是兩個截然不同、不可比較的思想系統，它們是各自獨有的歷史經驗的產物。彼此間的術語互相翻譯，不可能不發生歪曲。但是，一方面，剔除它們偶然存在而現已過時的特徵，在變化了的並不斷變化著的條件下進行必要的調整；另一方面，儒家思想的核心觀念和原則可以表現出與西方許多合理的綜合性學說相和諧，包括自由主義本身。許多人已經在這方面做了有益的工作。然而在這裡，我還要再舉一些例子。最近美國的自由主義者們開始關注殘酷的惡行。在所有通常的惡行中，什克勒（Judith N‧Shklar）選擇了「殘暴為罪惡之首」。她有力地指出，「事實上，痛恨殘暴並把它置於首位，仍是自由意識的一個重要部分」[31]。與什克勒一樣，羅蒂（Richard Rorty）書中所提到的「自由

（續）————————————

　　多數牢固確信的東西相吻合。」（頁8）似乎可以認為，這些「基本觀念和原則」主要是由合理的綜合性學說所提供的。我必須清楚地說明，這裡我只是借助羅爾斯的「綜合性學說」的觀念作為「背景文化」以說明我自己關於中國情況的看法，而不表示我對羅爾斯早期或晚期整個政治公正概念的看法。

30　同上，p. 169.

31　Judith N. Shkler, *Ordinary Vices*(Cambridge: Belknap Press, 1984), p. 43.

的反諷者們(1iberal ironists)」，特別引起了我們的關注，它幫助我們變得不那麼殘暴。他告訴我們，不論是納博科夫(Nabokov)還是奧威爾(Orwell)，都以自己的獨特方式「符合什克勒的自由主義者的判斷標準：就是相信殘暴是人最壞的行為」[32]。

我要強調指出，痛恨殘暴也是儒家思想一開始就具有的一個重要部分。孔子講：「善人為邦，百年亦可以勝殘去殺矣。」[33]這是孔子的「殘暴為罪惡之首」的說法。孟子也強調了儒家的這個立場，這兩位聖哲對殘暴的深惡痛絕可見諸這一文字：「行一不義、殺一不辜而得天下，皆不為也。」[34]羅蒂在納博科夫這一例子中所寫的「參與的情感」：「因一個孩子，一個跟我們的家庭、宗族和階級並無關係的孩子不必要地死去，而能感到羞愧、憤怒而戰慄，這是人類在參與現代社會和政治體制時所能擁有的感情的最高形式。」[35]這個說法讓我立刻想起孟子關於人類感情的著名論述，這裡可以引述一部分：

> 所以謂人皆有不忍人之心者，今人乍見孺子將入於井，皆
> 有怵惕惻隱之心，非所以內交於孺子之父母也，非所以要

32　Richard Rorty, *Contingency, Irony. and Solidarity*(Cambridge: Cambridge University Press, 1989), p. 146.

33　《論語・子路》。*The Analects*, p. 120.

34　《孟子・公孫丑上》。英譯引自D. C. Lau譯, *Mencius* (Harmondsworth: Penguin Classics, 1979), p. 79.

35　前揭羅蒂書, p.147.這裡我只是就中國儒家和西方自由主義對待殘暴的態度作一個比較，我並不完全接受羅蒂對「自由的反諷」的界定。我也不接受他的的原主旨主義。對羅蒂觀點的批評，見Richard Wolin, *The Terms of Cultural Criticism* (New York: Columbia University press, 1992)，第7章。

譽於鄉黨朋友也，非惡其聲而然也。由是觀之，無惻隱之
心，非人也；無羞惡之心，非人也；無辭讓之心，非人
也；無是非之心，非人也。[36]

　　在此我們看到了早期儒家所發現的「人類所擁有的最高級的情
感」。限於篇幅，不允許我列舉後期大量的儒家，他們各自發表了
許多關於殘暴和痛苦的言論。但在結束這個話題前，我還是想引用
中國最偉大的詩人杜甫的詩句：「朱門酒肉臭，路有凍死骨。榮枯
咫尺異，惆悵難再述。」[37]這位偉大的儒家詩人的確稱得上是一位
「自由的反諷者」。

四

　　如上所述，民主觀念在知識精英中找到了中國最能接受的人。
從19世紀晚期至1919年，民主的主要擁護者幾乎都是擁有強烈儒家
文化背景的知識精英。例如，改革者康有為和梁啓超，革命者章炳
麟和劉師培，還有胡適和陳獨秀這些五四領袖們，他們都是在不同
時期居於中國最高學術地位的頂尖學者和思想家。除陳獨秀外，他
們都對儒家學術做出了重大的貢獻。毋須贅言，這一點也不意味著
從晚清到早期共和年代的儒家精英們普遍地認可民主的觀念。相
反，我們可以毫無困難地找出無數的例子來顯示，在同一時期，保
守的儒家們常常強烈地反對變革，而且特別反對民主。所有跡象都

36　《孟子·公孫丑上》。*Mencius*, pp. 82-83.

37　William Hung(洪業), *Tu Fu: China's Greatest Poet*(Cambridge: Harvard
　　University Press, 1952), p. 88.

表明，如果民主的觀念想在中國找到一個好的社會環境，那它只能在儒家精英中尋找，因爲其他社會團體，包括商人團體和農民團體，都沒有積極參與國家和地方政治的意願。這種狀況在19世紀最後幾年到20世紀的中期都是眞實的。1940年代晚期的一個社會學調查顯示，「許多中國農民……對政治事務仍漠不關心而且無知」[38]。即使是今天，黎安友（Andrew J. Nathan）和史天健（音譯Tianjian Shi）所做的一個調查，表明這種狀況仍在持續：受過教育的精英更能注意到政府的影響，而其他人的理解水平則比較低。作者判斷道：「這兩個人群的差別表明，如果政府和知識分子的矛盾再導致一次政治危機，大部分人仍然不會對民主變革的要求提供支持。」[39]

爲什麼整整一個世紀以來中國在民主問題上都沒有取得長足的進展呢？這是一個特別複雜的問題，答案要遷涉到無數的歷史事實。這裡我想大膽提出的是，20世紀中國精英文化的衰退可能是這些事實中的一個。由後來的事實看，五四新文化運動是中國精英文化的最後一次壯舉。正是在此期間，中國學術和西方研究都達到了一個新的高度。在人文學科中，許多傑出的人屬於這個時代。用克羅伯（A. L. Kroeber）的名言講，這的確是「一群天才」的年代。不管怎麼說，民主觀念是一個西方的概念，要把它轉換成中國的現實，在早期階段，既需要保衛者，也需要反對者。只有通過徹底的爭辯和討論，不僅針對這些觀念本身，而且針對其他與此觀念直接

38　前揭蕭公權書，p. 219, 其中 C. K. Yang 的 *A Chinese Village in Early Communist Tradition*（Cambridge: Harvard University Press, 1959）被引及並討論.

39　Andrew J. Nathan（黎安友）and Tianjian Shi（史天健）, "Cultural Requisites for Democracy in China: Findings from a Survey," *Daedalus*（1993年春）, p. 116.

或間接相關的論題，才能達到一個較清晰的認識。只有這樣，民主
觀念才有希望在中國的土地上紮根和成長。因此，一個高水準的精
英文化是一個根本前提。正如羅爾斯所說，尋求一個能被普遍接受
的政治公正概念，必須從作為「承認基本觀念和原理所隱含的共同
基礎」的「背景文化(background culture)」或「大眾文化(public
culture)」開始。民主是不太可能在一片文化貧瘠地裡開花的。舉
一個最近的例子，中國的學生運動顯然與中國精英文化的復蘇有
關。威爾茲(Michael Walzer)認為學生的精英主義植根於「中國所
獨有的文化傳統」，這一點是相當正確的[40]。

不幸的是，五四以後的中國立即陷入了一連串的民族危機、革
命，以及戰爭。同時，如我曾在別處指出過的那樣，中國知識分子
們也經歷了一個社會和政治邊緣化的歷史過程，這要特別歸因於革
命[41]。其結果，在戰爭折磨的過程中，精英文化在1940年代明顯衰
落了。失去了強有力的知識精英的支持，民主觀念很快就經歷了幾
次意識型態的扭曲，直至被徹底歪曲，不復原形了。

把民主觀念與中國精英文化緊密聯繫起來，我承擔著被視為精
英論擁護者的危險。但我實際上並不想真的提出什麼新理論。相
反，我只是在重新思考康有為、孫中山，以及中國其他早期擁護民
主的人的智慧，他們認為就中國而言，最初的民主化必須在精英領
導下開始，這是一種歷史需要[42]，後來的歷史似乎表明，一方面，
通過知識精英的虛化而依靠所謂的「群眾」，另一方面，中國的民

---

40 Michael Walzer, *Thick and Thin: Moral Argument at Home and Abroad*(Notre
    Dame: University of Notre Dame Press, 1994), pp. 59-60.
41 見余英時，〈20世紀中國的激進化〉，中譯見本書第21章。
42 前揭蕭公權書, pp. 228-230.

主只退化成煽動。的確，民主和精英論之間存在著一種緊張。但
是，由於民主不可能在沒有領導的情況下發生作用，因此我擔心，
這種緊張還將持續下去。正如施萊辛格(Arthur M. Schlesinger, Jr)
激烈地爭辯道：

> 在言不由衷的虛話世界裡的所有虛話中，關於精英論的虛
> 話是最無用的。整個人類歷史上的政府總是由少數人——
> 就是說，由精英們統治的。無論是中世紀的君主國家和原
> 始部落，還是今天民主的和共產主義國家，這都是真話。
> 人民群眾在結構上是不可能直接自治的。他們必須把他們
> 的權力委託給代理人。誰說要組織，誰就在講專制。歷史
> 學家們根本不需要帕累托(Pareto)、莫斯卡(Mosca)和邁
> 克耳(Michels)來證明這一點。關鍵的問題並不是精英統
> 治的存在，而在於他們的人格。[43]

現在很少有人還具有施萊辛格的勇氣，來說出這麼簡單的歷史
真理。他還正確地指出，正是精英們的人格，才是真正的論題。這
種對人格的強調把我直接引向了白璧德(Irving Babbitt)，一位偉大
的美國人文學者和儒家的崇拜者。他在七十年前出版的《民主與領
袖》中，強調了儒家道德對於塑造民主領袖人格的重要性。他的觀
點被列維(Thomas R. Nevin)概括為：

---

43 Arthur M. Schlesinger, Jr., *The Cycles of American History* (Boston:
    Houghton Mifflin Company, 1986), pp. 428-429.

在白璧德的概念裡，儒家道德是對亞理士多德學派的方向性補充，但在前者那裡，有一種集合公眾意願的自律壓在人性上，這是兩者的關鍵差別。跟亞理士多德一樣，孔子把美德放在社會的框架中；他的學說不僅關注個人的教養，而且還注重對群眾的影響和控制力。白璧德指出，是儒家的宗旨啓發我們認識到，「公正不是抽象的，而在於這個人」或者「有人格的人」，這是對社會唯一安全的。在考察民主黨人對數字的崇信時，白璧德基本上以儒家的方式發現，「到處都是值得尊敬的人，但很少有值得敬重的」。[44]

因此，概言之，儒家思想還是有可能爲民主提供一些東西以爲回報。讓我以此收筆吧。

據"The Idea of Democracy and the Twilight of the Elite Culture in Modern China," in Ron Bontekoe and Marietta Stepaniants, eds., *Justice and Democracy: Cross-cultural Perspectives* (Honolulu: University of Hawaii Press, 1997), pp. 199-215譯出。

（羅群 譯）

---

44 Thomas R. Nevin, *Irving Babbitt: An Intellectual Study* (The University of North Carolina Press, 1984), p. 108.

19
文藝復興乎？啓蒙運動乎？[*]
——一個史學家對五四運動的反思

　　近年來，五四運動普遍被視爲中國的啓蒙運動。1930年代後期與1940年代早期，中國的作家最初賦予五四運動這一新的身分（identity）時，他們顯然是要借重比附（analogy）的方式對「五四」盡可能作出最高程度的禮讚。然而，在20世紀即將結束的今天，這一身分最初所蘊涵的榮耀，竟迅速地變得很可疑了。目前，吸引著史家、哲學家、文化批評家的目光的，是啓蒙運動幽暗的一面；於是，以理性的觀念爲核心的啓蒙規劃，往往被許多人看做是一場「失敗」，或者更糟地，是一種霸道的「宰制」（domination）。因此，很自然地，當前這股反啓蒙理性的後現代狂潮已開始對「五四運動」規劃投下了一抹陰影。

　　稍後我會回到啓蒙運動這一問題上。現在我先要指出一項重要的事實，即在啓蒙這一身分出現之前，五四運動在西方是以「中國的文藝復興」而廣爲人知的。首先，我想探討這些比附概念的個別歷史意涵，以及解釋爲什麼「文藝復興」最終讓位給「啓蒙運動」[1]。

---

[*]　　本文由江政寬譯成中文。這次重印，作者做了全面修正。

[1]　　Chow Tse-tsung(1960)簡要地討論過「文藝復興」與「啓蒙運動」的概念，以及它們對五四運動的適用範圍。他視兩者爲「自由主義觀點」的

在四方宣揚「中國的文藝復興」的理念，胡適(1891-1962)比任何人都更爲重要。1926年11月，他前往英國巡迴演說時，在不同的學術機構，諸如皇家國際關係研究院(Hu 1926)、(都柏林)三一學院、牛津大學、利物浦大學，以及Woodbrooke Settlement，反覆講述「中國的文藝復興」。有一張演講海報，甚至還介紹他是「中國文藝復興之父」(參見胡適，1990，冊5：1926年11月9、18、23、25、28日)。1927年1月，他抵達紐約時，在紐約市發行的《國家》(Nation)雜誌報導說：「胡適已回到美國……他大膽提倡使用被鄙視的土語(vernacular tongue)；他爲中國人所做的事，正如但丁(Dante)與佩脫拉克(Petrarch)爲義大利人所做的：有數以百萬計的人無法精通複雜的古典語文(classic tongue)，而他爲這些人打開了讀寫能力的大門。」(胡適，1990，冊，6：1927年1月20日)這當然也是尊他爲「中國文藝復興之父」的另一種方式。

1933年，在芝加哥大學Haskell講座的一場演說中，胡適毫不含糊地解釋他所謂的「中國文藝復興」的涵義：

> 《文藝復興》(*Renaissance*)是1918年一群北京大學學生，爲他們新發行的月刊型雜誌所取的名稱(按：即《新潮》的英文名稱)。他們是在我國舊有傳統文化中，受過良好薰陶的成熟學生；他們在當時幾位教授所領導的新運動裡，立即察覺到它與歐洲文藝復興有顯著的類似性。下面幾個特徵特別使他們回想到歐洲的文藝復興：首先，它是

(續)————

代表(pp. 338-342)。然而，Vera Schawarcz(1986)則在「五四」與「啓蒙運動」之間畫上等號，而未提及「文藝復興」。同一年李澤厚(1987：7-49)在一篇討論五四運動的著名文章裡，持論相同。

一種有意識的運動，發起以人民日用語書寫的新文學，取
代舊式的古典文學。其次，它是有意識地反對傳統文化中
的許多理念與制度的運動，也是有意識地將男女個人，從
傳統勢力的束縛中解放出來的運動。它是理性對抗傳統、
自由對抗權威，以及頌揚生命和人的價值以對抗壓迫的一
種運動。最後，說來也奇怪，倡導這一運動的人了解他們
的文化遺產，但試圖用現代史學批評和研究的新方法來重
整這一遺產。在這個意義上說，它也是一個人文主義運
動。(1934：44)

關於這一段「中國文藝復興」起源的論述，我願意提出幾點觀察。
首先，1918年，北京大學學生刊物《新潮》(New Tide)，其英文副
題是由新潮社的一位創社成員所提議。這的確是事實。然而，由於
自謙的緣故，胡適沒有點出一個重要事實，即從最初構想到問世，
他自己實際上一直是此一深具影響力雜誌的護法(傅斯年，1952)。
其次，1917年，正是胡適最早把他所提倡的文學革命比附歐洲文藝
復興。1917年6月，在返國途中，當前往溫哥華的火車穿越加拿大
境內的洛磯山脈時，他正在閱讀Edith Sichel的《文藝復興》(Re-
naissance, New York and London, 1915)(胡適，〔1939〕1986b，冊
4：240-247)。令他相當喜悅的是，他發現，他提倡用白話對抗文
言，來作為中國文學的媒介，恰好在歐洲文藝復興時期土語文學的
崛起上得到歷史的印證。但丁與佩脫拉克，胡適指出，最早在他們
的寫作中使用土語。他特別注意到下面這個事實，雖然Leon
Battista Alberti已公開宣稱拉丁語是「一種死的語言」，但最後還
是靠Cardinal Pietro Bembo在Prose della volgar lingua中支持用土語

取代拉丁語，才完全解決了文學語言的問題[2]。毫無疑問的，採用「文藝復興」作爲學生刊物的英文副題是出於胡適的啓示。第三，上引胡適文中所列三項特徵中，其第二項——「理性對抗傳統」、「自由對抗權威」——在性質上顯然更像是描述啓蒙運動而不是文藝復興。然而，這應該不必詫異。畢竟，儘管胡適口口聲聲說文藝復興，相較於義大利人文主義，胡適更直接是法國啓蒙思潮的繼承者。對於他同時代的西方人而言，胡適往往使他們聯想到伏爾泰（Voltaire）（Fairbank 1982：45-6；余英時，1984：62-63）。不但如此，從他針對現代世界的文化趨勢所作的公開演說來看，我們得到一種清晰的印象，胡適視文藝復興爲西方現代性的眞正肇端，而將所有的相繼發展，諸如宗教改革、科學革命、啓蒙運動、工業化、民主革命，甚至社會主義運動，都看成跟隨文藝復興而來的直線性進展，並從而不斷擴大了現代性的內容。可能正是因爲他強調啓蒙運動上承文藝復興而來，如上引文中的描述所示，他有時未能在兩者之間劃分出界線[3]。

現在，我們需要更加仔細地考察啓蒙運動的概念，看看它是怎

2　以後幾十年關於文藝復興時期土語文學的研究，已大大修正土語文學與拉丁語文學勢不兩立的觀點。15世紀後期與16世紀早期，土語與新拉丁語之間是一種並立且相輔相成的關係。如果胡適採用1917年以後有關文藝復興的見解，那麼他也許便不得不放棄以文藝復興比附五四了。詳細的討論，參見余英時（1976：305-308）。

3　然而，依Peter Gay的說法，儘管文藝復興與啓蒙運動之間有根本的親近性，但差異也是無可否認的。就像Peter Gay所說，「一如啓蒙運動，文藝復興也借助於遙遠的過去，來征服晚近的過去，但不同的是，文藝復興在希望渺茫中建立其激進主義。的確，閱讀伊拉斯謨（Erasmus）或馬基維利（Machiavelli）時，無不感受到，文藝復興也在希望渺茫中落幕：對於理性與人道的最終勝利，他們皆未顯示太大的信心」（1966：269）。

樣應用在五四運動上面的。就我所知，最早從啓蒙運動的角度詮釋
五四運動的，正是馬克思主義者。1936年，好幾位地下共產黨員在
上海和北京發動了「新啓蒙」運動。根據1985年版《哲學大辭典》
的說法，這一運動是這樣界定的：

> 新啓蒙運動亦稱「新理性主義運動」，中國思想文化運
> 動，在20世紀30年代為適應抗日民族鬥爭而展開，是五四
> 啓蒙運動的繼續和發展。1936年9月至10月，由當時的共
> 產黨人先後發表〈哲學的國防動員〉、〈中國目前的新文
> 化運動〉兩文所提出，建議共同發揚「五四」的革命傳統
> 精神，號召一切愛國分子發動……一個大規模的啓蒙運
> 動，喚起廣大人民的抗戰與民主的覺醒。……至1937年底
> 抗日戰爭全面爆發和抗日救國統一陣線形成，新啓蒙運動
> 前後進行了近一年，對廓清蒙昧和宣傳抗日，起了積極的
> 作用。(pp. 676-677)

這一段文字清楚顯出，共產黨人之所以將五四運動重新詮釋為「啓
蒙運動」，是因為他們當時需要一種「新啓蒙」運動來執行黨的新
「統一陣線」的路線。引文中提到的兩篇文章的作者，不是別人，
正是陳伯達(1904-1989)和艾思奇(1910-1966)；兩人都是在偽裝下
活躍於北京和上海教育與文化界的黨的主要理論家。明白這一點很
重要。我也必須強調，兩人之中，陳伯達是個更資深、也更重要的
共產黨員。發動新啓蒙運動的正是陳伯達。乍看之下，簡直令人不
解，一個實際上在中國思想界默默無聞的人，竟能隻手發動一場運
動，而且立即引起了北京與上海左派雜誌的熱烈響應。然而，一旦

我們了解陳伯達的眞正身分，困惑便消散了。1936年初，劉少奇（1898-1969）前往天津擔任共產黨地下北方局的領導時，陳伯達被任命爲宣傳部的負責人。正是以這一新的身分，陳伯達借「啓蒙運動」之名來運用五四遺產，完成黨新近交給他的任務。用他自己的話來說，「我們要和一切忠心祖國的分子，一切愛國主義者，一切自由主義者，一切民主主義者，一切理性主義者，一切自然科學家，……結成最廣泛的聯合陣線」（轉引自何干之，1947：207）。在此，必須指出，「我們」這一詞不是一種社論式的用法，而是共產黨的暗碼代號。不用說，從一開始，所有來自左派報刊的正面回應都是由共產黨通過其地下網絡統一指揮的。不但如此，新啓蒙運動與1935年著名的一二・九運動有著密切關聯。有些參與者向來把一二・九看成「1919年學生運動的目標的直接延續和實現」（Schwarcz 1986：218）。然而，1935年的一二・九在一個關鍵性的方面，斷然不同於1919年的五四。正如傅斯年（1896-1950）在1946年時所作的回憶：「五四與今天的學潮大不同。五四全是自動的，五四的那天，上午我做的主席，下午扛著大旗，直赴趙家樓。所以我深知其中的內幕，那內幕便是無內幕。」（傅樂成，1969：62-63）然而，就1935年一二・九學生示威運動而言，今天我們知道，一如新啓蒙運動，它也是由共產黨地下基層組織細密策劃與執行的。根據北方局黨書記高文華（活躍於1930年代）的第一手記述：「學生動亂在一二・九運動中達到高潮。我們在北方局裡支持且領導了此一愛國運動。趙升陽、柯慶施、陳伯達等同志爲黨中的領導。公開場合的直接領導人，則包括李昌、蔣南翔（清華大學支部書記）、林楓、姚翼林、徐冰、許德珩等同志。」（高文華，1982：187；葉永烈，1990：102）。此外，1935年，在一二・九示威運動

中被Edgar Snow描述爲「中國的聖女貞德」的學生領袖陸璀（活躍
於1930年代），在她紀念這一事件六十周年的宣傳文集中，公開承
認，她那時在共產黨地下組織的直接指揮下工作（陸璀，1995：7,
19）。明顯地，被巧妙策劃來相互奧援的這兩場運動──一二‧九
與新啓蒙運動，在某種程度上不免讓人聯想到狹義的五四（1919年
學生的示威運動）與廣義的五四（胡適與新潮社所謂的「文藝復
興」）之間的關係。但是一二‧九新啓蒙運動的起源都可以追溯到
北方局的地下共產黨組織，因此說前者是「1919年學生運動的目標
的直接延續和實現」，而後者是「五四啓蒙運動的繼續和發展」，
似乎沒有什麼意義。

　　既然新啓蒙運動從最初構想開始，便是爲隱匿的政治目的服
務[4]，它的倡議者根本便不覺得有必要從思想根據上去證明，爲什
麼對於五四運動而言，「啓蒙運動」是比「文藝復興」更適當的稱
呼。從政治觀點出發，他們把五四運動與新啓蒙運動兩者都和愛國
主義掛上了鉤。依艾思奇的看法，中國的新舊啓蒙運動必須以愛國
主義爲其主要任務（何干之，1947：209）。但是，任何熟悉歐洲啓

4　根據可確定爲1936年後期中國共產黨的可靠檔案，中國共產黨在1936年
　　9月以兩種重要的方式改變其路線。首先，它採取一種推動中國「民主
　　共和」的溫和策略，取代無產階級革命。其次，在戰略上它呼籲結束內
　　戰，盡一切可能與中國的所有政黨和團體，建立一種「統一陣線」。胡
　　適於1940年獲得此一檔案，當時他是駐美大使（參見冊6，《中共的策略
　　路線》，胡適，1990：未標頁碼）。毛澤東在1937年5月的記述，印證了
　　此一檔案的可靠性（1969，冊1：223，246-247，註6）。1936年9月，陳
　　伯達和艾思奇發動新啓蒙運動，而共產黨的新路線也剛好在那時候開
　　始，這絕非是巧合。此外，那時爲共產黨工作的青年作家王元化告訴我
　　們，1938年前後，共產黨突然決定禁止「啓蒙運動」這一名稱，從而造
　　成新啓蒙運動唐突地結束，這也是極具啓示性的（林毓生等，1989：
　　3）。

蒙運動的人都知道，將愛國主義連結到啓蒙運動是何其荒謬的事。
除了盧梭(Rousseau)這一可能的例外，啓蒙哲士無一不是世界主義
者，他們自任的天職是：陶冶人類、啓迪人類和提高人類的尊貴，
而非提升國家利益(Gay 1966：13-14)。

　　有趣的是，中國的馬克思主義者一般說來對啓蒙運動的偏好，
遠甚於文藝復興。較早的作者不論以文藝復興跟中國史的哪一段時
期作對照，他們都照例把這一比附改爲啓蒙運動。除了五四的例子
之外，還有另外一個範例。梁啓超(1875-1929)在其早期和晚期的
生涯中，堅持將清代學術思想史界定爲中國的「文藝復興時代」
(Liang Ch'ich'ao 1959：14)。但馬克思主義史家侯外盧(1906-
1988)不接受梁啓超的比附，取而代之地，他持續又有系統地把同
一時期詮釋爲「啓蒙運動早期」(1956)。那麼，我們必須追問：中
國的馬克思主義者爲何如此著迷於啓蒙運動的理念呢？我想大膽提
出一些看法。首先，依馬克思主義的歷史理論，當中國進入資本主
義的歷史階段，勢必經歷類似於法國啓蒙運動的一種大規模布爾喬
亞意識的社會表現(expression)。五四作爲一種思想運動，相當符
合這一框架。其次，狄德羅(Diderot)曾寫信給伏爾泰，稱贊他「在
我們心中」激發出「一種對說謊、無知、僞善、盲目崇拜、專制的
強烈憎恨」(轉引自Becker 1932：92)。很多五四知識分子的打破
偶像與反孔教的文字，具有類似的特質(何干之，1947：122-
133)。對中國馬克思主義者特別具有吸引力的，正是五四的這一破
壞面。第三，中國的馬克思主義者都是擁護革命的。他們注意到，
歐洲各國的啓蒙運動，往往是政治革命的前驅，因此他們也需要某
種啓蒙運動來證明他們在中國提倡革命的正當性(何干之，1947：
97)。根據上述的分析，我傾向於認爲，中國的馬克思主義者不斷

由啓蒙運動的觀點重新界定五四，並不是對歷史作任意性的解讀。
相反地，他們可能出於這一信念，即與文藝復興相比，啓蒙運動更
有利於爲他們的政治激進主義服務，因而作了一種蓄意而又經過精
打細算的選擇，畢竟文藝復興太過遙遠、也太過溫和，對他們所嚮
往的革命沒有直接又實際的關聯。

　　基於同一理由，我們也必須嚴肅看待胡適與其他自由主義者所
賞識的文藝復興。從1917年起，胡適始終堅持，五四運動作爲一種
思想或文化運動，必須被理解爲中國的文藝復興運動。這不僅因爲
他提倡以白話文作爲現代文學的媒介，而且更重要的是因爲他對歷
史連續性有深刻的體認。對他而言，「文藝復興」暗示著革新，而
非破壞中國的傳統(胡適，〔1970〕1986f)。儘管胡適經常有猛烈
的批評，但他對包括儒學在內的中國傳統的抗拒，遠非全面的。他
深信，文藝復興含有一個中心觀念，即有可能把新生命吹進中國的
古文明。早在1917年，他清晰地陳述此一問題如下：「我們如何才
能找到一種最好的方式來吸收現代文明，使它與我們自己所創造的
文明配合、協調且又連結呢？」他那時提出的解決之道是「端賴新
中國思想領導人的先見之明與歷史連續感，同時也有賴於機智與技
巧，使他們能將世界文明與我們自己的文明裡最好的事物作成功的
連結」(轉引自Grieder 1970: 160-161)。這聽起來，完全不像是要
和中國的過去全面決裂的呼聲。後來，他在1933年從具體的角度陳
述，什麼是每一文明裡「最好的事物」，以及兩者間何以能夠有技
巧地「連結」：「慢慢地、靜悄悄地，但也很顯然地，中國的文藝
復興變成了一種實在。此一重生的產物帶有可疑的西方的外貌。但
是，刮掉其表面，你便會發現，它的構成要素本質上是中國的根
柢，因大量的風化與腐蝕才會使得重要處更加清楚——由於接觸新

世界的科學與民主的文明，使中國的人文主義與理性主義復活起來。」(Hu 1934: ix-x)事後看來，對於這位「無可救藥的樂觀主義者」——這是胡適的朋友給他的稱號——的過早的樂觀，我們忍不住會發笑。然而，即使在生命的盡頭，他的信心依舊沒有動搖。1960年7月，在華盛頓大學舉辦的中美學術合作會議上，他以「中國傳統與未來」(The Chinese Tradition and the Future)爲題所作的公開演說中，最後一次試圖將文藝復興的概念，有系統地應用到中國史上。他對五四之前的中國歷史，總計區分出三次文藝復興。第一次是在第8與第9世紀中國文學的文藝復興，那時白話開始出現在禪僧的詩與語錄中。第二次文藝復興在哲學；這裡，他主要是指第11與第12世紀新儒學的崛起。第三次文藝復興是第17與第18世紀的「學術復興」，那時人文學者開始使用「科學方法」大規模研究古籍與史籍。在此，明顯的是，他接受了上文提及的梁啓超關於清代學術思想史的詮釋(Hu 1960: 17-18)[5]。問題不在於我們是否能接受他圍繞「文藝復興」的主軸所編織出關於中國史的大敘事，這裡特別值得注意的是：與他徹底反傳統的公眾形象相反，胡適在他早期與晚期的生涯中，始終需要中國傳統的某些部分，來證明他所倡導的中國文藝復興的正當性。於是，在演講的結尾，他帶著強調下結論說：「簡言之，我相信，『中國的人文主義與理性主義』傳統，不曾被毀滅，也決不可能被毀滅。」(Hu 1960: 22)在1960年對於他所特別愛護的中國傳統作出這樣的論斷，這只能是個人信念的一種表述，而不是符合當時實際的歷史事實。然而，他除了堅持那

5　胡適在1923年，首度提出中國前現代歷史上有三次文藝復興的理論，但是他對前兩個文藝復興的分期，經過往後的幾十年，有了重大的修正。參見胡適，1990：1923年4月3日。

一信念之外，別無選擇；因為，要是那一特殊傳統被毀滅，那麼五四時期的中國文藝復興也蕩然無存了。胡適和五四的文藝復興是從頭到尾合而為一的；這樣一來，他自己的歷史存在也完全喪失了。

爲了總結這部分的討論，讓我首先指出，不能輕率地把「文藝復興」與「啓蒙運動」僅僅看作兩個不同的比附性的概念，由人任意借用以刻畫五四運動的特性。相反地，它們必須嚴肅地看作兩種互不相容的規劃（projects），各自引導出特殊的行動路線。簡言之，文藝復興原本被視為一種文化與思想的規劃；反之，啓蒙運動本質上是一種經常偽裝的政治規劃。學術自主性的概念是文藝復興的核心，追求知識與藝術，本身根本上就是目的，不能為其他更高的目的服務，不論他們是政治的、經濟的、宗教的或道德的。正因這一理由，胡適經常感到遺憾的是，1919年，五四學生運動的愛國主義本身雖值得讚揚，然就中國文藝復興而言，它仍舊是個不受歡迎的干擾。因為，五四學生運動標示了中國學術界政治化的肇端，從而在現代中國學術自主性能夠牢固建立以前，便破壞了它（胡適，〔1970〕1986e）。相對而言，中國馬克思主義者所構思的啓蒙運動規劃，最終則是革命導向的。由於徹底強調愛國主義與民族解放，新啓蒙運動的馬克思主義提倡者，只認可文化與思想為革命服務的意識型態功能。總的來說，學術自主性的理念與他們是無緣的。無怪乎毛澤東（1893-1976）對五四的看法，與胡適大相徑庭。他的最高讚美是保留給1919年的五四學生運動，因為依照他的看法，這一運動導致了1925-1927年的革命（毛澤東，1969，冊2：659-660；李長之，1946：38-39）。諷刺的是，甚至新啓蒙運動本身也證明是「錯誤的意識」。一旦完成了統一陣線的任務之後，它便消失了。直到1970年代的尾閭，啓蒙運動的理念才再一次浮現，

因為那時共產黨在全新的環境下需要「思想再解放」來調整自己。

時間上，文藝復興概念的流行比啟蒙運動早二十年，最後卻讓位給後者。或許，與其說是緣於作為五四運動描述詞的啟蒙運動具有內在的價值，不如說是因為中國人在心態上的激進化（radicalization）了。中國的民族危機在1930年代持續深化時，深植於英美自由主義的文藝復興規劃並不能適應當時的中國現狀。馬克思激進主義，一方面與民族主義結合，另一方面又隱匿於啟蒙運動的背後，則對全中國的學生中的活躍分子有著極大的吸引力。在新一代的大學生之間，文藝復興的理念已不像1918年那樣，能夠激起巨大的共鳴了。

上文，我勾勒了五四運動中，由文藝復興與啟蒙運動所呈現的兩種對照的規劃。儘管「啟蒙運動」這一詞語直到1936年才用之於五四，但馬克思主義的規劃本身在1920年已經啟動，至少，那時陳獨秀（1879-1942）把深具影響力的《新青年》（亦稱作 *La Jeunesse*）從北京移到上海，也把雜誌轉型為「《蘇聯》（*Soviet Russia*）」──亦即紐約共產黨周報──的「中國版」（Chow 1960: 250）。這也使得新青年社之中，陳獨秀領導下的左翼，與北京以胡適為首的自由派右翼之間，產生了分裂。自此，左翼開始積極地參與不斷擴大群眾的組織與動員，將五四轉向政治革命；反之，自由派人士繼續在文化與思想畛域，發展原先的文藝復興規劃。

現在，關於文藝復興規劃，我必須作進一步的釐清。晚近以啟蒙運動替代文藝復興來作為五四的描述，一如上文所言，根本上緣於1930年代中國馬克思主義者的努力。基於這一原因，我認為，在五四作為啟蒙運動的馬克思主義詮釋，與五四作為文藝復興的自由主義詮釋之間，作一鮮明的對照是很有用的。我所指的「啟蒙運動

規劃」因而實質上是馬克思主義規劃；但我絕非暗示說，從啓蒙運動的角度理解五四的人，都必然同意馬克思主義的觀點。正如我在上文已提出的，如果一定要在五四與啓蒙運動之間作某種比附，我們不難找到許多令人信服的理由；不過在歷史研究中是不是必須採用比附的研究方式，其本身則是大有問題的。有趣的是，胡適的另一及門弟子，也是《新潮》創辦人之一的羅家倫(1897-1969)，在很多年後，也將五四與啓蒙運動相提並論。他說：「五四是代表新文化意識的覺醒。……正似18世紀歐洲的啓明運動……18世紀歐洲的啓明運動的健者如伏台爾、盧騷、第德羅、孟德斯鳩等以猛烈的批評，來廓清陳腐思想的障礙，而以科學的態度、自由的精神，不僅重定文學哲學的趨向，而且審核政治社會的制度。」(轉引自 Schwarcz 1986: 256)[6]羅家倫捨文藝復興而運用啓蒙運動來作比附，最有可能是受李長之(1910-1978)的影響。1940年代羅家倫任中央大學校長期間，李長之正在那裡執教。

對於中國和歐洲的文學與哲學傳統同樣熟悉的李長之評論五四作爲一種文化運動，提出了別開生面的觀察。他從學術思想的角度出發，仔細衡量了上述兩種關於五四的比附概念的正反議論，得出結論說：與五四眞正相似的並非文藝復興，而是啓蒙運動。但他得到這一結論，跟馬克思主義新啓蒙運動毫無關聯，而且是基於完全不同的理由。他是要頌揚文藝復興，貶低啓蒙運動。根據他的看法，五四心態是理性的、批判的、懷疑的、破壞偶像的、實踐的、科學的以及反形而上學的，就這些特徵而論，將五四等同於啓蒙運

6　許孝炎在1920-1926年間是北京大學的學生。1973年5月4日，他在香港的演說裡，也將五四文化運動特徵化爲「啓蒙運動」(參見周陽山編，1979：679-685)。

動是完全持之有故的。然而，這種啓蒙運動心態的主要困境在於膚淺；它無法欣賞任何思想深邃的事物。於是，在哲學上，杜威(Dewey)、赫胥黎(Huxley)、達爾文(Darwin)與馬克思(Marx)風行一時，而柏拉圖(Plato)、康德(Kant)與黑格爾(Hegel)則無人問津。他進一步指出，五四的精神與文藝復興正好相反，因爲文藝復興在定義上是古典傳統的回歸與復興；五四的知識分子表明他們既不欣賞自己的舊傳統，也不了解西方的古典文化。孔子被猛烈地抨擊爲「封建秩序」的辯護者，至於柏拉圖則被摒之爲純粹的「玄學家」。西方學者爲胡適貼上「中國文藝復興之父」的標籤，便是一種誤稱的典型例子。儘管李長之有嚴厲的批評，但我必須接著補充說，他對於五四作爲一種文化運動，並非全然持否定的態度。五四通過破壞工作，清掃了舊文化的基礎，從而爲中國開啓了文化重建的眞正可能性。但重要的是，他總結道：必須超越啓蒙運動，開啓眞正的中國文藝復興(李長之，1946：14-22)。他對「文藝復興規劃」的修正版本，在戰火彌漫、政治兩極化的1940年代中國的思想界，似乎未引起熱烈迴響。但是，今天新一代的中國知識分子逐漸擺脫馬克思主義的實證思維模式，踏上人文科學的「詮釋轉向」(interpretive turn)，卻開始對他的論點發出一種共鳴的聲音(參見李振聲，1995; Hiley, Bohman and Schusterm an 1991)。

關於李長之對五四的重新評價，我特別感到興趣的是：他公開承認，五四作爲一種文化運動，首先必須清楚地理解爲一種文化外借的運動；或者用他的話說，一種移植西方文化到中國的運動，然而並沒有在中國的土壤中生根(1946：12-13，19-20)。當然，這是一個明顯的事實。爲什麼我竟重視這一人人皆知的事實呢？我相信，基於幾種理由，它值得注意。第一，就我所知，沒有人如此強

調，且這麼嚴肅地陳述這一淺顯的事實。其次，這一陳述基本上是
對的，但仍不免有點誤導；我們不禁要問：難道五四時期激動了無
數中國知識分子的那些西方觀念和理論，都是一些不相干的舶來
品，在當時中國的文化事實中完全沒有任何立足點嗎？我在其他地
方也曾試圖說明，19世紀晚期與20世紀早期的中國知識分子，一般
說來，會眞正熱心回應的，只有在他們的傳統裡產生迴響的那些西
方價值與理念(余英時，1995)。最後，這一淺顯的事實根本動搖了
在五四與文藝復興或啓蒙運動之間建立比附的基礎。原因不難找
尋：在它自己的歷史脈絡中，無論是文藝復興還是啓蒙運動都不是
文化外借的結果；兩者都是歐洲文化歷經好幾世紀的內在發展與成
長之後才開花結果的。爲了釐清五四作爲一種文化運動的性質，我
想進一步評論的正是最後這一點。

　　首先，我提議在中國史的研究中，完全拋棄比附。如果我們既
不承認歷史有通則，也不視歐洲歷史經驗的獨特形態爲所有非西方
社會的普遍模式，那麼我們又何須提出關於中國史上是否有文藝復
興或啓蒙運動這類的問題呢？我們只要如實地發掘五四運動的眞
相，便足夠了。一如李長之正確觀察到的，它首先是回應西方理念
刺激的一種文化運動。五四的知識分子確實有意識地從文藝復興與
啓蒙運動那裡借來了若干理念。正因如此，我們無論用兩者之中的
任何一個來詮釋五四，都可以言之成理。但同一段時期，除了文藝
復興與啓蒙運動之外，各式各樣不同時代的西方觀念和價值也被引
介到中國。這一簡單事實便足以說明：五四既非中國的文藝復興，
也非中國的啓蒙運動。要是我們把比附的思考推展至其邏輯的極
端，那麼我們勢必要把好幾世紀的歐洲歷史，擠進20世紀中國的十
年或二十年之內，不用說，這是極其荒謬的。

　　一旦我們不再固執於死板的比附，我們便能夠開始從五四本身的角度去了解五四。在我稍早對20世紀中國的激進化所作的研究中，我指出，五四期間，以1917年的文學革命為嚆矢，現代中國在激進主義的發展過程裡，發生了某種典範的變遷（paradigmatic change）。從那時候開始，不論批判傳統或提倡變革，中國的知識分子幾乎必然地訴諸某些西方理念、價值或制度，以作為正當性的最終根據（Yu 1993: 130）。在當前討論的脈絡中，我還要補充一句，相同的原則也適用於五四時期的中國守舊派，因他們在維護中國傳統時，也多半求助於西方的作者。李長之將五四界定為西方文化向中國移植，也涵有這個意思，即西方文化從此在中國成為一切判斷的標準。如果我們把「啓蒙」的概念當做一個隱喻，而不用之於比附，我們可以說，五四在一個最基本意義上與歐洲的啓蒙運動截然不同。啓蒙運動的哲士在抨擊基督教、經院哲學與「黑暗」中古時，他們是用古希臘和羅馬經典來武裝自己的。換句話說，他們接受了西方內在之光的引導。相形之下，為了見到白晝的光明，五四知識分子必須走出黑暗的洞穴——中國，而引導他們的光照則來自外部——西方。或者，借用毛澤東的名言，「19世紀以來」，中國一直「向西方尋找眞理」。

　　初期，五四也以「新文化」或「新思潮」的名稱在中國廣泛流行，而這樣的名稱反而比「文藝復興」或「啓蒙運動」似乎更能表達歷史眞相，也比較不會引起誤解。事實上，以「新文化」等同於五四，至少在中文著作裡，比起其他用語，更有堅實的基礎。在這一關聯上，我想用胡適的定義作出發點，來重新考察新文化這個觀念及其在中國20世紀思想史上的地位。1919年，胡適的〈新思潮的意義〉一文，開宗明義即點出，「新思潮的根本意義只是一種新態

度」，這種新態度可叫作「評判的態度」。該文稍後繼續列舉了三個特定的任務，並在下述的評判精神指引下加以實踐：首先是「研究問題」。中國有很多具體的問題——社會的、政治的、宗教的、文學的等等——都需要我們立即關切。必須評判地研究它們，才能找出解決之道。其次，輸入西方的新思想、新學術、新文學、新信仰。它們不但滿足中國知識分子的精神需求，而且在他們找尋中國具體問題的解決之道的過程中，可以提供理論引導。第三，則是在「整理國故」這一吸引人的口號之下，應用批判精神來研究中國的思想傳統。爲了自我了解，必須評判且有條理系統地重新考察中國的舊傳統。惟有如此，我們才能透過歷史觀點，對我們自己不同部分的文化遺產，有一客觀的理解，並決定它們的價值。最後，該文總結道，新文化運動的最終目的是再造中國文明(胡適，〔1930〕1986c：41-50)。

在此，胡適所提出的新文化規劃是以最廣闊的視野並在極高的層次上構想出來的。以這種方式定義的新文化運動，不僅僅是提倡西方價值與理念，諸如民主、科學、個人的自主性、女子解放等等；它的中心意義也不是局限於譴責中國傳統，包括儒家的理論與實際在內。從他的觀點來看，所有上述的實際問題——項目是無盡的——好像都可以納入「研究問題」的範疇。然而，胡適一方面在提倡輸入西方思潮與學術的同時，另一方面也著手「整理國故」；他似乎回到1917年提出的主題，亦即如何「將西方文明與我們自己文明裡最好的事物作成功的連結」。在此，我不打算詳評胡適的文章。相反地，我只想以它作爲出發點，指出探究五四思想史的一種新方式。

如果新思潮或新文化的中心意義是在批判精神指引之下研究西

學與中學，而研究的目的又是使二者互相闡明以求最後獲得一種創
造性的綜合，那麼「新文化」或「新思潮」的概念便必須擴大到可
以包括參加了五四運動的每一個活躍分子。這樣一來，我們便立即
發現：當時批評五四的所謂「守舊派」，也和他們「進步的」對手
一樣，不但具有批判的精神而且也採取了西化的立場。姑舉一例以
說明我的論點。根據一般的看法，梁漱溟(1893-1988)是文化「守
舊派」的一位典型代表。但是，他的名著《東西文化及其哲學》是
否也當看作1920年新文化的一部分呢？令人訝異的是，胡適在1926
年針對「中國文藝復興」的演講中，提出對該書的看法：

> 在歷史上我們首度察覺到一種新的態度，一種了解現代文
> 明基本意義的欲望，以及了解西方文明背後的哲學。讓我
> 引用中國學者梁漱溟的作品，作爲此一新意識的最佳範
> 例。……他呼喚出對新時代的思慕。他的著作受到廣泛的
> 閱讀，而且從那時起，便有很多著作撰寫同一主題。……
> 我可以指出，在這些討論中，一方面我們發現了一種完全
> 新穎的態度，一種坦白承認我們自己缺點的態度，而這種
> 缺點也是所有東方文明的缺點；另一方面，一種對西方文
> 明的精神求了解的坦率而真誠的態度，不只是了解它的物
> 質繁榮，而且是它所提供的精神的可能性。(Hu 1926：
> 273-274；亦參見馮友蘭，1984：201)

我徵引胡適的文字稍長，因爲他的話對於我的論點是一個重要而又
直接的印證。他在梁漱溟的作品中所察見的「新態度」，恰恰和他
在1919年「新思潮的根本意義」中所描述的完全一致。胡適在這裡

已明白承認，梁漱溟對東西文化及其哲學的研究正是所謂的中國文藝復興的一個構成部分。

　　以下，我想引用梅光迪(1890-1945)的例子，支持我的主張。眾所周知，梅光迪是胡適青年時期最親密的朋友之一，由於梅光迪極端反對文學運動，他們在1917年才變成激烈的思想對手。

　　梅光迪與吳宓(1894-1978)同是白璧德(Irving Babbitt)重要的中國門徒。1922年，他們兩人所創辦的《學衡》(1922-1933)，正如1934年一位中國作家所生動描述的，支持「任何胡適博士反對的事物。《學衡》揭櫫的目的……是對抗白話運動，且竭力支持固有的寫作方式。它是一場失敗的戰役，然而終不失為一場英勇的奮鬥」(溫源寧，〔1934〕1990：27)。因此，梅光迪與《學衡》被胡適與魯迅(1881-1936)等五四領袖輕蔑地斥之為頑固的胡鬧(Chow 1960: 282; 參見魯迅，1973，冊2：98-101，114-116)。我們似乎可以由此斷定，梅光迪不但把他自己放在五四時期新文化之外，而且也是新文化最無情的一個敵人。然而，最近梅光迪致胡適的四十五封信第一次刊布了，這些信使我們對他與後來胡適所推動的新文化之間的關係，有了全然不同的認識。細節不必詳究，以下我只報告幾點我認為是有意義的發現。

　　首先，1911年起，梅光迪寫了幾封長信給胡適，討論現代中國的儒學問題。此時，可能由於還籠罩在父親的影響下，胡適在相當大程度上仍是程朱理學的信徒。梅光迪激烈抨擊程朱的正統，並且敦促胡適轉向顏元(1635-1704)與李塨(1659-1733)之學。他認定顏李所強調的社會與政治實踐，在孔孟原始教義中具有核心的重要性，與程朱理學的玄想恰恰相反(耿雲志輯，1994，冊33：313-322、327-333、398-399)。一開始，胡適抗拒這種建議(〔1927〕

1986a,冊1:73、75）；然而，這爲他十幾年後熱心提倡顏李學派播下了種子（〔1927〕1986a: 3-8）。

其次，梅光迪不僅相當不滿漢儒和宋儒，而且也嚴厲批評當時中國極爲風行的國粹派，認爲他們仍舊不加批判地接受傳統的經典注解（耿雲志輯， 1994，冊33：387-389）。他的目標在於儒學傳統與西方文化的高度綜合。這勢必要兩個階段才能實現；徹底淨化過去兩千年來的儒學傳統，以及牢固掌握歐學，探其文化之源。他說，中國古籍現在必須根據西方的知識分類如文學、哲學、法學等等來重新加以研究（耿雲志輯，1994，冊33：334-336）。

第三，在1916年3月19日的信中，梅光迪說：「將來能稍輸入西洋文學智識，而以新眼光評判固有文學，示將來者以津梁，於願足矣。……來論宋元文學，甚啓聲聵，文學革命自當從『民間文學』（folk, popular poetry, spoken language）入手，此無待言。惟非經一番大戰爭不可，驟言俚俗文學必爲舊派文學所訕笑、攻擊，但我輩正歡迎其訕笑、攻擊耳。」（耿雲志輯， 1994，冊33： 436-437）由這封信看來，儘管梅光迪極不同意胡適的文學品味，但在胡適的文學革命早期，他事實上是個熱忱的參與者。此外，我也把胡適所引用的梅光迪來信，與原文作過詳細核對。毫無疑問，胡的引文斷章取義，以致把梅光迪塑造成文學革命的反面人物。在這些信裡，梅光迪不斷試圖把他的立場向胡適說清楚：他同情文學革命，但是無所節制地美化白話，他則無法贊同。他斬釘截鐵地告訴胡適，他在破除偶像上不輸給胡適（耿雲志輯， 1994，冊33：450）；他不輕易附和文學與藝術的「新潮流」，並非他「守舊」，而是因爲他「too skeptical, too independent」（太過懷疑，也太富於獨立精神。譯按：這兩句話在梅氏原信中本是英文）（ 耿雲志輯， 1994，

冊33：443）。根據這些新證據，我們幾乎可以肯定，正是胡適在論辯中不斷滋長的激進主義，才一步一步地把梅光迪推向極端的保守主義。然而，要是梅光迪在1952年還活著的話，他也許會有一種沉冤昭雪的快意，因爲那時候，輪到胡適對於美國學院裡的「新詩」和「新文學」發生徹底的厭惡了（1990，冊17：1952年2月25日）。

最後，梅光迪的政治與社會觀一如胡適，始終是穩健的自由派。他自始支持共和革命，後來袁世凱（1859-1916）背叛民國，他是完全同情國民黨的。對於胡適在美國的雜誌上發表反對袁世凱的聲明，他雖與胡適在文學與哲學上有重大分歧，卻仍然向胡適表示敬意。他甚至主動寫信給革命領導人黃興（1874-1916），推荐任命胡適爲共和事業的發言人。用他自己的話來說，「足下爲民黨，多爲文字，以轉移此邦諸議，有爲胡君適之者，久兼中西語，留學界中，絕無僅有」（耿雲志輯，1994，冊33：437-438）。在1916年12月28日的信中，他繼續針對文學革命與胡適辯論，他以和解的聲調，試圖在一般「人生觀」上，與胡適達成基本共識。他誠摯地建議胡適，他的白璧德式人文主義與胡適的杜威式實驗主義，彼此間所具有的共同處，遠大過差異處。兩者皆支持改革，惟有一個重大的差別：白璧德認爲，應從個人著手，而後逐漸擴展至全社會，而杜威似乎對這種改革流程，採取相反的看法（耿雲志輯，1994，冊33：464-466）。此外，儘管強烈迴護孔孟的道德信念，梅光迪徹底拒絕作爲一種政治意識型態的帝國儒學。他責難漢宋儒者將儒教曲解爲替專制政治與社會不均服務，也一再譴責「三綱」的說法（耿雲志輯，1994，冊33：374-375，384-387）。像這類的反傳統的激論如果也出現在《新青年》裡，不會有人想到，這些說法的作者身分是個《學衡》創刊成員。這解釋了爲何遲至1922年，他還毫不猶豫、

不隱瞞地稱讚胡適的自由主義政治觀(胡適，〔1924〕1986d：61)。

　　梅光迪與《學衡》的例子提出了一個嚴肅的問題，亦即五四時期新文化的真正身分。首要的是，假使一如胡適的定義所提示，新文化中由輸入中國的西方理念組成，那麼對中國五四思想界而言，明顯地，白璧德式的人文主義正好與杜威式的實驗主義同樣「新穎」。就某種意義說，胡適及其追隨者與梅光迪和《學衡》之間的衝突，或可視爲杜威式的實驗主義與白璧德氏的人文主義之間，從美國移轉到中國來了[7]。這相當正常，因爲在文化外借的過程中，只要有人拾取了一種外來思想，便不可能不引起另一個人對於這一思想的對立面的注意。那麼我們能夠視白璧德式人文主義，爲五四時期新文化的一部分嗎？至少，五四運動的著名成員梁實秋(1901-1987)與林語堂(1895-1976)，都以肯定的語氣答覆了這個問題。1924-1925年，梁實秋在白璧德的門下作研究，他回到中國後，對白璧德的古典人文主義深爲信服。1920年代晚期，他選收了許多《學衡》上的文章，主編了一本討論白璧德的文集，且以《白璧德與人文主義》的書名刊行。該指出的是，發行者不是別人，正是上

7　Thomas R. Nevin將白璧德與杜威作了以下的對比：「他重視意志，而以理智爲其伙伴，這使他與當時主導性的哲學趨勢，特別是受杜威影響的那些趨勢，有著一種互相協調的基礎。但白璧德的焦點在於內心與個人，是對於潮流的反抗。他輕蔑解決問題的科學技術，然而他也擔心其對人文價值的侵蝕。他認爲，同時代的『工具論者』與工程師的樂觀主義，無確定根據，又誤入歧途，因爲不論如何靈巧規劃或付諸實驗，始終沒有任何社會能夠躲開人性脆弱的大問題。希臘悲劇詩人、但丁與歌德(Goethe)的作品以及人文修養均衡者的智慧無不顯示出：人性的脆弱是無法消除的。」(1984:147)。這段話完全適用於梅光迪與胡適之間的思想緊張關係，包括前者試圖讓他的白璧德式人文主義與胡適的杜威式實驗主義作調和。

海的新月社，這是當時以胡適為護法的新文化的根據地（梁實秋，〔1963〕1969：57-64）。1919-1920年間，在哈佛跟隨白璧德作研究的林語堂，也寫信告訴胡適，與白璧德談話的期間，他察覺到胡適對白璧德的觀點有某些誤解。然而，他補充說，白璧德雖說反對每一現代事物，但他對視最新為最好這種尚新心態（neoteric mentality）的批評仍舊是對的。對林語堂而言，中國文學革命能在白璧德與梅光迪這類人身上得到一種自覺而又具反思性的抗爭，是一件大好事（耿雲志輯，1994，冊33：314-315）。胡適與魯迅把梅光迪和《學衡》完全摒在新文化之外，不用說，梁實秋和林語堂顯然沒有把持這種黨派的精神。有趣的是，正如美國1980年代以降，對白璧德重新產生若干興趣（Nevin 1984; Schlesinger 1986），1970年代以降，中國的知識分子也重新發現了梅光迪和《學衡》（侯健，1974；林麗月，1979；李賦寧、孫天義、蔡恆編，1990）。現在，似乎愈來愈有必要在陳獨秀與魯迅的激進主義和胡適的自由主義之外，將梅光迪和吳宓的文化保守主義，置於與五四新文化的同一的論述結構之中（林麗月，1979：396-402；樂黛雲，1990：255，264-266）。

在結束我的反思之前，我想稍微談談胡適的新文化規劃的另一部分——「整理國故」。這是一個對於中國傳統所有方面進行歷史研究的廣大領域。如果我們必須將「國故」學者包括在五四新文化之內，那麼「新文化」這一概念便更不能不隨之擴大了。舉幾個例子便足以說明問題。普遍被認為是最具「科學心靈」與原創性的古代史家之一的王國維（1877-1927），政治上是效忠清廷，文化上則是極度守舊。重要的中古專家陳寅恪（1890-1969），政治上與文化上都是保守主義者，終其一生未嘗以白話文寫作。但是另一方面他

又毫不諱飾地指出，自先秦以降，中國不只在科學方面，而且在哲學與藝術方面也不如西方(吳學昭，1992：9-13)。中國佛學史權威湯用彤(1893-1964)，實際上是《學衡》的撰稿人，而且，一如陳寅恪，始終使用文言文寫作。不用說，他們三人都不同情狹義與廣義的五四運動。但在國故領域，胡適對他們都推崇有加，也在他們身上找到一種精神的契合。他們對胡適也偶爾予以善意的回報。我們如以狹義的五四標準來衡量「國故」學者，諸如白話文、實證主義心態、反傳統主義、政治激進主義或自由主義、倫理相對主義、社會平均主義、個人主義等等，那麼他們之中的大多數而且是最有成就的都必須排除在這時期的新文化之外。這樣一來，所謂新文化還剩下什麼呢？那將只剩下一個純文字的世界，在這個世界中唯有意識型態衝突的種種胡言亂語，而思想和知識卻不可想像的貧乏。

　　貝爾(Daniel Bell)曾描述自己為「經濟上的社會主義者，政治上的自由主義者以及文化上的保守主義者」(Bell 1978: xi)。我相信，同樣的描述方式——當然，有非常多種可能的組合，——也可以用之於概括五四時期的中國知識分子。對不同的人而言，五四始終是也仍舊是很多不同的事物。對我而言，根本上它是一個文化矛盾的年代，而矛盾則注定是多重面相的(multidimensional)，也是多重方向的(multidirectional)。我無論如何也沒有辦法把它看做是一個單純而又融貫的運動，導向某一預定的結局，好像受到一種歷史的鐵則的支配一樣。在我看來，每一個五四知識分子都似乎是獨特的，他們之中，很多人都隨時在改變自己的想法，既快速，又劇烈。一如革命前的俄國知識分子，他們「可以是早晨的西化派，下午的斯拉夫文化擁護者(Slavophil)，而晚餐後則批評一切」(Greenfeld 1992: 270)；而五四的知識分子，即使不是在幾天和幾

星期之內，也能在幾個月的期間裡不斷移轉他的立場。當然，在廣義的五四運動中，我們也未嘗不能模糊地看出若干較大的思想類型和某些理念模式；但是，整體而言，概括論斷這些類型和理念則是極端危險的。強森(Samuel Johnson)將啓蒙運動中的文人共和國描述爲「心靈社群」(community of mind)的展現，因爲在那個共和國裡有某種共同的核心(轉引自Gay 1966: 39)。因此，所謂「啓蒙運動規劃」當然是一個可以談論的題目(MacIntyre 1984: 117-118; Bernstein 1992: 202-208)。但對照之下，五四的思想世界由很多變動中的心靈社群所構成；於是，不僅有許多不斷變動又經常彼此衝突的五四規劃，而且每一規劃也有不同的版本。或許，關於五四我們只能作出下面這個最安全的概括論斷：五四必須通過它的多重面相性和多重方向性來獲得理解。

徵引書目

《哲學大辭典》(上海：辭書，1985)。

毛澤東

    1969　《毛澤東選集》(北京：人民)，共四冊。

何干之

    1947　《中國啓蒙運動史》(上海：生活)。

余英時

    1976　〈文藝復興與人文思潮〉，收入氏著，《歷史與思想》(台北：聯經)，頁305-337。

    1984　《中國近代思想史上的胡適》(台北：聯經)。

    1995　〈現代儒學の回顧と展望〉，《中國：社會と文化》10(6月)：135-179。

吳學昭
　　1992　《吳宓與陳寅恪》（北京：清華）。
李長之
　　1946　《迎中國的文藝復興》（上海：商務）。
李振聲
　　1995　〈敬畏歷史，尊重歷史〉，《讀書》（七月號），頁27。
李賦寧、孫天義、蔡恆編
　　1990　《第一屆吳宓學術討論會論文選集》（西安：陝西人民教
　　　　　育）。
李澤厚
　　1987　《中國現代思想史論》（北京：東方）。
周陽山編
　　1979　《五四與中國》（台北：時報文化）。
林麗月
　　1979　〈梅光迪與新文化運動〉，收入汪榮祖編，《五四研究論
　　　　　文集》（台北：聯經），頁383-402。
林毓生等
　　1989　《五四：多元的反思》（香港：三聯）。
侯外廬
　　1956　《中國早期啓蒙思想史》（北京：人民）。
侯　健
　　1974　《從文學革命到革命文學》（台北：中外文學月刊社）。
胡　適
　　〔1927〕1986a《戴東原的哲學》（台北：遠流，再版）。
　　〔1939〕1986b《胡適留學日記》（台北：遠流，再版），共四冊。

〔1930〕1986c《胡適文選》（台北：遠流，再版）。

〔1924〕1986d《我們的政治主張》（台北：遠流，再版）。

〔1970〕1986e〈五四運動是青年愛國的運動〉，收入《胡適演講集》（台北：遠流，再版），冊4，頁133-134。

〔1970〕1986f〈中國文藝復興運動〉，《胡適演講集》（台北：遠流，再版），冊1，頁178。

1990　《胡適的日記》（台北：遠流，再版），共18冊，原始手稿照像複製，未標頁數。

耿雲志輯

1994　《胡適遺稿及秘藏書信》（合肥：黃山），共42冊。

高文華

1982　〈1935年前後北方局的情況〉，收入《中共黨史資料》（北京：中共中央黨校），頁184-188。

梁實秋

〔1963〕1969　《文學因緣》（香港：文藝書屋，再版）。

梁漱溟

〔1920〕1977　《東西文化及其哲學》（台北：問學，再版）。

陸　璀

1995　《晨星集》（北京：人民日報）。

傅斯年

1952　〈新潮之回顧與前瞻〉，收入《傅孟眞先生集》（台北：台灣大學），冊1(上篇，甲)，頁210-211。

傅樂成

1969　《傅孟眞先生年譜》（台北：傳記文學社）。

馮友蘭

1984 《三松堂自序》（北京：三聯）。

溫源寧

〔1934〕1990 「Mr. Wu Mi: A Scholar and a Gentleman」（英文），收入黃士坦編，《回憶吳宓先生》（西安：陝西人民），頁24-28。

葉永烈

1990 《陳伯達》（香港：文化教育）。

樂黛雲

1990 〈世界文化對話中的中國現代保守主義〉，收入李賦寧、孫天義、蔡恆編，《第一屆吳宓學術討論會論文選集》（西安：陝西人民教育），頁253-275。

魯 迅

1973 《魯迅全集》（北京：人民文學），共20冊。

Becker, Carl L.

1932 The Heavenly City of the Eighteenth-century Philosophers (New Haven: Yale University Press).

Bernstein, Richard J.

1992 The New Constellation: The Ethical-Political Horizons of Modernity/Postmodernity (Cambridge, Mass.: MIT Press).

Bell, Daniel.

1978 The Cultural Contradictions of Capitalism (New York: Basic Books).

Chow, Tse-tsung.

1960 The May Fourth Movement (Cambridge, Mass.: Harvard University Press).

Fairbank, John K.

    1982   Chinabound: A Fifty-year Memoir(New York: Harper & Row).

Gay, Peter.

    1966 The Enlightenment: An Interpretation; The Rise of Modern Paganism(New York: Knopf).

Greenfeld, Liah.

    1992 *Nationalism: Five Roads to Modernity*(Cambridge, Mass.: Harvard University Press).

Grieder, Jerome B.

    1970 *Hu Shih and the Chinese Renaissance*(Cambridge, Mass.: Harvard University Press).

Hiley, David R., James F. Bohman and Richard Schusterman, eds.

    1991 The Interpretive Turn: Philosophy, Science, Culture(Ithaca: Cornell University Press).

Hu Shih

    1926 "The Renaissance in China," Journal of the Royal Institute of International Affairs, 5(Nov.): 266-283.

    1934 *The Chinese Renaissance*(Chicago: University of Chicago Press).

    1960 "The Chinese Tradition and the Future," In *Sino-American Conference on Intellectual Cooperation: Report and Proceedings*(Seattle: University of Washington, Department of Pubications and Printing), pp. 13-22.

Liang Ch'i-ch'ao

1959　*Intellectual Trends in the Ch'ing Period*, Trans. by Immanuel C. Y. Hsu.(Cambridge, Mass.: Harvard University Press).

MacIntyre, Alasdair C.

1984　*After Virtue: A Study in Moral Theory*. 2nd ed. (Notre Dame, Ind.: University of Notre Dame Press).

Nevin, Thomas R.

1984　*Irving Babbitt: An Intellectual Study*(Chapel Hill: University of North Carolina Press).

Schlesinger, Arthur M., Jr.

1986　"Democracy and Leadership," In his *The Cycles of American History*(Boston: Houghton Mifflin Company), pp. 419-436.

Schwarcz, Vera.

1986　The Chinese Enlightenment: Intellectuals and the Legacy of the May Fourth of 1919(Berkeley: University of California Press).

Yu Ying-shih

1993　" The Radicalization of China, " *Daedalus*, 122. No. 2(Spring): 125-150.

據 "Neither Renaissance nor Enlightenment: A Historian's Reflections on the May Fourth Movement," in Milena Doleželova-Velingerová and Oldrich Král, eds., *The Appropriation of Cultural Capital: China's May Fouth Project* (Cambridge, Massachusetts: Harvard University Press, 2001), pp. 299-324譯出。

（江政寬　譯）

20
20世紀中國現代化與革命崇拜之爭

　　「現代化」一詞，如今已不再像1950-60年代美國現代化理論當令的時候那麼流行了。在近來的學術論著中，「現代化」的地盤早已被一長串以「後」爲字首的詞組接管了，而領銜的就是「後現代」一詞。值得一提的是：早在1970年代，有些主要的現代化理論家就以爲有必要釐清、修整，從而重鑄現代化理論的原始命題。爲回應這些對於現代化研究的種種預設普遍不滿的情緒，《Daedalus》曾經在1973年出了一份專號，檢討關於「後傳統社會」的論題。據艾森斯塔(S. N. Eisenstadt)在導論中的說法，「後傳統」一詞，是爲了「促使我們以新的眼光來觀照現代化與發展的某些關鍵問題」而鑄造出來的[1]。

　　越戰開始以後，現代化理論的影響力一落千丈。在現代化理論的種種罪狀中，其中一條是：它犯了我族中心主義(ethnocentric)的謬誤，因爲它以西歐及美國的歷史經驗爲標準，據以評斷非西方的社會與文化[2]。到了1960年代後期，衝突理論(conflict theory)興起後，「後現代」這個觀念，儘管沒有完全被「革命」那個觀念取而

1　"Post-Traditional Societies," *Daedalus* 102, no. 1(winter 1973).
2　Joyce Appleby, Lynn Hunt, and Margaret Jacob, *Telling the Truth about History* (New York: W. W. Norton, 1994), pp. 87-88.

代之，但此消彼長之勢已成[3]。有些比較嚴苛的論者，早已迫不及待，要去敲響現代化理論的喪鐘了。如Marion J. Levy, Jr.在1986年生動的描寫：

> 這些年來，無論在政治上，還是學術上，以下的說法都甚囂塵上：所謂的現代化研究，連幼童都可以一眼看穿，不過就是一套飾詞，其中的論斷根本站不住腳，或難以站得住腳；這門專題，充其量也只是一堆過時的、庸俗帝國主義偏見的大集合而已。社會學家事實上已經埋葬了這門專題──儘管墓穴挖得並不深。[4]

然而，反諷的是，隨著東歐與前蘇聯共產主義的垮臺，與之一時俱盡、信用大體破產的，卻是革命理論。相形之下，福山（Francis Fukuyama）所見甚是：「從1990這一年看來，現代化理論，比起15或20年前在學術圈子裡飽受圍剿的時候，要可信得多了。」[5]

這場會議的主題是「東亞現代化的困境」。身為史家，我想從歷史的角度來處理這個主題。首先，我要審察現代化的觀念這樣一個歷史現象。接下來，我想專門扣緊不斷變遷的革命概念，來討論中國現代化的困境。我希望藉著以下的初步觀察，可以使中國在這

---

3   Gilbert Rozman, "Theories of Modernization and Theories of Revolution: China and Russia," 發表於「中國現代化國際學術研討會（1860-1949）」，台北，1990年8月16-18日。

4   Marion J. Levy, Jr., "Modernization Exhumed," *Journal of Developing Societies* 2(1986):1.

5   Francis Fukuyama, *The End of History and the Last Man*(New York: Free Press, 1992), p. 133.

一方面的整體經驗，及其獨一無二的特質，得以稍稍展現在世人眼前。

就史言史，現代化只在西方發生過，而且就只發生過一次。我們通常所說的「現代西方文明」的興起與發展，正是指此而言；就其廣義言之，這是以一系列里程碑——如文藝復興、宗教改革、科學革命、光榮革命、啓蒙運動、法國大革命、美國獨立革命，以及產業革命等等——爲標誌的過程。經過這種種發展，西方文明一步步自我變革而邁向現代。此之謂「現代化」。眾所周知，西方現代化的結果，形成了由資產階級（bourgeois），或稱中產階級（middle class）所支配的資本主義社會。從這個角度看來，我們最好把西方的現代化看作是一場橫跨五個世紀，自本自根、自生自發的歷史過程。

而現代化理論，就另當別論了。哈伯瑪斯（Habermas）所見甚是。他指出：現代化理論首先把韋伯關於「現代性」（modernity）的概念，從產生了這個概念的現代歐洲根源中抽離出來；然後，再把它形塑成一個不具有時間、空間屬性的模型，以套用在一般的社會發展過程上 [6]。更有甚者，該理論是根據以下的預設而建立起來的：有某些歷史的法則左右著所有社會的演進，無論是西方的，抑或是非西方的社會。因此，依據現代化的典範，今日世界的種種社會，可以概分爲三大類：已開發的、開發中的，以及未開發的社會。

我不打算在這裡質疑現代化理論是否妥當，是否適切。我只想

6　Jurgen Habermas, *The Philosophical Discourse of Modernity: Twelve Lectures*（Massachusetts: The MIT Press, 1987）, p. 2.

指出：在利用現代化這個概念的時候，我們不該把它源自於西方的本義，與它應用在非西方社會時的引申義這兩者混為一談。就後者（非西方社會）而言，所謂的「現代化過程」，並不是由這些非西方社會，在那注定會出現的歷史轉折點上，發現了自己，從而自動生發出來的。非西方社會的「現代化過程」，事實上是由西方的現代性中特有的侵略傾向所啟動、促成的。如馬克思在1858年時所說的：「資產階級社會的真正任務是建成世界市場（至少是一個輪廓）和確立以這種世界市場為基礎的生產。因為地球是圓的，所以隨著加利福尼亞和澳大利亞的殖民地化，隨著中國和日本的門戶開放，這個過程看來已完成了。」[7]有趣的是：中國與日本的現代，大體上就是從馬克思寫這封信的年代算起的。然而，從馬克思的這段文字看來，他顯然認為：西方的「現代性」發展到最後，正是以「中國和日本的門戶開放」為終章。就我所知，在19世紀的東亞，我們看不到任何一點「東亞的現代性」可以不依賴西方而自動萌芽出來的跡象。因此，我們勢必會得出以下的結論來：無論是在中國、日本，還是在其他非西方社會，全都是由西方社會推動，非西方社會才得以進入「現代」的。既然如此，在我們談到非西方社會的「現代化」時，就只有從西方的立場來談，才說得通。就這些非西方社會本身而言，真正的問題——至少在剛開始的時候，並不是他們一無所知、不得要領的現代化。真正的問題是：當入侵的西方以摧枯拉朽的力量給非西方社會帶來史無前例的危機時，非西方社會該如何來理解、回應、對付這場危機。無論如何，非西方社會的各民族

7　Robert C. Tucker ed., *Marx-Engels Reader*, 2nd edition(New York, 1978), p. 676. 譯註：此處譯文根據《馬克思、恩格斯全集》，第29卷，頁348。

不多久以後就明白了這樣一個道理：只有取法於西方，才能以暴制暴，然後可以自立，可以圖存。從19世紀後期中國與日本的案例看來，中、日兩國不但在科技方面師法西方，在制度與風俗方面，也是對西方亦步亦趨。所以，19世紀末20世紀初的中、日知識分了，也就順理成章地把這些早期的現代化的企圖通稱爲「西化」了。當時在日本數一數二的西化論者福澤諭吉(1835-1901)在以下這段話中，把這種精神表露得最是顯豁：「拙著千言萬語，其宗旨不過欲立日本爲文明之國，使日本兼具和、戰之具，一如泰西諸國而已。」[8]我當然明白：「現代化」與「西化」兩者不能混爲一談。不過，從歷史上看，「西化」一詞遠較「現代化」一詞更爲精確。畢竟，中、日兩國的知識分子，都把本國的現代化過程，就看作是「西化」的過程；即使不全是「西化」，也八九不離十了。

　　1960年代後期以降，現代化理論歷經淬礪，修整得更爲周到精練：而現代化與傳統兩者之間的關係，更是修正、翻新過的要項。早期的現代化理論，把傳統看作是現代化的障礙；兩者你死我活，勢不兩立。因此，克服傳統成了現代化的前提。然而，在實際研究過所謂「發展中國家」（如印度、泰國、土耳其等等）的個案後，傳統在現代化過程中所扮演的角色，才開始大白於世。Lloyd與Suzanne Rudolph夫婦研究現代印度的政治發展，從其中看到了傳統與現代之間的複雜關係。他們指出：「把傳統與現代看作是水火不相容的兩極，這樣的預設，源自於對傳統社會中的『傳統』所做的誤診，源自於對現代社會中的『現代』所做的誤解，源自於對兩

8　Ryusaku Tsunoda, William T. de Bary, and Donald Keene eds., *Sources of Japanese Tradition*(New York: Columbia University Press, 1958), p. 628.

者之間的關係所下的誤判。」[9]此後，研究印度其他方面的論著，也進一步證明了Rudolph夫婦的觀察特具洞見[10]。我們就以這樣一種翻新的方式來理解現代化與傳統的關係；並以此爲據，來處理「中國現代化的困境」這個問題。

中、日兩國在現代化的過程中，一成一敗；中國敗北，日本奏捷，孰令致之？這個論題，早已眾說紛紜而莫衷一是。至遲從1930年代以來，就有人營構了種種有趣的理論，以解釋這兩個東亞國家在現代化過程上所展現出來的雲泥之別。到了1960-70年代，台灣與香港，再加上南韓以及新加坡，一時俱現，而有了「東亞四小龍」之目。其中台灣在經濟發展方面的成就，不但促成了多元社會的進展，更重要的是：還進一步推動了1980年代政治上的解放；對現代化理論而言，台灣經驗是個稀有而可貴的案例。由於台灣與香港的現代化都是以中國文化爲苗床，這兩者在現代化方面的成就，相形之下，使「中國如何從傳統過渡到現代」這整個論題，顯得更是錯綜複雜。

當然，此處並不適合鉅細靡遺地論究中國現代化的問題。在這

9　*The Modernity of Tradition*(Chicago: University of Chicago Press, 1967), p. 3. Carl J. Friedrich對此有所引用與討論，參見Carl J. Friedrich, *Tradition and Authority*(New York: Praeger Publishers, 1972), p. 39.

10　例如Joseph M. Gusfield, "Tradition and Modernity: Misplaced Polarities in the Study of Social Change," in Amitai Etzioni and Eva Etzioni-Haley, eds., *Social Change: Sources, Patterns and Consequences* (1973), pp. 333-341; J. C. Heesterman, "India and the Inner Conflict of Tradion," in *Deadalus,* 102(winter, 1973): 97-113; Rhoda LoisBlumberg, "Family Values and the Educated Working Woman in India," in Jessie G. Lutz and Salah El-Shakhs eds., *Tradition and Modernity, The Role of Traditionalism in the Modernizing Process*(University Press of America, 1982), pp. 129-146.

篇論文裡，我只打算考察20世紀中國意識型態的大網中的一根線索。這根線索，或可稱之為「革命的崇拜」（fetishism of revolution）。以下的考察，主要是一種觀念史的研究。我要探究的，不是純粹、單純、在自己領地裡稱王的觀念；而是曾經帶來重大的社會與政治後果的觀念。

在19、20世紀之交，求變、唯變革是尚的心態曾經席捲了中國。這就形成了20世紀中國政治心態的特色：繼長增高，越來越甚的激進化過程[11]。激進化的內在邏輯，往往導向激進化觀念之尤——革命。我們的討論，不妨就從現代中國政治思想中的「革命」這個概念入手。在中文裡，「革命」一詞（日文作kakumei，かくめい），見於古代的經典中，字面的意思是：「天命的變革與轉移」，指的是「改朝換代」。1902年，梁啓超在〈釋革〉一文中指出：首先用中國古代經書中的「革命」兩字，來譯英語中的revolution一詞的是日本人。儘管梁啓超自詡為改革者，他卻仍然主張中國需要徹底而全面的"revolution"，所謂的"revolution"，是指「從根柢處掀翻之，而別造一新世界」。無論從傳統形態的「改朝換代」，或是一點一滴的改變，對於中國而言，都沒什麼大用處。因此，梁啓超認為：把revolution譯作「革命」或「かくめい」（kakumei），是嚴重的誤譯。在歐洲，數千年來，「各國王統變易」，改朝換代者「以百數」，何以史家獨獨鍾情於1688年的英國革命與1789年的法國革命，而賜以"revolution"之嘉名？梁氏以為：原因在於，僅有英、法兩國的revolution是「從根柢處掀翻

11　參見Ying-shih Yu, "The Radicalization of Cnina in the Twentieth Century," *Daedalus*, 122: 2（spring, 1993）, pp. 125-150.

之，而別造一新世界」。梁氏這篇著於1902年的文章，很可能是中國人討論「革命」這個問題的破天荒第一篇文字。在這篇文章中，「革命」(revolution)早已被看作是現代化的關鍵所在了。借用梁啟超自己的說法，所謂革命(revolution)，是「文明崇實高尙之美名」[12]。

在革命派方面，我們姑舉鄒容(1885-1905)那本雄辯滔滔宣傳革命的小冊子《革命軍》(1903)爲例。在這本小冊子裡，「革命」一詞有廣、狹二義。狹義的說，革命意謂推翻滿清；廣義的說，革命則意謂以美國、法國爲師，建立一個新的「中華共和國」。「革命」的廣、狹二義，實在是一體的兩面；在當時，這是許多革命派共有的主張。相較於梁啟超在稱美「革命」時，那種冷靜、超然的語氣，革命派在膜拜「革命」時，則熱血沸騰、不能自已。姑引鄒容自己的文字，以見一斑：

> 掃除數千年種種之專制政體，脫去數千年種種之奴隸性質，誅絕五百萬有奇披毛戴角之滿洲種，洗盡二百六十年殘慘虐酷之大恥辱，使中國大陸成乾淨土，黃帝子孫皆華盛頓，則有起死回生，還魂返魄，出十八層地獄，升三十三天堂，……至尊極高，獨一無二，偉大絕倫之一目的，曰革命。巍巍哉！革命也！皇皇哉！革命也！[13]

12　梁啟超，〈釋革〉，收入《飲冰室合集》（北京：中華書局，1989），頁40-44。然而必須指出的是，他對中國革命性變革的提倡，並未促使其投入革命的狂熱行動中。參見 Hao Chang, *Liang Ch'i-ch'ao and Intellectual Transition in China*(Cambridge, MA: Harvard University Press, 1971), ch. 7.

13　鄒容，《革命軍》（北京：華夏出版社，2002），第一章，〈緒論〉，頁

從這一段文字中，我們不但看到了大聲疾呼、訴諸暴力的主張，還可以看出隱隱約約流露出來的排拒傳統的態度；在以後的幾個世代中，這兩者逐漸與「革命」這個觀念糾纏在一起，而且其勢與日俱增、有加無已。在這本小冊子後面的章節中，鄒容強調：革命的目標，就是要建立一個可以與美國、法國相提並論的，獨立、自由、民主的中國。就此而言，鄒容念茲在茲的，正是今天我們所謂的現代化，或者，說得更精確些，也就是所謂的西化。然而，鄒容當時無法預見：中國悠久的傳統沈重得難以撼動，以至於還拖了一百年，革命仍未成功。尤有甚者，革命既經啓動，隨之而來的形形色色的「破」，就耗盡了中國人的精力，從而再也沒有餘力去從事現代化所必需的「立」；「立」的工作，就只有無限期的遷延下去了。就這樣，中國的現代化與革命之間，暗蓄著的緊張關係，如此深鉅，以至於幾乎從一開始就注定了會愈演愈烈，終必至勢不兩立而後已[14]。有一位研究辛亥革命的史家就剴切中肯地指出：「當年的激進派，一方面創出了『革命』這一整套觀念，一方面也開出了此後引領風騷四十年的左翼學生政治的行動範式。他們把瀰漫著國家主義氣味的空想，把學生那種習慣成自然的少不更事，以及操之過急的激進主義熔爲一爐，在短促的學生世代間代代相傳。他們所樹立起來的革命者的形象，始終能激勵人心、鼓舞士氣，直到共產黨在中國收功奏凱爲止。」[15]接著，我們要探究下一個極爲重要的

(續)

7。

14 關於這一點請參見Michael Gasster精闢地討論。Michael Gasster, *Chinese Intellectuals and The Revolution of 1911*(Seattle: University of Washington Press, 1969), pp. 9; 245-247.

15 Mary B. Rankin, *Early Chinese Revolutionaries*, p. 17.

革命階段：1919年的五四運動。

在五四時期——粗略估算，大約是從1917年到1923年，革命這個觀念在兩方面各有進展，這兩方面且彼此相輔相成。首先，與早期革命派異趣的是：起碼在五四運動初起的階段，五四知識分子的用心所在是觀念與價值的領域，而不是政治與制度的範疇。結果，「革命」這個觀念，就向四面八方、瀰天蓋地的繁衍開來。事實上，五四運動不只是在1917年隨著一場「文學革命」而展開的；它也通稱爲「思想革命」。在這一段時期裡，「革命」一詞，不分青紅皂白地被應用在形形色色的題目上，舉凡「社會革命」、「道德革命」、「家庭革命」、「婚姻革命」、「倫理革命」等等皆是。其次，由於五四運動的批判精神，質疑傳統的每一方面，一種反傳統心態也就漸漸成形。如陳獨秀(1879-1942)在1919年爲著名雜誌《新青年》申辯而寫的一篇文章中這樣說：「他們所非難本雜誌的，無非是破壞孔教、破壞禮法、破壞國粹、破壞貞節、破壞舊倫理、破壞舊藝術、破壞舊宗教、破壞舊文學、破壞舊政治這幾條罪案，本社同人當然直認不諱。」他進而爲《新青年》開脫：爲了維護「德先生」(民主)與「賽先生」(科學)，爲了替他們開路，《新青年》除了干犯這幾條「滔天的大罪」外，別無他法。「只有這兩位先生，可以救治中國政治上道德上學術上思想上一切的黑暗。」[16]陳獨秀信奉啓蒙精神，已到了刻骨銘心的地步；他主張要按部就班「推翻偶像」：「宗教上、政治上、道德上自古相傳的虛榮欺人不合理的信仰，都算是偶像，都應該破壞！此等虛僞的偶像倘不破壞，宇宙間實在的眞理和吾人心坎兒裡徹底的信仰永遠不能

---

16 《新青年》，6卷1期(1919年1月15日)，頁15-16。

合一！」[17]

我們爲陳獨秀說句公道話：儘管從以上這些文字看來，陳獨秀似乎想一舉掀翻中國傳統，但他本人實在不如它的文字那麼「離經叛道」。無論如何，到了1919年，陳氏也已經激進到要與中國傳統一刀兩斷了。陳獨秀，連同其他的五四領袖們，特別是魯迅(1881-1936)，以及胡適(1891-1962)——儘管胡適走得沒那麼遠，他們都曾經把以下的這種觀念引進中國：現代化的前提，就是必須先把傳統趕盡殺絕。他們都必須爲引進這個觀念負責。我說他們「引進」了這個觀念，我的措詞是再三斟酌過的。因爲，這個觀念，與蘊藏在法國大革命中的啓蒙運動的理念——「理性」與「現代性」，其實是同一回事。近來有一位科學哲學家爲這個觀念取了個恰如其分的名字：「除舊布新的迷思」(the myth of the clean slate)；顧名思義，「除舊布新的迷思」指的是以下這種態度：「必先除舊，方能布新，方能重起爐灶，別開生面。必得如此，乃爲合乎理性。」[18]我認爲：正是這種除舊布新的迷思，徹底改造了中國20世紀的革命觀念。

最後，我們也不能低估俄國革命對中國知識分子所產生的衝擊。正是馬列主義的理論與實踐，催化了我所謂「革命的崇拜」在中國的成長；就此而言，馬列主義的影響力是無與倫比的。無庸贅言，我用的「拜物教」（譯按：本文在其他地方將fetishism譯爲

17　參見Chou Tse-tsung, *The May Fourth Movement: Intellectual Revolution in Modern China* (Cambridge, MA: Harvard University Press, 1960), p. 297.譯註：此段文字爲陳獨秀〈偶像破壞論〉一文的部分文字，該文發表於《新青年》，5卷2號(1918.2)。

18　Stephen Toulmin, *Cosmopolis: The Hidden Agnda of Modernity*(The Free Press, 1990), p. 175.

「崇拜」)一詞，就借自馬克思。當馬克思想要說明商品作爲一種「價值實體」的神秘性質時，他得「逃到宗教世界的幻境中去」，以便「尋找一個比喻」。馬克思在《資本論》第一卷中說：「在那裡(譯按：在「宗教世界」裡)，人腦的產物表現爲賦有生命的、彼此發生關係並同人發生關係的獨立存在的東西。」[19]對於馬克思而言，「拜物教」正是這樣一種心智的產物。我並不想否認：所有現代的革命都有其物質的成分。我想強調的是：「革命」作爲一種觀念，首先是心靈的創造；而且，這種心靈的創造，其源頭可以一直上溯到啓蒙運動與法國大革命[20]。Steven B. Smith在西方政治思想史中爲「革命」這個概念追本溯源，他認爲康德是第一位爲革命張目的現代哲學家。他指出：「自康德以降，革命這個概念贏得了一種近乎超越的意味；此後的思想家更進而把它凝煉成一種歷史必然性(historical inevitability)的觀念。由康德開其端，踵其緒者從黑格爾到馬克思，從列寧、托洛斯基到毛澤東；在這一脈相承中，革命變成了一種神聖的責任，由無私的人們承擔起來，這些無私的人們以行動來實現理性與自由。」[21]以下，我想簡略說明：中國的革命派曾經借助於俄國革命的一些方面；憑藉著這些助力，中國的革命派才掌握了革命「超越的意味」與「神聖的性質」，從而催化了革

19　Tucker, *Marx-Engels Reader*, p. 321.譯註：本段譯文引自馬克思、恩格斯著，吳家駟譯，《資本論(第一卷)》(台北：時報文化，1992)，頁89。

20　不過，根據Christopher Hill，「革命」的現代意義在17世紀晚期的英國已然浮現。參見"The Word 'Revolution'," in *A Nation of Change and Novelty: Radical Politics, Religion and Literature in Seventeenth-Century England*(London, 1990), pp. 92-101.

21　"Hegel and the French Revolution: An Epitaph for Republicanism," in Ferene Feh'er ed., *The French Revolution and the Birth of Modernity*(Berkeley and Los Angeles: University of California Press, 1990), pp. 221-223.

命崇拜的興起。

首先，從馬列主義的立場看來，社會主義革命正是一種「歷史的必然」；而這種「歷史的必然」，則根據支配社會變遷的「鐵律」（iron laws）這個觀念而來。五四一代，大都著迷於「唯科學主義（scientism）」，對於其中那些激進的知識分子而言，在恩格斯所謂的「科學社會主義」中蘊涵著的「科學定律」這個理念，尤其令他們目眩神迷[22]。尤有甚者，隨著政治上君主政體的壽終正寢，傳統的「天命」觀念作為政權合法化的基礎，早已無能為力。所以「歷史的必然」或者「社會變遷的科學定律」，填補了由「天命」所遺留下來的空缺，就是相當自然的事了。

其次，實現社會主義革命是件「神聖的責任」；因為，白馬克思主義的角度觀之，社會主義革命是為人類史上最偉大、最合乎正義的目標而戰，換言之，也就是為解放那可憐的、受盡剝削與壓迫的無產階級而戰。這種道德上的訴求，在某些理論層次上稍加扭曲，就頗能投合五四激烈派在精神方面的需要。其一，儘管五四時期中國產業工人的人數極少[23]，中國的「無產階級」，大可以信靠上億的農民，把他們看作自己營壘中的死黨；農民們毫無疑問，正是中國可憐的、受盡剝削與壓迫的階級。其二，依據列寧關於帝國主義的理論，正好可以把全中國的「人民」視為飽受了西方列強無情的剝削與壓迫。其三，就革命的實踐而言，必須一提的是：支撐著中國人去追尋革命理想的那種道德激情。在五四時期，中國的道德激情驚天動地爆發了出來。一方面，五四知識分子自幼受的是儒

22　D.W. Y. Kwok, *Scientism in Chinese Thought*(New Haven: Yale University Press, 1965).

23　1918年的估計是少於兩百萬。參見周策縱前引書，頁381。

家教育，從他們領受的種種教訓中，他們相信：士大夫應該時時憂生民之艱，以匹夫匹婦的福利爲念。在19、20世紀之交，中國人民所熬受的種種亂離與苦痛，必定曾深深摧痛了他們的良心。再方面，當時中國民族主義熱潮的興起，也引發了道德的激情。我們絕不該忘記：1919年5月4日在北京的遊行示威，是直接由學生強烈的愛國情操所啓動的。追本溯源，這些道德激情，實在與作爲一場國際運動的社會主義革命風馬牛不相及。無論如何，過不了多久，中國的馬克思主義者，就上下其手擺布播弄了這些道德激情，以遂其所願。

我覺得：歷史中的「科學」定律以及道德激情，兩者通力合作，都有助於神化中國的「革命」這個觀念。當然，在爲革命張目、辯白時，一方面訴諸於科學的論據，另方面又訴諸於道德的論據：似乎不免自相矛盾。然而，這個自相矛盾之處，恰好也正是馬克思主義養精蓄銳、生聚力量的所在。Michael Polanyi很透徹地指出這一點：「這類自居爲科學眞理的說法，因爲能夠滿足人們的道德激情，所以人們也就姑且接受了這些說法；而這些說法又倒過來進一步激發了那些道德激情；那些道德激情則投桃報李，賦予這些自居爲科學眞理，實則有待驗證的說法更加雄辯的力量——如此這般，陳陳相因，無有已時。尤有甚者，這樣一對由道德激情與科學眞理結成的天作之合，既具前者提供的動力，又有後者定下的目標，兩者互爲奧援，在自衛時就能固若金湯。任何針對其科學部分所下的批判，往往就被馳援的道德激情擊退；而在面對任何道德方面的責備時，又往往乞靈於那些科學上的發現，根據那些科學發現，毫不留情、不恤人情地定下判決，把種種道德上的責備掃到一邊去。提供動力的成分與定下目標的成分，在任何一方受到攻擊

時，另一方便現身將攻擊者的注意力吸引開。」[24]

　　中國共產黨是在1921年成立的，兩年多以後，國民黨聯俄容共，按蘇維埃的方針改組了自己。國、共兩黨都自命「革命」，而與西式的議會政治大相逕庭。因此，從1920年代中期起，「革命」在中國被奉為至尊的上帝；無論是革命黨，還是激進的知識分子，從他們的角度看來，所有加諸「革命」的批評，都只能算是大逆不道。到了1949年以後的中國，更進而以俄為師，師法蘇俄在紅色恐怖時期依「革命良心」（revolutionary conscience）來定罪的先例，而把「反革命」定為罪大惡極的罪行[25]。

　　從師法法國革命到師法俄國革命，這樣突然的改弦易轍，是五四時期嚮往、追求西方新潮（西方的觀念、價值與制度）那種心態的典型表現。陳獨秀儘管直到1919年還是位偉大的親法派，而且也堅定擁護英、美式的民主；可是他不但轉而信奉馬克思主義，在1920年組織中國共產黨時，更展現了無與倫比的熱忱；當陳獨秀親眼目睹了西方最新的政治制度——列寧的「無產階級專政」時，他毫不遲疑就甩掉了民主，好像那只是一輛二手車而已[26]。值得強調的是：從法國革命到俄國革命，如此這般改易所取法的榜樣，正標明了在中國對革命的構思中，革命的典範開始了根本的轉變。用馬列主義的術語來說，也就是從「資產階級革命」推移到「無產階級革命」。然而，隨著共產政權在東歐與蘇聯的垮臺，這樣的區分已經

24　*Personal Knowledge, Towards a Post-Critical Philosophy*(Chicago: University of Chicago Press, 1962), p. 230.

25　Richard Pipes, *The Russian Revolution*(New York, 1990), pp. 798-799.

26　Thomas C. Kuo, *Ch'en Tu-hsiu and the Chinese Communist Movement*(Seton Hall University Press, 1975), pp. 80-81.

沒有什麼太大的意義了。近來著眼於全球視角，對現代革命所作的
探討中，出現這樣的看法，中國從以法國革命為師到以俄國革命為
師，其間的轉變，也許可以作如此這般的解釋：中國在盲從西方以
追求現代時，接二連三的挫折，終於把陳獨秀之類的知識分子逼進
了敵對的陣營──反西方主義(anti-westernism)的陣營。如Robert
N. Bellah言簡意賅點出的：

> 隨西方的入侵而生的急遽社會變革，幾乎在所有身當其酷
> 的社會裡都留下了創鉅痛深的結果。他們一方面癡心渴求
> 種種西方社會所特具的性質；一方面又對自己親身經歷的
> 天翻地覆，對自己在奮起直追西方時的力不從心，感到深
> 惡痛絕。它們往往致力於「反西方的西化(anti-Western
> westernization)」，他們公然標舉反西方的意識型態。在
> 這種意識型態的掩護下，他們掀起了驚天動地的社會變
> 革。共產主義只是這種潮流中的犖犖大者而已[27]。

陳獨秀、李大釗(1888-1927)之類的知識分子投身於反西方的陣
營；因為他們把西方看作是帝國主義；在他們看來，中國的困窮，
主要應該歸罪於西方。然而，他們所獻身的新革命的目標與舊革命

---

27 Robert N. Bellah et. al., *The Good Society*(New York, 1991), p. 250. Bellah
   這段話是對Theodore H. Von Laue研究的評論。Theodore H. Von Laue,
   The World Revolution of Westernization(Cambridge: Oxford University Press,
   1987). Ballah所說的「反西方的西化」(anti-Western westernization)，在
   Von Laue 的書中稱為「反西方的反革命運動」(anti-Western
   counterrevolution)。但是我覺得Von Laue對他所引以為證的「文化決定
   論」個案，論證太過。

的目標，實在並無二致。他們念茲在茲的，始終還是趕上西方。
(到了1950年代，毛澤東情有獨鍾的標語仍然是「超英趕美」。)唯
一不同的是：他們慷慨激昂的反西方主義說辭，往往遮蓋了他們師
法西方的行藏。現在，言歸正傳，我想指出，根據俄國的榜樣來重
新界定革命，這在兩個重要的層次上別具意味：首先，把中國的革
命與馬列主義關於世界革命的觀念綰合起來，讓中國的革命派體會
到一種前所未知的感受：他們自覺肩負著「神聖」的任務。1924
年，孫中山先生鼓吹國民革命，就自覺這是天將降「大任」於我們
中國人[28]。孫中山的革命激情，顯然是由孟子「天將降大任於斯人
也」(見《孟子》，〈告子章句下〉，第十五節)的名篇脫胎而出
的。只要來個列寧式的曲解，新一代的革命派馬上就可以順水推
舟，把孟子的道德激情挪爲己用。一個革命派在自認是爲了解放中
國——乃至全世界的被壓迫階級而戰時，確實會油然生出一種自
信：自信自己在道德上可以作爲表率。他會自命歷史已經把世界革
命這個「大任」託付給了自己。其次，革命的工作已經從只求推翻
中國的過去，(所謂的「封建主義」)，擴展到也要推翻西方的現在
(「資本主義、帝國主義」)；革命不再像早先預期的，是可以在短
期內速成的東西了。至遲到1927年，由瞿秋白領導的共產黨就正式
接受了馬克思的「不斷革命」論[29]。一方面極端神化了革命的觀
念，一方面又使它幾乎永垂不朽；這樣的革命觀念，就免不了與現

28　引自 Von Laue, *The World Revolution of Westernization*, p. 84.

29　Thomas C. Kuo, *Ch'en Tu-hsiu and the Chinese Communist Movement*, p.
　　182.關於馬克思不斷革命的概念，參見Robert C. Tucker ed., *Marx-Engels*
　　Reader, p. 505.列寧的概念則見Richard Pipes, *The Russian Revolution*, p.
　　362.

代化的觀念互不相能、勢難兩全了。

　　根據現代化理論，在非西方社會裡，現代化是緊接著革命而來的：革命結束，現代化才開始。如David Kopf所指出的：「1960年代以後，非西方社會的現代化理論是由一群留心世運與時會的社會科學家主控的；他們總愛把那天翻地覆的變化，從這些非西方世界獨立後的第一年算起。」[30]這也許是因爲早期現代化研究的對象，總限於那些才脫離殖民統治而贏得政治獨立的亞、非國家。無論如何，現代化與革命之間的關係錯綜複雜，很難輕易地歸納成幾條簡單的通則。即便是在那些已經擺脫殖民統治的新國家裡，現代化與革命之間的關係也因地而異，各不相同。想要在時間上，爲革命與現代化之間畫上一條清楚的分界線，就算不是不可能，起碼也相當困難。1960年代流行於印尼的一句口號：「革命尚未成功」[31]，就把這一點生動揭示了出來。中國的讀者馬上就能看出：這句耳熟能詳的口號是孫中山先生首先鑄造出來的。這正是中國現代化困境的癥結所在：只要大家相信革命「尚未成功」，需要謹愼將事、按部就班的現代化工作就不可能在中國開展。原因倒不勞遠求；首因是：革命的本質是要破，而現代化的本質卻是要立——主要是立國（也包括社會）；破與立勢難同時並存。

　　歸根究柢，對於現化而言，革命崇拜是比革命本身還難對付的死敵。革命崇拜者偏執於革命這個觀念，他們心無旁騖，除了他們所從事的革命這件神聖的責任(姑且不論是眞是幻)以外，他們想不

30　"Modernization and Westernization: Process and Pattern in History," in Jessie G. Lutz and Salah El-Shakh eds., *Trandition and Modernity, The Role of Traditionalism in the Modernizing Process*, p. 8.

31　Clifford Geertz, *The Interpretation of Cultures*(New York, 1973), p. 222.

出人生還能有其他意義、其他目標。早在1920年代國民革命告成、
國民政府在南京建立時起,革命的崇拜與現代化之間互不相能、勢
同冰炭的局面就已初露朕兆。革命的崇拜者,對於那些經常指責國
民黨「一黨專政」的自由主義者所極力主張的政治現代化——也就
是憲政民主,是滿懷敵意的[32]。這也是知識分子和國民黨政權疏離
的開始;等到國民黨施行「黨化教育」時,兩者之間的疏離就更是
變本加厲了[33]。好在國民黨內部還有相當一批推動現代化的人,所
以南京的國府在立國建國方面仍能有些成績。尤有甚者,1928年以
後,國民黨的革命精神日趨澆漓,儘管論者多以此為弱點,依後見
之明看來,這倒不失為長處,南京政府因此才沒有掀起沒完沒了的
革命暴力來摧毀原有的社會組織。傳統社會也才能保住一點餘地,
以逐漸自我轉化成所謂的「市民社會」。費正清在他最後的遺著裡
就這樣寫道:「若不是日本荼毒中國的侵略行為,南京政府本來可
以逐步引導中國走向現代化的。孰料,抗日戰爭卻讓毛澤東與中國
共產黨趁機崛起,他們在農村建立起了新的專制政權;卻把在國府
治下,初露端倪、方興未艾的城市市民社會的元素扼殺殆盡。」[34]
事實上,國府治下的革命崇拜傾向,力道有限,現代化也因此不至
於被徹底扼殺掉,而有滋長的餘地。

---

32 Jerome B. Grieder, *Hu Shih and the Chinese Renaissance, Liberalism in the Chinese Revolution, 1917-1937*(Cambridge, MA: Harvard University Press, 1970), pp. 236-244.

33 Wen-Hsin Yeh, *The Alienated Academy: Culture and Politics in Republican China, 1919-1937*(Cambridge, MA: Harvard University Press, 1990), pp. 167-182.

34 John King Fairbank, *China, A New History*(Cambridge, MA: Harvard University Press, 1992), p. 311.

　　從1949年起，到1976年止，在中國革命的化身毛澤東個人的領導下，革命崇拜如日中天。毛澤東是個善於大破的「天才」，他一朝握權在手，便立刻以革命爲名，將中國傳統斬草除根。金耀基言簡意賅地指出：

> 共產黨於五、六十年代利用「組織」去消滅和取代中國傳統社會系統中的制度性結構，從而造成了革命性的變化。……黨國把社會組織成一個個無所不包的功能性集體，稱爲單位。在中國大陸，幾乎每一個有工作的成年人都要隸屬於一個單位，該單位向其成員提供廣泛的物品和服務。單位對個人幾乎是一種全控的關係，而個人對單位的高度的依賴性——用渥爾德（A. Walder）的話來說——創造了一種「有組織的依附性的文化」。[35]

　　「單位」是個人徹底認同的對象；他的身分也由此而來。一個人而沒有「單位」，也就是一個人而一無認同，一無身分。然而，必須再三強調的是：這還只是毛澤東式革命的開始，而不是結束。

　　1950年代曾任毛澤東秘書的李銳，近來著書談到毛澤東的早年與晚年；其中有大量證據，足以說明毛澤東狂熱的革命崇拜[36]。首先，毛相信無論在人類世界還是自然世界，都充滿了不斷推陳出新

35　Ambrose Yeo-chi King, "Kuan-his and Network Building: A Sociological Interpretation," in *Daedalus*, 120:2（spring, 1991）, pp.71-72. 譯註：此段翻譯文字引自金耀基，〈關係和網絡的建構〉，收入氏著，《中國的社會與文化》（香港：牛津大學出版社，1992），頁73。

36　李銳，《毛澤東的早年與晚年》（貴州：貴州人民出版社，1992）。

的矛盾與對立。所以鬥爭(亦即革命)也就永無止境。其次,他相信他所獻身的革命,不限於中國,而必須擴及到全世界。革命所需要的時間,不能用一年、十年來算,必須用一百年、二百年或幾百年來算。其三,他所謂的革命,又是用暴力搞得天下大亂。其四,他把經濟建設與暴力革命混爲一談。這也是1958年他推行大躍進時所根據的基本理論。這種觀點,在毛澤東已經出版的文字中也看得到。例如,在1958年1月,他說:「要講不斷革命論……一個接一個,趁熱打鐵,中間不使冷場。」[37]此處,鐵證如山的是:毛的這段發言,是針對大躍進——而不是革命——而發的。然而,如果把這段文字從原文的脈絡中截出,僅就這段文字來看的話,誰知道他說的是大躍進?誰能分辨大躍進與革命之間的差別?其五,毛澤東徹底否定中國的傳統,他自認自己的「大破」,距大功告成還早得很。到了1959年,他再三表明:他決心要廢除中國傳統社會制度中最後的殘餘:家庭。他的決心,把大部分在場的同志都嚇了一跳,特別是朱德。最後,他還相信:依靠鋼鐵意志與革命手段,他可以把中外古今的所有烏托邦在中國付諸實現。就在這裡,他把「除舊布新的迷思」推到了不合邏輯的頂點。黑格爾針對他所謂的「否定的意志」或「否定的自由」,曾有以下有趣的描寫:

> 這(否定的自由)是提高到現實形態和激情的那空虛的自
> 由;當它還停留在純粹理論上的時候,它在宗教方面的形

37　轉引自Theodore H. Von Laue, *The World Revolution of Westernization*, p. 282. 譯註:本段譯文引自毛澤東,〈最高國務會議上的講話〉(1958年1月28、30日),載於《毛澤東思想萬歲》第2冊(維吉尼亞:中國研究資料中心,2006),頁54。

態就成爲印度的純沈思的狂熱，但當它轉向現實應用的時候，它在政治和宗教方面的形態就變爲破壞一切現存社會秩序的狂熱，變爲對某種秩序有嫌疑的個人加以剷除，以及對企圖重整旗鼓的任何一個組織加以消滅。這種否定的意志只有在破壞某種東西的時候，才感覺到它自己的定在。誠然，這種意志以爲自己是希求某種肯定的狀態，例如普遍平等或普遍宗教生活的狀態，但是事實上它並不想望這種狀態成爲肯定的現實，因爲這種現實會馬上帶來某種秩序，即制度和個人的特殊化。對否定自由的自我意識正是從特殊化和客觀規定的消滅中產生出來的。所以，否定的自由所想望的其本身不外是抽象的觀念，至於使這種觀念實現的只能是破壞性的怒濤38。

毛澤東本人正應了以上這段描寫。毛的「否定意志」所想望的「抽象的觀念」，不外就是革命的崇拜。也難怪在毛澤東死前，四個現代化始終無從開場。

然而，真正令人不寒而慄的是：毛澤東並不孤單，革命崇拜的信徒其實大有人在。根據李銳的說法，毛澤東身邊總有一批「虔誠的信徒」簇擁著他，包括像錢學森這樣傑出的科學家亦不能免。毛告訴李銳，發動大躍進，主要是受了錢學森的影響；錢學森向毛擔保：太陽能是無限的，只要善加利用，「畝產一萬斤」絕對不成問

---

38 *Hegel's Philosophy of Right,* trans. T. M. Knox (Cambridge: Oxford University Press, 1967), p. 22. 譯註：本段譯文全引自黑格爾著，范揚、張企泰合譯，《法哲學原理》（台北：里仁書局，1985），〈導論〉第五節，頁15。

題[39]。我們不妨進一步指出：在中國，革命崇拜還與唯科學主義緊密結合。

最後，我得老實承認：我並不清楚台灣、香港兩地的現代化何以能夠成功。我只想指出一項無可爭辯的事實，台灣、香港這兩個社會僥倖未遭革命暴力的破壞。如果破壞到一無所有，連有待現代化的東西都沒有，那麼現代化也就無從開始了。就這個意義而言，現代化與傳統必然是「你泥中有我，我泥中有你」，交互輝映、相得益彰的。60年前，一位傑出的英國學者爲中國籌謀畫策，有幾句忠告：

> 關於中國西化問題，儘管議論紛紛，而往往不符實際。……一國一邦，自不妨借助於異國異邦之器具；然而操此器、用此具之動力，則不可外求，而必須求之於本國本邦之內。……只可求之於中國之內，求之於中國固有之歷史文化；並依其現代需要，以重新發現、重新詮釋之；中國由此可以尋得所需之動能。中國革命之主要成果，依然有待於來日。關鍵在於：如何將政治革新進一步推展爲實際社會制度；如何不忘中國傳統之本，而能借助於現代技術，以求建設。[40]

39　李銳，《毛澤東的早年與晚年》，頁137。

40　R. H. Tawney, *Land and Labor in China*(New York, 1932), p. 193-5. 另外可參見W. W. Rostow的引用與討論。W. W. Rostow, *Theories of Economic Growth from David Hume to the Present*(Cambridge: Oxford University Press, 1990), pp. 315-317.

這段非比尋常、深謀遠慮的忠告，至今仍然值得我們三復斯言。

據 "Modernization versus Fetishism of Revolution in Twentieth-Century China," in Yun-han Chu & Eric Wu eds., *The Predicament of Modernization in East Asia* (Taipei: National Cultural Association & Institute for National Policy Research, 1995), pp. 59-74譯出。

（劉季倫原譯、何淑宜整理）

21
20世紀中國的激進化

　　進入20世紀以後，一股激進主義思潮占據了中國人的思想。20世紀的中國思想史可被解釋爲一個飛速激進的過程。事實上，在2500年漫長的中國文化史中，從來沒有像現代這樣徹底地激進過。

　　不管怎麼說，中國知識思想傳統中的激進主義是有限度的。在傳統中發展起來的批判思想本質上是一個內部的思想。一般的傳統批評家和專門的儒家學者都傾向於把「道」看作是日常生活世界中的內在因素。這一點儒家的經典《中庸》作了清楚的表白，「道不遠人。人之爲道而遠人，不可以爲道」。這表示我們就生活在「道」之中。但從另一個角度說，「道」作爲一個超越的東西又必須和日常生活區分開來。事實上，如果沒有一個超越的層面，很難想像「道」能成爲它實際上所承擔的那種批判的原則。無論如何，中國的批判傳統有一種不可否認的獨特性，即政治與社會批判主要由對「道」的解釋來構成，而不是發現或發明一種替代「道」的東西。普林斯頓高級研究所的威爾茲(Walzer)在他的《解釋與社會批判》一書中論辯說，由於道德世界長期存在，發現和發明都不再需要。這相當於解釋哪裡具有社會批判的眞正可能性。道德原則和價值觀在意義上經常是不清楚與不確定的；它們經常需要以我們的方

式進行不斷的解釋和再解釋，特別是在一個批判的時代[1]。威爾茲將解釋視爲一種批判方式，並強調其重要性，這非常適合中國的批判傳統。但我們必須馬上補充一句，那種認爲可以發現或發明一個東西來代替「道」，這種事情在傳統中國的批評家身上從未發生過。

即使是中國傳統中通常的激進主義，也很少（如果曾有過的話）質疑「道」的終極合法性。例如，西元2世紀的道教著作《太平經》，被許多現代學者認爲是一本包含著「叛逆意識」的早期著作[2]。它宣揚激進的改革，攻擊當時社會和經濟的不平等。但這一著作中所採用的批評方法顯然是解釋。作者用「太平」這個術語重新解釋「道」，他並不想摧毀漢初所建立起來的儒家秩序，相反，各種跡象表明，他只是想剔除雜質以澄清「道」。現代的歷史學家，無論是馬克思主義者或非馬克思主義者，常常對此書中呈現出來的「儒家模式」表示詫異[3]。後期的叛逆理論，即便有來自非中國傳統的宗教理論，也都沒有提出一個可替代傳統平等模式的不同的社會制度。在這一方面，中國通常的激進主義可能跟英國復辟時期的倫敦範例沒什麼不同，改革者們「不僅煽動要破壞一些東西，而且要恢復被當權者毀損了的習慣的有秩序的社會」[4]。

1　Michael Walzer, *Interpretation and Social Criticism*(Cambridge, Mass. Harvard University Press, 1985).

2　對此可參見John K. Fairbank(費正清), Edwin O. Reischauer(賴世和)和 Albert M. Craig, *East Asia: Traditional and Transformation*(Boston, Mass.: Houghton Mifflin Company, 1989), p. 79.

3　關於《太平經》，見Max Kaltenmark(康德謨), "The Ideology of the Táipíng ching, "收入Holmes Welch和Anna Seidel編, *Facets of Taoism*(New Haven, Conn.: Yale University Press, 1979), pp. 19-52.

4　Margaret C. Jacob和James R. Jacob編, *The Origins of Anglo-American*

一、重新解釋與發現

　　有此傳統的畫面作對照，讓我進入現代。20世紀初中國人思想中的激進意識，是在中國文化精英們的一場從「解釋」到「發現」的戰略轉移運動中開始的。在19世紀末期，中國批評家們發現西方有一個新的更好的「道」，它可以取代舊的「道」，像柏拉圖式的哲學家發現了曙光一樣，他轉回洞穴中去告訴他的囚友們他所發現的眞理。傑出的社會主義理論家葛蘭西(Gramsci)探討俄國布爾什維克及其革命時指出：

> 精英包含了社會上一些最活躍、最積極、有事業心和有原則的成員，他們移植和同化了西方先進國家的文化和歷史經驗，而且沒有失去自己民族的本質特徵，也就是説沒有失去與自己人民情感的和歷史的聯繫。當以這種方式完成了其文化學徒生涯之後，便轉回自己的國家，迫使人民覺醒，不斷跨越歷史的臺階。[5]

如果我們不把日本列入「最先進的國家」，那麼這個描述也精確地適用於19世紀晚期20世紀早期的中國知識精英。嚴復（1854-1921）

（續）———
　　　Radicalism (New Jersey and London: Humanities Press International，Inc., Paperback ed., 1991), p. 5.
　5　Antonio Gramsci, *Selections From the Prison Notes of Antonio Gramsci*，由 Quintin Hoare 和 Geoffrey Nowell Smith編、譯 (New York: International Publishers, 1971), pp. 19-20. 在Walzer的*Interpretaion and Social Criticism*中也得以引用並加以討論, pp. 62-63.

屬於最早的「歸國留學生」，他翻譯的赫胥黎《天演論》和斯賓塞
《群學肄言》激發了整整一代中國知識分子進行改革活動的激情。
必須強調指出，在1895至1896年翻譯《天演論》期間，嚴復是中國
最激進的思想家。「民貴君輕，厚今薄古」，這是他傳授給每一個
人的信條。此外，在〈闢韓〉(1895)的著名文章中，嚴復指出韓愈
〈原道〉中所表達的人類文化起源是一個歷史性的錯誤。統觀全
文，嚴復不僅明確地質疑儒家政治秩序的合法性，而且暗示近代西
方實行的民主體制可能更接近於中國傳說中的三代之「道」。由此
嚴復開始了激進的歷程，而其批評的方法明顯地從解釋走向了發
現。

　　當然，這個轉變並不容易。一般地說，從1890年代到1911年革
命，中國激進主義仍採用解釋的方式，但在實際上隱含著發現。我
們可以從嚴復身上看到早期把「發現」隱蔽為「解釋」的運用方
法。他在西方發現了儒家政治理論更好的替代，他也發現了，或者
說他喜歡社會達爾文主義和暗含於其中的倫理。有趣的是，在對赫
胥黎、穆勒和孟德斯鳩所作的譯述中，他經常讚美道家的經典著作
《老子》和《莊子》。在《老子》和《莊子》評點中，他指出西方
自由、民主、科學、進化的觀點都可以從這兩本著作中找到思想雛
形。這樣，沿著中國的注疏傳統，嚴復顯然通過將重點從儒家移到
道家來重新解釋中國的「道」。但是，正如他在〈闢韓〉中所標示
的，他實際上促進了中國從君主政體向民主政體的激變[6]。如果說
嚴複把他早期的激進主義轉化成了進化的改良主義，那麼康有為和

6　　Benjamin I. Schwartz(史華慈), *In Search of Wealth and Power: Yen Fu and the West* (Boston, Mass.: Belknap Press, 1964).

譚嗣同則第一次在現代中國大膽地發展了徹底的激進主義。跟嚴復不同，作為政治改革者，康、譚都極力主張「徹變」和「快變」。其中，譚被認為是更激進的一個，因為他想要擺脫中國的傳統。毫無疑問，他們兩位在改革方案最終形成之前，都認為西學是適用於中國的。最近的研究顯示，以前認為康有為的三階段社會改革理論來自於《春秋‧公羊傳》的研究，其實也有一部分是來自於嚴復的社會達爾文主義[7]。無論如何，現在普遍認為他們的改革方針的背景是對西方現代化的公式化理解。實際上他們兩人都發現有必要把「發現」偽裝成「解釋」。在康那裡，這種偽裝更具欺騙性，因為作為一個改革者，他把對儒家思想的解釋和許許多多的經典文獻研究緊緊聯繫在一起，不可分割。相反地，譚沒有假裝自己的激進觀點是建立在某種特定的古典文獻基礎上。不過他把他的哲學理論叫作「仁學」，並的確沒有宣稱自己「發現」了什麼，相反，他聲明只是試圖重新解釋儒家「仁」的觀念，儘管他的重新解釋包含了19世紀科學的「以太」觀點。正如現代中國思想史學者張灝所說，「譚關於西學的發現超越了對科學知識的吸取。西學開闊了他的眼界，對他的道德觀念有直接或間接的影響」[8]。值得注意的是，「仁學」強調的不是對西學的「發現」，而是對儒家人文學說的重新解釋。

把「發現」偽裝成「解釋」的最後一個階段是圍繞著《國粹學

7　湯志鈞，《康有為與戊戌變法》（北京：中華書局，1984）；James Reeve Pusey, *China and Charles Darwin*(Cambridge, Mass.: Council On East Asian Studies, Harvard University, 1983), pp. 89-91.

8　Hao Chang(張灝), *Chinese intellectuals in Crisis：Search for Order and Meaning, 1890-1911*(Berkeley, Calif.: University of California Press, 1990), p. 72.

報》（1905-1911）所組織的國粹運動，其主要成員包括章炳麟
（1869-1935）、劉師培（1884-1919）、黃節（1874-1935）、鄧實（1877-
1941）、陳去病（1874-1933）和馬敘倫（1884-1970）。頗具諷刺味的
是，五四以後，整個國粹團體漸被認爲是文化保守派了。在他們的
時代他們實是眞誠的激進學者。他們都是革命者，並反對康有爲及
其大弟子梁啓超（1873-1929）領導的立憲主義。在對待儒家傳統的
態度上，他們的學術思想比康有爲、譚嗣同更爲激進。正是由於他
們的努力，中國思想史上的一股反權威的暗流被重新發現。例如，
魏晉時期（220-419）像鮑敬言這樣的無政府主義者和像李贄（1527-
1602）這樣的陽明學中的左派人物第一次得到褒揚。此外，一些國
粹學者，特別是章炳麟和劉師培，在20世紀頭十年旅居東京，得以
通過日本譯文接觸到各種各樣的西方觀念與理論。他們不僅在發現
西方中走得更進一步，而且還因其新發現而常常非常激動。

　　如果說嚴復把西方的觀念和理論介紹給了中國讀者，那麼國粹
派學者們的中心任務則是把這些觀念和理論應用於研究中國文化遺
產。《國粹學報》有一個原則很清楚，「於泰西學術，其有新理特
識足以證明中學者，皆從闡發」[9]。毫無疑問，國粹運動所表白的
目的就是在面對西方影響日益增長的情況下尋求文化認同。雖然相
當矛盾，但不管怎樣，通覽國粹派主要學者的作品可以看到，他們
認定是中國「國粹」的那些東西，常常也變成爲諸如民主、平等、
自由和人權這些西方基本的文化價值觀。基於以下兩點，這種認定
被認爲是正當的：第一，正如《國粹學報》的編輯和著名經典學者
黃節所認爲的，「本我國之所有而適宜者國粹也，取外國之宜於我

9　　《國粹學報》第1期（1905），頁2。

國而吾足以行焉者，亦國粹也」。第二，他們將這些西方的價值觀
看成是普遍的，並堅持認為它們完全源於早期中國而與西方無關。
國粹派史學的大部分工作涉及到這些主題[10]。斯賓塞的社會進化論
與其種種歷史規律相混雜在一起，被用來解釋中國歷史的各個方
面。

二、激進主義

最後，在五四時期隨著1917年的文學革命，在現代中國激進主
義的發展中發生了一個範式的變化。從此之後，不論是在批評傳統
或在宣傳變革時，中國的知識分子們幾乎都會引用一些西方觀念、
價值或者體制來作為辯護的最終理由。至此，把「發現」偽裝為
「解釋」既無必要也不再可能了。

五四運動還有另外幾個名稱，如「新文化運動」、「文藝復
興」和「啓蒙運動」。每一個名稱都暗含著對這一運動的性質和意
義的歷史解釋。「文藝復興」和「啓蒙運動」這兩個西方術語需予
以關注。用這兩個西方歷史術語來表述五四運動，意味著一種設
定，即中國的過去可按西方歷史的模式重構。這種假設並不是從五
四時代開始的，它可以追溯到國粹派的歷史編纂和梁啓超鼓吹的
「新歷史」。在梁寫於1901和1902年有關這一主題的兩篇文章中，
不僅接受了歐洲的社會發展周期(古代、中古、近代)理論並視之為
一種普遍模式，而且還將斯賓塞的社會進化論作為自明的真理加以

---

10 胡逢祥，〈論辛亥革命時期的國粹主義史學〉，《歷史研究》1985年第
　　5期，頁151-152。

接受[11]。

近年來，中國和西方都很流行把五四運動解釋成中國的「啓蒙運動」[12]。我接受「啓蒙運動」這個詞，但僅僅是在其象徵意義上，而不是在歷史的相似性上。如前所述，中國批評家們對西方的「發現」令我們想起了柏拉圖式的哲學家們，他們發現外部世界的陽光後又返回自己的洞穴。這個柏拉圖的象徵意義特別適用於五四這一代中國知識分子的「回歸」。葛蘭西(Gramsci)描述的俄國精英以及下文要舉例說明的五四著名的知識分子胡適都是如此。1916年，胡適在自己生日時寫了一首自賀的舊詩。詩中他說夢到自己已「不朽」去了趟天堂，在那他發現了其他「不朽」所未見的一些「奇藥」，於是想回人間拿這些藥去治病。顯然，他的「天堂」是指美國，而他的「人間」是中國[13]。1917年3月8日，在胡適回國數月前，他讀了一本關於牛津運動的書，並被牛曼(John Henry Newman)引用的一段話深深地打動了，這段話似出自《伊里亞特》：「如今我們已回來，你們請看分曉罷。」在他日記的後面，他注道：「此亦可作吾輩留學生之先鋒旗也。」[14]正如葛蘭西描述的俄國精英一樣，胡適並沒有打破「與自己人民情感的和歷史的聯繫」。他回到中國並使人民「被迫覺醒」。不管結果好壞，他的確

11　梁啓超，《飲冰室文集》(北京：中華書局，1989)，卷六，頁11-12；卷九，頁3-4。

12　Vera Schwarcz(舒衡哲), *The Chinese Enlightenmemt: Intellectuals and the Legacy of the May Fourth Movement*(Berkeley, Calif.: University Of California Press, 1986)；李澤厚，《中國現代思想史論》(北京：東方出版社，1987)，頁7-49。

13　胡適，《胡適留學日記》(台北：遠流出版公司，1988)，冊四，頁162-163。

14　同上，頁194-195。

是改變了許多東西。

當1917年7月胡適回到上海，他失望地發現他的祖國幾乎和他1910年離開時一模一樣。其實在他留學期間，中國並非停滯不前。他離開時還是帝制的中國，在他回來時已經共和了。一股新的激進浪潮正在積聚。他的爆炸性的論文學革命的文章刊於當年的《新青年》，主編陳獨秀(1879-1942)隨後也發表了文章。對這股激進新潮，特別是對包括五四領導者胡適、陳獨秀在內的徹底反傳統的思想加以責備，無論如何是不公正的。作為激進思潮的固有特點，蔑視傳統是從一些國粹派的學者們開始的。它在1911年革命之後仍繼續發展，正如中國最後一位皇帝的英國老師莊士敦(R. F. Johnston)看到的那樣：

> 當我們歐洲人開始驚異地發現中國的社會與政治思想、中國的道德倫理、中國的藝術和文學都有崇高價值的時候，中國人自己卻開始學著把他們文化當中這些偉大的遺產加以不耐煩的鄙視……這是一個令人大惑不解的現象。[15]

我們可以忽略莊士敦所說的歐洲部分，但有關中國的部分不可忽視，因為這是對導致五四運動的中國普遍的精神狀況的目擊證據。

從19世紀末開始，中國思想的激進化以一種令人驚奇的速度發展著。當胡適1917年回到中國時，大多數早一代的主要的激進思想

15　引自蕭公權，《問學諫往錄》(台北：傳記文學出版社，1972)，頁39。莊士敦寫這段話是在1913年。

家仍還健在，而且有一些仍活躍在政治和文化領域。包括嚴復、康
有為、梁啓超、章炳麟和劉師培。但在胡適和陳獨秀眼裡，且不說
更年輕的一代，他們已經是過時的人了，全都是保守派，有些甚至
是反動派。怎麼可能是這樣呢？更奇怪的是以胡適自己的眼光看，
中國在1910到1917年之間，沒有取得過任何進步。一般來說，當我
們判斷一個人是超前還是落後於他的時代，我們的參考框架總是根
據現狀或者是德國社會學家曼海姆（Karl Mannheim）所說的「生活
的現存結構」。參考中國五四運動前夕的狀況，上述學者們沒有一
個可以簡單地被認為是在思想上過時了。但是，怪事就在於我們發
現，當五四一代的人把早期的激進領導者們看作是過時的時候，他
們參考的框架不是中國的現狀，而是他們在外面的世界，特別是西
方世界，所發現的一些新事實。這樣，中國的激進思想，在很大程
度上，其興衰不是根據當時的社會現實，而是根據思想的內在邏輯
而展開的[16]。

　　在《從伯克到艾略特的保守思想》中，美國批評家基爾克
（Russell Kirk）指出，自1790年以來，至少出現過五種主要的激進思
想的學派。它們是：哲學的唯理論、盧梭及其同盟者的浪漫主義解
放理論、邊沁主義的功利哲學、孔德學派的實證主義、馬克思及其
他社會主義者的集體主義唯物論。另外，基爾克也提到達爾文主義
是一種破壞保守主義的基本原則的力量[17]。不尋常的是，所有這些
激進主義學派，在西方事實上用了幾乎兩個世紀才得以吸收和消化

16　Arif Dirlik, *Revolution and History: The Origins of Marxist Historiography in China, 1919-1927*（Berkeley, Calif.: University Of California Press, 1978）.

17　Russell Kirk, *The Conservative Mind From Burke to Eliot*（Chicago, Ill.And Washington, D.C.: Regnery Books, &th rev. ed., 1986）, p. 9.

掉,而在中國,卻是在短短的三四十年裡蜂擁而入的。以後見之明
看,正是由於20世紀來自西方的激進主義如此泛濫於中國,故徹底
的和迅速的激進化幾乎不可避免。

毛澤東曾把現代中國的思想特徵說成是「從西方尋找真理」。
在歷史學者中或多或少有一種共識,具有深刻民族危機感的中國知
識分子負責承擔「尋找」的任務。

我們不可能也沒有必要在這裡探討每一個促成中國思想激進化
的舶來觀念。讓我們舉一兩個例子來說明。在建立一個新社會之前
必須徹底摧毀舊傳統,在傳統的中國這是不可想像的,但這正是五
四破壞偶像的反傳統主義的預設[18]。許多激進思想無疑是有幫助
的,但可能沒有一個比啟蒙運動提倡的理性化與現代化更有效,正
如西北大學的一位哲學家杜爾敏(Stephen Toulmin)解釋的那樣:

> 那種認為真正的建設只能始於摧毀現存一切的信念,曾經
> 在法國的思想和政治史上扮演了重要的角色……而任何一
> 個全身心進入現代性精神的人都不可能免於其影響。對
> 此,最壯觀的展示就是法國大革命……[19]

五四知識分子都非常堅定地深信「科學」,這使他們早期很容易地
轉向了馬克思主義。「科學社會主義」這個名詞附帶著一種權威

---

18 Lin Yu-sheng(林毓生), *The Crisis of Chinese Consciousness, Radical
Antitraditionalism in the May Fourth Era*(Madison, Wis.: The University Of
Wisconsin Press, 1979).

19 Stephen Toulmin, *Cosmopolis, The Hidden Agenda of Modernity*(New York:
The Free Press, 1990), p. 175.

性，爲它掃除了許多反對意見。在這方面，也要提及一下社會達爾文主義巨大而持久的影響也因此獲得[20]。它引領五四的知識分子們全心全意地接受了馬克思主義社會發展理論的鐵的法則，並把它看作是自明的眞理。

不管怎樣，並不是所有五四運動的思想領袖們都是激進的。例如胡適，他應該被看作是一個現代自由主義者，儘管他也曾有過激進的時候。由於激進論在1919年五四運動以後傳播很快，胡適很快就被斥爲保守分子，或者更壞，激進的馬克思主義者及其他革命者認爲他是「反革命」。奇妙的是五四運動後僅一年，陳獨秀就轉變成了一個馬克思主義者，而胡適與另一個五四領導人李大釗(1888-1927)則更早在1919年7、8月間便發生了「問題和主義」之爭[21]。這是自由主義和馬克思主義之間第一次意識型態衝突，它標誌著20世紀中國最後、最高階段的激進開始了。

無疑，五四的馬克思主義激進派總是傾向於按照曼海姆所謂的「系統的可能性」來改造中國，這意味著，如果要改變一個不良的社會狀況，那麼就必須改變導致這一不良狀況的整個社會系統[22]。然而，由於他們追蹤的可能性總是各種混合的抽象，故這種可能性就永遠也達不到。而且從一開始，中國馬克思主義就走入了五四打破偶像的反傳統主義模式。由此，就產生了一種極具破壞性的激進

20　Pusey, *China and Charles Darwin*, p. 57, 260-273.

21　Jerome B. Grieder, *Hu Shih and the Chinese Renaissance, Liberalism and the Chinese Revolutlon, 1917-1937*(Cambridge, Mass.: Harvard University Press, 1970), pp. 180-183.

22　Karl Mannheim, *Conservatism, A Contribution to the Sociology of Knowledge*, David Kettler, Volker Meja和Nice Stehr編譯(London and New York: Routledge & Kegan Paul, 1986), p. 88.

主義。我願意把毛澤東解釋爲中國馬克思主義激進主義的具體化。他是一個破壞的天才但完全不能建設。他的一生都在追蹤一種抽象的可能性，但沒有完成任何具體的東西。在1940年代，他設計了一個具體化的新民主制，但從來沒想把它付諸實踐過。他是中華人民共和國的締造者，但他對它是如此不滿意，以至於他從不間斷地發起一次又一次的運動來攻擊它，直至死亡。他的破壞工作在文化大革命中達到了頂點。看起來他好像是有意破壞承他自己一直追尋的那種可能性的實現。

三、知識的社會學

有時人們說觀念有它們自己的生命，但這只是一個隱喻。實際上，是持這些觀念的人，特別是知識分子，給了它們生命。爲了把握爲什麼中國會在世紀之交變得激進化，我必須從精神的現象學轉向知識的社會學。

中國人精神的激進化是一個非常複雜的問題，值得深切關注。但是我想冒險地指出，它的產生最初源自兩個相關聯的歷史發展，即分別是中國在世界上的邊緣化和知識分子在中國社會中的邊緣化。我將試著解釋這兩種邊緣化是如何引發現代中國漫長的激進歷程。

對於中國在世界上的邊緣化，我不是指歷史事實本身，而是指部分知識分子對它的感受。事實上，1840年代的條約體系取代附屬體系已經顯示傳統的以中國爲中心的世界秩序的結束。中國知識分子們將要花五十多年的時間才能看清這一歷史事件的完整意義。他們對1842年那個屈辱的《南京條約》的直接反應是很傳統的。由於

很少有被外蠻侵略的經驗，他們把中國的失敗主要歸結爲西方技術上的先進。他們並不認爲中國整體上的政治和社會秩序已不能和另一蠻夷相抗衡。1842年在討論中國對西方的政策時，具有改革精神的學者魏源(1794-1856)的結論是，只要解決了學習先進技術的問題，包括艦船、槍炮和訓練士兵的方法，中國就能制服蠻夷[23]。另一方面，他的改革主義仍具有儒家的經世傳統，而並沒有表現出絲毫受到西方影響的痕跡。20年後，倡言改革的馮桂芬是最早認識到西學對於中國生存於現代世界的重要性的知識分子之一。在他很有影響的文章〈采西學議〉(1862)中，他超越了魏源，指出要學習蠻夷的先進技術，中國必須首先學習西學的基礎，包括數學、機械、光學、電學、化學，還有其他的自然科學。但是，他對於傳統的政治與社會秩序的信念，仍未曾動搖；他堅持認爲，中國的倫理和儒家學說必須繼續作爲基礎[24]。卓越的學者兼官員張之洞的著名論斷「中體西用」(1898)，很明顯是在馮桂芬的著作中已經發展起來的這些觀念的結晶[25]。

1894-1895年，中國知識分子們第一次發現中國已經邊緣化的驚人事實。從文化上講，日本從唐朝(618-907)起就一直在學習中國，如果不是更早的話。在許多19世紀的中國知識分子眼中，日本

23　Ssu-yu Teng(鄧嗣禹)和John K. Fairbank(費正清), *China's Response to the West, A Documentary, Survey, 1839-1923*(Cambridge, Mass.: Harvard University Press, 1954), p. 34.

24　Ssu-yu Teng 和 John K. Fairbank, *China's Response to the West, A Documentary, Survey, 1839-1923*, pp. 51-52.

25　Ying-shih Yu(余英時), "Sun Yat-sen's Doctrine and Traditional Chinese Culture," 收入 Chu-yuan Cheng 編, *Sun Yat-sen's Doctrine in the Modern World* (Boulder, Colo. and London: Westview Press, 1989), pp. 90-91. 中譯見本書第15章。

不過是中國在東亞世界中的一顆文化衛星。當一位中國學者在19世紀70年代被告知，日本最近已經拋棄中國文明而轉向了西方模式，包括法律體制和社會習慣，他非常不安，並把明治天皇比作「焚書坑儒」的秦始皇[26]。不用說，沒有一個中國人能預見日本由於成功西化，因而能在1894-1895年的戰爭中決定性地打敗中國。

　　作爲對中國人自我中心的天下概念的批判，著名的中國經典翻譯家理雅各(James Legge)在1872年作了以下論述：

> 在過去四十年裡，她(指中國)與世界上更先進國家的地位
> 關係徹底改變了。她與他們以平等的樣式在簽訂條約；但
> 我並不認爲她的臣民已經看到了事實的眞面目，知道中國
> 不過是世界上許多獨立的民族之一，而她的王國統治的
> 「天下」，也並不是普天之下，而只不過是在地圖上可以
> 指得出的，局限於地球表面的一個部分而已。但如果他們
> 不承認這一點，並嚴格遵守他們已經簽訂的條約，那麼其
> 後果將會比曾降臨在這個帝國的任何災難都要嚴重。[27]

理雅各的觀察不僅精確而且具有驚人的預言性。中國對日本的第一次戰爭是一個災難。即使是在19世紀90年代，中國的臣民在面對西方的時候，仍舊認爲中國就是「天下」，他們對待日本仍具有一種傳統的蔑視。這很明顯地表現在1894-1895年間贊成戰爭的朝野知識分子的觀點中。中國可以成爲世界上諸多民族中的一個，但是，

26　陳其元，《庸閑齋筆記》(北京：中華書局，1989)，頁110。

27　James Legge, *The Chinese Classics*(Hong Kong: Hong Kong University Press, 1960), Vol. 5, p. 52.

她在東亞的中心位置從未面臨過挑戰，特別是來自一個她的文化衛星國家的挑戰。至少從表面上看，這場戰爭是有象徵意義的，因為中國聲明她對韓國的領主地位，而日本拒絕承認。

通過上面的討論，我們似能放心地說，就它的感覺而言，中國的邊緣化一直到第一次中日戰爭後才表現出來。正是這一場巨大的災難使中國知識分子明白了這個痛苦的事實：中國不僅在世界上而且是在東亞已經邊緣化了。正如羅格斯大學（Rutgers）的歷史學家高慕柯（Michael Gasster）在他關於現代中國激進主義的起源的研究中指出的，「1894-1895年後，中國與一向看不起的鄰國日本訂立了令人吃驚的屈辱條約，這立即在本國的政治和思想界產生了後果，正如康有為、嚴復和孫中山的活動和觀點所證實的那樣」[28]。發現中國的邊緣化立刻導致中國思想的激進化。1895年4月17日《馬關條約》簽後兩周，北京有1200多名參加科考的人加入了康有為領導的著名的「公車上書」，請求皇帝同意進行廣泛的制度改革。嚴復翻譯的《天演論》和譚嗣同的《仁學》也是這場戰爭心理上的結果。從心理上講，梁啓梁說1894-1895年的戰爭「喚醒吾國四千年之大夢」並未言過其實[29]。在此以前，中國的知識界從來沒有在這麼短的時間內有過如此大規模的激進浪潮。

從純粹的政治眼光看，1895年後的激進化直接來自於知識分子們對於民族生存危機的忽然醒悟。毫無疑問，康有為的改革運動和

28 Michael Gasster（高慕軻）, *Chinese Intellectuals & the Revolution of 1911, The Birth of Chinese Radicalism*（Seattle和London: University Of Washington Press, 1969）, p. 6.

29 丁文江，《梁任公先生年譜長編初稿》（台北：世界書局，1958），頁24。

孫中山更激進的革命，其直接目的都是爲了「救國」，擺脫帝國主義的侵略。

同政治上一樣，文化中央帝國的情結自19世紀末起也正在變化著[30]。當中國的知識分子發現中國在文化上和政治上都已經在世界上邊緣化了這個苦悶的事實以後，他們忽然面對著這樣一個艱難的任務，就是如何讓中國面對西方的影響，同時又不打擊她幾千年來作爲文化中心的地位。這個奇異的思想事業的歷史可以被分爲兩個階段，確切地說是「把發現僞裝成解釋的階段」和「無僞裝的發現階段」。

在把「發現」僞裝爲「解釋」的階段，中國知識分子通常採用的方法是：解釋西方那些特別適用於中國現代化需要的觀點、價值和體制，並且把它們說成是在古代中國聖人那裡發現的，完全獨立於西方。我們可以輕易地發現這些策略的奧妙所在：在所宣傳西化的改造範圍之內，其主要動力顯然是激進的，而非保守的；但是，從它把「發現」僞裝成「解釋」而言，卻仍然存在著保持中國具有文化中心地位的目的。例如，「西學中源」說意謂著諸如科學、技術、音樂、議會制度、經濟、宗教(基督教)及其法律這些西學都能在經典時代的中國找到源頭，其傳入歐洲的途徑也得以發現。在這裡，有兩點值得注意：第一，雖然這種理論在17、18世紀就偶然有過，但在1895年到1900年間則忽然非常流行。第二，在這幾年中，「西學中源」說被那些迫切想要接受西學而非拒絕它的學者們故意

30　「中央帝國」情結是對中國位居世界中心的優越感的一個說明，參見Tu Wei-ming(杜維明)，"Cultural China: the Periphery as the Center," *Daedalus* 120. 2(Spring 1991), p. 4.

發展起來[31]。作為一種文化現象，它有力地支持了我們的看法，即，自從第一次中日戰爭之後，改變了思想取向的中國知識分子已經在心理上形成了定式，他們已經發現中國在人類文化上已邊緣化了的事實。「西學中源」說在激進化的開始階段變得時興起來，這也許是因為它能為中國知識分子帶來安全感，好比是承諾他們學習西學也是把中國帶回中心的途徑。

我的第二個例子是法國學者拉科伯理(Terrien de LaCouperie，1844-1894)在1880年代提出的漢族西源說。他的理論基於一種極可疑的漢語語源學，他認為華夏民族的始祖黃帝，實屬蘇西那(Susiana)王的人。黃帝領導著一群稱作巴克(Baks)的人從美索不達米亞遷移到中亞並最終在西元前三千多年到達中國。巴克人在黃帝的率領下最終打敗了當地部落並統治了中國。這些被拉科伯理認為是統治貴族的人在早期的儒家文獻中稱作「百姓」，是他們創造了中國最早的文明[32]。這個理論純粹是幻想出來的，不值一駁。但奇怪的是，在20世紀的頭十年，幾乎所有國粹派的史學家都毫無羞愧地接受了這個理論，包括黃節、章炳麟和劉師培。黃節就任《國粹學報》主編的序中，不斷地把漢族指稱為「吾巴克之族」[33]。章炳麟指出不僅華夏民族是來自於迦勒底(Chaldea)，而且在上古中國我們具有許多和希臘人、羅馬人、薩克森人、法蘭克人及其斯拉

31　〈清末的西學源自中國說〉，收入《中國近代史論叢》(台北：正中書局，1956)，第1輯，第5冊，頁216-258。

32　Martin Bernal, "Liu Shih-p'ei and National Essence", 收入Charlotte Furth編, *The Limits Of Change, Essays on Conservative Alternatives in Republic China*(Cambridge, Mass.: Harvard University Press, 1976), pp. 96-98.

33　黃節，〈國粹學報序〉，《國粹學報》第1卷(1905)，頁1-4。

夫人一樣的品質[34]。劉師培說得更爲明顯，他認爲漢族和高加索人
可能源自於同一民族，後來由於人口太多而分別遷移到了亞洲和歐
洲[35]。人們不得不去想爲什麼具有批判性的飽學之士會如此輕信，
如此荒謬。這裡的問題不是歷史的學術水平，而是文化心理。就像
「西學中源」說一樣，它恰好在這個特定的歷史接合點上符合了中
國的革命知識分子內心深處的心理需求。一方面，作爲反清的革命
者，他們想儘量與滿族統治者在歷史與文化上保持距離。另一方
面，作爲文化激進者，他們把西方的價值觀看作是普世的價值並堅
持它們源自古老的中國。通過借用漢族西源說，他們可以很便利地
起到一石二鳥的目的。另外，作爲歷史學家，他們希望中國的歷史
保持在世界歷史的中心地位，就跟以往一樣。如果中華民族源自西
方，那麼中華民族就仍然可以在被西方統治了的現代世界中占據中
心位置，而不是處在邊緣。

　　隨著從「解釋」到「發現」的範式轉移，激進化開始進入一個
新階段，而以一種完全不同的方式與中國的邊緣化聯繫起來。到
1910年代，隨著越來越多的中國學者直接接觸西方，舊的打敗西方
維護中國文化中心地位的策略徹底失敗了。不管是「西學中源」
說，還是對現代西方占統治地位的價值和觀念作爲具有中國國民性
而加以認同，都不能被在民國初年成長起來的新一代知識分子接
受。正如胡適1917年在他的博士論文的導論中所說：

　　在這個一眼看去與我們自己的悠久文明很不相同的新世界

34　章炳麟，《書》(上海：古典文學出版社，1958)，頁44-45。
35　劉師培，《劉申叔先生遺書》(台北：華世出版社，1975)，第1冊，頁
　　721-722。

　　　裡，我們中國人怎麼會感到自在呢？一個擁有輝煌歷史並
　　　創造了富有特色文明的民族，因爲生存的原因而被迫生活
　　　在強加於他們的外來新文明中，感到不自在是很自然的，
　　　也是有道理的。而如果對新文明的接受不是通過有組織的
　　　消化，而是生硬地用它來取代舊文明並使之消失，那麼對
　　　整個人類都是一個巨大的損失。因此，眞正的問題可以重
　　　申爲：我們能以怎樣一種方法最好地消化現代文明，使它
　　　能與我們自己創造的文明相容、相諧、相續？[36]

胡適的理論使我們重新認識了中國的激進化和邊緣化。是因其古
老、而不是中國，使中國文化在現代世界邊緣化了。中國眞正的問
題是她長時期與外部世界隔絕，她被西方的社會演進拋在了後面。
由於胡適認爲他所說的「新文明」的普世性和現代性是最爲重要
的，而其西方性則是次要的，因此，他可以宣稱中國要「徹底接受
新世界的文明」而不陷入早一輩知識分子那種懷念舊傳統的苦悶的
矛盾之中。這也可以解釋爲什麼他後來用「現代化」和「國際化」
取代「西方化」這個用詞，以表述中國文化對西學的吸取。在1917
年，胡適掌握了一種新方法來解決中國的邊緣化問題，同時也開創
了一條激進化的新道路。

　　從1917年開始，一部分中國知識分子想要奪回中國文化中心地
位的努力逐漸取代了以往不斷想從西方的文化市場上舶來最新產品
的努力。結果，在中國精英知識分子中形成了一種趨新的精神狀
況，他們爲變化著迷，爲新事物著迷。對這種精神狀況，英國政治

哲學家奧克蕭特(Michael Oakeshott)有一個極生動的描述:「我們想立即嘗試一切,全不顧後果。一個活動與另一個活動競相爭著誰最『入時』:被棄的汽車和電視機在被棄的道德和宗教信仰中有著自己的反面:眼光永遠看著新樣式。」[37]既然激進就是趨新,此外什麼都不是,那麼中國的邊緣化和激進化便由此而發展,並不斷互相強化。我們必須以這種眼光,才能看明白「五四」以後這場接連不斷的西方各種激進觀念起起落落的風潮。

在1949年以後,這些來自西方的湧動思潮就嘎然而止了。不過,中國走向世界中心的腳步,卻又被革命暴力所強化,繼續著它的行程。1958-1960年毛澤東領導的「大躍進」運動證明了這一點。一方面在鋼鐵生產上,中國要在15年內趕上英國;另一方面關於人民公社,他很自豪中國實際上可以比蘇聯更早邁進共產主義[38]。由於他相信精神的重塑必須先行於經濟的發展,因此他認為一個在生產上比英國落後15年的國家在政治競爭上領先於蘇聯,這兩者並無矛盾。從某個範圍來講,他還相信人的精神和意願具有無窮的力量,特別是對於他自己,這一點引領他登上了一生中激進主義的頂峰——即所謂的「文化大革命」。

四、從中心到邊緣

從社會學角度來看激進化,激進化是與19世紀末以來中國知識界在社會中不斷地從中心被推向邊緣這個事實相聯繫的。這並不是

37　Michael Oakeshott, *Rationalism in Polltics and Other Essays*(Indianapolis, Ind.: Liberty Press, 1991), p. 414.

38　馮友蘭,《三松堂自序》(北京:三聯書店,1984),頁166-169。

說，中國知識界的社會邊緣化是隨著西方帝國主義擴張而開始的。
事實上相對於商人，士的社會地位的下降至晚從16世紀起就慢慢開
始了。19世紀早期的學者沈垚(1798-1840)嘗說：「古者士之子恒
爲士，後世商之子方能爲士……天下之勢偏重在商，凡豪傑有智略
之人多出焉。」[39]無論如何，這一社會變化過程隨著帝制的衰落而
忽然加速。其結果，「天下大勢」使士在傳統中國士、農、工、商
的階層中離其首位越來越遠。

　　至於與激進化相關，中國知識分子的社會邊緣化在20世紀開始
的幾年裡也走到了一個轉折點上，傳統的士迅速轉變爲我們現在所
稱的知識分子。具有諷刺意味的是，這次轉變是與戰後越來越快的
教育改革息息相關的。從1895年到1911年清亡，各種各樣按西方和
日本模式建立起來的新式學校遍布中國。同時，留洋突然時髦起
來，特別是去日本。這麼多方面的發展，其結果是科舉制被現代教
育體系替代。當科舉制在1905年廢除時，中國自622年以來從未間
斷的漫長教育傳統走到了盡頭，而正是科舉制造就了中國的士階
層。因此，1905年是傳統的「士」與現代「知識分子」的分界線。

　　當然，傳統的「士」和與其相斷裂的現代「知識分子」之間仍
有許多連續性。但是在與權力直接相關這個重要的關鍵點上，現代
「知識分子」必須和傳統的「士」清楚地區分開來，前者與權力不
再直接有關，而後者則相反。在科舉廢除的那段時間，根據官方的
粗略估計，中國大約有一萬名舉人，這是科舉的中間位置，還有七
十萬生員在最低的位置，他們正迫切地想要通過考得舉人和進士來

39　引自余英時，《中國近世宗教倫理與商人精神》（台北：聯經出版公
　　司，1987），頁97。

提升自己的社會地位[40]。在這個數字上，我們還必須再加上幾百萬想得到生員位置的人，他們苦讀了很多年，正想要去攀登成功的階梯。現在，突然一下子，梯子沒有了，他們被剝奪了傳統的「士」的地位，而士曾是中華帝國晚期統治機器上的一個最主要組成部分。這也許是清廷實施教育改革始料未及的結果。

當傳統的「士」轉變爲現代「知識分子」的時候，中國的知識分子由於感受到他們處在了國家權力的邊緣位置上，所以在政治上也邊緣化了。跟舉人和進士不同，新式學校裡授予的文憑或外國學院、大學授予的更高學位都不能給他們國家行政上的權力。結果，現代知識分子比起傳統的士更易接受激進思想。美國攻打北京時的一個陸軍上尉李維士（James H. Reeves）在1912年記述他所看到的情況：

> 這場革命深受那些在過去十年到十五年間去日本留學的中國人的作品的影響……在過去幾年裡，我們不斷從各處聽說那些從日本回國的留學生都是精神上的革命者……他們回國的時候已經是共和主義者，而不是君主制的改革派了。[41]

與此同時，我們必須注意這一事實，在過去君主時代，中國有些士子在科舉考試中不斷失敗時也會叛亂。太平天國的領導者洪秀全就是一個例子。

40　王德昭，《清代科舉制度研究》（香港：香港中文大學出版社，1982），頁246。

41　引自Gasster, *Chinese Intellectuals & the Revolution of 1911*, p. 61.

　　說到亞洲知識分子的利益時，馬克思・韋伯曾把中國的士(他稱之爲「儒者」)比作「美學意義上耕作著的文人學士和政治沙龍中的討論者而不是政治家」[42]。一般來說，這是眞的。不過我們必須馬上補充一句，在遇到民族危難時，士也可以高度政治化和激進化的，比如漢、宋的太學生運動就充分證明了這一點，還有晚明東林黨人的政治抗議，以及康有爲和1200名考生在1895年的上書改革。當然，士的政治激進化有其特定的局限性，它經常被表述爲內部的批評，主要是針對皇帝詔令的修復或修改；它並不質疑詔令本身的合法性。它經常以抗議或請願的形式來表達對君主忠誠的反對意見。

　　隨著現代知識分子的出現，情況就徹底改變了。由於被邊緣化到外圍，他們通常拒絕認同他們所反對的政治建構。比較康有爲1895年的「公車上書」和「五四」學生運動，就可以更清楚這一點。可能有人會爭辯說康的上書介於傳統和現代之間。五四運動顯然是一個現代的政治運動，它的目的在於喚起大眾的愛國熱情而不是懇請政府。在某種程度上這種中國知識分子的激進模式可以被理解爲一種邊緣化。在軍閥政府統治之下，知識分子沒有合法的途徑去找到公共政府機關，也許，通過私人途徑還可以。

　　在中國的邊緣化問題上，我們也可以方便地把知識分子在中國社會的邊緣化分爲兩個截然不同的階段，以1905年廢除科舉制作爲標誌，雖然這並不精確。在1895-1905年，儘管最後一代士已逐漸邊緣化到外圍，但他們仍然還處於王朝的權力結構內部。雖然並不

42　W.G. Runciman編, *Max Weber: Selections in Translation* (Cambridge：Cambridge University Press, 1978), p. 200.

完全願意，但無論如何，帝制中國最後年代的士仍不斷承認儒家秩序的合法性。他們把「發現」僞裝成「解釋」，並且擁護在帝制範圍內的變革。與此相對照，現代知識分子，特別是1905年以後，是處於帝國統治集團外的。他們用西方泊來的觀念武裝起來，公開質疑帝制存在的依據[43]。

跟我想區分士與知識分子一樣，我還必須指出，從精神上看，後者繼承了前者所開創的許多東西。例如，知識分子必須具有社會良知的觀念就不是現代西方的文化泊來品，而是來自儒家的遺產，並可上溯到三代聖賢。在任何意義上，既是儒家學者又是官員的范仲淹(989-1052)的兩句名言，士須「以天下爲己任」、士須「先天下之憂而憂，後天下之樂而樂」，仍然存在於每一個受過教育的中國知識分子精神中，即使今天也一樣。正是這種精神使得無數現代知識分子不斷投身革命，而且常常是耗盡心力。中國革命的歷史悲劇在於，那些由中國激進的知識分子引進和播種的革命思想，無一例外地被那些反知識分子的人收穫了，他們更知道怎樣去操縱革命、去掌握權力。而對於知識分子，革命的果實轉化成了對他們自己的毀滅。

43　重要的一點是，留日學生即使在1903年還遠離孫逸仙，但在1905年，孫感到自己受到數百留日學生的極大歡迎。其間在中國，革命也受到了諸如上海和浙江等地激進知識分子們的推動。Gasster, *Chinese Intellectuals & the Revolution of 1911*, pp. 50-51; Mary Backus Rankin, *Early Chinese Revolutionaries, Radical Intellectuals in Shanghai and Chekiang, 1902-1911*(Cambridge, Mass.: Harvard University Press, 1971), pp. 112, 146.

五、結　論

　　本文有兩個意圖：第一，主要用激進化來試圖描述20世紀的中國思想。我們把注意力主要放在激進化這一特殊情況及其形成的特殊方式上。這一進程在今天的中國仍在繼續，因此對過去的回顧也許對現在會有所啓示。第二，激進化是直接與中國在現代世界中的邊緣化和知識分子在中國社會中的邊緣化相關聯的。雖然有人可能把第一種邊緣化與中央帝國情結或單純的民族主義相聯繫，但就本文的目的而言，「中央帝國」的說法太政治化了，而「民族主義」這個說法又太籠統了。對於中國知識分子而言，最重要的是使中國不失去其文化中心地位。毋須贅言，這雙重的邊緣化並不能完全解釋20世紀中國的激進化。提出它只是提供一把鑰匙，可以用它來打開20世紀中國精神的一扇門。

　　激進化只是現代中國許多面相中的一面。這種說法絕不意味著在世紀之交或五四運動時，各個層次的中國知識分子都被激進化了。在作結論時，請允許我加入一點個人的感情，我也來自陳獨秀和胡適的家鄉安徽，並且在第二次中日戰爭期間，我在離陳獨秀的出生地(懷寧)只有六七英里遠的一個小村住了八年(1937-1945)。陳獨秀我只聽說過一次，那是指責他——後來我發現這指責是冤枉的——把儒家的老格言篡改成「萬惡孝爲首，百善淫爲先」。我也曾在鄰縣桐城住了一年(1945-1946)，桐城派文學已遭五四新文學的領袖們，特別是錢玄同(1887-1939)批判，但在那裡我仍被鼓勵用古文寫散文和詩歌。直到1946年我回到諸如南京、上海、北京和瀋陽這些大城市，我才開始受到源自西方的激進化的影響。在戰後

的幾年(1946-1949)，就我記憶所及，無論是馬克思主義還是反偶像崇拜的反傳統主義都並沒有左右普通城市知識分子的日常生活。所以，我經常困惑，在1949年前，五四運動或者馬克思主義總體上在中國的傳播和影響到底有多大。

然而，如果我們看一看五四以來的中國主要大學的學生運動，我們看到的是一個全新的面孔。不可迴避的結論是：雖然激進化可能局限於廣大中國的幾個分散的中心，但它確實出現在兩個重要的領域：知識界和政治界。

據 "The Radicalization of China in the Twentieth Century," *Daedalus*, *Journal of the American Academy of Arts and Sciences* 122.2 [Spring 1993]: 125-150譯出。

（羅群　譯）

22
20世紀中國國史概念的變遷

一

　　現在西方所使用的「國史」（national history）概念，20世紀以前的中國歷史學家是完全陌生的。這主要是因爲在中國傳統的政治領域裡，沒有任何「國家」的觀念。在鴉片戰爭爆發前的1839年一位中國官員與一個英國商貿代表在廣州的一段談話中，我們可以找到一個最明顯的證據。據說當這位商貿代表把中國稱爲一個「國家」時，這個官員完全不明白是什麼意思 [1]。即使在1842年《南京條約》簽訂之後，朝廷的許多高官仍然堅持認爲，在西方世界裡最多只有兩三個「國家」[2]。還有，著名的中國經典翻譯家理雅各（James Legge）在1872年批評中國的官員和民眾「認識不到中國只是世界上許許多多獨立國家中的一個」[3]。直到1864年，當丁韙良（W.A.P. Martin）將魏頓（Henry Wheaton）的*Elements of International*

1　見Immanuel C.Y.Hsu(徐中約), *China's Entrance into the Family of Nations* (Cambridge, Massachusetts, 1960), p. 13.
2　錢鍾書，《七綴集》（上海，1985），頁123。
3　James Legge, "Prolegomena," *The Ch'un Ts'ew with the Tso Chuen*(Hong Kong, 1960), p. 52.

*Law*譯成中文後(丁的譯著名爲《萬國公法》),清朝總理各國事務
衙門才正式承認「現在中國之外有許多國家」[4]。然而到1880年,
中國才被無奈且不情願地拉入「國家之林」。中國堅持自己是「天
下」,而不是「國家」。對此,今天中國的歷史學家通常同意,中
國中心論是一個很好的解釋。以此眼光看世界,中國四周的國家和
人民不僅在文化上低於中國,而且還都期望著靠中國文明來「轉
型」。毋須贅言,這種自我想像更多的是虛構,而不是事實。而且
在中國歷史上我們不難發現反例,特別是在10到13世紀之間,中國
曾被迫平等地接受外國[5]。

　　無論如何,將此歸之於中國的史學傳統是有點不中肯的。在傳
統的歷史編寫中,不管是官修還是民修,中國都被描述爲「天
下」,關注點集中在朝廷的活動上,而別的所知道的國家則都被描
述成「附屬國」,或者就是中國中心的世界秩序外的國家。在這些
著述中,被提到的國家的重要性決定於它們和統治中國的王朝的密
切程度。這與王朝人種上是不是漢人並無大的關係(例如蒙族和滿
族)。在儒家歷史的編纂中,一個非漢族的王朝如果能夠按照中國
文化的標準來成功地統治整個中國,那也能被視爲得奉天命。按孟
子的說法,舜和周文王這兩位古代中國的聖明開國君主,「舜……
東夷之人也,文王……西夷之人也……得志行乎中國,若合符節。
先聖後聖,其揆一也」(《孟子・離婁下》)。這樣分析到最後,
「天下」觀念所表達的涵義,更多的是文化而不是種族。

4　引自前揭Immanuel Hsu 書, p. 134.

5　見Morris Rossabi編, *China Among Equals.The Middle Kingdom and its*
　Neighbors, 10th-14th Centuries (Berkeley和Los Angeles, 1983),和Jing-shen
　Tao(陶晉生), *Two Sons of Heaven* (Tucson, 1988).

　　中國居於世界中心的感覺對中國史學傳統的形成有著同樣的影響。其結果，直到19世紀末，「朝代史」在中國的歷史編纂中仍是占有統治地位的範式。但其後，一場靜悄悄的革命——一場由「朝代史」轉向「國史」的範式革命——在歷史思考中開始了。

二

　　20世紀初，「國史」的觀念被介紹到中國的歷史編纂學中。在很大程度上，這是因為歷史學家們已發現中國不再是「天下」，而只是「國家之林」中的一員。但是，這一突破不是起於中國，而是從日本開始的。

　　1900年前後，由於介入了反清的政治活動，使得許多一流的中國歷史學家去日本避難。他們中間有梁啓超(1873-1929)、章炳麟(1869-1935)和劉師培(1884-1919)。在日本期間，他們有機會接觸到日本所做的西方歷史和社會科學的研究工作，從而對中國歷史的編纂有了較清晰的以前未知的視野。有意思的是，改革者梁啓超和革命者章炳麟雖然政治意見不同，但作為歷史學家則聯手開始了一場歷史思想的革命，導致了作為新範式的「國史」的興起。

　　1902年7月，章炳麟二次遊日回國，打算寫一本中國通史。他說的「通史」有兩重涵義：第一，它將從遠古至近代，包括所有朝代；第二，它將特別注重制度、心理、社會和宗教發展的理解。從任何一個涵義看，章顯然是想打破「朝代史」的傳統。在給梁啓超的一封信中，他說決定寫一本中國通史的想法，來自於他對日本社會學家的著作的研讀。他相信，將他廣博的中國學問與現代社會學的視野加以整合，他能夠賦予中國歷史一個全新的意義和結構。他

還想要達到兩個目的：第一，對中國歷史內在的政治變化做出合理
的概括性解釋；第二，復興國人的民族精神以啓發和引導中國探索
其可行的未來 [6]。

　　梁啓超以強烈的熱情回應了章的想法。事實上在此期間，梁也
對此提出了許多想法，並計劃自己要寫一部「中國通史」。他在
1901年寫的〈中國史敍論〉，標誌著中國的歷史編纂學從傳統轉向
現代。在這篇先驅性的文章中，他試圖面向世界歷史來界定中國歷
史。他坦率地承認，中國已不再是世界文明的中心。西方文明是這
個現代世界的主宰。但是，既然中國最近已開始介入這個西方主宰
的世界，梁啓超希望，在新世紀裡中國文化能擔當一個重要的角
色。按照他的分期，中國歷史可分三個階段：從遠古到西元前221
年的中國統一是上世，中國僅是「中國之中國」；中世是從西元前
221年到1800年左右，中國是「亞洲之中國」；此後便是近世，中
國已成爲「世界之中國」[7]。這裡，我們的歷史學家似乎正在痛苦
地爲中國歷史尋找一個新的認定。由於中國不再是「天下」，中國
歷史就不能再被理解爲以中國爲中心的世界秩序的歷史。然而，中
國也不能被簡單地看成西方統治的世界中的「國家」之一。這樣，
梁對中國史的理解要比通常所說的「國別史」概念具有更多涵義。
他沒有拿中國史與其他某個國家的歷史作對比，而是把西方作爲一
個整體拿來對比。換言之，中國更是一個「文明」，而不僅僅是一
個「國家」。概略地說，梁啓超所說的「中國之中國」、「亞洲之

6　章給梁的信，引自湯志鈞，《章太炎年譜長編》（北京，1979），卷1，
　　頁139-140。

7　梁啓超，《飲冰室文集》，第6冊，頁11-12，收入《飲冰室合集》，
　　（北京，1989）。

中國」，與湯恩比(Arnold J. Toynbee)的「中國文明」和「遠東文明」非常相近，但卻要比湯恩比早提出三十年。

不管怎麼說，和章炳麟1902年的交流，致使梁對中國歷史編纂學的傳統作全面的批判性檢討。他的文章〈新史學〉(1902)可能是對上述章的來信的直接和迅速的呼應。當時，憑著對古典文獻極為淵博的認識，章炳麟正逐漸被視為一位精通儒家經典、歷史、哲學和文學的傳統國學大師。梁在歷史領域的革命，得到章這樣的碩學者擁護，必然是一極大的鼓舞。結果，梁在他的〈新史學〉中，開始系統地摧毀「朝代史」模式。他發現傳統的中國歷史編纂學中有四個基本錯誤，而其中三個的根源尤在「朝代」的範式。

第一，「朝代史」記述的只是朝廷，而不是作為「國家」的中國。認為二十四史不過是二十四姓之家譜，也並不誇張。朝代史家總是把注意力完全放在皇室如何興起、如何統治，以及最後如何失去「天下」。第二，作為主要方法的「編年體」和「傳記體」，「朝代史」記錄的只是某些個人的行為，對作為一個集合體的中國卻未作什麼記述。結果，國家意識或社會意識在中國沒有被發展起來。第三，朝代史傳統上是由後人修前朝史，而問題是前朝已亡。這種做法顯然會造成「考證癖」，傳統的中國史家忙於死材料的收集，而迴避當前的發展 [8]。

不管梁的批評是否確實公正，他的〈新史學〉對中國歷史編纂中的「朝代」傳統的確是一個打擊。梁把二十四史說成是「皇室之家譜」，這個說法被大量引用，幾乎成了一句格言。甚至是歐洲漢學家白樂日(Etienne Balazs)的一個貼切觀察，中國歷史大多數是

8　《飲冰室文集》，第9冊，頁3-4。

「由仕人寫給仕人看的」，也可看作是對梁的〈新史學〉的一個遙遠呼應[9]。

　　章炳麟認爲歷史的重要性與國家意識相關，這一觀念在梁的精神上留下了深刻的印象。在1902年的文章裡，我們發現梁哀悼「朝代史」的慘敗，並強調中國的救亡依賴於深層的國民責任感，而只有一種新的歷史觀才能啓示與培植它。這裡我們發現，從1901年的《中國史敘論》到1902年的〈新史學〉，有一個微妙的轉變。前者，梁試圖從世界歷史的透視中來尋找對中國歷史的重新界定，而在後者，他從國史的視角來尋找中國歷史中的「精神」或「理想」。這種內心的變化很大程度上是受了章的影響。有意義的是，在章1902年2月底訪日時，他首先是和梁待在橫濱花了許多天時間一起討論學術問題。正如7月份章給梁的信所顯示的，在章第二次訪日，大約是1902年2月到7月之間，他們倆對中國歷史的看法逐漸契合。由此，他們共同開始對中國歷史編纂學進行現代轉型，即在歷史研究和寫作中，用「國史」取代「朝代史」。

三

　　1905年初，國學社在上海成立，其《國粹學報》在1911年清亡之前的中國學術界一直具有決定性的影響。一群學者聚集於學社和學報周圍，發起了後來著名的「國粹」運動。章炳麟是核心人物，並定期在學報上發表文章。另一個主要核心成員劉師培，他既是學

9　Etienne Balazs, "History as a Guide to Bureaucratic Practice," 收入 *Chinese Civilization and Bureaucracy* (New Haven and London, 1964), pp. 129-149. 另見Arthur Wright的 "Introduction," p. x.vii.

報的主編，也是主要資助人。其他主要的成員包括黃節(1874-
1935)、鄧實(1877-1941)、陳去病(1874-1933)和馬敘倫(1884-
1970)。「國粹」一詞借自日本的一個新名詞，日本在1880年代興
起過一個類似的反西化潮流的本土化運動。就日本的情況，「國
粹」似乎是指每個國家都有無法被別國複製的特殊精神，而一個國
家的生存要依靠對這種精神的保護。日本倡導「國粹」的思想家都
認爲，如果不加分析地過分西化，會損害國家的精神。但是中國的
「國粹」運動有所不同。中國的學者們使用「國粹」的觀念有兩個
目的：激起漢民族對清朝統治的民族敵意，以及在西方不斷增強的
衝擊下重新界定中國的認同。中國的運動中占核心位置的是對中國
歷史的研究，這是它的特徵。日本先行者不同，日本學者們發現很
難用精確的語詞來限定日本的「國粹」，但中國學者們與其日本先
行者不同，他們從一開始就把「國粹」限定在中國歷史領域。例如
章炳麟、劉師培、鄧實和馬敘倫都認爲歷史是中國傳統學術的根
源。他們繼承了18世紀歷史哲學家章學誠(1738-1801)的思想，他
們神化歷史，並反覆地引用他「六經皆史」的名言。在這些學者眼
中，中國的國民精神就包含在其歷史中，這種精神與其歷史一樣悠
久。因此，中國的國粹運動極大地著力於歷史研究的推動，在這一
領域，《國粹學報》爲20世紀中國的思想革命做出了巨大的貢獻。

國粹派實踐了梁啓超和章炳麟提出的從「朝代史」到「國史」
的範式轉移。與梁啓超「朝代史」不過是皇室之家譜這一批判相呼
應，有一個學者堅持中國歷史的分期必須完全取代「朝代」的觀
念。諸如「上世」、「中世」和「近世」這些分期概念的確可以用
來表示作爲一個國家的中國的變遷。在鄧實看來，朝代史就是帝王
史，它必須讓位於「國史」。作爲對朝代史——現在被定義爲狹義

的政治史——的反動，鄧的「國史」概念範圍很廣，包括了諸如
「種族史」、「思想史」、「教育史」、「藝術史」、「社會民俗
史」、「經濟史」、「外交史」等專門史[10]。這一概念是與章炳麟
的「通史」、梁啓超的「新史學」相一致的。

　　然而，在20世紀初受到了新一代中國學者熱烈擁護的國史新概
念，並不是他們自己的創新，而首先是轉經日本的西方舶來品。到
19世紀晚期，日本的中國史家已經出版了許多西方風格的中國歷史
教科書，既有通史也有專門史。有些作品，如那珂通世（1851-
1908）的《支那通史》和桑原騭藏的《中等東洋史》，對中國歷史
學家們富有啓發。1898年出版的《東洋史》，立即被譯成中文，並
在中國學術界取得了巨大成功[11]。在章炳麟、梁啓超和劉師培的作
品中，他們也公開承認吸取了很多日本中國學家的東西。乍一眼看
去，一群明確聲稱要保護國粹的學者在研究自己的歷史時，會如此
深地依賴於西方的概念模式和方法，不免有點奇怪。但他們清楚地
意識到這種矛盾的現象，並努力通過對「國粹」這一概念作最寬泛
的可能的界定來證明他們工作的合理性。黃節批評日本學者井上馨
（1835-1915）把「國粹」確認爲那些完全是本土的東西，他認爲
「國粹」不只是本土的、合適的東西，而且包括借來的、能成爲我
們所需要的東西。正如〈國粹學報略例〉清楚地指出，「於泰西學
術，其有新理特識足以證明中學者，皆從闡發」[12]。20世紀中國國
史的這些變化著的概念，在相當程度上與不同時期流行於歷史學家

10　見胡逢祥，〈論辛亥革命時期的國粹主義史學〉，《歷史研究》1985年
　　5期，頁151-152。
11　朱維錚編，《周予同經學史論著彙集》（上海，1983），頁534-536。
12　引自前揭胡逢祥文，頁150。

中的西方觀念和方法有關。

　　國粹派是在「國史」的概念架構中做歷史研究的第一代歷史學家。在西方統治的世界裡把中國當作一個「國家」來研究以賦予它新的身分，這一研究自然地引導他們去探求中國種族和文明的起源。1880年代，法國學者拉科伯理(Terrien de LaCouperie, 1844-1894)在極可疑的漢語語源解釋的基礎上，提出了一個理論，認為中華民族的始祖黃帝，實際上是對蘇茜那國王(Kings of Susiana [Nakhunti])的常用稱謂。西元前三千年，他率領一群被稱作巴克(Baks)的迦勒底人(Chaldean)，從美索不達米亞來到中亞，並到達中國。在他領導下，巴克人最終打敗了本土部落占領了中國。拉科伯理認為，正是他們是儒家早期文獻中稱作「百姓」的統治者，是他們創造了最早的中國文明[13]。有意思的是，幾乎所有的國粹派史家都毫不猶豫地接受了這個觀點。顯然，這個奇怪的現象只有放在國粹運動的脈絡中才能理解，但它也可以從另一個角度加以解釋。

　　首先，這表示從以中國為中心的「朝代史」轉到「國史」的範式，比通常所設想的要困難得多。中國的史學家們仍然想與過去一樣，把他們的歷史看作是一種「世界史」。中華民族和文明源起西方說可以很好地支持這個目的。中國仍可以被看作位於西方支配的現代世界的中心，而不是在外圍。章炳麟因此斷言，漢族不僅來於迦勒底，而且上古中國與希臘、羅馬、薩克森、法蘭克和斯拉夫民族具有許多相同的文化特性[14]。劉師培則更乾脆，他認為漢族人和

13　見Martin Bernal, "Liu Shih-p'ei and National Essence," 收入Charlotte Furth 編, *The Limits of Change, Essays on Conservatives in Republican China* (Cambridge, London, 1976), pp. 96-98.

14　章炳麟，《訄書》(上海，1958)，頁44-45。

高加索人具有相同的民族起源，只是後來由於人口擴張而分別移至中國和歐洲[15]。第二，雖然國粹派史家們接受了漢族西源說，但他們並不接受拉科伯理其他的觀點，像「中國文化是由中國人保留下來的外來東西」[16]。相反，他們認爲中國文化是中國在長久的歲月中創造出來的。獨特的中國文化是由許多因素逐漸促成的，其中有地理、氣候的因素，甚至入侵中國的「蠻夷」融入漢族也起了作用，在這樣歷史地界定了中國文化後，他們認爲，儘管漢族源自西方，但他們仍有足夠的理由來談「國粹」。國粹史家當然都是民族主義者，而且他們也希望通過歷史研究和寫作來提高中國的國民意識。但只要看得深一些，則可以發現，他們的民族主義實際上注重的更是文化而不是民族。在這個方面，「朝代史」的傳統與「國史」的範式之間具有著連續性。

　　第三，國粹運動在現代中國思想史上往往被看作是一次保守的變革。但是，從他們對諸如漢族西源說之類理論的接受來看，國粹派的歷史編纂體現了對新觀念的明顯開放性。值得關注的還有，章炳麟和劉師培都是最早使用社會學理論，特別是各種各樣的斯賓塞主義來研究中國歷史的學者，他們也接受了許多諸如「民主」、「平等」和「人權」這些現代西方文化中的基本價值觀。只是，他們把這些看作是普世的價值，並堅持認爲它們是早期中國獨立於西方產生的。許多國粹史家都這樣處理這個問題。例如劉師培的〈中國民約精義〉，從各方面闡述中國自古代經典哲學到18、19世紀思想家的思想，說明中國民主觀念的起源和演變。可以說，國粹史家

15　劉師培，〈中國民族志〉，收入《劉申叔先生遺書》（台北，1975）。
16　前揭Martin Bernal書，p. 97.

們總體上是致力於用中國傳統的術語來論證西方的價值觀，而不是別的方法。他們把社會進化論作爲自己的基本假設，非常關注中國各個歷史階段所發生的文化變遷的具體方法和形式。例如在說到中國文學的演變時，劉師培注意到白話散文從宋開始已漸趨流行，通過流行小說的影響，它最終將主導中國的散文寫作。他講：「然天演之例，莫不由簡趨繁，何獨於文學而不然！」[17]在這一點上，劉師培的確預見到了十幾年後胡適（1891-1962）所倡導的白話文學。到1919年五四運動時，人們確有很好的理由把章炳麟和劉師培視爲文化保守主義者，事實上許多人也確是這樣看的。但在1911年革命前，國粹史家們則須被視爲先驅者，他們沿著眾多的研究新路爲中國歷史開闢出巨大領域，並爲中國歷史作爲「國史」來研究這個大膽的現代項目打下基礎。

四

　　一個名爲「整理國故」的運動成了五四新文化運動的學術核心，胡適是公認的領導者。「國故」這個術語既表達了對「國粹」運動的承續，也表達了與它的分離。事實上，正是章炳麟在1910年首先採用這一術語來命名他最初發表在《國粹學報》上的論文的文集（《國故論衡》）。顯然，與隱含著肯定價值的「國粹」不同，「國故」是一個中性詞。這個微妙的變化實際上是五四激進的反傳統情緒的一個徵兆。

　　國故運動與國粹運動一樣，幾乎完全是一些對中國歷史的研

17　劉師培，〈論文雜記〉，收入《劉申叔先生先生遺書》第2冊，頁851。

究，但它的影響卻遠為持久和廣泛。大約從1917年一直持續到1930年代，它一直是中國歷史編纂的主流。一些重要的事情推動了國故運動的流行。首先，它是1919年五四以來新文化運動的一個完整的組成部分，貫徹於中國知識界的每一個角落。第二，多虧1917年的文學革命，白話文已經取代文言成了寫作的通用語言。章炳麟和劉師培在《國粹學報》上的學術文章，仍用晦澀的文言，有時甚至是已廢棄的陳舊風格，所以只能在很小的精英圈子被人欣賞。相反，1917年以來用白話文寫作的新的中國經史研究，則能夠被全國上下各個水平的讀者所理解。例如胡適的《中國哲學史大綱》，是第一部用白話文寫的關於中國古代邏輯與哲學的嚴肅作品，1919年出版後，不到兩個月就再版了。第三，以上海和東京為基地的國粹圈子，大約不到五十名積極成員，包括刊物的發起人和捐助人。而另一方面，國故運動的參與者則來自中國各個地方，人數甚多。我們也必須提一下與此相關的中國學術界機構的變化。至20年代早期，許多現代大專院校在中國出現，一大批受過職業訓練的歷史學家和人文學者在這些學校裡從事教學和研究工作。基本上就是這些訓練有素的學者們以奉獻和執著的精神對中國的「國故」作系統的和關鍵性的研究。

國故運動的聲音最初由胡適發出，他的《中國哲學史大綱》被作為國故整理的典範得到熱情而廣泛的接受。在杜威實用主義和英裔美國人的「科學的歷史」的影響下，他比其他任何人都更熱烈地提倡用科學方法論研究中國歷史的重要性。他對古代中國哲學的研究尤其富有懷疑和批判的精神，以及方法論上的嚴格性。先是在北京大學的學術報告，然後是他的書，震驚了每一個人，因為他認為中國哲學從老子和孔子開始，推倒了長期以來所認定的但卻無歷史

根據的孔子之前的聖賢譜系。對他的大膽行為，他辯解說這種聖賢譜系以及歸於其名下的種種觀念，都是基於權威性值得懷疑的歷史文獻[18]。由此，胡適切掉了傳統歷史編纂中的前半部分。我們可以回憶起，幾年前國粹派史家們還在認真地把黃帝視作中華民族的始祖。即便是曾追隨康有為，很有批判頭腦，且也認為大部分儒家經典係偽書的史學家夏曾佑(1863-1924)，在他的《中國古代史》中還毫不猶豫地指出「言中國信史者，必自炎黃之際始」[19]。

作為一個歷史學家，胡適並不是一個偶像破壞者。他公開承認，是梁啟超和章炳麟的著作使他了解到中國思想史，而且在面對現代西方時，如何將中國作為一個國家加以認同，他也深感困惑。正如他在1917年用英文所說的：

> 在這個一眼看去與我們自己的悠久文明很不相同的新世界裡，我們中國人怎麼會感到自在呢？一個擁有輝煌歷史並創造了富有特色文明的民族，因為生存的原因而被迫生活在強加於他們的外來新文明中，感到不自在是很自然的，也是有道理的。而如果對新文明的接受不是通過有組織的消化，而是生硬地用它來取代舊文明並使之消失，那麼對整個人類都是一個巨大的損失。因此，真正的問題可以重申為：我們能以怎樣一種方法最好地消化現代文明，使它能與我們自己創造的文明相容、相諧、相續？[20]

18　見顧頡剛「自序」，《古史辨》卷一(香港，1962)，頁36。
19　夏曾佑，《中國古代史》(上海，1933)，頁11。
20　Hu Shih(胡適), *The Development of the Logical Method in Ancient China* (Shanghai, 1922), "Introduction," pp. 6-7. Jerome B. Grieder在書中引用了

如果我們眞的接受這個說法，那麼他的意圖實是想用文化同化的方法來充實和復活中國的傳統，而不是想要摧毀它或取代它[21]。由於這個雄心勃勃的計畫要求對中國文化從開始就要有一個正確的理解，所以他把研究中國「國故」放在新文化運動的一個重要議程上。在1919年的一篇很有影響的文章中，他把新文化運動的意義概括爲一種「批判精神」。他強調，有三件事需要用這個「批判精神」同時去處理：研究中國立即要面對的問題；用新觀念、新理論和西方發展的學術發現去熟悉中國的知識社會；最後但並非最不重要的一件事是，將「國故」整理爲一個綜合的、系統的，經科學嚴格再檢查和再組織的學科[22]。爲了完成最後的這個任務，他在1921年和1923年分別創辦了《讀書雜誌》和《國學季刊》。《讀書雜誌》是一本面對青年的半流行刊物，而《國學季刊》則是一本由北京大學刊行的學術雜誌。這兩本有影響的雜誌以各自不同的方式爲一個全新的中國歷史概念的提出作出了貢獻。

胡適對上古傳說中的帝王譜系的歷史懷疑，很快成了一種確信。1922年胡適的大弟子顧頡剛(1893-1980)開始在《讀書雜誌》上發表他對中國古史的系統性研究成果。他的核心假設是：儒家經

(續)————————

　　這一段並加以討論，見氏著 *Hu Shih and the Chinese Renaissance Liberalism in the Chinese Revolution, 1917-1937*(Cambridge, Massachusetts, 1970), pp. 160-164.

21　他似乎至終也堅持這個觀點。1960年7月10-15日在華盛頓大學召開的中美學術合作會議上，他在演講中強調，「中國的基石—人文與理性的中國—沒有被摧毀，而且也沒有任何可能被摧毀」。見Hu Shih(胡適), "The Chinese Tradition and the Future," 收入 *Sino-American Conference on Intellectual Cooperation. Reports and Proceedings* (Seattle, 1960), pp. 13-22.

22　胡適，〈新思潮主義〉，收入《胡適文存》(台北，1971)，卷一，頁727-736。

典中大部分的帝王實際上是一些神話和象徵。根據胡適在中國小說研究中所發展起來的方法論，他追溯了各個時期神話傳說的變化，並從細節上說明他們是如何在一代又一代人之間一步一步地被誇大地建構的。在他的第一篇文章中，他剖析了傳說中的夏朝(約西元前2200-1750年)創立者禹，並得出了驚人的結論，認爲禹可能是一個圖騰象徵。這一小小的學術問題觸動了中國國民意識中最爲敏感的部位，一場遍及全國的熱烈爭論立即在歷史學家中間展開。這一爭論被稱爲「古史辨」，它持續了十多年之久，並產生了七大本文集(《古史辨》，1926-1941)和許許多多的專著[23]。

跟他的老師胡適一樣，顧在氣質上不是一個破壞偶像的激進分子。他的意圖也並不是爲了打破中國上古的黃金時代本身。相反，他的最終目的是想要對古代中國歷史進行可信的重構，他相信，這種重構只有在充分曝光舊史學的錯誤後才能進行。正如施耐德(Lawrence A. Schneider)所總結的，「顯然，顧是舊傳統概念以及與此概念相伴而成的價值觀的摧毀者。但是，在他內容廣泛的作品中，隱含的是一種重構過去的持續動力，這與他20世紀的認識論和歷史感是一致的，而且也與他爲20世紀的中國保留一種中國認同的願望是一致的」[24]。也必須要指出的是，顧與胡適一樣，有意識地想「把中國的歷史縮短二三千年」[25]，這確實具有重要的反偶像涵義。對於文化保守派來說，這意味著對中國文化的精神基礎的隱蔽

23　關於「古史辨」的實際著述，見劉起釪，《顧頡剛先生學述》(北京，1986)，頁85-155。關於晚清以來中國思想史流變考論的研究，見王汎森，《古史辨運動的興起》(台北，1987)。

24　Laurence A. Schneider(施耐德), *Ku Chieh-Kang and China's New History* (Berkeley, Los Angeles, London, 1971), pp. 3-4.

25　胡適1921年1月28日給顧頡剛的信，《古史辨》，第1冊，頁22。

性破壞，而對於激進派來說，則表述了一個信息，就是在中國傳統中沒有什麼必須加以保護以免革命破壞的神聖東西。從1926年顧的《古史辨》第一冊發表以後，中國歷史的概念，特別是古代史，就被徹底地改變了。第一，史學家們達成了一個共識，可靠的中國歷史記錄是從商代（約西元前1750-1100年），尤其是其晚期才開始的，因爲這被新發現的甲骨文所證實。具有批判精神的史學家們普遍傾向於認爲夏朝只是一個「傳說」。即使今天，當考古學已經順利地辨明夏文明是先於商朝，或者是與商、周的祖先們同時存在的，但許多專家，不管是歷史學家還是考古學家，仍然對夏的歷史實證性表示懷疑，因爲與商朝相比，它缺乏直接的文字記錄的證據。第二，強調在重構過去前，必須先用嚴格的科學方法對歷史材料作檢查，這一點很快成了中國史學家們各種信條中通用的一條。即使是馬克思主義史學家郭沫若，雖然他通常反對胡適所有的學術觀點，但在1930年仍特別讚揚顧頡剛對僞造歷史的批判性研究[26]。因此，疑古主義風行，幾乎所有的中國文獻都被拿出來質疑一番。這種吹毛求疵的態度最終在20年代和30年代導致了一個信念，認爲中國歷史文獻對於歷史重構來說，既不算多，也不夠可靠，儘管事實上它們數量很大。對於當時的中國史學家們來說，不管是傳統的還是新潮的，保守的還是激進的，王國維（1877-1927）的著作都被視爲要仿效的典型。這不僅是因爲作者的天才和博學，還因爲他的著作經過了中國古文獻與新史料細緻的、一絲不苟的雙重論證[27]。王自己在1924年也指出，世紀之交開始發展起來的中國新學術是直

26　郭沫若，《中國古代社會研究》（北京，1954），頁273-275。

27　陳寅恪，《海寧王靜安先生遺書》（台北， 1976)寫的「序」，卷1，頁1-2。

接來自各種新史料的，如商代甲骨、漢朝簡牘、敦煌文卷，以及明清檔案和中國以外的記錄[28]。同年，當胡適在研究佛教史的時候，他忽然感到他的那些中國文本很可能包含了各種偽造和歪曲，因此不能在研究中完全依靠它們，因此他在保存於巴黎和倫敦的敦煌文卷中搜尋新材料[29]。

20年代中期一事接著一事，當胡適正忙於擴展中國歷史編纂的史料基礎時，很幸運地找到另一位主要弟子傅斯年(1896-1950)，他正準備去完成這個艱難的任務。傅斯年北大畢業以後，出國學習了幾年歷史和其他相關學科，先在倫敦，後來又去了柏林。留學期間，他對源自蘭克(Ranke)的「科學式史學」的概念很有感觸，並對事實、史料和檔案產生了熱情。他強調語言學和基本史料對歷史研究的重要性，1943年他專門強調要以蘭克和蒙森(Theodor Mommsen)爲西方的導師[30]。1928年，他被任命爲新成立的中央研究院的歷史語言研究所所長，有了政府支持，他可以收集許多新老史學和考古學材料，不僅成系統，而且有規模。他完全接受了王國維和胡適關於新史料的觀點。在極具聲望和富有影響的《歷史語言研究所集刊》的發刊詞中，他聲明：

> 近代的歷史學只是史料學，利用自然科學供給我們的一切工具，整理一切可逢著的史料……
>
> 我們最要注意的是求新材料……總而言之，我們不是讀書

28　王國維，〈最近二三十年中中國新發見之學問〉，《海寧王靜安先生遺書》卷4，頁1875-1884。

29　胡適，《胡適論學近著》(上海，1935)，頁291-293。

30　傅斯年，《傅孟眞先生集》(台北，1953)，冊四，頁276。

的人，我們只是上窮碧落下黃泉，動手動腳找東西！[31]

這段話中的最後一句，無疑出自特理威廉(G. M. Trevelyan)的名言：「搜集法國大革命的史料吧！你必須上天入地去尋找。」[32]傅把「現代歷史編纂」標識爲「史料研究」，這爲他贏得了「史料主義者」的名聲，他對現代歷史編纂學的觀點也因此構成爲「史料學派」[33]。作爲邏輯實證主義的一個附屬，傅把他的「科學的史學」近似地參照了自然科學，特別是生物學和地質學的模式[34]。這一點胡適和顧頡剛也是如此，雖然他們還不是那麼嚴重。用他們嚴格界定的「科學客觀性」和「實證調查」的觀念來研究中國歷史，他們常常會取得一個又一個的學術成就，但是在整體上他們則避開了綜合。他們似乎認爲，當所有相關的個別史料都確認無疑時，「最終的歷史」將會自己出現。這也許可以解釋爲什麼當胡適被迫回答大的歷史問題時，常常在最後階段「暫停判斷」。中國的「科學的史學家們」，包括胡、顧、傅及其無數追隨者們，經常受到批評，特別是來自馬克思主義史學家的批評，認爲他們只見樹木不見樹林。但是，像傅斯年這樣強硬的史料主義者，我們並不清楚在他的歷史

---

31 同上，冊四，頁 170-180。由 Kwang-chih Chang 譯成英文；*Shang Civilization* (New Haven 和 London, 1980), pp. 60-61.

32 許冠三已指出這一點，見氏著《新史學九十年》(香港，1986)，上冊，頁221。譯按原文是："Collect the facts of the French Revolution! You must go down to Hell and up to Heaven to fetch them."

33 朱維錚編，《周予同經學論著彙編》，頁521。另見拙文〈中國史學的現階段：反省與展望〉，英譯見 Thomas H.C. Lee 和 Chun-chieh Huang 所譯，"The Study of Chinese History: Retrospect and Prospect," *Renditions* (Hong Kong, Spring 1981), pp. 7-26.

34 《傅孟眞先生集》冊四，頁181。

認識論中是否把「樹林」放在一個實在的位置上，因爲他評價那些
推論的歷史學家是「誤認天上的浮雲爲天際的樹林」[35]。

　　胡適、顧頡剛和傅斯年是1917-1937年中國歷史編纂學主流中
最突出的三位人物，正如梁啓超、章炳麟和劉師培在早先一樣。他
們一起成功地摧毀了不實際的傳統的中國歷史概念。然而，由於他
們未能或者是不願建立一個新概念來取代舊的，因此中國所留下的
是一個更破碎的歷史認同。

五

　　回顧起來，1917-1937年這二十年，的確稱得上中國歷史編纂
的黃金時代。不僅因爲研究活動有強大的制度支持和豐富的新史
料，而且歷史學專業作爲一個整體也深受尊重。隨著新文化運動的
開展，歷史學家們逐漸享受到高度的學術自由，至少這二十年是這
樣。保守的、激進的，以及中庸的各種概念設計都被用於研究中國
歷史。其結果，前所未有，這個世紀後來也不曾再有過的是，許多
天才被史學專業所吸引。

　　前面我們著重討論了這一階段中國史學的主流，因爲它影響很
大，但這並不是說所有的史學家都接受了這些主流概念，也不是說
在主流史學家那裡有一個統一的概念。如果分別在細節上考查胡
適、顧頡剛和傅斯年，則能看到他們彼此間很不相同，甚至他們不
互相交流各自的研究。這種離散狀態可以由陳垣(1880-1971)和陳

35　引自蕭公權，《問學諫往錄》(台北，1972)，頁64。但蕭將此說法錯歸
　　於哈佛大學的楊聯陞，楊教授告訴我，這個說法是他借自傅斯年的。

寅恪(1880-1969)這兩位居史學主流的史學大師來證實。就他們對史學研究中新史料的強調，以及對文獻的批判來看，他們倆都完全屬於歷史研究中的主流。事實上1949年前他們也都在歷史語言研究所呆過，與傅斯年同事。但他們各自發展了自己不同的概念。陳垣更多地繼承了清代考證學的傳統，但也很現代，他對宗教史所做的中程(middle-range)專題研究，便是反對史料主義者的那種「碎片粘貼」。陳寅恪在柏林、巴黎和哈佛受到了文獻學、歷史學、佛學和古典語言的良好訓練。他非同尋常的博學，加上批判的敏銳的頭腦，使他成為自己所處時代的傳奇人物。然而他對傳統的中國價值觀高度認同，西方觀念和新文化運動都無法打動他。他在東亞的脈絡中對3至10世紀的中世中國作了廣泛研究，發現了中國社會和文化史獨特的變化韻律。他熟練地把文獻考證和詮釋加以結合，一方面他十分在意文獻考證中的每一個細節，另一方面當需要的時候也不迴避詮釋。

與此相關，我們也必須簡要地提一下中國的馬克思主義史學，雖然這超出了本文的研究範圍。這一時期，除了郭沫若模仿恩格斯的《家庭、私有制和國家的起源》而寫的《中國古代社會研究》(1930)外，中國別的馬克思主義者還沒有重要的歷史學術著作。的確，1928-1933年的社會歷史辯論，擁有馬克思主義歷史觀的中國歷史學家們不僅很了解，而且也完全意識到與中國歷史研究有關。但實際上，與這場辯論相關的，主要是革命，而不是歷史。介入這場辯論的，無論是馬克思主義者還是非馬克思主義者，都必須對中國所處的歷史階段做出確切的判斷(根據馬克思主義者的模式)，然後才能合理地採取相應的政治行動。還有，在社會歷史辯論中的一位核心人物陶希聖，他並不是一個馬克思主義者，而是一位受梅茵

(Henry Maine)的《古代法》啓發的法律史家[36]。諷刺的是，由於很大程度上受到了陶希聖這位中國馬克思主義的敵人的影響，馬克思主義者的概念和方法才逐漸步入史學的學術軌道。30年代早期，陶加入北大法律系，並創立了旨在促進中國社會和經濟史研究的《食貨》雜志。他把一批史學主流中的天才的年輕學者吸引到這片廣闊的新領域。從他們發表的作品看，在四十年代前，中國的馬克思主義史學家很難與革命宣傳者區別開來。但不可否認的是，由於對社會和經濟基礎的強調，馬克思主義者的歷史方法爲中國的史學家們提供了一個優勢，使他們可以用一種全新的方法來重構自己國家的過去。

到30年代早期，中國已經深深地陷入了國家危機，並最終於1937年爆發了抗日戰爭。雖然各不相同，但歷史學家們很快對此危機做出了回應，下面幾個例子可以證明這一點。出乎所有人的意料，在1931年日本占領東北後，史料主義者傅斯年很快寫出了一本《東北史綱》，由於其中有很多學術錯誤，因此只爲他招來了嚴重的批評。1930年代中期，顧頡剛也抱著明顯的愛國情感和團結人民的目的，轉向了邊疆史和少數民族史的研究。在1937-1938年，他花了整整一個學年在西北邊疆各省旅行。陳寅恪1940年在香港完成了他的《唐代政治史述論稿》。在這部卓越的著作中，他特別強調，唐朝的命運是與周邊民族的興衰互相聯繫的。他也證明了當時

36　Arif Dirlik, "T'ao Hsi-sheng:The Social Limits of Change, " 收入Charlotte Furth, *The Limits of Change*(Cambridge, Mass., 1976), pp. 305-331. 對馬克思主義史學有充分理解的一項研究，可見Dirlik的*Revolution and History: The Origins of Marxist Historiography in China, 1919-1937*(Berkely和Los Angeles, 1978).

政府和國家防衛之間有著密切的相互關係，因為有效的防衛通常要依靠良好的政府。在日軍占領下的北平生活的陳垣，1943年寫信告知一位在自由區的朋友，1937年以後北平的史學家們已轉向新的研究，他們現在不再寫任何與國家危亡無關的歷史作品[37]。1937年以後，許多主要的歷史學家不再研究狹窄的專題，而是全身心地投入於中國通史的寫作中。有兩部里程碑式的作品：錢穆(1895-1990)的《國史大綱》(1940)和張蔭麟(1906-1942)的《中國史大綱》(1941)。前一部著作尤值關注。通過他的《史綱》，錢向他的中國同胞表達了一個強烈信息。他不否認中國現在是很弱，但是作為一個歷史學家，他對中國的忠誠毫不動搖。他向讀者們斷言，中國不僅擁有一個偉大的過去，而且只要她的人民願為自己的國家認同而奮鬥，中國一定會有一個更為輝煌的未來。各種民族主義的觀念和情感，特別是文化方面的，在他的著作中巧妙地與史料相結合，從而構成一部精美的史詩。毋須贅言，從具體的概念看，他的《史綱》是有計畫有條理地去喚醒深受屈辱的中國。這樣看來，它與中譯本曾吸引許多中國讀者的費希特(Fichte)的《告德意志書》並沒有什麼不同。《史綱》的出版引起了一些轟動，因為它很快激起了來自各方面的許多強烈反映。不出所料，馬克思主義者和史料主義者對它作了強烈而無情的攻擊。但它也受到了極大的讚揚。不管怎麼說，它的發行量巨大，在港臺和海外華人社會，不僅是大學生們閱讀它，即使是外行人也在廣泛地閱讀。鄧爾麟(Jerry Dennerline)對中國歷史編纂中的這種現代經典精神非常關注，並對它作了這樣

37　見陳垣1943年11月24日給方豪的信，收入陳樂素、陳智超編《陳垣史學論著選》(上海，1981)，頁624。

的描述：

> 錢穆在書中表達的歷史是民族自豪感的不朽豐碑。作者對
> 史料、典籍、制度和考據非常熟悉，將三千年來的版圖擴
> 大和縮小、帝國的苛政與改善、經濟、社會和思想的演變
> 描述爲一種模式。按照錢穆的看法，這一模式是中國的，
> 與西方不同，就好比詩歌不同於戲劇一樣。前者總是在和
> 諧和節奏中按照同一規律發展到新的階段；後者是從一幕
> 發展到另一幕，劇情時在變換。前者有序時是大一統，亂
> 世時便分裂；後者則在衝突中前進，但以悲劇而告終。一
> 些歷史學家想用西方科學來理解中國歷史的脈絡，其實事
> 求是的態度是正確的，就這一點，他們超過了今文經學
> 家。但是，他們把西方歷史那種戲劇性的模式當作普遍
> 的，則就錯了。[38]

在作爲史學家的整個一生中，錢穆在普遍和特殊、西方和東方之間
遭受折磨。或明或暗，從梁啓超到胡適、傅斯年再到馬克思主義
者，所有傾向實證主義的中國史學家們都假定，在中國歷史的研究
中，普遍規律或模式只能由科學的西方提供，而其中的史料部分則
必須保留中國的必要性。至此，錢穆所爭取的東西似可以總結爲：
中國歷史和西方歷史是否能看作兩種不同的模式，就像詩歌和戲劇
的不同一樣？如果史學是一門科學，不多也不少，那麼它終究是與

38　Jerry Dennerline(鄧爾麟), *Qian mu and the World of Seven Mansions* (New Haven, London, 1989), p. 66.

理論科學相對立的經驗科學。如果我們想在歷史學中尋找「普遍規律」或者建立「普遍模式」，而且試圖把這些規律與模式完全運用於中國的歷史經驗中，這是否要求得太高了？難道我們必須強求一律，使中國的情況符合西方的理論嗎？

帶著這些問題，就此打住，至少眼前是這樣

據 "Changing Conceptions of National History in Twentieth-century China," in Erik Lonnroth, Karl Molin, Ragnar Bjork, eds., *Conceptions of National History, Proceedings of Nobel Symposium 78*（Berlin and New York: Walter de Gruyter, 1994）, pp. 155-174譯出。

（羅群　譯）

23
中國史學思想反思

　　中國擁有悠久而龐雜的史學傳統，我們是否能包羅萬象地對其史學思想作一全面的概括性論斷，以將之清楚區別於西方史學傳統，實頗有疑問。認為中國史學中有一些西方所無的本質性的關鍵特點，不啻是陷入虛妄的本質論之中。我對西方史學史了解越多，就越不肯定是否能將兩種傳統截然區分。若就中西史學的個別組成要素而言，兩者似乎同多於異。但另一方面，若從歷史發展來看，兩種傳統的形態看起來確有差別。我較為相信兩者的差異在於鋪排與重點的不同，若進一步剖析這些鋪排與重點，可能會發現它們很大程度上是由文化因素決定的。

　　伯克(Peter Burke)對於西方史學思想和史學撰述所作的十點特徵描述，為我提供了一個上佳的出發點，讓我可據之以比較的視野來反思中國傳統。我在下文會選擇幾個可說是中國傳統史學的核心概念來加以討論，而這些概念是互相關連的。

　　伯克認為西方史學思想最重要的特點，是它強調發展或進步，而這是源於猶太教和基督教的命運或天意概念。卡爾(E. H. Carr)也指出：「猶太人，以及後來的基督教徒，認為歷史進程是朝著某

一目標邁進的，從而帶來一個全新觀念──歷史目的論。」[1] 伯克援引洛維特(Karl Löwith)的說法，進一步指出，「現代的歷史發展概念，可以看成是這些宗教觀念的世俗形態」。但我想指出一點，這種猶太教─基督教的「發展」或「進步」觀念，正是通過它的世俗形態而對現代西方史學發揮最深遠的影響。黑格爾的「精神」(Geist)和馬克思的「生產模式」(mode of production)這些後世的觀念，顯然是脫胎自「上帝的計畫」(plan of God)。吊詭的是，這概念以現代科學爲其最強有力的後盾。受到現代科學的激發，人們自18世紀以來即廣爲追尋主宰歷史發展或進步的普遍規律。故此，馬克思在《資本論》的「序」中信心十足地說：「資本主義生產的自然規律……以鐵的必然性發生作用並且正在實現。」甚至五六十年代形成的美國現代化理論，也是以所有社會都會依循著單一的經濟發展過程爲其背後的假設。不用說，這個普遍模型所據之以建立的基礎，就是工業革命以降的西方歷史經驗。

我以這種西方獨有的「發展」或「進步」概念來展開我對中國史學思想的討論，原因有二：第一，人類歷史發展是一個不可逆轉的過程，並且是由一些超越人類的力量(如上帝的天意或自然規律)所引導，這種觀念完全不見於中國的本土史學；然而，第二，正是這個裝扮成「科學」的怪異概念，令20世紀的中國史學家爲之心馳神往。尤其隨著1949年馬列主義被奉爲國家意識形態後，各種中國史實無不被削足適履、去頭便冠地加以剪裁，以求能套進這種歷史目的論之中。中國共產黨賦予歷史學家的最重要任務，是根據社會發展五階段論來爲中國歷史作分期。馬克思主義史觀或許有助於發

---

1   E. H. Carr, *What is History?* (New York, 1962), pp. 145-146.

現以往爲傳統史觀所忽略的一些有趣歷史數據，但它的總體影響卻是使中國史學大受斵喪，中國歷史被大肆纂改、曲解和扭曲。結果，今天新一代中國史家正開始實事求是地重新審視過去幾十年間提出的關於中國歷史的各種概括性論斷。我們也看到人們重拾了對傳統史觀的興趣。

過去三四年間，中國湧現著一股引人注目的學術熱潮，中國的前輩史家在這股沸沸揚揚的國學熱中備受推崇。他們在本世紀頭幾十年嘗試用現代方法，系統地整理中國典籍和史學。這些被尊爲國學大師的史家，雖然在概念上得到當時的包括自然科學和社會科學在內的西學的啓發，但他們是極爲依賴在考據訓詁方面的舊學根底，去獲得新穎而重要的史學發現。民國初年中國史學界的最重大創獲，都認爲是直接源於本土史學傳統的成果，這種傳統經歷前此三個世紀的發展而已臻成熟。這時期西學的貢獻在於擴大了一般的知識視野，而非爲中國史家提供了某種史學理論和方法。反之，五四之後中國史學思想日益疏遠本身的傳統，轉而越來越崇尚西方史學理論和方法，以從中尋求指導，此時，中國史學研究和著作的素質開始顯著滑落 [2]。

巴特·菲爾德(Herbert Butterfield)在其封筆之作《歷史的起源》(*The Origins of History*)的「序」中指出，科學和史學是西方文明的兩個最大特徵。巴特·菲爾德說，唯一在這兩方面可與西方文明媲美的，是古代中國。但是，分別發生於17和19世紀歐洲的科學革命和史學革命，把中國遠遠拋在後頭。結果，「中國人在這兩

2　許多中國刊物的文章都表達了這一觀點。它也可以在《國學大師叢書》的總序中找到。例如，參見郭齊勇、汪學群著的《錢穆評傳》（南昌：百花洲文藝出版社，1995），尤其是張岱年的〈總序〉，頁1-4。

方面都不得不向西方學步」[3]。對於巴特・菲爾德的見解，我並沒有太大異議，但爲拾遺補闕，我必須指出科學與史學這兩者的區別。毫無疑問，本世紀的中國人往往是在心悅誠服之下，不僅在科學同時在史學方面向「西方學步」。不過，中國人對西方史學的接納，與他們對西方科學的接納是有根本不同的。中國人對後者的接納是全盤而徹底的。現代中國人完全無視本民族過去的科學成就（李約瑟[Joseph Needham]在其多卷本巨構《中國科技史》[*Science and Civilization in China*]中，重現古代中國的這些科學成就），並且事無巨細地跟隨西方模式，重頭開始發展現代科學。這可能是因爲在古代中國，科技知識僅掌握在一小撮專家手中，而從未成爲一般的儒學課程的一環。反之，兩千多年來中國的精英，都深受以經典和史學爲其核心的儒家教育的薰陶。

此外，從12世紀到18世紀，儒家學者對於經典和史籍的考據功夫已隨時日而精進，因而在史學研究上作出了一連串方法論的突破。誠如加德納（Charles S. Gardner）在其1937年的著作中所指出的：「在過去二十年間，中國出現了一個新的史學流派，它有嶄新的靈感，運用嶄新的史學技巧。這個學派借鑑古代的中國史家的經驗，使之成爲它的血脈來源之一……尤其在17、18世紀，在邁向科學方法方面出現了重大進展。」[4] 這一背景深刻說明了20世紀頭幾十年的中國史家，何以會這麼容易就接受了西方史學。正如加德納所稱的「新史學流派」的主將胡適（1891-1962）自述，他之所以處

3　Herbert Butterfield, *The Origins of History*（New York: Basic Books, 1981），p. 13.

4　Charles S. Gardner, *Chinese Traditional Historiography*（Cambridge, Mass.: Harvard University Press, 1961），p. 3.

身「現代科學的新時代」仍能泰然自若，乃因他出身於「講究冷靜格物，嚴謹考證，大膽假設、小心求證的科學傳統」[5]。胡適對于古代中國「科學傳統」的說法或許稍言過其實，但他留美時期(1911-1917)所寫的留學日記卻充分印證了他的內在經驗。

因此，和科學不同，當現代中國人在史學方面「向西方學步」時，他們沒有也不可能以白板那樣的心靈來接納西方史學。反之，他們是以本身的史學傳統為鑑，透過它來觀照西方史學，而這種由清代考證學家發展出來的史學傳統，將「科學方法」糅合到「考證學」之中。現代中國人甘願「學步西方」，因為他們相信這種「科學方法」惟有在現代西方才臻至鼎盛。然而，就實際操作而言，現代中國的第一代史家仍然以依循本身的研究傳統為主，而輔之以對源於西方的方法的有限創新和修正。

走筆至此，容我再談談前述近年來新一代中國史家對國學大師的重新發現。我認為這是他們覺醒的徵兆，他們明白到，中國史家檢討他們長期效法西方史學到底帶來了什麼影響，現在是時候了。如今看來，受西方影響較少的第一代史家，比起後來明顯更為嫻熟運用所謂科學方法的新一代史家，在史學創獲方面較為優勝。這不禁令人質疑，西方史學是否能與自然科學等量齊觀，作為放諸四海皆準的模型。在此，「科學方法」概念所發揮的作用可能是負面多於正面。對「科學方法」的過分沈溺，是現代中國科學主義的顯著特徵[6]。但是，方法並非完全不帶思想色彩的，也並非可以完全割

5   Hu Shih, "The Scientific Spirit and Method in Chinese Philosophy," in *The Chinese Mind: Essentials of Chinese Philosophy and Culture*, ed. Charles A. Moore(Honolulu: East-West Center Press, 1967), pp. 130-131.

6   D. W. Y. Kwok(郭穎頤)，*Scientism in Chinese Thought 1900-1950*(New

離於它所源出的情境脈絡。結果，隨著所謂科學方法的引入，根據西方經驗而提出的史學術語、分類和理論，被不加篩選地移植到中國史學裡。誠如芮沃壽（Arthur F.Wright）所觀察到的，「20世紀中國史家先是借鑑西方的方法，接著是概念，最後是體系」[7]。

今天20世紀將盡之際，在西方，至少在美國，史學已喪失它原來作為「統一而凝聚的歷史學科的理想」[8]。在這種據稱是「後現代」的文化中，「紛亂渾沌」沛然莫之能禦，史學界可以用《聖經・士師記》的最後一句話來加以描述——「以色列中沒有王」[9]。史學這門學科在今天的中國面臨著相似境況。中國知識分子一方面受東方主義的後現代評論所啓發，另一方面受非西方文化在冷戰後爭取為人承認所激勵，也開始在他們自己的傳統中尋求精神資源。90年代初，人們就「中國人文精神」和「新儒家」展開熱烈討論。正是在這種新氣象中，史家首先是重新發現了國學大師，之後並透過他們再往前溯，以肯定的態度重新觀照中國的史學傳統。這種思潮在中國近期出版的著作得到證明。

如果我們將整體的傳統中國史學與西方自18世紀以來所發展的史學理論和實踐相比較，會發現兩者的差異其實非常大。此外，這

（續）————————————

　　　Haven: Yale University Press, 1965）, pp. 28-29; Charlotte Furth（費俠莉）, *Ting Wen-chiang, Science and China's New Culture*（Cambridge, Mass.: Harvard University Press, 1970）, pp. 13-14.

7　Arthur F.Wright（芮沃壽）, "On the Uses of Generalization in the Study of Chinese History," in *Generalization in the Writing of History*, ed. Louis Gottschalk（Chicago, 1963）, p. 47.

8　Peter Novick, *That Noble Dream*: *The "Objectivity Question" and the American Historical Profession* （Cambridge: Cambridge University Press, 1988）, p. 589.

9　*Ibid.*, p. 628.

種比較無可避免令前者看上去極爲遜色。正因如此，史學大家梁啓
超(1873-1929)在1902年提出要揚棄中國傳統的「朝代史學」以建
立「新史學」，而這種新史學的基礎，基本上是斯賓塞(Herbert
Spencer)認爲人類發展過程是一種進化的看法。梁氏有這樣的主
張，因爲他在流亡日本時接觸到西方治史方式，並大爲折服[10]。然
而，如果我們進行具體的分析，將兩部中國最早的史學著作(如孔
子的《春秋》及其後來的注疏和司馬遷的《史記》)與兩部西方最
早的史學著作(如希羅多德的《歷史》和修昔底德的《伯羅奔尼撒
戰爭史》)相比較，則會得到相當不同的觀感。就內在的假設、原
則和方法而言，中國史著和希臘史著之間的同似乎不下於異[11]。例
如，希羅多德所奉行的一個重要的記事原則，是區分他所親眼目睹
的事與靠耳聞而得知的事。同樣，修昔底德「首先信任自己的耳
目，其次是可靠證人的耳目」[12]。同樣的原則也見於《春秋》和
《史記》。根據傳統，孔子把資料來源分三種：有見、有聞和有傳
聞[13]。這點也可在《論語》中找到印證，孔子在《論語·八佾》中
語帶遺憾地說：「夏禮吾能言之，杞不足徵也；殷禮吾能言之，宋
不足徵也。文獻不足故也。足則吾能徵之矣。」司馬遷除記載了他
所閱覽過的大量卷帙文獻外，還將他親眼目睹和從其他目擊者聽來

10 Ying-shih Yu(余英時), "Changing Concepts of National History in
    Twentieth-Century China," in *Conceptions of National History: Proceedings
    of Nobel Symposium* 78, ed. Erik Lönnroth, Karl Molin, Ragnar Björk(Berlin
    and New York: Walter de Gruyter, 1994), pp. 157-159.
11 鄧嗣禹，〈司馬遷與希羅多德之比較〉，《中央研究院歷史語言研究所
    集刊》第28本(1956年12月)，頁445-463。
12 Arnaldo Momigliano, *The Classical Foundations of Modern Historiography*
    (Berkeley: University of California Press, 1990), p. 42.
13 馮友蘭，《中國哲學史》(上海：商務印書館，1933)，頁543。

的事情記錄下來[14]。

再舉一例，莫米利亞諾(A. Momigliano)對他所稱的希臘史家(尤其希羅多德和修昔底德)的「批判方法」引以為傲。他所謂的「批判方法」是指「使用者在加以思量和鑽研後，確信它們是可靠的」[15]。他甚至斷言：「沒有比希臘更早的史學，或不受希臘影響的其他史學發展出這些批判方法。」[16]但類似的判批方法似乎早在孔子時代(前551-前476)已見於中國史學之中。司馬遷告訴我們，孔子在預備作《春秋》時，不但廣閱周朝宮廷的歷史記錄，還「約其辭文，去其煩重，以制義法」[17]。據《春秋‧穀梁傳》云，孔子記錄史實的「義」，是「信以傳信，疑以傳疑」[18]。誠然，我們無法肯定這些關於《春秋》的說法是否確實，因為它們可能是後世儒者的穿鑿附會。不過，孔子確實是以符合上述思路的批判態度來治學，則殆無異議。他在《論語‧為政》中訓示門人：「多聞闕疑，慎言其餘，則寡尤。」無論如何，至晚到了西元前4世紀，以批判態度閱讀歷史文本的意識已在中國得到高度發展。這在孟子以下的一段話中，表現得最淋漓盡致：「盡信書，則不如無書。吾於武成，取二三策而已矣。」(《孟子‧盡心下》)

至於司馬遷的《史記》則無用多言，歷史批判在該書中幾乎俯拾皆是。只須引述著名的〈報任安書〉的幾句話就足以證之：「僕

14　顧頡剛，《史林雜識》(北京：中華書局，1963)，頁226-233。

15　Arnaldo Momigliano, "Tradition and the Classical Historian," in *Essays in Ancient and Modern Historiography* (Middletown: Wesleyan University Press, 1982), p. 163.

16　Momigliano, *Classical Foundations*, p. 30.

17　司馬遷，《史記》，第2冊(北京：中華書局，1973)，頁509。

18　錢鍾書，《管錐編》(北京：中華書局，1979)，頁252。

竊不遜，近自托於無能之辭，網羅天下放失舊聞，考之行事，稽其成敗興壞之理，凡百三十篇。」顯然，《史記》完全符合historia這個希臘詞所蘊含的「探索」、「研究」或「調查」的意義[19]。

兩種史學傳統之間的這種一致性肯定綿延到近世。清代考證運動及其對於清代初、中葉的史學研究的革命性影響，與自瓦拉（Lorenzo Valla）起在歐洲興起的語源學（philology）有著驚人的相似[20]。伯克提出了一個有趣問題，是關於西方史學傳統中的法學比喻的，他想知道其他傳統（包括中國）的史學家，是否也有從他們本土的法律制度借用一些設想。我對此的回答是肯定的。胡適已令人信服地論證，人稱「考證」的中國史學方法，是脫胎自12世紀以來的法律制度。諸如「證據」、「斷案」、「質證」等名詞，都是源於審判獄訟。朱熹（1130-1200）一再指出，學者「看文字須如法官深刻，方窮究得盡」。「獄訟面前分曉事易看。其情偽難通，或旁無佐證，各執兩說，係人性命處，須吃緊思量，猶恐有誤也」[21]。

即使在「歷史哲學」這種極富玄想性的領域，中西之間也有可以比擬的事物。例如，儘管章學誠（1738-1801）的歷史和知識背景與維科、柯林烏（R. G. Collingwood）迥然相異，但將他們提出的史學概念加以比較，可能會對我們大有啓發[22]。

19 Charles William Fornara, *The Nature of History in Ancient Greece and Rome* (Berkeley:University of California Press, 1983), p. 47.

20 Ying-shih Yu（余英時）, "Some Preliminary Observations on the Rise of Ch'ing Confucian Intellectualism," 中譯見本書第7章; Donald R. Kelley, *Foundations of Modern Historical Scholarship: Language, Law and History in the French Renaissance*(New York: Columbia University Press, 1970).

21 胡適，〈考證學的責任與方法〉，載胡頌平編著《胡適之先生年譜長編初稿》，第5冊（台北：聯經出版公司，1984），頁1933-1942。

22 Paul Demiéville（戴密微）, "Chang Hsueh-ch'eng and his Historiography," in

現在讓我轉到錢幣的另一面，即區別中西史學思想的一些重要特徵。兩者之間有許多本質性的差異，限於篇幅，我只能提出幾個概括性的觀察，而難以作深入的闡釋。我首先要強調，想要釐清這些差異，不能只著眼於史學領域本身。反之，它們可能是根深蒂固地存在於中西兩種截然不同的文化傳統之中。就此而言，我想略述一下古代中國歷史著作的起源。有一個事實令巴特·菲爾德印象深刻，那就是早在西元前1000年前，「史」這個字已經在中國出現。「史」的意義根據上下文可以解作「抄寫員」、「檔案員」、「史家」、「占星師」[23]。數以萬計約於西元前1300至前1100年刻製的甲骨出土，有力地證明了「史」的最早意義是掌管文書或記事的官吏。占卜需要眾多不同的人參與，包括代表商王問卜的貞人；執行占卜過程的卜人；專門解釋甲骨裂紋涵義的占人；最後是專掌刻辭的史，他負責將占卜過程和結果記錄在甲骨之上[24]。很明顯，史最早的職責是宗教性的，因此算不上是「歷史學家」。最遲到了西元前7世紀末，史已從掌管宗教事務的記錄者逐漸變為史官。例如，西元前605年晉太史董狐冒死秉筆直書，孔子盛讚他是「古之良史也，書法不隱」。從以上論述可見，中國史學傳統有幾個不同於西方的特點。第一，中國史學肇始甚早，有著源遠流長的傳統。第

(續)

　　Historians of China and Japan, ed. W.G. Beasley and E.G. Pulleyblanck (London, 1961), pp. 184-185; David S. Nivison, *The Life and Thought of Chang Hsueh-ch'eng*(*1738-1801*)(Stanford, 1966), pp. 291-293;余英時，〈章實齋與柯靈烏的歷史思想〉，載《論戴震與章學誠》（香港：龍門書店，1976），頁197-242。

23　Herbert Butterfield, *The Origins of History* (New York: Books, 1981), p. 13. Butterfield, *The Origins of History*, p. 140.

24　Kwang-chih Chang(張光直), *Shang Civilization* (New Haven: Yale University Press, 1980), p. 34.

二，它從一開始就離不開官方的記錄和撰述。第三，始於西周時期
（前1027？-前771）並爲後世承襲和推重的史官制度[25]，令史官置身
中國政治世界的中心。

　　了解到這些中國史學的獨特源起，史學在傳統儒學之中始終占
據中心位置，就毫不令人驚訝了。這與古典時期的西方文化背景大
異其趣，在當時的西方，史學充其量只處於次要位置。以下是莫米
利亞諾扼要明瞭地概括了希臘人對史學的態度，很值得在此引述以
作比較：

> 希臘人酷愛歷史，但從未將之作爲生活的基礎。有教養的
> 希臘人會向修辭學派、神秘教派或哲學尋求引導。歷史從
> 來不是希臘人生活的必要部分，就算對那些治史的人來說
> 也不是。造成希臘人有這種態度的原因不一而足，但一個
> 重要因素無疑是因爲歷史充斥著不確定性，故難以提供無
> 可爭議的指導。[26]

　　我不禁要把這種特點再擴大，以涵蓋整個西方文化傳統，不用
說，這僅是爲了凸顯中西的對比。在我的印象中，西方的心態總是
向哲學或宗教中尋求精神引導。它有時候更傾向於哲學，有時候傾
向於宗教，但大多數時間是兩者混同。當然，自17世紀以後，儘管
科學並未完全取代宗教和哲學，但已日漸成爲西方人生活的基礎。
但就此而言，我們也可以把科學視爲是宗教和哲學的延續，因爲三

25　Burton Watson, *Ssu-ma Ch'ien: Grand Historian of China* (New York: Columbia University Press, 1958), pp. 70-71.

26　Momigliano, *Classical Foundations*, p. 20.

者都是以尋找「確定性」爲鵠的。以我有限的知識所見，多個世紀以來，西方史學每每受益於宗教、哲學和科學的發展，得到它們的滋養而變得更加豐富。反之，中國史學是與儒學和文學共同發展的。但我必須指出，中國傳統強調知識的整全一體，因此這三者事實上是不分家，也難以截然區分。三者的關係是無法用西方的知識分類系統來理解的。如果套用西方系統來分類，六經中有兩部明顯是史學著作，一部是文學著作。「六經皆史」的觀念，早在章學誠爲之作出明確的重新闡述之前，就早已盛行[27]。我想在此強調一點，若想對中西歷史觀念作出有意義的比較，必須顧及它們所分別發軔和發展於其中的兩種文化傳統。

　　據我判斷，中國史學思想的一個基本特點是強調人力在歷史中的中心作用。這並不是說中國史學有一種天眞的想法，以爲人類或單靠人類就能隨意創造歷史，而是它抱持著一種原則：儘管人力以外的其他力量，自然的或超自然的，都可能會在歷史過程中產生影響，但歷史學家必須時刻將主要注意力放在人的因素之上。因爲他的職責是要找出，在某些重大的歷史時刻，之所以出現某些事情的狀態(例如一個國家或王朝的興衰)，到底是受益或受害於哪些個人或團體的影響。這種特別強調人力在歷史中的作用的觀念，可能與一般所謂的西元前6世紀儒家人文精神興起有關。西元前524年，與孔子同時代的子產說了一句盡人皆知的話：「天道遠，人道邇，非所及也，何以知之？」[28]今天許多人都認爲孔子思想深受這句信口而出的話的影響，這點可在《論語》中得到印證[29]。我想引述孔子

27　Nivison, *Chang Hsueh-ch'eng*, pp. 101-104.

28　馮友蘭，《中國哲學史》，頁56。

29　子貢曰：「夫子之文章，可得而聞也；夫子之言性與天道，不可得而聞

與魯定公(約前509-前495年)的一段對話,闡明孔子是如何看待人力在歷史進程中的作用:

> 定公問:「一言而可以興邦,有諸?」孔子對曰:「言不可以若是其幾也!人之言曰:『爲君難,爲臣不易。』如知爲君之難也,不幾乎一言而興邦乎?」曰:「一言而喪邦,有諸?」孔子對曰:「言不可以若是其幾也!人之言曰:『予無樂乎爲君,唯其言而莫予違也。』如其善而莫之違也,不亦善乎?如不善而莫之違也,不幾乎一言而喪邦乎?」(《論語・子路》)

我引述這段對話,因爲後世史家對它非常重視,而按照慣例,史家會在著作中記下出自重要人物之口而又有重要影響的話語。孔子在說話中用了「不可以若是」和「幾乎」的字句,這是有其意義的。這明確顯示,雖然他肯定把人的言詞和行爲視爲導致已經或即將發生的事件的因素,但他也完全明白到,超越人力的因素也會影響歷史過程。

傳統認爲孔子是樹立中國褒貶史法的開山,不用說,這種褒貶原則隱含在他對於歷史上人類自由的實在性的基本概念之中。當然,在其他(包括西方)史學傳統中,也可看到史學的這種教化功能,但沒有一種傳統像中國那樣,發展成占據那麼中心的地位,具有那樣的普遍性和連續性。更引人注目的是,它不但貫穿於大眾文

(續)─────────────────

　　　也。」(《論語・公冶長》)。子曰:「務民之義,敬鬼神而遠之,可謂知矣。」(《論語・雍也》)

化之中，而且在大眾文化的肥沃土壤中蓬勃成長。自12世紀以降，無數讀者和觀察者從歷史小說和戲曲(尤其《三國演義》)中接觸到褒貶筆法。例如在《三國演義》中，很容易看到作者蓄意貶抑某些角色，而頌揚另外一些角色[30]。雖然後世史家擔心過度的道德評判會損害史學的客觀性，屢屢勸說要加以節制，但直至今天，中國史學仍未完全揚棄這種褒貶之法。

在中國的情況裡，褒貶史法不僅具有教化功能，更重要的也許是它發揮了批判的功能。對於孔子著《春秋》的動機，司馬遷有此一說：

> 孔子知言之不用，道之不行也，是非二百四十二年之中，以為天下儀表，貶天子，退諸侯，討大夫，以達王事而已矣。子曰：「我欲載之空言，不如見之於行事之深切著明也。」[31]

或許，這段話與其說代表了孔子的思想，不如說代表了司馬遷本人的看法。這樣來看，我們可以說在中國傳統裡，治史是一種涉及政治和道德批判的活動。上引孔子的說話，無疑令人想起狄奧尼

30　在《三國演義》第八十五回中，有一首詩明白地說出小說作者遵從著朱熹(1130-1200)定下的褒貶法則。對於該小說的詳細研究，見C. T. Hsia(夏志清), *The Classic Chinese Novel* (New York: Columbia University Press, 1968), chap. II: "The Romance of the Three Kingdoms"; Andrew Plaks(浦迪安), *The Four Masterworks of the Ming Novel* (Princeton: Princeton University Press, 1987), chap. 5: "*San-kuo chih yen-i*: Limitations of Valor."

31　司馬遷，《史記‧太史公自序》。

修斯(Dionysius of Halicarnassus)的著名說法：「歷史是用實例來進行的哲學教學。」或許套用到中國的例子上時，「哲學」一詞應代之以「道德理論」。毫無疑問，司馬遷想把《史記》寫成一部批判之作。他運用各種文學技巧不但批評古今巨賈強豪，還對當今聖上漢武帝和他的一些政策加以針砭。正因此，西元192年王允指斥《史記》為「謗書」[32]。到了清代，朝廷對讀書人展開了大規模政治迫害，史學家首當其衝，因為清室懷疑史學家倚仗他們強大的批判力量，質疑清室統治的合法性。

在整個傳統時代，中國史家即使在極端不利的情況下，都能或多或少地履行這種批判功能。著名史家柳詒徵(1880-1956)將之視為中國史學傳統獨有的功能，並自豪地稱之為「史權」[33]。因此，我們可以這樣看：歷史為儒者提供了進行批判所亟需的距離。但是，古代中國這種身為批判者的史家，我們最好將之理解為威爾茲(Michael Walzer)所稱的「有關聯的批評者」(connected critic)或「局內人」(insider)：

> 儘管他是以新穎和懷疑的目光來觀照他所棲身於其中的社會，但他並非超然的旁觀者。儘管他激烈地反對或這或那的各種普遍做法或制度安排，但他不是敵人。他並不是靠超然物外或敵視的態度來作出批判的，因為他所據之以進行批判的，是對於現實存在的道德世界的理想主義，即使

32　《資治通鑑》卷60，第5冊(香港：中華書局，1953)，頁1934。
33　蘇淵雷，〈序〉，載柳曾符、柳定生選編，《柳詒徵史學論文集》(上海：上海古籍出版社，1991)，頁4。

　　這是一種假想性的理想主義。[34]

　　這種批判傳統在中國積厚流光，綿延至今。但在現代西方思想中，史學的道德評判被認為有礙科學客觀性而被揚棄。四十年前柏林(Isaiah Berlin)在其《歷史必然性》(*Historical Inevitability*)中對於褒貶之法的強有力辯護，似乎被人置若罔聞。那麼，人們就不免會提出一個問題，那就是，中國史家是如何看待我們所稱的客觀性？我們的回答是，中國史學也很關心蘭克(Leopold von Ranke)提出的「什麼事真正發生了？」(What really had happened？)的概念，但方法有所不同。中國史學的實錄原則可以追溯到孔子之前的古代。吊詭的是，以西方的觀點來看，在中國傳統裡，價值判斷和據實而錄被看成是一個銅板的兩面，而非兩種相牴牾的原則。因此，像「臣弒其君」這樣一句話，如果確有其事，那麼它就既表達了一種道德評判，又同時描述了一個史實。若改說成「天子駕崩」，則儘管有了語言上的客觀性，但卻有違歷史事實。同樣，如果事件是有真憑實據，傳統中國史家會說：「希特勒出於種族仇恨，殺害數百萬猶太人」，而不會說：「數百萬猶太人死於第二次世界大戰。」為捍衛實錄原則，中國歷朝都恪守著一個了不起的傳統，那就是，皇帝儘量不去索閱自己在位時史官記錄其作息的「起居注」[35]。很明顯，這種治史方式旨在賦予史家自由，令他們能記

34　Michael Walzer, *Interpretation and Social Criticism*(Cambridge, Mass.: Harvard University Press, 1987), p. 61.

35　楊聯陞，〈官修史學的結構──唐朝至明朝正史撰修的原則與方法〉，載《國史探微》(台北：聯經出版公司，1984)，頁360。對於所謂唐代宮廷史家的權威論述，可參Denis Twitchett, *The Writing of Official History under the T'ang*(Cambridge: Cambridge University Press, 1992).

錄「實際上發生了什麼事情」。中國傳統中道德評判和據實而錄這
兩種原則之間,無疑存在著各種各樣的緊張。但另一方面,中國的
事例也可促使我們重新思考以下問題:從道德角度描述歷史與歷史
客觀性,這兩者是否如一般人根據自然科學模型所認為那樣,是互
相排斥的。

如上所述,一般來說傳統中國史學把重點放在人類的作用,但
它也知道,自然或超個人的力量在歷史過程中也發揮著作用。現在
需要聯繫到中國傳統中缺乏目的論史觀來進一步探討這個問題。司
馬遷在〈報任安書〉中稱他著《史記》是為「究天人之際,通古今
之變,成一家之言」。翻閱《史記》不難印證他的說法。《史記》
中有許多例子顯示,司馬遷(以及其父司馬談)在探尋「古今之變」
的原由時,是既不斷衡量與人類作用有關的因素,又衡量那些與
「天」有關的因素。但學者大都認為,司馬遷對於「天」在歷史中
扮演了什麼角色,是語焉不詳的,並且他似乎自由地遊移於天人兩
極之間。在某些情況中,他把一國或一個朝代的興衰歸因於「天」
的作用,但在另一些事例中,他又歸之於人的責任。這對傳統中國
史學整體而言也是可以成立的。如楊聯陞指出:

> 用傳統的說法來說,這些因素經常被籠統地劃分成屬於
> 「天」——即自然——和屬於人的兩大範疇。傳統上對人
> 為因素的引證通常都是基於常識性的,因此也就十分容易
> 了解。不過,「天」這個因素在理解上較不容易掌握,它
> 們經常以五行、氣運、氣數這類半神秘性的概念出現。[36]

36　楊聯陞,〈國史諸朝興衰芻論〉,載《國史探微》,頁36。

中國用「天」這個概念來指歷史過程中的超個人因素，這個概念何以如此模糊，一個合理的解釋似乎是：人們普遍相信，超自然意義上的「天」，不會直接干預人間事務。無論它在歷史上發揮何種作用，都是以人爲中介，透過人來進行的。孟子對此有透徹的說明，他說：「天子能薦人於天，不能使天與之天下。」接著他又引《尚書》的一句話「天視自我民視，天聽自我民聽」（《孟子·萬章篇》）。這句話與西方The voice of the people is the voice of God的說法有異曲同工之妙。但中國的「天」與西方的上帝不同，它沒有訂出「上帝的計畫」讓人類在歷史過程中執行。中國的「天」也不會因爲憤怒而將一個國家或朝代毀滅。「天」只是被動地等待人類提出建議而加以審視，接納好的建議而拒絕壞的。因此，中國史學思想中並沒有天意（Providence）的概念。無論司馬遷或是後世史家，都沒有顯示出任何如希羅多德那樣的意圖——「說服讀者，歷史是符合神的計畫」[37]。

孔子「不語怪、力、亂、神」（《論語·述而》）的作風，爲後世中國史家所承襲，他們一般不會妄論超自然力量。司馬光（1019-1086）的《資治通鑑》就是明證，該書涵蓋的時段上起西元前403年，下逮西元959年。在這部長時期的編年史中，幾乎找不到任何描述超自然事件的發生。相反，如果他有證據在手，就會毫不遲疑地把朝中阿諛奉承之徒所僞造的所謂吉兆，加以揭穿。他在寫給研究合作者的信中，對於如何在早期的《通鑑長編》中記載「妖異」之事，給出了明確指示。例如「讖記……及因而致殺戮叛亂者，並

---

37 Charles William Fornara, *The Nature of History in Ancient Greece and Rome* (Berkeley: Univesity of California Press, 1983), p. 47; Fornara, *Nature of History*, p. 78.

存之。其妄有牽合……不須也。」「妖或有所儆戒，……或因而生事，……並存之，其餘不須也。」[38]顯然，他是儘量不把「妖異」事件記載在《通鑑長編》中，而只保留那些在歷史上產生過實際影響的。不過，將他的信與《通鑑》相對照會發現，一些原擬加載的「妖異」事件，在定稿中也最終被捨棄了。像《史記》一樣，在《資治通鑑》中找不到片言隻語表示歷史是走向某種預定的結果。事實上，在古代或晚後的中國民間宗教中，都可以找到「天命」思想，但它們並沒有滲透到史學領域。

如我在文首所指出的，現代世俗形式的這種歷史天命觀，令本世紀初以降的中國史家為之心馳神往。諸如「進步」、「進化」、「發展」之類的概念逐漸為中國史家接受，成為如柯靈烏所稱的史學研究的「絕對預設」（absolute presuppositions）。因此在反思中國史學思想時，探討一下這種現代版的歷史目的論，也將大有裨益。

在我看來，現代的「進步」概念與它宗教性的原版似乎有一點本質差異：歷史的「結果」、「目標」或「目的」，不再是由稱為上帝的超越力量所外在地規定，反之，它是內蘊於歷史之中，並不斷從內在尋求自我實現。這種內在於歷史過程之中的強大驅動力，無論稱為「精神」也好，叫「物質」也罷，都沒有什麼分別。一旦它汲汲於達到它的「目標」，歷史就朝著一個(也是唯一的)預定方向邁進。其結果是，整個歷史過程必然有一個確切固定的型態，或展現一種整體模式。在這種不可逆轉的過程中，個人及其意志和信念無足輕重。因為他們和分子沒有什麼大分別，他們自己的意識不

38　司馬光，〈答范夢得〉，《司馬文正公傳家集》卷63(台北：臺灣商務印書館，1968)，頁778。

過是一種虛妄。他們存在只是作為工具，為這種在歷史中自我實現的主要驅動力所用。

如果我們把現代的歷史目的論視為這樣的一種翻版，那麼我們必須說，它和上述天命觀一樣，與中國的史學觀念扞格不入。不過在此似乎應當簡述一下中國人對於歷史過程中的「非人力量」（impersonal forces）的概念。儘管司馬遷在《史記》中所稱的「天」，也可能包括人力的集體作用，但有時候我發覺很難不把它理解為含糊的「非人力量」。例如，當他把西元前221年秦始皇統一中國說成是順應天命，他心中可能有一個模糊的想法，認為這是由一個沛然莫之能禦的巨大歷史潮流所導致的。他在尋覓合適的用語來加以描述時，只能襲用傳統的「天」的概念。但後來人們改用「勢」這個新用語來解釋由「非人力量」導致的歷史變化。在〈封建論〉一文中，柳宗元(773-819)為解釋同樣發生於西元前 221年的制度變革——廢封建行郡縣——所用的概念，不再是以往的「天」，而是「勢」這個新概念。「勢」可以根據上下文而理解為「情況」、「形勢」、「潮流」、「趨勢」等義。柳宗元說：「封建非聖人之意，勢也。」他認為中國的封建制度並非如傳統所說那樣，純粹是人類設計的產物。它並非古代聖人發明的觀念，並建立為政治制度；它也不是秦始皇為了中央集權而專斷地取消的。反之，這個制度的始終，是取決於「勢」。柳宗元在此所指的，顯然等同於我們所稱的歷史中的「非人力量」[39]。繼柳宗元之後，

39　Jo-shui Chen(陳弱水)，*Liu Tsung-yuan and Intellectual Change in T'ang China 773-819* (Cambridge: Cambridge University Press, 1992), p. 96. 但是應該注意一點，在柳宗元之前已有幾位18世紀中葉的學者提出，應把歷史視為有模式和趨勢的不受人力影響的長期過程。見David McMullen,

「勢」成爲一種用於歷史分析的固定類別。我們可以舉兩個明顯的
例子來說明。尤其是王夫之(1619-1692)，在他對於中國歷史的哲
學討論中，他頻繁使用這個字眼。他一再使用「勢」的觀念來解釋
某些主要的歷史變化爲何發生。他的做法與柳宗元非常相似，他把
秦代廢封建行郡縣視爲歷史大勢導致的結果。他甚至進一步提出：
導致歷史變化的非人力量，可能是由「理」所宰制。他其中一個想
法是：「勢相激而理隨以易。」[40]

　　章學誠在著名的〈原道〉一文中，也用「勢」來解釋「道」的
歷史演化。章氏在論述「道」的歷史變化時，契合於他所處時代的
精神，以至幾乎要越出其儒家信仰的界線。在他的概念中，「道」
是在歷史中不斷發展的，它透過各種政治、社會、經濟以及文化的
制度發展而在人類社會中形成。「道」的演進過程是由最簡單的家
庭模式（「三人居室」）開始，然後隨著人數增加和社會功能分化而
發展得越來越複雜。但是，我們在此特別感興趣的是，章學誠認爲
在這種演化過程中，「非人力量」到底產生何種影響。孔子之前的
遠古時期，出現了許多偉大的典章制度，前述的封建是其中之一，
這些典章制度的出現標誌著「道」的演進的最早突破。根據儒家的
傳統看法，這些制度是由古代聖賢創造，一脈相承，下逮孔子最尊

（續）────────────────

　　　　"Historical and Literary Theory in the Mid-Eighth Century," in *Perspectives on the T'ang*, ed. Arthur F. Wright and Denis Twitchett (New Haven, Yale University Press, 1973), pp. 321-326.

40　　Ian McMorran(麥穆倫), "Wang Fu-chih and the Neo-Confucian Tradition," in *The Unfolding of Neo-Confucianism*, ed. Wm. Theodore de Bary (New York: Columbia University Press, 1975), pp. 455-457; On-cho Ng, "A Tension in Ch'ing Thought: Historicism in Seventeenth-and Eighteenth-Century Chinese Thought," *Journal of the History of Ideas*, 54(1993), p. 568.

崇的周公爲止。章學誠和柳宗元一樣，對這種傳統的偉人學說不以爲然，但他提出的駁斥比柳氏更有系統和更精妙。在他看來，縱有周公之「聖智」，若非「適當積古留傳，道法大備之時」，亦不能「以經綸製作，集千古之大成」。誠如倪文孫所指出的：「聖人不能『創造』一切事物。他的成就是嚴格受限於歷史時刻的可能性。」[41]章學誠在論述古代制度時，把它們的起源一律歸因於「不得不然之勢」。但他比柳宗元更超前一步，認爲這些不得不然之勢，最終是出於一般不加思考的百姓的「人倫日用」，他認爲這即是道。因此他說聖人只有「學於眾人」才能見道[42]。這種看法在儒家傳統中並不新鮮，但章學誠肯定是第一個把它應用於歷史研究之上的儒者，他藉此更清晰闡明他所謂的「不得不然之勢」。

從17世紀中葉開始，中國史家經歷了一個重大轉變，部分原因是考證學的興起，部分是由於一些無法在此討論的外在因素。爲了本文的論旨，我只提及三個重要發展。第一，歷史學家超越政治史的園囿，並把他們的研究擴展至所有方向。第二，他們多把注意力集中於特殊的題目和問題，並開始以「原始專著」（proto-monographic）的形式發表他們的新發現。我稱之爲「原始專著」，是因爲他們最喜愛的學術交流方式是高度濃縮的「筆記」，這些筆記可以擴充爲現代專題研究或論文。事實上，不少20世紀中國史家

41　Paul Demiéville, "Chang Hsueh-ch'eng and His *Historiography*," in *Historians of China and Japan*, ed. W. G. Beasley and E. G. Pulleyblanck (London, 1961), pp.184-185, David S. Nivison, *The Life and Thought of Chang Hsueh-ch'eng* (*1738-1801*)(Stanford, 1966), pp. 291-293; 余時英，〈章實齋與柯靈烏的歷史思想〉，載《論戴震與章學誠》（香港：龍門書店，1976），頁197-242。Nivison, *Chang Hsueh-ch'eng*, p. 145.

42　章學誠，《文史通義》（北京：古籍出版社，1956），頁34-40。

就是用這些筆記作為他們的專題研究的起步點。中國宗教史權威陳垣(1880-1971)就說過一個有趣的比喻:「乾嘉諸老中,不過筆記一條,擴而充之,則為今人一論文矣。譬諸煉奶,一匙可沖水一大碗也。」[43]第三,清初考據學興起,使得學者越加注意到語言的歷史變化。一個經學家和史家都共同的核心關注,是去發掘自孔子時代以降字詞的意義變化。以上三者的結果使得學者徜徉的天地更寬廣,研究更專門,歷史意識更深刻。

我們必須根據這些思想轉向,來理解王夫之和章學誠關於歷史變化的概念。史家越來越有興趣去探討中華文明某些特定層面的起源、發展和變化,這些層面形形色色,包括家族制度、宗教儀式和信仰、哲學概念、科舉制度、詩歌、藝術、音樂、印刷術和纏足,等等。有些人(如趙翼[1727-1814])甚至對長期或短期歷史時段中的變化模式,提出一些概括性的觀察,並探討其成因。梁啓超說過:「清儒之治學,純用歸納法,純用科學精神。」[44]這句話大概沒有多少人會信服,但無可否認,一些重要的現代(西方)史學元素已初見於清代考據學之中。如果說:在西潮東來前夕,中國史學無論在概念還是方法學上,都已達登峰造極之境。這樣則雖不中亦不遠矣。同一時間,即18世紀最後幾年,趙翼在其《二十二史記》中提出一種閱讀國史的嶄新方式,而章學誠在其《文史通義》中有系統地發展關於歷史理論和概念,這不可能純粹出於巧合。在某種意義上,我認為《文史通義》是中國悠久思想傳統中唯一真正可稱為「歷史哲學」的著作。蒲立本(Edwin G. Pulleyblank)在《中國與日

43 陳智超編註,《陳垣往來書信集》(上海:上海古籍出版社,1990),頁686。
44 梁啓超,《清代學術概論》(上海:上海古籍出版社,1998),頁62。

本的史學家》(*Historians of China and Japan*)一書的緒論中，充分概括了趙翼和章學誠在近代史學史上的重要地位。他說，在前者身上「我們所看到那個人，他的視野不囿於孤立的細節，而是對社會和典章制度的歷史趨勢進行歸納，加以概括性的描述，這正是現代史家所致力去做的」。另一方面，後者提出了「關於歷史的性質和意義的一些普遍概念，它們首次嘗試去擺脫傳統的窠臼，而接近於我們現代的概念」。

但即使到了中國史學接近於西方史學的18世紀，我們在如趙翼和章學誠的例子中，仍然看不出中國史家認為歷史是朝向一些特定目標的線性發展過程。換句話說，我們在中國傳統中，找不到黑格爾、馬克思、斯賓格勒或者湯恩比。誠然，柳宗元、王夫之、章學誠全都構思出「道」在歷史中演化的概念。但細察之下會發覺，這些概念無一是用黑格爾的「精神」來理解「道」的，「精神」是借著歷史來達到其目的。相反，「道」是無為的，其進化發展全仗人尤其是聖人的作為。這是因為，柳宗元等無不服膺於孔子提出的至理：「人能弘道，非道弘人。」(《論語・衛靈公》)

如上所述，中國史家並非全然不知道「非人力量」在歷史中的作用。他們也承認歷史上存在著「歷史潮流」或「變化模式」。然而，當他們去進行概括性的描述，這些概括都不會限定在某個時間，或著囿限於某個特定層面。他們從來不覺得自己有責任去提出「普遍歷史規律」，或建構某種理論來描述人類的整體歷史過程。深受《易經》宇宙觀的影響，他們所抱持的其中一種「絕對預設」是：歷史進程是永無終結的。傳統中國士人都知道《易經》的最後一卦是「未濟」：「萬物生生不已，永無止息。故最後一卦為『未

濟』。」[45]The end of history這個概念，無論其指「歷史的終結」還是「歷史的目標」，這兩者都是傳統中國史家所難以想像的。王夫之的歷史概念就是以《易經》的宇宙論爲主要依據的，我們從中可見一斑。正如麥穆倫（Ian McMorran）　玄提要所指出的：

> 若要明白「勢」中的趨向如何運作，就必須透徹分析構成它的各種因素……不過，這種趨勢並非不可逆轉的；唯一無可避免的只有變化本身。隨著宇宙不斷進化，形勢也恒常在改變，但它們的變動方式卻並非早有預定，也不是絕對無可避免的。人必須做其所能做的事，以對之施加影響。[46]

　　不用說，王夫之的宇宙觀同樣引伸到史學上。由於中國史學思想著重人的作爲，任何形式的徹底決定論都難有發展的空間。

　　中國史家缺乏思考整個歷史進程的衝動，使得我們很難斷言中國史學思想是線性還是循環的。西方學者多把中國視爲循環的，這主要是「朝代循環」說盛行使然。在我看來，「朝代循環」是一個非常容易令人誤會的用語。就算是在政治史的領域，都可以看到以下明顯的趨勢：自宋朝以降，儒者多喜標舉本朝勝於前代的事。楊聯陞認爲應把這種隱含「進步」之意的心態，描述爲「朝代間的比賽」。唐代史家杜佑（735-812）就說過：「緬惟古之中華，多類今日之夷狄：有居處巢穴焉，有葬無封樹焉，有手團食焉，有祭立屍

45　Richard Wilhelm, *The I-ching or Book of Changes*, trans. Cary F. Baynes
　　(Princeton: Princeton University Press, 1977), p. 714.

46　McMorran, "Wang Fu-chih," p. 457.

焉。聊陳一二,不能遍舉。」而他身處時代的中國,在禮俗方面已
由野蠻進於文明[47]。在哲學方面,黃宗羲(1610-1695)也嘗謂,明
代理學乃「前代之所不及也」[48]。我們往往發現同一個史家在某一
情況下抱循環觀念,在另一情況下卻持線性觀念,司馬遷也不例
外。但在中國,進步並不必定表示不可逆轉。進化過程也不意謂體
現了某種「普遍規律」(general laws)或某種特定的「最終目標」。
在此我想指出,把「進步」與「循環」的區分應用到中國史學思想
所遇到的困難,同樣見於所有盛行已久的西方二分法,例如「普遍
對特殊」、「客觀性對道德評判」、「客觀解釋對主觀意詮」,或
者「歷史學對編年記事」。

從黑格爾到現代漢學家,每當他們將中國史學整體與西方史學
作比較時,無不認為前者主要是關於「事實」,而缺乏「意見或見
解」(黑格爾)或「進行綜合所需要的抽象思維」[49]。我不擬在此文
直接響應這種論調,因為這樣做所需的「見解」或「抽象思維」,
遠非我在本文所能負擔的。但我必須說,這種說法是有一些事實基
礎的,不能斥之為另一種西方「偏見」就輕輕帶過。

為結束本文的議論,我想把這一據稱是中國史學的負面特點聯
繫到伯克論文提出的一些其他要點,例如西方對認識論和因果解釋
的執著。精通西方哲學和邏輯學的著名中國哲學家金岳霖(1896-

---

47 楊聯陞,〈朝代間的比賽〉,載《楊聯陞論文集》(北京,1992),頁
   126-138。杜佑的說話引自第133頁。

48 黃宗羲,《明儒學案・發凡》。

49 G. W. F. Hegel, *The Philosophy of History*(New York: Dover Publications,
   1956), 135; Etienne Balazs, "History as a Guide to Bureaucratic Practice," in
   Chinese Civilization and Bureaucracy (New Haven: Yale University Press,
   1964), p. 129.

1984) 曾扼要比較了中西哲學,認為「中國哲學的特點之一,是那種可以稱為邏輯和認識論的意識的不發達」,這個特點導致科學未能有系統地發展。此外,中國哲學強調「天人合一」(在此,「天」的意思也許指「自然」多於「超自然力量」),也使中國人沒有發展出培根式的自然觀[50]。我相信金岳霖對於中國哲學的描述也比較適用於中國史學。如伯克指出的,希臘史學撰述中的「原因」的早期起源顯示,「仿照自然科學而建立的歷史學,是西方的一個古老理想」。為了簡化,我想把認識論和因果解釋視為最終根源於西方文化中一般所稱的「理論理性」(theoretical reason)。因此,上引的所謂中國史學缺乏見解或缺乏抽象思維,可以說是由於中國傳統的「理論或思辨理性」不發達所致。我要特別強調「不發達」一詞。因為不發達並不等於完全沒有。如果我們撇開中國史學而去看中國哲學,特別是宋明理學,則抽象思維仍然俯拾可見,儘管較諸西方,中國在這方面確實相形見絀。據我讀書所見,傳統中國史家同樣關注重大歷史事件發生的原因。司馬遷在《史記‧秦始皇本紀》中收錄賈誼的〈過秦論〉就是一例,他這樣做顯示他是在探尋秦帝國覆滅的「原因」。

然而,總括而言,歷代的中國史家並未有系統地嘗試提出理論來說明「最終原因」,也沒有嘗試去尋找歷史的「普遍規律」。也許由於「理論理性」較不發達之故,中國史家多半不會因為看到一個重要的歷史觀察,而去發展出有系統的理論,這與西方史學理論家恰成對比。例如,中國史家早就強調經濟基礎對於道德意識和社

50　金岳霖著,錢耕森譯,〈中國哲學〉,載《金岳霖集》(北京:中國社會科學出版社,2000),頁37-49。

會秩序的重要影響，這種看法在班固的《漢書‧食貨志》已清楚可見[51]。但中國史家卻不會發展出馬克思、恩格斯在《德意志意識型態》中所作的那種理論構想。曼海姆(Karl Mannheim)的看法或許向我們揭示了一些真知灼見：「在德國，總是存在著一種走向極端的趨勢，即硬是把一些合乎邏輯的論據擴大為終極的結論。」[52]就我所見，這似乎是西方思想的普遍特點，並且與其「理論理性」發達有關。但「理論理性」在史學中的發展，須要付出高昂的代價。它不但傾向於產生一個又一個的理論，有時候還受到自身的內在邏輯驅使，而嘗試去為各種或這或那的現象，建構自以為放諸四海皆準的大系統。

20世紀的中國史家是西方宏大理論的俘虜。破除這個長達一世紀之久的羈絆，此其時矣。毫無疑問，在中國史學中建立「理論理性」自有其價值，但這並非要嘗試另一個宏大理論，而是要做出有意義的綜合(以應付任何可以處理的研究題目)，而不損害原始史料的本質，它必須因應不同個案而變化。著名俄國史家古列維奇(Aaron I. Gurevich)最近從他所稱的「歷史知識學」(historiosophy)(這當然是源自西方)的束縛中擺脫出來，他提出了以下看法：

　　在我看來，所有這些考慮都顯示，我們有必要建構一種歷

51　Nancy Lee Swann(孫念禮), *Food and Money in Ancient China: The Earliest Economic History of China to A. D. 25* (Princeton: Princeton University Press, 1950), pp. 114-115, 132-134.

52　Karl Mannheim, "Conservative Thought," in *Essays on Sociology and Social Psychology* (London: Routledge, 1953), p. 79.

史學特有的認識論。不同於歷史知識學(它現已失去權威性),這裡提出的歷史特有的認識論,不需要創造一個放諸四海皆準的單一框架。我們所提議的,並非要把某個單一的理論體系應用於各各不同的歷史材料,而是一種因時制宜的解釋學方法,它會隨著研究過程而變化發展。這一方法所賴以為基礎的,應該是被研究的特定史料,以及所使用的分析方法。[53]

我以這真知灼見作為本文的結束。

據"Reflections on Chinese Historical Thinking," in Jörn Rusen, ed., *Western Historical Thinking*(New York: Berbabn Books, 2002), pp. 152-172譯出。

(關韻媚　譯)

---

[53] Aaron I.Gurevich, "The Double Responsibility of the Historian," in *The Social Responsibility of the Historian*, ed. Francois Bedarida (Providence: Berghahn Books, 1994), pp. 80-81.

24
歷史學的新文化轉向與亞洲傳統的再發現

一

　　過去二十多年來，歷史學最根本的一些預設陷入了嚴重問題；結果，歷史研究裡不再有主導性的典範；而我們對於何者構成歷史研究的常規，也不再有任何共識。在歷史女神克麗歐的殿堂裡，森然的階序讓位於無政府狀態，而混亂則取代了秩序。如果今天的哲學家只能將自己的職業定義為「我們哲學教授所作的事情」（Rorty 1982: 220），那麼我們歷史學家也可以說「做為學院分科的歷史學，就是那些歷史學者做的事情」。無論如何，今天歷史學家之所以還連結在一起，顯然只是對於過去的共同關懷，如此而已。《聖經‧士師記》最後一句話，極其生動地說明了近年來歷史學界的狀況：「那時，以色列中沒有王，各人任意而行。」（Novick 1988: 628）身為中國讀者，這段描述立即使我想起了《易經》裡的「群龍無首」，不過，在爻辭中這句話卻被視為吉利的象徵。

　　現在，我們必須問道：「誰是最後盤據歷史王國寶座的國王？又是什麼樣的情況逼使這位末代國王退位？」我認為廣義而言，這位末代國王是歷史的實證主義。他有悠遠的系譜，可以上溯到啟蒙時代的理性、傳統、人性、進步等概念。他的朝代在19世紀末到20

世紀初進入了統治盛世。

幾個世紀以來，歷史實證主義早已脫離草創時的粗陋，而邁入深切的細緻與複雜的境況。它不時有出人意表的轉向，並不斷變換形象。因此，即使只是要勾勒它最基本的梗概，我也覺得力有未逮。不過，爲了使讀者大致掌握最近史學思想的重要變遷，請特別注意歷史實證主義中幾個彼此相關、並在最近幾年重新受到嚴格檢視的課題。

首先，實證主義的核心觀點認爲，歷史學必須是一項科學事業。的確，19世紀相信自然科學的歷史學(natural science of history)即使不以物理學爲模型，至少也有可能仿傚生物學。但這種信念，早已被摒棄了。如今，至少西方的歷史學者不會再把伯里(J. B. Bury, 1861-1927)的口號當一回事：「歷史是科學，不多也不少」。但在1960年代末到1970年代初，對量化分析的日益重視，使得歷史學普遍被視爲社會科學。正如當時一位重要的年鑑學派史家所言：「凡是不能被量化的歷史研究就不夠科學。」(引自Iggers 1984: 175)這簡單的陳述完全證明了，即使「科學」概念本身早已劇烈改變，人們仍然深深懷抱著「科學的歷史學」的理想。

其次，如果歷史是社會科學，那麼它必須具備所有支撐各種科學知識客觀性觀念的基本預設。主流的社會科學家普遍相信，他們的學科正朝著成爲真正自然科學的安全道路上邁進。蘭克(Leopold von Ranke, 1795-1886)認爲過去當被「如其所是」展現的想法，被認爲是歷史客觀性的典型說法。由於歷史證據的特性在於它無法經由直接觀察產生，因此許多歷史學家都傾向承認，歷史學始終不是一門非常精確的科學；不過，只要它依循相同的科學方法、程序、判準來驗證假設和理論，它依然是一門科學。這或許解釋了，爲何

人們總是以帶有科學的實證觀念的「真理符應論」（correspondence theory of truth）來說明歷史實證主義。事實上，歷史學的主／客觀區分本身即已預設了一個與真理（truth）相對應的過去事實（reality）。更進一步說，真理只有一個，而它無關於歷史學家的看法。史家的工作即是找出這些客觀的歷史事實，然後建立假設和理論來解釋這些事實。歷史實證主義者的根本信念在於：歷史學會隨著每一次客觀事實的新發現而進步，就像科學一樣，每一代學者對過去的修正都是一次的進步。

　　第三，實證主義計畫的另一個重要面向，就是經由建立社會進化的普遍法則，使我們能夠倒推（retrodict）過去、預測未來，從而將歷史轉變成自然科學。第一次系統的嘗試出現在19世紀初，來自實證主義的奠基者孔德（Auguste Comte, 1798-1857），儘管他的「三階段法則」──神學、形上學、實證科學──如今已全然被遺忘。然而，到了19世紀末，在達爾文（Charles Darwin, 1809-1882）與斯賓塞（Herbert Spencer, 1820-1903）的衝擊下，進化論加強了對於歷史法則的實證主義探求。而在這個脈絡中，馬克思（Karl Marx, 1818-1883）的貢獻不可不提。馬克思主義的歷史五階段論比孔德的三階段法則更有力量。馬克思最初也許並不想將他對西歐歷史經驗的歸納，推展成歷史的普遍法則（Yu 1981: 13-14）。但不可否認，馬克思自己的話有時也透露了，他相信自己已經發現主宰社會變遷的法則。因此他在1867年自信滿滿地說：「資本主義生產的自然規律……以鐵的必然性發生作用，走向不可避免的結果。」（Tucker 1978: 296）無論如何，從史達林時代開始，歷史五階段論即作為所有社會一體適用的發展模式，固著於正統馬克思主義之中；甚至到了1970年代，一些歐洲馬克思主義史家在討論從封建制度到資本主

義的轉型時,仍然重申這個理論(Kolakowski 1978: 350-51; Iggers 1984: 179)。必須特別強調的是,這種對普遍歷史模式可能性的信念,在亞洲歷史學家處理自身歷史時仍有強大影響力,尤其是在中國和日本。

第四,歷史實證主義最後一項值得一提的要素,是經濟與社會決定論。我們知道,這一類決定論的源頭,可以溯及馬克思主義對於下層基礎與上層結構的區分。但「社會存在決定意識」的普遍預設,實際上已經滲入了當代歷史與社會研究探索的一切領域,它和實證主義的一個顯著特點——化約論思考方式尤其配合無間,比如某些哲學家主張心理活動可以化約成行為的相關事實;或是有些行為心理學家相信人類行為可以化約為低等動物的行為,並且最終化約為控制無機質(inanimate matter)行為的物理法則。事實上,決定論與化約論乃是一體兩面。自1960到1980年的20年間,我們看到了社會史在美國以思想史、特別是政治史的犧牲為代價而急速成長;而從1958到1978年,美國社會史博士論文所佔的比率增加了四倍(Darnton 1990: 201-3)。社會史研究的這次轉向,受到1960年代歐洲馬克思主義史家與法國年鑑學派所推動的撰寫「從底層出發的歷史」新潮流極大影響;後者在布勞岱爾(Fernand Braudel, 1902-1985)的精神領導下,把歷史區分為三個「層次」:首先是由氣候、生物、人口、經濟等物質力量組成的底層結構(infrastructure),形成歷史進程的原動力;其次是社會關係的長時期結構;最後是政治、文化、知識生活等上層結構(superstructure)。這顯然是馬克思主義下層基礎與上層結構模式另一個稍作修正與延伸的版本,但必須指出,到了1970年代末期,決定論模式已經全然失去了信用。一位著名的社會史家在1979年寫

道：「根植於經濟學、人口學、社會學的歷史決定論模式已在證據
面前瓦解，但是還沒有任何完全成熟的，根植於其他社會科學(政
治學、心理學、人類學)的決定論模式能夠取而代之。」(Stone
1981: 91-92)

二

　　圍繞著前面提到的四種歷史實證主義要素，或多或少都有過爭
論。更重要的是，過去十多年來，基於真理符應論而堅持將歷史視
為科學事業的整個歷史實證主義已受到嚴重挑戰，即使根基還未受
到破壞。挑戰不僅來自於歷史學內部，也來自歷史學託命其間的其
他學科。關於歷史研究重新定位的這整個故事過於複雜，在此無法
深談。我在下面首先要做的是，指出歷史學科過去10年的新動向，
歷史實證主義的大潮在這些日子裡逐步退去；然後從其他相關領域
平行發展的脈絡，來討論這個新方向。
　　一位敏銳的觀察者在1983年述及當時的史學潮流：「最近有種
變化，從堅硬的社會科學取徑，轉向對無形的文化及意識因素的強
烈關注。」(Iggers 1984: 200)如今，這項觀察進一步被文化史研究
選集《新文化史》(The New Cultural History, 1989)的編者確認；琳
・杭特(Lynn Hunt)更為具體地告訴我們，歷史解釋模式的重心已
經歷了巨大轉折，馬克思主義史家和年鑑史家近年來都從社會史走
向文化史(Hunt 1989: 4)。我們可以舉幾位年鑑史家的例子來說
明。年鑑學派第三代的學者沃維爾(Michel Vovelle)指出，在1960
到1980年間，幾位年鑑學派的成員從地窖(社會結構)搬到閣樓(文
化上層結構，如心態)，對布勞岱爾的社會與經濟決定論展開反動

（Vovelle 1990: 10; Burke 1978: 28; Burke 1990: 67）。夏蒂埃（Roger Chartier）等第四代的年鑑史學家更激烈地反對歷史決定論。夏蒂埃認為布勞岱爾的三層次論已不再可行，他主張將「文化結構」與「社會結構」看做歷史實體中同樣重要的決定因素（Chartier 1982: 44-45）。

　　轉向文化的不只是社會史家，思想史家亦然。1977年12月在威斯康辛州拉辛市（Racine, Wisconsin）舉行的「美國思想史新方向」會議（Wingspread Conference on New Directions in American Intellectual History）上 [1]， 其中一個明確的趨勢，就是從作為意義結構的文化出發，重新定義思想史。思想史家援引一些詮釋社會學家和人類學家的著作，將他們所謂「觀念」的範圍擴及人類行為本身存在的意義。人們總是將他／她所作的事情賦予意義，社會行動應被視為由意義所決定。經由這樣的重新定義，思想史成為社會史不可分割的一部分。因此沒有理由認為後者是史學專業的中心，而前者只是邊陲；伍德（Gordon S. Wood）說：「人類行動的意義，正形成了他社會世界的架構。」（Wood 1979: 32）同樣值得注意的是，這次會議有三分之一的論文歸於「文化史」的分類。1980年，著名思想史家鮑斯馬（William J. Bouwsma, 1923-2004）敏銳地形容這個轉變為「從觀念史到意義史」。他指出，史家使用「文化」一詞取代過去的「知識」，這一增長中的趨勢主要是來自「文化」與意義廣義上的聯繫（Bouwsma 1990: 341）。

　　新文化史的興起還有另一個重要的含義，那便是對文化多元性

1　譯者按：這次會議是在拉辛市的展翼大宅（Wingspread, 由美國建築大師萊特Frank Lloyd Wright, 1867-1959設計而成）舉行，因此稱為展翼會議（Wingspread Conference）。

的承認。不論以時間或空間區分，社會文化自主性的概念正是要打破啟蒙時代以來不曾言明的西方中心普遍主義(universalism)。以撒·柏林(Isaiah Berlin, 1909-1997)一再將維柯(Giambattista Vico, 1668-1744)與赫爾德(Johann Gottfried Herder, 1744-1803)譽為文化史之父，顯然是為了呼籲人們在看待不同歷史階段與不同國族文化時，使用這些文化自己的詞語。柏林認為，這兩位思想家最重要的地方是，「文化眾多而各異，價值標準各有不同，有時甚至並不相容，但仍然可能彼此了解，亦即，在具有敏銳而同情之歷史洞見的觀察者看來，這些都是人類所能追求、並保持充分人性的生活方式。」(Berlin 1991: 58)但在此必須指出，柏林所謂「敏銳而同情的歷史洞見」事實上指的是「同情的理解」，這是詮釋學的核心，也被各派實證主義者斥為無稽之談。現在讓我們將課題轉到詮釋學對實證主義的挑戰，以及它對於近年歷史學文化轉向的支持。

　　無庸置疑，在當代文化研究意義探索的背後，詮釋學是最重要的一股知識力量。不過在英語學術圈裡，「詮釋學」一詞廣為流傳只是最近的事。我還記得 1955 年初次閱讀柯林烏(R. G. Collingwood, 1889-1943)《歷史的理念》時，深深為書中論及歷史知識特質的開闊眼界所吸引。相較於當時流行的漢柏(Carl G. Hempel, 1905-1997)覆蓋律模式(covering law model)，書中的觀念如「事件的外在和內在」，將歷史知識視為「重演過去的思想」，指出了一種更為合理、更具說服力的方式，來解釋人類的過去。柯林烏「同情的理解」理論中的內在困難，在1950年代受到批判歷史哲學學者的廣泛討論，他們常把柯林烏與狄爾泰(Wilhelm Dilthey, 1833-1911)、克羅齊(Benedetto Croce, 1866-1952)，以及歐洲人文科學(*Geistwissenschaften*)的傳統連在一起。但「詮釋學」一詞在

這些討論中尚未被提及。一直到1970年代，利科（Paul Ricoeur, 1913-2005）、伽達瑪（Hans-Georg Gadamer, 1900-2002）及其他許多歐洲詮釋學者席捲了美國的人文學界和社會科學界，詮釋學取徑自此才獲得完全的尊重，成為實證主義之外的另一選擇。在四分之一世紀後，我很高興見到柯林烏在伽達瑪的《眞理與方法》一書中得到了尊重與理解。

詮釋學的出發點認為人文科學（即*Geistwissenschaften*）必須跟自然科學區分開來，因為人有意圖和目的，不同於化學反應中的分子。但是，詮釋學並不像柯林烏「重演過去的思想」那樣著重於理解個別行動者的意圖與目的，它更關注社會或共同體的集體心態。這也許就是為什麼伽達瑪常提到「視域的融合」（the fusion of horizons），利科也認為這一概念很有啓發意義（Ricoeur: 62）。無論是稱為「視域」、「意義結構」、「客觀精神」（objective mind）還是其他名稱，詮釋學眞正的核心再清楚不過，就是我們所謂的文化。事實上，狄爾泰早已清楚指出，人文研究的對象就是「文化」與「意義」（Alexander 1987: 285-88）。

詮釋學對於人文與社會科學整體有相當大的衝擊，儘管在各個學科的程度不一。一個明顯的結果是出現了所謂的「詮釋社會科學」（interpretive social science），包括人類學、社會學、政治學、心理學；至於哲學、藝術史、文學批評等等詮釋早已扮演重要角色的人文學科，如今則運用更多詮釋學方法進行分析。這一發展模糊了主客觀之間的界線，觀念與社會實體彼此蘊含；結果，觀念不再被視為附帶現象。近年來自然科學也經歷了類似的改變，這或許不是單純的巧合；例如孔恩（Thomas Kuhn, 1922-1996）的科學革命理論，將科學轉化成人文與歷史的詮釋對象或主題。一些物理學者甚

至認為必須「放棄天真的實體概念——世界由事物組成，並等待我們發覺其實然(nature)。」新的科學洞察也導致真理符應論的部分瓦解。傑出的天文物理學家惠勒(John A. Wheeler, 1911-2008)在1982年告訴我們：

> 宇宙並非獨立存在於我們之外，我們無可避免地涉入並引起了即將發生的事件。我們並不只是觀察者，我們是參與者。說來有些奇怪，這是一個參與的宇宙(participatory universe)。(引自Skolomowski 1986: 479)

無需多言，這些新的科學觀點獨立發展於詮釋學之外，但是它們加強了我們對於人類心靈相對自主性的信心。

心靈的相對自主性足以證明心靈所創造的文化也是相對自主的。有意思的是，一位著名的社會學家指出，近來的文化研究已將焦點匯聚於社會結構中的文化自主性(Alexander and Seidman 1990: 25)。文化馬克思主義對這方面的貢獻更具啟發性；這可以追溯到葛蘭西(Antonio Gramsci, 1891-1937)的文化霸權(cultural hegemony)概念。大眾似乎自願追隨統治階級的支配觀念這一事實，顯示了文化存在一些獨立的力量，值得我們努力探究。在文化馬克思主義的影響下，1970年代的馬克思主義史家也轉而在解釋歷史情境時，重視文化因素的決定性角色(Iggers 1984: 178-79)。有些馬克思主義者甚至把文化自主性的概念推到了「文化主義謬誤」(culturalist fallacy)的地步；例如新歷史主義者(New Historicists)將歷史脈絡視為「文化系統」，社會制度與實踐則是其功能，完全顛倒了原始馬克思主義理論中的下層基礎與上層結構(White 1989:

294)。

　　在所有的詮釋社會科學中，我想用人類學家紀爾茲（Clifford Geertz, 1926-2006）作爲論述歷史學文化轉向的根據。這有兩個層次的原因。首先，在文化變遷問題的探討上，歷史學與人類學正逐漸走近彼此。其次，紀爾茲可能是對歷史學者最有影響力的人類學家。比如，海姆（John Higham, 1920-2003）就形容紀爾茲是前述的美國思想史會議「實際上的守護聖徒」。紀爾茲曾爲文化的概念下了兩個著名的定義。有一回他說：「我相信韋伯（Max Weber, 1864-1920）所說的，人類是懸掛在自己編織的意義之網上的動物。我把文化看做這些網，所以對文化的分析不是尋找法則的實驗科學，而是探究意義的詮釋科學。」（Geertz 1973: 5）紀爾茲在此定義文化的方式，清楚表明了他決心採取詮釋學的立場，公然和實證主義傳統決裂。在另一個場合，他將文化視爲「歷史傳遞過程裡，那些深藏在象徵中的意義(型態)的表現。〔文化爲〕一個以象徵形式表現出內涵諸多概念的系統，人們則因著這些象徵形式，而得以溝通、傳承、發展他們關於生命的知識與態度。」（Geertz 1973: 89）此處值得注意的是，紀爾茲極力強調文化的歷史面向，在兩個例子裡，意義都被視爲文化的中心；而他在別處發展宗教人類學理論時，也採取了詮釋學的觀點，聚焦於意義問題上，以建立文化的自主性（Alexander 1987: 304-307）。難怪文化史家常常覺得與紀爾茲式的解釋策略意氣相投，因爲探求意義而非尋找法則，也正是文化史的中心任務。

三

　　文化和傳統有時在定義上可以互換。1930年代，社會人類學家雷德菲爾德(Robert Redfield, 1897-1958)觀察到，在一些社會裡有兩個文化傳統，他分別稱爲「大傳統」(great tradition)與小傳統(little tradition)。根據他的定義，「大傳統培養於學校與寺院，小傳統則在未受教育者的村落共同體中自行運作和維持。」(Redfield 1956: 42)如今，經過調整與修正，「大傳統」和「小傳統」已廢而不用，代之以「菁英文化」和「大眾文化」(Burke: 28)。這個明顯的例子說明了傳統與文化有時是不同觀點下的同一件事。前述紀爾茲的文化概念「歷史傳遞過程裡，那些深藏在象徵中的意義(型態)的表現」，用在傳統一詞上也同樣有效。以下我將簡單檢視最近幾十年來對於傳統態度的轉變，以進一步闡明歷史學的文化轉向。

　　傳統不幸在20世紀被賦予相當負面的意義，人們往往認爲它和所有現代性的價值相對立，如理性、進步、自由，特別是革命。從歷史上來說，對傳統的負面看法源自於啓蒙時代。整體而言，啓蒙時代的思想家首先將傳統視爲人類進步的阻礙，任何傳統皆然；近代實證主義，特別是流於極端的科學主義，也敵視傳統。可能除了韋伯之外，近代社會科學家極少觸及傳統的課題；在韋伯的政治社會學中，傳統確實被當作主要的分析範疇，但即使如此，他「在對現代社會的解釋中，也不給傳統一個位置」(Shils 1981: 10)。直到1960年代末和1970年代初，一些著名的社會學家才開始認眞而有系統地把傳統當成研究對象。有趣的是，希爾斯(Edward Shils, 1911-1995)與費德里希(Carl J. Friedrich, 1901-1984)幾乎同時抱怨道，沒

有什麼專論可以作爲傳統觀念的理論分析基礎（Shils 1976: 183; Friedrich 1972: 33）。

「現代化」理論在1950年代首次被列入社會科學議程之時，傳統更是受盡苦難；在那些日子裡，消滅傳統幾乎成了現代化的先決條件。然而，當現代化過程的實證研究成熟之後，傳統的眞正價值也緩慢而堅定地被重新發現。魯道夫夫婦（Lloyd Rudolph & Susanne Rudolph）在他們1967年出版，關於傳統在印度政治現代化過程扮演何種角色的研究中，揭示出甘地（Mahatma Gandhi, 1869-1948）如何將印度傳統的要素用於現代化之上。如同他們指出的，「把傳統與現代看作是水火不相容的兩極，這樣的預設，源自於對傳統社會中的『傳統』所作的誤診，源自於對現代社會中的『現代』所生的誤解，源自於對兩者之間的關係所下的誤判。」（引自 Friedrich 1972: 39）到了1970與1980年代，人們已經確立了這樣的想法：傳統與現代之間的關係肯定是建設性的（Eisenstadt 1973: 1-27; Lutz and El-Shakhs 1982: 1-5）。

傳統也受到人文主義者的極力捍衛。帕利坎（Jaroslav Pelikan, 1923-2006）在《爲傳統辯護》一書中，引用了基督教傳統中許多富有啓發性的例子，來說明傳統的「歷久常新之美」（beauty ever ancient, ever now）（Pelikan 1984: 8）。他區分了傳統和傳統主義（traditionalism），以優美的文字寫道：「傳統是死去的人活生生的信念，傳統主義則是活著的人僵死的信仰。」（Pelikan 1984: 65）他是爲前者而非後者辯護，自不待言。關於傳統，最重要的是要了解傳統仍然存在（Pelikan 1984: 53），等待人們再次發現，然後去恢復或是拋棄它，而這取決於我們的選擇。不過在我們選擇之前，必須對傳統有所了解；了解也使得我們參與對傳統的歷史批判研究，其

中沒有任何傳統是神聖而不可批判的。一無所知即決定去恢復或拋棄，都「不能算是一個自由與理性的人」(Pelikan 1984: 54)。

認為我們可以擺脫傳統而開展新的生活，這樣的想法也受到科學哲學家圖爾敏(Stephen Toulmin)有力的批判。他把這種想法稱為「勾消舊帳的迷思」(myth of the clean slate)，將之連結到17世紀科學的實證主義概念。這一概念不僅根植於尋求確定性，將理性等同於形式邏輯，同時懷抱這樣的信念，認為處理問題的現代理性方式，是把傳統的糟粕一掃而空，將舊帳一筆勾消，重頭來過。也正是這種「勾消舊帳的迷思」，導致了法國大革命中激進的反傳統主義。如今，科學的概念在我們這個時代已經歷重大改變，實證主義者的知識結構已泰半崩解。因此，圖爾敏不只注重傳統的意義，同時注重文化傳統的多元性；雖然還不能算是相對主義者，圖爾敏確已宣稱「所有的社會與文化從其自身的角度來說都一樣好。」(Toulmin 1990: 189)

最後，我想用詮釋學對啓蒙觀點的批判，來總結對傳統的討論。伽達瑪在《真理與方法》中，駁斥了從啓蒙時代以來確立的種種二元對立，包括理性與傳統、理性與威權等。如同帕利坎，他相信傳統仍然存在，人們總是置身於傳統之中。一方面，傳統始終保有自由的元素。另一方面，傳統在歷史變遷中具有活躍與積極性。傳統需要保存，而保存是理性之舉。和圖爾敏一樣，伽達瑪認為我們無法將自己與文化所孵育出來的觀念切割開來。伽達瑪向我們擔保道：「即使像革命這樣使生活遭逢劇變的年代，在我們認為一切都在轉型的時代裡，被保留下來的舊事物遠比人們所知道的還多。這些舊事物結合了新事物而創造新的價值。」(Gadamer 1989: 281)於是，伽達瑪也以自己的方式，在傳統與現代的辯證關係上，得到

了與社會科學家相去不遠的結論。

四

我希望以上所述多少能夠表明，在過去20年裡，歷史學有了一個新的文化轉向。但我無意透過這樣的觀察，表示文化史即將成爲今日克麗歐神殿裡的習見操演。我更想說的是，人們比過去更清楚地察覺，文化是歷史中一股相對自主的力量。我希望依循著這一歷史思維的重新定位，探索在亞洲重新發現傳統的可能性。

由於我對亞洲其他社會的歷史學發展不甚了解，我只能從中國和日本的情況來說明我的觀點。不過，既然中國史和日本史傳統上都包含在所謂「東方研究」的廣闊領域裡，似乎就不能不提薩伊德（Edward Said, 1935-2003）頗富刺激性的《東方主義》（*Orientalism*）。薩伊德認爲，東方主義的整套觀念是由歐洲中心的帝國主義心態所創造的。特別是19世紀之後，西歐傳教士、學者、哲學家、史家、小說家、詩人，以及旅行者，從近東而遠東，對他們在東方發現的巨大文化差異深深著迷。東方與西方之間的強烈對比就此形成。但東西文化差異隨著時間推移，最終逐漸定型爲「西方優／東方劣」這一根深蒂固的對照。薩伊德告訴我們，在19世紀的歐洲：

> 每個書寫東方的作者，從赫南（Ernest Renan）到馬克思（就意識型態來說），從最嚴謹的學者萊恩（Edward Lane）和薩西（Antoine-Issac-Silvestre de Sacy）到最富想像力的福樓拜（Gustave Flaubert）和納瓦爾（Gérard de Nerval），都把

> 東方看作有待西方關注、重建、甚或救贖的所在。東方作
> 爲一個隔絕於科學、藝術、商業各方面的歐洲進步主流之
> 地而存在著(Said 1979: 206)。

馬克思的例子尤其發人深省。儘管他同情英國殖民統治下的印度人
民,他仍然認爲從長遠的歷史進化來看,殖民統治對印度有益。於
是,東方主義作爲一種西方對東方的觀點,被強加於整個所謂的
「東方各民族」之上。薩伊德《東方主義》的討論聚焦於阿拉伯社
會,他指出,這種強加的觀點普遍被當地的東方學者(Orientalists)
所接受。

我沒有資格評斷薩伊德的理論是否站得住腳。就我所知,東方
學在知識上得自實證主義,在意識型態上形塑於帝國主義。如果西
方的東方學者將任何東方特有的事物視爲偏離了文明的常軌,那可
能是因爲他們將西歐自身的文明看作普遍的模式。除此之外,注重
語文學(philology),視之爲開啓歷史知識金鑰的東方學,從一開始
就被認定是科學的事業。19世紀重要的法國東方學家赫南(Ernest
Renan,1823-1892)便指出,語文學「之於人文科學,正如物理化
學之於自然科學」(轉引自Said 1979: 133)。

到了19世紀末,東方學在中日兩國已經立定根基,成爲以歷史
爲中心的學術分科。但必須強調,這兩國的東方主義是自己加諸自
己的,而非來自西方的帝國主義者或東方主義者。我將從日本談
起,東方學在當地的發展不僅較早較好,更在世紀之交影響了中國
的史學家。據東京大學渡邊浩(Watanabe Hiroshi)最近的考察,明
治時期以來的日本史學深受西方模式支配。大體而言,最近一世紀
以來的近代日本主流史家,一面以西方文明的歷史發展爲普遍標

準，一面將日本歷史的「特性」詮釋爲偏離標準，正是這種偏差造成日本的文明進化落後於西方。

渡邊將近代日本史學分爲幾個階段。首先，自1870到1880年興起了「文明史學」（civilization history）。文明史學家受到基佐（Francois Guizot, 1787-1874）、巴克爾（Henry T. Buckle, 1821-1862）、斯賓塞等西方實證主義者的啓發，試圖說明日本歷史基本上同樣依循著西方發現的「文明法則」前進，只因日本歷史的一些特性而稍嫌緩慢。然後在世紀之交，新一代的歷史學者登場；在卡萊爾（Thomas Carlyle, 1795-1881）與麥考萊（Thomas B. Macaulay, 1800-1859）影響之下，他們對歷史細節更爲敏感，避免將「文明」概念簡化而直接地套用在自己的歷史上。但他們同樣相信西方是文明普遍進程的範例。1920年代到1930年代初期，馬克思主義學者在日本歷史學界分外活躍。他們身爲最具戰鬥性的實證主義者，很自然地以歐洲歷史進程爲典型，來衡量日本歷史及其特性。最終，馬克思主義在二戰之後成爲日本史學的主流，與所謂的「現代化論者」（Modernists）展開激烈競爭。現代化論者將現代對抗傳統的範式作爲概念架構，這在1950到1960年代的西方非常流行。而西方的現代化進程也再次被當作普遍的模式，明治之後任何殘存的日本特性，都被現代化論者視爲「前現代」或「傳統」時期的陳跡。然而，自1970年代開始，當日本明顯躍升爲經濟超級強國，情況也有了徹底的改變。日本歷史的特性不再被看成邁向全面現代化的阻礙，反而普遍被視爲日本經濟「成就」出眾的原因。在結論中，渡邊認爲時機已經成熟，希望日本歷史學者提出適合自身任務的新概念與新架構，不要再以西方爲普遍模式。他說：「或許每個社會或地區都是獨特的，如同個人一般。」

　　過去一世紀以來，日本歷史學者直接面對西方文明，對日本國史提出不同的見解，其發展過程竟完全與薩伊德的東方主義緊密合節。但也正如前述，這些觀點完全是自家生產的，沒有證據顯示它們受西方的東方學影響，反而更像是許多日本史家衷心接受西方歷史實證主義的各種版本，並且奉爲普遍眞理的結果。

　　現在讓我們轉到中國。中國近代史學實際上是在東京誕生的，20世紀初年，梁啓超(1873-1929)、章炳麟(1869-1935)等中國傑出史家避居於此，從而受到日本「文明史學」的影響。結果，中國史家也依照日本的榜樣，以西方的歷史模式建構並重新詮釋中國的過去。這在梁啓超寫於1901和1902年，實際上帶動中國史學革命的兩篇「新史學」論文裡尤其顯而易見。梁啓超採用歐洲的歷史分期(上古、中古、近代)，毫不質疑地接受斯賓塞的社會進化論，對未來數十年的中國史學產生了形塑作用。不消說，這兩種觀點早爲日本史學界所採用。

　　以章炳麟和劉師培爲代表，極具影響力的「國粹史學」亦如是。國粹(national essence，日文讀爲kokusui)是從日本借來的新詞，指日本1880年代興起的對抗西化浪潮的文化運動。但是，日本的「國粹」以文化批評團體爲主，中國的國粹學派則幾乎專指中國歷史的研究。弔詭的是，中國的國粹史家最熱衷於將一切西方理論套用於中國的過去，包括社會學、人類學、政治學以及歷史學。事實上，如果仔細檢視一些主要史家的著作，就會發現他們視爲「國粹」的，主要還是近代西方最強大的價值與觀念，如民主、平等、自由、人權等。他們則以這些價值與觀念早爲中國思想家認知與發展，獨立於西方之外，將這種取向合理化。例如劉師培即追溯所謂的中國「社會契約論」自上古到19世紀的起源與發展(譯者按，

即《中國民約精義》）；換句話說，中國的國粹其實多半是假扮的西方模式（章炳麟，1985：207-8）。

1919年五四運動以後，隨著科學主義的興起，實證主義進一步抓住了中國史學的心。可以說，1919到1949年間的中國史學主流，主要影響來自於胡適（1891-1962）與傅斯年（1896-1950）大力提倡的「科學的歷史學」；1949年後的中國歷史研究，則完全受到當局強加的馬克思主義支配。平心而論，胡適、傅斯年兩人並非激烈的反傳統主義者，但正如先前的國粹學派，胡適同樣以西方價值重估中國傳統，特別是民主與科學。無庸置疑，胡適所倡導的「整理國故」（系統而批判地研究國故）運動對中國史學的現代化貢獻卓著；但也必須指出，整個運動完全是以實證主義的模子鑄出來的。胡適明白表示，其主要目標是將科學方法運用到歷史研究上（Hu 1934: 77）。更有甚者，他對中國傳統的興趣，也局限在與近代西方「科學和民主的文明」相容的部分（Hu 1960: 13-22）；他更在最激進時斷言，中國傳統的長處也普遍存在於一切更高的文明裡，而中國特有的一切，在現代眼光看來都是不好的（胡適，1986：47-70）。

另一方面，奠基於五四反傳統主義之上的中國馬克思主義史學，對傳統的偏見更是格外激烈。儘管時常引述「去蕪存菁」一語，但一般說來，它對中國的過去仍是否定的。比如，對儒家傳統的極端敵視，使得馬克思主義史家輕蔑地忽視自孔子時代以至19世紀幾乎所有的重要思想家、學者、作家、詩人。這使得他們對中國文化傳統面向的歷史研究，往往無異於譴責與控訴。

我完全無意貶低整個近代中國史學。20世紀中國特有的這種文化自我控訴（self-indictment）和自我犧牲（self-immolation）心理，深深根植於極其複雜的歷史處境；無法在中國傳統中發現正面意義的

責任，也不應全然歸咎於中國史家看待自己過去的方式。我想試著
說明的是，實證主義，特別是走向極端的科學主義，讓史家的心靈
變得麻木，直到無法再對傳統或文化抱持同情的理解和評價。不幸
的是，本文一開始所討論的四個歷史實證主義要素，或多或少都被
20世紀的中國史家當作不證自明的眞理；再加上將西方歷史當作普
遍模式，使得他們無法用中國歷史自身的語彙來研究中國歷史，終
於導致了不可避免的結果──中國文化作爲具有自身特色的傳統這
一可能性，始終被輕易忽視。

　　而今，隨著整個實證主義方案，特別是歷史實證主義在一方面
遭受嚴屬的批判與質疑，以及歷史學在另一方面展開的新文化轉
向，中國史家看來不僅可望從對西方模式的執迷中得到解放，更能
從「普遍眞理必須向西方求索」這個長達一世紀的幻象中清醒過
來。但我還是有些沮喪地看到，當下的中國知識分子即使是「批
判」西方，也還在不經批判地跟隨西方正流行的批判理論。當然，
我並不主張任何在中國歷史研究上的知識孤立主義。許多時候，中
國史家想必會發覺西方歷史學界所發展的概念、方法、範式、概
括……等工具啓人心智，有助於比較研究或其他用途。但中國歷史
學者必須開始構思與發展能夠處理中國歷史經驗之獨特形式的概念
與方法；它們不該孤立於，卻應該獨立於世界其它地區──包括西
方──的歷史研究與理論。而我也必須澄清，儘管我一直批判實證
主義心態，但我還是完全明白，胡適所說的「批判和科學的方法」
在歷史研究中仍有其地位；我也相信歷史的客觀性即使艱難，仍是
可能的。我厭惡虛無主義和漫無限制的相對主義，一如厭惡極端的
實證主義；然而，如果我們同意紀爾茲所言，文化研究並非尋求法
則的實驗科學，而是探究意義的詮釋科學，那麼，只靠著「批判和

科學的方法」將難以勝任。因此，從文化的觀點看來，歷史學科作
爲詮釋的事業更甚於科學的事業。我個人以爲，每個社會或民族的
歷史之所以值得研究，不僅是做爲世界史的一部份，更是因爲它們
的內在價值。只有經由這樣的方式，才眞正有可能重新發現中國傳
統的豐富與獨特性，以至於整個亞洲世界的傳統。

參考書目

Alexander, Jeffrey C. 1987. *Twenty Lectures. Sociological Theory Since
World War II.* New York: Columbia University Press.

——. & Steven Seidman, eds. 1990. *Culture and Society, Contem-
porary Debates.* Cambridge: Cambridge University Press.

Berlin, Isaiah. 1991. *The Crooked Timber of Humanity: Chapters in the
History of Ideas.* New York: Alfred A. Knopf, Inc.

Bouwsma, William J. 1990. *A Usable Past: Essays in European
Cultural History.* Berkeley: University of California Press.

Burke, Peter. 1978. *Popular Culture in Early Modern Europe.* New
York: New York University press.

——. 1990. *The French Historical Revolution. The Annales School
1929-89.* Stanford: Stanford University Press.

Chartier, Roger. 1982. "Intellectual History or Sociocultural History?
The French Trajectories," In *Modern European Intellectual
History: Reappraisals and New Perspectives.* Edited by Dominick
LaCapra and Steven L. Kaplan. Syracuse: Cornell University
Press.

Darnton, Robert. 1990. "Intellectual & Cultural History," In his *The Kiss of Lamourette.* New York: W.W. Norton & Company.

Eisenstadt, S.N. 1973. "Post-Traditional Societies and the Continuity and Reconstruction of Tradition," *Daedalus* 102: 1-27.

Friedrich, Carl J. 1972. *Tradition and Authority.* New York: Praeger Publishers.

Gadamer, Hans-Georg. 1989. *Truth and Method.* Second Revised Edition. New York: Continuum.

Geertz, Clifford. 1973. *The Interpretation of Cultures.* New York: Basic Books, Inc.

Hu, Shih.(胡適)1934. *The Chinese Renaissance. The Haskell Lectures.* Chicago: The University of Chicago Press.

——. 1960. "The Chinese Tradition and the Future," In *Sino-American Conference on Intellectual Cooperation: Reprot and Proceedings.* Seattle: Washington.

胡適(1986): 《我們走那條路?》,收入《胡適作品集》, 18(《胡適文存》第四集,第四卷)。台北:遠流出版公司。

Hunt, Lynn, ed. 1989. *The Cultural History.* Berkeley: University of California Press.

Iggers, Georg G. 1984. *New Directions in European Historiography.* Middleton, CT: Wesleyan University Press.

Kolakowski, Leszek. 1978. *Main Currents of Marxism: The Founders.* Oxford: Oxford University Press.

Lutz, Jessie G., & Salah El-Shakhs. 1982. "Introduction," In *Tradition and Modernity: The Role of Traditionalism in the Modernization*

Process. Washington, D.C.: University Press of America.

Novick, Peter. 1988. *That Noble Dream: The "Objectivity Question" and the American Historical Profession.* Cambridge: Cambridge University Press.

Pelikan, Jaroslav. 1984. *The Vindication of Tradition.* New Haven: Yale University Press.

Redfield, Richard. 1956. *Peasant Society and Culture,* revised edition. Chicago: University of Chicago Press.

Ricoeur, Paul. 1981. *Hermeneutics and the Human Sciences.* Cambridge: Cambridge University Press.

Rorty, Richard. 1982. *Consequences of Pragmatism.* Minneapolis: University of Minnesota Press.

Said, Edward W. 1979. *Orientalism.* New York: Vantage Books Edition.

Shils, Edward. 1976. "Tradition," In his *Center and Periphery: Essays in Macrosociology.* Chicago: The University of Chicago Press.

——. 1981. *Tradition.* Chicago: The University of Chicago Press.

Skolomowski, Henry. 1986. "Quine, Ajdukiewicz, and the Predicament of 20th Century Philosophy," In *The Philosophy of W.V. Quine.* Edited by Lewis Edwin Hahn and Paul Arthur Schilpp. Chicago: Open Court.

Stone, Lawrence. 1981. *The Past and the Present.* London: Routledge & Kegan Paul.

Toulmin, Stephen. 1990. *Cosmopolis: The Hidden Agenda of Modernity.* New York: The Free Press.

Tucker, Robert C., ed. 1978. *The Marx-Engels Reader.* Second Edition. New York: W.W. Norton & Company.

Vovelle, Michel. 1990. *Ideologies and Mentalities.* Chicago: The University of Chicago press.

White, Hayden. 1989. "New Historicism: A Comment," In *The New Historicism.* Edited by H. Aram Veeser. London: Routledge.

Wood, Gordon S. 1979. "Intellectual History and the Social Sciences," In *New Directions in American Intellectual History.* Edited by John Higham and Paul K. Conkin. Baltimore: The Johns Hopkins University Press.

Yu, Ying-shih. 1981. "The Study of Chinese History: Retrospect and Prospect," Trans. by Thomas H.C. Lee(李弘祺)and Chun-chieh Huang(黃俊傑). *Renditions* (Spring): 13-14.

章炳麟(1985):《章太炎全集》,第4冊。上海:上海人民出版社。

據"Clio's New Cultural Turn and the Rediscovery of Tradition in Asia," *Dao*(2007) 6:39-51, pp. 39-51譯出。

（吳秀玲、林易澄、蔡耀緯 譯）

25
在2006年克魯格獎頒獎儀式上的演講[*]

　　成為2006年John W. Kluge Prize的共同得主，我深感榮幸，並在這裡表示感謝。不過在自我反省以後，我認識到今天我得以在這裡的主要理由應該說是要透過表彰我來表達對中國文化傳統和作為一門學科的中國思想史的敬意，前者是我畢生學術研究的對象，而後者則是我所選擇的專門領域。

　　在1940年代，我對中國歷史和文化研究開始產生濃厚的興趣，那時，中國的歷史思考正陷於一種實證主義和反傳統的模式中。中國整個過去都被負面地看待，無論何種看起來像是獨特的中國的東西，都被解釋成是對於以西方歷史發展為代表的文明進步的普遍模式的一種背離。　其結果，中國文化傳統各個方面的研究，從哲學、法律、宗教到文學和藝術，常常等同於譴責和控告。毋須贅言，那時我對中國文化的認同，更要緊的也是對我個人的認同，處於一種完全的迷失中。所幸的是，我得以在香港完成我的大學教

---

[*]　　譯者按，據《紐約時報》(*The New York Times*)2006年11月15日報導，克魯格獎(John W. Kluge Prize)是由克魯格捐資，為諾貝爾獎未能涵蓋的人文研究，如歷史、政治學、社會學、哲學、人類學、宗教學、語言學和批評而設立的不分語種的獎項，由美國國會圖書館主持頒發。本文是在2006年12月5日授獎儀式上的十五分鐘演講，英文原稿由王汎森教授提供，中文譯稿得到陸揚教授潤色，謹致謝意。

育，繼而我又能在現已是我家園的美國攻讀研究生。

當我的認識和視野隨著時間而漸漸開闊，我開始明白眞相是我們必須清楚地認識到中國文化是一種具有明顯自我特徵的原生傳統。中國文化開始清晰呈現出她的特定形態是在孔子（前551-前479）的時代，這在古代世界是一個非常重要的年代，在西方有個更爲人所知的稱呼是「軸心時代」。人們已經注意到的是，在這個時期，包括中國、印度、波斯、以色列和希臘在內的幾個高度發達的文化都發生了一種精神覺醒或「突破」。它所產生的形式或是哲學推理，或是後神話的宗教想像，或如中國那樣，是一種道德—哲學—宗教的意識的混合體。這一覺醒直接導致了現實世界與超現實世界的區分。作爲一種新視野，超現實世界使思想者——他們或者是哲學家，或者是先知，或者是聖賢——擁有必要的超越觀點，從而能夠反思與批判性地檢視與質疑現實世界。這便是通常所知的軸心時代的原創超越，但其確切形態、經驗內容和歷史過程則每個文化各不相同。這種超越的原創性在於它對涉身於其中的文化產生持久的塑造性影響。

孔子時代中國的原創超越的一個結果是出現了最重要的「道」的觀念，它是相對於日常生活的現實世界的超現實世界的一個象徵。但是，中國這個「道」的超越世界從最開始起便被認爲是與日常生活的現實世界彼此相關的，這與處於軸心突破中的其他古代文化迥然不同。例如，柏拉圖認爲存在著一個看不見的永恒世界，而現實世界只不過是它蒼白的複製，這種概念在早期中國哲學的圖景中是全然沒有的。在中國的宗教傳統中，像基督教那樣將神的世界與人的世界絕然二分的類型也不存在。我們在中國諸子百家的思想中，找不到任何與早期佛教極端否定現實世界、強調空無相類似的

觀點。相反，「道」的世界從不遠離人的世界，正如孔子講得好：「道不遠人。人之爲道而遠人，不可以爲道。」而且我要馬上講，「道」的這一觀念並非只是孔子及其追隨者擁有，包括老子、墨子、莊子在內的中國軸心時代所有的主要思想家都共享這一觀念。他們共同相信，「道」雖是隱藏的，但在人的世界中卻無處不發生作用，即便是只有一般理解力的男女在其日常生活中也能或多或少地體會並踐履這種道。軸心時代的原創觀念，尤其是儒家與道家的觀念，確實對於此後許多世紀的中國人的生活產生了日漸增長和日漸深刻的影響，因此可以不誇張地認爲，「道」和歷史構成了中國文明的內核與外形。

在把中國文化傳統本質上視爲固有起源和獨立生長的前提下，我在過去幾十年裡嘗試沿著兩條主要線索來研究中國歷史。第一，中國文化必須按其自身的邏輯並同時從比較的角度來加以理解。所謂的「比較的角度」，我指的是在早期中華帝國時代的印度佛教和16世紀以來的西方文化。毋須贅言，19世紀中國與西方的第二次相遇是震撼世界的歷史性事件。從20世紀初開始，中國人的思想在很大程度上專注於中西相對的問題。但如果僅僅用自身的邏輯來解釋中國的過去，而缺乏比較的角度，那無疑會有掉到簡單的中華中心主義這個古老窠臼之中的危險。

第二，在我對從古代到20世紀的中國思想史、社會史和文化史的研究中，我總是將焦點放在歷史階段的轉變時期。無論是軸心時代以前，還是軸心時代及其以後，中國與其他文明相比，其悠久歷史的延續性尤其顯著。但是，在中國歷史的演進中，連續與變化是始終並存的。因此，我使自己的研究設定在兩個目標：首先是弄清楚中國歷史上重要的思想、社會和文化變遷，其次是盡可能辨識中

國歷史變遷的獨特模式。中國歷史上這些意義深遠的變遷其重要性常常超出了朝代的更替。雖然「朝代循環」的觀念長期被傳統中國所奉行，而且短時間內也在西方流行，但這是個很誤導的觀念。20世紀初期，中國的歷史學家以其日本同行為榜樣，開始按照西方的歷史模式重新建構和重新解釋中國歷史。此後便通常認為，中國一定曾經歷過與西方歷史相似的發展階段。在20世紀前半期，中國的歷史學家採用早期歐洲的斷代模式，將中國歷史分成古代、中世紀和近現代；1949年以後，則以馬克思斯大林主義者的五階段論取而代之。後者在今日中國仍為正統，即便在實際的研究中不總是這樣，至少在理論上仍是如此。這種削足適履的方法，無論它有什麼其他的優點，不可能對作為一種固有傳統的中國文化作出完全合理的評估。我確信，只有通過關注中國歷史變遷的特獨過程與方式，我們才有可能更清晰地看到這個偉大的文化傳統是如何在其內在活力的推動下(這種活力雖不是唯一的因素，但卻是主要的因素)從一個階段走向另一個階段。

現在容我轉到另一個問題：作為兩個不同的價值系統，在歷史的視野裡中國文化是如何與西方文化相對照的？

剛才提到，我最初接觸這個問題是在1940年代後期，那時中西相對的一系列問題支配了整個中國思想界。此後，這些問題從來沒有在我的意識之外。 我在美國生活已達半個世紀，當我在兩個文化之間優遊時，這些問題對我來說已經具有了一種真實的存在意義。經過一些最初的心理調適，我早已能在接受美國的生活方式的同時保留我的中國文化認同。然而，中國文化是否能和西方的核心價值相容，我們最好的導引還是來自於中國歷史本身。

中國初遇近代西方是在16世紀末，那時耶穌會士來到東亞傳

教。對文化敏感的利瑪竇,當他在1583年到達中國時,很快發現當時中國的宗教氛圍是極其寬容的。儒、佛、道基本上被視為可以合一的事物。事實上,在王陽明(1472-1529)的影響下,晚明的儒家確信三教各自掌握了同一種「道」的一個面向。正是這種對宗教的寬容精神使得利瑪竇在傳教方面取得非凡的成功,許多儒家精英人物皈依了基督教,其中特別值得注意的是被稱為「傳道三柱石」的徐光啟(1562-1633)、李之藻(1565-1630)和楊廷筠(1557-1627)。儒家相信人同此心以及得「道」的普世性,這使一些儒家轉而支持儒耶的結合,儒家的「道」至此擴展到將基督教也包括進來了。中國與西方在宗教層面上的這種早期關係,無論如何都不可能被解釋成為一種衝突。

在19世紀末,也正是那些思想開放的儒家才熱情地接受那些在近代西方占主導地位的價值與理念,像民主、自由、平等、法治、個人的自主性,以及最重要的人權等等。當他們中的一些人第一次訪問歐美並停留足夠的時間做第一手觀察時,首先給他們留下深刻印象的都是西方憲政民主的理念與制度。協助理雅各(James Legge)英譯儒家經典的王韜(1828-1897)在1870年從英國回到香港時,就把英國的政治與法律捧上了天。王韜可能是第一個使用「民主」這一中文術語的儒家學者,他對晚清的儒家政治思想起了相當大的影響。到了本世紀初,中國出現了以今文經學和古文經學而著稱的兩個相對立的儒家學派,兩派雖然各有一套,但都倡導民主。前者贊成立憲制,後者推動共和制。王韜曾將英國政治與司法比作儒家經典中所描述的三代,也許是受此啟發,今古文經學兩派開始有系統地在早期儒家文獻中尋求民主觀念的起源和演化。顯然,在這樣做的過程中,他們已經把中西文化的相容性看作是理所當然的

了。

最後，我想就「人權」說幾句話。就像「民主」這個詞，作爲一個術語，「人權」是西方特有的，在傳統儒家的話語中不存在。但是，如果我們同意聯合國1948年的共同宣言中關於「人權」的界定，即人權是對共同人道和人類尊嚴的雙重承認，那麼我們也完全可在不使用「人權」這一西方術語的情況下來談儒家的「人權」理念。在《論語》、《孟子》和其他早期文獻中就已經清楚地論述了對共同人道的承認和對人類尊嚴的尊重的觀念。了不起的是最遲到西元1世紀，在皇帝的詔書中，儒家強調人類尊嚴的觀點已被公開引用來作爲禁止買賣和殺戮奴隸的充分依據。在西元9年和35年頒布的帝王詔書中都引述了孔子的同一句名言：「天地之性人爲貴。」奴隸作爲一種制度，從來沒有被儒家接受爲合法。正是儒家的人道主義，才使得晚清儒家如此欣然地接受西方的人權理論與實踐。

如果歷史是一種指引，那麼中西文化之間在基本價值上似乎存在著大量重疊的共識。中國的「道」畢竟就是對共同人道和人類尊嚴的承認。我比以往任何時候都更堅信，一旦中國文化回到「道」的主流，中西相對的一系列問題也將隨之而終結。

（何俊　譯）

索　引

七劃

十三劃

十五劃

十七劃

余英時文集11
人文與理性的中國

2023年1月二版
定價：平裝新臺幣700元
精裝新臺幣900元

有著作權・翻印必究
Printed in Taiwan.

著　　　者	余　英　時	
譯　　　者	程　嫩　生	
	羅　群　等	
編　　　者	何　　　俊	
總　策　劃	林　載　爵	
總　編　輯	涂　豐　恩	
副總編輯	陳　逸　華	
叢書主編	沙　淑　芬	
校　　　對	陳　龍　貴	
封面設計	莊　謹　銘	

總　經　理	陳　芝　宇	
社　　　長	羅　國　俊	
發　行　人	林　載　爵	

出　版　者　聯經出版事業股份有限公司
地　　　址　新北市汐止區大同路一段369號1樓
叢書主編電話　(02)86925588轉5310
台北聯經書房　台北市新生南路三段94號
電　　　話　(02)23620308
台中辦事處　(04)22312023
台中電子信箱　e-mail:linking2@ms42.hinet.net
郵政劃撥帳戶第0100559-3號
郵撥電話　(02)23620308
印　刷　者　世和印製企業有限公司
總　經　銷　聯合發行股份有限公司
發　行　所　新北市新店區寶橋路235巷6弄6號2F
電　　　話　(02)29178022

行政院新聞局出版事業登記證局版臺業字第0130號

本書如有缺頁，破損，倒裝請寄回台北聯經書房更換。
聯經網址 http://www.linkingbooks.com.tw
電子信箱 e-mail:linking@udngroup.com

ISBN　978-957-08-6717-6 (平裝)
ISBN　978-957-08-6718-3 (精裝)

國家圖書館出版品預行編目資料

人文與理性的中國 / 余英時著 . 程嫩生、羅群等譯 .
二版 . 新北市 . 聯經 . 2023.01 . 708 面 . 14.8×21 公分 .
ISBN 978-957-08-6717-6（平裝）
ISBN 978-957-08-6718-3（精裝）
[2023 年 1 月二版]

1. CST: 學術思想　2. CST: 人文思想　3. CST: 文集
4. CST: 中國

112.07　　　　　　　　　　　　　　　　111021608